REAL PROPERTY REGISTRATION ACT

부동산등기법

최문기

박영사

‖ 머 리 말 ‖

부동산소유권을 보호하고 거래의 안전을 보호하여 자신을 재창출하는 중요한 기능을 가진 부동산등기는 일반인이 쉽게 이해하고 접근이 가능해야 하는데, 최근 부동산등기의 환경이 급속하게 바뀌었다. 대법원의 등기전산화작업의 완료로 등기용지가 모두 전산화되었고, 등기신청 및 절차도 온라인신청이 가능하게 되었다. 따라서 이러한 부동산등기환경의 변화로 인하여 등기수리과정이 투명하고 신속하게 되었다. 이렇게 부동산등기의 절차가 온라인화되었지만, 그 기본 이론과 실무의 내용에는 큰 변화가 없다고 하겠다.

부동산등기법에 관한 다양한 정보와 자료를 바탕으로 부동산등기와 권리라는 교양과목의 강의교재를 준비해 왔고, 이를 바탕으로 최근의 관련 저서, 법률, 판례, 등기예규를 참고하여 2015년 9월 1일 신지서원에서 부동산등기의 이해라는 제목으로 초판 1쇄를 발간하였고, 1917년 9월 1일 2쇄까지 발간하였었다. 그런데 신지서원 조희선 사장님이 갑자기 타계하면서 신지서원 출판사가 문을 닫게 되어 박영사에서 부동산등기법이라는 제목으로 판례와 내용을 새롭게 보완하여 2019년 8월 발간할 예정이다. 새롭게 편제된 부동산등기법 교재는 다음과 같이 구성하였다.

첫째, 부동산등기법에 관한 관련 이론을 중심으로 체계적으로 구성하고, 민법의 물권편의 내용인 부동산물권의 변동과 부동산등기와 물권관계도 포함하였다.

둘째, 부동산등기법과 그 밖의 관련 법 및 최근 등기예규를 참조하여 부동산등기법의 내용에 대한 이해에 실질적인 도움을 주고자 하였다.

셋째, '신탁등기사무처리에 관한 예규'(등기예규 제1501호), '전통사찰에 속하는 부동산의 처분에 대한 문화체육관광부 장관 또는 시·도지사의 허가와 관련된 등기예규'(제1484호), '포괄수증자가 자기 명의로 소유권보존등기를 할 수 있다는 등기예규'(제1482호), '남북주민 사이의 가족관계와 상속 등에 관한 특례법 시행에 따른 업무처리지침'(등기예규 제1457호) 등의 예규를 추가하였다.

넷째, 개정 「부동산등기법」(2011년 4월 12일 전부 개정)과 개정 「부동산등기규칙」(2011년 9월 28일 전부 개정)이 시행(2011년 10월 13일) 4년도 채 지나지 않은 상태에서 신탁등기에 관한 「부동산등기법」(2015년 7월 24일 일부 개정)과 「부동산등기규칙」(2014년 11월 27일 일부 개정)이 개정되어 시행되고 있다. 위탁자와 수탁자가 공동으로 신청하던 신탁등기를 수탁자가 단독으로 신청하게 하는 등 등기절차상 여러 가지의 변화를 반영하였다.

다섯째, 일반인의 이해를 돕기 위하여 부동산등기법을 쉽게 이해할 수 있도록 체계적으로 기술하고 부동산등기법의 이론과 실무의 조화를 꾀하였다. '부동산등기신청사건 처리지침'(2014.4.9

등기예규 제1515호), '등기원인증서의 반환에 관한 업무처리지침'(2014.4.9 등기예규 제1514호), '등기필정보의 작성 및 통지 등에 관한 업무처리지침'(2014.4.9 등기예규 제1513호), '유증을 받은 자의 소유권보존(이전)등기신청 절차 등에 관한 사무처리지침'(2014.4.9 등기예규 제1512호)의 주요 내용을 반영하였다.

여섯째, 법무사, 법원등기 사무직렬, 감정평가사, 공인중개사, 수험준비에 도움을 줄 수 있도록 중요한 내용을 정리하여 소개하였다.

끝으로 쉽지 않은 여건에서도 첫 출판을 도와주신 고 조희선 신지서원 사장님과 안종만 박영사 회장님, 박세기 부장님을 비롯하여 교정과 색인작업에 도움을 준 법학과 겸임교수 주택관리사 이성우 박사, 부산경상대학교 부동산경영과 이범수 교수, 겸임교수 법무사 홍동기 박사, 경성대학교 법학 강사 정경미 박사, 전현직 조교 황태형, 하지은, 법학석사 정동진, 법학사 김봉준·박도영·나혜미·김소연·양예슬·전유나·정보영·정희웅·홍지헌, 재학생 심정민, 김세진 송혜인에게도 심심한 사의를 표하고 싶다.

2019년 7월 16일

최 문 기

차 례

제8장 부동산등기 신청에 대한 등기관의 처분 … 409

제1장

부동산등기 제도와 부동산등기

제1장

부동산등기 제도와 부동산등기

I 부동산등기 제도의 의의

부동산등기 제도는 부동산에 관한 **물권을 등기라는 공부에 공시하는 제도**이다.

[1] 물권은 물건에 대한 직접적·배타적 지배권으로 당사자뿐만 아니라, 물건의 거래 관계에 있는 제3자의 이해관계에 직접적으로 영향을 준다. 따라서 **물권의 발생·변경·소멸을 외부에서 인식할 수 있는 표시가 필요**하게 된다. 이 표시를 소위 **물권변동**에 관한 **'공시의 원칙'**이라고 부른다. 부동산에 관하여 옛날부터 사용된 공시방법은 부동산의 현실적 지배의 외형인 점유였다. 그러나 사회생활이 다양화되고 경제거래가 복잡화되면서 점유라는 공시방법으로는 부동산을 정확히 공시하기에 부족하였고, 또한 불가능하였다. 따라서 **일정한 장소에 고정되어 있어서 이동이 불가능한 부동산은** 그 **성질상 점유의 공시방법**보다 **등기의 공시방법**을 찾게 되었다. 이는 당사자뿐만 아니라, 사회 일반에게도 물건의 정확한 표시로서 각국에서 채택되고 있다.

[2] 근대의 부동산등기 제도는 중세 봉건시대의 토지에 관한 제반적 구속이 근대 초기의 사회적·경제적 변화(발전)에 힘입어 완화된 토지거래에 기반을 두고 확립되었다. 역사적으로 볼 때 **부동산등기 제도는 저당권**에 관한 **등기를 바탕으로 하여 소유권** 그 밖의 **부동산물권의 공시방법의 발전으로 확대**되었다. 또한 중세 이후 조세징수 목적으로 공시방법이 이용되어 왔다. 한편, **부동산등기 제도가 확립되기 위해서는 무엇보다도 지적의 정비가 선행**되어야 한다.

Ⅱ 부동산등기 제도의 기능

부동산등기 제도는 물권의 귀속과 그 내용을 공시함으로써 부동산 거래의 안전과 원활을 도모하기 위한 제도이다. 근대법에 있어서는 **물권 가운데서 가장 중요한 소유권과 저당권은 현실적 지배를 요소로 하지 않는 관념적인 권리**로 되어 있다.

이는 물권거래의 안전과 신속을 도모하기 위한 것이다. 이에 비추어보면 등기 제도는 인류가 발명한 가장 위대한 것 중의 하나라고 할 수 있다. 가장 오래되고 널리 이용된 공시방법은 소박하게 물건의 현실적 지배의 외형인 점유를 가지고 공시하는 것이었으며, 부동산에도 이 공시방법이 그대로 적용되었다. 그러나 이 인도 내지 점유 이전에 의한 공시방법은 인간 사회의 생활방식이나 거래관계가 진보하고 복잡해지면서 점차로 그 공시력을 잃어갔다. 무엇보다도 **거주 이전의 자유가 보장되면서 인구의 이동이 심해지자 현실의 인도는 공시력을 잃게 되었고, 법률 제도상 현실인도** 이외에 **간이인도·점유개정·반환청구권의 양도**와 같은, 이른바 **간편한 인도방법이 인정되면서 인도의 공시적 기능은 완전히 상실되었으며,** 또한 **점유라는 소박한 외형만으로는 갖가지 내용을 가진 복잡한 권리관계를 도저히 공시할 수 없게 되었다.** 예컨대, **용익물권이나 저당권은 점유로서는 공시하지 못하는 것**과 같다.

Ⅲ 부동산등기 제도의 입법례

부동산등기 제도는 각 나라마다 고유의 관습과 전통을 바탕으로 역사적·민족적 성격이 농후한 역사적 산물이다. 각국이 각자 독자적으로 발전해왔지만, 일반적으로 부동산등기 제도의 유형을 다음과 같이 나눌 수 있다.

공시기술의 측면에서 구분하면 다음과 같다.

1. 연대적 편성주의(증서등록 제도)

연대적 편성주의는 개개의 부동산을 등기로 정리하는 것이 아니라, **일정한 등기소 내에 있는 부동산을 등기의 객체로 하여 물권변동이 발생할 때마다 개개의 물권변동의 신청 순으로 정리하는 것**을 말한다. 등기관은 동일 부동산에 이미 등기되어 있는가, 또는 등기신청의 경우에 '기존등기와 연계성이 있는가?'에 대한 심사권은 없다. 따라서 이 편성주의의 자체로는 공시의 작용이 불충분하다. 이를 보완하기 위하여 최소한 어떤 색인을 만드는 것이 필요하다.

이 주의를 **과거 영국 일부 지방의 등기 제도**(Registration of Deeds; Registration of Documents)**와 현행 미국의 대부분 주가 채택하고 있는 Recoding System이 시행**되고 있다.

2. 물적 편성주의

권리의 객체인 부동산을 단위로 등기를 편성하는 방법을 '물적 편성주의'(Realfolium) 라고 한다. 이 제도 아래에서는 개개의 부동산마다 물권변동의 등기가 가식적으로 연계되어 있고, 등기신청시 전·후의 등기의 정리성을 등기관이 심사하게 된다. 이 제도가 일찍이 정비된 나라는 독일과 스위스이다. 따라서 이 주의를 **'독일법주의'라고도 불린다**. 오늘날 우리와 일본도 이 주의를 채택하고 있다. '토렌스 제도'(Torrens System)에 있어서도 이 제도를 따르는 경우가 많다. **토렌스 제도는 1859년 남오스트레일리아 주에서 시작하여** 그 후 **오스트레일리아의 많은 주, 캐나다의 많은 주, 영국 등기법, 미국의 일부 주, 프랑스의 식민지 국가의 일부에서 시행**되고 있다.

이 **제도의 특징은 등기부의 부본인 권원증명서**(Certificate of Title)**를 당사자에게 소지하게 함으로써 등기 절차의 간소화와 거래의 원활화를 도모할 수 있다는 것**이다. 이 **제도에서는 등기를 물권변동의 성립요건으로 보고 등기의 공신력을 인정하지만, 예외적으로 일본은 등기를 물권변동의 대항요건으로 보고, 등기의 공신력도 인정하지 않는다.** 우리는 등기를 물권변동의 성립요건인 동시에 효력요건(장경학, 192면)으로 보는 견해와 효력요건으로 보는 견해(곽윤직, 66면; 김용한, 75면)가 있다. 한편, 등기사고에 대한 손해배상을 위해 국가보상 제도를 취하는 경우도 있다.(예: 스위스, 토렌스 제도)

3. 인적 편성주의

인적 편성주의는 부동산 소유자를 중심으로 1소유자에 1등기용지를 두는 방법을 말한다. 이 **제도는 프랑스의 등기부에서 채택하고 있어서 '프랑스법주의'**라고 한다. 그러나 이 **제도는 공시성을 갖지만, 합리적 제도는 아니다. 동명同名이 다수인 경우와 동일인이 다수의 부동산을 소유한 경우에 쉽게 찾아낼 수 없다.**

Ⅳ 우리 부동산등기 제도의 연혁

토지양도 방법이 가장 오래된 것은 조선시대에서 찾아볼 수 있다. 조선시대 이후 현행 등기 제도에 이르기까지 부동산의 양도 방법과 공시 제도의 변천을 크게 5기로 나누어보면 다음과 같다.

제1기는 **조선시대 초기**부터 **고종 30년(1893년)까지의 약 500년 기간으로서** 이 **시기에는 '문기'文記라고 불리는 서면**에 의한 **부동산양도와 '입안'立案이라는 일종의 공증 제도가 시행**되었다. 이 **제도는 거래의 안전보다 소유자의 보호에 중점**을 두고 있었다.

제2기는 1893년부터 **광무 9년(1905년)**까지의 **기간으로 지계地契 제도와 가계家契 제도라는 지권地券 제도가 시행**되었다. 이 시기에 서서히 토지거래를 통한 상품화가 이루어지면서 근대적 공시 제도의 틀을 마련했다고 할 수 있다.

제3기는 1906년부터 **1912년 「조선부동산등기령」이 시행되기**까지 **약 5년의 기간으로서** 이 **시기에 근대적 등기 제도의 시초라고 할 수 있는 증명 제도가 도입·시행**되었다.

제4기는 1912년 일본의 부동산등기 제도가 시행되어 1960년 1월 1일 현행 부동산등기법이 시행되기까지의 **기간으로서** 이 **시기에는 부동산양도와 공시**에 대한 **근대적 등기 제도가 시행**되었다고 볼 수 있다.

마지막 **제5기는 1960년 1월 1일 현행 부동산등기법의 시행부**터 **오늘날**까지의 **기간으로 부동산양도** 및 **등기**에 관한 **현대적 등기 제도가 시행**되고 있다.

1. 제1기: 입안 제도

이 시기에 '문기'(서면에 의한 부동산양도)와 '입안'(일종의 공증 제도)에 있어서 '문기'는 매매의 양 당사자와 증인 그리고 집필인이 모인 가운데서 집필인이 작성하고 매도연월일, 매수인, 매매이유, 목적토지나 가옥에 대한 권리전승의 유래, 부동산의 소재와 사지四至(매도되는 토지의 동서남북에 있어서의 경계를 이루는 표문 내지 표식), 대금과 그 수령 사실, 담보문언 등을 차례로 적고 끝으로 매도인·증인·집필인이 각기 기명화압記名花押, 즉 서명을 하였다. 이러한 문기의 작성 후 구 문기와 함께 매수인에게 인도함으로써 매도 절차가 끝난다. 그 뒤 소유권이전의 사실을 관청에 신고하는 입안 절차를 해야 한다.

'입안'은 매매 당사자 사이에 매매계약이 체결되어 대금수수가 있고, 목적물의 소유권이 이전된 후에 100일 이내에 관청에 신청(이를 所志라 함.)을 한 것으로 관청은 매매 당사자와 집필인(또는 증인) 등을 봉초捧招하여 매매의 합법성 여부를 심사하고 합법적이고 허위가 없는 경우에 한하여 입안문을 작성하여 교부함으로써 공증력을 갖는다.

이 시기에 입안 제도 이외에 '양안 제도'가 있었으나, 이는 토지의 실태파악과 세금 징수를 목적으로 하였기 때문에 소유권변동시에 하지 않고 매 30년마다 토지를 새로이 측량할 때에만 소유권을 등록하였다. 이 **양안 제도는 현행 지적 제도의 전신**이라고 할 수 있다.

2. 제2기: 가계·지계 제도

지계 제도보다 먼저 시행된 가계 제도는 고종 30년(1893년)에 처음으로 한성부에서 발급된 후에 각 개시지開市地에서도 발급되었다. 가계의 앞면에는 가계문언이 인쇄되어 있고, 끝부분에 담당공무원·매도인·증인 등이 서명하고 당상관이 화압하는 것으로써 대체로 입안과 같은 형식이었다. 증권의 뒷면에는 가계 제도의 규칙이 인쇄되었다. 매매에 의하여 가계를 받은 자가 다시 매도하는 경우에 구계舊契를 제출하고 신계新契를 교부받은 때에 소유권자로 인정되었다.

광무 5년(1901년)에 양지위문量地衛門을 폐지하고 지계위문地契衛門을 설치하였으며, 지계감리地契監理를 두어 「대한제국전답관계」라는 지계를 발급하기 시작하였다. 이러한 지계는 외국인에게만 내주었던 지계를 내국인에게도 확대한 것이었다. 당초부터 이 지계는 전국적으로 시행할 계획이었으나, 충청남도·강원도의 일부에만 시행되었고, 이 또한 잘 시행되지는 못했다.

또한 광무 10년(1906년) 5월 24일에는 「가계발급규칙」을 공포하여 가옥의 신축·매매·상속·전당典當의 경우에도 가계의 발급을 받을 수 있도록 하였고, 가옥을 신축하는 경우에는 소관관청에 비치한 가계원부에 등록하였다. 이 가계 제도는 처음의 의도와는 달리 일부 도시에서만 행해지고 농촌에는 전혀 이용되지 못했다.

3. 제3기: 증명 제도

이 시기는 광무 10년(1906년) 1월 30일 칙령 제65호로 「토지가옥증명규칙」이 제정·시행(같은 해 12월 1일)되어 1912년 일본이 부동산등기 제도가 시행되기 전까지를 말한다. 이 시기에는 근대적 등기 제도의 시초라고 할 수 있는 '증명 제도'가 실시되었다. 이 증명 제도는 소유권과 전당권典當權에 관하여 시행되었으며, 이 계약서에 통수統首 또는 동장洞長의 인증을 받은 후 군수 또는 부윤은 토지가계증명부에 바로 그 증명을 한 사항을 기재해야만 했다. 계약서는 2통(전당의 경우에는 3통)을 작성하여 제출하여야 했으며, 계약서는 1통(전당의 경우에는 2통)을 당사자에게 교부했다. 이 증명 제도는 증명부라는 공부를 작성하여 공시의 기능과 증명부의 신뢰도를 높이는 데에 그 특징이 있다.

4. 제4기: 일본 부동산증명 제도의 의용

이 시기는 1912년 3월 18일 칙령 제7호로 「조선민사령」을 공포하여 일본의 민법 그 밖의 법률을 의용하기 시작하여 1960년 1월 1일 현행 부동산등기법이 시행되기까지를 말한다.

한일합병 이전인 1900년부터 일본인이 거주하는 거류지·잡거지雜居地에 소재한 부동산에 관하여 일본의 부동산등기법에 의한 등기사무를 처리하였다. 이러한 부동산 증명 제도를 일본인 소유토지 이외의 지역을 확대하기 위하여 1912년 3월 22일 칙령 제5호로 「조선부동산증명령」을 제정하여 이는 종래의 토지가옥증과 거의 동일한 내용이었으나, 증명사항을 넓혀서 소유권과 전당권의 설정·보존·이전·변경·처분제한·소멸로 하고, 실질적 심사주의에서 형식적 심사주의로 바꾼 것이 다른 점이다. 이 부동산증명령은 토지대장의 미완비로 부동산등기령이 시행될 때까지 보충적 성질을 가지고 있었기 때문에 부동산등기령이 완전히 모든 곳에 시행되기 이전까지는 등기 제도와 증명 제도가 병존하게 되었다.

1912년 8월 칙령 제2호로 「토지조사령」을 공포하여 토지의 조사와 소유자의 사정査定 또는 재결裁決에 착수하였다. 이 영에 의하여 1914년 4월 총독부령 제45호로 「토지대장규칙」을 제정하여 1917년 토지조사가 완결된 후 위의 조사·사정의 결과를 바탕으로 1918년 모든 곳에 부동산등기법이 시행되게 되었다.

한편, 토지조사가 끝날 무렵인 1916년 임야조사를 시작하여 토지조사사업이 완결된 다음 해인 1918년에 「조선임야조사령」을 공포하여 전국적인 임야조사를 본격적으로 시행했으며, 이는 1935년에 완결되었다. 이러한 이유로 우리는 토지대장·임야대장 등 2가지의 지적공부를 가지게 되었다.

5. 제5기: 현행 부동산등기법

이 시기는 현행 「부동산등기법」이 제정·시행된 1960년 1월 1일부터 오늘에 이르는 기간을 말한다. 형식적 등기법이라고 할 수 있는 민법의 시행(1960.1.1.)과 맞추어서 절차적 등기법인 부동산등기법이 1960년 1월 1일 법률 제536호로 공포·시행되어 현재까지 많은 개정이 있었다. 그 중 1983년 12월 31일(법률 제3692호)의 제3차 개정은 등기용지의 카드화에 따른 조문의 정리·부정등기의 방지를 위한 보증서에 의한 등기 절차의 개선 및 등기권리자의 주민등록번호의 게재 등이 주요 내용이었고, 1984년 4월 10일(법률 제3692호)의 제4차 개정은 「집합건물의 소유 및 관리에 관한 법률」의 시행에 따른 대지권등기와 대지권인 취지의 등기 제도의 도입이 주요 내용이었으며, 1991년 12월 14일(법률 제4422호) 제8차 개정은 예고등기 제도의 개선, 등기의무자에게 일정한 요건하에 단독등기신청의 가능, 종래의 보증 제도의 폐지에 따른 일정한 확인 제도의 도입 등, 그 밖에 규정을 신설·삭제·개정한 대폭적 정리가 특색이다. 그리고 1996년 12월 30일(법률 제5202호) 제11차 개정은 전산정보처리조직에 의한 등기사무처리에 관한 장을 신설하여 관계조문을 두었고, 그 밖에 몇몇 규정이 신설·삭제·개정되었다. 그 후 2000년에 들어서도 여러 차례 개정이 있었고, 그 중에 2008년 3월 21일(법률 8922호) 개정에는 「읽기 쉬운 법령 만들기 사업」의 일환으로 부동산등기법도 국민 누구나 쉽게 읽고 이해할 수 있도록 어려운 한자나 일본식 용어, 전문용어 등을 쉬운 용어로 바꾸고, 길고 복잡한 법령문장 등을 간결하고 명확하게 하였다.

한편, 「부동산등기법 시행규칙」은 1969년에 폐기되고, 이에 갈음한 시행규칙이 1970년 1월 1일 시행(1969.12.13, 대법원규칙 제360호)되었으며, 이것이 현행 부동산등기법 시행규칙이다. 이 시행규칙도 부동산등기법의 개정과 더불어 많은 개정이 있었다.

개정 부동산등기법과 개정 부동산등기규칙의 시행(2011.10.13.) 4년도 채 지나지 않은 상태에서 신탁등기에 관한 부동산등기법(2015.7.24 일부 개정)과 부동산등기규칙(2014.11.27 일부 개정)이 개정되었다. 또한 위탁자와 수탁자가 공동으로 신청하던 신탁등기를 수탁자가 단독으로 신청하게 하는 등 등기 절차상 여러 가지 변화가 생겼다. 즉 신탁등기사무처리에 관한 예규(등기예규 제1501호), 전통사찰에 속하는 부동산의 처분에 대한 문화체육관광부 장관 또는 시·도지사의 허가와 관련된 등기예규(제1484호), 포괄수증자가 자기 명의로 소유권보존등기를 할 수 있다는 등기예규(제1482호), 남북주민 사이의 가족관계와 상속 등에 관한 특례법의 시행에 따른 업무처리지침(등기예규 제1457호) 등의 예규가 시행되고 있다. 또한 부동산등기신청사건 처리지침(2014.4.9 등기예규 제1515호), 등기원인증서의 반환에 관한 업무처리지침(2014.4.9 등기예규 제1514호), 등기필정보의 작성 및 통지 등에 관한 업무처리지침(2014.4.9 등기예규 제1513호), 유증을 받은 자의 소유권보존(이전)등기신청 절차 등에 관한 사무처리지침(2014.4.9 등기예규 제1512호), 신탁등기 사무처리에 관한 예규(2013.8.23 등기예규 제1501호)가 시행되고 있다.

Ⅴ 부동산등기 제도와 유사한 제도

부동산등기 제도와 대상만 다를 뿐 거의 유사한 기능을 하는 선박등기, 입목등기, 부부재산약정의 등기, 법인등기, 상업등기, 특수법인등기 등이 있다. 선박등기, 입목등기, 부부재산약정의 등기는 권리의 대상(객체)에 대한 등기라는 점에서 부동산등기와 거의 유사하고, 상당부분 부동산등기법의 규정들이 그대로 준용되고 있다.

법인등기, 상업등기(상법상의 주식·합자·합명·유한회사에 관한 등기), 특수법인등기 등은 사회적 존재로 법인격을 인정받는 권리주체에 대한 존재와 그 실체에 관한 내용을 공시하는 것이라는 점에서 부동산등기와는 구별된다. 하지만 이러한 등기 제도는 모두 다 제3자에 대하여 권리의 주체 또는 권리의 객체를 널리 알리기 위한 공시公示(공개적으로 보여줌.)를 주요한 목적으로 한다는 점과 등기라는 용어를 사용하고 있다는 점에서 유사하다고 볼 수 있다. 이러한 **등기 제도는** 모두 **대법원이 관장하는 업무로 대법원 산하** 각 **지방법원과 등기소에서 취급**하고 있다. 이 **등기와 유사한 기능을 하고 있는 자동차** 또는 **건설기계**에 관한 **등록 제도는 대법원이 아닌 행정관청에서 취급한다는 점에서 다를** 뿐 그 **본질에서는 등기 제도와 같다**고 할 수 있다.

그 밖에 부동산등기 제도와 유사한 공시기능을 하는 토지 관련 공시 제도로서 지적공부에 의한 지적공시 제도, 건축물대장에 의한 건물공시 제도, 개별공시지가확인서에 의한 지가공시 제도, 개별주택가격확인서 및 공동주택가격확인서에 의한 주택가격공시 제도, 토지이용계획확인서에 의한 용도지역 및 지형공시 제도 등이 있다.

지적공부에 의한 **지적공시 제도는 토지대장과 지적도를** 통해 **소유권의 확정과 과세를 목적으로 하는 제도**이다. **토지의 사실적 관계를 공시 대상으로 하며, 주요 공시 내용은 토지의 소재·지번·지목·면적·경계** 또는 **좌표, 소유자의 성명** 또는 **명칭, 주소** 및 **주민등록번호, 소유권 지분, 토지의 고유번호, 도면번호와 필지별 대장의 장번호** 및 **축척, 토지의 이동사유, 토지 소유자가 변경된 날과** 그 **원인, 토지 등급** 또는 **기준수확량등급과** 그 **설정·수정연월일, 개별공시지가와** 그 **기준일,** 그 밖에 **국토교통부 장관이 정하는 사항** 등이며(**공간정보의 구축 및 관리 등에 관한 법률 제71조, 같은 법 시행규칙 제68조), 관장부서는 국토교통부**이다.

표 1-1 | 등기 제도와 지적 제도의 비교

구분	등기 제도	지적 제도
근 거 법	부동산등기법	공간정보의 구축 및 관리 등에 관한 법률
기 능	토지 및 건물에 대한 권리 관계 공시	토지에 대한 사실관계 공시
대 상	토지, 건물	토지
기본이념	형식주의(성립요건주의)	지적국정주의/지적형식주의/지적공개주의
공부의 종류	토지등기부, 건물등기부	토지대장, 임야대장/지적도, 임야도/수치지적도/지적파일
관할구역	재판관할구역 중심	행정구역 중심
등기, 등록방법	신청주의/공동신청주의/서면주의	직권등록주의/단독신청주의
심사방법	형식적 심사주의	실질적 심사주의
담당기관	사법부(등기소)	국토교통부(시, 군, 구)

* **2011년 4월 12일 부동산등기법(법률 제10580호) 전부 개정**에 의해 **등기 제도의 특징 중 서면주의와 출석주의는 약화**되었다

건축물대장에 의한 건물공시 제도는 건축물의 소유·이용상태를 확인하거나 건축정책의 기초자료로 활용함을 목적으로 한다.(건축법 제38조) 건축물의 사실적 관계를 공시대상으로 하며, 고유번호, 대지위치, 지번, 명칭 및 번호, 특이사항, 대지면적, 연면적, 지역, 지구, 구역, 건축면적, 용적률산정용연면적, 주구조, 주용도, 층수, 건폐율, 용적률, 높이, 지붕, 부속건축물, 건축물현황(구분, 층별, 구조, 용도, 면적), 소유자현황(성명, 주민등록번호, 주소, 소유권지분, 변동일자, 변동원인), 건축주, 설계자, 공사감리자, 공사시공자, 주차장, 승강기, 오수정화시설, 변동사항(건축물의 사실적 관계) 등을 공시 내용으로 한다.(건축물대장의 기재 및 관리 등에 관한 규칙 제4조) 현재 일반건축물대장과 집합건축물대장으로 구분하여 운용하고 있으며, 국토교통부에서 관장하고 있다.

개별공시지가확인서, 개별주택가격확인서 및 공동주택가격확인서에 의한 토지, 주택의 가격공시 제도는 부동산의 적정가격을 공시하여 부동산 가격산정의 기준이 되게 함으로써 이의 적정한 가격형성을 도모함을 목적으로 하고 있다.(부동산가격공시 및 감정평가에 관한 법률 제1조) 지가의 경우, 표준지와 개별토지의 가격을 각각 공시하고 있다. 국토교통부 장관이 조사·평가하여 공시한 표준지의 단위면적당 가격이 공시지가를 공시 대상으로 하며, 공시 내용은 표준지와 개별공시지가로 구분하고 있다. 표준지에 대하여는 표준지의 지번, 표준지의 단위면적당 가격, 표준지의 면적 및 형상, 표준지 및 주변토지의 이용상황 등을 공시하며(같은 법 제6조), 개별공시지가에 대하여는 매년 공시지가의 공시기준일 현재 관할구역안의 개별토지의 단위면적당 가격을 공시한다.(같은 법 제11조) 주택의 경우에도 토지와 마찬가지

로 표준주택과 개별주택의 가격(같은 법 제16조) 및 공동주택의 가격을 공시하고 있으며(같은 법 제17조), 관장부서는 국토교통부이다.

토지이용계획확인서에 의한 용도지역 및 지형공시 제도는 도시관리계획 결정 내용, 용도지역지구, 토지의 용도 및 도시계획시설의 결정 여부 등에 관한 계획을 확인하기 위한 것이다.(토지이용규제기본법 제10조) 공시 내용은 지역·지구 등의 지정 내용, 지역·지구 등의 행위제한 내용, 토지거래계약에 관한 허가구역, 그 밖에 일반 국민에게 그 지정 내용을 알릴 필요가 있는 사항으로서 국토교통부령이 정하는 사항이다.(같은 법 제10조, 같은 법 시행령 제9조 4항) 관장부서는 국토교통부이다.

표 1-2 ‖ 주요 공시 제도의 내용

구분	부동산등기	지적공부	건축물대장	개별공시 지가 확인서	개별주택 가격 확인서	공동주택 가격 확인서	토지이용 계획 확인서
공시목적	부동산권리 보호, 거래의 안전	소유권 확정, 과세자료	건축정책, 건축행정	공적 가격, 과세자료			지역, 지구 지정 확인
공시 대상	토지·건물 권리관계	토지의 사실관계	건축물 사실관계	개별필지 가격 및 사실관계	개별주택 가격 및 사실관계	공동주택 가격 및 사실관계	지역, 지구 지정 내용
관장부서	사법부	국토교통부					
근거 법률	부동산등기법	공간정보의 구축 및 관리 등에 관한 법률	건축물, 건축물 대장의 기재 및 관리 등에 관한 규칙	부동산가격공시 및 감정평가에 관한 법률			토지이용 규제 기본법

○ 등기부, 등기용지 및 전산처리조직에 의한 보조기억장치

'등기부'란 공적 장부로서 그 등기용지를 1책으로 편철한 것을 지칭하며, 등기용지는 등기부의 내용이다.(등기부가 바인더형식으로 구성된 경우) 그러나 2002년 9월 30일 등기전산화가 완료된 이후 이러한 등기부의 개념은 수정하게 되었다. 따라서 오늘날 '등기부'란 공적 장부로서 그 등기용지를 1책으로 편철한 것뿐만 아니라, 등기사항이 기록된 보조기억장치(자기디스크, 그 밖에 이와 유사한 방법에 의하여 일정한 등기사항을 확실하게 기록·보관할 수 있는 전자적 정보저장매체 포함)를 포함하는 의미이다. 따라서 등기부의 내용은 등기용지와 등기사항이 전산정보처리조직에 의하여 기록된 보조기억장치이다.

'등기용지'란 하나의 부동산에 대하여 등기 내용을 기재하는 용지(1페이지 또는 수 페이지)

를 말한다. 등기용지는 1필의 토지 또는 1동의 건물마다 독립하여 작성한다. 1용지에 수필 또는 수동의 토지·건물을 기재하거나 1필·1동의 토지·건물의 일부만을 기재하지 않는다는 원칙을 취하고 있다.(부동산등기법 제15조) 등기용지는 '표제부', '갑구', '을구'의 세 부분으로 이루어지고 있으며, 그 밖에 공동담보목록이 추가 편철된 것도 있다. 표제부에는 토지·건물의 표시에 관한 사항이, 갑구에는 소유자가 누구인가 하는 관계사항이, 을구에는 저당권·임차권 등 소유권 이외의 권리관계가 각각 기재된다. 과거 등기부가 카드화된 때에는 종이에 의한 등기용지에 등기사항을 기록하였으나, 2002년 등기의 전산화가 완성된 이후에는 등기용지의 모든 등기사항이 전산화되어 보조기억장치에 기록되었다.

Ⅵ 현행 부동산등기 제도의 특징 및 문제점과 개선 방안

1. 현행 부동산등기 제도의 특징

현행 부동산등기 제도의 특징을 다음과 같이 열거할 수 있다.

1) 물적 편성주의

물적 편성주의는 등기의 대상인 부동산을 편성단위로 하여 등기용지를 편성하는 것으로서 1부동산에 1등기용지를 원칙(1부동산 1등기용지)으로 하고 있다. 부동산등기법 제15조 제1항(이하 부동산등기법과 시행규칙에 한하여 "법 또는 규칙 제○조 ○항"으로 명시하기로 한다.)에도 "1필의 토지 또는 1동의 건물에 대하여 1등기용지를 사용한다."라고 규정하고 있다.

우리 등기 제도는 물적 편성주의를 취하고 있다. 이를 **'1부동산 1등기기록주의'**라고도 한다. **부동산등기법은 등기부에 1필의 토지** 또는 **1동의 건물**에 대하여 **1개의 등기기록을 두도록 하고 있다.(법 제15조 1항)** 그러나 **1동의 건물을 구분한 건물에 있어서는 1동의 건물에 속하는 전부**에 대하여 **1개의 등기기록을 사용함으로써 1부동산 1등기기록주의의 예외를 인정**하고 있다.**(법 제15조 1항 후문)**

물적 편성주의는 인적 편성주의 또는 연대적 편성주의에 대비되는 개념으로서 권리의 객체인 1개의 부동산을 단위로 등기부가 편성되는 주의를 말한다. 독일법계의 국가(독일, 스위스, 한국, 일본)와 토렌스 시스템(Torrens System)을 취하고 있는 국가(미국 일부, 영국 일부, 호주)는 물적 편성주의를 취하고 있다. **물적 편성주의는 목적 부동산상의 권리관계를 한 등기기록으로 편성하므로 공시방법으로 간명하다는 장점을 가지고 있으나, 특정인의 재산상황**

및 권리의 총괄적 조사에는 한계가 있는 단점이 있다.

인적 편성주의는 개개의 소유자를 기준으로 등기부를 편성하는 주의를 말한다. 1소유자에 1등기기록을 두는 제도로 대표적으로 프랑스가 취하고 있다. 인적 편성주의는 특정인의 부동산상의 권리의 총괄적 조사에 유리한 반면, 특정 부동산의 권리관계를 한 기록에서 확인하기 곤란하다는 단점을 갖는다.

연대적 편성주의는 레코딩 시스템을 취하고 있는 미국 대부분의 주에서 활용되고 있다. 이는 부동산상의 권리의 변동기록을 순차적으로 편철하여 등기부를 편성하는 것을 말한다. 부동산상의 권리변동에 따라 그 권원의 증서의 사본을 편철하여 등기부에 편성하므로 등기의 불완전과 열람에 의한 완전조사의 어려움을 수반하는 단점을 갖는다. 이에 따라 권원조사·권원보험 등의 부수적인 제도가 발달해 왔다.

○ 1부동산 1등기기록

2011년 4월 12일 부동산등기법(법률 제10580호) 전부 개정에 의해 수작업등기부에서의 '1부동산 1등기용지' 원칙은 '1부동산 1등기기록'으로 변경되었다. 이는 2개 이상의 부동산을 1등기기록에 등기하지 못하고, 1개의 부동산의 일부를 1등기기록에 등기하지 못하는 것을 의미한다. 제15조 1항 본문은 우리 법제가 물적 편성주의를 등기부 편성의 기준으로 하고 있으며, 이를 구체적으로 실현하는 방법으로 1부동산 1등기기록주의를 취하고 있음을 선언한 것이다.(법무부, 29면)

---

2) 공동신청주의와 형식적 심사주의

우리 부동산등기 제도는 등기에 대하여 신청주의를 취하고 있다. 신청주의라 함은 등기는 법률로 정한 특별한 경우를 제외하고는 당사자의 신청에 의하여 하는 것을 원칙으로 하는 것을 말한다. 반면에, 강제주의라 함은 등기를 당사자의 자유의사에 의하여 하는 것이 아니라, 법률에 의하여 당사자에게 등기신청의무를 부과하여 등기를 강제하는 것을 말한다. 우리 부동산등기법은 법률에 다른 규정이 없는 한 부동산등기법상의 등기는 당사자의 신청 또는 관공서의 촉탁에 의해 행하여지는 신청주의를 원칙으로 한다(법 제22조 1항)고 하여 신청주의를 명문으로 채택하고 있다.

이와 같은 신청주의와 함께 우리 부동산등기법은 등기시 등기권리자와 등기의무자가 공동으로 신청한다(법 제23조 1항)고 하여 공동신청주의를 취하고 있다. 공동신청주의는 등기권리자와 등기의무자가 함께 신청하는 것을 말한다. 공동신청주의를 취하는 이유는 등기에 의하여 불이익을 받게 될 자를 등기신청에 참여하게 함으로써 등기의 진정을 보장하게 하기 위한 것이다. 반면에, 단독신청주의는 어느 일방에 의하여 등기를 신청하는 것을 말한다. 그 밖에 우리 부동산등기법은 2011년 4월 12일 전부 개정 전까지는 신청주의와 함께 출석신청주의와 서면신청주의를 특징으로 하고 있었는데, 개정에 의해 등기신청의 방법이 신청인 또는 그 대리인이 등기소에 출석하여 신청정보 및 첨부정보를 적은 서면을 제출하는 방법과 전산정보처리조직을 이용하여 신청정보 및 첨부정보를 보내는 방법(법 제24조)이 모두 가능하게 되었다.

등기는 등기권리자와 등기의무자 또는 대리인이 등기소에 출석하여 이를 신청하여야 한다.(법 제28조 본문) 이와 같이 우리는 등기신청에 관하여 공동신청주의를 취하고 있으며, 예외적으로 단독신청주의를 취하고 있다. 예컨대, 판결·상속(법 제29조) 그 밖의 경우(법 제31조, 제37조, 제38조, 제79조, 제130조, 제131조, 제166조, 제167조, 제169조 2항)가 이에 해당한다.

또한 등기관은 등기신청시에 심사 방법 및 심사 범위에 관하여 등기 절차상 적법한지에 대한 심사, 즉 형식적 심사를 한다. 따라서 등기와 실체관계의 부합에 대한 심사, 즉 실질적 심사에 대한 권한이 없다. 다만, 예외적으로 등기관은 구분건물의 등기신청시에 필요한 때에는 실질적 심사권이 부여된 때(구법 제59조의2 제2항)가 있었지만,구분건물의 표시에 관한 등기관의 실질적 심사권을 유지할 경우 건축물대장에는 일반건물로 되어 있는 것이 등기부에는 구분건물로 표시되어 거래의 불안을 야기할 수 있다는 지적에 따라 종전부동산등기법의 관련 규정(구법 제55조의2, 제55조13호, 구 규칙제73조의2내지4)은 모두 삭제되었다. 따라서 현행법에서는 구분건물로서의 요건 여부에 대하여는 등기관에게 실질적 심사권이 인정되지 않는다. 우리 부동산등기 제도는 등기에 대하여 형식적 심사주의를 취하고 있다. 형식적 심사주의는 오로지 등기 절차상의 적법성 여부만을 심사하는 것을 말한다. 등기의 실질은 심사하지 않고 등기 절차상의 요건구비만을 등기관이 심사할 권한을 가지는 주의이다. 이에 따라 등기신청이 있을 때 등기관의 심사범위는 등기의 적법성 여부만을 심사하는 것에 한정된다. 형식적 심사주의는 등기 절차를 신속하게 도모할 수 있다는 장점을 가지는 반면에, 등기의 확실을 기하기 어렵다는 단점을 가진다.

한편, 실질적 심사주의는 등기 절차상의 적법성 이외에 등기원인의 존부와 그 효력, 즉 등기신청의 실질적 이유 내지 원인까지도 심사하는 것을 말한다. 등기관에게 실체법상의 권리관계에 합치하는지 여부에 대해 심사할 수 있는 권한을 주는 주의이다. 실질적 심사주의는 등기의 확실을 기할 수 있다는 장점을 가지는 반면, 등기 절차가 복잡하고 지연된다는 단점을 가진다.

우리 부동산등기법은 등기관의 심사권한에 관하여 형식적 심사권한만을 부여하고 있다. 즉 등기관이 등기신청을 부적법한 것으로서 각하하여야 할 경우를 한정적으로 규정하고 있을 뿐만 아니라, 그 방법은 서면심사를 원칙으로 하고 있다.(법 제29조) 2011년 10월 11일 개정된 등기예규 제1377호(등기부 위조 관련 업무처리지침) 등기관은 등기신청에 대하여 부동산등기법상 그 등기신청에 필요한 서면이 제출되었는지 여부 및 제출된 서면이 형식적으로 진정한 것인지 여부를 심사할 권한을 갖고 있으나, 그 등기신청이 실체법상의 권리관계와 일치하는지 여부를 심사할 실질적인 심사권한은 없으므로 등기관으로서는 오직 제출된 서면 자체를 검토하거나 이를 등기부와 대조하는 등의 방법으로 등기신청의 적법 여부를 심사하여야 할 것이고, 이러한 방법에 의한 심사 결과 형식적으로 부진정한, 즉 위조된 서면에 의한 등기신청이라고 인정될 경우 이를 각하하여야 할 직무상의 의무가 있다고 할 것이지만, 등기관은 다른 한편으로 대량의 등기신청사건을 신속하고 적정하게 처리할 것을 요구받기도 하므로 **제출된 서면이 위조된 것임을 간과하고 등기신청을 수리한** 모든 **경우에 등기관의 과실이 있다고는 할 수 없고,** 위와 같은 **방법의 심사 과정에서 등기업무를 담당하는 평균적 등기관이 보통 갖추어야 할 통상의 주의의무만 기울였어도 제출 서면이 위조되었다는 것을 쉽게 알 수 있었음에도** 이를 **간과한 채 적법한 것으로 심사하여 등기신청을 각하하지 못한 경우에** 그 **과실을 인정**할 수 있다.**(대판 2005.2.25, 2003다13048)**

우리 부동산등기법은 2011년 4월 12일 전부 개정 전까지는 **1동의 건물을 구분한 건물**에 관한 **등기신청이 있는 경우, 구분건물의 표시사항**에 관해서는 **등기관에게 조사권을 인정하여 예외적으로** 전술한 바와 같이 **실질적 심사주의를 인정하고 있었다.** 이는 **구분건물의 특성상 이해관계인이 다수 존재하고, 전유부분·공유부분** 등의 **이해관계가 밀접하게 관련되기 때문에 인정되는 것**이었다. 이러한 **예외적인 실질적 심사주의를 부동산등기법의 개정을** 통해 **삭제한 것은 우리 등기 제도의 후퇴를 가져올 것**(정우형, 55－78면)**이라는 지적**도 있다.

이에 반하여, **일본은 2004년 일본 부동산법의 개정**을 통해 **등기관의 적극적인 심사권을 강화**하였다. 즉 이 법 제24조에서는 "등기관은 등기의 신청이 있는 경우에 신청인으로 되어야 할 자 이외의 자가 신청하고 있다고 의심할만한 상당한 이유가 있다고 인정하는 때에는 제25조의 규정에 의하여 해당 신청을 각하하여야 할 경우를 제외하고, 신청인 또는 그 대표자나 대리인에 대하여 출석을 요구하여 질문을 하거나, 또는 문서의 제시 그 밖의 필요한 정보의 제공을 요구하는 방법에 의하여, 해당 신청인의 신청의 권한의 유무를 조사하지 않으면 아니 된다."라고 규정하여 형식적·소극적 심사원칙을 수정하였다.

온라인등기신청의 도입을 위한 전면 개정의 필요성 때문에 2004년 6월 11일 법률 제123호로 참의원 본회의에서 전원일치로 가결되어 6월 18일 공포되었다.(최명구, 847면)

3) 성립요건주의(형식주의, 독법주의)

민법 제186조에 의하면 "부동산에 관한 법률행위로 인한 물권의 득실·변경은 등기하여야 효력이 생긴다."라고 규정하고 있어서 우리는 물권변동에 관하여 성립요건주의를 취하고 있다. 상대적 개념은 대항요건주의(의사주의, 불법주의)로서 이는 등기 없이 물권변동이 발생하지만, 제3자에게 물권변동을 주장하기 위하여 등기를 필요로 하는 주의이다.

우리 부동산등기 제도는 성립요건주의를 취하고 있다. 성립요건주의는 형식주의라고도 하며, 대항요건주의 또는 의사주의에 대한 개념이다. 우리 민법은 "부동산에 관한 법률행위로 인한 물권의 득실변경은 등기하여야 그 효력이 생긴다."라고 규정하여 성립요건주의를 취하고 있다.(민법 제186조) **물권행위** 이외에 **공시방법(등기)을 갖춘 때에 당사자** 사이에서나 **제3자**에 대해서나 **물권이 변동된다는 것으로서 등기를 하지 아니하면 당사자** 사이에서도 **물권변동이 발생하지 아니하므로 등기를 물권변동의 성립요건으로 하는 것**이다. **독일 민법, 스위스 민법, 오스트리아 민법, 우리 민법** 등 **토렌스 등기 제도를 취하는 국가에서 성립요건주의**를 취하고 있다.

이에 반하여, **대항요건주의는 의사주의라고도 하며, 당사자** 사이에는 **물권행위만으로 물권변동이 생기지만,** 그것을 **제3자에게 대항하기** 위해서는 **공시방법을 갖출 것을 요건으로 하는 주의**를 말한다. 소유권이 대내관계와 대외관계에 따라 상대적으로 나누어지는 소유권의 상대적 귀속현상이 발생한다. **프랑스 민법, 일본 민법, 영·미 부동산법이 대항요건주의**를 취하고 있다.

우리 민법 및 부동산등기법은 독자적으로 발전시키지 못하고 일본의 의용민법을 채용한 관계로 일부 규정에는 성립요건주의에 대한 예외 규정이 적지 않게 남아 있다. 상속, 공용징수, 판결, 경매 등과 같이 법률의 규정에 의하여 취득한 부동산물권의 경우에는 등기를 처분요건으로 하고 있으며(민법 제187조), 임차권(민법 제621조 2항), 환매권(민법 제592조), 신탁법상의 신탁(신탁법 제3조 1항), 지상권의 지료(부동산등기법 제69조), 전세권의 전세금(부동산등기법 제72조) 등은 대항요건주의를 취하고 있는 규정이다.

✦ 관련조문

민법 제187조(등기를 요하지 아니하는 부동산물권취득) 상속, 공용징수, 판결, 경매 그 밖의 법률의 규정에 의한 부동산에 관한 물권의 취득은 등기를 요하지 아니한다. 그러나 등기를 하지 아니하면 이를 처분하지 못한다.

민법 제621조(임대차의 등기) ① 부동산임차인은 당사자 간에 반대 약정이 없으면 임대인에 대하여 그 임대차등기 절차에 협력할 것을 청구할 수 있다.

② 부동산임대차를 등기한 때에는 그 때부터 제3자에 대하여 효력이 생긴다.

민법 제592조(환매등기) 매매의 목적물이 부동산인 경우에 매매등기와 동시에 환매권의 보류를 등기한 때에는 제3자에 대하여 그 효력이 있다.

신탁법 제3조 ① 등기 또는 등록하여야 할 재산권에 관하여는 신탁을 그 등기 또는 등록을 함으로써 제3자에게 대항할 수 있다.

부동산등기법 제69조(지상권의 등기사항) 등기관이 지상권설정의 등기를 할 때에는 제48조에서 규정한 사항 외에 다음 각 호의 사항을 기록하여야 한다. 다만, 제3호부터 제5호까지는 등기원인에 그 약정이 있는 경우에만 기록한다.

1. 지상권설정의 목적
2. 범위
3. 존속기간
4. 지료와 지급시기
5. 민법 제289조의2 제1항 후단의 약정
6. 지상권설정의 범위가 토지의 일부인 경우에는 그 부분을 표시한 도면의 번호

부동산등기법 제72조(전세권 등의 등기사항) ① 등기관이 전세권설정이나 전전세 등기를 할 때에는 제48조에서 규정한 사항 외에 다음 각 호 사항을 기록하여야 한다. 다만, 제3호부터 제5호까지는 등기원인에 그 약정이 있는 경우에만 기록한다.

1. 전세금 또는 전전세금
2. 범위
3. 존속기간
4. 위약금 또는 배상금
5. 민법 제306조 단서의 약정
6. 전세권설정이나 전전세의 범위가 부동산의 일부인 경우에는 그 부분을 표시한 도면의 번호

---

4) 공신력의 불인정

공신력이란 등기부상 권리와 실체관계가 부합하지 않아도 등기부상의 권리를 유효하게 인정하는 것을 말한다. **우리는 공신력 불인정**에 관한 **명문 규정은 없으나, 판례는 공신력을 불인정**하고 있다.**(대판 1969.6.10, 68다199)**

우리 부동산등기 제도는 등기에 대한 공신력을 인정하지 않고 있다. 부동산의 소유권을 비롯한 물권의 변동은 언제나 외부에서 인식할 수 있어야 한다. 즉 공시방법을 갖추어야 한다는 것이 공시의 원칙이다. 물권은 배타적인 효력을 가지는 권리이므로 제3자가 물권의 변동을 언제나 외부에서 인식할 수 있는 표상을 갖추어야 한다는 원칙으로 부동산물권변동은 등기(민법 제186조), 동산물권변동은 인도(민법 제188조)의 공시방법을 채택한다. 공시의 원칙은 물권거래의 안정을 위하여 인정되는 제도이지만, 물권변동에 관해서만 인정되는 것이 아니고, 광업권(광업법 제38조), 어업권(수산업법 제19조), 특허권(특허법 제42조), 저작권의 등록(저작권법 제53조, 제54조), 채권양도의 통지(민법 제450조), 혼인·인지·입양 등의 신고(민법 제812조, 제859조, 제878조), 주택임차권의 공시로서 입주와 주민등록의 이전(주택임대차보호법 제3조) 및 상업용 건물임차권의 공시로서 건물인도와 사업자등록(상가건물임대차보호법 제3조)에도 이 원칙이 인정되고 있다.

한편, **공신의 원칙이란 공시방법을 신뢰해서 거래한 자는** 비록 그 **공시방법이 진실한 권리관계와 일치하지 않더라도** 그 **공시된** 대로의 **권리를 인정하여 보호를 받아야 한다는 원칙**을 말한다. 이 **원칙**에 따라 **정적 안전은 보호받지 못하나, 동적 안전은 보호받는 결과**가 된다. **현행 부동산등기 제도는 공시의 원칙은 인정하고 있으나, 공신의 원칙은 인정하지 않고 있다.** 따라서 부동산의 경우에는 등기를 믿고 취득했다고 하더라도 전 소유자가 무권리자이면 공신의 원칙이 인정되지 않으므로 소유권취득은 무효가 된다.

공신력은 물권의 존재를 추측케 하는 표상, 즉 공시방법을 신뢰해서 거래한 자가 있는 경우, 비록 그 공시방법이 진실한 권리관계에 일치하지 않고 있더라도 마치 공시된 대로의 권리가 존재하는 것처럼 다투어서 그 자의 신뢰를 보호해야 하는 효력을 말한다. 등기의 공신력 인정 유무에 관해서 우리는 부동산의 물권변동을 등기를 해야만 완전한 효력이 발생한다.고 규정하여 성립요건주의를 채택하고 있으면서도(민법 제186조), 등기의 공신력을 인정하지 않고 있음은 해석론상 명백하다. 즉 무권리자로부터 양수한 자가 권리를 취득할 수 있다는 것은 법률이론으로서는 예외에 속하는 것이므로 등기의 공신력은 인정되지 않는다는 것이다. 그 결과 **부동산등기를 신뢰하고 거래한 자는 언제든지 실제 권리를 잃어버릴 위험이 상존하고 있는 것**이다.

우리 민법은 동산의 경우에만 동산의 선의취득(민법 제249조)을 인정하여 물권거래의 안전과 신속을 확실하게 확보하고 있다. 그러나 「**가등기담보** 등에 관한 **법률**」 **제11조** 단서에 의하면 **양도담보권의 설정**을 위해서 **소유권이전등기가 경료되고 청산 절차가 종료하기** 전에 그 **소유권이전등기를 신뢰하고** 해당 **양도담보의 목적물을 취득한 선의의 제3자는 소유권을 취득**할 수 있다. **양도담보권을 특수한 저당권으로 이해하면** 이 **경우에는** 결국 **등기의 공신**

력이 인정된 결과와 동일한 결과에 도달한다.

이와 같이 공시의 원칙만을 인정하고 공신의 원칙을 인정하지 않는 바탕에서 부동산등기는 권리변동적 효력, 대항적 효력, 순위확정적 효력, 추정적 효력, 점유적 효력, 후등기저지력이 인정되고 있으며, 공신력은 인정되지 않는다. 등기의 효력은 권리변동적 효력에 의해 물권행위와 부합하는 등기가 있으면 부동산물권변동의 효력이 생기고, 대항적 효력에 의해 부동산권리에 관한 등기를 하면 제3자에게 대항할 수 있으며, 등기를 하지 않으면 당사자 사이에서 채권적 효력이 있을 뿐이다. 순위확정적 효력에 의해 동일한 부동산에 관하여 설정된 수개의 권리의 순위는 법률에 다른 규정이 없으면 등기의 전후에 의하여 정해지고(법 제4조 1항), **추정적 효력**에 의해 **등기가 되어 있으면** 그에 **대응하는 실체적 권리관계가 존재하는 것으로 추정**된다. **구 「부동산소유권이전등기** 등에 관한 **특별조치법」(1992.11.30 법률 제4502호, 실효)**에 의한 **등기도 실체적 권리관계에 부합하는 등기로 추정되므로** 그 **추정의 번복을 구하는 당사자가** 그 **등기의 기초가** 된 위 **법 소정의 보증서나 확인서가 허위로 작성되었다거나 위조되었다든지,** 그 밖의 **사유로 적법하게 등기된 것이 아니라는 것을 주장·증명하여야 하고,** 그 **등기의 추정력을 번복하기 위한 증명의 정도는 등기의 기초가 된 보증서나 확인서의 실체적 기재 내용이 진실이 아님을 의심할 만큼 증명되어야 하며,** 그와 같은 **증명이 없는 한** 그 **등기의 추정력은 번복되지 아니한다.(대판 2005.4.29, 2005다2189)** 부동산등기는 현재의 진실한 권리상태를 공시하면 그에 이른 과정이나 태양을 그대로 반영하지 아니하였어도 유효한 것으로서 등기 명의자가 전 소유자로부터 부동산을 취득함에 있어 등기부상 기재된 등기원인에 의하지 아니하고 다른 원인으로 적법하게 취득하였다고 하면서 등기원인 행위의 태양이나 과정을 다소 다르게 주장한다고 하여 이러한 주장만 가지고 그 등기의 추정력이 깨어진다고 할 수는 없다(대판 2005.9.29, 2003다40651)고 한다.

판례 등기의 추정력

부동산에 대한 소유권보존등기가 있으면 일응 그 명의자에게 소유권이 있음은 추정되는 것이나, 그 명의자가 보존등기 전의 소유자로부터 소유권을 양도 받은 것이라는 주장이 있고, 전소유자가 보존등기 명의자에의 양도사실을 부인하는 경우는 소유권이전등기의 경우와 달리 그 추정력이 깨어진다(대판 1980.1.15, 79다1200)고 한다.

구 「임야소유권이전등기 등에 관한 특별조치법」(실효, 이하 「특별조치법」이라 한다.)에 따라 등기를 마친 자가 보증서나 확인서에 기재된 취득원인이 사실과 다름을 인정하더라도 그가 다른 취득원인에 따라 권리를 취득하였음을 주장하는 때에는 특별조치법의 적용을 받을 수 없는 시점의 취득원인 일자를 내세우는 경우와 같이 그의 주장 자체서 특별조치법에 따른 등기를 마칠 수 없음이 명백하거나 그 주장하는 내용이 구체성이 전혀 없다든지, 그 자체로서 허구임이 명백한 경우 등의 특별한 사정이 없는 한 위의 사유만으로 특별조치법에 따라 마쳐진 등기의 추정력이 깨어진다고 볼 수는 없으며, 그 밖의 자료에 의하여 새로이 주장된 취득원인 사실에 관하여도 진실이 아님을 의심할 만큼 증명되어야 그 등기의 추정력이 깨어진다고 할 것이라(대판<전합> 2001.11.22, 2000다71388, 71395)고 한다.

점유적 효력에 의해 부동산의 시효취득에 있어서는 부동산의 소유자로 등기되어 있는 자는 10년 동안의 자주점유로 소유권을 취득하므로(민법 제245조 2항) 등기는 동산의 시효취득에 있어서 점유와 같은 효력을 가진다. 또한 후등기저지력에 의해 등기가 존재하는 이상 그것이 비록 실체법상 무효라고 하더라도 형식상의 효력은 있는 것이므로 소정의 요건과 절차에 따라 그것을 말소하지 않고서는 그것과 양립할 수 있는 등기는 할 수 없다.

5) 서면신청주의

등기를 신청함에는 등기신청서·등기원인을 증명하는 서면 등 개정 전의 구 부동산등기법 제40조에 규정된 일정한 서면을 등기소에 출석하여 제출하여야 했고, 등기관의 처분에 대하여 이의신청을 하는 경우에도 이의신청서라는 일정한 서면을 등기소에 제출하여야 했기 때문에(구 법 제179조) 종래에는 이를 '서면신청주의'라고 하였고, 이에 대한 예외를 인정하지 아니하였다. 그러나 **개정법에서는 등기신청의 방법으로 등기소에 출석하여 신청정보** 및 **첨부정보를 적은 서면을 제출하는 방법과 전산정보처리조직을 이용하여 신청정보** 및 **첨부정보를 보내는 방법을 병렬적으로 서술하고 있기 때문에** 더 이상 **'서면신청주의'가 우리 부동산등기 제도의 특징이라 할 수 없게 되었다.** 다만, **개정법에서도 등기관의 처분**에 대한 **이의신청은 대법원규칙으로 정하는 바**에 따라 **등기소에 이의신청서를 제출하는 방법으로 할 것이 요구되므로(법 제101조) 서면신청주의는** 어느 **정도 유지**된다고 할 수 있다.

6) 등기부와 대장의 이원화

현행 부동산의 등기와 대장에 관하여 관계 법률이 다르기 때문에 각각 소관청이 다르다. 즉 **부동산등기는 법원, 토지대장은 행정안전부,** 그리고 **건축물대장은 국토교통부에서** 각각 **소관**하고 있다. 따라서 **부동산의 표시에 공시업무와 부동산물권변동**에 관한 **공시업무를** 각각 **분리하여 담당**하고 있다.

부동산의 공시와 관련하여 우리 제도는 등기부, 즉 토지등기부와 건물등기부 외에 지적공부로서 토지대장과 임야대장 및 건축물대장을 두고 있어 등기부와 대장이 이원화되어 있다. 부동산에 관한 권리관계는 이를 등기부에 기재하여 공시함으로써 거래의 안전이라는 목적을 이루려고 하는 한편, 부동산 자체의 사실상태 내지 현황은 이를 대장에 기재하여 정확하게 파악하려고 한다. 그것은 부동산에 관한 권리관계를 명확하게 하기 위한 목적물인 부동산을 명확히 한다는 부동산등기 제도상에서 뿐만 아니라, 과세행정 및 국토종합개발 등을 위해서도 필요하기 때문이다.

토지대장과 임야대장은 공간정보의 구축 및 관리 등에 관한 법률에 의하여 공유지연명부·대지권등록부·지적도·임야도 및 경계점좌표등록부와 함께 작성된다.(공간정보의 구축 및 관리 등에 관한 법률 제2조) 건축물대장은 일반건축물대장과 집합건축물대장으로 구분되는데, 건축물의 소유·이용상태를 확인하거나 건축정책의 기초자료로 활용하기 위하여 건축물의 사용승낙서를 교부한 경우와 건축허가 대상건축물 외의 건축을 완료한 후, 그 건축물에 대하여 기재의 요청이 있는 경우에는 특별자치도지사 또는 시장·군수·구청장에 의하여 작성된다.(건축법 제38조, 같은 법 시행령 제25조, 건축물대장의 기재 및 관리 등에 관한 규칙 제3조) 이와 유사한 재산세과세대장은 지방세법 제195조, 지방세법 시행령 제83조, 지방세법 시행규칙 제81조와 지방자치단체의 조례에 의하여 작성·비치하도록 되어 있을 뿐, 지적공부와 같이 그 등록·조사·측량·합병 등에 관한 규정을 전혀 두고 있지 않다.

이와 같이 등기부와 지적공부는 각각의 목적에 따라 사용되고 그 기능을 다하고 있다. 그러나 복잡하고 다원화되어 혼란이 가중되고 각 등기부와 공부 사이에 일치하지 않는 경우가 많다.

부동산등기법에 의한 토지등기부는 부동산에 관한 권리관계의 공시를 목적으로 하고 있고, 「공간정보의 구축 및 관리 등에 관한 법률」에 의한 토지대장은 부동산 자체의 사실상태 내지 현황을 파악하기 위한 것이다. 이와 같이 토지등기부와 토지대장은 그 목적을 달리하고 있으나, 실제에서는 거의 같은 기능을 하고 있다. 더욱이 토지등기부와 토지대장의 등재항목이 각각 11개, 12개이나 그 중 9개 항목이 중복되어 있으므로 공부관리에 예산과 인력이 이중으로 낭비되고 있으며, 토지 관련 민원에도 토지등기부와 토지대장을 이중으로 요구하고 있는 경우가 많아 민원인에게 이중의 부담을 주고 있다. 이것은 건물등기부와 건축물대장에 있어서도 거의 비슷한 실정이다. 이러한 공시 내용의 중복은 관장기관이 등기소와 시·군·구로 이원화된 체제로 인해 불부합의 상태를 야기하는 결과가 된다. 따라서 부동산등기법과 「공간정보의 구축 및 관리 등에 관한 법률」은 양 제도의 부합과 일치를 위해 많은 규정을 두고 있다. **부동산의 표시와 소유자의 변동**에 관한 **사항은 대장과 등기부에 공통적으로 등록·등기되어 공시되므로** 이러한 **등록과 일치** 내지 **부합하여야 한다.**

7) 국가배상책임주의

우리 부동산등기 제도는 등기에 대하여 국가배상책임주의를 인정하고 있다. 일본 의용민법 시대에는 국가배상책임이 인정되지 않았으나, 현행 법령에서는 「국가배상법」의 제정으로 일정한 요건하에 국가배상책임이 인정되고 있다.

등기관이 고의·과실로 인하여 **등기의 과오** 등 **부당한 처분을 함으로써 사인에게 손해를 준 경우에는 「국가배상법」의 규정**에 따라 **국가가 배상책임을 지며, 등기관에게 고의** 또는 **중대한 과실이 있는 때에는 국가는 등기관**에 대하여 **구상권**을 가진다.**(국가배상법 제2조)** 이와 같은 **「국가배상법」상 국가배상책임과는 별도로 민법의 규정**(민법 **제750조)**에 따라 **등기관이 피해자**에 대하여 **직접 배상책임을 지게 됨**은 물론이다.

8) 토지·건물등기부의 이원화

우리 제도는 등기에 대하여 **토지등기부와 건물등기부의 이원화를 인정**하고 있다. 우리는 일제의 강점으로 인하여 종래 우리 관습과는 달리 토지와 건물을 별개의 부동산으로 보게 되었으며, 이에 따른 일본의 부동산등기법을 그대로 계수하여 오늘에 이르렀다. 따라서 **등기부도 토지등기부와 건물등기부를 별도로 두도록 하고 있다.(법 제14조 1항)** 반면에, **독일·프랑스·스위스·이탈리아·영국** 등 **서구** 여러 **나라들은** 모두 **토지만을 독립한 부동산으로 하고 있으며, 건물** 및 그 **지상물은 토지의 구성부분**으로 하고 있다. 따라서 **토지등기부** 이외에 **다른 등기부는 존재하지 않는다.**

9) 등기원인증서의 사서증서성

우리 부동산등기법은 등기신청시에 등기원인을 증명하는 서면의 제출을 요구하고 있으나, 그것은 증거력이 약한 사서증서에 지나지 않는데다가, 등기관은 그러한 서면이 첨부되어 있는지의 여부를 심사할 뿐인 형식적 심사권을 가질 뿐이다. 즉 **등기신청시에 제출하여야 하는 '등기원인을 증명하는 정보'(규칙 제46조 1항 1호)가 공정증서(공증사무실에서 공증을 받은 매매계약서, 증여계약서, 근저당권설정계약서 등)일 필요는 없으며, 당사자** 사이에 **작성한 사서증서로서 족하다.**(유석주, 15면) 이러한 제도 아래에서는 부실한 등기 내지 허위의 등기의 발생을 막을 수 없다. 최선의 길은 등기원인을 증명하는 서면을 공정증서로 작성해서 요구하는 것이다. 사서증서를 공증인이 인증(증명)한 경우에는 공증인이 규정된 절차를 제대로 거치지 않았다는 사실이 주장·입증되는 등의 특별한 사정이 없는 한, 공증인이 인증한 사서증서의 진정성립이 추정된다(대판 1992.7.28, 91다35816; 대판 2008.12.24, 2008두17806)고 한다.

이와 같이 등기원인을 공정증서로 제출하는 것이 바람직하지만, 현재와 같은 법률시스템 하에서는 공증인 제도에 의한 공증은 쉽게 기대하기가 어렵다. 부동산거래에서 거래 내용의 진실성 확보의 방법 중에서 공정증서에 의한 공증방법이 최선의 방법으로 평가되고 있으며, 검인계약서 제도를 공정증서에 의한 공증 제도로 전환되어야 한다고 한다.(김상용, 2008, 127면) 그렇다고 현재의 전문직업영역에 추가해서 이러한 제도를 도입하는 것은 업역 사이의 다툼과 국민생활의 혼란을 초래할 것이므로 전문법조인력의 확대를 통해 점진적으로 정비해 나가야 할 과제라고 생각한다.

○ 등기원인증서

등기원인증서는 등기할 물권변동의 원인인 법률행위 또는 법률사실을 기재한 서면을 말한다. 예컨대, 매매계약서·저당권설정계약서 등이다.

2. 현행 등기 제도의 문제점과 개선 방안

1) 공신의 원칙의 불인정

우리 민법은 동산의 경우에는 빈번히 대량으로 거래된다는 점에서 공신의 원칙을 채택하여 진정한 권리자를 보호하기보다는 거래의 안전을 보호한다는 입장을 취하고 있다. 그러나 부동산의 경우에는 공신의 원칙을 취하고 있지 않아, 진정한 권리자를 보호하는 입장을 취하고 있다. 따라서 동적 안전보다는 정적 안전의 보호에 치중하고 있는 실정이다.

부동산의 경우에도 거래의 안전을 위하여 **공신의 원칙을 채택할 필요**가 있다. 그러나 이를 위해서는 등기의 진정성을 보장하는 장치가 마련되어야 한다. 이러한 장치가 마련되어야만 진정한 권리자의 피해를 줄일 수 있다. **현행 등기심사는** 그 **심사를 서류만으로 하는 형식적 심사라는 점에서 부실등기가 행해질 소지가 많기에** 이러한 **부실등기를 막기** 위한 **대비를 한** 후에 **이루어져야 한다. 진정한 권리자의 보호를 위한 제도의 보완이 선행되어야 한다.** 예컨대, **국가배상책임을 확대한다든가, 특별보험기금 제도를 마련하는 것** 등을 **들 수 있다.** 우리는 이와 같은 **공신력 불인정**으로 인한 **거래의 안전을 보전하기** 위하여 **부동산 권원보험 제도를 실시**하고 있다. 부동산 권원보험은 2001년 2월 9일 금융감독원이 미국계 퍼스트아메리칸 권원보험㈜ 국내지점의 권원보험 사업영위에 대한 예비허가를 하고, 2001년 6월 29일 권원보험업을 허가함으로써 부동산 권원보험 제도가 본격적으로 도입되었다.

2) 등기부와 대장의 이원화

부동산등기부의 표제부에 기재하는 부동산의 표시나 대장상의 부동산의 표시는 모두 동일한 부동산의 현황을 표시하는 것인 만큼 양자의 기재는 일치하여야 하지만, 그 사무를 관장하는 기관이 다르므로 양자는 일치하지 않는 경우가 있다. 즉 **부동산등기부는 사법부인 대법원에서, 지적대장** 등은 **국토교통부에서 담당하고 있어서 불일치가 존재**하고 있다.

부동산등기법은 양자의 일치를 위하여 **등기신청시 '신청정보** 또는 **등기기록의 부동산의 표시가 토지대장·임야대장** 또는 **건축물대장과 일치하지 아니한 경우'에 각하**하도록 하고 있다.**(법 제29조 11호)** 위와 같은 제도상의 보완장치가 있기는 하지만, 궁극적으로는 일본과 같이 대장 제도를 등기 제도 속에 포함시켜 하나의 장부로 단일화하는 것이 필요하다고 생각된다. 2011년 4월 12일 전부 개정되기 전까지 종전의 제도적 보완장치는 다음과 같다. 첫째, 등기부에 적힌 부동산의 표시가 토지대장·임야대장 또는 건축물대장과 일치하지 아니하는 경우에는 그 부동산 소유권의 등기 명의인은 부동산 표시의 변경등기를 하지 아니하면 그 부동산에 대하여 다른 등기를 신청할 수 없다.(집합건물의 소유 및 관리에 관한 법률 제56조 1항) 둘째, 등기부에 적힌 등기 명의인의 표시가 토지대장·임야대장 또는 건축물대장과 일치하지 아니하는 경우에는 그 등기 명의인은 등록 명의인 표시의 변경등록을 하지 아니하면 해당 부동산에 대하여 다른 등기를 신청할 수 없다.(같은 법 제56조 2항) 셋째, 미등기토지 또는 미등기건물에 대한 보존등기신청시에는 각각 대장등본 등을 첨부하여야 한다.(같은 법 제130조, 제131조) 넷째, 1동의 건물을 구분한 건물의 등기신청에 있어서는 그 구분소유권의 목적인 건물의 표시에 관한 사항이 등기관의 조사결과, 구조상 구분된 수개의 부분이 독립한 건물로서 사용될 수 없거나 상가건물의 구분소유로 볼 수 없는 때에는 이를 각하하여야 한다.(같은 법 제55조 12호)

3) 형식적 심사주의

우리 **부동산등기법은 등기관의 심사권한**에 관하여 **형식적 심사권한만을 부여**하고 있다. 즉 **등기관이 등기신청을 부적법한 것으로서 각하하여야 할 경우를 한정적으로 규정**하고 있을 뿐만 아니라, 그 **방법은 서면심사를 원칙**으로 하고 있다.**(법 제29조) 2011년 4월 12일 전부 개정** 전까지만 **해도 구분건물의 표시사항**에 관하여서는 **등기관에게 조사권을 인정하여 예외적으로 실질적 심사주의를 인정하고 있었으나(집합건물의 소유 및 관리에 관한 법률 제56조의2)**, 이제는 그나마도 **없어지게 되었다.**

등기의 진정성을 확보하기 위해서는 실질적 심사주의를 채택하는 것이 바람직하지만, 이 제도를 채택하기 위해서는 사전에 등기 절차의 지연을 막을 방안을 확보하는 것이 필요하다. 생각건대 '에스크로우(Escrow) 제도'와 부동산 권원보험 제도의 활성화는 등기 절차의 신속성과 등기의 진정성을 함께 충족할 수 있을 것이다. 에스크로우 제도(에스크로우 제도의 법적 근거는 「공인중개사의 업무 및 부동산 거래신고에 관한 법률」 제31조에 규정되어 있다.)는 부동산 권원보험과 함께 미국을 비롯한 선진 여러 국가에서 소유자 및 은행이 부동산거래를 할 때 필수적으로 활용하고 있는 제도이다. 에스크로우는 부동산 매도인과 매수인 양자 사이에 어떤 조건이 성립하여 증서의 내용이 실행되기까지 제3자 또는 기관이 서류와 소유권 대금을 보관하여 양자 사이의 대금지급의무와 소유권이전의무를 이행하도록 하여 안전한 부동산거래가 이루어지도록 하는 제도이다. 신속하고 원활한 부동산거래를 목적으로 하고, 관행적으로 이루어졌던 부동산거래를 선진기법으로 보완하는 점에서 부동산 권원보험과 에스크로우는 동일하다. 그러나 전자는 권원분석 후에 이에 따르는 부동산사고를 방지하기 위한 제도이고, 후자는 계약부터 중도금·잔금지급에 이르기까지 불안정한 양자의 법적 지위를 보호한다는 점에서 차이가 있으며, 또한 전자는 등기의 공신력을 보완하는 성격을 가지며, 후자는 동시이행의 관계를 보완하는 성격을 가진다는 점에서 차이가 있으며. 대출을 위하여 체결하는 계약은 권원보험이 있다.

Ⅶ 부동산등기의 의의 및 종류

1. 부동산등기의 의의

1) 부동산등기의 의의와 법원

(1) 의의

일반적으로 등기란 국가기관인 등기관이 법정 절차에 따라 등기부라는 공적 장부에 부동산의 권리관계를 기재하는 것 또는 그 기재 자체를 가리킨다. 등기사무를 등기소의 업무 중 등기관에 의하여 등기부에 등기사항을 기록하는 업무라고 할 때 등기부는 전산정보처리조직에 의하여 입력·처리된 등기정보자료를 편성한 것이므로(법 제2조 1호), 이 경우 부동산등기란 등기관이 등기사무를 전산정보처리조직을 이용하여 등기부에 등기사항을 기록하는 것 또는 그러한 기록 자체를 의미한다.(법 제11조 2항) 전자는 수작업등기부에서의 부동산등기를 의미하고, 후자는 전산정보처리방식에서의 부동산등기를 의미한다고 할 수 있다. 2015년 7

월 24일 일부를 개정하여 시행하고 있는 「**부동산등기법**」(**법률 제13435호**)**은 전산정보처리방식**에 의한 **등기사무처리를 원칙적인 사무처리방식으로 규정하고, 종이등기부를 전제로 한 규정은** 모두 **삭제**하였다.

○ 등기관

등기관은 지방법원장(등기소의 사무를 지원장이 관정하는 경우에는 지원장)이 등기소에 근무하는 법원서기관·등기사무관·등기주사 또는 등기주사보(법원사무관·법원주사 또는 법원주사보 2001년 12월 31일 이전에 시행한 채용시험에 합격하여 임용된 사람을 포함한다.) 중에서 지정하는 자를 말한다.(법 제11조 1항) 등기관이 등기소에 발령 받으면 등기소에 1년 정도 근무한 후 다른 등기소나 또는 법원 소속 다른 부처에 순환 보직하게 된다. 등기관이 등기업무를 수행함에 있어서는 자신의 책임하에 자기 판단으로 사건을 처리한다. 등기소에서 하는 업무에는 등기관이 등기부에 등기사항을 기록하는 사무 이외에도 등기부등·초본 발급업무, 확정일자 부여 업무 등 등기관이 하지 않는 여러 가지가 있다. **등기사무**는 위와 같은 **등기소의 업무** 중 **등기관**에 의하여 **등기부에 등기사항을 기록하는 업무**만을 말한다.

부동산등기는 실체법상의 등기와 절차법상의 등기로 구분되는데, 전자는 부동산의 권리관계에 관한 등기만을 가리키고, 후자는 부동산의 표시등기(소재, 지번, 지목, 면적, 구조 등)와 부동산의 권리관계(소유권, 지상권, 지역권, 전세권, 저당권, 권리질권, 채권담보권, 임차권)에 대한 등기 전부(권리의 보존, 이전, 설정, 변경, 처분의 제한, 소멸 등), 2005년 12월 29일 개정된 부동산등기법(법률 제7764호)부터 계약을 등기원인으로 한 소유권이전등기를 하는 경우 거래가액을 갑구의 권리자 및 그 밖의 사항란에 기재하도록 하고 있다.(구법 제68조) 즉 모든 **등기기록을 말하지만, 부동산등기기록에 관계되는 것**(**예컨대, 등기관의 이름을 적는 것.**)**은 부동산등기가 아니다.**

(2) 법원

부동산등기의 법원法源으로는 다음과 같은 것이 있다. 첫째, **민법의 물권편**이다. 민법의 물권은 특정의 물건을 직접 지배하여 그것으로부터 독점적·배타적으로 이익을 취득할 수 있는 권리로 부동산등기와 같은 공시 제도가 필요불가결하다. 따라서 민법의 물권편에는 부동산등기와 직접 관련된 규정(민법 제186조, 제245조, 제317조, 제348조, 제482조, 제575조, 제592조, 제621조, 제622조, 제829조, 제1049조 등)이 적지 않다.

둘째, **부동산등기법과 구체적 시행**을 위한 **부동산등기규칙**이 있다.

셋째, **부동산 등기예규**가 있다. 부동산등기 절차는 아주 구체적이고 실무적인 부분이 너무나 다양하게 존재하기 때문에 부동산등기법과 부동산등기규칙에서 그 내용을 모두 담기에는 불가능하다. 이에 따라 **부동산등기사무를 관정하는 대법원이 일정한 기준과 방법을 제정하고, 실무처리에 있어서는** 이 **예규를 따르도록 하고 있다.** 일련번호에 의하여 제정된 주요 사항별 예규는 법률과 경제적 사정의 변동에 따라 개정과 폐지 및 제정이 반복되며, 계속적·전문적으로 부동산등기업무를 취급하는 등기관과 법무사 등에게 매우 중요하다. 대법원은 예규가 제정 또는 개정되는 경우에 대한법무사협회에 통고를 하고, 대한법무사협회는 신속하게 전국의 법무사들에게 알려주어 업무에 참고하도록 하고 있다.

넷째, **부동산등기선례** 및 **질의**에 대한 **회신**이 있다. 부동산등기법, 등기규칙, 등기예규에 의해서도 서면으로 질의를 할 수 있고, 이 질의에 대하여 대답을 주게 되는데, 이 회답이 등기신청과 관련한 주요 자료가 되기도 한다.

다섯째, **부동산등기**에 관한 **특별법**이 있다. 부동산등기에 관한 일반법의 성격을 갖고 있는 부동산등기법의 예외적인 사항을 규정하고 있는 특별법으로 부동산거래질서의 확립을 위한 특별한 조치를 수반하고 있는 「부동산등기특별조치법」과 한시법으로 이전등기와 보존등기를 용이하게 할 수 있는 여러 가지의 특별조치법이 있다.

여섯째, **아파트**와 같은 **집합건물**에 대한 **권리의무관계와 등기를 규율**하기 위한 **것으로 「집합건물의 소유** 및 **관리**에 관한 **법률」**이 있다.

일곱째, **가등기와** 이에 따른 **등기 절차를 규율하기 위한 「가등기담보** 등에 관한 **법률」**이 있다.

여덟째, **부동산등기** 중 **입목등기, 공장** 및 **광업재단**에 관한 **특별법으로 「입목**에 관한 **법률」** 및 **「공장** 및 **광업재단저당법」** 등이 있다.

아홉째, **부동산등기**와 관련한 **법률로 「부동산 실권리자 명의 등기**에 관한 **법률」, 「주택임대차보호법」, 「상가건물임대차보호법」, 「국토의 계획** 및 **이용**에 관한 **법률」, 「농지법」, 「공인중개사의 업무** 및 **부동산거래신고**에 관한 **법률」, 「축사의 부동산등기**에 관한 **특례법」** 등이 있다. 종전에는 「산림법」(제정 1961.12.27 법률 제881호)에 의해 임야매매증명 제도가 시행되어(1980.1.13.~1997.4.10) 부동산등기와 관련한 법률에 산림법을 포함하였으나, 현재는 폐지되었고, 산림법도 「산림자원의 조성 및 관리에 관한 법률(제정 2005.8.4 법률 7678호)에 의해 폐지되어 제외하였다.

❍ 최근 부동산등기법의 개정 이유 및 주요 내용

• 2011년 4월 12일 개정 부동산등기법(제10580호, 2011년 10월 13일 시행)

부동산등기부 전산화사업의 완료로 등기사무처리가 전산정보처리조직에 따라 수행되고 있고 전자신청이 전국적으로 시행되고 있으므로 종이등기부를 전제로 한 규정을 정비하고, 법률에 직접 규정하기에 적합하지 않은 사항을 대법원규칙으로 위임하거나 삭제하여 탄력적인 등기 절차를 운용하며, 악용의 소지가 있는 예고등기 제도를 폐지하여 부동산에 관한 국민의 권리보전을 도모하고 거래의 안정성을 높이려는 것이었다.

• 2008년 3월 21일 개정 부동산등기법(제8922호)

부동산등기법 문장을 원칙적으로 한글로 적고, 어려운 용어를 쉬운 용어로 바꾸며, 길고 복잡한 문장은 체계 등을 정비하여 간결하게 하는 등 국민이 법 문장을 이해하기 쉽게 정비하려는 것임. 개정의 주요 내용으로는 '본, 수개, 과다, 취지, 완료, 교부, 통지, 빠짐(유루), 흠결, 신, 이기, 기재, 부' 등을 '이름, 여러 개, 많음, 뜻, 마침, 내줌, 알림, 빠짐, 잘못됨, 새, 옮겨 적음, 적음, 덧붙임' 등으로 개정하였으며, 부연설명과 문장 등 거의 모든 조문을 정비하였다.

• 2008년 2월 29일 개정 부동산등기법(제8852호)

정부조직법의 전면 개정으로 부동산등기용 등록번호 관련 규정(제41조의2 제1항 1호)을 "행정자치부 장관"에서 "국토교통부 장관"으로 개정하였다.

• 2007년 5월 17일 개정 부동산등기법(제8435호)

민법이 개정(법률 제7427호 2005.3.31 공포·시행)되어 2008년 1월 1일부터 민법상 호주제가 폐지되고 가족관계의 등록 등에 관한 법률이 시행됨에 따라 등기관의 제척 제도 중 관련 규정(제13조 1항)을 개정하였다.

• 2006년 5월 10일 개정 부동산등기법(제7954호)

부동산등기사무처리의 효율화와 등기신청에 관한 국민의 편의증진을 위하여 전산정보처리조직을 이용하여 등기를 신청할 수 있는 근거를 마련하고, 중복등기, 구분건물의 대지사용권 이전등기 및 합필등기의 운용과정에서 발생하는 문제점을 개선하며, 그 밖에 현행 규정의 운영과정에서 나타난 일부 미비점을 개선·보완하려는 것이었다. 개정의 주요 내용은 중복등기의 정리(제15조의2, 신설), 구분건물 대지사용권의 이전등기(제57조의3, 신설), 합필등기에 관한 특례(제90조의4, 신설), 전산정보처리조직을 이용한 등기신청(제177조의8 내지 제177조의10, 신설), 등기의 정리에 관한 특별조치(부칙 제2조) 등이다.

• 2005년 12월 29일 개정 부동산등기법(제7764호)

부동산 거래의 투명성을 확보하기 위하여 매매를 원인으로 한 소유권이전등기를 신청하는 경우에는 등기신청서에 거래신고필증에 기재된 거래가액을 기재하고, 신청서에 기재된 거래가액을 부동산등기부 갑구의 권리자 및 그 밖의 사항란에 기재하도록 하려는 것이었다.

• 2003년 7월 18일 개정 부동산등기법(제6926호)

집합건물의 구분점포에 대하여 표시등기를 신청하는 경우 구분점포의 경계표시 등에 관한 명확성을 기하기 위하여 필요한 첨부서류를 보완하려는 것이었다.

○ 부동산등기특별조치법

---

1. 제정이유

부동산소유권이전등기신청을 의무화하고, 부동산투기의 수단으로 이용되는 허위·부실등기 신청행위와 부동산투기억제를 위한 거래제한법령을 회피하여 나가는 각종 편위법·탈법행위를 직접적으로 규제함으로써 등기부 기재와 거래의 실제 내용이 일치하도록 하여 건전한 부동산 거래질서를 확립하려는 것이었다.

2. 소유권의 이전등기와 보존등기를 용이하게 하는 주요 특별조치법

1) 「임야소유권 이전등기 등에 관한 특별조치법(제정 1969.5.21 법률 제2111호, 폐지 2008.12.19 법률 제9143호)

2) 부동산소유권 이전등기 등에 관한 특별조치법

3) 수복지역 내 소유자 미복구토지의 복구등록과 보존등기 등에 관한 특별조치법

4) 부동산소유권 이전등기 등에 관한 특별조치법(제정 1992.11.30, 법률 제4502호—한시법 1994.12.31)

5) 부동산소유권이전등기 등에 관한 특별조치법(제정 2005.5.26, 법률 제7500호—한시법 2007.12.31)

3. 가등기담보 등에 관한 법률(제정 1983.12.30, 법률 제3681호)

---

2. 부동산등기의 종류

등기는 여러 가지 기준에 의하여 다양하게 분류된 주요한 것은 다음과 같다.

1) **등기의 대상**에 따른 **분류**

등기의 대상이 부동산의 종류에 따라 **'토지등기'**와 **'건물등기'**로 **구분**한다.**(법 제14조 1항)**

2) **등기의 기능**에 따른 **분류**

(1) 표제부의 등기

표제부의 등기는 부동산의 위치·사용목적·면적 등을 등기용지 중 표제부에 기재하는 부

동산의 표시의 등기이다. 따라서 이를 **'사실의 등기'**라고 한다.

(2) 갑구·을구의 등기

이 등기는 부동산의 권리관계를 등기용지 중 갑구와 을구의 사항란에 기재하는 등기로 '권리의 등기'로 불린다. 따라서 갑구·을구의 등기에서 권리변동의 효력을 알아볼 수 있다. 즉 **갑구에서는 소유권의 변동을, 을구에서는 소유권** 이외의 **권리변동**을 알아볼 수 있다.

3) 사실등기·권리등기

사실등기란 표제부 표시란에 부동산의 위치, 사용목적, 구조, 면적 등 부동산의 상태를 기재하는 것(또는 기재사항)**이다. 권리등기란 등기용지** 중 **갑구와 을구의 사항란에 부동산의 권리관계를 기재하는 등기이다.** 이는 부동산의 권리관계를 기재하는 것이다. **갑구에는 소유권**에 관한 **사항을 기재하고, 을구에는 제한물권**에 관한 **사항을 기재**한다.

4) 권리의 보존과 그 변동에 따른 분류

갑구·을구의 등기(권리등기)**에는 보존과 권리변동의 등기**가 있다.

(1) 보존등기

미등기의 부동산에 대하여 그 **부동산의 소유권**에 관한 **최초의 신청등기를 '보존등기'**라고 한다. 모든 부동산이 처음으로 등기용지에 등재되려면 이의 보존등기가 있어야 한다. 보존등기의 신청이 있는 경우 등기용지의 표제부에는 부동산의 표시가 등재되고, 갑구란에는 소유권자의 표시가 등재된다.

(2) 권리변동의 등기

소유권의 보존등기 이후에 행해지는 권리변동에 관한 등기를 '권리변동의 등기' 라고 한다. 예컨대, 소유권의 변동이 발생하면 갑구란에 그 사항을 등재하고, 소유권 이외의 권리변동(예: 제한물권의 설정)이 발생하면 을구란에 그 사항을 등재하게 된다. 따라서 **권리변동의 등기는 갑구** 또는 **을구의 등기에만 해당**된다.

5) 등기의 기재 내용에 따른 분류

등기의 기재 내용인 실질적 형태에 따라 **기입등기·경정등기·변경등기·말소등기·회복등기·멸실등기로 구분**한다.

(1) 기입등기

'기입등기'는 새로운 등기원인에 의거하여 어떤 사항을 등기용지에 새롭게 기입하는 등기이다. 그 예로는 소유권보존등기·소유권이전등기·저당권설정등기·근저당권설정등기·전세권설정등기 등이 있다.

(2) 경정등기

'경정등기'는 기존등기의 등기 절차에 '착오 또는 **빠짐'으로 인하여 원시적으로 등기와 실체관계가 상호 불일치한 경우에** 이를 **시정하기** 위해 **기존등기의 일부의 내용을 정정하는 등기이다.(법 제32조)** 예컨대, 소유권보존등기에 있어서 등기관 또는 신청자의 잘못으로 주소를 오기誤記 또는 빠뜨린 경우(유루), 지상권설정등기에 있어서 지상권의 존속기간을 오기 또는 빠뜨린 경우, 그 밖에 구분소유건물의 부동산에 대한 등기부상 표시 중 전유부분의 면적의 표시가 잘못된 경우(대판 2000.10.27, 2000다39582)에 경정등기가 필요하다.

한편, **경정등기는 등기 명의인의 동일성이 유지되는 범위 내에서 등기상 표시를 실체와 부합하도록 하는 등기이므로(대판 1992.11.13, 92다39167) 등기 명의인의 동일성이 인정되지 않는 경우에는 경정등기를 허용되지 않는다.(등기예규 제1027호 참조)**

(3) 변경등기

'변경등기'는 등기와 실체관계가 후발적으로 불일치가 있는 경우 이를 **제거하기 위하여 기존등기의 일부를 변경하는 등기이다.(법 제62조)** 예컨대, 등기부상 소유권자의 주소 또는 성명의 변경의 경우(등기 명의인 표시 변경등기), 저당권에 있어서 피담보채권의 이율변경의 경우(권리변경등기) 또는 부동산의 행정구역 및 명칭이 변경된 경우(부동산의 표시 변경등기)에 변경등기가 필요하다.

경정등기와 변경등기는 모두 **등기와 실체관계가 불일치한 경우에 발생하는 것이지만,** 그 **불일치가 원시적인 경우에는 경정등기가, 후발적인 경우에는 변경등기가 필요하게 된다.**

(4) 말소등기

'말소등기'는 등기에 대응하는 실체관계가 없는 경우에 기존등기의 전부를 법률적으로 말소하는 등기이다.**(법 제55~58조)** 말소등기의 원인이 원시적으로 발생하는 경우(예: 매매 등의 등기원인의 무효·목적부동산의 부존재)와 후발적으로 발생하는 경우(예: 피담보채권의 변제에 의한 저당권 소멸)가 있다. 말소등기는 기존등기의 전부를 말소하지만, 경정등기와 변경등기는 기존등기를 존속시키면서 그 내용의 일부를 말소한다. 등기를 말소하는 때에는 **말소등기를 한 후 말소할 등기를 붉은 선으로 지워야 한다.(법 제172조 1항)** 예컨대, 말소등기는 기존등기의 기재를 소극적으로 붉은 선으로 지우는 것이 아니라, 등기부에 일정사항을 적극적으로 기재하는 하나의 등기이다. 또한 **붉은 선으로 지우는 것은 말소등기**뿐만 아니라, **변경등기·경정등기** 또는 **멸실등기에도 해당된다.(법 제64조, 제74조, 제112조 참조)**

한편, **일종의 사실등기인 '멸실등기'**에 의하면 **등기부의 일정사항을 붉은 선으로 지우고** 그 **등기용지를 폐쇄하게 된다.(법 제112조 1항)** 이런 **점에서 성질상 멸실등기를 일종의 '말소등기'라고 할 수도 있다.**

(5) 회복등기

'회복등기'란 기존등기가 부당하게 소멸한 경우에 이를 **회복하는 등기**를 말한다. 즉 실체관계에 상응하는 등기가 부당하게 상실한 때에 실체관계에 부합하도록 등기를 회복하는 것이 회복등기이다. 구등기의 소멸원인에 따라 다음과 같이 두 가지의 회복 등기로 구분한다.

가. 말소회복등기

'말소회복등기'는 구등기가 법률적으로 소멸한 경우, 즉 **구등기가 부적법하게 전부** 또는 **일부가 소멸한 경우에** 이를 **회복하여 말소 당시에 소급하여 말소가 없었던 것과 같은 효과를 생기게 하는 등기이다.(법 제59조)** 여기서 '부적법'이란 실체적 이유이든, 절차적 하자이든 불문하며, 말소등기나 그 밖의 처분이 무효인 경우를 의미한다.(대판 1993.3.9, 92다39877) 예컨대, 저당권 또는 지상권의 소멸원인이 없는 때에도 부적법하게 저당권등기 또는 지상권의 소멸원인이 없는 때에도 부적법하게 저당권등기 또는 지상권등기가 말소된 경우에 회복등기를 할 수 있다. 따라서 **당사자가 자발적으로 등기를 말소한 경우에는 말소회복등기를 할 수 없다.**

판례 **말소된 등기의 회복등기의 요건**

① 부동산등기법 제75조 소정의 말소회복등기란 어떤 등기의 전부 또는 일부가 부적법하게 말소된 경우에 그 말소된 등기를 회복하여 말소 당시에 소급하여 말소가 없었던 것과 같은 효과를 생기게 하는 등기를 말하는 것으로서 여기서 부적법이란 실체적 이유에 기한 것이건 절차적 하자에 기한 것임을 불문하고 말소등기나 그 밖의 처분이 무효인 경우를 의미하는 것이기 때문에 어떤 이유이건 당사자가 자발적으로 말소등기를 한 경우에는 말소회복등기를 할 수 없다.(대판 2001.2.23, 2000다63974)

② 부동산등기법 제75조의 규정에 의하면 말소된 등기의 회복을 신청하는 경우에 등기상 이해관계 있는 제3자가 있는 때에는 신청서에 그 승낙서 또는 이에 대항할 수 있는 재판의 등본을 첨부하도록 되어 있으므로 이러한 요건을 갖추지 못한 회복등기는 등기상 이해관계 있는 제3자에 대한 관계에서는 무효이다.(대판 2001.1.16, 2000다49473)

③ 말소된 등기의 회복을 신청하는 경우에 등기상 이해관계가 있는 제3자가 있는 때에는 신청서에 그 승낙서 또는 이에 대항할 수 있는 재판의 등본을 첨부하여야 하는 것인데(법 제75조), 여기서 등기상 이해관계 있는 제3자라 함은 등기기재의 형식상 말소된 등기가 회복됨으로 인하여 손해를 입을 우려가 있는 제3자를 의미하나, 회복될 등기와 등기면상 양립할 수 없는 등기가 된 경우에는 이를 먼저 말소하지 않는 한 회복등기를 할 수 없으므로 이러한 등기는 회복등기에 앞서 말소의 대상이 될 뿐이고, 그 등기 명의인을 이해관계 있는 제3자로 보아 별도로 그 승낙을 받아야 하는 것은 아니다.(대판 2002.2.27, 2000마7937)

나. 멸실회복등기

'멸실회복등기'는 구등기가 물리적으로 소멸한 경우에, 즉 **등기부의 전부** 또는 **일부가 멸실한 경우(등기의 물리적 멸실, 법 제24조)에** 이를 **회복하는 등기**이다.**(법 제79조 내지 제81조) 멸실회복등기는 등기권리자 단독으로 등기신청할 수 있다.(법 제79조)** 따라서 **등기권리자가 사망한 경우에는 상속인이 아닌 피상속인 명의로 멸실회복등기를 신청하며(대판 1992.7.27, 92다50072), 멸실회복등기는 소멸한 등기의 회복을 목적으로 하는 등기이므로 등기부 멸실** 전에도 **자기 명의로 등기부상에 기재되어 있어야 한다.(대판 1995.3.17, 93다61970)**

(6) 멸실등기

'멸실등기'는 부동산이 멸실한 때에 행해지는 등기이다.**(법 제112조, 제113조 참조) 부동산의 멸실등기를 하는 때에는 등기용지** 중 **표시란에 멸실의 뜻과** 그 **원인** 또는 **부존재의 뜻을 기재하고, 부동산의 표시와 표시번호를 붉은 선으로 지우며** 그 **등기용지를 폐쇄하여야 한다.(법 제112조 1항 본문)** 따라서 **부동산이 멸살한 때에는** 그 **부동산** 위의 **권리도 의무도 소멸**한다. 건물이 멸실된 때에는 등기부상 소유자로 등재된 등기 명의인이 멸실 후 1개월 이내에 멸실등기를 신청하며(법 제101조 1항, 제186조의2), 건물이 존재하지 않은 경우에는 등기부상 소유자로 등재된 등기 명의인이 지체 없이 멸실등기를 신청한다.(법 제101조의2 제1항)

한편, **소멸한 건물이 1동의 건물을 구분한 것인 때에는 등기용지를 폐쇄하지 아니한다. (제112조 1항 단서) 만약 부동산의 일부가 멸실한 때,** 즉 **토지나 건물의 일부가 멸실한 때에는 면적** 또는 **건물의 표시의 변경등기가 행해질** 뿐 **멸실등기**에 의하지 **않는다.**

6) 등기의 형식에 의한 분류

등기를 등기용지에 기재할 때의 기술적인 형태의 관점에 따라 '독립등기'(주등기)와 '부기등기'로 분류한다. 이와 같은 등기는 권리에 관한 등기에만 고려될 수 있다.

(1) 독립등기(주등기)

독립등기는 부기등기의 상대적 용어이다. '독립등기'는 표제부에 등기할 때에는 표시번호란에, 갑구·을구에 등기할 때에는 순위번호란에 각각의 기존등기의 최후의 표시번호 또는 순위번호에 이어서 독립한 번호를 붙이는 등기이다.(법 제4조 참조) 이 등기는 원칙적으로 주등기의 형식에 따라서 행해진다.

(2) 부기등기

'부기등기'란 기존의 어떤 특정한 등기순위번호(주등기의 1번호)를 그대로 사용하고 다만, 이 번호의 아래쪽에 부기 및 몇호라는 순위번호를 붙이는 등기를 말한다.(법 제60조) 부기등기를 하는 이유는 어떤 등기를 하고 기존의 특정등기(주등기)의 순위를 그대로 보유할 필요가 있는 데에 있다. 즉 기존의 어떤 등기와 동일성 또는 그 연장을 표시하고자 할 때(예: 경정등기·변경등기)나, 표시될 등기에 기존등기(주등기)에 표시되는 권리와 동일한 순위나 효력, 또는 이를 전제로 하는 순위나 또는 효력을 가지는 것을 등기부상 명백히 하고자 할 때 부기등기를 이용한다. 예컨대, 소유권 이외의 권리의 이전등기(예: 지상권이전등기) 또는 이 경우 이 권리를 목적으로 한 권리의 등기(예: 지상권상의 저당권설정등기)는 부기등기가 이용된다. 또한 통상의 지상권등기를 구분지상권등기로 변경하거나, 구분지상권등기를 통상의 지상권등기로 변경하는 등기신청의 경우에도 부기등기에 의하여 그 변경등기를 할 수 있다.(1981.8.26 등기 제394호) 그 밖에 환매권에 관한 등기와 권리소멸의 약정등기, 공유물불할약정의 등기도 부기등기로 한다.

부기등기에서의 부기와 부동산등기법상(법 제94조 제2, 3, 4항, 제95조 2항 참조)의 부기는 다르다. 부동산등기법상의 '부기'는 어떤 등기의 내부에 기재를 함에 있어서 일정사항을 추가 기재한다는 것(예: 분필전사 또는 등기를 옮겨 적는 경우의 그 사유 등의 부기)을 나타낸다.

한편, 1개의 주등기에도 수개의 부기등기를 할 수 있으며, 부기등기에 대한 부기등기도 가능하다.

7) 등기의 효력에 의한 분류

등기의 실체법상(민법 제186조)**의 권리관계가 권리변동의 효력을 발생하느냐의** 여부에 따라 **'종국등기'**(본등기)**와 '예비등기'로 구분**한다.

(1) 종국등기(본등기)

'종국등기'란 등기의 본래의 효력인 실체법상의 권리변동의 효력을 발생하게 하는 등기를 말한다. 그러므로 실체법상 권리변동이 발생하고 절차법상 부동산등기법에서 정한 절차의 요건을 정한 경우에 종국등기를 하게 된다. **종국등기는 가등기에 대응하여 '본등기'라고 불린다.**

(2) 예비등기

예비등기란 실체법상 권리변동의 효력에 직접관계가 없는 등기를 말한다. 이에는 **'가등기'와 '예고등기'**가 있다.

가. 가등기

(a) 의의

ㄱ. 개념

가등기란 부동산물권에 관한 **채권을 등기부에 기재해 둠으로써** 그 **존재를 공시하고 후** 그 **채권**에 기해 **물권을 취득하게 될 경우에** 그 **가등기 당시에 우선순위를 확보해 둔 것으로 인정되는 제도**를 말한다.

판례 **가등기에 기한 본등기청구와 단순한 소유권이전등기청구의 관계**

> 가등기에 기하여 본등기가 된 때에는 본등기의 순위가 가등기한 대로 소급함으로써 가등기 후 본등기 전에 이루어진 중간처분이 본등기보다 후순위로 되어 실효되는 것이므로 가등기에 기한 본등기청구와 단순한 소유권이전등기청구는 비록 그 등기원인이 동일하다고 하더라도 이는 서로 다른 청구로 보아야 한다.(대판 1994.4.26, 92다34100)

ㄴ. 유형

가등기의 원인이 되는 채권관계에 따라 다음의 **두 유형으로 분류**된다.

① **청구권보전의 가등기** : 매수인이 매매 계약(또는 증여 교환 등)에 기해 매도인에 대하여 갖는 **소유권이전청구권의 이행을 확보**하기 위하여 **가등기를 해둔 경우이다.**('순위보전가등기'

라고 함.) 청구권보전의 가등기를 해둔 채권은 제3자에 대하여 그 채권을 가지고 대항할 수 있게 되므로 '대항력 있는 채권'으로 변하게 된다.

② **담보가등기 : 소비대차와 대물변제예약**에 기한 **소유권이전청구권을 보전하기** 위하여 **하는 가등기**를 말한다. 담보가등기에 의해 '가등기담보권'이라는 담보물권이 발생하게 되며, 이 점에서 가등기 후에 대항력 있는 채권을 갖게 되는 청구권보전의 가등기와는 다르다. **가등기가 청구권보전의 가등기인지, 담보가등기인지의 구별은 거래의 실질과 당사자의 의사**에 의해 **결정되어야 하며, 등기부상의 표시**에 의하여 **결정되어서는 아니 된다.(동지: 대판 1992.2.11, 91다36931)**

대물변제의 예약은 합의한 내용 전부가 유효한 것은 아니고, 민법 제607조와 제608조에 따라 채권액을 초과하는 부분은 일부무효가 된다. 또한 「가등기담보 등에 관한 법률」에 의하여 채무불이행 이후에도 채권자는 채무자에게 채무를 이행할 수 있는 유예기간을 부여하고 그 기간이 경과하여도 이행이 없는 때에 청산금지급과 상환으로 담보부동산의 소유권이전을 청구할 수 있다.(가등기담보법 제4조) 즉 가등기담보권자는 채무불이행이 있더라도 청산기간의 경과와 청산금지급의 요건을 갖추어야 그 가등기에 기한 본등기청구권을 갖게 된다. 그 밖에 **담보가등기의 경우에는 저당권**과 같은 **효력도 인정되므로 담보물권성을 갖는다.**

(b) **등기**에 의해 **보전되는 채권관계**

① **물권변동**을 위한 **청구권** : 가등기에 의해 보전되는 채권은 부동산에 관한 소유권, 제한물권, 임차권 등의 설정, 이전, 변경, 소멸에 관한 청구권이다.(제3조 전단) 가등기할 당시에 그 원인된 권리는 아직 채권에 지나지 않으며, 가등기를 경료했다고 해서 물권으로 성질이 변하는 것도 아니다.

② **시기부 채권 및 정지조건부 채권** : 그 채권은 시기부 또는 정지조건부 청구권이라도 무방하다.(제3조) 아직 시기가 도래하지 않은 청구권이라도 채권으로서 성립은 하고 있기 때문이다. 재매매의 예약에 따른 소유권이전청구권을 가등기해 두는 경우가 이에 해당할 수 있다.

③ **미확정채권 : 장래에 확정될 채권인 경우에도 가등기로서 보전**할 수 있다.**(제3조 후단) 미확정채권의 대표적인 경우는 당좌계약, 어음할인계약, 신용카드계약, 물품공급계약** 등 **기초적 신용계약**에 따라 **차용금액이 증감하게 되는 경우**가 그러하다. 이러한 **미확정채권의 담보**를 위하여 **가등기담보가 많이 이용**된다.

④ **본등기청구권의 소멸시효 : 가등기의 기초가 된 채권은 10년**(또는 단기시효기간의 적용이 있는 경우에는 그 기간)**의 불행사**로 인하여 **소멸시효에 걸린다.** 소멸시효가 완성한 결과 그 채권은 소멸하게 되며(절대적 소멸설), 따라서 가등기는 실체관계에 부합하지 않는 무효의 등기가 된다. 또한 채권의 소멸로 인하여 가등기에 기한 본등기청구권도 소멸하게 된다.

(c) **가등기를 본등기로 고치는 절차**

ㄱ. 서

청구권보전의 가등기가 있은 후 소유자 A가 제3자 C에게 소유권이전등기를 경료한 경우에 가등기 권리자 B는 어떤 절차를 거쳐서 본등기를 경료할 수 있는가? 즉 **A의 부동산에 B 명의의 가등기가 있고 나서 A⇨C의 소유권이전등기가 경료된 경우에** 이러한 **절차적인 문제가 생긴다.** 이 경우 **A⇨B로 본등기가 되어야 하는가,** 또는 **C⇨B로 본등기가 되어야 하는가?** 이와 관련하여 **본등기청구에 협력해야 할 등기의무자는 가등기 권리자의 채무자인 원래의 소유자 A인가,** 아니면 **현재 소유자로 등기되어 있는 제3자 C인가가 논쟁의 대상**이 된다.

ㄴ. 학설 및 판례의 태도

① **선기입설** : 본등기를 먼저 기재하고 나서 이와 상충되는 제3자에의 소유권이전등기의 말소를 청구한다는 견해이다. 본등기의 기초가 되는 청구권은 채무자(전 소유자)에 대한 것이므로 그에 대해서만 등기청구권을 갖고, 가등기 권리자가 제3자를 상대로 직접 등기를 청구할 수는 없다고 본다. 이 견해는 현재의 소유자가 아닌 채무자를 상대로 소유권이전을 청구할 수 있는 근거가 무엇인가 하는 이론상의 난점이 있다.

판례 **가등기 권리자의 상대방**

가등기 후에 제3자에게 소유권이전의 본등기가 된 경우에 가등기 권리자는 본등기를 경료하지 아니하고는 가등기 이후의 본등기의 말소를 청구할 수 없다. 이 경우 가등기 권리자는 가등기의무자인 전소유자를 상대로 본등기청구권을 행사할 것이고, 제3자를 상대로 할 것이 아니다. 가등기권자가 소유권이전의 본등기를 한 경우에는 등기공무원(등기관)은 부동산등기법 제175조 제1항, 제55조 제2호에 의하여 가등기 이후에 한 제3자의 본등기를 직권말소할 수 있다.(대판<전합> 1962.12.24, 4294민재항675)

② **후기입설** : 가등기 권리자는 먼저 제3자에의 소유권이전등기의 말소를 청구하여 그것이 말소되어 원래의 소유자에게로 된 후에 자기 명의로의 소유권이전청구를 할 수 있다고 하는 견해이다. 이 견해에 의하면 등기의무자가 제3자가 되어야 하는데, 채무자가 아닌 자가 어떤 근거에서 소유권이전의무를 지는지를 설명하기 어렵다는 난점이 있다. 또한 이 견해에 의할 경우에 가등기 권리자에게 본등기 이전에 제3자의 등기를 말소할 권한이 어디로부터 나오는가 하는 의문이 제기된다.

③ **동시설** : 본등기청구와 제3자의 소유권이전등기의 말소청구를 동시에 해야 한다는 견

해이다. 본등기가 한 번의 등기신청 절차에 의하여 일시에 해결된다는 편리함을 갖는다. 이 견해는 선기입설과 후기입설의 의문점이 모두 제거된다.

④ **판례는 선기입설을 취하면서 실제로 동시설에 가까운 효과**를 노리고 있다. 즉 **가등기 권리자는 자기의 채무자인** 전 **소유자를 상대로 본등기를 청구하고, 등기관은** 이와 **저촉되는 제3자의 등기를 부동산등기법 제55조 제2호의 '사건이 등기할 것이 아닌 때'에 해당한다는 이유로 직권말소**하도록 한다.

판례 **가등기에 기한 본등기가 원인무효인 경우의 말소된 중간처분등기의 회복**

> 가등기에 기한 소유권이전의 본등기가 경료됨으로써 등기공무원(등기관)이 직권으로 가등기 후에 경료된 제3자의 등기를 말소한 경우 그 후에 그 가등기에 기한 본등기가 원인무효 등의 사유로 말소된 때에는 결국 그 제3자의 등기는 말소하지 아니할 것을 말소한 결과가 되므로 등기공무원(등기관)은 직권으로 그 말소등기의 회복등기를 하여야 하는 것이고, 따라서 그 회복등기를 소구할 이익이 없다.(대판 1995.5.26, 95다6878)

(d) **가등기의 효력**

ㄱ. **가등기 상태의 효력(본등기** 전의 **효력)**

① **공시의 효과** : 가등기의 기초가 된 채권을 채무자 이외의 제3자에게 알린다는 공시의 효과를 가진다. 제3자는 가등기를 통해 소유자를 채무자로 하는 가등기 권리자의 채권이 존재한다는 것을 알 수 있다. 제3자는 가등기된 채권의 존재를 몰랐다는 항변을 할 수 없게 된다.

② **가등기된 채권의 대항력 취득** : 그 밖에 가등기는 자체로서 어떤 효력을 가지는가에 관해 다음의 견해가 대립한다.

- **청구권보전효설** : 가등기에 청구권보전의 효력이라는 실체법상의 효력이 부여된다고 보는 견해이다.(곽윤직) 그 효력은 가등기 권리자가 가등기의무자에 대하여 본등기를 위한 협력을 청구하거나 가등기 후에 제3자에 대한 등기의 말소를 청구할 수 있다는 것을 의미한다고 한다.
- **효력부정설** : 가등기는 본등기가 없는 동안은 그 자체로써 아무런 실체법상의 효력이 없다는 반대견해도 주장된다.(김상용, 이영준) 청구권보전의 효력을 상대적 무효의 효력으로 파악하는 것은 잘못이며, 본등기청구권은 가등기의 효력이 아니라, 그 원인이 된 매매계약에서 생기는 것이라고 한다.

• **대항력취득설** : 청구권보전의 가등기에서 일반채권인 소유권이전청구권은 가등기에 의하여 '대항력 있는 채권'으로 되며, 담보가등기에서는 일반채권이 '담보물권에 의해 부보되는 채권'으로 변화한다고 해석한다.(이은영)

③ **권리추정의 효과** : **가등기된 채권이 등기된** 대로의 **내용을 가지고 존재한다는 것이 추정되는가?**

• **청구권보전의 가등기의 추정력** : **제3자**에 대한 **관계에서는** 그 **청구권의 존재**에 대한 **추정력이 부여되지만(대외적 추정력)**, 그 **추정의 범위는 가등기 권리자가** 어떤 **유효한 채권관계**에 기하여 **소유권이전청구권을 갖는다는 것**뿐이라고 **해석**한다.(이은영) 그 **채권관계의 내용이 등기부에 기재**한 대로 **매매라든가, 증여라든가 하는 구체적인 것에는 추정력이 미치지 않는다.** 그러나 **가등기 채무자**에 대한 **관계에서는** 그 **가등기**에 의한 **추정력은 생기지 않으며, 본등기청구** 그 밖의 **채권의 이행청구를 하려면** 그 **채권의 존재** 등을 **가등기 권리자가 증명해야 한다. 판례는 "청구권보전의 가등기가 있더라도 소유권이전을 청구할 법률관계가 있었다고 추정할 수 없다."(대판 1963.4.18, 63다114)**라고 한다.

• **담보가등기의 추정력** : 담보가등기의 경우 가등기담보권의 존재는 추정하지만, 그 피담보채권에 관한 권리추정의 효력은 부여되지 않는다. 이는 담보물권의 설정등기의 추정력이 담보물권의 설정행위가 있었음은 추정하지만, 그 피담보채권에까지는 미치지 않는 것과 같다. 가등기의 회복등기를 청구할수 있다. 이를 근거로 청구권보전의 효력을 가진다는 견해(곽윤직)가 있다. 다만, 가등기가 불법말소되면 가등기 권리자는 위법하게 말소된 가등기의 회복등기를 청구할 수 있다.(이를 근거로 본등기 전의 가등기가 청구권 보전의 효력을 가진다는 견해; 곽윤직) 나아가 **부동산의 강제경매절차에서 경매목적 부동산이 낙찰된 경우에도 소유권이전등기청구권의 순위보전을 위한 가등기는** 그보다 **선순위의 담보권이나 가압류가 없는 이상 담보목적의 가등기와 달리 말소되지 않고 낙찰인에게 인수**된다.**(대판 2003.10.6, 2003마1438)**

판례 **가등기의 실체법적 효력**

가등기는 부동산등기법 제6조 제2항의 규정에 의하여 그 본등기시에 본등기의 순위를 가등기의 순위에 의하도록 하는 순위보전적 효력만이 있을 뿐이고, 가등기만으로는 아무런 실체법상의 효력을 갖지 아니하고, 그 본등기를 명하는 판결이 확정된 경우라도 본등기를 경료하기까지는 마찬가지이므로 중복된 소유권보전등기가 무효이더라도 가등기 권리자는 그 말소를 청구할 권리가 없다. (대판 2001.3.23, 2000다51285)

ㄴ. **본등기** 후의 **효력**

① **본등기 순위보전의 효력** : 순위보전의 효력이란 본등기의 순위가 가등기를 한 때를 기준으로 하여 결정된다는 것을 의미한다. 가등기에 기한 본등기가 행해지면 본등기의 순위는 가등기의 순위에 의하게 되므로(가등기담보법 제6조 2항), 가등기는 순위보전의 효력을 가진다고 말한다. 순위보전의 효력은 가등기에 기한 본등기가 행해진 때에 비로소 실제적 효과를 나타낸다.

② **본등기**에 의한 **물권취득 시기** : 가등기에 기한 본등기의 경우에 그 등기에 따른 소유권이전의 효과(또는 제한물권 설정의 효과)는 그 **본등기를 한 때**로부터 **발생**한다. 그 **물권변동의 효력이 가등기를 한 때로 소급하여 발생하는 것은 아니다. 판례도 "가등기는 그 성질상 본등기의 순위보전의 효력만이 있어 후일 본등기가 경료된 때에는 본등기의 순위가 가등기한 때로 소급하는 것**뿐이지, **본등기**에 의한 **물권변동의 효력이 가등기한 때로 소급하여 발생하는 것은 아니다"(대판 1981.5.26, 80다3117; 대판 1992.9.25, 92다21258)**라고 한다.

③ **중간처분의 실효** : 가등기시와 본등기시 사이에 제3자에게로 소유권이전등기가 경료된 경우에 실제로 소유권이전등기가 경료된 것은 제3자의 것이 먼저이지만, 가등기 권리자는 미리 순위를 예약해 두었으므로 가등기 권리자의 순위가 우선하게 된다. 그러므로 **가등기**에 기한 **본등기가 우선적 효력을 갖게 되고,** 이와 **양립할 수 없는 제3자의 소유권이전등기는 무효로 되며 제3자는 소유권을 상실**하게 된다.

본등기가 있으면 제3자의 소유권이전등기는 직권으로 말소된다. 이와 같이 제3자의 소유권이 무효로 되는 경우는 가등기 권리자가 본등기를 한 경우에만 그러하다. 본등기가 소유권이전등기가 아니라, 제한물권설정등기와 같이 제3자의 소유권보다 적은 권리인 경우에 제3자의 소유권은 그 본등기의 범위에서 제한을 받게 된다.

ㄷ. **예고등기의 효력**

예고등기는 경고적 효력을 가진다. 판례(대판 1998.9.22, 98다263)는 예고등기의 경고적 효력에 기하여 **담당공무원이 예고등기의 촉탁을 게을리 한 경우에 선의의 양수인**에 대한 **국가배상책임을 인정**하였다. 한편, **예고등기가 있다고 하여 부동산의 처분이 금지되는 것은 아니며(대판 1994.9.13, 94다21740), 대항력이나 순위보전적 효력** 또는 **추정력(등기원인의 무효 또는 취소원인의 존재에 대한)도 인정되지 아니한다.**

이와 같이 예고등기는 본래 등기의 공신력이 인정하지 않는 법제에서 거래의 안전을 보호하기 위하여 인정되는 제도이지만, 예고등기로 인하여 등기 명의인이 거래상 받는 불이익이 크고 집행방해의 목적으로 소를 제기하여 예고등기가 행해지는 선례가 있는 등 그 폐해가 크므로 **개정 부동산등기법에서는** 이를 **폐지**하였다.

○ 가등기의 가등기가 허용되는지 여부

가등기에 의해서 보전되는 청구권을 양도하거나 담보가등기에 있어서 가등기담보권을 양도한 경우에는 가등기의 부기등기를 하여야 할 것이다. 본래 부기등기의 효력은 독립등기, 즉 주등기의 효력에 의하여 규정되므로(법 제5조) 가등기를 기점으로 하는 부기등기는 그 성질에 있어서는 역시 가등기라고 해야 한다.(곽윤직) 따라서 가등기의 가등기가 행해지게 된다.

그런데 **대법원은 가등기의 가등기를 허용하지 않고 있다.**(대판 1972.6.2, 72마399) 그러나 가등기에 보전되는 청구권은 재산적 가치를 가지므로 양도할 수 있고, 특히 가등기담보권은 특수한 저당권이므로 당연히 양도성이 있다. 가등기의 가등기를 허용하지 않으면 그것은 결국 가등기에 의해 보전되는 청구권이나 가등기담보권의 양도를 허용하지 않는 것이 된다. 따라서 가등기의 가등기는 가능하고 허용되어야 한다.(동지: 김상용)

○ 청구권보전의 가등기와 담보가등기

1983년에 「가등기담보 등에 관한 법률」을 제정하여 가등기에 의한 담보에 관하여 실정법상의 근거를 제공하였다. 그래서 가등기에 의한 가등기담보권이 인정되어 가등기가 특수한 저당권설정등기로서의 실체적 효력을 갖게 되었다.

그래서 본래의 부동산물권의 변동을 목적으로 하는 청구권보전의 가등기 이외에 담보가등기가 새로이 가등기의 한 종류로 인정되게 되었다. 그러나 청구권보전의 가등기와 담보가등기는 그 형식에 있어서는 동일하지만, 그 효력에 있어서는 차이가 있다. 청구권보전의 가등기(이를 본래형 가등기라고도 함)는 가등기 그 자체로서는 실체법상 등기로서의 효력이 없으나, 가등기에 기해서 본등기를 하면 그 본등기의 순위는 가등기의 순위로 소급하는 순위보전적 효력을 갖는다. 그에 반하여, **담보가등기는 형식은 가등기이지만, 가등기담보권설정등기로서 실체적 효력**을 갖는다. 즉 담보가등기는 특수한 저당권등기로서의 실체적 효력을 갖는다. 그래서 **가등기담보권자는 가등기**에 기해서 **본등기를 함으로써 가등기담보권을 실행할 수도 있고**(가등기담보법 제3조, 제4조), **경매**에 의해서 **우선변제를 받을 수도 있다.**(가등기담보법 제12조, 제13조)

가등기가 담보의 방법으로 이용되므로 종래까지는 가등기의 등록세를 획일적으로 건당 2,000원으로 하였던 것을 지금은 해당 가등기부동산 가액의 1,000분의 2를 부과하고 있다.(지방세법 제131조 1항 7호 2목)

제2장

부동산물권의 변동

제2장

부동산물권의 변동

I 물권의 변동의 의의

물권의 변동은 물권의 발생, 변경 및 소멸을 총칭하는 바, 권리주체의 입장에서 물권의 '득실변경'(민법 제186조; 동산물권의 변동에 관한 제188조 이하는 이 중 동산물권의 '양도'에만 적용됨.)을 의미한다. 물권의 변동의 자세한 내용에 관하여 권리를 물권으로 치환해 볼 때 주의할 것은 예컨대, '부동산' 물권의 발생과 관련하여 특정승계와 설정적 승계는 민법 제186조의 문제인 반면, 원시취득과 포괄승계는 민법 제187조의 문제라는 점이다. 물권의 변동의 내용을 밝혀 보면 다음과 같다.

① 물권의 발생 : 물권의 발생에는 절대적 발생과 상대적 발생이 있다. 전자는 전에 없었던 물권이 이 사회에 하나 새로 발생하는 것이며, 주체를 중심으로 보면 원시취득이 이에 해당한다. 예컨대, 시효취득·무주물 선점·선의취득·유실물 습득·매장물 발견 등이 이에 속한다. 후자, 즉 상대적 발생은 타인이 가지고 있었던 기존의 물권이 승계되어서 다른 사람에게 권리가 생기는 것을 말한다. 상대적 발생은 이 사회에 없던 물권이 새로 생기는 것이 아니라, 이미 존재하고 있던 물권의 주체가 바뀌는 것으로서 물권을 취득하는 자의 입장에서 본 것이다. 따라서 상대적 발생은 주체를 중심으로 해서 보면 승계취득이다.

② 물권의 소멸 : 물권의 소멸에도 역시 절대적 소멸과 상대적 소멸이 있다. 전자는 이 사회에서 기존의 물권이 완전히 없어지는 것이며, 후자는 물권 그 자체는 존속하지만, 물권이 타인에게 이전되어 종래의 주체가 물권을 잃는 것, 즉 물권을 상실하는 것을 말한다. 전

자의 예로서는 물권의 포기·목적물의 멸실 등을 들 수 있으며, 후자의 예로서는 매매 등에 의한 전주의 소유권 상실을 들 수 있다. 상대적 소멸은 이전적 승계를 전주의 입장에서 본 것이다.

③ **물권의 변경** : 물권의 변경은 물권의 동일성을 유지하면서 물권의 주체 또는 내용이 변경되는 것을 말한다. 주체의 변경은 이전적 승계에 해당한다. 내용의 변경은 객체인 물권의 증감, 저당권에서의 피담보채권의 이율의 변경, 소유물 위의 제한물권의 설정 등이 이에 속한다.

Ⅱ 물권의 변동의 분류

① **법률행위에 의한 물권의 변동과 법률행위에 의하지 않은 물권의 변동** : 물권의 변동의 원인이 되는 법률요건에 따른 분류이다.

- 법률행위에 의한 물권의 변동은 당사자의 의사에 기한 물권의 변동으로서 사적 자치를 최고원리로 하는 민법에서 이것이 보다 중요함은 두말할 필요 없다. **부동산물권의 변동에는 민법 제186조가, 동산물권의 변동에는 민법 제188조** 내지 **민법 제190조가 적용**된다.
- **법률행위**에 의하지 **않은 물권의 변동은 '상속, 공용징수, 판결, 경매,** 그 밖의 **법률의 규정**에 의한(**민법 제187조**) **물권의 변동으로서 흔히 '법률의 규정**에 의한 **물권의 변동'이라고 하지만, 법률의 규정**에 의한 **경우에 한정되지 않고, 당사자의 의사**에 기하지 **않은 물권의 변동을 총칭**한다. **민법 제187조가 열거하는** '그 밖의 **법률의 규정**에' 의한 **물권의 변동으로 취득시효(민법 제245조 이하), 무주물 선점(민법 제252조), 매장물 발견(민법 제254조), 첨부(민법 제256조 이하)** 등이 **있으며,** 그 밖에 **소멸시효(민법 제162조), 혼동(민법 제191조), 몰수(형법 제48조)** 등도 **법률의 규정**에 의한 **물권의 변동**이다. 이들 중 부동산물권의 취득에 대하여 민법 제187조가 적용되며, 법률의 규정에 의한 동산물권의 취득은 소유권의 장에 규정되어 있다.

② 부동산물권의 변동과 동산의 물권의 변동 : 변동되는 물권이 부동산물권이냐, 동산물권이냐에 따른 구별로서 물권변동에 관한 공시방법의 차이에 기인한다. 민법은 부동산물권의 변동은 제186조와 제187조에서, 동산물권의 변동은 제188조 내지 제190조에서 규정하고 있다.

③ 소유권의 변동과 제한물권의 변동 : 변동되는 물권이 소유권이냐, 제한물권이냐에 따른 구별로 특히 부동산소유권의 이전을 목적으로 하는 계약은 반드시 그 계약서에 검인을 받아야 하고(부동산등기특별조치법 제3조), 계약에 의한 부동산소유권이전등기는 법정기간 내에 의무적으로 신청하여야 한다(부동산등기특별조치법 제2조)는 점에 구별의 실익이 있다.

Ⅲ 물권의 변동과 공시

1. 물권공시의 필요성

상대권인 채권과 달리 절대권인 물권은 배타성을 가질 뿐만 아니라, 관념적인 경우(저당권의 경우)도 있으므로 물권의 존재와 내용 및 그 변동을 외부적 표상에 의하여 인식할 수 있지 않으면 우선적 효력 때문에 제3자에게 예기치 못한 손해를 입힐 염려가 있으며, 결국 거래의 안전을 해치게 된다. 따라서 외부에서 물권의 존재 및 또는 변동을 쉽게 인식할 수 있도록 공시방법을 요구함으로써 잠재적인 이해관계인(즉 어떠한 물건에 대하여 물권을 취득하고자 하는 제3자)에 대하여 물건에 관한 권리관계를 알리는 것이 필요하다.(공시의 원칙) 나아가 그러한 공시방법을 신뢰한 자를 어떻게 보호할 것이냐(공신의 원칙)도 문제된다.

이와 같은 필요성에 의해 **근대 민법은 공시 제도** 내지 **공시방법을 마련하였다.** 즉 **부동산물권**에 관해서는 **등기, 동산물권**에 관해서는 **점유, 입목**에 관한 **법률의 적용을 받는 수목의 집단**에 관해서는 **등기**가 그것이며, **입목**에 관한 **법률의 적용을 받지 않는 수목의 집단, 미분리의 과실** 등에 관해서는 **관습법상의 명인방법이 공시방법으로 이용**되고 있다.

2. 부동산물권의 공시 제도

부동산물권의 존재 및 **변동은 등기**에 의하여 **공시한다. 등기란 등기부라는 일정한 공부에 부동산물권을 공시하는 제도로서 부동산물권의 거래안전에 이바지할 수 있도록 근대 민법이 창안한 매우 훌륭한 법기술적 제도**이다.

근대적 등기 제도의 창설은 저당 제도의 발달과 그 궤를 같이한다. 근대 이전에도 부동산에 관한 공시방법이 전혀 없었던 것은 아니지만, 근대적 등기 제도는 중세 도시에서 부동산을 자금화할 필요성에서부터 이용되기 시작하였다. 부동산의 현실적인 지배(점유)를 수반하지 않는 저당권을 설정하여 그것을 자금화하기 위해서는 일정한 장부(이 장부가 바로 도시장부; Stadtbucher이며, 도시장부는 부동산등기부의 효시임.)를 비치하고, 거기에 저당권의 내용을 기재하는 방법으로 이루어졌다. 그래서 부동산등기는 저당권부터 이루어져서 점차 소유권 그 밖의 다른 물권에로 확대되었다.

한편, 지조의 확보를 위하여 정비된 지적 제도는 부동산등기 제도의 창설을 기술적으로 가능하게 하였다. 왜냐하면 등기 제도는 정확한 지적의 완비에 의해서만 성립할 수 있기 때문이다.(김상용) 오늘날 부동산등기 제도는 부동산물권의 존재 및 변동을 공시함으로써 부동산거래의 안전에 이바지하고 있다.

우리 부동산물권의 공시 제도로는 구한말에 「토지가옥증명규칙」(1906)에 의한 토지가옥증명 제도가 일부지역에 잠정기간 동안 이용되다가 「조선부동산등기령」(1912.3.18 제령 제9호)에 의하여 일본의 부동산등기법이 의용됨으로써 근대적 등기 제도의 도입·시행과 함께 현행 부동산등기법이 제정되어 꽤 완비된 등기 제도를 가지고 있다.

3. 공시의 대상(내용)

공시방법은 물권의 '변동'을 공시하는가, 아니면 **물권의 현상(존재)을 공시하는가?** 물권의 변동을 공시하는 것은 대개의 경우 동시에 물권의 현상을 공시하는 것으로 되지만, 어느 쪽에 중점을 둘 것인가에 관해서는 견해가 다를 수 있다. 우리 학계에서는 이에 관하여 크게 논의되고 있지는 않지만, 일본에 있어서는 대체로 세 가지 설로 나뉜다.(황적인 외, 22면 이하) 일본에서의 학설은 변동공시설·현상공시설·이원설이 주장되고 있다. 변동공시설은 공시방법은 물권의 '변동'을 공시하는 것이지, '물권 자체'를 공시하는 것이 아니라고 한다. 따라서 공시의 원칙(Publizitätsprinzip)은 물권의 변동에 관한 원칙이지, 물권 자체의 개념구성에 관한 원칙은 아니라는 것이다. 등기 또는 인도는 물권의 변동의 성립요건이라든가, 또는 물권의 변동의 효력을 제3자에게 주장하기 위한 대항요건이지, '물권 자체'의 효력을 주장하기 위한 요건은 아니라고 한다. 물권의 변동의 효력의 주장과 물권 자체의 효력의 주장은 명확히 구분되어야 한다는 것이다. 즉 양도행위에 의하여 자신에게 소유권이 취득되었다는 주장(즉 변동의 효력 주장)과 소유권을 침해한 자에 대한 자기의 소유권의 효력의 주장(물권의 효력의 주장)과는 별개의 문제라는 것이다.

Ⅳ 물권행위(물권의 변동을 일으키는 법률행위)

1. 개념

직접 물권의 변동을 목적으로 하는 법률행위를 물권행위(의사적 요소로서 물권적 의사표시 및 물권적 합의에서는 그들의 합치도 포함하여) 외에 **사실적 요소로서 공시방법을 포함한다고 하는데, 물권의 직접적 변동을 목적으로 하는 처분행위라는 점에서 의무부담행위인 채권행위와 구별**된다. 통상 채권행위가 물권행위의 causa로 되고, 많은 경우에 전자가 선행하지만(이러한 경우에서 양자의 관계에 관하여는 후술하기로 함.), 채권행위를 전제로 하지 않는 물권행위(예컨대, 물권의 위기)도 있다. 그 밖에 동산의 현실매매에서와 같이 채권행위와 물권행위가 합체되어 행해지는 경우도 적지 않다.

물권행위는 법률행위로서 대부분 계약(물권적 합의)이지만, 단독행위(예컨대, 물권의 포기, 승역지의 포기(민법 제299조), 제한물권의 포기가 수령을 요하는지에 관하여 다툼이 있는 바, 수령을 요하는 것으로 새길 것임.)도 있을 수 있다. 한편, 수인의 공유자가 소유권을 포기하는 경우에 합동행위로 보는 입장도 없지 않으나(곽윤직), 우연히 단독행위가 경합된 것이다.(이영준·지원림)

물권행위는 원칙적으로 불요식행위이다. 즉 **민법은 물권행위**에 관하여 **일정한 방식을 요구하지 않는다.** 그 결과 **물권행위의 시기가 분명하지 않을 수 있는 바, 이 때문에 물권행위의 독자성이 문제된다.** 한편, **부동산등기특별조치법 제3조가 소유권이전등기**에 관한 **검인계약서를 요구하지만,** 이는 **등기신청시 제출할 서면의 하나로 요구되는 것일** 뿐이므로 이를 **근거로 물권행위를 요식행위로 볼 것은 아니다.**(동지: 김증한·김학동·지원림, 반대: 김상용)

2. 연혁

물권행위 중 **가장 중요한 것은 물권계약**이다. **독일 민법은 물권계약을 물권적 합의(Einigung)라 하며,** 그 중에서도 **부동산 소유권이전의 합의를 Auflassung(§925 BGB)이라 하고,** 그 **방식과 내용을 달리 한다. 우리 민법은 물권적 합의라는 용어를 일반적으로 사용한다는 것**은 이미 설명하였다

3. 적용규정

물권행위도 법률행위이기 때문에 법률행위의 요건을 갖추어야 한다. 따라서 행위능력이 갖추어져야 하고, 의사와 표시가 일치하여야 함은 물론이다. 그 밖에 법률행위의 목적에 관한 요건도 갖추어야 하지만, 물권법정주의 때문에 유형선택의 자유만이 인정되므로 실제로 문제될 여지는 거의 없다. 나아가 계약으로서 물권적 합의가 성립하기 위하여 의사의 합치가 있어야 한다.(민법 제527조 이하 참조)

물권행위에 대해서도 **대리**에 관한 **규정이 적용**된다. 그런데 등기나 인도에 대리가 허용되는가하는 것이 문제된다. 한편, 등기는 사법상의 법률행위가 아니지만, 부동산등기법이 대리에 의한 등기신청을 인정함으로써(부동산등기법 제28조) 대리에 관한 규정이 적용된다. 그런데 등기신청에 민법 제124조가 적용되지 않는다는 것이 학설·판례의 입장이며, 오히려 실무상 쌍방대리가 통상적이다.

물권행위에 조건을 붙일 수 있다.(부동산소유권 양도의 합의에는 조건이나 기한을 붙일 수 없다는 독일 민법 제925조 2항 참조) 그런데 동산물권의 변동에서 조건이 전면적으로 허용되는 반면, 부동산물권의 변동에서는 조건이 등기되어야 하는데, 해제조건(또는 종기)만을 등기할 수 있고(법 제43조의2), 판례는 해제조건부 증여에서 해제조건이 성취되면 그 소유권은 증여자에게 복귀한다(대판 1992.5.22, 92다5584)고 한다. 정지조건(또는 시기)을 등기할 수 없지만(예컨대, 매매대금의 완급을 정지조건으로 하는 소유권유보부 매매는 정지조건을 등기할 방법이 없으므로 부동산을 대상으로 할 수 없다고 할 것임.), 가등기를 통하여 조건을 붙인 것과 같은 결과를 얻을 수 있다.(법 제3조 단서 참조)

물권행위는 처분행위이므로 처분권한이 있어야 하며, 물권자는 무권한자의 처분행위를 추인할 수 있다. 여기서 추인이란 보다 정확하게는 사후의 처분권의 부여를 의미한다.

제3자를 위한 계약을 규정한 민법 제539조는 사적 자치의 표현이기 때문에 제3자를 위한 **물권계약도 가능**하다.(반대: 송덕수) 다만, 물권행위는 처분행위로서 이행의 문제를 남기지 않으므로 채권법 규정은 원칙적으로 적용되지 않고, 수익자가 공시방법을 갖추어야 한다.

4. 공시방법과의 관계

1) 대립되는 두 입법주의

의사주의(대항요건주의)를 취하는 대표적인 입법례인 프랑스 민법에 의하면 **채권의 효력으**

로 소유권이 이전되며, 채권은 당사자의 합의만에 의하여 완성되므로 결국 당사자들의 합의만에 의하여 소유권이 이전된다. 다만, 공시방법을 갖추기 전에 물권의 변동을 인정함에 따른 문제(실체관계와 부합하지 않는 공시방법을 신뢰한 제3자에게 예기치 못한 손해를 야기할 수 있음.)를 해결하기 위하여 동산물권의 변동에 관하여 공신력을 인정하는 반면, 부동산물권의 변동에서는 거래의 안전을 위하여 등기를 대항요건으로 하는 바, 그 결과 대항요건으로서의 등기를 갖추기 전에는 부동산물권 귀속의 대·내외관계가 분리된다.(소유권의 상대적 귀속)

형식주의(성립요건주의)를 취하는 대표적인 입법례인 독일 민법은 채권계약과 물권적 합의(특히 부동산물권의 변동에 관한 Auflassung)를 구별하고, 물권적 합의 외에 공시방법으로서 인도 또는 등기를 갖추어야 비로소 물권의 변동이 일어난다고 한다. 그리고 공시방법을 갖추기 전에는 당사자 사이에도 제3자에 대한 관계에서도 물권의 변동이 일어나지 않는다고 한다.

민법은 구민법에서의 의사주의 대신 형식주의를 채택하고 있다.(민법 제186조, 제188조 이하) 예컨대, 학설은 일반적으로 형식주의가 의사주의보다 우수하다고 평가한다. 부동산의 소유자가 그 부동산을 증여하였으나, 소유권이전등기를 경료하기 전에 사망하였다면 그 부동산은 상속재산에 속한다.(대판 1994.12.29, 93누23985) 주의할 것은 의사주의와 형식주의는 모두 법률행위에 의한 물권의 변동에 한하여 문제라는 점이다. 따라서 이는 민법 제186조(또는 제188조 1항)에 관한 문제이지, 민법 제187조의 문제가 아니다.

구민법의 의사주의에서 현행법의 형식주의로 변경됨에 따른 경과조치로 부칙 제10조 1항이 '6년 내에 등기'하도록 하였으며, 입법주의의 변경에 따른 이러한 제한에 관하여 헌법재판소 결정(1996.1226, 93헌바67)은 헌법에 위배되지 않는다고 판시하였다. 따라서 1966년 1월 1일부터 등기청구권의 소멸시효가 기산되어 1976년 1월 1일 이후에는 등기청구권의 시효소멸로 인하여 등기할 수 없고, 따라서 소유권의 귀속 문제가 생기게 되었다. 그리하여 판례(대판<전합> 1976.11.6, 76다148)에서와 같이 부동산이 인도된 경우에 등기청구권이 시효소멸하지 않는다는 태도가 필요하게 되었던 것이다.

2) 물권행위와 공시방법의 관계

(1) 서

법률행위에 의한 물권의 변동이 일어나기 위하여 당사자의 합의만으로 부족하고 공시방법을 갖추어야 한다. 여기서 '양자의 관계가 어떠하냐?'라는 것이 문제된다. 이 문제는 결국 물권행위의 구성요소에 관한 것이다.

(2) 학설의 대립

'물권적 의사표시(대개 물권적 합의)와 공시방법을 합한 것이 물권행위이냐?'(이영준 교수는 물권행위가 이행의 문제를 남기지 않고 물권변동은 공시방법을 갖추어야 효력이 발생하므로 결국 물권행위는 공시방법을 포함한다고 한다.), 아니면 '물권적 의사표시만이 물권행위이냐?'에 관하여 견해가 나뉘며, 후자는 다시 물권행위와 공시방법의 관계와 관련하여 공시방법은 물권행위의 효력발생요건이라는 입장(김증한·김학동 교수는 물권적 의사표시가 물권행위의 성립요건이며 공시방법이 그 효력요건이라 한다.)과 공시방법은 물권행위 외에 법률이 요구하는 물권의 변동의 또 하나의 요건이라는 입장(곽윤직은 등기와 인도는 물권의 변동의 요건으로 되어 있을 뿐 물권행위의 효력요건으로 되어 있지 않다는 점을 근거로 한다.)으로 나뉜다.

(3) 논의의 실익

'물권적 의사표시만을 물권행위로 보느냐?', 또는 **'공시방법**까지 **합한 것을 물권행위로 보느냐?'**에 관한 **논의는 각 학설에** 따라서 **물권행위가 행해지는 시기, 물권행위의 독자성,** 특히 **무인성** 및 **물권행위의 무효·취소와 등기와의 관계** 등에 **적잖은 차이**가 있다.

그리고 공시방법까지 합하여 물권행위라고 보는 학설은 공시방법이 없는 물권행위란 존재할 수 없으므로 무효행위의 전환에 의하여 채권행위로서의 효력을 인정할 수 있을 따름이다. 그러나 물권적 의사표시만을 물권행위로 보는 경우에는 공시방법을 갖추지 않더라도 물권행위는 존재한다. 따라서 물권적 의사표시는 있었으나, 공시방법을 갖추지 않은 법적 상태를 물권적 기대권으로 보호할 수 있는 가능성이 있게 되므로 '물권적 의사표시만을 물권행위로 보느냐?', '공시방법까지 합해서 물권행위로 보느냐?'의 논의는 실익이 있다고 할 수 있다.(김상용)

(4) 사견

사견으로는 **물권적 의사표시의 합치만으로 물권의 변동의 효과가 발생하지 않으며,** 그와 **함께 공시방법이 갖추어져야** 비로소 **물권의 변동이 일어난다.** 즉 **물권의 변동의 효과가 발생하기** 위하여 **의사적 요소로서 물권적 합의와 사실적 요소로서 공시방법이 갖추어져야 한다.(이른바 이중요건)** 따라서 **물권적 합의와 공시방법을 합한 것(처분행위로서의)을 물권행위라고 보는 견해(지원림)**가 있다. **판례(대판 1991.3.22, 91다70)도 물권적 합의와 인도**에 의하여 **물권행위가 완성되는 것이라는 입장**을 보인다.

이들 이유를 검토해보면 **물권적 기대권을 인정하기** 위해서는 **물권적 의사표시가 물권행위이며, 등기는 물권행위의 효력발생요건이라고 하나, 반드시** 그렇게 **이론을 구성해야 할 필**

요는 없다고 본다. 물권적 기대권을 인정하는 견해에 의하면 물권적 기대권은 물권행위와 부동산의 점유의 이전이 있었으나, 등기가 이루어지지 않은 법적 상태 내지 법적 지위를 말한다. 즉 물권적 기대권은 물권에서 등기를 뺀 것이다. 그러므로 물권적 기대권을 인정하기 위해서는 물권적 의사표시만을 물권행위라고 하여야 하지만, 등기를 물권행위의 효력발생요건이 아니라, 물권의 변동의 요건으로 보는 견해에 의해서도 설명이 가능하다. 그러므로 물권적 기대권을 인정하기 위해서 등기를 물권행위의 효력발생요건으로 해야 한다는 당연한 결론은 도출되는 것이 아니다. 그리고 물권적 기대권을 인정하지 않는 견해에서는 등기를 물권행위의 효력발생요건으로 보느냐, 보지 않느냐의 근거로 삼을 여지가 전혀 없다.

민법 제186조와 제188조 1항을 근거로 드는 것에 관하여 살펴보면 이 조는 분명히 "등기하여야 효력이 발생한다.", "인도하여야 효력이 발생한다."라고 규정하고 있다. 그러나 "부동산물권의 득실변경을 일으키는 법률행위는 등기하여야 그 효력이 발생한다."라든가, "동산물권의 득실변경을 일으키는 법률행위는 인도에 의하여 효력이 발생한다."라고 규정하고 있지는 아니하다. 바꾸어 말하면, "등기 또는 인도를 하여야만 물권행위가 효력을 발생한다."라고 규정하고 있지는 않으며, "물권의 득실변경은 등기·인도하여야 효력이 발생한다."라고 규정하고 있다. 따라서 민법은 등기·인도를 물권행위의 효력발생요건으로 규정하지 않고, 물권의 변동의 효력발생요건으로 규정하고 있는 것으로 보는 견해(곽윤직)도 있다.

결론적으로 물권행위와 공시방법과의 관계는 양자는 동등한 가치를 갖는 물권의 변동의 요건이라 할 것이다. 따라서 등기·인도라는 공시방법은 물권행위의 형식도 아니고, 물권행위의 증명이나 공증도 아니며, 그것은 물권행위와 동등한 가치를 갖는 것으로서 물권행위와는 독립되어 있으나, 양자가 결합해서 비로소 물권의 변동이라는 법률효과를 발생시키는 또 하나의 물권변동의 요건이라고 할 것이다.

V 부동산물권의 변동

1. 법률행위에 의한 부동산물권의 변동

1) 서언

(1) 개관

법률행위에 의한 부동산물권의 변동에 대하여 민법 제186조가 적용된다. 따라서 법률행

위와 등기가 있어야 물권변동이 일어난다. 이는 **형식주의의 입장이며, 부동산의 인도 유무와는 무관**하다. 이 중 법률행위에 대하여 지금까지의 설명이 그대로 타당하므로 간략하게 정리하기로 하고, 등기에 관하여는 항을 바꾸어 살펴보기로 한다.

(2) 법률행위

민법 제186조 소정의 '법률행위'를 물권행위(보다 정확하게는 물권적 합의)로 파악하는 견해가 다수설이지만, 채권행위를 의미한다는 견해도 있다.(고상룡, 이은영) 사견으로는 물권행위의 독자성을 부정한다면 원칙적으로 의무부담행위로서의 채권행위와 처분행위로서의 물권행위가 합체되어 행해지므로 논의의 실익이 크지 않지만, 채권행위와 명확하게 다른 시기에 행하여지는 경우도 있으므로 이러한 경우까지를 고려한다면 **민법 제186조의 '법률행위'를 물권적 합의**(또는 물권적 단독행위)**로 파악할 것**이다.

법률행위는 개별적 유효요건으로서 허가·신고·증명 등[예컨대, 농지취득자격증명(**농지법 제8조, 종래 농지개혁법 제19조 제2항**), 토지거래허가(**국토의 계획 및 이용에 관한 법률 제118조**)]을 **갖추어야 한다.**

2) 등기

(1) 등기를 요하는 물권변동의 범위(민법 제186조의 적용범위)

가. **법률행위**에 의한 **물권의 취득**

① **물권의 양수** 또는 **제한물권의 설정**

② **재단법인설립에서 출연부동산의 귀속**

③ **원인행위의 실효**에 의한 **물권의 복귀** : 물권행위의 causa인 채권행위가 무효이거나, 취소 또는 해제되어 실효된 경우에 그 '채권행위의 이행으로 이전된 소유권은 말소등기 없이도 당연히 복귀하는가?', 아니면 '원상회복을 위한 이전등기나 말소등기를 하여야 하는가?(채권행위의 실효원인이 물권행위에도 공통된다면 당연히 복귀한다는 점에 주의할 것.) 물권행위의 무인성을 인정하는지 여부에 따라 계약이 해제된 경우에는 해제의 효과에 대한 이론구성에 따라서도 그 결론을 달리하는 바, 다음과 같다.

- 물권행위의 유인론에 의하면 원인행위(채권행위)의 이행으로 이전된 물권은 법률상 당연히 복귀하므로 민법 제186조의 적용 대상이 아니다. 그리고 (ⅰ) 원인행위가 취소된 경우에 민법 제109조 2항과 제110조 3항에 의하여 보호되는 선의의 제3자의 범위를 말소등기시의 선의자까지 확대함으로써(이영준 교수는 등기가 말소된 후에

거래한 제3자라도 선의라면 보호되어야 한다고 하나, 수긍하기 어렵다.), (ii) 원인행위가 무효인 경우에도 민법 제107조 2항, 제108조 3항에 의하여 보호되는 선의의 제3자가 당연히 말소등기시까지의 선의자를 포함한다고 해석함으로써, (iii) 원인행위가 해제된 경우에 민법 제548조 1항 단서(여기서는 제3자의 '선의'가 요구되지 않는다.) 및 그 범위를 말소등기시까지의 '선의'의 제3자까지 확대함에 의하여 일정한 범위에서 제3자는 보호된다고 한다. 예컨대, 제한능력의 취소에서와 같이 제3자 보호 규정이 없다면 그가 선의라도 보호되지 못함은 부득이하다.

- 반면, 물권행위의 무인론을 따르면 원인행위인 채권행위의 실효로 인하여 그 자체로는 흠이 없는 물권행위가 실효되지 않으므로 이전된 물권이 당연히 복귀하는 것이 아니라, 또 다른 물권행위와 등기를 갖추어야 하며, 따라서 민법 제186조가 적용된다. 그리고 여기서는 원칙적으로 제3자 보호의 문제가 발생하지 않는다. 다만, 상대적 무인의 경우 또는 물권행위에 흠이 있는 경우에는 유인론에 따른 제3자 보호 방법이 적용된다.

④ **조건부 또는 기한부 법률행위** : 이러한 법률행위는 민법 제186조에 의하여 규율된다. 그런데 해제조건부 또는 종기부 법률행위는 부동산등기법 제43조의2에 의하여 등기할 수 있고 또 등기하여야 한다. 등기되면 조건성취 또는 기한도래시 당연히 물권이 복귀한다.(대판 1992.5.22, 92다5584) 그러나 정지조건부 또는 시기부 법률행위는 조건성취 또는 기한도래시까지 등기할 수 없다.

⑤ **전세권의 법정갱신** : 전세권이 법정갱신이 되는 경우(민법 제321조 4항)에는 의제된 법률행위로서 민법 제187조의 적용을 받는다.

나. 물권행위에 의한 물권의 소멸

물권의 포기는 물권적 단독행위로 등기를 요한다.(반대: 곽윤직) 예컨대, 등기를 요하지 않는다고 하면 이미 소멸한 지상권이나 전세권의 처분이 있는 경우에 제3자에게 예기치 못한 손해를 야기할 수 있다는 점을 어떻게 해결할 것인가? 이영준 교수는 이 경우 민법 제548조 제1항 단서의 유추 적용을 주장하지만, 유추 적용의 근거를 어디에서 찾을 수 있는가라는 의문이 있다. 위험한 공작물인 부동산에 관한 소유권을 포기하였더라도 이를 등기하지 않았다면 소유권을 포기한 자가 여전히 소유자로서 민법 제758조의 책임을 질 수도 있다. 조세 그 밖의 공과의 부담에 관하여도 마찬가지이다.

지상권이나 전세권의 소멸청구(민법 제287조, 제311조 1항)에 관하여 다양한 견해가 주장되고 있다. 소멸청구권은 형성권이므로 소멸청구에 의한 지상권 또는 전세권의 소멸에 등기가 필요하지 않다는 견해(이영준), 소멸청구권이 형성권이지만, 그 행사는 물권적 단독행위이므로 등기가 필요하다는 견해(곽윤직) 등이 있다.

그런데 지상권자의 소멸청구권에 관하여 민법 제288조의 문언 및 불응시의 효과를 고려한다면 그 법적 성질을 형성권이라고 할 것이지만, 소멸청구의 의사표시는 물권적 단독행위이고, 따라서 민법 제186조가 적용된다고 할 것이다.

전세권의 소멸통고(민법 제313조, 제314조 2항)에 관하여도 학설의 대립이 있는 바, 소멸청구와 마찬가지로 볼 것이지만, 민법 제313조의 소멸통고는 통고 후 6월이 경과하여야 등기말소청구권이 발생한다는 점에 차이가 있다.(반대: 이영준)

다. 그 밖의 사항

① 소멸시효는 법률의 구정에 의한 물권의 취득이지만, 민법 제245조 제1항이 민법 제187조의 적용을 배제한다.

② 소멸시효의 경우(물권 중 시효소멸의 대상이 될 수 있는 것에 관하여는 생략하기로 한다.)에 시효의 완성의 효과에 관한 절대적 소멸설은 물권은 당연히 소멸하므로 제186조가 적용되지 않는다고 하는 반면(곽윤직), 상대적 소멸설에 의하면 시효의 완성으로 등기말소청구권이 발생할 뿐이고, 따라서 등기가 말소된 때 비로소 권리가 소멸한다고 할 것이다.(김증한·김학동) 이영준 교수에 의하면 소멸시효가 완성되면 그 효과에 관한 입장의 차이와 무관하게 법률의 규정에 의하여 당연히 물권이 소멸한다고 한다.

(2) 등기의 유효요건

요약 정리 **등기의 유효요건**(오영관, 15면 이하 참조)

1. 실체적 유효요건

1) 등기에 부합하는 실체관계가 존재할 것.

요건: ① **부동산의 존재**, ② **물권행위**(등기원인)**의 존재**, ③ **당사자의 존재**(허무인이 아닐 것.)

2) **등기와 실체관계의 부합의 정도**(일치성 완화)

[1] 등기와 부동산 표시에 관한 부합의 정도(외관상 유사성이 판단기준)

① **토지의 경우** : **소재·지번이 동일성을 인정할 수 있는 가장 중요한 요소이므로 소재·지번만 일치하면 지적** 또는 **지목이 다소 불일치하더라도 동일성을 인정함.**

② **건물의 경우** : **건물의 경우에는 판례가 소재·지번이 다르더라도 건물의 종류, 구조, 면적이나 인근의 유사 건물의 존부** 등을 **종합적으로 고려하여 동일성을 판단함.**

③ 일반건물을 구분건물로 등기한 경우 : 그 건물이 실제로든 구분건물로서의 요건을 갖추고 있지 않다면 그 등기는 구분건물로서의 효력은 없음.

[2] 등기와 물권변동 내지 물권행위와의 부합의 정도

① 질적 불일치 : 전세권등기신청에 저당권등기가 실행된 경우에는 무효로써 말소 대상임.

② 양적 불일치 : 등기 내용 〉 물권행위 내용 ⇨ 물권행위의 한도 내에서 유효함.(판례)

[3] 등기와 물권변동의 과정 내지 태양이 다른 경우

① 등기가 실체관계와 후발적으로 부합하게 된 경우 : 원인 없이 소유권이전등기가 마쳐진 후에 그 당사자 사이에 매매계약이 체결되었다면 그 때부터 종전의 등기는 유효함.

② 등기원인을 달리 기록한 경우 : 증여를 매매로 기록한 경우에도 실체관계에 부합하면 유효함.

③ 판례가 인정하는 중간생략등기의 유효성

a. **부동산등기특별조치법상의 중간생략등기** : 이 **법의 규제 내용을 효력규정이 아닌 단속규정으로 보아 실체관계에 부합할 것을 전제로 긍정함.**

b. **국토계획법상의 중간생략등기** : **토지거래허가구역 내의 중간생략등기는 당사자간의 중간생략의 합의도 확정적 무효로 보며,** 이에 의한 **중간생략등기도 무효인 등기로 본다.**

c. 중간생략 등기가 명시적으로 인정되는 경우 : 지위이전계약에서의 중간생략, 대지사용권이전등기의 중간생략등기(국토계획법 제60조)

d. 중간생략 등기신청의 수리 여부 : 이론적으로는 등기관이 이 법 제29조 제8호의 원인서면과 등기신청정보의 적극적 저촉에 해당하여 각하될 수밖에 없다.

④ 모두 **중간생략등기의 유효성 긍정** : **실체관계에 부합할 것을 조건으로 함.**

⑤ **무효등기의 유용**

a. **갑구의 유용** : 통정허위표시에 의한 소유권이전등기를 한 경우 다시 적법한 매매계약이 체결된 경우에는 현재의 등기원인에 의한 등기를 유용할 수 있다.

b. **을구의 유용** : 판례에 의하며, 무효로 된 저당권의 유용에 있어서 그 저당권설정등기의 유용 합의 이전에 등기기록에 새로이 이해관계를 갖게 된 제3자가 없는 때에 한하여 유용 긍정함. 다만, 형식적 심사권 밖에 없는 등기관으로서는 별도의 각하사유가 없는 한 유용하기로 한 등기를 목적으로 한 다른 등기를 수리하여 등기할 수밖에 없다. 따라서 유용합의 이전에 등기상 이해관계인인 있는 경우에는 그 등기상 이해관계인에게 대항할 수 없다는 것이 최근의 판례이다.

c. **표제부의 유용** : **멸실건물의 소유권보존등기를 멸실 건물과 동일하게 다시 건축한 신축건물의 소유권보존등기로 유용하는 것은 동일성이 전혀 없어 허용되지 않는다.**

2. 절차적 유효요건

1) **적법한 절차**에 따른 **등기신청이 있을 것.**

[1] 이 **법 제29조 제1, 2호에 위반** : **당연무효,** 직권말소대상임. 이의신청이 가능

[2] 이 **법 제29조 제3, 11호에 위반** : **직권발소나 이의신청은 할 수 없고 소송으로 해결**

2) 등기기록에 기록될 것.(기록에 빠진 것이 있으면 등기는 부존재한다.)

3) 중복등기가 아닐 것.(1부동산 1등기기록주의 원칙에 위배되지 않을 것.)

[1] **중복등기의 효력**

가. 학설 : 절차법설(1부동산 1등기 기록주의 유지설), 실체법설, 절충설

나. **판례**

① **동일인 명의의 중복등기의 효력**(절차법설) : **실체관계의 부합 여부를 불문하고 선등기 유효함.**

② **타인 명의의 중복등기의 효력**(원칙적 절차법설) : **먼저 된 등기가 원인무효가 아닌 한 먼저 등기만 유효함.**

③ 중복멸실회복등기의 효력

a. **원칙 : 보존등기의 선후로 판단**(대판 1998.7.14., 97다34693)

선등기Ⓐ		후등기Ⓑ	----> 회복등기	후등기Ⓑ		선등기Ⓐ	: 후등기 Ⓑ를 폐쇄

b. 예외 : 멸실회복등기의 선후로 판단하는 경우

※ 등기 명의인을 달리하여 중복멸실회복등기가 마쳐진 경우에 그 바탕이 되는 소유권보존등기가 동일등기인지, 중복등기인지, 중복등기라면 각 소유권보존등기가 언제 이루어졌는지가 불분명한 경우(대판 2001.2.15., 99다66915)

[2] 토지의 중복등기의 정리

가. 이 규칙에 의한 중복등기정리의 특색

① 적용범위 : (i) 토지의 중복등기(건물 제외)에만 적용되다. ② 같은 기록에 중복하여 마쳐진 등기는 중복등기가 아니다. ③ 외관상 중복등기는 중복등기로 처리하지 아니한다.(경정등기 등으로 해결함.)

② 직권에 의한 정리 : 등기관의 발견 또는 직권발동으로 촉구하는 신청에 의한 정리

③ 중복등기 정리방식 : 판결 및 건물의 중복등기정리처럼 개개의 등기를 말소하는 방식이 아니라, 실체관계에 부합할 가능성이 큰 등기를 존치하고 나머지는 폐쇄하는 방식을 취하고 있다.

④ 잠정적인 조치 : 실체의 권리관계에 영향을 미치지 아니하는 잠정적 조치이다. 따라서 진정한 권리자는 장차 소송 등에 의하여 등기 명의를 회복할 수 있다.

⑤ 중복등기 말소 판결을 받아 규칙에 의한 직권정리 여부 : 판결에 의한 말소등기신청이 있

는 경우에는 중복등기기록의 모든 등기를 말소하고 그 등기기록을 폐쇄하므로 중복등기가 영구적으로 해소되지만, 규칙에 따른 등기기록의 폐쇄는 잠정적인 중복등기의 해소라는 차이가 있다. 따라서 판결에 의한 중복등기말소등기신청의 경우 규칙에 따른 등기기록의 폐쇄방법에 의할 수는 없다.(1997.08.09 선례 5-549)

나. 직권에 의한 정리

※ 표제부 기록사항의 동일성 : 지번이 동일성 판단의 핵심적 사항. 다만, 양 등기기록의 지번이 일치하더라도 지목과 지적이 전혀 상이한 경우에는 동일한 등기기록으로 볼 수 없어 중복등기 정리의 문제는 생기지 않는다.

① 등기 명의인이 동일한 경우(규칙 第34조)

ⓐ 원 칙 : 선등기 유효(대판 1990.12.27) [존치] [폐쇄]

ⓑ 예 외 : 후등기에만 소유권 이외의 권리등기가 있는 경우에는 후등기 존치

[폐쇄] [존치]
(저당권)

ⓒ 동일인의 범위 : 해방 전 일본인 명의의 등기 및 피상속인과 상속인 명의의 등기 그리고 국유재산의 관리청이 다른 경우는 등기 명의인이 동일한 중복등기에 해당

② 등기 명의인이 동일인이 아닌 경우

ⓐ 원 칙 : 선등기 유효 [존치] [폐쇄]

ⓑ 예외1 : 직접·전전하여 소유권을 이전받은 승계취득이 있는 경우(규칙 第35조)

갑 갑…을

[폐쇄] [존치] : 먼저 된 등기에 소유권 외의 등기가 없으면 나중 등기존치

갑…을 갑

[존치] [폐쇄] : 선등기 존치

※ 정리 절차 : 지방법원장에 대한 사전허가나 당사자에 대한 사전통지는 불요함.

예외2 : 원시취득이 있는 경우(규칙 第36조)

[ ] [원시취득] [원시취득] [원시취득]
(폐쇄) (존치) (폐쇄) (존치)

※ 정리 절차 : 지방법원장의 사전 허가가 필요하고 사전에 직권폐쇄의 통지요함.

예외3 : 위에서 언급한 예외1 및 예외2에 해당하지 않는 경우(규칙 第37조)-지방법원장의 사전허가 및 등기 명의인 및 등기상 이해관계인 전원에게 이의신청할 것을 통지함.

갑 갑…을

[존치] [폐쇄]
(저당권)

어느 등기기록의 명의인만 이의를 한 경우 : 그 등기기록 존치

모두 이의하지 않은 경우 : 대장과 부합하는 등기만 존치

※ 정리 후 절차 : 직권 폐쇄 절차를 마친 등기관은 폐쇄된 등기 명의인과 등기상 이해관계인에게 폐쇄 통지를 해야 한다.

③ 직권 분필등기에 의한 정리 : 토지의 일부에 대하여 별개의 등기기록이 개설되어 있는 경우에 대장상에는 분필 절차가 마쳐져 있다면 직권으로 분필등기를 한 후 중복등기 정리(규칙 제40조, 자료제공요구권 및 사실조회권 인정)

※ 대장상 분필 절차가 없는 경우 : 그 토지와 같은 지번으로 지적이 적게 등기된 토지가 된 경우에는 그 등기가 분필 절차 없는 무효인 등기이기 때문에 일부 토지부분에 대한 중복등기로 볼 수 없다.

다. 당사자의 신청에 의한 정리(규칙 제39조, 우선적용의 원칙)

갑	을
(폐쇄할 등기)	(존치할 등기)

① 갑은 자기 명의의 등기를 폐쇄해 주도록 등기관에 신청할 수 있다.

② 을은 갑의 승낙서(인감증명 제공) 또는 이에 대항할 만한 판결 정본을 제공하여 갑 등기의 폐쇄를 신청할 수 있다. 다만, 갑 등기에 등기상 이해관계인이 있으면 그 자의 승낙서(인감증명)를 제공하여야 한다.

③ 이 규칙에 의한 정리와 신청에 의한 정리의 경합 : 신청에 의한 정리 우선 원칙

[3] 중복등기에 대한 새로운 등기신청시의 조치

① 이 규칙 제34조와 제35조에 해당하는 중복등기인 경우 : 중복등기 절차를 마친 다음 새로운 등기신청의 수리 여부를 결정

② 이 규칙 제36조와 제37조에 해당하는 중복등기인 경우 : 새로운 등기신청을 수리하여 기록한 후 다시 중복등기 정리 절차를 밟아야 한다.

[4] 중복등기 정리의 구제救濟

① 이의신청 : 규칙에 의하여 중복등기를 정리한 것은 등기관의 처분이라고 볼 수 있으므로 이를 부당하다고 하는 자는 관할지방법원에 이의신청 가능함.

② 직권 폐쇄된 등기기록의 부활(실체관계에 영향주지 아니하므로 부활 가능)

ⓐ 부활신청 방법 : 폐쇄된 등기기록의 최종소유권의 등기 명의인과 등기상 이해관계인은 존치시킨 등기기록의 최종소유 명의인과 등기상 이해관계인을 상대로 그 토지가 폐쇄된 등기기록의 소유 명의인의 소유임을 확인하는 판결을 제공하여 부활을 신청함.

ⓑ 등기관의 잘못 : 중복등기가 아님에도 불구하고 등기관이 잘못으로 등기기록을 폐쇄한

경우에는 등기관은 직권으로 폐쇄한 등기기록을 부활하여야 한다.

[5] 그 밖의 관련 사항

※ 중복등기에 대한 등기사항증명서 발급 및 열람 : 중복등기기록 전부를 대상으로 함.

3. 건물의 중복등기 정리

1) 표제부 기록사항의 동일성(중복등기로 인정되려면 표제부 기록사항의 동일성이 인정되어야 함.)

[1] 건물의 동일성은 지번 및 종류, 구조, 면적과 도면에 나타난 건물의 길이, 위치 등을 종합하여 판단하여야 하므로 지번이 일치되더라도 종류와 구조, 면적 또는 도면에 나타난 건물의 길이, 위치 등이 다른 경우에는 동일한 건물로 볼 수 없다.

[2] 다만, 건물의 종류와 구조, 면적 등 일부가 일치하지 않더라도 건축물대장의 변동사항 등에 의하여 동일 건물로 봄이 상당하다고 인정된 때는 동일 건물로 보아야 하며,

[3] 각각 일반건물과 집합건물로 보존등기가 마쳐져 있는 경우라도 그 지번 및 종류, 구조, 면적이 동일하고 도면에 나타난 건물의 길이·위치 등이 동일하다면 동일 건물로 볼 수 있다.

2) 건물의 보존등기 명의인이 동일한 경우

[1] **후행 보존등기를 기초로 한 새로운 등기가 없는 경우** : 후행 보존등기를 직권말소

존치	말소폐쇄

[2] **선행 보존등기를 기초로 한 새로운 등기는 없으나, 후행 보존등기를 기초로 한 새로운 등기가 있는 경우**

ⓐ 후행 등기기록에 등기된 일체의 등기를 직권말소하여 폐쇄함과 동시에 그 등기기록에 기록된 소유권보존등기 외의 다른 등기를 선행 등기기록에 이기함.

다만, 일반건물과 집합건물로 그 종류를 달리하는 경우에는 등기관은 이를 위 ⓐ와 같이 직권으로 정리할 수 없다.

존치(저당권A 전사)	말소폐쇄
	(저당권 A)

3) 건물의 보존등기 명의인이 서로 다른 경우

[1] **직권정리 불가** : 실질적 심사권이 없기 때문임.

갑	을
정리 불가	정리 불가

[2] **등기 명의인의 말소등기신청에 의한 중복등기의 해소** : 직권에 의한 중복등기 정리가 불가능하기 때문에 (i) 어느 한 쪽의 등기 명의인이 스스로 그 소유권보존등기의 말소등기를 신청(등기상 이해관계인의 승낙서 제공), (ii) 어느 일방 보존등기의 등기 명의인이 자신의

보존등기가 유효함을 이유로 소유권보존등기의 말소등기 절차 이행의 승소확정판결에 의해 다른 일방 보존등기에 대한 말소등기를 대위신청하여 등기기록을 폐쇄함으로써 상대적으로 정리 가능(등기상 이해관계인의 승낙서 제공)

4) 중복등기가 존속하고 있는 동안에 새로운 등기신청이 있는 경우

[1] **보존등기 명의인이 동일한 경우** : 중복등기의 존속 중에 새로운 등기신청이 있는 경우에는 선행 등기기록에 기록된 등기를 기초로 한 새로운 등기신청은 이를 심사하여 수리하고, 후행 등기기록에 기록된 등기를 기초로 한 새로운 등기신청은 이를 각하한다.

[2] **보존등기 명의인이 서로 다른 경우** : 중복등기의 존속 중에 어느 일방의 등기기록에 기록된 등기를 기초로 하는 새로운 등기신청은 이를 심사하여 수리한다.

가. 등기의 형식적 유효요건

(a) 서

등기가 유효하기 위하여 **우선 부동산등기법 소정의 절차**에 따라 **적법하게 행해져야 하는 바,** 이를 **등기의 형식적**(또는 절차적) **유효요건**이라고 한다. 이 중 설명을 요하는 것은 다음의 것들이다. 아래의 것들 외에 **등기의 목적인 부동산이 존재하여야 함은 당연한 요건**이다.**(대판 1992.3.10, 91다34929)**

(b) **등기의 존재**

등기신청만으로 족한 것이 아니라, 등기부에의 기재 자체가 있어야 한다. 판례(대판 1971. 3.24, 74마105)는 이미 동일한 부동산소유권에 관하여 후순위 등기신청인에게 소유권이전등기가 경료되어 있다면 이 등기를 등기관이 직권으로 말소등기할 수 있는 근거가 없으므로 선순위 등기신청인이 등기신청서류의 접수번호의 순서만을 내세워 이의를 할 수 없다고 하였다. 그런데 등기가 실행된 후 그 존재를 상실한 경우에 그 등기의 실체법상의 효력이 문제되는 바, 아래의 세 경우가 있다.

① **등기가 후발적으로 멸실된 경우에 소정기간 내의 멸실회복등기가 있으면 종전의 순위를 보유한다는 부동산등기법 제23조의 취지**에 비추어 **등기의 멸실에도 불구하고 물권은 존속한다고 할 것**이다.**(대판 1990.3.27, 89다카26601)** 그런데 소정기간 내에 멸실회복등기가 없는 경우의 법률관계가 문제되는데, 소유권의 경우에 소멸하지 않는다는 점에 대하여 의문이 없으나(판례의 입장도 같다. 대판 1996.3.12, 95다46116), 제한물권의 경우에도 소멸하지 않는다고 할 것이다. 송덕수 교수와 이영준 교수는 제한물권은 그것과 충돌되는 새로운 등기가 행해진 경우에 양립할 수 있으면 후순위로 되고, 양립할 수 없다면 소멸한다고 한다.

② **등기가 불법말소된 경우**(그것이 이해관계인이나 제3자의 불법행위에 의한 것이든, 아니면 등기관의 잘못으로 인한 것이든 관계없이)**에 판례**(대판 1982.9.14, 81다카923)**는 등기가 물권변동의 효력발생요건일** 뿐 **효력존속요건은 아니므로 말소등기 자체가 무효이고, 말소등기의 회복등기를 하면 종전의 순위를 보유하며, 회복등기의 상대방은 말소 당시의 소유 명의인이고, 말소** 후에 **등기 명의를 취득한 자는 이해관계 있는 제3자로서 승낙의무를 부담한다**고 한다.(판례의 입장에 찬동하는 견해로서 존속설: 김증한·김학동·이영준, 반대: 곽윤직, 절충설: 이은영, 말소된 권리는 계약 당사자 사이에서 채권적 효력을 가질 뿐이며, 제3자에 대한 관계에서는 물권적 효력을 주장할 수 없다고 한다.) 참고로 판례(대판 20018.24, 2000다12785·12792)는 근저당권설정등기의 불법말소를 이유로 그 회복등기를 구하는 소송에서 원고가 승소판결을 받는다고 하더라도 후순위 근저당권자가 있는 경우에는 바로 회복등기를 할 수 있는 것은 아니고, 부동산등기법 제75조에 의하여 이해관계 있는 제3자인 후순위 근저당권자의 승낙서 또는 이에 대항할 수 있는 재판의 등본을 첨부하여야 하므로 원고로서는 후순위 근저당권자를 상대로 승낙을 구하는 소송을 별도로 제기하여 승소판결을 받아야 한다고 한다. 이와 달리 등기가 효력발생요건이자 동시에 효력존속여건이라고 하여 등기가 불법말소되면 저당권도 소멸한다면 등기의 공신력을 인정하는 결과로 될 것이어서(저당권등기가 불법말소된 상태에서 저당목적 부동산이 양도된 경우) 따르기 어렵다. 주의할 것은 저당권등기가 불법말소된 경우에는 경매와 관련하여 회복등기가 불가능한 경우도 있다는 점이다.(지원림)

③ **등기의 후발적 탈루의 경우에도 마찬가지라고 할 것**이다. 즉 **등기관이 직권으로 경정할 수 있고,** 그 **경정** 전에도 **등기의 효력이 유지**된다.(동지: 이영준, 반대: 곽윤직) 불법말소의 경우와 동일한 취지의 절충설(이은영)도 있다.

(c) **형식적 하자의 부존재**

① 부동산등기법 제55조 제1호와 제2호를 위반한 경우(즉 관할 위반의 등기 또는 등기할 수 없음이 명백한 사항에 관한 등기)에 그 등기는 무효이어서 등기관이 이를 직권으로 말소하여야 한다.

② 반면에, 부동산등기법 제55조 나머지 각 호를 위반한 경우에는 등기된 이상 말소청구만이 가능하다.

③ 한편 등기신청 절차에 하자가 있었음에도 등기가 실행된 경우에 등기는 원칙적으로 무효이지만, 다만, 그것이 실체관계와 부합한다면 유효라고 할 것이다. 대리권 없는 대리인에 의하여 등기가 신청된 경우에 관한 판례(대판 1971.8.31, 71다1163) 등 판례의 입장도 같다.

(d) **표제부의 하자(중대한 하자)**

표제부의 하자는 원칙적으로 무효이지만, 동일성이 인정되는 경우(동일성 유무는 토지의 경우에 지번과 지목 및 지적에 의하여 판단함.; 대판 2001.3.23, 2000다51285), 건물의 경우에는 등기부에 표시된 소재, 지반, 종류, 구조와 면적 등이 실제 건물과의 사이에 사회통념상 동일성이 인정될 정도로 합치되는지 여부에 따라(대판 1996.6.14, 94다53006), 또한 동일성이 없더라도 그 부동산에 대하여 보존등기가 존재하지 않거나 등기형식상 예측할 수 없는 손해를 미칠 우려가 있는 이해관계인이 없는 경우에 경정등기가 허용된다.

(e) **중복등기**

ㄱ. 서

하나의 부동산에 관하여 보존등기가 이중으로 경료된 경우에 1부동산 1용지주의(법 제15조)와 관련하여 그 처리가 문제된다. 보존등기가 2중으로 행해졌더라도 그 중 하나가 지번표시가 현저히 잘못되는 등 표제부의 하자로 인하여 무효인 경우에는 중복등기의 문제가 발생하지 않는다.(대판 1978.6.27, 77다405) 이에 관하여 실체관계를 따지지 않고 이중으로 경료된 나중의 보존등기는 무조건 무효라고 하여 절차법적으로 그 효력을 결정하는 입장과 실체관계에 따라, 즉 실체법적으로 등기의 효력을 결정하는 입장이 있다.

ㄴ. 각 **유형**에 따른 **등기의 효력**

① 먼저 동일인 명의로 보존등기가 중복된 경우에 언제나(즉 그에 터 잡아 소유권이전등기가 경료되었더라도 그것이 실체관계에 부합하는지 여부와 관계없이) 나중에 경료된 보존등기가 무효이다.(대판 1983.12.13, 83다카743 등 확립된 판례의 태도) 즉 중복등기의 효력은 절차법적으로 판단된다.

② 중복된 보존등기의 등기 명의인이 동일인이 아닌 경우에 판례는 종래 실체관계에 따라 등기의 유효 여부를 결정하였지만(대판 <전합> 1978.12.26, 77다2427), 입장을 변경하여 먼저 이루어진 보존등기가 원인무효로 되지 않는 한 나중에 경료된 보존등기가 무효라고 한다(대판 <전합> 1990.11.27, 87다카2961·87다453), 판례변경에 대하여 비판적인 내용으로는 이영준 교수의 견해가 있다. 이러한 판례의 태도는 절차법적 절충설을 따른 것으로 볼 수 있다. 즉 하나의 부동산에 관하여 등기 명의인을 달리하여 중복된 소유권보존등기가 경료된 경우에 (ⅰ) 중복등기의 유·무효는 중복된 소유권보존등기의 유·무효에 의하여 판단하고, 그 후에 경료된 소유권이전등기가 실체관계와 부합하는지 여부는 따지지 않으며, (ⅱ) 중복된 소유권보존등기 중 원칙적으로 나중에 경료된 보존등기가 무효이지만, 먼저 경료된 보존등기가 원인무효라면 나중에 경료된 소유권보존등기가 유효로 되며, (ⅲ) 나중에 경료된 보존등기가 매수인이나 원시취득자에 의하여 경료되어 실체관계에 부합하는 등기이더라도 먼저 경료된 보존등기가 원인무효가 아닌 한 나중에 경료된 보존등기가 무효로 된다.(이동명, 672면 참조)

판례 **등기 명의인을 달리하는 중복등기가 경료된 경우의 등기의 효력**

> 동일 부동산에 관하여 등기 명의인을 달리하여 중복된 소유권보존등기가 경료된 경우에는 먼저 이루어진 소유권보존등기가 원인 무효가 되지 아니하는 한, 뒤에 된 소유권보존등기는 비록 그 부동산의 매수인에 의하여 이루어진 경우에도 1부동산 1용지주의를 채택하고 있는 부동산등기법아래에서는 무효라고 해석함이 상당하다 할 것인 바, 원고가 소외 망인으로부터 그 소유인 토지를 매수하고 이미 망인 명의로 소유권이전등기가 경료되어 있던 위 토지에 관하여 원고 명의의 소유권보존등기를 경료한 경우 망인 명의의 소유권이전등기의 토대가 된 소유권보존등기가 원인무효라고 볼 아무런 주장·입증이 없다면 원고가 위 망인으로부터 위 토지를 매수하였다고 하더라도 위 망인 명의의 소유권이
>
> 전등기에 기하여 소유권이전등기를 경료하지 아니하고 소유권보존등기를 경료한 이상 뒤에 경료된 원고 명의의 소유권이전등기는 이중등기로서 무효라고 할 것이므로 원고는 위 망인의 상속인인 피고들을 상대로 위 부동산에 관하여 위 매매를 원인으로 한 소유권이전등기를 청구할 이익이 있다.(대판<전합> 1990.11.27, 87다카2961·87다453)

③ 등기부가 멸실된 후의 회복등기가 중복된 경우에 어느 등기가 유효한가 하는 문제는 경우를 나누어 판단하여야 한다. (ⅰ) 하나의 부동산에 관하여 등기 명의인을 달리하는 소유권보존등기가 중복되고, 그 등기에 터 잡아 각 소유권이전등기가 경료되었다가 중복된 등기부가 멸실된 후 소유권이전등기의 각 회복등기가 중복된 경우에 각 소유권이전등기의 바탕이 된 소유권보존등기의 선후를 기준으로 등기의 효력을 판단하여야 한다. (ⅱ) 하나의 소유권보존등기를 바탕으로 순차로 소유권이전등기가 경료되었다가 등기부가 멸실된 후 등기 명의인을 달리하는 소유권이전등기의 각 회복등기가 중복된 경우(이는 엄밀한 의미에서 중복등기가 문제되는 경우가 아님에 주의할 것)에는 등기부가 멸실되기 전에 후차로 경료된 소유권이전등기의 회복등기가 유효하다. (ⅲ) 동일 부동산에 관하여 등기 명의인을 달리하여 멸실회복에 의한 각 소유권이전등기가 중복등재되었는데, 각 등기의 바탕이 된 소유권보존등기가 동일 등기인지 중복등기인지, 중복등기라면 각 소유권보존등기가 언제 이루어졌는지가 불명인 경우에 판례는 종래 멸실 후 회복된 소유권이전등기의 각 회복등기일자나 각 회복된 전등기의 접수연월일이나 전등기의 원인일자의 선후로 각 회복등기의 우열을 가릴 수 없다고 하였지만(대판 1995. 6.30, 94다49274), 이 경우 **적법하게 경료된 것으로 추정되는** 각 **회복등기 상호간에는** 각 **회복등기일자의 선후를 기준으로 우열을 가려야 한다고 입장을 변경**하였다.(대판 <전합> 2001.2.15., 99다66915)

판례 **멸실회복등기가 중복된 경우의 등기의 효력**

동일 부동산에 관하여 등기 명의인을 달리하여 중복된 소유권보존등기가 경료된 경우에는 먼저 된 소유권보존등기가 원인무효가 되지 아니하는 한 나중에 된 소유권보존등기는 1부동산 1용지주의를 채택하고 있는 현행 부동산등기법 아래에서는 무효라고 해석함이 상당하고, 동일 부동산에 관하여 중복된 소유권보존등기에 터 잡아 등기 명의인을 달리하는 각 소유권이전등기가 경료된 경우에 등기의 효력은 소유권이전등기의 선후에 의하여 판단할 것이 아니고 각 소유권이전등기의 바탕이 된 소유권이전등기의 선후를 기준으로 판단하여야 하며, 그 이전등기가 멸실회복으로 인한 이전등기라 하여 달리 볼 것은 아니고, 한편 동일 부동산에 관하여 하나의 소유권보존등기가 경료된 후 이를 바탕으로

순차로 소유권이전등기가 경료되었다가 그 등기부가 멸실된 후 등기 명의인을 달리하는 소유권이전등기의 각 회복등기가 중복하여 이루어진 경우에는 중복등기의 문제는 생겨나지 않고 멸실 전 먼저 된 소유권이전등기의 회복등기가 잘못 회복등재된 것이므로 그 회복등기 때문에 나중 된 소유권이전등기의 회복등기가 무효로 되지 아니하는 것이지만, 동일 부동산에 관하여 등기 명의인을 달리하여 멸실회복에 의한 각 소유권이전등기가 중복등기라면 각 소유권보존등기가 언제 이루어졌는지가 불명인 경우에는 위 법리로는 중복등기의 해소가 불가능하므로 이러한 경우에는 적법하게 경료된 것으로 추정되는 각기의 해소가 불가능하므로 이러한 경우에는 **적법하게 경료된 것으로 추정되는** 각 **회복등기 상호간에는** 각 **회복등기일자의 선후를 기준으로 우열을 가려야 한다.**(대판<전합>2001.2.15, 99다66915)

④ 중복등기여서 무효인 경우에 이를 기초로 한 등기부시효취득이 인정되는가에 관하여는 생략하기로 한다.

나. 등기의 실체적 유효요건

(a) 서

등기는 당사자가 법률행위에 의하여 **달성하고자 하는 물권의 변동에 부합하는 것이어야 하고,** 그렇지 **못한 등기는 효력이 없다.** 이것을 **등기의 실체적 유효요건**이라고 한다. 이하에서는 법률행위와 등기의 불합치에 관하여 살펴보기로 한다.

(b) **존재상의 불합치**

ㄱ. 개관

부동산물권의 변동이 일어나기 위하여 법률행위와 등기가 있어야 하며(민법 제186조), 이들 중 어느 하나가 결여된 경우(이른바 존재상의 불합치)에 원칙적으로 물권의 변동의 효력이 발생하지 않으며, 그렇다고 하여 양자가 동시에 행해져야 하는 것은 아니다.

요컨대, 법률행위만이 있는 경우에 제186조에 따라 물권의 변동이 일어나지 않는다. 이와 관련하여 등기를 갖추지 않은 부동산매수인의 지위가 문제되는 바, 법률행위 후 등기 전의 사정변경에 관하여는 후술하기로 한다. 반면, 등기만이 있는 경우에 그 등기는 무효이지만, 그에 합치되는 법률행위가 있으면 그 때부터 유효로 된다. 그러나 유효로 되기 전에 진정한 권리자가 물권적 청구로서 등기말소를 청구할 수 있다.

ㄴ. **등기를 갖추지 않은 부동산매수인의 지위**

a. 개관

존재상의 합치와 관련하여 **등기를 갖추지 않은 부동산매수인(보다 분명하게는 물권적 합의가 있었고 대금이 완납되었으면 소유권이전등기에 필요한 서류도 교부되고 점유까지 이전되었지만, 등기를 갖추지 못한 부동산매수인)의 법적 지위가 문제된다.** 물론 **제186조**에 따라 **등기가 경료되지 않았다면 매도인이 여전히 법률상 소유자이지만,** 위의 **요건을 갖춘 매수인을 보호할 필요**가 있다.

이 경우 이미 목적부동산을 점유하는 매수인을 보호하기 위하여 물권적 기대권(김증한·김학동) 또는 매각되어 인도된 물권의 항변(곽윤직)을 인정하고자 하는 입장이 있지만, 이러한 이론이 실제로 필요한지에 대하여 의문을 제기하며, 이하에서 보는 바와 같이 현행법의 테두리 안에서도 부동산의 매수인은 필요한 한도에서 보호받을 수 있으므로 위와 같은 이론은 필요하지 않다는 견해(지원림)도 있다.

즉 물권적 기대권은 물권법정주의에 반한다는 점, 특히 이를 공시할 방법이 없다는 점을 고려하면 현행법상 적어도 부동산에 관하여 이를 인정할 수 없다고 한다. 반면, 동산의 소유권유보부 매매의 경우에 이미 매수인이 점유하고 있으므로 공시되었다고 할 것이고, 따라서 물권적 기대권을 인정하더라도 문제될 것이 없을 것이다. 나아가 김증한·김학동 교수는 물권적 기대권의 절대성이 인정되지 않는다고 하는데, 그럼에도 불구하고, '물권적'인 권리라고 할 것인가라는 의문을 제기하는 것이 지원림 교수의 견해이다.

b. **현행법상 등기를 갖추지 않은 매수인에게 인정되는 지위** 내지 **권리**

① **현행법상 등기를 갖추지 못한 매수인이 점유권(특히 그 내용으로서 점유보호청구권)을 주장할 수 있지만, 소유권을 주장할 수 없다[민법 제186조 참조** 따라서 **제3자 이의의 소(민사집행법 제48조)나 환취권(파산법 제79조 이하)이 인정되지 않는다].** 다만, **판례는 미등기건물의 매수인이 점유 중인 건물**에 대하여 **'법률상** 또는 **사실상 처분을 할 수 있는 지위'에 있다**고 한다. 이러한 지위에는 미등기건물의 철거와 관련하여 인정될 수 있을 것이다. 이영준 교수는 대금을 완불하고 목적부동산을 인도받아 사용·수익하고 있는 경우에 처분권을 일반적으로 인정한다. 판례(대판 2000.10.13, 98다55659)에 의하면 일반적으로 사실상 소유 또는 실질적 소유라

는 개념은 매매 등 소유권취득의 원인이 되는 법률요건이 성립되어 소유권취득의 실질적 요건은 모두 갖추고 있으나, 그 형식적 요건인 자기 명의의 등기를 갖추고 있지 아니한 경우를 의미한다고 한다. 이러한 소유 개념이 민법상 인정될 수 있는가? 다만, 세법에서 과세의 기초로 이와 같은 개념을 사용한다는 것은 별개의 문제이다. 예컨대, **지방세법 제105조 제2항 소정의 '사실상의 취득'**에 관한 **판례(대판 2001.2.9, 2000두2204)는 소유권에 근접하는 보호를 주는 듯한 경향을 보인다.**

판례 **미등기건물의 매수인의 건물철거권**

건물철거는 그 소유권의 처분에 해당되는 사실행위이므로 원칙으로는 그 소유자(민법상 원칙적으로는 등기 명의자)에게만 그 철거처분권이 있다 할 것이고, 예외적으로 건물을 전 소유자로부터 매수하여 점유하고 있는 등 그 권리의 범위 내에서 그 점유 중인 건물에 대하여 법률상 또는 사실상 처분을 할 수 있는 지위에 있는 자에게도 그 철거처분권이 있다.(대판 2003.1.24, 2002다61521) 미등기건물에 대한 양도담보계약상의 채권자의 지위를 승계하여 건물을 관리하고 있는 자는 건물의 소유자가 아님은 물론 건물에 대하여 법률상 또는 사실상 처분권을 가지고 있는 자라고 할 수도 없어서 건물에 대한 철거처분권을 가지고 있는 자라고 할 수 없다고 한 판결이다.

② 매수인의 목적부동산을 점유하고 있는 경우에 제568조의 재산권이전의무가 목적물인도의무를 포함하므로 매수인(및 그로부터의 전득자)은 제213조 단서 소정의 '점유할 권리'를 가지는 자에 해당하여 매도인의 물권적 청구권에 대항할 수 있고, 나아가 매매계약이 제741조 소정의 '법률상 원인'을 이룬다.

판례 **목적부동산을 점유하고 있는 부동산매수인 및 전득자의 점유할 권리**

토지의 매수인이 아직 소유권이전등기를 경료받지 아니하였다 하여도 매매계약의 이행으로 그 토지를 인도받은 때에는 매매계약의 효력으로서 이를 점유·사용할 권리가 생기게 된 것으로 보아야 하고, 또 매수인으로부터 위 토지를 다시 매수한 자는 위와 같은 토지의 점유사용권을 취득한 것으로 봄이 상당하므로 매도인은 매수인으로부터 다시 위 토지를 매수한 자에 대하여 토지소유권에 기한 물권적 청구권을 행사하거나 그 점유·사용을 법률상 원인이 없는 이익이라고 하여 부당이득반환청구를 할 수 없다고 할 것인 바, 이러한 법리는 대물변제약정에 의하여 매매와 같이 부동산의 소유권을 이전받게 되는 자가 이미 해당 부동산을 점유·사용하고 있거나, 그로부터 다시 이를 임차하여 점유·사용하고 있는 경우에도 마찬가지로 적용된다.(대판 2001.12.11, 2001다45355) 연립주택 신축공사의 수급인이 공사대금의 지급에 갈음하여 이전받기로 한 연립주택의 일부를 소유권이전등기를 경료받지 않은 상태에서 제3자에게 임대한 경우에 소유자인 건축주는 위 제3자에게 소유권에 기한 명도청구나 부당이득반환청구를 할 수 없고, 수급인이 건축주의 소유권이전등기의무와 동시이행관계에 있는 금전지급의무를 이행하지 않더라도 마찬가지라고 한 판결이다.

③ **매수인은 등기청구권과 과실수취권(민법 제587조)**을 가진다.

(c) 내용상의 불합치

ㄱ. 개관

① 법률행위와 등기가 질적으로 불합치하는 경우(예컨대, A 토지에 대하여 매매계약이 체결되었는데, B 토지에 관하여 등기가 경료된 경우; 대판 1993.10.26, 93다2629·2636 또는 지상권설정의 합의가 있었는데, 전세권설정등기가 경료된 경우)에 원칙적으로 등기는 원인무효이고, 따라서 권리변동은 일어나지 않는다. 다만, 경정등기를 하거나, 실행된 등기에 부합하는 법률행위를 다시 하거나, 또는 무효인 등기를 말소한 후 법률행위와 부합하는 새로운 등기를 경료하면 당사자가 원한 바와 같이 물권의 변동이 일어난다.(곽윤직)

② 한편, 법률행위와 등기가 양적으로 불합치하는 경우에 등기의 양이 법률행위의 양보다 크면 법률행위의 한도에서 물권의 변동의 효력이 발생한다. 반면, 등기의 양이 법률행위의 양보다 작으면 일부무효의 법리(민법 제137조)에 따라 판단하여야 한다는 것이 학설의 일반적인 입장이지만(판례도 같은 입장이라며 대법원 판례 1970.9.17, 70다1250 등을 들고 있으나, 이 판결은 등기의 양이 법률행위의 양보다 큰 경우에 관한 것임에 주의할 것.), 이 경우 일부무효의 법리를 적용하는 것이 타당한지에 관하여 의문이 없지 않은데(등기된 범위 내에서만 물권적 합의가 유효하다는 견해; 이영준), 전부에 대한 등기신청이 가능하고(그 등기의 형식이 어떻게 되는지 하는 것은 이미 경료된 일부등기와의 동일성이 있는지 여부에 따라 다를 것이다.), 등기가 경료되면 존재상의 불합치의 경우에 준하여 잔부도 유효하게 된다고 할 것이다.

③ 법률행위와 등기가 질적으로 불합치하지만, 등기의 유효성이 인정되는 경우도 있다. 즉 등기란 부동산에 관한 권리의 현상을 공시하면 되고, 그 과정이나 모습이 사실과 다르더라도 제도의 목적을 달성할 수 있으며(반대: 곽윤직), 이러한 입장에서 판례는 과정이나 원인에 반하는 등기의 효력을 인정한다.

ㄴ. **중간생략등기**

a. **개념**

① **중간생략등기란 부동산물권이 최초의 양도인**으로부터 **중간취득자에게, 다시 중간취득**

자로부터 최후의 양수인에게 전전 이전되어야 할 경우에 중간취득자 명의의 등기(중간등기)를 생략한 채 최초의 양도인으로부터 **최후의 양수인에게 직접 행하여진 등기**를 말한다. 이하에서는 최초의 양도인을 A, 중간취득자를 B, 최후의 양수인을 C라고 하여 설명하기로 한다.

② 중간생략등기는 취득세 등 각종 세금을 면탈할 수 있을 뿐 아니라, B가 전면에 나타나지 않는다는 점 때문에 널리 이용되었으며, 투기수단으로 악용되기도 하였다. 다만, 1990년 9월 1일부터 시행된 부동산등기특별조치법이 부동산의 매매나 교환에 관하여 검인계약서를 작성하여 이를 등기원인으로 제출하도록 하지만(같은 법 제3조 참조), 이에 의하여 중간생략등기가 크게 감소할지 의문이다. **판례(대판 1993.1.26, 92다39112)는 미등기전매를 금지하는 부동산등기특별조치법상의 관련 조항을 단속규정으로 파악하여 중간등기 생략의 합의**에 관한 **사법상의 효력**까지 **무효로 하는 것은 아니라고 하였다.**

③ 중간생략등기의 파생유형으로 미등기부동산의 양수인에 의한 보존등기(대판 1995. 12. 26, 94다44675; 원시취득자와 승계취득자 사이의 의사의 합치가 있어야 한다.), 상속재산을 양도하고 피상속인으로부터 양수인에게 바로 이전등기하는 경우 등이 있다.

④ **중간생략등기**와 관련되어 **문제되는 것은 이미 경료된 C 명의의 등기의 효력이 어떻게 되는가, C는 A를 상대로 직접 소유권이전등기를 청구할 수 있는가(C가 B를 대위할 수 있는 점에 관하여는 후술하기로 한다.)** 및 **C 앞으로의 등기**에 의하여 **A의 채무가 이행된 것으로 볼 것인가 하는 세 가지이다.**(양창수, 78면)

b. **이미 경료된 중간생략등기의 효력**

① **학설의 태도** : 학설은 대체로 이미 경료된 중간생략등기의 유효성을 인정하는 바(무효설로는 김상용; 형식주의하에서 현재의 권리상태도 공시하지 못함을 근거로 한다.), 그 근거에 관하여 B의 동의 또는 3자간의 합의가 있으면 A·C 사이에 경료된 중간생략등기는 유효라는 제1설(이영준), A·B 사이의 물권행위로 B는 목적물에 관한 물권적 기대권을 취득하고 B·C 사이의 물권행위로 B의 물권적 기대권이 C에게 양도된 것이므로 C가 B로부터 취득한 자기의 물권적 기대권에 기하여 경료한 중간생략등기는 B의 동의가 없더라도 당연히 유효라는 제2설(김증한) 및 유인론의 입장에서 A·B 사이의 매매행위 속에 물권행위 내지 물권적 합의가 있고, 이 물권행위는 비권리자인 B가 A의 부동산을 처분하는 데 대한 동의로서의 의미를 가지고 있으므로(독일 민법 제185조 1항) 이들 A·B, B·C 사이의 채권행위와 물권행위에 의하여 A·C 사이에도 그러한 행위가 있었던 것이 되므로 중간생략등기는 유효라는 제3설(곽윤직) 등이 주장되고 있다.

② **판례의 태도** : **판례는 B의 동의** 또는 **3자의 합의가 있는 상태에서(여기서의 합의 또는 동의는 각 매매계약이 유효하게 성립함을 전제로 한다.) 경료된 중간생략등기의 유효성을 인정**한

다.(**대판 1995.5.24, 93다47738**) 즉 **등기는 권리의 현상을 공시함을 목적으로 하므로 비록 중간생략등기를 인정함으로써 권리변동의 과정이 공시되지 않더라도 현재의 권리상태는 공시되므로** 이를 **무효로 할 것은 아니지만,** 이것이 **유효하기** 위하여 A·B·C 사이의 **합의나 B의 동의가 있어야 한다**고 한다. 그리고 백지 매도증서의 작성 및 교부와 같은 묵시적 및 순차적 합의를 인정(대판 1982.7.13, 81다254)할 뿐만 아니라, 이미 적법한 등기원인에 기하여 등기가 경료되었다면 합의가 없었음을 이유로 말소청구를 할 수 없다고 하였다.(대판 1980.2.12, 79다2104) 그러나 **토지거래허가구역 내의 토지에 대한 중간생략등기의 경우에는 그렇지 않다.**

판례 **토지거래허가구역 내의 토지에 대한 중간생략등기의 합의의 효력**

> 토지거래허가구역 내의 토지가 토지거래허가 없이 소유자인 최초 매도인으로부터 중간 매수인에게, 다시 중간 매수인으로부터 최종 매수인에게 순차로 매도되었다면 각 매매계약의 당사자는 각각의 매매계약에 관하여 토지거래허가를 받아야 하며, 위 당사자들 사이에 최초의 매도인이 최종 매수인 앞으로 직접 소유권이전등기를 경료하기로 하는 중간생략등기의 합의가 있었다고 하더라도 이러한 중간생략등기의 합의란 부동산이 전전 매도된 경우 각 매매계약이 유효하게 성립함을 전제로 그 이행의 편의상 최초의 매도인으로부터 최종의 매수인 앞으로 소유권이전등기를 경료하기로 한다는 당사자 사이의 합의에 불과할 뿐, 그러한 **합의가 있었다고 하여 최초의 매도인과 최종의 매수인 사이에 매매계약이 체결되었다고 볼 수 없고, 최종 매수인이 자신과 최초 매도인을 매매 당사자로 하는 토지거래허가를 받아 자신 앞으로 소유권이전등기를 경료하였다고 하더라도 이는 적법한 토지거래허가 없이 경료된 등기로서 무효**이다.(대판 1997.11.11, 97다33218)

③ 사견 : 중간생략등기는 부동산거래에서 필요악으로 이미 확고하게 자리잡은 것으로 보인다. 물론 부동산등기특별조치법의 엄격한 적용에 의하여 이를 방지하여야 하지만, 현실적으로 이를 근절할 수 없을 뿐만 아니라, **판례는 오히려 같은 법**에 위반된 **중간생략등기의 사법상의 효력을 인정**하고 있다.(**대판 1993.1.26, 92다39112**) 이러한 **현실과 중간생략등기가 적어도 현재의 권리상태는 공시하고 있다는 점** 및 **거래의 안전을 고려한다면 현재로서는 부득이 그 유효성을 인정하여야 할 것**이다. 다만, 그 근거를 어떻게 새길 것인가가 문제되는 바, 제2설은 물권적 기대권이라는 개념이 적어도 부동산물권의 변동에 관하여 인정될 수 없다는 점에서, 제3설은 독일 민법 제158조의 법리를 원용한 것으로서 이를 민법의 해석론으로 바로 도입하기 어렵다는 점에서 적절하지 않다고 하는 견해(지원림)도 있다. 즉 판례의 입장과 마찬가지로 A·B·C 3자의 합의 또는 B의 동의가 있었다면 중간생략등기의 유효성을

인정할 것이고, 합의는 순차적으로 또는 묵시적으로 행해질 수 있다고 하는 견해가 있지만(지원림), 물권적 기대권 이론을 따르기로 한다.

c. 중간등기 생략의 합의에 기한 등기청구의 문제

① **학설의 태도** : 위에서 본 학설은 대체로 중간등기 생략의 합의에 기한 등기청구를 긍정하고 있다.(등기청구권을 부정하는 견해: 이은영) 즉 제1설은 B의 동의 또는 3자간의 합의가 있는 경우에 C는 A에 대하여 직접 소유권이전등기를 청구할 수 있다고 하고(이영준), 제2설은 C가 B로부터 취득한 자기의 물권적 기대권에 기하여 직접 소유권이전등기를 청구할 수 있다고 하며(김증한), 제3설은 A·B, B·C 사이의 채권행위와 물권행위에 의하여 A·C 사이에도 그러한 행위가 있었던 것이 되므로 C는 A에 대하여 등기에 협력할 것을 요구할 수 있게 된다고 한다.(곽윤직)

② **판례의 태도** : **판례는 관계당사자 전원의 의사합치가 있어야 C가 A를 상대로 직접 소유권이전등기를 청구할 수 있다는 입장**이다.**(대판 1995.5.24, 93다47738)** 즉 관계당사자 전원의 의사합치가 없다면(예컨대, B의 동의가 있었더라도) C는 B를 대위하여 A에 대하여 B에게 소유권이전등기를 할 것을 청구할 수 있을 뿐이다. **판례(대판 1991.4.23, 91다5761)**에 의하면 **최초 양도인이 중간등기 생략을 거부하고 있어 매수인란이 공란으로 된 백지의 매도증서와 위임장** 및 **인감증명서를 교부한 것만으로는 중간등기 생략에 관한 합의가 있었다고 할 수 없다**고 한다. 한편, B는 중간등기 생략에 관하여 동의한 후에라도 계속해서 등기청구권을 보유한다.(대판 1991.12.13, 91다18316) 다만, 전술한 바와 같이 **구국토이용관리법상의 토지거래허가구역 내의 토지가 중간등기 생략의 합의 아래 허가 없이 전전 매매된 경우에 C가 A에게 직접 허가신청 절차의 협력을 구할 수 없다(대판 1996.6.28, 96다3982)**고 한다.

③ **사견** : **중간등기 생략**에 관한 **당사자 전원의 합의가 있으면 C가 A를 상대로 직접 소유권이전등기를 구할 수 있다는 판례의 태도는 결론에서 정당하다고 할 것**이다. 그런데 이를 어떻게 **이론구성을 하여야 할 것인가?**

부동산소유권이전청구권의 양도로 이론구성을 하는 것이 적절할 것이라는 견해(이호정, 지원림)가 있다. 즉 A와 B의 매매계약에 의하여 B는—등기 전에—부동산소유권이전청구권이라는 채권을 취득하는 바(민법 제568조 참조), 등기청구권은 이 채권의 한 내용이다. 그런데 B가 등기 전에 C에게 전매하였다면 그것은 B가 자신의—소유권이 아니라—부동산소유권이전청구권(당연히 등기청구권을 포함한다.)을 C에게 매매한 것이다. 이러한 채권의 매매(즉 채권양도)에 의하여 채권은 C에게 이전되고, A에게 토지(또는 A의 승낙)에 의하여 채권양도의 대항요건(민법 제450조)이 갖추어지면 C는 A에게 자신의 채권을 행사할 수 있게 되며, 따라서 그 채권의 내용인 등기청구권도 직접 행사할 수 있게 된다. 그리고 이와 같이 채권양도로 이론구성을 한다면 A의 이익을 침해할 염려도 없다. 왜냐하면 A는 채권양도의 통지에 대하여 이의할 수 있을 뿐만 아니라, 이의를 보류하지 않고 채권양도의 승낙을 하지 않은 이상 B에 대한 동시이행의 항변권을 C에게 행사할 수 있기 때문이라고(이호정, 12면 이하) 한다.

이와 같은 **이론구성은 판례**에 의하여 **거부되었는데(대판 1995.8.22, 95다15575)**, 그 **이유로 소유권이전등기청구권은** 그 **이행과정에 신뢰관계가 따르므로 특별한 사정이 없는 한**, 그 **권리의 양도에 채무자인 매도인의 승낙이나 동의를 요한다는 점을 들 수 있을 것**이다.**(대판 2001.10.9, 2000다1216)** 그런데 과연 소유권이전등기청구권의 이행에 신뢰관계가 따르는지에 대하여 의문이 없지 않다는 견해, 즉 B의 채권양도의 통지에 대하여 이의할 수 있는 A의 입장에서 C가 누구인가에 대하여 도대체 어떤 이해관계를 가진다고 할 것인가라는 의문을 던지는 견해도 있다.(지원림) 한편, 판례**(대판<전합> 1998.11.19, 98다24105)는 가등기**에 의하여 **순위보전의 대상이 되는 물권변동의 청구권이 양도된 경우에** 그 **가등기상의 권리의 이전등기를 가등기의 부기등기의 형식으로 경료할 수 있다고 하는데, 가등기의 부기등기**에 의하여 **이전되는 것은** 결국 **이전등기청구권이 아닌가?** 그렇다면 **가등기의 부기등기**에 의하여 **이전등기청구권이 공시된다는 점을 제외한다면** 위에서의 **논의와 결론을 같이 하는 것이 아닐까라는 견해**(지원림)**를 제시**하고 있다. 위 **판례(98다24105)를 따른다면 B 앞으로 가등기가 된 경우에 채권양도**에 관한 **대항요건** 외에 **가등기의 부기등기**에 의하여 **본등기**에 관한 **중간생략등기가 가능**하게 된다.

판례 **소유권이전등기청구권의 양도**에 **기한 중간생략등기의 청구**

> 부동산이 전전 양도된 경우에 중간생략등기의 합의가 없는 한 그 최종 양수인은 최초 양도인에 대하여 직접 자기 명의로의 소유권이전등기를 청구할 수 없고, 부동산의 양도계약이 순차 이루어져 최종 양수인이 중간생략등기의 합의를 이유로 최초 양도인에게 직접 그 소유권이전등기청구권을 행사하기 위하여는 관계당사자 전원의 의사합치, 즉 **중간생략등기에 대한 최초 양도인과 중간자의 동의가 있는 외에 최초 양도인과 최종 양수인 사이에도 그 중간등기 생략의 합의가 있었음이 요구되므로 비록 최종 양수인이 중간자로부터 소유권이전등기청구권을 양도받았다고 하더라도 최초 양도인에** 대하여 **채권양도를 원인**으로 하여 **소유권이전등기 절차 이행을 청구할 수 없다.**(대판 1995.8.22, 95다15575)

④ **당사자들의 채무이행의 문제** : 위에서 본 바와 같이 중간등기 생략의 합의를 채권양도로 이론을 구성한다면 A의 B에 대한 채무는 새로운 채권자인 C에게의 소유권이전등기에 의하여 이행되었고, B의 C에 대한 관계에서는 문제될 것이 없다.

⑤ **실제와 다른 등기원인**에 의한 **등기 : 등기관이 실질적 심사권을 가지지 않기 때문에 종래 적지 않게 행해진** 이러한 **유형의 등기**에 대하여 **판례는 당사자** 사이의 **실체관계와 부합함을 이유로** 그 **유효성을 인정해 왔다. 증여**로 인한 **소유권이전에서 등기원인을 매매로 기재한 경우**에 관한 **판례(대판 1980.7.22, 80다791, 2004.5.14, 2004다11896)는 등기신청서의 기재사항이 등기원인을 증명하는 서면과 부합하지 아니함에도 신청서**대로 **등기가 경료된 경우에 등기관이** 이를 **직권으로 말소할 수 가 없다**고 하였다. 특히 판례(대판<전합> 1990.11.27, 89다카12398)는 "이미 자기 앞으로 소유권을 표상하는 등기가 되어 있었거나 법률에 의하여 소유권을 취득한 자가 진정한 등기 명의를 회복하기 위한 방법으로 현재의 등기 명의인을 상대로 그 등기의 말소를 구하는 외에 '진정한 등기 명의의 회복'을 원인으로 한 소유권이전등기 절차의 이행을 직접 구하는 것도 허용되어야 한다."라고 판시하였다. 그런데 자기 앞으로 소유권의 등기가 되어 있지 않았고, 법률에 의하여 소유권을 취득하지도 않은 사람이 소유자를 대위하여 현재의 등기 명의인을 상대로 그 등기의 말소를 청구할 수 있을 뿐인 경우에는 진정한 등기 명의의 회복을 위한 소유권이전등기청구를 할 수 없다.(대판 2003.5.13, 2002다64148) 같은 취지에서 판례(대판 2001.8.21, 2000다36484)는 명의신탁에서 대외적 소유자가 아닌 신탁자는 제3자에 대하여 진정한 등기 명의의 회복을 원인으로 한 소유권이전등기 청구를 할 수 있는 진정한 소유자의 지위에 있지 않다고 하였다. 이러한 **판례의 태도는 그러한 등기가 적어도 현재의 권리상태를 반영하기에 충분하므로 긍정될 수 있을 것이다.** 다만, **부동산등기특별조치법 제6조가 등기원인의 허위기재를 금지함으로써**(이 역시 단속규정으로 해석된다.) **이러한 유형의 불일치는 줄어들 것으로 예상된다.**

판례 **등기원인이 실제와 다른 등기**

① 상속세면탈의 목적으로 피상속인이 사망한 후 피상속인 명의로부터 타인에게 소유권이전등기를 경료했더라도 상속세가 면제되는 것은 아니므로 그 행위를 강행법규인 상속세법 위반의 반사회적행위로서 무효라고 볼 수 없다.(대판 1964.7.21, 64다554)

② 등기 명의자가 전 소유자로부터 부동산을 취득함에 있어 등기부상 기재된 등기원인에 의하지 아니하고 다른 원인으로 적법하게 취득하였다고 하면서 등기원인행위의 태양이나 과정을 다소 다르게 주장한다고 하여 이러한 주장만 가지고 그 등기의 추정력이 깨어진다고 할 수 없다.(대판 1994.9.13., 94다10160)

③ 망인 A의 부동산을 매매를 등기원인으로 소유권이전등기를 경료한 피고 B(A의 사위)는 실은 매매가 아니라, A에게 생활자금을 지원한 대가로 소유권을 이전받았다고 주장했으므로

B의 소유권이전등기의 추정력이 유지되고 그 등기의 무효를 구하는 원고가 '그 등기가 A의 의사에 반하여 이루어진 것임'을 입증해야 한다.(대판 1996.2.27, 95다42980)

(3) 무효등기의 유용

(a) 개념

등기가 실체적 권리관계를 결여하여 무효이지만, 말소되지 않고 있는 동안 그 등기에 상응하는 실체적 권리관계가 발생한 경우에 그 무효등기를 말소하고 새롭게 등기하는 절차를 생략하여 그 등기를 유효한 것처럼 이용하려는 것을 가리켜 무효등기의 유용이라고 한다. 당연히 유용에 대한 합의가 있어야 하는데, 그 합의는 묵시적이라도 상관없다.

(b) 유용의 종류

무효등기를 유용하는 대표적인 경우는 소유권이전등기를 유용하는 경우, 제한물권(특히 저당권)의 설정등기를 유용하는 경우이다. 그 밖에 가등기의 유용도 종종 발견된다. 첫째의 유형으로서는 A가 B에게 매매를 원인으로 한 소유권이전등기를 해주었으나, 그 매매계약이 허위표시로서 무효임이 밝혀진 후 다시 A와 B 사이에 진정한 매매계약이 체결되고 B가 A에게 매매대금을 지급하고 나서 등기는 기존의 소유권이전등기로 유용하기로 합의하는 경우를 예로 들 수 있다. 둘째 유형으로는 C의 부동산에 D가 최고액 5천만원의 근저당권설정등기를 한 후 D가 채무를 변제했으나, 등기는 말소하지 않고 있다가 다시 D가 C로부터 4천만원을 꾸고 종전의 근저당권설정등기를 그 채권의 담보를 위해 이용하기로 합의한 경우가 있다.

(c) 유용 합의의 제한적 유효성

소유권이전등기의 유용은 이전부터 유효한 것으로 인정되어 왔었다.(대판 1977.4.12, 76다2516) 과거 저당권설정등기의 유용에 관하여 무제한적 유효설, 제한적 유효설, 부정설의 대립이 있었으나, 현재는 이해관계인의 부존재를 요건으로 그 유효성을 인정하는 제한적 유효설만이 주장되고 있다.(저당권 설명 참조) 판례도 저당권등기의 유용에 관하여 제한적 유효설을 취한다.(대판 1969.3.4, 67다2910)

제한적 유효설의 정당성을 살펴보면 다음과 같다.(이은영) 첫째, 등기는 제3자에게 예측하지 않은 손해를 주지 않도록 하는 공시 제도인 만큼 제3자의 신뢰를 해치지 않는 한 등기유용을 인정하여도 무방하다. 둘째, 등기유용을 무효라고 한다면 그 흠이 전득자에게 미쳐 거래의 안전을 해치게 되므로 피해야 한다. 셋째, 저당권등기의 유용은 저당권의 부종성을 전제로 하여 등기가 결과적으로 진실한 채무 상태에 합치하는 기능을 하고 있음에 비추어 등

기유용이 부당하지 않으며, 이를 **인정하는 편이 비용절감** 등의 **편의를 제공한다.**

(d) **유용의 요건**

무효등기의 유용 합의에 의하여 그에 상응하는 물권변동이 생기기 위한 요건은 다음과 같다.

ㄱ. **등기의 존재**

등기가 절차법상 유효한 등기로서의 요건을 갖추고 있어야 한다. 다소 절차법상의 하자가 있더라도 그 흠이 치유될 정도의 것인 때에는 무방하다.

ㄴ. **법률행위**

등기 명의인 사이에 그 등기가 나타난 권리변동에 상응하는 법률행위가 있어야 한다. 소유권이전등기의 경우에는 그 양도인으로부터 그 양수인으로의 양도계약 및 물권행위가 있어야 한다. 저당권설정등기의 경우에는 그 소유자와 그 저당권자 사이에 소비대차계약을 체결했을 뿐만 아니라, 피담보채권이 현실적으로 발생하여야 한다.

ㄷ. **등기유용의 합의**

당사자 사이에 등기유용의 합의가 있어야 한다. 등기유용의 합의는 법률행위에 상응하는 새로운 등기의 신청을 하는 대신 기존의 무효등기를 이용하기로 하는 등기신청에 준하는 절차법상의 합의의 성격을 갖는다.

ㄹ. **이해관계인의 부존재**

유용합의 이전에 이해관계를 갖게 된 제3자가 존재하지 않아야 한다. 그 제3자는 물권자로서 등기된 자이거나, 또는 대항력을 갖춘 임차권 등을 갖게 된 자, 또는 그 부동산을 압류한 자 등 대세적 효력을 가진 자를 말한다. 판례(대판 2002.12.6, 2001다2846)는 "실질관계의 소멸로 무효로 된 등기의 유용은 그 등기를 유용하기로 하는 합의가 이루어지기 전에 등기상 이해관계가 있는 제3자가 생기지 않은 경우에는 허용된다고 한다."라고 한다. 이 유형 중 특수한 것으로서 저당권등기의 유용에 관하여는 생략하기로 한다.

ㅁ. **등기유용의 효과**

① **물권의 발생 : 등기유용이 허용될 수 있는 요건을 갖춘 경우에는** 그 **실체적 권리관계의 발생**과 더불어 **유용합의가 행해진 때에** 그 **등기에 상응하는 물권이 발생**하게 된다.

② **물권의 발생시점 : 등기유용은 소급효를 갖는가? 등기유용**에 의하여 그 **무효등기가 처음 기재된 때로 물권발생의 효과가 소급하는 것은 아니라고 해석**된다.(송덕수) 즉 **등기와** 그에 **상응하는 실체적 권리관계가** 모두 **갖추어졌을 때** 비로소 **물권발생의 효과가 생기며,** 그 이전에는 **등기가 무효인 상태로 있었던 것으로 취급**된다.(이은영)

③ **멸실된 건물의 보존등기를 신축된 건물의 보존등기로 유용하는 것은 신축된 건물이**

멸실된 건물과 동일한 건물이라 할 수 없기 때문에 허용되지 않는다.(대판 1976.10.26, 75다2211)

(4) **법률행위** 후 **등기** 전의 **사정변경**

당사자의 교체, 즉 특정승계가 있었다면 새 권리자와의 사이에 새로운 법률행위를 한 후에 등기를 하여야 하며(이 경우 중간생략등기가 문제될 수 있다.), 부동산매도인이 사망한 경우에 그 부동산은 상속재산에 속한다.(대판 1994.12.9, 93누23985) 따라서 **상속**에 의한 **등기**(법 제27조)**가 경료된 후 상속인과의** 사이에 **다시 물권행위와 등기를 해야 하지만, 부동산등기법은 상속인이 등기의무자로서 등기를 신청할 수 있게 한다.**(**상속인**에 의한 **등기**)

당사자가 능력을 상실한 경우에도 법률행위는 유효하고(민법 제111조 2항 참조), 등기신청은 공법행위이지만, 민법 제5조 이하의 **규정을 유추하여 원칙적으로 법정대리인**에 의한 **등기가 행해져야 한다. 당사자의 처분권이 제한된 경우에는 등기를 할 수 없다.**

2. 법률행위에 의하지 않은 부동산물권의 변동

1) 서언

[1] 민법 제187조 소정의 '등기를 요하지 아니하는 부동산물권의 변동'은 당사자의 의사에 의하여 효력이 생기는 것이 아닌 경우를 총칭하는 것으로서 등기 없이도 완전한 물권변동이 일어난다. 이 경우 등기를 요하지 않는 것은 성질상 등기가 불가능하거나 법정책적 이유에 기하여 등기라는 공시방법을 갖추지 않더라도 물권의 변동 여부 및 또는 시점이 명료하기 때문이다. 그러나 그 처분에는 등기를 요한다.(민법 제187조 단서)

[2] 민법 제187조 단서 소정의 처분은 법률행위에 의한 처분만을 가르킨다.(송덕수) 그런데 민법 제187조 단서에 의하면 등기 없는 처분은 무효라고 할 것이지만, 판례는 적지 않은 예외를 인정한다.(중간생략등기의 파생유형 등)

판례 **민법 제187조 단서의 의미 및 위반한 처분의 효력**

민법 제187조 단서가 등기 없이 취득한 부동산물권은 등기를 하지 않으면 이를 처분하지 못한다.고 규정하고 있는 취지는 같은 조 본문에 의하여 부동산물권을 등기 없이 취득하였더라도 그 권리자가 이를 법률행위에 의하여 처분하려면 미리 물권의 취득을 등기하고 그 후에 그 법률행위를 원인으로 하는 등기를 경료하여야 한다는 당연한 원칙을 선언한 것에 불과하고, 따라서 부동산 물권을 등기 없이 취득한 자가 자기 명의의 등기 없이 이를 처분한 경우 그 처분의 상대방은 부동산물권을 취득하지 못한다는 것일 뿐 그 처분행위의 채권적 효력까지 부정할 수는 없다.(대판 1994.10.21, 93다12176)

[3] 민법 제187조에 따른 부동산물권의 변동에서 그에 따른 등기가 경료되기 전에는 실체관계와 합치되지 않는 등기상태가 존재하는 바(법정지상권에 관한 등기가 경료되지 않은 통상의 경우를 생각해보라!), 이 경우 등기의 외관을 신뢰한 제3자(위의 예에서 법정지상권의 존재를 알지 못하고 대지의 소유권을 취득한 자)에게 예기치 못한 손해를 야기할 가능성이 있다는 점에 주의하여야 한다.

2) 적용범위

제186조에 따라 등기하여야 비로소 물권의 변동이 일어나느냐, 아니면 제187조에 의하여 등기 없이 물권의 변동이 일어나느냐에 관하여 제186조의 적용범위와 관련하여 살펴본 것들 외에 다음의 것들이 있다. 주의할 것은 이하의 설명이 제187조의 적용범위를 넘어 등기를 요하지 않는 물권의 변동 일반에 관한 것이라는 점이다.

(1) 포괄승계

개개의 권리의 이전이 아니라, 법규 또는 법률행위에 의하여 다수의 권리 및 의무의 총체가 포괄적으로 이전하는 경우[상속, 포괄유증(민법 제1078조), 회사의 합병(상법 제235조, 제552조 이하), 이 중 포괄유증에 관하여는 대판 2003.5.27, 2000다73445 참조]에 등기를 요하지 않는다. 그런데 **상속**으로 인하여 **부동산물권이 취득되는 시기는 피상속인의 사망시이고(민법 제997조 참조), 상속인의 단독신청**에 의하여 **상속**에 의한 **등기(법 제27조)가 행해진다.**

(2) 국가의 권력행위에 의한 직접적인 물권변동

이러한 경우로서 민법 제187조는 공용징수, 판결 및 경매에 의한 물권의 변동을 들고 있으나, 그 밖에 귀속재산의 귀속, 형법상의 몰수, 농지분배, 징발재산 매수결정 등도 같다

① 먼저 **공용징수(수용)란 공익사업**을 위하여 **소유권** 그 밖의 **재산권을 법률의 힘**에 의하여 **강제적으로 취득하는 것을 말하며,** 그 **법적 성질은 원시취득이지만(대판 2000.7.4, 98다62961; "수용되는 토지에 대하여 가압류가 집행되어 있어도 토지의 수용으로 기업자가 그 소유권을 원시취득함으로써 가압류의 효력은 소멸되는 것이고, 토지에 대한 가압류가 그 수용보상금청구권에 당연**

히 전이되어 그 효력이 미치게 된다고는 볼 수 없다."), 이전등기의 형식에 의한다. 그런데 수용에서 물권의 변동은 (ⅰ) 기업자와 토지의 소유자의 협의에 의하는 협의수용인 경우에 협의에서 정하여진 시기에, (ⅱ) 협의가 성립하지 않아 토지수용위원회의 의결에 의하는 재결수용에서 정한 수용시기(토지수용법 제67조)에 일어난다.(공익사업을 위한 토지 등의 취득 및 보상에 관한 법률 제45 같은 법 제42조 1항에 의하면 사업시행자가 수용개시일까지 보상금을 지급 또는 공탁하지 않으면 재결은 그 효력을 상실한다.) 수용에 의한 소유권이전등기는 기업자가 단독으로 신청하지만, 관공서가 기업자인 경우에는 촉탁하여야 한다.(법 제99조)

② **민법 제187조에서 판결이란 실체법상의 형성판결(예컨대, 민법 제406조, 제269조 1항, 제1013조 2항)만**을 말한다. 다만, **화해조서나 인낙조서도 제187조에 준할 것**이다.(이영준) 판결에 의한 물권의 변동 시기는 판결이 확정된 때이며(민사소송법 제498조), 그에 따른 등기는 승소한 당사자가 단독으로 신청할 수 있다.(법 제29조)

③ 민법 제187조의 경매(구두로 하는 경쟁체결방식에 의한 매매)는 국가기관이 하는 공경매를 말하며, 민사집행법상의 경매(같은 법 제80조 이하)에 한하지 않고 국세징수법상의 체납처분(같은 법 제24조 이하)을 포함한다. 그리고 경매에 의한 물권의 변동은 매각대금을 완납한 때 일어난다.(민사집행법 제135조, 제268조, 국세징수법 제77조 1항) 그러나 보통 민사집행법 제144조 제1항에 의한 촉탁등기가 이루어진다.

(3) 그 밖의 경우

① 점유권이나 유치권과 같이 권리의 성질상 등기를 할 수 없는 경우

② 물건의 생멸 또는 증감(예컨대, 신축건물의 소유권취득, 소유권취득자의 결정에 관한 경우는 생략하기로 한다.)의 경우

판례 **신축건물의 소유권 귀속과 건축허가 또는 보존등기의 명의와의 관계**

> 건축주의 사정으로 건축공사가 중단되었던 미완성의 건물을 인도받아 나머지 공사를 마치고 완공한 경우, 그 건물이 공사가 중단된 시점에서 이미 사회통념상 독립한 건물이라고 볼 수 있는 형태와 구조를 갖추고 있었다면 원래의 건축주가 그 건물의 소유권을 원시취득하고, 최소한의 기둥과 지붕 그리고 주벽이 이루어지면 독립한 부동산으로서의 건물의 요건을 갖춘 것이라고 보아야 한다.(대판 2002.4.26, 2000다16350)

③ 소유자가 존재하지 않거나 불명한 경우(예컨대, 매장물 발견)

④ 첨부, 특히 부동산과 부동산의 부합(민법 제256조)

⑤ 혼동(민법 제191조)

⑥ 피담보채무의 소멸로 인한 담보물권의 소멸(부종성; 민법 제369조)

⑦ 존속기간이 있는 제한물권에서 존속기간의 만료

⑧ 법정책적 이유에 기한 물권의 변동. 각종 법정지상권(민법 제305조 및 제366조, 입목에 관한 법률 제6조), 관습법상의 법정지상권, 법정저당권(민법 제649조)의 취득, 대위로 인한 저당권 등의 이전(민법 제368조, 제399조, 제482조, 제484조) 등이 있다.

3. 명인방법에 의한 부동산물권의 변동

1) 서언

[1] 입목이나 입도 또는 미분리의 과실은 지반인 토지의 정착물로서 그 일부분이며, 원칙적으로 독립한 물건이 아닌 것으로 다루어진다. 따라서 토지소유권의 효력은 당연히 그 지상에 생육하고 있거나 식재된 입목 등에까지 미친다고 보는 것이 일물일권주의와 부동산부합이론(민법 제256조) 등에 따른 당연한 귀결이다. 그러나 이에 대한 예외로 입목에 관한 법률에 의하여 등기된 입목, 권원에 의하여 부속된 수목(민법 제256조 단서), 당사자가 토지와 별도로 입목만을 양도하는 경우(입목을 유보하고 토지만을 처분하는 경우도 이에 준한다.)의 입목 등은 토지와 독립한 별개의 부동산으로서 그 위에 독립한 소유권이 성립할 수 있음이 특별법 또는 판례에 의하여 인정되고 있다.

[2] 이와 같이 당사자의 의사에 따라 입목 등(입목에 관한 법률에 의하여 등기된 입목은 제외한다.)에 대하여 독립한 소유권을 인정하여 그 소유권의 독립한 양도, 유보 등을 인정하는 판례의 태도는 **입목 등이** 그 **상태대로 토지와 독립하여 거래되는 거래계의 관행을 수용한 것이지만, 부동산부합의 예외로 입목** 등에 대하여 **별도의 소유권을 인정함으로써 토지의 전득자** 등이 **예기치 못한 손해를 입는** 등 **토지거래의 안전에 위험을 줄 수 있기 때문에** 그 **보호**를 위하여 **명인방법이라는 공시방법을 갖출 것을 요구**하고 있다.

2) 명인방법의 의의

[1] **명인방법이란 건물** 외의 **지상물(특히 수목의 집단, 미분리의 과실)을 토지와 분리하지 않은 채 토지소유권으로부터 독립한 거래객체로 함에 이용되는 관습법상의 공시방법으로서** 그 **지상물의 소유자가 누구인지를 외부의 제3자에게 명백하게 인식시키기에 족한 방법**을

말한다.

[2] **명인방법은 지반의 소유권으로부터 독립한 수목의 집단** 또는 **원물**로부터 **독립된 미분리의 과실이 거래의 객체로 됨**에 따른 **거래상의 요구를 충족하는 기능을 담당**한다. **판례(대판 1967.2.28, 67다2442)는 입목이 이중매매에서 공시방법으로서의 명인방법을 먼저 갖춘 사람에게 입목의 소유권이 이전된다**고 하였다.

3) 명인방법의 내용

[1] **개개의 수목** 또는 **수목의 집단이 명인방법의 대상**이 될 수 있다. 이러한 것에 대하여 명인방법이 갖추어지면(물권적 합의가 있고, 명인방법이 그와 합치되어야 함은 물론이다.) 지반의/으로부터의 분리양도가 가능하고, 그들은 지반에 대한 저당권의 효력범위에서 제외된다. 미분리의 과실에 대해서도 같다.

[2] **명인방법**에 의하여 **공시되는 물권변동은 소유권**(및 양도담보권)**의 이전** 또는 **유보에 한한다.**

[3] **명인방법은 소유권의 귀속을 대외적으로 표시**하여야 한다. 즉 지상물이 독립된 물건이며 현재의 소유자가 누구임을 명시하여야 한다.(대판 1990.2.13, 89다카23022) 어떤 것이 명인방법으로서 충분한지 하는 것은 구체적인 사안에 따라 판단될 수밖에 없는 바, 확정된 입목소유권 확인판결에 기한, 지상입목들이 A의 소유에 속한다는 집행관의 공시문을 붙인 팻말을 임야 입구에 설치하거나(대판 1989.10.13, 89다카9064, 집행문 부여나 집행관의 집행행위가 적법한지 여부와는 관계없다.), 입목에 새끼줄을 치고 요소요소에 소유자를 표시한 **경우(대판 1976.4.27, 76다72)에 명인방법을 갖춘 것으로 볼 것이지만, 토지 주위에 울타리를 치고** 그 **안에 수목을 정원수로 심어 가꾸어온 사실만으로 명인방법을 갖춘 것으로 보기 어렵다(대판 1991.4.12, 90다20220)**고 한다.

나아가 **명인방법은 특정성(대판 1975.11.25, 73다1322)과 계속성을 갖추어야 한다.** 특히 계속성과 관련하여 명인방법이 공시방법으로서의 효력을 계속 가지기 위해서는 현재의 소유자가 계속하여 명인방법에 나타나지 않으면 안 된다는 것이 통설·판례의 입장이다. 따라서 현재의 소유자에 관한 명인방법이 자연적 또는 인위적 원인에 의하여 훼손된 경우에 이를 다시 분명하게 하지 않으면 독립한 소유권의 존속을 인정하기 어렵게 된다.

[4] **수목의 집단이나 미분리의 과실이 지반**으로부터 **독립된 권리의 객체가 되기** 위하여 **명인방법을 갖추어야 한다.** 즉 **명인방법은 효력발생요건**이다.

4. 물권의 소멸

1) 서언

물권의 소멸원인으로 각종 물권에 공통된 것과 각종 물권에 특유한 것이 있다. 후자에 관하여는 개개의 물권과 관련하여 검토하기로 하고, 여기서는 각종 물권에 공통되는 소멸사유를 검토하기로 한다. 그런데 권리의 소멸로 절대적 소멸과 상대적 소멸이 있는 바, 후자는 물권의 변동과 관련하여 이미 살펴보았으므로 이하에서는 각종 물권에 공통되는 절대적 소멸사유를 검토하기로 한다.

2) 소멸사유

(1) 목적물의 멸실

목적물이 멸실(예컨대, 토지의 포락, 건물의 멸실)하면 그것을 목적으로 하는 물권도 소멸한다. 주의할 것은 물권이 목적물의 물질적 또는 가치적 변형물에 미치기도 한다는 점이다.(가치적 변형물에 대한 물상대위; 민법 제342조 참조)

(2) 소멸시효의 완성

물권 중에서 지상권·지역권·전세권은 소멸시효의 완성에 의하여 소멸한다. 그 밖의 물권에 관하여는 생략하기로 하며, 소멸시효의 완성의 효과, 부동산에 관한 소멸시효의 완성과 등기의 관계에 관하여는 전술한 바 있다.

(3) 물권의 포기

포기는 물권을 소멸시킬 것을 목적으로 하는 물권적 단독행위이다. 그런데 부동산물권의 포기에 공시방법을 요하는가에 관하여는 전술한 바 있다. 같은 맥락에서 동산물권의 포기에는 포기의 의사표시 외에 점유의 포기도 있어야 할 것이다.(송덕수)

포기는 원칙적으로 물권자가 자유롭게 할 수 있지만, 그 물권이 제3자의 권리의 목적인 경우에는 그 제3자의 동의가 필요하다.(민법 제371조 2항 참조)

(4) 존속기간의 만료

존속기간이 있는 제한물권은 그 기간의 만료로 인하여 당연히 소멸하는 바, 말소등기를 요하지 않는다.

(5) 혼동混同

가. 의의

[1] **혼동이란 서로 대립하는 두 개의 법률상의 지위** 또는 **자격이 동일인에게 귀속되는 것**을 말한다. 이러한 **경우에 양 지위를** 모두 **존속시키는 것은 무의미하므로** 어느 **한 지위를 다른 지위에 소멸하게 하는 것**이다. 이 점은 **물권에서** 뿐만 아니라, **채권에서도 마찬가지이다.** (졸저 『채권법 총론』 참조) 다만, **점유권**에 대해서는 **혼동의 법리가 적용되지 않는다.(민법 제191조 3항) 점유권은 본권과** 그 **성질을 달리하는 특수한 성질의 것으로서 다른 물권과 양립할 수 있기 때문이다.**

판례 **채권과 물권의 혼동**

> 채권은 채권과 채무가 동일한 주체에 귀속한 때에 한하여 혼동으로 소멸하는 것이 원칙이므로 어느 특정의 물건에 관한 채권을 가지는 자가 그 물건의 소유자가 되었다는 사정만으로는 채권과 채무가 동일한 주체에 귀속한 경우에 해당한다고 할 수 없어 그 물건에 관한 채권이 혼동으로 소멸하는 것은 아닌 바, 토지를 B에게 명의신탁하고 장차의 소유권이전의 청구권보전을 위하여 자신의 명의로 가등기를 경료한 A가 B의 가등기에 기한 본등기 절차 이행의 의무를 인수하지 아니하는 이상, A가 가등기에 기한 본등기 절차에 의하지 아니하고 B로부터 별도의 소유권이전등기를 경료받았다고 하여 혼동의 법리에 의하여 A의 가등기에 기한 본등기청구권이 소멸하는 것은 아니다.(대판 1995.12.26, 95다29888)

[2] 혼동에 의한 물권 소멸의 효과는 절대적이지만, 저당권자가 저당목적물을 매수하여 혼동에 의하여 저당권이 소멸되었으나, 그 매매계약이 원인무효라면 혼동에 의하여 소멸한 저당권은 당연히 부활된다.

나. 소유권과 제한물권의 혼동

지상권자가 소유자를 상속하는 경우처럼 동일한 물건에 대한 **소유권과 제한물권이 동일한 사람에게 귀속되면 제한물권은 혼동**에 의하여 **소멸**한다.**(민법 제191조 1항 본문)**

그러나 **혼동으로 소멸하는 제한물권이 제3자의 권리의 목적이라면** 그 **물권은 혼동으로 소멸하지 않는다.(민법 제191조 1항 단서) 혼동으로 소멸하는 지상권이 저당권의 목적인 경우**에 그렇다. 그런데 **통설과 판례(대판 1998.7.10, 98다18643)는 본인의 이익을** 위하여 **필요한 경우에도 제한물권이 소멸하지 않는다**고 한다. 예컨대, **후순위 저당권자가 있다면 선순위 저**

당권자가 부동산의 소유권을 취득하더라도 선순위 저당권은 혼동으로 소멸하지 않는다고 한다. 선순위 저당권자가 소유자를 상속하는 경우도 생각할 수 있으나, 이러한 경우에는 채권·채무의 혼동으로 피담보채권이 소멸하고, 저당권은 보종성에 의하여 소멸하므로 물권 상호간의 혼동의 문제는 생기지 않는다.(동지: 이인재, 242면) 다만, 상속인이 상속을 한정승인한 경우에는 본문에서와 같다.

판례 **소유권과 대항력 있는 임차권이 동일인에게 귀속된 경우와 혼동 법리**

> 부동산에 대한 소유권과 임차권이 동일인에게 귀속하게 되는 경우 임차권은 혼동에 의하여 소멸하는 것이 원칙이지만, 그 임차권이 대항요건을 갖추고 있고, 또한 그 대항요건을 갖춘 후에 저당권이 설정된 때에는 혼동으로 인한 물권 소멸원칙의 예외규정인 민법 제1항 단서를 준용하여 임차권은 소멸하지 않는다.(대판 2001.5.15, 2000다12693)

다. 제한물권과 제한물권을 목적으로 하는 다른 권리의 혼동(제191조 2항)

예컨대, 지상권을 목적으로 하는 저당권이 설정된 경우에 저당권자의 지위와 지상권자의 지위가 동일인에게 귀속되면 저당권은 소멸한다.

제3장

부동산등기와 물권관계

제3장

부동산등기와 물권관계

Ⅰ 등기청구권

1. 의의

1) 개념

등기청구권은 실체법상의 권리자가 의무자에 대하여 **실체법상의 권리에 기초해 등기에 협력할 것을 청구하고 강제할 수 있는 실체법상의 권리**를 말한다. **매매계약을 체결하고 매매대금을 전부 지급한**(또는 지급하려는) **매수인이 매도인**에 대하여 **소유권이전등기에 협력할 것을 요구한다든가, 20년간 자주점유를 한 점유자가 등기 명의인**에 대하여 **취득시효**에 기한 **소유권이전등기에의 협력을 요구한다든가, 전세권설정계약을 체결하고 전세금을 지급한 사람이 소유자**에 대하여 **전세권설정등기에의 협력을 요구하는 권리**를 말한다. 그 밖에 **실제와 다르게 기재된 등기를 말소하거나 정정하려는 경우에도 등기청구권이 발생**할 수 있다.

2) 등기신청에의 협력강제

공동신청주의에서는 일방 당사자가 단독으로 등기신청을 할 수 없음이 원칙이다.(단독신청의 예외가 있음.) 그 등기에 의하여 물권을 취득하거나, 또는 권리에 상응하는 공시방법을 갖추려는 사람은 그 등기신청을 간절히 기대하지만, 상대방의 협력이 없으면 그 등기신청을 할 수 없게 된다.

상대방의 순조로운 협력이 없는 경우에 권리자가 상대방에게 법의 힘을 빌어 등기에 협력할 것을 청구하고(청구력), 임의로 협력하지 않을 때에는 소송상 청구하며(소구력), 등기에 협력할 것을 명하는 판결을 얻어 직권으로 등기토록 하는 것(집행력) 등이 가능하게 되어야 할 것이다. 이러한 법적 효과를 발생시키는 근원이 되는 권리가 바로 등기청구권이다.

판례 **등기인수청구권**

> 부동산등기법은 등기는 등기권리자와 등기의무자가 공동으로 신청하여야 함을 원칙으로 하면서도(법 제28조), 제29조에서 '판결에 의한 등기는 승소한 등기권리자 또는 등기의무자만으로' 신청할 수 있도록 규정하고 있는 바, 위 법조에서 승소한 등기권리자 외에 등기의무자도 단독으로 등기를 신청할 수 있게 한 것은 통상의 채권채무관계에서는 채권자가 수령을 지체하는 경우 채무자는 공탁 등에 의한 방법으로 채무부담에서 벗어날 수 있으나, 등기에 관한 채권채무관계에 있어서는 이러한 방법을 사용할 수 없으므로 **등기의무자가 자기 명의로 있어서는 안 될 등기가 자기 명의로 있음으로 인하여 사회생활상 또는 법상 불이익을 입을 우려가 있는 경우에는 소의 방법으로 등기권리자를 상대로 등기를 인수받아 갈 것을 구하고 그 판결을 받아 등기를 강제로 실현할 수 있다.**(대판 2001.2.9, 2000다60708)

3) 등기청구권과 등기신청권의 구별

실체법상의 권리인 등기청구권은 국민으로서 등기소(등기관)에 대하여 **등기신청을 할 수 있는 권리인 등기신청과는 구별**된다. **등기신청권은 절차법상의 권리이며 공법적 권리**이다. 반면, **등기청구권은 재산**에 관한 **개인**들 사이의 **권리인 사권으로서 재산권의 일종**이라고 할 수 있다.

4) 등기청구권의 발생 유형

등기청구권이 발생하는 대표적인 경우로서는 (ⅰ) **법률행위**에 의해 **물권을 취득하려는 경우,** (ⅱ) **부동산을 점유취득시효의 규정**에 따라 **취득하려는 경우,** (ⅲ) **물권이 소멸하였으나, 등기가 잔존하고 있는 것을 말소하려는 경우,** (ⅳ) **채권**에 기해 **가등기를 해 둠으로써 장래의 본등기의 순위를 미리 확보해 두려는 경우,** (ⅴ) **부동산임차권에 대항력을 갖추려고 하는 경우** 등이 있다. 경우에 따라 등기청구권의 발생 원인 및 성격이 달라지기 때문에 차례로 살펴보기로 한다.

2. 법률행위에 의한 물권취득과 등기청구권

1) 등기청구권의 발생 원인

매매계약이나 증여계약에 의해 **소유권이 이전되기** 위하여 **필요한 소유권이전등기는 계약(채권행위)에서 발생하는가,** 또는 **소유권이전의 물권적 합의(물권행위)에서 발생하는가?** 등기청구권의 발생 원인에 관하여는 민법제정 후 계속 학설의 대립이 있어 왔다.

(1) 채권행위설

등기청구권의 원인은 원인행위인 채권행위에서 찾아야 한다는 견해이다.(곽윤직) 이 견해는 등기청구권은 물권행위 이전에 이미 발생하고 있다고 한다. 등기청구권은 등기에 필요한 서류를 교부하기 전에 벌써 성립하고 있어야 이 청구권을 행사하여 등기의무자로 하여금 등기서류를 교부하게 하거나 그 밖의 등기에 협력하게 할 수 있기 때문이라고 한다.

등기청구권이 매매계약(또는 교환, 증여 등 양도계약)상의 소유권이전청구권으로부터 파생한 청구권이라고 보는 또 다른 근거로는 다음과 같은 것이 제시될 수 있다.(이은영) (ⅰ) 등기 없이는 소유권이전의 효과가 생기지 않으므로 매도인은 소유권이전의무를 이행하기 위하여 등기협력의무를 이행해야 하며, 이 경우 두 의무의 관계는 후자가 전자로부터 파생되는 관계에 있다. 저당권설정등기의 경우에는 소비대차계약에 부수한 담보제공 약정으로부터 담보물권의 설정청구권이 발생하고, 전세권설정등기청구권은 전세계약으로부터 등기청구권이 발생한다고 본다. (ⅱ) 등기청구권의 행사시기는 소유권이전의무를 이행하기로 약정한 때(이행기)이고 그 청구권에는 동시이행의 항변권이 부착되는데, 이러한 것들은 계약으로부터 야기된다. (ⅲ) 등기청구권은 계약상의 채무에서 파생되는 것이므로 그 계약상의 지위와 분리하여 등기청구권만을 양도할 수는 없다. 단순히 채권양도의 방식에 따라서 등기청구권만을 양도할 수는 없다고 해석된다.(중간생략등기에 관한 설명 참조)

(2) 물권행위설

등기청구권은 물권적 합의로부터 **나온다**는 견해이다.(이영준) 등기서류의 교부시에 등기청구권이 발생하는 것은 모순이라는 비판에 대하여 물권적 합의가 언제인가는 합의의 해석문제이며, 일률적으로 등기서류교부시에 물권적 합의가 있다고 볼 수는 없다고 반박한다. 계약일과 중도금과 잔금의 지급기일간의 간격, 토지거래허가의 유무 등을 고려하여 구체적인 경우마다 다양하게 결정할 것이라고 한다.

등기청구권이 물권적 기대권으로부터 **발생한다는 견해도 물권행위에 속하는 셈이다.**(김증한) 이 견해는 물권적 합의가 있으면 취득자에게 물권적 기대권이 생기고, 등기청구권은 이 물권적 기대권의 효력으로서 생긴다고 한다. 물권적 기대권은 완전한 권리를 취득시켜주는 힘을 갖고 있는데, 이 힘이 바로 등기를 갖추어 완전한 물권을 취득케 할 수 있는 등기청구권으로 나타나는 것이라고 설명한다.

물권적 기대권에 기한 등기청구권의 성질이 '물권적'이라 한다면 이는 절대권으로서 누구에게나 주장할 수 있다고 해야 할 것이다. 그러나 예컨대, A가 B로부터 부동산을 양수하고 이를 인도받았는데, B가 이를 다시 C에게 이중양도하여 이전등기를 완료한 경우에는 A는 C에 대하여 물권적 기대권을 주장할 수 없으므로 역시 등기청구권을 행사할 수 없다. 또 부동산등기특별조치법이 중간생략등기를 금지하는 범위에서는 부동산을 양수하여 물권적 기대권을 가진 자도 최초의 매도인(등기 명의자)에 대하여 직접 자신에게 등기할 것을 청구할 수 없다. 이런 점에서 여기에서의 '물권적'이란 용어는 반드시 적절하지는 않다. 그러나 예컨대, 민법시행 이전에 A가 B로부터 부동산을 매수하고 이전등기를 하지 않은 경우에는 그 부동산이 설령 B가 아닌 전주 명의로 등기되어 있더라도 그 C에 대하여 등기청구권을 행사할 수 있다. 또 A의 점유취득시효가 완성된 경우에 A는 시효완성 당시의 그 부동산의 등기 명의인에 대하여 등기청구권을 행사할 수 있다. 이런 점에서 이를 '물권적'이라고 한 것은 반드시 불합리하지는 않다. 뿐만 아니라, 이는 **물권적 기대권이라는 물권에 준하는 권리**로부터 **분출되는 것이라는 의미**라고도 할 수 있다.(동지: 김증한·김학동)

(3) 판례

판례는 법률행위에 의한 **등기청구권은 매매계약** 등으로부**터 발생한다는 입장**을 유지해오고 있다.(대판 1962.5.10, 4294민상1232; 대판 1976.11.23, 76다342 등) 특히 중간생략등기, 명의신탁계약 등에 나타난 판례의 입장을 살펴보면 등기청구권의 발생원인은 매매 그 밖의 당사자의 약정이라고 보는 점이 명백하다.

2) 등기청구권의 성질

등기청구권은 등기권리자(매수인)가 등기의무자(매도인)에 대하여만 청구할 수 있는 상대권인가, 아니면 매도인 이외의 제3자에 대하여도 청구할 수 있는 절대권인가? 매수인이 매도인에 대하여 등기청구권을 갖고 있는 동안 매도인이 그 소유권을 제3자에게 양도한 경우에 매수인의 등기청구권은 어떻게 되는가? 이에 관해서는 **채권적 청구권설과 물권적 청구권설이 대립**한다.

(1) 채권적 청구권설

등기청구권은 물권과 같은 절대권이 아니라, **채권과 같은 상대권**이라고 한다.(곽윤직·이은영) 등기를 갖추기 전에는 물권행위를 했더라도 물권의 변동은 일어나지 않으므로 등기권리자가 물권적 청구권을 가질 수 없다고 한다. 등기청구권의 성질을 채권으로 파악하는 견해 중에는 앞에 설명한 등기청구권의 발생원인에 관하여 채권행위설을 취하는 견해도 있고, 물권행위설을 취하는 견해도 있다.

등기청구권은 채권행위(계약)로부터 나오는 상대권이라고 보므로 채권적 청구권설에 찬동하되, 다만, 등기청구권은 채권양도의 방식에 의하여 타인에게 양도할 수 없다는 점에서 일반채권과의 차이점을 지적하는 견해가 있다.(이은영) (i) 매수인은 자기의 계약 상대방인 매도인에 대해서만 등기청구권을 행사할 수 있다. (ii) 등기청구권은 원칙적으로 채권과 같이 10년의 불행사로 시효소멸한다. 다만, 1976년 판례가 말하는 '점유이전받은 매수인의 등기청구권'은 불행사 상태가 아니므로 소멸시효에 걸리지 않는다고 해석된다.

판례 **등기청구권의 채권적 청구권설**

> 부동산을 정당히 매수하고 그 대금을 환불한 매수인은 현행 민법상 그 이전등기를 받기 전에는 물권의 변동이 생기지 아니하나, **등기청구권이라는 채권적 청구권**에 의하여 **소유자인 매도인을 대위하여 목적부동산**에 관한 **원인무효의 등기의 말소등기청구를 할 수 있다.**(대판 1965.2.16, 64다1630)

(2) 물권적 청구권설

등기청구권의 발생원인이 물권행위라고 보아 이로부터 **물권적 기대권이 나오고(물권적 기대권설의 입장)**, 이로부터 **다시 물권적 청구권의 성질을 가진 등기청구권이 발생한다는 견해**이다.(김증한) 물권적 합의는 채권행위가 아니므로 그 효과로서 채권적 성질을 가진 등기청구권이 생길 수 없고, 등기청구권을 채권적 청구권이라고 하면 등기청구권의 양도에 채권양도의 대항요건이 필요하게 되어 부당하다는 근거를 내세운다.

(3) 판례의 태도

판례는 일찍부터 법률행위에 의한 **물권변동에 있어서의 등기청구권을 채권적 청구권으로 파악**해 왔다.**(대판 1962.5.10, 61민상1232; 대판 1976.11.23, 76다342 등)**

3) 등기청구권의 행사

① 대개 등기권리자가 등기청구권을 행사하지만, 필요하다면 등기의무자도 이를 행사할 수 있다.(이른바 등기인수청구권)

② 판례는 등기청구권을 채권자대위권의 객체로 인정하면서 대위에 채무자의 무자력요건을 요하지 아니한다고 한다.

③ 중간등기 생략의 합의가 있는 경우에 최종 매수인의 최초 매도인에 대한 등기청구권은 전술한 바 있다.

4) 등기청구권과 소멸시효

(1) 10년의 소멸시효

등기청구권은 소멸시효에 걸리는가? 이 문제는 등기청구권의 성질을 채권적 청구권으로 보는가, 또는 물권적 청구권으로 보는가와 관련되며, 이는 전술한 바 있다. 다수설과 같이 **채권적 청구권으로 보는 경우에 등기청구권은 10년간 행사하지 않으면 소멸시효가 완성**된다.**(민법 제162조 1항)** 소수설처럼 물권적 청구권으로 보는 경우에는 물권과 독립하여 물권적 청구권만이 소멸시효에 걸리는가 하는 문제에 부딪히기 된다. **채권적 청구권설의 입장에서는 10년의 불행사로 시효소멸한다**고 해석한다.(이은영)

(2) 등기청구권의 불행사

등기청구권은 계약상의 소유권이전청구권과 불가분의 관계에 있으므로 그 행사도 상호 관련을 맺는다. **등기청구권의 행사는 반드시 '등기에 협조할 것'을 명시적으로 요구해야 하는 것은 아니고, '소유권을 넘겨줄 것'을 요구하면** 그 **요구 안에 등기청구권을 행사한 것으로 해석**된다.

(3) 목적물을 인도받은 매수인의 등기청구권

매도인으로부터 부동산의 점유를 이전받아 사용하고 있는 매수인의 등기청구권은 불행사 중인 것으로서 소멸시효에 걸리는가? 이 문제에 대하여 판례는 "매매의 목적물은 부동산 자체이고 등기는 다만, 부동산의 거래상황을 공시하기 위한 등기법상의 절차에 불과하므로 **매수인이 그 목적물을 인도받아 사용, 수익하고 있는 경우에는 시효 제도의 존재이유**에 비추어 보아 그 **매수인을 권리 위에 잠자는 것으로 볼 수 없다."라고 하여** 이 경우 **매수인의 등**

기청구권은 10년의 소멸시효에 걸리지 않는다고 한다.(대판 <전합> 1976.11.6., 76다148) 사견으로는 이러한 판례의 논지는 타당하다고 생각된다.

판례 등기청구권의 소멸시효

> ① 부동산 매수인의 등기청구권도 형식주의를 취하고 있는 현행 민법하에서는 채권적 청구권이라고 해석되나 매수인이 매매목적물을 인도받은 경우에는 다른 채권과는 달리 소멸시효에 걸리지 않는다.(대판<전합> 1976.11.6, 76다148)
>
> ② 부동산의 매수인이 매매목적물을 인도받아 사용·수익하고 있는 경우에는 그 매수인의 이전등기청구권은 소멸시효에 걸리지 아니하나, 매수인이 그 목적물의 점유를 상실하여 더 이상 사용·수익하고 있는 상태가 아니라면 그 점유상실시점으로부터 매수인의 이전등기청구권에 관한 소멸시효는 진행한다.(대판 1996.9.20, 96다68)

3. 취득시효에 의한 등기청구권

1) 서언

부동산의 시효취득 중에서 등기청구권이 문제되는 경우는 민법 제245조 제1항의 점유취득시효의 경우뿐이다. 등기청구권의 발생근거는 20년간 자주점유 등 시효취득의 요건을 충족했다는 사실이다. 민법 제245조 제1항은 일정한 요건을 갖춘 자가 등기청구권을 갖게 된다.는 점을 규정한다.

2) 등기청구권의 발생원인

20년간 자주점유한 자(즉 취득시효완성자)가 취득하는 권리는 무엇인가? 시효완성자는 20년간의 점유에 대한 정당성을 인정받게 된다. 시효완성자는 '부동산을 인도받은 매수인'과 유사한 지위에서 부동산을 점유·사용·수익해 온 것이므로 자주점유자로서 인정받기 위한 소유권 취득의 원인이 있다는 점은 추측 또는 추단된다고 할 수 있다. 결국 시효완성자의 등기청구권의 법적 원인은 '추단된 양도계약' 또는 이와 유사한 법률관계이다.

3) 등기청구권의 성질

(1) 채권적 청구권설

시효취득에 의한 등기청구권의 성질은 채권적 청구권이다. 등기권리자인 시효완성자는

당시의 등기 명의인에 대하여만 그 **권리를 행사할 수 있다.(상대권) 판례도 "소유권취득기간의 만료만으로는 소유권취득의 효력은 없으나,** 이를 **원인으로 하여 소유권취득**을 위한 **등기청구권이 발생한다."라고 하며,** 이 **경우 채권적 청구권이 발생**할 뿐이라고 한다.**(대판 1966.10.21, 66다976)**

시효취득자는 법률의 규정에 의하여 발생하는 채권적 등기청구권을 취득할 뿐이므로 이 등기청구권을 행사하여 소유권이전등기를 하기 전에 그 부동산소유권이 제3자에게 이전되어 소유권이전등기가 경료된 경우에는 그 제3자에 대하여 시효완성을 주장하지 못하게 된다. (대판 1971.12.28, 71다1566)

(2) 물권적 기대권설

취득시효가 완성함으로써 부동산의 점유자는 마치 물권적 합의가 있었던 때와 마찬가지로 물권적 기대권을 취득한다고 해석할 수 있다. 그리하여 이 물권적 기대권의 효력으로서 등기청구권이 생긴다고 할 것이다. 소멸시효의 경우에 절대적 소멸설에 의하면 실체관계와 등기가 불일치하는 경우의 문제로 되는데, 상대적 소멸설에 의하더라도 시효의 완성에 의하여 시효원용권이 발생하고, 이 권리의 행사에 의하여(시효원용권의 행사가 없으면 등기청구가 문제될 여지가 없다.) 시효 대상인 권리가 소멸하므로 마찬가지의 결론에 도달한다.(지원림) 그런데 **소멸시효가 완성하면 시효의 이익을 받을 자에게 권리의 소멸을 주장할 수 있는 일종의 형성권이 생기는 바,** 이 **시효완성권을 행사하면 물권적 합의가 있음으로써 물권적 기대권이 취득된 경우와 같은 관계로 된다고 해석**할 수 있으며, 이 **물권적 기대권의 효과로서 등기청구권이 생긴다고 할 것**이다.(동지: 김증한·김학동) **취득시효의 요건을 갖춘 점유자에게 사실상 소유권이 있음을 근거로 물권적 청구권이라는 견해**(송덕수)**도 있다.**

4. 실체관계와 등기의 불일치 제거를 위한 등기청구권

1) 공동신청과 등기청구권

소유권이전등기의 말소청구권 등은 등기 명의인이 등기의무자가 되고 진정한 소유자가 등기권리자가 되어 공동신청해야 하기 때문에 이 경우 등기청구권의 문제가 생긴다. 말소의 목적으로 소유권이전등기를 청구하는 경우에도 같다.

2) 등기청구권의 물권성

실체적 권리와 등기가 일치하지 않는 상황을 해결하기 위하여 행사하는 등기청구권은 그 발생원인이 물권이 된다.(학설일치) 앞에서 본 말소등기의 경우에 등기권리자는 등기청구 이전에 이미 소유권을 보유하고 있으므로 등기권리자가 등기에 의하여 소유권을 취득하게 되는 민법 제186조의 경우와는 상황이 다르다.

이 등기청구권의 성격은 물권에 관한 방해를 제거하기 위한 물권적 청구권의 성격을 갖는다.(학설일치) 진정한 소유자는 부실등기의 명의인에 대하여 그가 누구이든 등기청구권을 행사할 수 있으므로 이 권리는 절대성을 갖는다. 그 등기권리자가 등기의무자와 어떤 계약관계를 가지고 그 계약상의 의무를 질 것을 요구하지 않는다.

5. 그 밖의 경우

[1] 부동산에 관한 제621조 제1항은 부동산임차인의 법적 지위를 강화하는 특칙이므로 이 규정에 의하여 등기청구권이 발생하고(법률행위에 의하여 발생한다는 견해; 이영준) 그 성질은 채권적 청구권으로 보아야 한다.

[2] 부동산환매권(민법 제592조, 법 제43조)은 당사자 사이의 약정에 의하여 발생하므로 채권적 성질을 가진다.

Ⅱ 물권적 기대권

1. 개념

일반적으로 기대권(Anwartschaft)이라고 하면 권리를 발생하기 위한 요건 중 그 대부분이 이미 갖추어졌지만, 아직 갖추어지지 못한 것이 있어서 완전한 권리(Vollrecht)가 되지 못하고 권리의 취득을 기대하고 있는 상태에 있는 법적 지위를 말한다. 또한 취득이 기대되고 있는 완전한 권리가 물권인 경우에 그 기대권을 물권적 기대권(dingliche Anwartschaft)이라고 한다. 독일에서는 1960년대 초반에 물권적 기대권 이론이 지대한 관심을 가지고 논의되었다.(특히 Ludwig Raiser, 「Dingliche Anwartschaft」, 1961 이후로 많은 단행논문이 간행되었다.)

독일에서는 물권적 합의가 있은 때, 특히 처분자가 등기승낙서를 취득자에게 교부하여 취득자가 단독으로 등기신청을 할 수 있는 상태로 된 경우에는 취득자는－아직 물권적 합의의 목적인 부동산물권을 취득하지는 못하지만－물권적 기대권(물권적 합의에 의하여 취득하려고 한 물권을 취득할 기대권)을 가지게 된다고 하는 것이다.

2. 성질

물권적 기대권의 성질은 채권과 물권의 중간적 권리이지만, 오히려 물권적인 권리이고 그 자체를 처분할 수 있고 입질할 수 있으며, 또 **압류의 목적**이 될 수도 있다.

기대권은 어떤 효력을 가진 것이냐? 아직 완전한 물권은 아니고 그보다 약한 것이다. 어느 정도로 약하냐? BGH(독일 연방대법원)**도 '완전소유권과 본질에 있어서 유사한 권리'라고 말하고 있거니와, 완전소유권과 본질에 있어서는 같으면서** 그보다 **약한**(minus) **것**이라고 말할 수 있다. 그리고 근래의 경향은 물권적 기대권을 되도록 완전한 물권과 동일취급하는 방향으로 나가고 있다.(김증한, 황적인)

우리 학계에 있어서도 "완전한 권리의 취득을 위한 요건 중 일부는 이미 실현되어 있으나, 아직 실현되어 있지 않은 자의 권리취득의 전망"을 기대권이라고 부르는 독일의 이론을 도입하여 물권적 합의까지 마쳤으나, 아직 등기를 하지 않은 자의 법적 지위를 '물권적 기대권'으로서 설명하는 것이 좋으리라고 생각한다.(동지: 김증한·김학동, 황적인)

이 **물권적 기대권은 등기를 갖추지 못하고 있다고 하는 한 가지 요건을 제외하고는** 모든 **요건을 갖추고 있으므로 말하자면 '물권－등기'라고 표시할 수 있고, 하나의 '준물권'**이라고도 말할 수 있다.

3. 논의의 실익

물권적 기대권 이론을 우리 민법에 도입하면 어떤 실익이 있는가?

첫째, **우리 사회일반의 법의식에** 보다 더 **가까워진다.** 즉 매매계약을 체결한 것만으로는 아직 부동산이 내 것이 되었다고 의식하지는 못하지만, **매매대금을 완급하고 등기서류의 교부를 받으면 아직 등기는 이전되지 않았더라도 이제는** 그 **부동산이 내 것으로 되었다고 의식하는 것이 보통이다.**

둘째, 이러한 사실은 몇몇 입법도 말해주고 있다. 즉 (ⅰ) **「분배농지소유권이전등기**에 관한 **특별조치법」(1961, 법률 제613호) 제2조,** (ⅱ) **「임야소유권이전등기** 등에 관한 **특별조치법」(1969, 법률 제2111호),** (ⅲ) **「부동산소유권이전등기 등**에 관한 **특별조치법」(1977, 법률 제**

3094호), (ⅳ) 「지방세법」 제182조 등에 나타난, 말하자면 '사실상의 소유권'은 이론상으로 바로 '물권적 기대권'으로 설명될 수 있을 것이다.

셋째, 중간생략등기의 경우에 전환·이전되는 권리가 물권적 기대권이라고 하면 물권적 기대권의 최종 취득자는 중간자의 동의를 필요로 함이 없이 최초의 양도인(현재의 명의인)에 대하여 직접 이전등기를 청구할 수 있는 것으로 된다.

'중간생략등기'라고 하는 것은 부동산이 A로부터 B, B로부터 C로 순차로 양도되었는데, 등기는 중간자 B를 빼고 A로부터 직접 C에게 하는 것을 말한다.

이러한 중간생략등기는 구 민법시대 이래로 관행으로 많이 행해지고 있는데, 현재에 있어서도 학설·판례가 대체로 그 유효성을 인정하고 있지만, 판례(대법원)는 그 경우에 중간자의 합의를 엄격히 요구하고 있으며, 상당히 그 태도가 완화되었다. 판례에 의하면 "당사자 사이에 적법한 원인행위가 성립되어 중간생략등기가 이루어진 이상 중간생략등기에 관한 합의가 없었다는 사유만으로는 그 소유권이전등기를 무효라고 할 수 없다."(대판 1980.2.12, 79다2104 가등기말소 등)고 한다.

물권적 기대권의 효력이 물권적인 것이라고 하면 물권적 기대권의 양도는 채권양도가 아니라, 오히려 물권적 권리의 양도이므로 물권적 합의에 의하여 하고, 채권양도의 경우와 같은 대항요건을 필요로 하지 않는다. 예컨대, A가 B에게 부동산소유권을 이전한다는 물권적 합의가 있은 후, B가 그 물권적 기대권을 C에게 양도한 경우에는 C는 그의 물권적 기대권의 효력으로서 나오는 등기청구권에 의하여 직접 A에 대하여 자기 앞으로 이전등기를 할 것을 청구할 수 있으며, 이 경우 B·C 사이의 물권적 기대권의 양도를 A에게 대항하기 위한 아무런 요건도 필요치 않고, 또 중간자 B의 협력도 필요치 않다.

넷째, 모든 원인으로부터 생기는(채권적 기초가 있는 경우나 없는 경우나) 창설적 등기의 등기청구권(정정적 등기의 등기청구권은 물권의 효력으로서 발생하는 것이지만)은 물권적 기대권의 효력으로서 발생한다고 일원적으로 설명할 수 있다. 그 뿐만 아니라, 소유권의 취득을 기대하는 기대권은 소유권이 소멸시효에 걸리지 않는 것과 마찬가지로 소멸시효에 걸리지 않는다고 하여야 할 것이고, 따라서 그 효력으로서 발생하는 등기청구권도 소멸시효에 걸리지 않는 것으로 된다.(김증한) 또한 양수인이 부동산을 인도받은 이후에 행해진 이중양도는 일정한 경우에 반사회적 행위로서 무효라고 한다.(물론 반사회성은 2중 양수인의 태도에 기인하지만, 이는 근본적으로 부동산을 인도받아 점유하고 있는 제1양수인을 보호하는 데 그 취지가 있는 것이다. 제1양수인이 부동산을 인도받은 경우에 한하여 반사회성이 인정되는 것은 그러한 취지 때문이다.) 뿐만 아니라, 판례 역시 인도받은 양수인을 '법률상 사실상의 처분권자'라고 하여 소유자에 준하여 취급한다.(대판 1987.3.24, 86다카164, 또 권원 없이 신축된 미등기건물의 양수인에 대한 소유자의 건물철거청구에 관한 대판 1969.7.8, 69다665; 대판 1986.12.23, 86다카175) 이는 부동산을 인도받은 양수인의 지위를 그 이전단계에서의 매수인과 구별하는 것이다. 특히 판례(대판 1978.8.22, 76다343)는 물권적 기대권 이론의 사상을 담고 있다고 여겨진다. 이 판결을 소개하면 A는 자신의 소유토지를 모 학교의 교지로 사용하도록 위 학교 기성회장 B에게 증여(증여에 관한 서면 작성)하였으며, 위 학교는 위 토지를 이전등기하지 않은 채 교지로 사용하였다. 그런데 A의 사망 후 그의 상속인 C가 위 증여 사실을 부정하여 소유권이전의무의 이행을 거절하고, 나아가 위 토지 위에 건립된 학교건물의 철거를 요구하였다. 그러자 위 학교법인은 위 토지를 C와 대금 5만원에 매매계약을 체결한 것으로 하여 이전등기를 완료하였다. 이에 대하여 C는 위 등기의 무효를 주장하여 제소하였다. 이에 대하여 판결은 "부동산소유권을 이전할 것을 목적으로 하는 계약이 있고 … 양도인이 동 계약에 터 잡아 양수인으로 하여금 사실상 그 목적부동산에 대한 전면적 지배를 취득하게 하여 그로써 양도인에 대한 관계에 있어서는 양수인은 소유권 개념으로서 통합되어 그의 실질적인 내용을 이룩하고 있는 것으로 되어 있는 사용·수익·처분 등의 모든 권능을 취득하였다고 할 수 있는 상태에 이르렀다면 특별한 사정이 없는 한 법적으로도 양도인과 양수인간의 이와 같은 실질적인 관계를 외면할 수 없는 것이니 위와 같은 상태에서 양 당사자의 관계를 상대적으로 다루는 데 있어서는 **등기 전이라 하여도 소유권은 실질적으로 양수인에게 옮겨져 있는 것으로 해도 무방할 것**"이라 하고, 따라서 "**등기가 이와 같은 양 당사자의 실질적인 관계에 상응하는 것이라면** 이 **등기가 등기의무자의 신청**에 의하지 **않은 하자가 있다고 해서 반드시 무효로 되는 것"은 아니라고 C의 청구를 기각하였다.**

이 이론은 결코 새로운 물권 자체를 창설하는 것이 아니고, 일정한 상태에 놓인 자의 보호와 그러한 자의 법적 지위의 설명을 위하여 창안된 것으로서 사실상의 회사, 사실상의 혼인관계 등의 이론과 상통하는 것이다.

이러한 물권적 기대권 이론을 반대하는 견해(곽윤직, 송덕수, 이영준, 이은영, 장경학, 지원림)의 근거는 다음과 같다. (ⅰ) 이 이론은 독일의 학설과 판례를 통하여 형성된 것인 바, 우리 실정에는 맞지 않는다. (ⅱ) 형식주의를 취하는 우리 법제하에서는 등기를 태만히 한 자를 보호할 가치가 없으며, 이러한 자를 보호하는 것은 형식주의를 부정하는 것과 같은 결과가 된다. (ⅲ) 우리 민법에서의 부동산 양수인의 지위는 독일에서의 Auflassung을 마친 자와는 달리 안고성이 없다. (ⅳ) 이 이론은 물권법정주의에 반한다. (ⅴ) 이 이론을 통하여 중간생략등기 및 등기청구권의 소멸시효 등에 관한 문제를 해결하고자 하나, 그런 해결은 다른 방법으로도 가능하므로 이를 인정할 실익이 없다.

그러나 (ⅰ) 이 이론은 비록 독일에서 창안된 것이지만, 단지 부동산매매계약을 맺은 경우와 더 나아가 이를 인도받은 경우에 있어서 양수인의 법적 지위를 구별할 필요성은 독일이나 우리의 경우와 마찬가지일 뿐만 아니라, 이는 특히 양수인이 그 양수받은 부동산을 등기하지 않고 점유 사용하는 우리 사회의 실정에 기해서 그런 자를 보호하기 위하여 인정하고자 하는 것이다. 이런 점에서 그런 비판은 전혀 잘못된 것이다. (ⅱ) 법의 규정(그것이 사회질서 유지나 도덕성에 기한 것이 아닌 한)을 모르고 이를 따르지 않았다고 하여 법의 보호 밖으로 추방하는 것은 법과 현실의 괴리를 깊게 하는 것으로서 타당치 않다. (ⅲ) Auflassung 제도가 없어 부동산취득자의 지위가 안전성이 없다는 점은 이 이론을 부정하는 근거가 될 수는 없고, 단지 발생시기에 관하여 해석상 어려움을 주고, 이의 내용에 있어서 보다 약한 효력을 인정할 수밖에 없게 하는 요소일 뿐이다. (ⅳ) **물권법정주의는 당사자간의 합의로 새로운 물권을 창설하는 것을 금하는 것이지, 판례나 학설이 사회사정에 부응하여 법이 알지 못하는 권리(중간적 권리)를 인정하는 것을 금하는 것은 아니므로** 이러한 **비판 역시 타당치 않다.**(부동산양수인의 법적 지위에 관해서는 물권적 기대권 이론을 부정하지만 다른 경우, 예컨대 소유권유보부 매매에서의 양수인의 지위에 관해서는 이 이론을 긍정하는 점을 보면 이 점이 선명해진다.) (ⅴ) 등기청구권 등의 문제의 해결은 이 이론의 부수적인 면이지, 결코 그 목적이 아니다.

특히 곽윤직 교수는 물권적 기대권 이론을 반대하는 한편, 매도인이 아직 소유자라는 점에 기해 매수인에 대하여 매매부동산의 반환을 청구하는 경우에는 매수인은 로마법상의 '매각되어 인도된 물건의 항변'에 의하여 반환을 거절할 수 있다고 한다. 그러나 물권적 기대권 이론은 단지 매도인의 매매목적물 반환청구를 배척하는 근거로서 구상된 것이 아니라, 매매목적물을 인도받아 점유하는 매수인의 법적 지위를 설명하기 위한 것이다. 뿐만 아니라, 점유를 이전받은 부동산매수인은 민법 제213조 단서에서의 '점유자가 그 물건을 점유할 권리'를 가진 경우에 해당하므로 이 규정에 의하여 매수인은 매도인의 반환청구를 거절할 수 있는 바, 그와 같은 결과를 위하여 굳이 로마법상의 제도를 끌어들일 필요가 있는지 의문스럽다.(동지: 김증한·김학동)

4. 성립요건

물권적 기대권이 성립하기 위해서는 **취득자가 등기서류를 교부받음으로써 족한가,** 아니면 **부동산을 명도받아 점유하는 것이 필요한가?** 부동산물권의 변동에 있어서는 점유는 아무런 의미가 없다는 점을 고려하면 전자로 해석함이 타당할 것이다. 그러나 "부동산이 내 것으로 되었다."라고 하는 의식은 대금완납이나 등기서류의 수령시보다 부동산의 명도시에 보다 확실해진다. 또 이 이론은 등기를 태만히 하는 우리의 실정에 비추어 그러한 자를 보호하기 위하여 인정하려는 것이며, 법률이 '사실상의 소유자'라고 하는 경우 또는 판례가 보다 많은 보호를 주는 경우는 양수인이 부동산을 명도받아 점유하고 있는 경우이다. 그 외에도 물권적 기대권에는 물권에 준하는 효력이 인정되는 바, 그렇다면 그 상태가 보다 객관화·가시화된 경우에 이를 인정하는 것이 적절하다. 이런 점에서 **등기서류의 교부만으로 부족하며, 점유의 이전을 요구하는 것이 타당할 것**이다.(김상용, 김증한·김학동, 정옥태, 최종길) 이에 대하여 김용한·황적인 교수는 점유의 이전을 요구하지 않는다.

5. 내용

물권적 기대권은 완전한 물권은 아니며, 물권과 채권의 중간적인 권리로서 물권에 준하는 효력이 인정된다. 다만, **구체적인 권리 내용은** 각 **물권적 기대권의 유형에 따라 다른 바, 부동산취득자의 물권적 기대권의 내용으로는** 다음과 같은 **효력을 인정할 수 있을 것**이다.

[1] **기대권자는 자기의 권능으로 부동산을 점유하고** 이를 **사용·수익할 권리**를 가진다. 즉 취득자의 사용 수익권은 매도인에 대한 채권에 기한 것(즉 물권을 사용·수익할 상태에 놓아두어야 할 매도인의 의무가 실현됨으로써)이 아니라, 자기 권리로 사용·수익하는 것이다. 이런 점에서 제3자가 그의 사용 수익을 방해한 경우에는 점유권에 기해서 뿐만 아니라, 기대권 자체에 기해서 방해배제청구권을 행사할 수 있으며, 아울러 손해배상청구권을 행사할 수 있다. 또 양수인은 그 사용·수익을 부당이득으로 반환할 필요가 없다.

[2] **물권에 가까운 것이므로 당연히 자유로운 처분이 가능**하다. 양도에 관하여는 채권양도에 관한 규정(특히 채권양도의 대항요건에 관한 규정)이 적용되지 않는다. 다만, 중간생략등기를 금하는 법률을 고려하여 일단 자신에게 이전등기를 한 후 다시 제3취득자에게 이전등기를 해야 한다고 할 것이다.

[3] 그러나 **물권의 본질적 성질인 절대성은 없다.** 즉 누구에 대해서나 자신이 소유권을 가짐을 주장할 수는 없으며, 따라서 양도인이 그 부동산을 제3자에게 다시 양도한 때에는 물권적 기대권자는 그 제3자에게 소유권을 주장할 수 없다. 이 점이 독일에서 Auflassung을 한 경우에는 제3자에 대하여 소유권을 주장할 수 있는 점과 큰 차이를 가지며, 이런 점에서 독일에서의 그것에 비하여 안전성이 없다.(김증한·김학동)

전술한 판례(대판 1978.8.22, 76다343)가 '양 당사자의 관계를 상대적으로 다루는 데 있어서는' 등기 전이라도 소유권이 실질적으로 양수인에게 옮겨 있는 것으로 해도 무방하다고 한 것은 바로 이러한 점 때문이다. 그러나 달리 보면 바로 이러한 점 때문에 양수인의 지위를

'물권적' 기대권이라고 하는 것은 적절치 못하다고 하는 지적도 가능하다. 그러나 **물권적 기대권은 오직 상대적인 관계에서만 효력이 있는 것은 아니다. 판례가 인도받은 부동산양수인**에 관하여 **특수한 취급(보호)을 하는 것은 제3자와의 관계**에 관해서이다. 뿐만 아니라, 예컨대, 그 **부동산이 이중으로 양도되어 제1양수인이 이의 소유권을 취득하지 못하게 된 경우에도 제2양수인은 제1양수인이** 그 **부동산을 마음대로 변경시킨데** 대하여 **손해배상을 청구할 수 없을 것**이다. 이는 **오직 기대권자는 비록 등기하지 않아 대항력을 가지지 못하더라도** 그는 그 **부동산을 소유자로서 사용할 권한이 있었다는 점,** 이러한 **점은 제3자**에 대하여도 **주장할 수 있다는 점으로** 밖에는 **설명할 수 없다.** 이런 **점에서** 이를 **'물권적' 기대권이라고 하는 것은 반드시 모순이 아니다.** 더 근본적으로 생각할 때 **오직 제3자**에 대하여 **주장할 수 있는 점만이 소유권의 고유한 면은 아니다.** 이는 **오히려 등기라는 부동산물권의 존재를 알리는 공시방법을 갖추었다는 점에서 부여되는 효력이고, 소유권의 본질적 내용은** 이를 **자신의 것으로서 사용·수익·처분한다는 점**이다. 이러한 **효력은 물권적 기대권에도 인정**된다. **'물권적'기대권이라고 칭하는 것은** 그러한 **자의 권리가 '물권'에 흡사한 것이라는 점에 기한 것으로 이해할 수 있을 것**이다.(김증한·김학동)

Ⅲ 등기의 효력

요약 정리 **등기의 효력**

1. 본등기의 효력

1) **물권변동의 효력**

[1] **접수시기 : 등기신청정보가 전산정보처리조직에 저장된 때 접수된 것으로 봄.**(법 제6조 1항) 한편, 여러 개의 구분건물에 관한 등기를 동시에 신청하는 경우에는 그 건물의 소재 및 지번에 관한 정보가 전산정보처리조직에 저장되었을 때 등기신청이 접수된 것으로 봄.(규칙 제3조 2항)

[2] 물권변동의 효력 : **등기관이 등기를 마친 경우 그 등기는 접수한 때**부터 **소급하여 효력이 발생함.**(법 제6조 2항)

2) **순위확정력**

[1] 의의 : 등기를 하면 그 순위 번호를 부여받는 바, 그 번호대로 그 등기의 순위가 확정된다는 것으로서 저당권등기에서는 실질적 순위 승진 때문에 형식적 의미만 갖는다.(동일한

부동산에 관하여 등기한 권리의 순위는 법률에 다른 규정이 없는 때에는 등기의 전후에 의하여 결정되는데, 이를 순위확정의 효력이라고 보는 견해도 있다.)

[2] **주등기의 순위** : 동구간에는 순위번호로, 별구간에는 접수번호로, 대지권을 기록한 건물등기부와 대지권의 목적인 토지의 해당구에 한 등기의 선후는 접수번호에 의한다.

[3] **부기등기의 순위** : 주등기의 순위에 의하나, 부기등기 상호간에는 그 전후에 의한다.

[4] **본등기의 순위** : **가등기의 순위**에 의한다.

3) **대항력**

[1] **독립한 등기목적을 갖는 등기** : **환매권등기, 신탁등기, 임차권등기** 등

[2] 임의적 약정사항 : 전세권의 존속기간 등은 등기하면 대항력 발생

[3] **채권담보권등기** : **당사자의 약정**에 따라 **채권담보권은 성립하되, 채권담보등기부에 등기함으로써 제3자**에게 **대항 가능함**. 이 경우 제3채무자에게 대항하기 위해서는 별도로 등기사항증명서를 제3채무자에게 건네주는 방법으로 함.

4) **등기의 점유적 효력**

등기가 점유와 같은 효력, 등기가 10년 취득시효기간 단축의 효력

5) **후등기저지력**

[예시] 선행 소유권보존등기나 용익물권등기가 실체법상 무효인 경우라도 그 존재 자체만으로 또 다른 소유권보존등기나(1부동산 1등기 기록주의 위배) 용익물권(양립불가)의 등기신청을 수리할 수 없게 하는 효력

6) **등기의 추정적 효력**

[1] 서

① 의의 : 등기가 형식적으로 존재한다는 사실로부터 그 등기는 그에 대응하는 실체적 권리관계가 존재하는 것으로 추정되는 효력이다.

② 법적 근거 및 성질 : 민법이나 등기법에 명문의 근거 규정은 없고 통설과 판례가 인정함.

※ **판례는 추정력의 성질을 법률상 추정으로 파악하여 증명**(입증)**책임이 전환되는 것으로 봄.**

[2] 각종 등기에서의 추정력

① **추정력이 인정되는 등기** : **원칙적으로 본등기에 인정되는 효력임.**

② **추정력이 부인되는 등기** : ⓐ **가등기,** ⓑ **불법 말소등기,** ⓒ **전소유자의 사망 후** 사망자 명의로 신청되어 마쳐진 소유권이전등기(법 제27조의 포괄승계인에 의한 등기신청 및 등기관이 등기신청을 접수한 후 등기를 마치기 전에 본인이 사망한 경우 제외), ⓓ 등기기록 자체에 의해서 부실한 등기임이 명백한 경우(예: 공유지분 갑 $\frac{2}{3}$, 을 $\frac{1}{3}$, 병 $\frac{1}{3}$), ⓔ **동일인 명의의 중복보존등기** 중 **나중 등기,** ⓕ **표제부 등기**

[3] **추정력의 범위** : ⓐ **절차의 적법 추정,** ⓑ **권리의 적법 추정,** ⓒ **등기 원인의 적법 추정**

(당사자 사이에도 원용 가능), ⓓ **대리권이 존부 추정**

① **건축물대장의 추정력** : **추정력은 등기에 인정되는 것이므로 행정청의 사무형편상 작성하는 대장상 기재에는 추정력 없음.**(대판 1983.2.22, 82다2616)

② **점유의 추정력**(민법 제200조) **준용** 여부 : **특별한 사정이 없는 한 부동산물권에는 적용되지 않는다는 것이 판례의 취지임.**

③ **추정력의 부수적 효력** : 무과실 추정, 악의 추정

[4] **추정력이 깨어지는 경우**(본인이 증명(입증)책임을 지는 경우)

① **소유권보존등기** : 소유권보존등기 **명의인이 원시취득**(건물신축 등)**에 의한 것이 아닌 사실이 밝혀지면 추정력이 깨어진다.**(대판 1996.7.30, 95다30734)

② **소유권이전등기** : **전 소유 명의인이 허무인인 경우** 및 **등기 절차에 이상이 있음이 판명되거나 등기 명의인이 매수인이 아님이 판명이 된 경우에 추정력이 깨어진다.**

③ **특별조치법상의 추정력** : **강력한 추정력을 부여함.** 따라서 **보증서나 확인서가 허위** 또는 **위조된 것이라거나** 그 밖의 **사유로 적법하게 등기된 것이 아니라는 증명**(입증)**이 없는 한 추정력이 깨어지지 아니함.**

7) 공신력 불인정

2. 예비등기의 효력(가등기의 효력)

1) **가등기 자체의 효력**

[1] **실체법적 효력** 및 **추정력** : **가등기 자체만으로는** 어떤 **실체법상의 효력도 없고, 권리 존재의 추정력도 없으며, 가등기 원인의 존재**에 대한 **추정력도 없다.**(통설)

[2] **판례와 실무** : **가등기의 이전·가처분·가압류·상속등기** 등을 **인정함.**(대판<전합> 98년)

[3] **담보가등기의 효력** : **예비등기이지만, 경매청구권, 우선변제권이 인정되며, 순위**에 관하여는 **담보가등기를 저당권으로 본다. 담보가등기는 가등기담보법상의 청산 절차를 거쳐야 유효한 본등기를 할 수 있다.**

2) **순위보전의 효력**

본등기의 순위는 가등기의 순위에 의한다.

[1] **물권변동과의 관계** : **물권변동은 본등기시에 발생**(가등기시로 소급하지 아니함.)

[2] **중간처분등기의 직권말소** : **가등기를 침해하는 중간처분등기는 민법 제92조 절차**(체납압류등기를 제외한 사후 통지)에 따라 **직권말소함.**

[3] 담보가등기의 본등기 후의 효력 : 담보가등기 후에 본등기를 하고 나면 중간처분의 등기는 직권말소하게 되는데, 다만, 중간처분등기로서의 체납압류등기가 담보가등기 일자보다 국세나 지방세의 법정기일에 선행하거나 해당 부동산에 대한 체납압류등기인 경우에는 직권말소할 수 없음.

3. 폐쇄등기의 효력

1) **공시기능 상실**

[1] **공시기능 상실 : 폐쇄등기부는 현재 유효한 권리관계를 공시하는 장부가 아니므로 폐쇄등기부에는** 어떠한 **사항도 기록할 수 없고, 폐쇄등기부상의 등기 명의인의 표시변경을 신청할 수도 없다.**

2) 잠정적 효력

[1] **잠정적 효력의 내용** : ⓐ **이기된 사항**에 대하여 **소송상 다툼이 있는 경우에 폐쇄등기부상의 기록 내용이 소송상 중요한 입증자료가 될 수 있으며,** ⓑ **소유권에** 관하여 **현재 존재하는 등기부상의 소유권을 말소하게 되면 폐쇄등기부상의 권리자의 소유권이 이기되어 다시 살아나고,** ⓒ **등기사항증명서 발급이나 열람의 대상**이 된다.

[2] **법 개정으로 사라진 잠정적 효력** : ⓐ **폐쇄등기부상의 등기사항에 예고등기의 촉탁이 있으면 신등기기록에 이기한** 후에 **예고등기**(대판 1994.10.28, 94다33835)**를 기록할 수 없게 되었고,** ⓑ **예고등기의 원고가 승소한 경우에는 폐쇄등기부상의 등기도 신등기기록에 이기한** 후에 **말소등기** 또는 **말소회복등기**(대판 1994.10.28, 94다33835)**를 할 수 없게 되었다.**

1. 개념

등기는 그것이 소유권이전등기인가, 말소등기인가, 회복등기인가 등 등기의 종류에 따라 법적 효과가 달라진다. 특히 민법 제186조에서 요구하는 등기와 제187조에서 요구하는 등기는 그 효력면에서 큰 차이를 보인다. 전자는 등기시에 물권취득이라는 창설적 효과를 낳고, 후자는 물권공시라는 효과를 낳을 뿐이며, 등기권리자는 이미 등기 이전에 물권을 취득하고 있다. 그 밖에 제한물권의 설정등기, 임차권의 등기, 가등기 등이 갖는 효력은 각각 그 등기원인인 제한물권 또는 채권의 성격에 따른 다른 효과를 갖게 된다.

2. 권리변동적 효력(창설적 효력) 내지 물권변동의 효력

1) 물권의 창설

법률행위로 인한 물권변동에서는 등기를 갖추어야 물권취득의 효과가 발생한다. **등기가** 이와 같이 **'법률행위와 결합하여 물권변동을 발생케 하는 효력'**을 **등기의 권리변동적 효력**이라고 부른다.

2) 법률행위와 등기의 합성효과

등기가 물권취득의 효과를 가져 오는 것은 등기의 단독적 효과가 아니라, 등기를 뒷받침하는 실체적 권리관계가 존재할 때 이와 결합하여서 물권취득의 효과를 가져오는 것이다.

3. 대항적 효력

1) 개념

대항적 효력이란 계약 당사자 사이에서 생긴 사유로 물건의 양수인·전득자 또는 소유자의 채권자 등 제3자에 대하여도 그 사유를 가지고 효력을 주장할 수 있는 힘을 말한다. **물권의 창설적 효력에는** 그 **일부로서 대항적 효력도 내포**되어 있다.

2) 제한물권의 대항적 효력

부동산에 관한 제한물권은 등기함으로써 물권을 취득하게 된다. 부동산에 관한 제한물권에는 지상권·지역권·전세권·저당권·저당권부 채권에 대한 권리질권 등이 있다. 한편 제한물권의 본질을 살펴보면 제한물권의 바탕이 되는 것은 소유자와 제한물권 사이의 계약이므로 제한물권의 물권적 효력이란 결국 그 계약관계를 가지고 계약 당사자가 아닌 제3자에 대하여도 대항할 수 있다는 것을 의미한다.

부동산에 관한 채권인 임차권이나 환매권이 등기된 경우에 그 채권은 보통의 채권과는 달리 제3자에 대한 대항적 효력을 갖게 된다. 제한물권 및 부동산채권에 관하여 존속기간, 지료, 전세금, 이자, 지급시기 등의 임의적 등기사항을 등기한 경우에(법 제136조 이하) 이것들도 대항적 효력을 갖게 된다.

4. 순위확정적 효력

등기는 물권의 우선적 효력을 갖는 순위를 결정하는 힘을 갖는데, 이를 가리켜 등기의 순위확정적 효력이라고 한다.

1) 선등기 우선순위의 원칙

동일한 부동산에 관하여 등기한 수개의 권리의 순위는 법률에 다른 규정이 없으면 등기의 전후에 의한다.(법 제5조 1항) 이미 등기가 행해지면 그것이 실체관계에 부합치 않는 것이어서 무효라 할지라도 이와 양립할 수 없는 등기를 할 수 없게 된다. 이 경우에는 우선순위를 가진 무효등기를 말소하고 나서 새로운 등기를 해야 한다.

2) 예외

위와 같이 **등기 전후**에 의하여 **순위가 결정되는 것이 원칙이지만,** 다음의 **예외가 있다.** (ⅰ) **등기용지** 중 **같은 구의 등기들의 선후는 순위번호**에 의하고, **다른 구의 등기들의 순위는 접수번호**에 의한다.**(법 제4조 1항)** (ⅱ) **부기등기의 순위는 주등기의 순위**에 의하나, **부기등기 사이의 순위는** 그 **전후**에 의한다.**(법 제4조 2항)** (ⅲ) **가등기를 한 경우에 본등기의 순위는 가등기의 순위**에 의한다.**(법 제5조)**

5. 추정적 효력

1) 의의

(1) 개념

등기는 형식적으로 존재하면 이에 상응하는 실체적 권리관계가 있는 것으로 추정되는데, 이러한 **추정에 따르는 힘을 등기의 추정적 효력** 또는 **추정력**이라고 한다. 따라서 그러한 실체적 권리관계가 존재하지 않는다고 주장하거나, 또는 실제와 다르다고 주장하는 자는 자기의 주장 사실을 증명(입증)할 책임을 지게 된다.

(2) 인정근거

등기를 부동산물권의 공시방법으로 삼은 민법의 기본원칙에 비추어 볼 때 추정력은 공시방법을 갖춘 자에게 인정되어야 함이 필연적인 결과이다. 그러므로 **등기된 부동산물권의 경우에는 점유의 추정력**에 관한 **민법 제200조를 적용하지 않고, 등기에 추정력을 부여**한다.(학설일치) **판례도 점유자를 제치고 등기에 추정력을 인정**한다.**(대판 1965.11.30, 65다1907 등 다수 판례)** 다만, **미등기부동산**에 관해서는 **점유에 추정력이 부여**되어야 한다.

(3) 성질

민법은 등기의 추정력을 명문으로 규정하지 않는다. 그러나 **학설·판례는 일치하여** 이를 **인정**한다. 다수의 견해는 그 근거를 등기는 제도상 그 절차에 있어서 유효한 실체적 권리관계에 기하도록 상당히 보장되어 있으며, 또한 국가기관에 의하여 관리되므로 등기가 실제에 부합할 개연성이 크다는 점에서 구한다.(개연성설) 그러면서 이를 법률상의 추정이라고 한다.(김황식, 103면; 이홍훈, 219면; 정지형, 51면; 박재윤, 67면)

판례도 이러한 입장이라 여긴다.(대판 1979.7.24, 79다971; 대판 1979.6.26, 79다741; 대판 1982.4.27, 81다카1036, 이러한 판례들은 법률상의 추정이라고 명언하지 않으나, 그렇게 보는 입장에서 있다고 여긴다.) 그러나 개연성으로부터는 사실만이 추정될 수 있을 뿐이고, 권리는 추정될 수 없다. 그런데 등기의 추정은 등기가 존재하면 그 등기된 권리가 존재하리라는 것이고, 따라서 이는 권리의 추정이다. 권리의 추정은 법관으로 하여금 등기가 존재하면 권리의 존재를 재판의 기초로 삼을 것(권리 부존재의 입증이 없는 한)을 강요하며, 따라서 이의 근거는 오직 법규에 근거해야 한다. 즉 이는 법률상의 추정이어야 한다.(오석락·김형배·강봉수 공역, 248·249·260면) 그런데 우리 민법은 동산의 점유에 관해서 권리추정력을 부여하는 규정을 둘 뿐이고(민법 제200조), 부동산에 관해서는 등기의 추정력을 부여하는 규정을 두고 있지 않다. 그러나 등기는 점유에 비하여 실제에 부합할 개연성이 높으며, 이런 점에서 점유의 추정력을 부여하면서 등기에 이를 부여하지 않는 것은 균형을 잃은 것이다. 이런 점에서 이는 법률의 공백에 해당한다. 그러므로 민법 제200조를 유추하여 법률의 공백을 보충하는 한편, 등기의 추정력의 근거를 제2조의 권리남용에서 구하여 이를 법률상의 권리 추정이라고 함이 타당할 것이다.(동지: 김증한·김학동, 지원림) 이영준 교수도 결과에 있어서 같은 입장이다. 다만, 이 견해는 똑같이 절차의 엄격성과 국가에 의한 권리가 행해지는 대장(토지대장·가옥세대장·임야세명기장·지세명기장 등)에 대하여는 추정력이 인정되지 않는 점에서 개연성을 근거로 삼는 것은 부당하다는 점을 근거로 한다. 다수의 견해가 개연성을 근거로 삼으면서 그 성질을 법률상의 추정이라고 하는 것은 모순이다.(김증한·김학동)

○ **추정의 종류**

권리추정이냐, 사실추정이냐는 추정되는 대상에 관한 것이고, 법률상의 추정이냐, 사실상의 추정이냐는 추정의 근거에 관한 것이다. 그리고 법률상의 추정과 사실상의 추정은 추정을 깨뜨리기 위하여 어느 정도의 반대입증을 해야 하느냐 하는 점에서 차이를 가진다.(오석락 외 공역, 97·103면 이하) 즉 사실상의 추정은 반증에 의하여 즉 법관으로 하여금 요증 사실의 존재에 대한 의문을 품게 함으로써 추정력이 번복되지만, 법률상의 추정은 반대사실의 증명(즉 본증)이 있어야, 다시 말하면, 반대사실의 존재에 대한 법관의 확신이 있어야 추정력이 번복된다는 차이점이 있다. 한편 법률상의 추정은 다시 추정되는 바가 권리이냐, 사실이냐에 따라 법률상의 권리추정(민법 제200조)과 법률상의 사실추정(민법 제198조)으로 나뉜다.

2) 추정력의 물적 범위

(1) 물권에 대한 추정

등기는 1차적으로 등기된 물권의 존재 및 그 물권의 취득사실에 관한 추정의 효과를 가져온다. **소유권이전등기가 경료된 경우에는 전명의인**으로부터 **현명의인에게로의 유효한 소유권이전이 행해진** 결과 **현명의인이 진정한 소유자라는 점이 추정**된다.**(대판 1996.4.26, 95다40007; 대판 2002.2.5, 2000다72029)** 제한물권의 설정등기가 있는 경우에 그에 상응하는 제한물권설정계약이 있다면 현명의인이 현재 제한물권자임이 추정된다. 그 밖에 환매기간을 제한하는 환매특약이 등기부에 기재되어 있는 경우에 반증이 없는 한, 등기부기재와 같은 환매특약이 진정하게 성립된 것으로 추정된다.(대판 1991.10.11., 91다13700)

판례 **특별조치법에 의한 적법 절차의 추정**

「임야소유권이전등기 등에 관한 특별조치법」(법률 제2111호) 제10조에 의하면 미등기 임야에 관하여 임야대장 또는 토지대장 명의인으로부터 그 권리를 이어받은 등기하지 못한 취득자 또는 그 대리인은 같은 법 제5조 내지 제7조의 규정에 의하여 발급받은 보증서와 확인서를 첨부하여 임야대장 등의 명의를 변경신고한 다음 그 대장 등본을 첨부하여 소유권보존등기를 경료받도록 규정하고 있어 위 특별조치법에 의한 소유권보존등기가 경료된 임야에 관하여서는 그 임야를 사정받은 사람이 따로 있는 것으로 밝혀진 경우라도 그 등기는 같은 법소정의 적법한 절차에 따라 마쳐진 것으로서 실체적 권리관계에 부합하는 등기로 추정된다 할 것이므로 위 특별조치법에 의하여 경료된 소유권보존등기의 말소를 소구하려는 자는 그 소유권보존등기 명의자가 임야대장의 명의변경을 함에 있어서 첨부한 원인증서인 위 특별조치법 제5조 소정의 보증서와 확인서가 허위 내지 위조되었다든가, 그 밖에 다른 어떤 사유로 인하여 그 소유권보존등기가 위 특별조치법에 따라 적법하게 이루어진 것이 아니라는 주장과 입증을 하여야 한다.(대판 <전합> 1987.10.13., 86다카2928)

(2) 등기원인에 대한 추정

등기가 물권의 존재 및 **취득사실을 추정하는 한 '그 물권취득에 정당한 법적 원인이 있으리라는 점'도 추정될 수밖에 없다.(대판 2002.2.5, 2001다72029, 반대: 곽윤직)** 따라서 **등기의 추정력은 등기 명의인이 등기원인을 다소 다르게 주장하더라도 복멸되지 아니한다.** 그러나 **소유권이전등기의 원인으로 주장된 계약서가 진정하지 않은 것으로 증명된** 이상 **그 등기의 적**

법추정은 복멸覆滅되는 것이고, 계속 다른 적법한 등기원인이 있을 것으로 추정할 수는 없다.(대판 1998.9.22, 98다29568) 나아가 **등기의 추정력은 기재사항의 적법에도 미친다.** 예컨대, **담보물권의 등기**로부터 그 **담보물권의 존재**뿐만 아니라, **피담보채권의 존재도 추정**된다.(대판 1969.2.18, 68다2329) 즉 '등기가 무효원인에 의한 것이라는 반증이 없는 한 일응 유효원인에 의한 것이다.'라고 추정된다. 따라서 등기원인의 무효를 다투는 사람이 그것을 주장·증명해야 한다. 판례도 이와 같은 입장이다.(대판 1867.1.24, 66다1998 등 다수)

다만, **등기원인의 구체적인 동일성은 추정되지 않으므로** '그 **법적 원인이 등기부에 등기원인으로서 기재된 것이다'라고는 추정되지 않는다고 해석**한다.

판례 등기원인을 다르게 주장한 경우의 추정력

부동산등기는 현재의 진실한 권리상태를 공시하면 그에 이른 과정이나 태양을 그대로 반영하지 아니하였어도 유효한 것으로서 등기 명의자가 전 소유자로부터 부동산을 취득함에 있어 등기부상 기재된 등기원인에 의하지 아니하고 다른 원인으로 적법하게 취득하였다고 하면서 등기원인행위의 태양이나 과정을 다소 다르게 주장한다고 하여 이러한 주장만 자기고 그 등기의 추정력이 깨어진다고 할 수는 없을 것이므로 이러한 경우에도 이를 다투는 측에서 등기 명의자의 소유권이전등기가 전등기 명의인의 의사에 반하여 이루어진 것으로서 무효라는 주장·입증을 하여야 한다.(대판 2001.8.21, 2001다23195) 토지수용 절차를 거친 사실이 없음에도 토지수용을 원인으로 소유권이전등기를 경료한 토지개량조합이 토지수용 아닌 다른 원인으로 소유권을 양도받았다거나, 다른 원인으로 소유권을 취득한 자로부터 다시 특정승계 또는 포괄승계하였을 수도 있다고만 주장하는 것은 등기원인행위의 태양이나 과정을 무한정하게 확대하여 추상적으로 주장하는 것이어서 등기의 추정력이 유지될 수 없다고 한 판결이다.

(3) 대리권의 추정

매매계약 및 등기가 매도인의 대리인에 의하여 행해진 경우에 그 대리인이 매도인으로부터 대리권을 수여받았거나, 또는 그렇지 않더라도 표현대리의 요건을 갖추어서 유효한 대리행위를 했다는 점은 추정된다. 판례는 매도인이 제한능력자인 경우에 대리권 및 유효한 대리행위의 존재를 추정한다. 따라서 등기 명의인의 상대방이 대리인의 대리권의 부존재에 대한 증명책임을 부담한다.

판례 **대리권의 존재에 대한 추정**

> 전 등기 명의인의 직접적인 처분행위에 의한 것이 아니라, 제3자가 그 처분행위에 개입된 경우 현등기 명의인이 그 제3자가 전 등기 명의인의 대리인이라고 주장하더라도 현 등기 명의인의 등기가 적법하게 이루어진 것으로 추정되므로 그 등기가 원인무효임을 이유로 말소를 청구하는 전 등기 명의인으로서는 그 반대사실, 즉 그 제3자에게 전 등기 명의인을 대리할 권한이 없었다든지, 또는 그 제3자가 전 등기 명의인의 등기서류를 위조하였다는 등의 무효사실에 대한 입증책임을 진다.(대판 1993.10.12, 93다18914)

3) 인적 범위

등기 명의인과 제3자가 있는 경우에 등기 명의인은 추정력의 법적 보호를 받으므로 등기 명의인의 권리를 부정하는 제3자가 증명(입증)책임을 진다.

소유권이전등기에서 전등기 명의인과 현등기 명의인 사이의 소유권 분쟁의 경우에도 현등기 명의인이 추정력의 보호를 받는가? 또한 제한물권설정등기에서 소유자와 제한물권의 등기 명의인 사이의 제한물권의 존부에 관한 분쟁 등의 경우에도 제한물권의 등기 명의인이 추정력의 보호를 받는가? **긍정설이 타당하다고 본다.**(긍정설: 이영준, 이은영, 부정설: 곽윤직, 지원림) **소유권이전등기가 경료되었다는 것은 전등기 명의인이 현등기 명의인에게 소유권이전**을 위한 **등기협력을 했으리라는 것을 추측케 하므로** 이를 **부정하는 전등기 명의인이** 그 **등기가 허위서류에 의한 것이라는 점,** 또는 **기재된 등기원인에 해당하는 법률행위가 없었다는 점을 증명**(입증)**해야 한다. 판례는 소유권이전등기**에 관해서**(소유권보존등기는 예외; 대판 1996.7.30, 95다30734) 긍정설을 취하고 있다.(대판 1982.6.22, 81다792) 판례(대판 2004.9.24, 2004다27273)**에 의하면 **소유권이전등기가 경료되어 있는 경우에** 그 **등기 명의자는 제3자**에 대해서 뿐만 아니라, 그 전 **소유자**에 대하여도 **적법한 등기원인**에 의하여 **소유권을 취득한 것으로 추정**하고 있다.

판례 **추정력의 인적 범위**

> 부동산에 관하여 소유권이전등기가 마쳐져 있는 경우 그 등기 명의자는 제3자에 대해서 뿐만 아니라, 그 전 소유자에 대하여서도 적법한 등기원인에 의하여 소유권을 취득한 것으로 추정되고, 한편, 부동산등기는 현재의 진실한 권리상태를 공시하면 그에 이른 과정이나 태양을 그대로 반영하지 아니하였어도 유효한 것으로서 **등기 명의자가 전소유자로부터 부동산을 취**

득함에 있어 등기부상 기재된 등기원인에 의하지 아니하고 다른 원인으로 적법하게 취득하였다고 하면서 등기원인행위의 태양이나 과정을 다소 다르게 주장하다고 하여 이러한 주장만 가지고 그 등기의 추정력이 깨어진다고 할 수는 없을 것이므로 이러한 경우에도 이를 다투는 측에서 등기 명의자의 소유권이전등기가 전등기 명의인의 의사에 반하여 이루어진 것으로서 무효라는 주장·입증을 하여야 한다.(대판 2000.3.10, 99다65462)

4) 추정력의 정도(추정력의 복멸)

① **소유권이전등기의 추정력** : (ⅰ) **전소유자의 사망** 후 **등기가 이루어진 경우,** (ⅱ) **전소유 명의자가 허무인 경우,** (ⅲ) **등기 명의자가 매수인이 아님이 판명된 경우,** (ⅳ) **등기 절차에 이상이 있음이 판명된 경우,** (ⅴ) **전소유자가 아닌 자의 행위로 등기되었음이 명백한 경우** 또는 **등기의 기재 자체**에 의하여 **부실등기임이 명백한 경우에 복멸**된다.

② **복멸을 위한 입증**(증명) **정도** : 부동산등기에 물권자로서 등기된 명의인은 그 물권을 취득하여 현재 보유하고 있는 것으로 추정되므로 이를 부정하여 등기말소를 구하는 자가 그 **취득원인의 부존재** 또는 **물권의 소멸이 객관적으로 의심될 정도로 증명**(입증)해야 한다. 말소청구인이 그 등기를 말소함으로써 자기가 물권자가 되려는 경우에는 자기가 매매·증여·상속 등 그 물권의 취득원인을 갖고 있음을 적극적으로 증명(입증)해야 한다.

판례 전소유자의 사망 후 그 명의로 신청되어 경료된 소유권이전등기의 추정력

전소유자가 사망한 이후에 그 명의로 신청되어 경료된 소유권이전등기는 그 등기원인이 이미 존재하고 있으나, 아직 등기신청을 하지 않고 있는 동안에 등기의무자에 대하여 상속이 개시된 경우에 피상속인이 살아 있다면 그가 신청하였을 등기를 상속인이 신청한 경우 또는 등기신청을 등기공무원이 접수한 후 등기를 완료하기 전에 본인이나 그 대리인이 사망한 경우와 같은 특별한 사정이 인정되는 경우를 제외하고는 원인무효의 등기라고 볼 것이어서 그 등기의 추정력을 인정할 여지가 없다.(대판 2004.9.3., 2003다3157)

판례 확정판결에 기한 등기의 추정력을 번복하기 위한 입증의 정도

등기원인의 존부에 관하여 분쟁이 발생하여 그 당사자 사이에 소송이 벌어짐 따라 법원이 위 등기원인의 존재를 인정하면서 이에 기한 등기 절차의 이행을 명하는 판결을 선고하고 그

판결이 확정됨에 따라 이에 기한 소유권이전등기가 마쳐진 경우, 그 등기원인에 기한 등기청구권은 법원의 판단에 의하여 당사자 사이에서 확정된 것임이 분명하고, 법원이나 제3자도 위 당사자 사이에 그러한 기판력이 발생하였다는 사실 자체는 부정할 수 없는 것이므로 위 기판력이 미치지 아니하는 타인이 위 등기원인의 부존재를 이유로 확정판결에 기한 등기의 추정력을 번복하기 위해서는 일반적으로 등기의 추정력을 번복함에 있어서 요구되는 입증의 정도를 넘는 명백한 증거나 자료를 제출하여야 하고, 법원도 그러한 정도의 입증이 없는 한 확정판결에 기한 등기가 원인무효라고 단정하여서는 아니 될 것이다.(대판 2002.9.24, 2002다26252)

판례 **등기 절차의 적법이 의심스러운 경우의 추정력의 복멸**

부동산에 관한 등기부상 소유권이전등기가 경료되어 있는 이상 일응 그 절차 및 원인이 정당한 것이라는 추정을 받게 되고, 그 절차 및 원인의 부당을 주장하는 당사자에게 이를 입증할 책임이 있는 것이나, 등기 절차가 적법하게 진행되지 아니한 것으로 볼만한 의심스러운 사정이 있음이 입증되는 경우에는 그 추정력은 깨어진다.(대판 2003.2.28, 2002다46256) 등기의무자를 달리 하는 별개의 부동산에 관하여 동일한 접수일과 접수번호로 경료된 소유권이전등기의 추정력을 번복한 판결이다.

③ **소유권보존등기의 추정력은 등기 명의인이 원시취득자가 아님이 증명되면 깨어진다.**

④ **각종의 특별조치법**에 의한 **등기의 추정력은 일반적인 등기보다 훨씬 강하다.** 따라서 **추정을 깨뜨리기** 위하여 **등기 절차상 소요되는 보증서** 또는 **확인서가 허위라든가, 위조되었다든가,** 그 밖의 **사유(이 법 시행일 이후의 등기 원인 일자; 대판 2004.4.9, 2003다27733)로 적법하게 등기된 것이 아니라는 사실이 입증**(증명)**되어야 한다.**

5) 추정력의 효력

추정력의 본질적 효력은 입증(증명)**책임의 전환**에 있다. 즉 **원래는** 어떠한 **권리를 주장하는 경우에는** 그 **자가** 그 **권리의 발생을 입증해야 하는 것이나,** 그 **권리가 등기된 때에는 등기된 바대로의 권리가 존재하는 것으로 추정되므로 반대로** 그의 **권리를 부정하는 자가** 그에 관한 **입증**(증명)**책임**을 지게 된다.

6. 등기의 공신력 부정

1) 부동산 선의취득의 불가

등기를 믿고 부동산을 매수한 선의의 제3자는 매도인이 소유자가 아닌 경우에는 그 소유권을 취득하지 못한다. 우리 민법은 등기에 부동산의 선의취득을 인정할 만큼 강한 공신력을 부여하지 않기 때문이다.

2) 최소한의 신뢰 보호 기능

부동산등기의 내용을 신뢰한 자는 선의이고 과실이 없었던 것으로 추정된다. 부동산의 점유자는 선의인 것은 점유의 효과로서 추정되는데(민법 제197조), 그 점유자가 등기를 신뢰하여 점유를 개시한 경우에는 무과실로 추정된다. 반면에, 등기에 기재되어 있는 사실을 알지 못한 경우는 등기부를 조사하지 아니하였다는 점에서 선의이지만, 과실이 있는 것으로 된다.(대판 1994.6.28, 94다7829) 등기의 기재를 알지 못했다는 선의의 주장은 특별한 사정이 없는 한 받아들여지기 어렵다. 등기에 기재된 것은 누구나 안 것으로(악의) 추정되기 때문이다.

제4장

등기기관과 그 설비

제4장

등기기관과 그 설비

부동산등기의 절차를 담당하는 국가기관은 등기소이고, 그 **등기소는 등기를 위한 '인적 설비'(등기관)와 '물적 설비'(등기에 관한 각종 장부)로 구성**되어 있다.

I 등기소

1. 등기기관(등기소)

부동산등기사무를 담당하는 국가기관을 '등기소'라고 한다. 주의할 것은 등기소라는 현실의 명칭을 가진 국가기관만이 등기소는 아니다. 예컨대, 등기사무를 담당하는 국가기관은 '법원'이며(법원조직법 제2조 3항), 여기서 법원은 지방법원과 동 지원을 가리킨다고 할 수 있다.(법 제7조 1항, 법원조직법 제3조 2항) 따라서 **부동산의 소재지를 관할하는 지방법원과 동 지원이 관할구역 내의 등기사무를 관장** 또는 **감독**한다.

그러나 **지방법원은 등기사무를 처리하기** 위하여 **지원** 외에 **별도로 '등기소'를 둘 수 있다.(법원조직법 제3조 2항)** 이 등기소의 설치 폐지 및 관할구역은 대법원규칙으로 정한다. 이 규칙은 「등기소의 설치와 그 관할구역에 관한 규칙」(대법원규칙 제2560호)이다.

2. 등기소의 관할

1) 원칙

관할등기소란 등기관할권리의 목적인 부동산의 소재지를 관할하는 지방법원, 동 지원 또는 등기소를 말한다.(법 제7조 1항) 따라서 각 등기소는 그 관할구역 내에 소재하는 부동산에 관한 등기사무를 관장하는 것이 원칙이다. 각 등기소의 관할구역은 행정구역인 시·구·군을 기준으로 정해진다.(등기소의 설치 및 그 관할에 관한 규칙 제3조 참조)

2) 예외

(1) 관할등기소의 지정

1개의 부동산이 수개의 등기소의 관할구역에 걸쳐 있을 때(이는 부동산이 건물인 경우에만 해당된다.) 관할등기소를 정할 수 없게 된다. 이 경우 신청에 의하여 그 각 등기소를 관할하는 상급법원의 장이 관할등기소를 지정한다.(법 제7조 2항)

예컨대, 1개의 부동산이 동일한 지방법원의 관할에 속하는 지원과 등기소의 관할구역에 걸쳐 있는 때에는 그 지방법원장이, 동일한 고등법원 관할에 속하는 수개의 지방법원의 관할구역에 걸쳐 있는 때에는 그 고등법원장이, 또한 수개의 고등법원의 관할구역에 걸쳐 있는 때에는 대법원장이 '상급법원의 장'이 되어 관할등기소를 지정한다고 할 것이다.

한편, **관할등기소의 지정을 신청할 수 있는 자는** 그 **부동산의 이해관계인**으로 본다. 예컨대, **미등기부동산이** 위와 **같은 경우에 있다면** 그 **부동산의 소유를 증명하는 자가 관할등기소의 지정을 위한 신청자가 될 것**이다.**(규칙 제5조 1항)**

상급법원의 장이 지정한 관할등기소에 등기를 신청할 때 에는 신청서에 지정이 있었음을 증명하는 서면을 첨부해야 한다.(규칙 제5조 4항) 이와 같은 신청을 통해 지정 등기소에 등기를 한 때에는 지체 없이 일정한 양식에 의한 통지서에 의하여 그 취지를 다른 등기소에 통지해야 하고(규칙 제5조 5항), 그 통지를 받은 등기소는 상당구획의 목록에 통지를 받은 사항을 기재해야 한다.(규칙 제5조 6항) 이는 동일한 부동산에 관한 이중등기를 막기 위한 조치이다.

(2) 관할 위반의 등기의 효력

관할등기소가 아닌 등기소에서 행해진 등기는 절대적으로 무효이다. 따라서 이러한 등기를 발견한 등기관은 등기권리자, 등기의무자와 등기상 이해관계 있는 제3자에 대하여 1월 이내의 기간을 정하여 그 기간 내에 이의를 진술하지 아니한 때에는 등기를 말소한다는 취지를 통지하며, 통지를 받은 자의 주소 또는 거처를 알 수 없을 때에는 통지에 갈음하여 1월 이내의 기간을 정하여 그 기간 동안 등기소 게시장에 이를 게시한다.(법 제58조 1·2항)

(3) 등기사무의 위임

대법원장은 어느 등기소의 관할에 속하는 사무를 다른 등기소에 위임할 수 있다.(법 제8조) 이 제도는 교통사정 또는 그 밖의 사무처리상의 편의를 고려한 것이다.

3. 관할의 변경

1) 서언

'관할의 변경'이란 등기소의 관할구역의 변경, 즉 어떤 부동산의 소재지가 A등기소의 관할에서 B등기소의 관할로 변경되는 것을 가리킨다. 등기소의 관할구역의 변경은 법률(지방법원 및 동 지원의 경우) 또는 대법원규칙(등기소의 경우)에 의하여 이루어지거나(법원조직법 제3조 3항), 그 밖에 행정구획의 변경으로 이루어질 수 있다. 예컨대, 전자는 등기소의 관할구역으로 변경된 경우이다. 후자는 순수하게 행정구획의 변경으로 A등기소의 관할구역에서 B등기소의 관할구역으로 변경된 경우이다.

위 두 가지 경우는 관할의 변경의 전형적인 예로서 물리적 소재의 변화에 의한 것이 아닌 특정 부동산의 소재지 관할등기소의 변경에 의한 것이다.

2) 관할의 변경에 따른 절차

어느 부동산의 소재지가 A등기소의 관할로부터 B등기소 관할로 바뀌었을 때에는 A등기소는 그 부동산의 등기기록을 전산정보처리조직을 이용하여 B등기소에 넘겨주는 조치를 하여야 한다.(법 제9조) 처리권한을 넘겨받은 등기소는 해당 등기기록의 표제부에 관할이 변경된 뜻을 기재하여야 한다.(규칙 제6조 2항)

건물대지 일부의 관할변경으로 인하여 1개의 건물이 2개 이상의 등기소의 관할에 걸치게 된 때에는 종전 등기소에 관할하되, 관할의 지정을 받아 등기하려는 경우에 준하여 건물대지의 일부가 변경된 등기소에 그 취지를 통지하여야 한다.(등기예규 제1433호)

관할변경이 있는 등기소에서는 관할변경일 2주일 전부터 4주간 등기소 창구에 관할 변경 사실을 고지하는 안내문을 게시하여 신청인들의 편의를 도모토록 조치한다.(위 예규)

3) 관할 내의 행정구역 또는 그 명칭이 변경된 경우

행정구역 또는 그 **명칭이 변경된 경우 등기관은 직권으로** 그 **변경**에 따른 **부동산의 표시 변경등기**를 하여야 한다. 그 표시 변경등기가 완료되기 전에 그 부동산에 관한 다른 등기의 신청이 있는 때에는 그 즉시 그 등기에 부수하여 표시 변경등기를 하여야 한다.(위 예규)

4. 등기사무의 정지

부동산등기는 부동산물권변동의 효력을 나타내므로(민법 제186조) 그 등기는 사권에 지대한 영향을 준다. 따라서 등기사무를 정지하면 물권변동의 당사자에게 손해를 줄 우려가 있다. 하지만 등기소에서 그 사무를 정지하지 아니할 수 없는 사고(예: 등기소의 화재 또는 수재 등)가 발생할 때에는 어쩔 수 없이 등기사무를 정지해야 되므로 대법원장은 기간을 정하여 그 정지를 명할 수 있다.(법 제10조)

이 등기사무정지기간 중에 행해진 등기는 부동산등기법 제55조 제2호인 '사건이 등기할 것이 아닌 때'에 해당되어 당연히 무효로 보아 민법 제175조에 의하여 직권말소되어야 한다.

Ⅱ 등기관

1. 등기관

등기관은 등기사무를 처리하는 자로서 지방법원, 동 지원과 등기소에 근무하는 법원 서기관·등기사무관·등기주사 또는 **등기주사보**(2001년 12월 31일 이전에 시행한 채용시험에 합격하여 임용된 법원사무관·법원주사 또는 법원주사보 포함) 중에서 지방법원장(등기소의 사무를 지원장이 관장하는 경우에는 지원장을 말한다.)이 지정한 자이다.(법 제11조 1항) 따라서 **등기서기·등기서기보는 등기관으로 지정받을 수 없다.**

2. 등기관의 업무처리의 제한

등기관은 그 직무집행의 공평을 기하기 위하여 일정사건에 있어서 등기관의 업무처리를 제한하는 규정을 두고 있다. 예컨대, 등기관은 자기, 자기와 가족관계등록부를 같이하는 자 또는 4촌 이내의 친족이 아닌 자 2인 이상의 참여가 없으면 등기할 수 없다. 친족에 대하여는 친족관계가 끝난 후에도 또한 같다.(법 제12조 1항) 이 경우에 등기관은 조서를 작성하여 참여인과 같이 기명날인 또는 서명을 하여야 한다.(법 제12조 2항)

이와 같은 업무처리 제한규정의 적용은 관할등기소에 등기관이 한 명만 있는 경우에 해당된다고 할 수 있다. 왜냐하면 2인 이상의 등기관이 있는 경우에는 다른 공무원이 처리하면 되기 때문이다.

3. 등기관의 업무처리 방식

등기관은 등기사무를 전산정보처리조직을 이용하여 등기기록에 등기사항을 기록하는 방식으로 처리하여야 하고(법 제11조 2항), 접수번호의 순서에 따라 **등기사무를 처리하여야 한다.(법 제11조 3항)** 또한 등기관이 등기사무를 처리한 때에는 등기사무를 처리한 등기관이 누구인지 알 수 있는 조치를 하되(법 제11조 4항), 각 등기관에게 미리 부여한 식별부호를 기록함으로써 하여야 한다.(규칙 제7조)

4. 등기관의 책임

등기관이 고의, 과실로 등기에 관한 **부당한 처분으로 사인에게 손해를 준 경우에 등기관에게 특별한 손해배상책임을 지울 규정은 없다.** 그러나 이 경우에 **국가가 배상책임을 지며(국가배상법 제2조 1항 참조), 등기관에게 고의** 또는 **중대한 과실이 있는 때에는 국가가** 그 **등기관**에 대하여 **구상권**을 가진다.**(같은 법 제2조 2항 참조)** 그 밖에 **민법 규정 제750조의 요건이 구비되면 피해자는 등기관에게 직접 손해배상청구를 할 수 있다.**

등기관의 책임과 관련하여 **등기관이 가지는 주의의무는 등기신청서류와 등기부**에 의하여 **등기요건에 합당하는지** 여부를 **심사할 형식적 심사권**에 따른 **통상의 주의의무이다.(대판 1989.3.28, 87다카2470)**

판례 **등기관의 책임이 인정되는 예**

① 명백히 위조된 서류임을 간과하고 등기를 실행한 경우(예규 제263호), ② 동일 지변의 부동산에 중복 소유권보존등기를 마친 경우, ③ 등기필증의 위조가 명백한 경우에도 간과하고 등기를 한 경우, ④ 2건의 부동산에 대해 가압류등기 촉탁이 있었으나 그 중 1건에 대해서는 가압류등기가 누락된 경우(대전지판 1996.4.19, 95나8490) 등

판례 **등기관의 책임이 인정되지 아니하는 예**

> ① 위조의 의심이 있었지만, 통상의 주의의무를 다하여 등기를 실행하였고 후에 그 서면의 위조가 밝혀진 경우(대판 2005.2.25, 2003다13048), ② 판결서의 진정성립에 관하여 통상의 주의의무를 다하여 등기를 실행한 경우(대판 2005.2.25, 2003다13048)

5. 등기정보중앙관리소와 전산운영책임관

전산정보처리조직에 의한 등기사무처리의 지원, 등기기록의 보관·관리 및 등기정보의 효율적인 활용을 위하여 **법원행정처에 등기정보중앙관리소를 둔다.(규칙 제9조 1항)** 또한 **법원행정처장은 등기정보중앙관리소에 전산운영책임관을 두어 전산정보처리조직을 종합적으로 관리·운영**한다.**(규칙 제9조 2항)**

Ⅲ 등기에 관한 장부

1. 장부의 종류

등기소에는 등기사무처리에 필요한 물적 설비로서 다음과 같은 장부를 비치해야 하는데, 등기부, 신청서접수장, 부속서류편철장, 폐쇄등기부, 이의신청서류편철장, 결정원본편철장, 사용자등록신청서류 등 편철장, 각종 통지부 등이 있다.(규칙 제21조 1항 참조) 위의 장부 중 중요한 몇 가지만을 다음에서 설명하고자 한다.

1) 등기부

(1) 의의

'등기부'는 부동산에 관한 **권리관계** 및 **권리의 객체인 부동산의 표시**에 관한 **사항을 전산정보처리조직**에 의하여 **입력·처리한 등기정보자료를 부동산등기규칙 제10조** 이하에서 **정하는 바**에 따라 **편성한 기억장치**를 말한다.**(법 제2조 1호 및 제11조 2항, 규칙 제18조, 행정예규 987호)** 전산화 전의 등기부란 부동산에 관한 권리관계 또는 부동산의 표시에 관한 사항을 기재하는 공적인 종이장부를 말했다.

(2) 전산등기부의 의미

전산정보처리조직에 의하여 **등기사무의 전부** 또는 **일부를 처리하는 경우에는 등기사항이 기록된 보조기억장치를 의미하며,** (ⅰ) **AROS 등기부,** (ⅱ) **AROS Text 등기부,** (ⅲ) **전산폐쇄등기부의 세 가지로 분류**할 수 있다.

(3) AROS 등기부

등기상호간 연결정보를 통하여 등기연속성을 갖고 있는 데이터베이스 형태의 등기부를 의미한다.

(4) AROS Text 등기부

(ⅰ) 신규유형의 등기, (ⅱ) 대상지분이 불명확한 등기, (ⅲ) 하나의 등기부에 소유권보존등기가 2개인 경우 등의 경우에 작성하는 전산등기부이나 등기상호간 연결정보를 갖지 못한 등기부이고, 따라서 관리기능이 없고, 특정 등기사항의 발췌가 불가능한 등기부이다.

(5) 등기기록의 구성

① 표제부의 기록사항

- **구성요소 : 전산등기부에는 등기번호란이 없다.(부동산 고유번호란 존재)**
- **건물의 길이, 높이 : 표제부에 기록할 사항이 아니다.**
- **구조상 공용부분인 복도, 계단 : 등기능력이 없으므로 표제부 기록사항이 아니다.**
- **접수번호, 등기의 목적 : 기록사항이 아니다.**

② 갑구 기록사항(소유권에 관한 사항)

기록사항의 주의사항으로는 소유권이전담보가등기, 소유 명의인을 채무자로 하는 처분제한의 등기인 압류·가압류·처분금지가처분(규칙 제151조, 피보전권리가 지상권설정청구권인 경우에도 동일)·강제경매개시결정등기, 저당권에 의한 임의경매개시결정등기, 소유권의 소멸에 관한 약정, 환매특약등기, 소유권이 대지권인 경우의 대지권인 뜻의 등기 등 기록이 있다.

③ 을구 기록사항(소유권 이외의 권리에 관한 사항)

2. 등기기록의 편성(물적 편성주의)

1) 1부동산 1등기기록주의 원칙

① **집합건물의 예외 있음.** 한편, **동산·채권담보등기부는 담보권설정자별로 편철하는 인적 편성주의**를 취한다.

② 집합건물의 1등기기록의 의미

- 편성요소로서의 **1등기기록 : 1동의 건물 표제부 등기기록과** 각각의 **구분건물 표제부·갑구·을구의 등기기록을 전부 합하여 1등기기록이라고 하는 것.**
- 등기사항증명서의 발급 또는 열람에 있어서의 1등기기록 : 1동의 건물 표제부와 해당 구분건물 표제부·갑구·을구에 관한 등기기록만을 1등기 기록으로 봄.
- 전산등기부의 등기부부본 : 등기사건을 직접 처리하는 등기부는 아니고 등기부 멸실에 대비하여 백업파일로 보존하는 것이므로 1부동산 1등기기록주의에 대한 예외는 아니고, 법원행정처에 등기정보중앙관리소(등기정보지역관리소는 폐지됨.)를 두어 등기부와 동일하게 관리함.
- 등기기록의 제거 : 원칙적으로 불가능하나, 예외적으로 등기기록이 과다하거나 관할의 변경이 있으면 제거가 가능함.

등기부는 부동산등기법 제14조 제1항에 의하여 '토지등기부'와 '건물등기부'로 구분된다. 이는 각 부동산이 별개의 독립된 것을 나타낸 것이지만, 건물과 토지와의 관계는 직접적으로 연결되어 있다. 왜냐하면 토지등기부와 건물등기부의 등기번호란에 각각 토지의 지번, 건물대지의 지번이 기재되기 때문이다.(규칙 제13조 1항) 그러나 토지등기부로는 그 토지 위에 건물이 존재하는지, 또는 몇 개의 건물이 있는지는 직접적으로 알 수 없다.

2) 등기부의 종류

부동산등기법상의 토지등기부, 건물등기부(법 제14조 1항) 외에도 특별법에 의한 입목등기부, 공업재단등기부, 광업재단등기부, 선박등기부, 상업등기부가 있다.

3) 등기용지

(1) 의의

'등기기록'이란 하나의 부동산, 즉 1필의 토지 또는 1동의 건물에 관한 등기정보자료를 말한다.(법 제2조 3호, 제15조 1항)

(2) 1부동산 1등기용지의 원칙(물적 편성주의)

등기부를 편성할 때에는 1필의 토지 또는 1동의 건물에 대하여 1등기 기록을 사용한다.(법 제15조 1항 본문) 따라서 1등기기록에 수개의 부동산을 등기하거나, 1개의 부동산의 일부를 등기하는 것은 인정되지 않는다. 즉 등기부는 권리의 객체인 1개의 부동산을 단위로 하여 편성된다는 '물적 편성주의'에 따르는 것이다. 이렇게 물적 편성주의에 따르면 등기부의 내용이 간명하게 되고 공시방법을 잘 나타내주게 된다.

(3) 구분건물의 등기용지에 관한 특칙

1동의 건물을 구분한 건물(구분건물)에 있어서는 1동의 건물에 속하는 전부에 대하여 1용지를 사용한다.(법 제15조 1항 단서) 이와 같이 1동의 건물에 속하는 구분건물 전부에 대하여 1등기기록을 두는 한편, 1동의 건물에 속하는 구분건물 전부에 관하여 두게 될 등기기록에서는 표제부 및 각 구는 1동의 건물을 구분한 각 건물마다 두게 된다.(규칙 제14조) 이는 실질적으로 각 구분건물에 관하여 1등기기록의 원칙을 지키는 것이라고 하겠다.

○ 대지사용권과 대지권

'대지사용권'이란 구분건물(전유부분)이 속하는 1동의 건물이 소재하는 토지와 그 밖의 대지에 대하여 구분소유자가 가지는 권리(예: 소유권, 지상권, 전세권, 임차권 등)를 말한다.(집합건물법 제2조 6호) 이 대지사용권은 구분건물(전유부분)의 처분에 따르는 것을 원칙으로 하고 있다.(같은 법 제20조 참조) 또한 '대지권'이란 대지사용권 중에 등기되어 있는 권리로서 부동산등기법상의 용어로서 건물과 분리하여 처분할 수 없는 것을 말한다.(같은 법 제57조, 제57조의2 참조) 이는 본래 토지등기용지에 등기해야 할 대지사용권, 즉 토지에 관한 권리변동이 건물의 등기용지에 하는 구분건물에 관한 권리변동과 함께 등기하는 것과 같다. 이는 1부동산 1등기 용지의 원칙의 예외라고 할 수 있다.

---

(4) 등기기록의 구성

토지등기 기록의 표제부에는 표시번호란, 접수란, 소재지번란, 지목란, 면적란, 등기원인 및 그 밖의 사항란을 두고, 건물등기기록의 표제부에는 표시번호란, 접수란, 소재지번 및 건물번호란, 건물내역란, 등기원인 및 그 밖의 사항란을 둔다.(규칙 제13조 1항) 각각의 갑구와 을구에는 순위번란, 등기목적란, 접수란, 등기원인란, 권리자 및 그 밖의 사항란을 둔다.(규칙

제13조 2항)

구분건물인 경우에는 1동의 건물을 구분한 건물(구분건물)과 1동의 건물과는 매우 밀접한 관계가 있으므로 구분건물이 1동의 건물에 차지하는 위치관계나 다른 구분건물과의 관계를 명백히 하기 위하여 **1동의 건물에 속하는 구분건물 전부**에 대한 **1등기기록을 두게 된다.** 따라서 **구분건물마다 표제부·갑구·을구를 두고,** 또한 **1동의 건물 전체의 물리적 형상과 구조** 등을 **표시하기** 위해 **1동의 건물의 표제부를 둔다.(규칙 제14조)**

(5) 등기기록의 폐쇄

등기기록의 폐쇄는 일정한 경우에 등기기록이 폐쇄되는 것을 말한다. 즉 등기의 목적인 부동산이 멸실하거나(규칙 제84조 1항, 제103조 1항), 등기기록의 전환의 경우 즉, 전체 등기기록의 모든 기록 내용을 새로운 등기 기록에 그대로 이기하는 경우(법 제20조), 중복등기를 정리하는 경우(법 제21조 1항) 등의 사유가 있으면 등기기록을 폐쇄하게 된다. 등기기록을 폐쇄할 경우에는 표시란에 폐쇄의 사유와 그 연월일을 기재하고 등기관이 날인하여야 한다.(규칙 제55조 2항)

4) 부동산등기신청접수장

등기신청의 접수번호를 기록하는 장부를 말한다.(규칙 제21조 1항) 등기소는 등기신청사건의 접수를 완료한 때에는 등기전산시스템에 의하여 부동산등기신청사건접수장을 조제하여 접수창구에 비치하되, 등기소에 전자패드를 설치하여 전자패드에 수령인의 전자서명을 받고 등기필정보통지서를 교부하거나 등기원인증서를 반환하는 등기소에서는 접수장을 접수창구에 비치하지 아니한다.(등기예규 제1515호) 등기신청의 접수번호는 등기의 순위를 판단하는 중요한 자료가 되므로 등기의 목적, 신청인의 성명 또는 명칭, 접수연월일과 접수번호, 부동산의 개수, 등기신청 수수료 등의 사항을 기재하여야 한다.(같은 규칙 제22조)

5) 신청서 그 밖의 부속서류 편철장

등기를 완료한 후 신청서·촉탁서·통지서·허가서·참여조서·확인조서·취하서 그 밖의 부속서류를 접수번호의 순서에 따라 편철하는 장부를 말한다.(규칙 제23조) 이는 매년 별책으로 하는 것을 원칙으로 하되, 필요에 따라 분책할 수 있다.(규칙 제21조 2항)

6) 결정원본편철장

등기신청시 등기신청을 수리할 수 없는 사유(법 제29조 각 호의 사유)로 등기관의 각하결정, 등기 후 당연무효등기의 직권말소에 관한 이의에 대한 인용결정 또는 각하결정시에 그 결정원본을 편철하는 장부이다.(규칙 제21조 1항 3호)

등기관은 등기완료 후 부동산등기법 제29조 1호 또는 2호에 해당한 것임을 발견한 경우에는 등기권리자, 등기의무자와 등기상 이해관계 있는 제3자에게 1월 이내의 기간을 정하여 그 기간 내에 이의를 진술하지 않는 때에는 등기를 말소한다는 취지를 통지하고, 말소에 대하여 이의를 진술한 자가 있으면 그 이의에 대하여 결정하여야 한다.(법 제58조 1항, 3항) 따라서 등기관은 결정, 즉 인용결정 또는 각하결정을 할 때에는 결정서를 작성하여 결정원본을 결정원본편철장에 편철한다.

7) 이의신청서편철장

무효등기의 말소에 관한 이의(법 제58조), 등기관의 결정 또는 처분이 부당(법 제100조)하다는 의미에 관한 서면을 편철하는 장부를 말한다.

8) 각종 통지부

'각종 통지부'란 부등산등기법과 같은 규칙에 규정하고 있는 각종 통지에 관하여 통지사항, 통지를 받을 자 및 통지서를 발송하는 연월일을 기재한 장부를 말한다.(규칙 제21조 1항 8호, 제24조)

9) 그 밖의 문서접수장

등기관은 등기사무에 관한 문서를 별도의 규정이 없는 한 접수인을 찍어 접수한 후 그 밖의 문서접수장에 기재한다.(규칙 제21조 1항 2호, 제22조 4항) 그 밖의 문서접수장은 부동산신청접수장과는 별책으로 한다.

10) 열람신청서류편철장

'열람신청서서류편칠장'은 등기부의 열람신청서를 접수순서에 따라 편철하는 장부이다.(규칙 제21조 1항 9호)

11) 제증명신청서류편철장

'제증명신청서서류편칠장'은 등기부의 열람신청서 이외의 제증명신청서를 접수순서에 따라 편철하는 장부이다.(같은 규칙 제21조 1항 10호)

12) 사용자등록서류편철장

전자신청을 하기 위해서는 등기신청을 하는 당사자 또는 자격자대리인(변호사, 법무사)이 최초의 등기신청 전에 등기소에 출석하여 사용자등록을 하여야 하는데(규칙 제68조 1항, 2항), 이와 같은 사용자등록이 있는 경우에 그 신청서류를 편철한 장부이다.(규칙 제21조 1항 5호)

3. 장부의 보존과 관리

1) 장부의 보존

등기부와 폐쇄한 등기 기록, 신탁원부, 매매목록 등 **등기부의 일부로 보는 장부는 영구보존하여야 한다.(법 제14조 2항 및 제20조 2항, 규칙 제20조 1항) 결정원본편철장, 이의신청서류편철장, 사용자등록신청서류** 등 **편철장은 10년간 보존하고(규칙 제25조 1항), 각종 통지부, 열람신청서류편철장, 제증명신청서류편철장은** 각 **1년간 보존하며, 보존기간의 기산점은** 해당 **연도의** 다음 **해**부터 **기산**한다.**(규칙 제25조 2항)**

2) 등기용지의 이동금지

등기부는 등기정보중앙관리소에 보관·관리하고, 전쟁천재지변이나 그 밖에 이에 준하는 사태를 피하기 위한 경우를 제외하고는 그 장소 밖으로 옮기지 못한다.(법 제14조 3항) 또한 등기부의 부속서류(등기에 관한 모든 부속서류)는 사변(예컨대, 화재·수해·전쟁 등)을 피하기 위한 경우를 제외하고는 등기소 밖으로 옮기지 못한다.(법 제14조 4항) 등기관이 사변 등을 피하기 위하여 신청서 또는 그 부속서류를 등기소 외에 옮긴 때에는 등기관은 지체 없이 그 취지를 지방법원장에게 보고해야 한다.(규칙 제11조 1항)

한편, **등기신청서나** 그 밖의 **부속서류도 압수가 불가능하다는** 종전의 **대법원예규(예규 제145호)가 폐지됨**에 따라 **수사기관이 법관이 발부한 영장에 근거하여 신청서나** 그 **부속서류를 압수하는 것은 가능하고,** 이 경우 **등기관은 해당 서류의 사본을 작성하여 압수된 서류가 반환되기**까지 이를 **보관한다.** 그러나 **등기부와 등기부의 부속서류는 법관이 발부한 압수영장**에 의하더라도 **밖으로 반출할 수 없도록 하고 있다.(예규 제1548호)**

이와 같이 **등기부** 또는 그 **부속서류의 이동을 금지하는 것은** 이 **장부들의 분실·훼손** 또는 **문구의 변경** 등의 **위험이 발생할 염려가 있고, 등기사무처리에 지장을 초래하기 때문이다.**

3) 장부의 멸실방지 처분

등기부 또는 그 부속서류가 손상·멸실될 우려가 있는 때에는 대법원장은 그 방지를 위하여 필요한 처분을 명령할 수 있다.(법 제18조 1항) 대법원장은 처분명령에 관한 권한을 법원행정처장 또는 지방법원장에게 위임할 수 있는데, 전자적 형태로 작성되어 등기정보중앙관리소에서 보존·관리 중인 등기부와 전자문서로 작성된 등기부의 부속서류에 대한 처분명령권은 법원행정처장에게, 여전히 각 등기소에서 보존·관리 중인 신청서 및 그 밖의 부속서류에 대한 처분명령권은 지방법원장에게 각각 위임되어 있다.(규칙 제16조 2항)

○ 위조등기부 발견시의 조치[등기부 위조 관련 업무처리지침(2011.10.11. 등기예규 제1377호)]

---

(1) 등기관의 조치 : ① 등기업무 일체중단 및 수사기관에 고발조치, 소유권에 대한 등기의 위조시에는 그 뜻을 대장 소관청에도 통지, ② 위조임이 명백하면 등기 명의인에게는 통지할 필요도 없이 직권말소하고, 만일 명백히 위조된 등기를 기초로 등기상 이해관계인이 있는 경우에는 그 자에게는 통지하되, 이의가 있어도 각하하고 직권말소한다.

(2) 첨부정보를 위조하여 등기가 마쳐진 경우

① 형식적 심사권의 강화 : 첨부정보로서 등기소에 제공된 것이 위조문서로 의심이 가는 경우에는 신청인 또는 대리인에게 알려 그 진위 여부를 확인하여 처리한다.

② 표제부에의 부전 : 등기기록의 표제부의 좌측 상단에 위조된 문서에 의하여 등기된 사항이 있다는 뜻을 부전할 수 있다. 부전된 내용은 판결에 의한 위조된 등기의 말소신청이 있거나 이해관계인이 소명하는 자료를 제공하여 삭제를 요청한 경우 등기관은 삭제할 수 있다.

③ 부전사실의 통지 : 등기기록에 기록된 전 소유 명의인(소유권이전의 등기가 된 경우) 또는 현소유 명의인(소유권 외의 권리가 등기된 경우) 등 그 밖의 이해관계인에게 통지하여야 한다. 통지를 받을 자의 주소가 불명인 경우에는 통지를 하지 않을 수 있고, 통지하여야 할 자가 다수인 경우에는 그 중 1인에게 통지할 수 있다.

---

4. 등기사항의 증명과 열람

1) 등기사항증명서의 발급

(1) 서

① **발급정지** : 등기신청사건이 접수된 부동산에 대하여는 그 사건에 대한 교합이 마쳐질 때까지 등기사항증명서의 발급을 정지하는 것.(Key Lock 설정) 다만, 그 부동산에 등기신청사건이 접수되어 처리 중에 있다는 뜻을 등기사항증명서에 표시하여 발급할 수 있다.

② 사실증명 제도 폐지 : 등기사항에 변경이 없다는 사실증명 제도는 폐지됨.

표 4-1 ‖ 발급가능한 등기사항증명서의 종류

등기부의 종류	발급가능한 등기사항증명서의 종류	비 고
전산등기부	① 등기사항 전부증명서(말소사항 포함) ② 등기사항 전부증명서(현재 유효사항) ③ 등기사항 일부증명서(특정인지분) ④ 등기사항 일부증명서(현재 소유현황) ⑤ 등기사항 일부증명서(지분취득이력)	전산등기부 중 AROS TEXT 및 전산과부하, 원시오류코드가 부여된 등기부의 경우에는 등기사항 전부증명서(말소사항 포함)만 발급 가능
전산폐쇄등기부	① 등기사항 전부증명서(말소사항 포함)	전산폐쇄등기부는 전산등기부가 폐쇄된 것을 의미함.
이미지등기부	① 등기사항 전부증명서(말소사항 포함)	• 이미지등기부란 등기부를 전산화함에 따라 폐쇄된 수작업등기부를 촬영한 이미지 형태의 등기부를 말함. • 이미지형태 수작업폐쇄등기부의 경우 등기사항 일부증명서는 발급되지 아니함.
이미지등기부	① 등기사항 전부증명서(말소사항 포함)	

※ 현재 유효한 수작업등기부는 존재하지 않기 때문에 2012.02.15 예규 제1443호에서 삭제하였다.

(2) 등기사항증명서의 발급

① 신청인(수수료만 납부하면 누구나 신청 가능)

- 위임장 제공 여부 : 대리인도 위임장을 제공할 필요 없이 자기 이름으로 신청함.
- **신청서** 그 밖의 **부속서류 : 열람 신청은 할 수 있어도 등기사항증명서의 발급 대상은 되지 아니함.**
- 이해관계가 있어야 하는지 여부 : 등기에 대하여 이해관계가 있을 필요는 없음.

② 등기부별 발급 방법

표 4-2 ‖ 등기부별 발급 방법

전산등기부 종류	유인발급	무인발급	인터넷발급
AROS 등기부	등기사항 전부증명서(말소사항 포함) 등기사항 전부증명서(현재 유효사항) 등기사항 일부증명서(특정인지분) 등기사항 일부증명서(현재 소유현황) 등기사항 일부증명서(지분취득이력)	등기사항 전부증명서(말소사항 포함) (16매 이상 발급 제한)	등기사항 전부증명서(말소사항 포함) 등기사항 전부증명서(현재 유효사항) 등기사항 일부증명서(특정인지분) 등기사항 일부증명서(현재 소유현황) 등기사항 일부증명서(지분취득이력) (등기 명의인 500명 이상 발급 제한)
AROS Text 등기부	등기사항 전부증명서(말소사항 포함)	등기사항 전부증명서(말소사항 포함) (16매 이상 발급 제한)	등기사항 전부증명서(말소사항 포함) (등기 명의인 500명 이상 발급 제한)
원시오류코드가 부여된 등기부	등기사항 전부증명서(말소사항 포함)	등기사항 전부증명서(말소사항 포함) (16매 이상 발급 제한)	등기사항 전부증명서(말소사항 포함) (등기 명의인 500명 이상 발급 제한)
전산과부하등기부	등기사항 전부증명서(말소사항 포함)	발급 불가	발급 불가
전산폐쇄등기부	등기사항 전부증명서(말소사항 포함)	발급 불가	발급 불가

※ 전산등기부의 유형과 발급 방법에 따른 분류이다.

(3) 발급신청 방법

① **신청방법** : (ⅰ) 출석신청, (ⅱ) 전화에 의한 신청, (ⅲ) 무인발급기, (ⅳ) 인터넷 신청, (ⅴ) 등기신청과 동시에 등기사항증명서를 동시 신청함.

② **모사전송의 방법** : 삭제됨.

③ **관할제한 여부** : 관할에 관계없이 발급 인증문 부기는 발급기관에서, 전송료 없음.

④ **등기신청과 동시에 그 등기에 대한 등기사항증명서의 발급신청이 있는 경우** : 각하할

것이 아니라, 등기를 마친 후 등기필정보와 함께 등기사항증명서를 신청인에게 발급함.

⑤ ARS(전화자동응답시스템)을 이용한 등기사항증명서의 발급신청 : 폐지됨.

(4) 접수증 교부

신청 즉시 발급하기 때문에 원칙적으로 접수증을 발급하지 아니하나, 신청통수가 11통 이상인 다량발급인 경우에만 발급함.

(5) 발급 방법

① 유인발급기에 의한 발급

- 발급 방식 : 유인발급기를 통하여 신청 후 즉시 발급 원칙임. 등기소 관할에 상관없이 법원행정처 등기정보중앙관리소 전산운영책임관의 직명(성명은 기재하지 아니함.)을 기재한 후 전자이미지관인을 사용함.
- 출석신청 : 신청서를 작성하여야 하지만, 서명날인을 할 필요는 없다.
- 공동담보목록 또는 신탁원부 등의 발급 : 신청이 있는 경우에만 발급함.
- 구분건물 : 1동의 건물의 표제부와 해당 전유부분의 표제부, 갑구, 을구 기록만을 1 등기기록으로 간주함.
- 중복등기의 경우 : 중복등기 전부를 소유권보존등기 순서대로 합철하여 발급
- 등기신청이 접수된 부동산에 관한 등기사항증명서의 발급 : 등기사항증명서 매 장마다 음영으로 신청사건처리 중임을 표시하여 발급함.
- 공용무상발급의 표시 : 수수료 면제하는 등기사항증명서를 작성할 경우 등기사항증명서의 매 장마다 공용무상발급임을 표시하여야 한다.
- 전산폐쇄등기사항증명서의 발급 특칙 : 전산폐쇄등기사항증명서의 매 장마다 폐쇄등기부임을 표시하여야 한다.
- 복사방지 장치 : 발급받은 등기사항증명서를 복사기 등을 이용하여 복사하는 경우에 사본임을 인식할 수 있도록 매 장마다 복사방지 장치를 하여야 한다.
- 무인발급기에 의한 발급 : 사용빈도가 높은 말소사항 포함만 발급함. 다만, 매수 16장 이상이면 발급이 불가하다.

② 인터넷을 통한 발급

- 발급 대상 : 말소사항 포함·현재 유효사항 등기사항 전부증명서, 특정인지분·현재 소유현황·지분취득이력 등기사항 일부증명서로 한다. 다만, AROS Text 등기부와 원시오류코드가 부여된 등기부는 말소사항 포함 등 사항증명서만이 발급가능하고,

전산과부하등기부와 전산폐쇄등기부는 인터넷의 특성과 필요성을 감안하여 인터넷 발급이 불가하다.

- **발급 제한** : 1등기 기록에 5통 이내, 갑구 및 을구의 등기 명의인이 500명 이상이면 불가함.
- **신청 사건이 계류 중인 경우** : 그 사실을 알려주지만, 등기사항증명서 발급은 허용되지 아니함.
- **발급업무의 처리** : 등기정보중앙관리소에서 처리하며, 위 등기정보중앙관리소 전산운영책임관의 직명을 기재하고 전자이미지관인을 사용함.

2) 등기부의 열람

(1) 열람 신청인 및 열람 대상

열람신청인 및 대상과 관련하여 (ⅰ) 등기부는 누구든지 열람을 신청할 수 있고, (ⅱ) 등기부의 부속서류는 이해관계인이 이해관계 있는 부분(이해관계인으로 신청권자의 한정)에 한하여 이해관계 있음을 소명하는 자료를 제공하여 열람 신청이 가능하다.

(2) 열람 방법

가. 전산등기부

① **출석 열람** : 성질상 전화 또는 우편의 방법에 의할 수는 없고, 출석하여 컴퓨터의 화면을 통하여 열람하거나, 출력한 서면을 교부하는 방법으로 열람한다.

② 인터넷을 통한 등기기록 열람

- **열람 대상** : 전부사항증명서 2가지, 일부사항증명서 3가지 전부 열람 가능
- **열람의 취소시기** : 수수료의 결제가 끝난 경우에는 수수료를 결제한 당일에 한하여 전부에 대해서만 취소할 수 있다.

나. 등기신청서 그 밖의 부속서류 열람(비공개사항으로 규정된 정보)

① **경정등기신청서의 열람의 이해관계인 여부** : 단순히 어느 부동산을 매수하고자 하는 자 또는 채권자는 위 이해관계인에 해당하지 아니한다.

② **종중원의 부속서류 열람** : 이해관계를 소명하는 자료로 종원명부, 결의서, 회의록, 판결문, 족보 등을 제공하여 종중이 당사자인 등기사건의 부속서류의 열람을 할 수 있다.(2012.07.17 부동산등기과－1393)

③ **전자문서로 작성된 신청정보나 첨부정보 : 이해관계 있는 부분**에 대한 **열람청구는 관**

할등기소가 아닌 다른 등기소에 대하여도 **할 수 있다.**

④ **등기사항증명서 발급 가능** 여부 : **법령의 근거가 없으므로** 그 **등기사항증명서나 인증된 사본을 발급할 수는 없다.**

3) 수수료의 정리

등기기록에 대한 열람, 등기사항증명서의 발급 수수료와 그 면제범위는 대법원규칙으로 정한다.(법 제19조 3항) 현행 수수료는 1통당 1,200원이고, 인터넷을 이용하는 경우에는 발급의 경우에는 1,000원, 열람의 경우에는 700원이다.(등기사항증명서 등 수수료규칙)

4) 부동산등기기록의 주민등록번호 등 공시 제한

(1) 공시 제한 대상

대상으로는 등기 명의인이 개인(외국인 및 재외국민 포함) 및 법인 아닌 사단·재단인 경우에 그 대표자의 주민등록번호(외국인 및 재외국민의 부동산등기용 등록번호)의 뒷자리 7자리임. 그러나 단체의 부동산등기용등록번호는 공시를 제한하지 아니한다.

(2) 공시를 제한하지 아니하는 경우

① 신청정보에 기재된 주민등록번호와 등기부상의 주민등록번호가 일치하는 경우

② 등기 명의인이 법인인 경우 그 법인의 인감카드번호와 비밀번호를 입력하거나 전자증명정보와 인감증명서 발급용 비밀번호를 입력하여 신청을 하는 경우

③ 전산화 이전에 폐쇄된 등기부

④ 등기사항을 문자입력방식으로 기록하고 있는 등기부(애로스 – 텍스트 형태의 등기부)

⑤ 공용목적(수용, 토지대장정리 등)이나 재판상 목적으로 등기소에 출석하여 신청하는 경우

- **한국감정원** : 공익사업법에 의해서 보상업무를 위탁받은 경우에는 이를 소명하는 자료를 첨부정보로서 등기소에 제공하여 주민등록번호 등의 공시가 제한되지 않는 등기사항증명서의 발급신청을 함.

(3) 등기 명의인의 주민등록번호 등 추가 표시 변경등기

요건으로는 현재 효력 있는 소유권의 등기 명의인(내국인, 재외국민, 외국인 등 자연인에 한함)의 주민등록번호(단체의 부동산등기용등록번호 추가 불가) 등이 등기기록에 기록되어 있지 않는 경우

제5장

부동산등기 절차 일반

제5장

부동산등기 절차 일반

I 등기 절차 개시의 능력

1. 일반원칙

등기는 법률에 다른 규정이 있는 경우를 제외하고 당사자의 신청 또는 관공서의 촉탁에 의하여 이루어진다.(신청주의, 법 제22조 1항) 이러한 등기신청은 법률에 다른 규정이 없는 한 등기권리자와 등기의무자가 공동으로 신청하여야 한다.(공동신청주의, 법 제23조 1항) 또한 등기신청의 방법은 출석신청과 전자신청 중 하나의 방법으로 한다. 따라서 등기신청은 등기신청 당사자인 신청인 또는 대리인이 직접 출석하여 하거나(출석신청, 법 제24조 1항 1호), 대법원규칙이 정하는 바에 따라 전산정보처리조직을 이용하여 신청정보 및 첨부정보를 보내는 방법으로 하여야 한다.(전자신청, 법 제24조 1항 2호) 다만, 대리인이 변호사 또는 법무사(법무법인 또는 법무사합동법인 같은 법인 포함)인 경우의 출석신청은 대법원규칙이 정하는 사무원을 등기소에 출석하게 하여 이를 신청할 수 있다.(법 제24조 1항 1호 단서)

이와 같이 등기는 원칙적으로 당사자의 신청 또는 관공서의 촉탁에 의하여 할 수 있고, 예외적으로 등기관이 직권으로 하는 경우와 법원의 명령에 의하여 하는 경우에 할 수 있다. 그러나 관공서의 촉탁에 의한 등기의 절차에 대하여 법률에 다른 규정이 있는 경우를 제외하고는 신청으로 인한 등기에 관한 규정을 준용(법 제22조 2항)하기 때문에 사실상 신청의 한 형태에 불과하다. 이와 같이 부동산등기법은 신청주의를 등기 절차 개시의 원칙으로 하고 있다.

2. 원칙(신청주의)

1) **당사자의 신청**에 의한 **경우**

등기 절차는 당사자의 신청이 있을 때에 개시하는 것이 원칙이다.(법 제22조 1항) **등기는 부동산의 사권을 공시하여 거래의 안전을 보호하는 것을 본래의 목적으로 하는 것으로서 등기 제도에는 사적 자치의 원칙이 적용**된다. 따라서 **등기는 당사자(권리자)의 의사**에 의거하여, 즉 **신청**에 의하는 **것이 사적 자치의 원칙에 적합한 것이다.** 이와 같은 **신청주의**에 의하여 **당사자는 등기의 신청을 공법상 의무로서 부담하는 것**이 아니라, **사법상 의무로서 부담하는 것**이다. 그러나 이는 **어디까지나 다른 규정이 없는 경우에 한하므로 다른 법률** 또는 **규정이 존재하면 경우**에 따라서 **등기의 신청을 공법상 의무로 부담할 수 있다.**

예컨대, 1990년 제정된 부동산등기특별조치법(1990년 법률 제4244호)에 의하면 일정한 경우에 등기신청을 공법상 의무로 부담하고, 이를 위반한 때에는 벌칙을 부과하고 있다.(같은 법 제8조 이하 참조) 이와 같은 특별법의 제정은 등기신청이 사법상 의무로서 부담하는 점을 역이용하여 실제의 부동산거래에 부합하지 않는 등기를 신청함으로써 탈세 또는 폭리를 꾀하는 사례가 자주 있기 때문이다.

2) 관공서의 촉탁의 경우

등기 절차는 당사자의 신청에 의한 경우 이외에 관공서의 촉탁에 의하여 개시되는 경우도 있다.(법 제22조 1항) 관공서의 촉탁으로 등기 절차를 개시하는 구체적인 경우은 부동산등기법과 그 밖의 법률, 즉 민사집행법(제94조, 제144조, 제162조, 제269조, 제293조, 제305조), 통합도산법(제110조 내지 제112조), 화의법(제8조, 제9조), 회사정리법(제18조 내지 제20조, 제22조) 등에서 규정하고 있다.

이들 법률에 의하여 관공서의 촉탁에 의한 등기 절차의 개시의 형태를 크게 두 가지로 나누어 볼 수 있다. (ⅰ) 관공서 자체가 실체법상의 권리관계의 주체로서, (ⅱ) 사인인 당사자의 권리관계에 개입 또는 봉사하는 공권력 행사의 주체로서 관공서가 등기를 촉탁하는 경우이다. (ⅰ)의 경우는 본질적으로 당사자의 신청의 경우와 다를 바 없다. 이는 관공서가 권리관계의 주체인 당사자로서 등기 절차의 신청을 하는 것이기 때문이다. (ⅱ)의 경우는 관공서가 공권력의 주체로서 사적 당사자를 위해 당사자에 갈

음하여 등기를 신청하는 것에 불과하기 때문에 실질적으로 당사자에 의한 신청에 준하는 것으로 생각할 수 있다.

이런 이유로 관공서의 촉탁에 의한 등기 절차는 실질적으로 당사자의 신청에 의한 등기 절차와 다르지 않다고 할 수 있다. 그러므로 관공서의 촉탁에 의한 등기 절차에 대해 법률에 다른 규정이 있는 경우를 제외하고는 당사자의 신청에 의한 등기에 관한 규정을 준용한다.(법 제22조 2항)

3. 예외

법률에 다른 규정이 있는 경우에는 당사자의 신청 또는 **관공서의 촉탁이 없어도 예외적으로 등기 절차가 개시**된다.**(법 제22조 1항) 예외적인 경우로는 등기관의 직권**에 의한 **경우와 법원의 명령**에 의한 **경우**가 있다.

1) **등기관의 직권**에 의한 **경우(직권등기)**

일정한 경우에 등기관은 당사자의 등기 절차의 신청 없이도 그 직무상의 권한으로 당연히 등기를 할 수 있다. 부동산등기법의 규정에 의하면, (ⅰ) 등기관의 과오로 등기의 착오 또는 빠짐(遺漏)이 있을 때의 경정등기(법 제32조)와 일정한 경우의 변경등기(법 제36조, 규칙 제122조 등)가 있고, (ⅱ) 일정한 경우에 말소등기(법 제58조 및 제99조 4항, 규칙 114조 1항, 2항)가 있으며, (ⅲ) 일정한 경우에 행해지는 소유권보존등기(법 제66조 1항)가 있고, (ⅳ) 대지권인 취지의 등기 등의 대지권에 관련된 등기(법 제40조 3항, 규칙 제92~94조)가 있다.

2) **법원의 명령**에 의한 **경우**

등기관의 결정 또는 처분에 대해 부당하다는 이의신청이 이유가 있는 것으로 관할지방법원이 받아들였을 때, 등기관은 관할지방법원의 명령에 의해 등기를 하게 된다.(법 제105조 1항 및 제107조) 한편 관할지방법원은 이 이의에 대한 결정을 하기 전에 등기관에게 가등기 또는 이의가 있다는 뜻의 부기등기를 명할 수 있다.(법 제106조)

Ⅱ 등기 절차의 당사자

1. 서설

부동산등기 절차에 관계하는 자는 부동산등기 절차를 관장하는 국가기관을 제외하고는 부동산등기법상 등기신청인, 등기 명의인, 등기의무자, 등기상 이해관계 있는 제3자, 대리인 등이 있다. 이와 같은 등기 제도의 이용자가 등기 절차와 관계를 가질 때 구체적인 의미가 나타난다.

예컨대, (ⅰ) **실체법상 등기능력이 있는 권리의 주체자로서** 그 **명의가 등기부에 등재되어 있는 자는 부동산등기법**에 의하며 **'등기 명의인', '등기권리자', '등기의무자', '등기상 이해관계 있는 제3자'** 등이 **있다.** 이들은 일명 **'권리 명의인'**이라고 할 수 있다. (ⅱ) **일정한 부동산**에 대한 **등기신청을 자기 이름으로 할 자격이 있는 자는 부동산등기법**에 의하면 **'등기신청인'(법 제23조, 제28조)이라고 한다.** 즉 **등기권리자, 등기의무자** 또는 그 **대리인이** 이에 **해당된다.** 이는 **일명 '등기신청 자격자'**라고 할 수 있다. (ⅲ) 등기신청인 중 일정한 타인의 부동산에 대한 등기신청행위를 현실적으로 수행하는 자는 부동산등기법상 '대리인'이라고 한다.(법 제24조 1항)

1**인이 부동산 등기신청에 있어서** 위에 **3가지의 자격을 함께 보유하는 것이 원칙**이나, 경우에 따라서 **권리 명의인이 아닌 자로서 등기신청자의 자격을 갖는 경우(예: 대위신청, 상속에 의한 피상속인 명의로서 등기신청)와 권리 명의인도 등기신청 자격자도 아니면서 등기신청을 대리하는 경우(예: 대리인의 등기신청)가 있다.**

2. 등기 절차에 대한 권리 명의인[등기신청(당사자)능력]

1) 자연인과 법인

부동산등기는 부동산에 대한 사법상의 권리의 변동을 공시하는 것이므로 권리 명의인으로서 등기부에 등재될 수 있는 자는 등기능력이 있는 사법상 권리능력을 갖는 자, 즉 자연인과 법인이다.

2) 태아

태아는 실체법상 권리능력을 갖지 않으나, 예외적으로 일정한 경우에 권리능력이 인정된다.(민법 제762조, 제1000조 3항, 제1001조, 제1064조) 그러나 판례는 태아의 권리능력에 관하여 '정지조건설'을 취하고 있기 때문에 즉 태아가 살아서 출생할 때에 출생시기가 문제의 사건의 시기까지 소급하여 그 때에 태아가 출생한 것으로 보기 때문에(대판 1976.8.13, 76다1356) **태아는 등기능력이 없다고 할 수 있다. 구체적으로 태아가 등기능력이 인정되는가의 문제가 되는 것은 태아가 부동산의 상속인이 되는 경우와 특정부동산의 소유자가 되는 때**이다.

3) 종중, 문중 그 밖의 법인 아닌 사단 또는 재단

종중, 문중 그 밖의 **대표자나 관리인이 있는 법인 아닌 사단(비법인사단)이나 재단(비법인 재단)에 속하는 부동산등기는** 그 **사단이나 재단의 명의로 그 대표자** 또는 **관리인이 신청**하게 된다.**(법 제26조 2항)** 이 경우 재산 소유 형태는 총유가 된다. 한편, 판례는 비법인사단 또는 비법인재단의 개념을 밝히고 있다.

'비법인사단'이라 함은 일정한 목적을 가진 다수인의 결합체로서 업무집행기관들에 관하여 정함이 있고 또 대표자 등의 정함이 있는 법인 아닌 단체를 말한다.(대판 1967.1.31, 66다333) 따라서 '동백홍능계'(대판 1974.9.24, 74다573), '농지위원회'(대판 1962.4.18, 4294민상1397), '신태인 천주교회'(대판 1966.9.20, 63다30), '대한불교 조계종 총무원' 등은 권리능력이 없는 사단이 아니며, '부산시 좌천동 일도회 주택재건위원회'(대판 1965.6.15, 64다529), '제중'提中(대판 1967.12.29, 67다2388), '보중'洑中(대판 1967.12.26, 67다2302), '채권자들로 구성된 청산위원회'(대판 1968.7.16, 68다736), '자활정착단체'(대판 1976.7.13, 74다1585), '친목계'(대판 1969.6.10, 69다254), '낙동협동조합지소'(대판 1976.7.13, 74다1585), 전국해원노동조합지부'(대판 1977.1.25, 76다2194), '불교단체에 등록되지 않은 사찰'(대판 1982.2.23, 81누42), 교회(대판 1967.12.18, 57다2202), 주택조합(대판 1999. 11.9, 99다34420), 상가분양계약에 있어서 연합주택조합(대판 2003.5.13, 2000다50688) 등은 비법인사단(권리능력 없는 사단)이다.

또한 '비법인재단'이라 함은 일정한 재산을 중심으로 하여 사실상 사회생활상의 하나로 조직을 이루는 법인 아닌 단체를 말한다.(대판 1964.6.2, 63다856) 예컨대, 한정승인을 한 상속재산(민법 제1053조 이하), 상속인 없는 상속재산(민법 제1053조)과 그 밖의 특별법에 의한 특수재단(예: 파산재산, 채무자 회생 및 파산에 관한 법률 제382조), 재단저당의 목적이 되는 재단(공장저당법 제3조 및 제11조 이하, 광업재단저당법 제2조 및 제4조 이하), 일정한 경우에 사찰(대판 1991.10.22, 91다26072) 등이 이에 속한다.

4) 학교와 지방자치단체

학교는 국립학교·공립학교·사립학교로 구분되고, 사립학교는 재단법인 또는 사인이 설립한 학교로 구분한다, **사인인 재단이 설립한 사립학교는 영조물(시설물)에 불과 하므로 사인(설립자) 명의로 등기를 신청**한다.

지방자치단체(특별시, 광역시, 도, 시, 군, 구)는 법인이기 때문에(지방자치법 제3조 1항), 지자체의 부동산은 직접 지자체의 명의로 등기할 수 있다. 즉 **지자체는 등기신청의 당사자능력이 있다.** 그러나 **읍** 또는 **면은 지자체가 아니므로 등기 명인이 되지 못한다.** 그러나 **리동里**

洞 등 부락주민을 구성원으로 하는 고유목적을 갖는 사회조직체라면 비법인사단으로서의 권리능력을 가지므로 등기신청의 당사자능력이 있다.(대판 1999.1.29, 98다33512)

Ⅲ 전자(인터넷)등기신청 절차 일반

1. 전자(인터넷)등기신청

1) 서언

(1) 전자표준양식에 의한 등기와 구별

신청서 작성시 입력한 정보가 부동산등기시스템에 저장된다는 점에서 전자신청과 유사하지만, 다시 그 신청정보를 종이로 출력하고 신청에 필요한 서면을 제공하여 등기신청을 하여야 하므로 전자신청이 아니라, 서면신청의 한 형태(실무상 e-Form신청이라고 한다.)이다.

(2) 출석신청주의 배제

당사자 또는 대리인이 등기소에 출석하지 않았다고 하여 등기관은 이 법 제29조 4호로 각하할 수 없다.

2) 전자신청을 할 수 있는 자

(1) 본인에 의한 신청의 경우

사용자등록을 한 대한민국 국민과 외국인, 전자증명서를 발급받은 법인, 따라서 법인 아닌 사단 및 재단은 전자신청을 할 수 없다. 다만, 외국인의 경우에는 (ⅰ) 출입국관리법 제31조에 따른 외국인등록을 하여야 하고, (ⅱ) 해외동포의 경우에는 재외동포의 출입국과 법적 지위에 관한 법률 제7조에 따른 국내거소신고를 하여야 한다.

(2) 자격자대리인이 신청하는 경우

사용자등록을 한 변호사나 법무사 및 전자증명서를 발급받은 법무법인·법무법인(유한)·법무사합동법인과 같은 법인. 다만, 자격자대리인이 외국인인 경우에는 (ⅰ) 출입국관리법 제31조에 따른 외국인등록을 하여야 하고, (ⅱ) 「재외동포의 출입국과 법적 지위에 관한 법률」 제7조에 따른 국내거소신고를 하여야 한다.

3) 전자신청의 방법

[1] 대법원 인터넷 등기소에 접속

[2] 사용자인증(사용자등록번호 및 개인공인인증서정보, 전자증명정보 입력)

• 공인인증서의 가입자가 외국인인 경우 : (ⅰ) 공인인증서에 담고 있는 가입자의 성명정보는 한글표기이어야 하고, (ⅱ) 공인인증서에는 가입자의 외국인등록번호나 국내거소신고번호를 담고 있어야 하며, (ⅲ) 자격자 대리인의 경우에는 공인인증서에 담고 있는 가입자의 성명정보의 한글표기가 대한변호사협회나 대한법무사협회에 등록한 성명의 한글표기와 일치하여야 한다.

[3] 신청정보입력(시스템이 안내하는 순서에 따라 입력)

[4] 첨부정보 제공

• 본인이 전자신청하는 경우 : 등기권리자와 등기의무자가 공동으로 신청하는 경우에는 해당 필수정보를 반드시 전자적으로 송신하여야 한다.

• 전자문서의 범위 : "서면으로 작성한 문서를 스캐닝하여 PDF파일로 변환한 것"도 전자문서로 본다.(2012.04.04 부동산등기과-667)

• 신청인이 자격자 대리인인 경우 첨부정보를 전자적 이미지 정보로 변환하여 송신할 수 있는 경우의 특칙

① 일반적인 경우 : 대리권한을 증명하는 서면(등기원인증서가 존재하지 아니하는 등기유형에 한함.) 및 행정정보 또는 취득세(등록면허세) 납부확인정보를 담고 있는 서면 등은 전자적 이미지 정보로 변환하여 송신할 수 있다.

그러나 아래 ② ③의 경우에도 인감증명서는 전자적 이미지정보로 변환하여 송신할 수 없기 때문에 공인인증서를 제공하는 방식으로 제공해야 하며, 인감을 날인한 서면인 등기의무자의 위임장과 제3자의 승낙서 등도 전자적 이미지정보로 변환하여 송신할 수 없기 때문에 전자문서로 작성하여 공인인증서를 제공하는 방식으로 송신하여야 한다.

② 국가, 지방자치단체, 특별법에 의하여 설립된 공법인 : 토지 등을 협의취득 또는 수용하여 소유권이전등기를 신청하는 경우 및 지상권설정·지상권말소등기를 신청하는 경우의 첨부정보를 담고 있는 모든 서면

③ 금융기관 : 금융기관이 (근)저당권자로서 (근)저당권 설정, (근)저당권이전, (근)저당권변경(경정), (근)저당권말소등기를 신청하는 경우와 지상권설정, 지상권말소등기를 신청하는 경우의 첨부정보를 담고 있는 모든 서면

• 위 승낙서나 위임장 : 위 ①의 경우에 "위임장이나 승낙서 등에 그 희망하는 당사자의 날인을 생략하고 작성한 서면을 스캐닝하여 PDF파일로 변환한 후 그 당사자의 전자서명정보를 덧붙인 것"을 제공할 수 있다.(2012.4.4 부동산등기과－667)

• 첨부정보의 송신 특칙

① 등기소에서 확인이 가능한 정보 : 첨부정보 중 전산정보처리조직에 의하여 확인이 가능한 법인등기사항증명정보 및 부동산등기사항정보는 그 표시만 하고 송신을 생략함.

② 행정정보 공동이용의 대상이 되는 정보 : 첨부정보 중 토지대장정보, 건축물대장정보, 거래계약신고필정보, 취득(등록면허)세 납부확인정보, 토지거래계약허가정보 등은 행정정보공유센터에 연계요청을 하여 수신한 정보를 송신한다.

③ 인감증명서정보의 송신 불요(공인인증서정보로 갈음.)

• 작성 명의인이 있는 전자문서를 송신하는 방법 : PDF파일 형식의 전자문서이어야 한다.

[5] 승인

• 공동신청의 경우 : 일방이 신청정보와 첨부정보를 입력한 후 승인대상자를 지정하고, 승인대상자로 지정된 자는 사용자등록번호와 공인인증서정보를 제공하여 인증을 받은 후에 공인인증서 정보를 입력하여 승인을 받아야 한다.

• 자격자대리인에 의한 신청의 경우 : 대리인에 의한 신청인 경우에는 대리인이 위임에 관한 정보를 입력하고 당사자가 공인인증서정보(당사자가 법인인 경우에는 전자증명서정보)를 제공하여 승인하여야 한다.

• 승인이 불필요한 경우 : 단독신청 사건을 본인이 신청하는 경우(부동산 표시변경 등)

[6] 등기신청 수수료의 납부 등 : 전자적인 방법(신용카드, 계좌이체, 전자화폐)으로 납부

[7] 송신(납부 후 7일 이내 송신)

[8] 전자신청의 접수 및 자동 기록(별도의 접수 절차가 필요 없음.)

[9] 조사, 교합업무 등

○ 보정사무

① 보정 통지의 방법 : 전자우편(추가 됨.), 구두, 전화 그 밖의 모사전송의 방법으로 통지

② 보정의 방법(전산정보처리조직에 의함이 원칙)

a. 본인신청의 경우 : 정보를 담고 있는 서면을 등기소에 출석하여 제공하여야 한다.

b. 신청인이 자격자대리인인 경우 : 그 서면을 전자적 이미지 정보로 변환(電寫)하여 이에 원본과 상위 없다는 취지의 부가정보와 개인공인인증서정보를 덧붙여 등기소에 송신할 수 있다.

---

[10] 교합 이후의 조치(등기필정보의 송신 및 등기완료사실의 통지)

[11] **전자신청의 취하** 및 **각하**

- **전자신청의 취하 : 전자신청과 동일한 방법으로 사용자인증을 받아야 한다.**
- **각하결정의 방법 : 전자신청**에 대한 **각하 결정의 방식** 및 **고지방법은** 그 **송달 여부를 정확히 하기** 위하여 **서면신청과 동일한 방법으로 처리한다.**(각하결정등본 작성 교부 또는 송달)

[12] **이의신청**

- **법원에 송부 방법 : 전자신청 사건**에 관하여 **이의신청이 있어** 그 **사건을 관할 지방법원에 송부하여야 할 경우 등기관은 전자문서로 보존되어 있는 신청정보와 첨부정보를 출력하여 인증을 한** 후 그 **출력물을 송부한다.**

2. 전자신청을 위한 사용자등록

1) **사용자등록**의 의미

본인 출석에 준하는 정도의 진정성 확보를 위해서 **둔 제도이므로 반드시 본인이 직접 등기소에 출석하여 신청해야 하고**(법무사도 사무원을 출석시킬 수 없음.), 이 **사용자등록은 장래에 전자신청을 할 수 있는 자격을 부여하는 의미**를 갖는다.

2) **사용자등록이 필요한 사람**

(1) **신청할 수 있는 자**

전자신청을 하고자 하는 당사자(외국인 포함) 또는 **변호사나 법무사**[법무법인, 법무법인(유한), 법무사합동법인과 같은 법인 제외]이다.

(2) 신청시기 및 개인공인인증서 첨부

최초의 전자등기신청 전에 신청하여야 하며, 용도가 제한된 개인공인인증서를 발급받아 제공할 수도 있다. 다만, 종전 예규(제1133호)는 범용 개인공인인증서를 제출하여야 했다.

(3) 관할등기소

사용자등록을 신청할 등기소는 관할의 제한이 없다.

3) 사용자등록신청서의 기재사항 및 첨부서면 등

(1) 기재사항

신청서에 성명, **주민등록번호(외국인의 경우에는 '외국인등록번호'** 또는 **'국내거소신고번호')**, 주소, 전화번호, 인터넷 등기소 회원 ID, 전자우편 주소 등을, 자격자대리인인 경우에는 이 이외에 그 자격을 증명하는 정보와 사무소의 소재지에 관한 사항을 기재한다.

(2) 첨부정보

신청인의 인감증명 및 주소를 증명하는 서면, 자격자대리인인 경우에는 그 자격을 증명하는 서면의 사본도 함께 첨부함. 한편, **신청인이 외국인인 경우에는** 위 **주소를 증명하는 서면으로 외국인등록사실증명이나 국내거소신고사실증명(발행일부터 3개월 이내의 것이어야 한다.)을 첨부하고,** 그 **증명서면에 기재된 신청인의 성명이 외국문자로 되어 있으면** 그 **성명을 한글로 표기한 번역문을 함께 첨부하여야 한다.**

4) 사용자등록정보의 변경

(1) 성명과 주민등록번호

등기소에 직접 출석하여 변경을 신청해야 한다.

(2) 공인인증서 정보, 사용자등록번호 또는 주소 등

사용자등록관리시스템을 이용하여 할 수도 있다.

5) **사용자등록의 유효기간** 및 **유효기간의 연장** 등

(1) **유효기간**

사용자등록의 유효기간은 3년으로 하고, 유효기간을 경과하여 사용자등록을 다시 하는 경우에는 최초로 사용자등록을 하는 절차와 같은 절차(본인이 직접 등기소에 출석하여 신청)에 의하여야 한다.

⑵ 유효기간의 연장

유효기간 만료일 3월전부터 **만료일**까지 사이에 **연장신청을 하되, 횟수의 제한은 없다.** 이 **연장신청은 사용자등록관리 시스템을** 통해서 **할 수 있다.**

6) 해지

사용자등록의 해지의 신청은 전자문서로 할 수 있다.(규칙 제70조 2항)

7) 사용자등록의 정지 및 회복, 분실

⑴ 정지 및 회복

신청 및 직권(5회 연속하여 오류를 범한 경우)에 의한 효력정지. 다만, 그 회복은 등기소를 방문하여 효력회복 신청을 하여야 한다.

⑵ 분실한 경우

기존 사용자등록을 해지하고 새로이 사용자등록을 신청하여야 한다.

Ⅳ 등기신청인(등기신청의 당사자)

1. 공동신청의 경우

1) 공동신청의 원칙

부동산등기법 제23조에 의하면, 등기의 신청은 '등기권리자와 등기의무자'가 공동으로 행하는 것이 원칙이다. 일반적으로 등기의 기초가 되는 실체법상 권리관계의 증명을 완전하게 할 수 있으면 등기함으로써 권리를 취득하게 되는 자(예: 등기권리자)만의 신청에 의거하여 등기를 하거나, 또는 등기함으로써 권리를 잃거나 그 밖에 불이익을 받을 자(예: 등기의무자)의 단독신청으로 등기를 하여도 관계없을 것이다. 그러나 형식적 심사권을 갖는 등기관이 등기 절차의 신속·원활한 처리를 요구하는 사회적·제도적 요청에 부응하면서 등기 내용이 실체관계와 일치하여 부실등기를 최소화하는 것은 그렇게 쉬운 일이 아니다. 이와 같은 이유로 공동신청의 원칙을 우리는 채택하게 된 것이다.

2) 등기권리자·등기의무자

공동신청의 원칙이 인정되는 속에서 공동신청의 당사자인 등기권리자와 등기의무자의 개념이 인정된다. 따라서 단독신청의 경우에는 일방의 당사자에 의해 등기신청이 행해지기 때문에 등기권리자·등기의무자의 개념을 인정할 수 없다. 이와 같이 등기권리자와 등기의무자의 개념을 인정하는 공동신청의 경우를 다시 두 가지로 나누어 생각해 볼 수 있다. 즉 부동산등기법 제28조 및 그 밖의 절차법상과 실체법상의 경우로 나눌 수 있다.

'절차법상 등기권리자'란 현재 신청한 등기가 실행됨으로써 실체적 권리관계에 있어서 새로운 권리를 취득하거나 기존권리의 내용이 확대(이익 발생)되는 것이 등기부상 형식적·직접적으로 표시되는 권리 명의인을 말한다. '절차법상 등기의무자'란 현재 신청한 등기가 실행됨으로써 실체적 권리관계에 있어서 기존 권리가 상실되거나 내용이 축소(불이익 발생)되는 것이 등기부상 형식적·직접적으로 표시되는 권리 명의인을 가리킨다.

한편 **'실체법상 등기권리자'란 등기신청의 협력을 요구할 권리(등기신청권)를 가진 자를** 말하고, **'실체법상 등기의무자' 란 등기신청에 협력할 의무를 부담하는 자**를 말한다.

3) 등기 절차법상의 등기권리자·등기의무자의 개념과 등기청구권과의 관계

절차법상의 등기권리자·등기의무자와 실체법상의 등기권리자·등기의무자의 관계가 문제가 된다. **일반적으로 절차법상의 등기권리자·등기의무자와 실체법상의 등기권리자·등기의무자가 일치하는 것이 원칙이다.** 예컨대, **매매의 경우에 있어서 등기신청을 하는 경우에 매수인은 소유권이라는 새로운 권리를 취득하게 되어 등기부상 형식적·직접적으로 표시하게 할 권리 명의인이 되므로 절차법상의 등기권리자이고,** 또한 **매도인**에 대하여 **소유권 이전등기를 하라는 청구권(소유권)의 상실을 등기부상 형식적·직접적으로 표시되어지는 권리 명의인이 되므로 절차법상의 등기권리자이고,** 또한 **매도인**에 대하여 **소유권이전등기를 하라는 청구권(소유권이전등기청구권)을 갖는 자,** 즉 **실체법상의 등기권리자가 된다.**

이에 반하여, **매도인은 기존의 권리(소유권)의 상실을 등기부상 형식적·직접적으로 표시되어지는 권리 명의인이 되므로 절차법상의 등기의무자이고,** 또한 **매수인의 등기청구권에 협력할 의무가 있는 실체법상의 등기의무자가 된다.**

그러나 예외적으로 절차법상의 등기권리자·등기의무자와 실체법상의 등기권리자·등기의무자가 일치하지 않는 경우가 있다. 그 예를 들어보면 다음과 같다.

① A·B가 실체법상의 등기권리자·등기의무자의 관계가 있으나, 절차법상의 등기권리자·등기의무자의 관계가 없는 경우

가. 소유권이 A→B→C의 순으로 양도되면서 등기 명의가 아직 A에게 남아 있는 경우에 C는 A에 대하여 "A에서 B로의 소유권이전등기를 하라."는 등기청구권을 갖는다. 그러나 C와 A는 절차법상의 등기권리자, 등기의무자의 관계는 갖지 않는다.

나. A→B→C의 순으로 소유권이전등기되었지만, A·B 사이의 소유권이전이 무효 또는 부존재하기 때문에 C가 실체법상의 무권리자인 경우에 A는 C에 대하여 "C의 등기를 말소하라."는 등기청구권을 갖지만, A와 C는 이 말소등기에 관하여 절차법상의 등기권리자·등기의무자의 관계를 갖지 않는다.

다. A에서 B로 소유권이전등기가 되었고, 그 뒤에 C가 저당권설정등기를 했을 때 A·B 사이의 실체적 권리 병동이 무효 내지 부존재하고 이것이 B를 무권리자로 만든 경우에 A는 B와 C에 대하여 각각의 등기를 말소하고 A의 등기 명의가 회복되도록 필요한 협력을 요구할 등기청구권을 갖는다. 이 경우 B는 A·B 사이의 소유권이전등기의 말소등기에 관해 절차법상의 등기의무자가 되지만, C는 등기의무자가 아닌 '등기상의 이해관계를 갖는 제3자'가 된다.

라. A의 소유로 등기되어 있는 부동산이 실체법상 B에게 양도된 경우에 양수인 B는 양도인 A에 대하여 소유권이전등기신청에 협력을 요구할 등기청구권을 갖고, 또한 절차법상의 등기권리자이다. 한편 양도인 A는 양수인 B에 대하여 "A로부터 B로의 소유권이전등기에 협력하라"를 요구하는 등기청구권(일명 등기인수청구권)을 가지나, 절차법상의 등기의무자이다.

마. 실체법상 A의 소유에 속하는 부동산을 착오 등의 이유로 실체법상의 무권리자인 B의 명의로 소유권보존등기를 말소해야 된다. 이 경우 A는 B에 대하여 소유권보존등기를 말소하라는 등기청구권을 가지나, 이 말소등기는 공동신청이 아닌 등기명의인 B의 단독신청에 의하여 행해진다. 따라서 부동산등기법 제28조의 등기권리자·등기의무자의 자격 문제가 발생하지 않는다.

② A·B가 절차법상의 등기권리자·등기의무자의 관계이지만, 실체법상의 등기권리자 등기의무자 관계가 없는 경우

가. **임대차등기(민법 제621조)에서 절차법상의 임차인은 등기권리자, 소유자(임대인)는 등기의무자의 지위**를 갖는다. 그러나 **원칙적으로 임차인은 소유자(임대인)**에 대하여 **임대차**에 관한 **등기청구권을 갖지 않는다.**

나. A→B→C의 순으로 소유권이전등기가 되었으나, A·B 사이의 **실체적 권리변동이 무효** 내지 **부존재로 인하여 진실한 소유자 A의 등기 명의를 회복할 필요가 있는 경우에 등기 절차상 B·C** 사이의 **소유권 이전등기를 말소할 필요가 있다.**

이 말소등기에 관하여 절차법상 B는 등기권리자, C는 등기의무자이지만, B는 C에 대하여 소유권말소등기신청에 협력을 요구할 등기청구권을 갖는가에 관하여 논란이 있다. 판례나 다수설은 이를 긍정하고 있다.

2. 단독신청의 경우

등기신청에 관하여 등기권리자와 등기의무자가 공동신청하는 이유는 등기의 진정을 보장하는 데에 있으므로 공동신청에 의하지 아니하더라도 등기의 진정을 보장할 수 있는 특수한 사정이 존재할 때에는 등기권리자 또는 등기의무자의 단독신청에 의하여 등기신청을 할 수 있는 예외가 인정되고 있다.

1) **판결**에 의한 **등기**

부동산등기법 제23조 제4항에 의하면 판결에 의한 등기는 승소한 등기권리자 또는 등기의무자가 단독으로 신청할 수 있게 되어 있다. 이는 등기권리자 또는 등기의무자에게 등기신청에 관한 실체법상의 권리 또는 의무를 판결에 의하여 명확히 했기 때문이다. '승소한 등기권리자'가 단독으로 등기신청하는 경우, 예컨대, 매도인 A와 매수인 B가 매매계약을 체결·완성하여 매수인 B가 매도인 A에 대해 소유권이전등기에 협력을 요구할 권리(등기청구권)를 실체법상 가지고 있는 데도 불구하고 B가 이에 응하지 않는 경우에 매도인 A를 피고로 하고, 매수인 B가 "피고는 원고 명의로 소유권이전등기의 신청을 하라."는 내용의 확정판결을 얻어 매수인 B는 단독으로 관할등기소에 소유권이전등기의 신청을 할 수 있다. 이는 절차법상의 등기의무자가 등기권리자에게 협력하여 등기신청을 해야 할 실체법상의 의무가 있는 것이 판결에 의해 명확히 되었기 때문에 굳이 공동신청을 필요로 하지 않는 데 근거한 것이다.

또한 **'승소한 등기의무자'도 판결**에 의하여 **단독으로 등기신청을 할 수 있다.** 즉 **절차법상의 등기의무자는 등기권리자의 등기청구권행사를 지연하여 불이익을 받을 염려가 있는 경우에 등기권리자를 피고로 하여 등기신청을 명하는 확정판결을 얻어** 이 **판결을 근거하여 등기의무자가 단독신청을 할 수 있다.(대판 1964.4.3, 63다54)**

예컨대, 매도인 A(절차법상의 등기의무자)가 매수인 B(절차법상 등기권리자)에게 소유권이전등기의 신청을 요구했으나, B가 이에 응하지 않는 경우에 A는 B를 상대로 "소유권이전등기의 신청을 하라."는 확정판결을 얻어 A는 단독으로 관할등기소에 소유권이전등기를 신청할 수 있다. 물론 이는 등기의무자가 등기권리자에 대하여 공동신청에 협력을 요구할 등기청구권(등기인수청구권)을 인정하는 것을 전제로 하는 것이다.

[1] **부동산등기법 제23조의 '판결'이란 일정한 등기신청을 할 것을 명하는 이행판결 내지 급부판결**을 말한다. 여기서 **이행판결은 국가기관**에 대하여 **등기신청이라는 일정한 의사의 표시** 내지 **진술을 명하는 판결로서** 이 **판결이 확정된 때에는 피고인 등기의무자의 등기신청이 있었던 것으로 보게 된다.(민사집행법 제263조 1항, 민법 제389조 2항** 참조)

또한 여기서 **급부판결은 절차법상의 등기신청을 명하는 판결을 말하는 것이기 때문에 단순히 실체법상의 물권행위(예: 소유권양도)를 명하거나,** 그 **원인인 채권계약(예: 매매)을 행하는 것을 명하는 급부판결에는 등기권리자의 단독신청이 인정되지 않는다.** 그리고 **실체법상의 물권의 귀속·변동** 등에 관한 **확인판결이나 형성판결은 부동산등기법 제23조의 '판결'에** 해당되지 않는다. 왜냐하면 **실체법상의 물권의 귀속·변동** 등에 관한 **확인은 절차법상의** 어떤 **자(피고)를 등기의무자로 하여 등기신청에 협력해야 한다는 것과는 다르기 때문이다.**

[2] **부동산등기법 제23조의 '판결'이란 확정판결이어야 한다.** 이 판결에 의하여 등기신청이라는 일종의 의사표시를 해야 할 의무를 강제이행 시키게 되는 것이다. 민사집행법 제263조 제1항(의사표시의무의 집행)에 따르면 의사표시를 명하는 판결이 확정된 때에는 그 판결을 인낙認諾이나 의사표시로 보기 때문에 그 효력이 발생하게 된다. 그러므로 판결의 확정 전에는 아직 그 해당 의사표시(등기신청)가 의제되지 않기 때문에 등기신청이 강제되지 않는다. 즉 절차법상의 등기권리자의 단독신청이 허락되지 않는다.

[3] **등기신청의 절차를 명하는 판결에는 가집행선고를 붙이지 못한다.** 왜냐하면 **의사표시(등기신청)를 명하는 판결이 확정된 때에는 의사표시의 효과가 생기기 때문이다.(민사집행법 제263조)** 그러나 법원의 잘못으로 가집행선고를 붙인 경우에는 법원의 법률판단의 적법·위법에 대해서 등기관의 심사권한이 미치는 지의 여부가 문제가 된다. 이는 곧 등기신청의 허용과 연결된다. 이에 관하여 가집행선고가 취소될 때까지는 그 집행력을 부정하지 못하므로 등기신청을 각하하지 못한다는 견해(곽윤직, 1993, 169면)와 확정판결의 첨부가 없는 것을 이유로 각하할 수 있다는 견해가 있다. **등기관은 형식적 심사권한만 가지고 있기 때문에 등기신청을 각하하지 못한다고 본다.**

[4] **의사표시를 명하는 판결은** 그 **판결의 확정으로 집행이 있었던 것으로 보기 때문에 등기신청을 명하는 판결**에 의한 **등기신청에는 판결의 확정증명서의 첨부만으로 충분하고, 집행문의 부여는 필요하지 않는 것이 원칙이다.** 그러나 반대급부의 이행 후에 등기의무자를 수령지체에 빠지게 하였음을 증명하고, 집행문을 부여받은 때에 등기신청의 의사표시가 있었던 것으로 본다. 따라서 이 경우에는 등기권리자의 반대급부이행과 등기의무자의 수령지체를 증명해서 집행문을 부여받아야 등기신청을 할 수 있다.

[5] **부동산등기법 제29조에서의 '판결'은 본래의 판결** 외에 **집행력**에 관한 **확정판결과 동일한 효력을 인정하는 것도 포함한다.** 예컨대, 재**판상 화해조서**(민사소송법 제206조 참조), **민사조정법**에 의한 **조정조서**(민사조정법 제29조 참조), **이 조정에 갈음하는 결정**(민사조정법 제30조 참조), **가정법원의 심판**(가사소송법 제41조 참조), **중재판정**(중재법 제12조 참조), **본국법원에서 이행판결로** 그 **적법함을 선고한 외국판결**(민사집행법 제56조 4호) 등이 이에 **해당된다.** 물론 **이들은** 그 **내용이 일정한 등기신청을 명하는 것이어야 한다.**

한편, 공증인이 작성한 공정증서는 일정한 금액의 지급이나 대체물 또는 유가증권의 일정한 수량의 급여를 명하는 것을 내용으로 하는 것에 한하여 집행력을 갖고(민사집행법 제56조 4호), 그 이외의 부동산물권의 존부·부동산 인도에 관하여는 집행력을 갖지 않기 때문에 부동산등기법 제29조의 '판결'에 포함되지 않는다.

2) 상속에 의한 등기

부동산등기법 제27조에 의하면 상속(합병의 경우도 포함)에 의한 등기는 등기권리자(상속의 경우에는 상속인, 합병의 경우에는 합병 후 존속법인 또는 신설법인)만으로 등기신청을 할 수 있다고 한다. 왜냐하면 민법상 상속은 피상속인의 사망으로 개시되어(민법 제997조), 피상속인과 상속인이 공동으로 등기신청을 할 수 없어서 상속인(등기권리자)이 단독으로 상속을 등기원인으로 하는 권리이전등기신청을 할 수밖에 없기 때문이다. 상속에 의한 등기신청시에 상속을 증명하는 시·구·읍·면의 장의 서면이나, 또는 상속을 증명할 만한 그 밖의 서면을 첨부해야 한다.(법 제49조) 부동산등기법 제49조가 등기원인이 상속인 때에는 신청서에 상속을 증명하는 시·구·읍·면의 장의 서면 또는 이를 증명함에 족한 서면을 첨부하도록 한 것은, 이 경우에는 등기원인을 증명하는 서면이 처음부터 있을 수가 없으나, 그 대신 같은 법 제49조 소정의 신청서 부본 이외에 같은 법 제46조 소정의 서면들도 제출하게 함으로써 이들에 대한 형식적 심사만에 의하더라도 등기 명의인이 사망하여 등기신청인이 그 상속인이 되었고 달리 상속인이 없으며, 또한 그 상속분이 변경된 때에는 그 변경이 생긴 사실 등을 명확히 하여 그 신청의 수리 여부를 결정할 수 있도록 하기 위한 것이다.(대판 2004.9.3, 2004마599)

한편, **공동상속인 경우에** 그 **상속인 전원이 등기권리자로서 단독신청해야 한다.** 다만, 상속에 의한 등기는 상속에 의해 취득한 재산의 보존행위라고 보기 때문에 공동상속인 전원을 위한 등기라면 상속인 중 1인으로도 이를 신청할 수 있다고 본다. 그러나 이 경우 공동상속인 중 일부의 자가 자기 상속분에 대해서만 등기신청을 하거나 공동상속인 전원이 각각 자기의 상속분에 대해서만 개별적으로 상속등기신청을 하는 것은 인정될 수 없다고 생각한다.

따라서 **공동상속의 상속등기는 공동상속인 각자의 법적 상속분을 지분으로 하는 공유의**

등기가 된다. 그리고 피상속인의 유언으로 상속재산의 분할을 마치고 권리를 취득한 상속인만이 상속등기를 신청하는 것이 인정된다고 본다. 그렇지만 공동상속등기를 마친 후, 유언에 의한 상속재산의 분할에 따라서 권리취득자가 된 상속인의 단독등기신청이 인정되지 않고, 권리취득자를 등기권리자로 권리상실자를 등기의무자로 하여 공동신청에 의한 소유권의 경정등기를 해야 한다.

상속인이 부존재한 경우에 특별연고자가 가정법원의 심판에 따라서 상속재산을 분여받았을 때(민법 제1057조의2) 이를 상속이라고는 할 수 없지만, 부동산등기에 관해서 등기원인 존재가 공기관(법원)에 의한 증명서로 쉽게 이를 용인할 수 있으므로 부동산등기법 제23조를 유추 적용하여 단독으로 소유권이전등기신청을 할 수 있다고 본다. 그러나 등기원인이 유증인 경우에는 비록 그것이 포괄유증이라고 하여도 부동산등기법 제23조는 유추 적용되지 않기 때문에 유언이행자(또는 상속인)와 수증자가 공동신청을 해야 한다. 왜냐하면 등기원인을 증명하는 증명서는 사적 증서에 불과하고, 등기의무자(유언이행자 또는 상속인)가 존재하기 때문이다.

그 밖에 **포괄유증(특정유증 포함)의 경우, 수증자가 등기권리자, 유언집행자(유언집행자가 없는 경우에는 상속인)가 등기의무자가 되어 유언자의 부동산을 공동신청한다.** 왜냐하면 **유언집행을** 위하여 **지정** 또는 **선임된 유언집행자는 유증의 목적인 재산의 관리** 그 밖의 **유언의 집행에 필요한 행위를 할 권리의무가 있기 때문이다.**(대판 1999.11.26, 97다57733)

3) 그 밖의 경우

부동산등기법 제23조에 명기한 '판결·상속'에 의한 경우 이외에 다음과 같은 경우에도 등기권리자가 등기를 단독신청할 수 있다.

① 등기 명의인 표시 변경등기 또는 표시 경정등기(법 제23조 6항)

② 가등기의무자의 승낙서 또는 가처분명령의 정본을 첨부하여 신청하는 가등기(법 제89조)

③ 등기의무자의 행방불명의 경우로서 제권판결을 받은 경우(법 제56조 2항)

④ 부동산의 분합 그 밖의 변경등기(법 제23조 5항, 제35조, 제39조, 제41조, 제43조)

⑤ 미등기부동산소유권의 보존등기(법 제23조 2항)

⑥ 등기 명의인의 사망 또는 법인의 해산으로 권리가 소멸한다는 약정이 등기되어 있는 경우의 말소등기(법 제55조)

⑦ 토지수용으로 인한 소유권이전등기(법 제99조 1항)

⑧ 혼동으로 인한 말소등기(등기예규 1408호, 1471호)

3. 포괄승계인(상속인 포함)에 의한 등기신청

1) 서언

(1) 의의

피포괄승계인(피상속인 포함)이 생전에 원인행위를 형성하고 등기신청 전에 사망하여 그 포괄승계인(상속인 포함)이 등기신청인이 되어 등기를 신청하는 경우를 의미한다.

(2) 주요 특징

(ⅰ) 포괄승계(상속등기) 생략, (ⅱ) 공동신청의 원칙, (ⅲ) 법 제23조 제1호 적용 배제

(3) 포괄승계의 범위

(ⅰ) **상속과** (ⅱ) **법인의 합병,** (ⅲ) 그 밖의 **부동산등기규칙 제42조 법인의 분할 중 분할 전 법인이 소멸하는 경우의 분할(소멸분할)** 및 **법령**에 의하여 **특수한 법인이 소멸한 법인의 권리·의무를 포괄승계하는 경우를 포함**한다.

2) 종류

(1) 등기의무자의 사망

갑이 을에게 부동산을 매도하였으나, 소유권이전등기를 하지 아니하고 있는 동안에 매도인 갑이 사망하여 병이 상속을 한 경우, 병과 을의 공동신청에 의하여 갑으로부터 을에게 직접 이전등기를 할 수 있다.

• 가등기의무자의 사망 : 그 상속인이 상속등기를 생략한 채 가등기권리자를 위하여 가등기에 기한 본등기를 신청할 수 있다.

(2) 등기권리자의 사망

매도인 갑과 매매계약을 체결한 매수인 을이 사망하여 정이 상속을 한 경우에 갑과 정의 공동신청에 의하여 **갑**으로부터 **정에게 직접 이전등기를 하여야 한다.**

• 가등기권리자의 사망 : 소유권이전등기청구권가등기의 권리자가 사망하여 상속인이 그 **지위를 승계한 경우에는 상속을 증명하는 서면을 제공하여 직접 상속인 명의로 본등기를 신청할 수 있다.**(1997.12.14 등기 3402-1011)

(3) 등기권리자 또는 등기의무자인 회사합병·분할

3) 같은 법 제27조의 적용 요건

① 상속인의 "포괄승계 이전"에 등기원인이 존재할 것.
② 등기원인의 존재 후에 "포괄승계 사유"가 생길 것.

4) 상속에 의한 등기와의 차이점

상속인에 의한 등기란 피상속인이 생존하고 있을 때에 이미 등기원인이 존재하고 있었으나, 아직 등기신청을 하지 않은 상태에서 피상속인에 관하여 상속이 개시(피상속인의 사망)된 경우에 피상속인이 가지고 있는 등기신청권을 상속인이 승계하여 등기신청을 하는 것을 말한다. 따라서 상속인에 의한 등기는 상속에 의한 등기와는 다르다.

'상속인에 의한 등기'는 신청인이 상속인이나, 신청에 의해 실행되는 등기 내용은 피상속인을 기점 또는 종점으로 하는 기재 내지 등기인 반면에, '상속에 의한 등기'는 상속을 등기원인으로 하여 상속인의 권리를 상속인이 신청하는 등기이다.

상속인에 의한 등기를 예로 든다면, A 소유의 부동산에 관하여 A·B 사이에 매매계약을 체결한 후 소유권이전등기를 마치지 않고 A가 사망한 경우에 A의 상속인 갑과 B가 A·B의 매매를 등기원인으로 하는 'A로부터 B로의 소유권이전등기'를 신청하게 된다. 또한 위의 경우에서 B가 사망한 경우에는 B의 상속인 을과 A와 A·B 의 매매를 등기원인으로 하는 'A로부터 을로의 소유권이전등기'를 신청하게 된다. 따라서 위의 상속인에 의한 소유권이전등기가 완료된 후에 B로부터 을로의 상속에 의한 등기가 신청이 이루어진다. 그 밖에 상속인에 의한 등기의 목적물이 농지인 경우에는 상속에 의한 등기와 달리 등기신청시 취득자의 농지취득 자격증명이 첨부되어야 한다.

5) 신청 절차

(1) 신청인

① 포괄승계인(상속인)의 지위(자신의 등기신청권 행사) : 피포괄승계인(피상속인)이 살아 있었으면 신청했을 등기를 포괄승계인(상속인)이 자기의 등기신청권에 의해서 신청하는 것이라는 견해가 통설·판례

② 공동신청의 원칙 : 다만, 상속인이 등기신청에 협력하지 아니하면 상속인들을 상대로

의사진술을 명하는 판결을 받아서 단독신청을 할 수 있다.

③ **법정상속지분대로 승소 판결을 받은 경우 같은 법 제23조**에 의한 **협의분할**에 의한 **상속등기의 신청 가능** 여부(선례변경) : **종전 선례는 부정하였으나, 변경된 선례에 의하면 취득시효 완성을 원인으로 한 소유권이전등기 소송에서 원고들이 법정지분대로 이행을 명한 승소확정판결을 받았고,** 그 **판결이유** 중에 **원고들의 피상속인이 부동산을 시효취득한 사실** 및 **원고들이 소유권이전등기청구권을 공동상속한 사실이 기재되어 있는 경우에는 판결정본과 원고들** 중 **1인의 단독사유로 하는 협의분할**에 의한 **상속 사실이 기재된 상속재산협의분할서(상속인 전원의 인감증명서 제공)** 및 **가족관계등록사항별증명서, 제적등본** 등 **부동산등기규칙 제49조 소정의 상속을 증명하는 서면을 제공하여 원고들** 중 **1인의 단독소유로 하는 소유권이전등기신청을 신청할 수 있다.(2005.8.19 부동산등기과－1225)** 이 경우는 상속인이 판결 내용에 따른 등기를 신청하는 것이 아니므로 상속을 증명하는 서면을 제공하여야 한다.

④ **상속인** 중 **1인이 자신의 법정상속 지분만**에 관하여 **소유권이전등기를 신청할 수 있는지** 여부 : **갑이** 을로부터 **부동산을 매수하였으나, 소유권이전등기를 하기 전에 갑이 사망하였고** 그 후 **갑의 공동상속인** 중의 **1인인 병이 을을 상대로 병 자신의 법정상속지분만**에 관하여 **소유권이전등기 절차를 이행하라는 소를 제기하여 승소의 확정판결을 받은 경우에 병은** 위 **확정판결정본과 확정증명서를 제공하여 자신의 법정상속지분만에 관하여 매매를 원인**으로 한 **소유권이전등기를 신청할 수 있다.(2006.7.20 부동산등기과－2166, 상속등기가 아니므로 가능)** 이 경우는 등기원인이 매매이기 때문에 상속인 지분만큼의 소유권이전등기신청이 수리될 수 있다는 것이다.

(2) 신청정보의 내용

• 등기원인과 원인일자 : 피상속인이 생전에 형성해 놓은 등기원인과 그 원인일자를 신청정보의 내용으로 제공함.

(3) 첨부정보

가. 일반적 첨부정보

(ⅰ) 등기원인서면은 피상속인이 작성한 서면 제공, 확정일자 있는 서면일 필요 없음. (ⅱ) 피상속인의 등기필증 (ⅲ) **상속인 전원의 인감증명.(피상속인의 것이 아님.)** (ⅳ) 주소증명서면. (ⅴ) **농지취득 자격증명서면·토지거래허가서** 등을 첨부정보로 등기소에 제공함.

나. 특수한 첨부정보

• **포괄승계를 증명하는 서면** : 상속을 증명하는 피상속인의 기본증명서, 가족관계증명서, 친양자입양관계증명서, 제적등본, 합병과 분할을 증명하는 법인등기사항증명서 등을 첨부정보로 등기소에 제공함.

4. 대위신청

등기신청은 절차법상의 등기권리자·등기의무자·등기 명의인 등 일정한 권리 명의인 또는 그 **대리인**에 의하여 **행해지고,** 이 이외의 **자는 등기신청자격을 갖지 않는 것이 원칙이다.** 그러나 이 **원칙에는** 다음과 같은 **세 가지 경위의 예외를 인정할 수 있다.**

1) 민법 제404조에 의한 대위신청

(1) 의의

민법 제404조 1항에 따르면 "채권자는 자기의 채권을 보전하기 위하여 **채무자의 권리를 행사할 수 있다."고 규정되어 있다.** 이 채권자대위권의 객체가 되는 것은 채무자의 재산권 중 일신전속권(민법 제404조 1항 단서)과 압류금지 채권을 제외한 재산권이다. 이러한 '채권자대위권에 의한 대위신청'이란 채권자가 민법 제404조의 규정에 의하여 채무자에 대위하여 등기신청을 하는 것을 말한다. 즉 **여기서 대위신청은 일정한 등기**에 대하여 **채무자가 국가에** 대하여 **갖는 등기청구권을 채권자가 대위신청하는 것**이다.

예컨대, A·B 사이에 매매계약을 맺었으나, B가 A에서 B로의 소유권이전등기의 신청을 하지 않는 경우에 B의 채권자 갑은 그의 채권을 보전하기 위한 방법으로 현재 B의 실체법상의 부동산의 압류등기를 하기 위한 전제로서 B 명의로 소유권이전등기를 A와의 공동신청으로 해야 한다. 그러나 **만약 A에서 B로 상속이 된 경우라면 B 채권자 갑은 B를 대위하여 B 명의로의 상속**에 의한 **등기**에 의해서 **소유권 이전등기를 단독신청할 수 있다.**(대판 1964.4.3, 63다54) 따라서 **채권자는 자기 채권을 보전하기 위하여 채무자의 대리인이 아닌 자기의 이름으로 채무자의 등기신청을 행사하여 채무자 명의의 등기를 신청할 수 있다.**

(2) 대위의 요건

[1] 해당 **등기신청권을 대위행사하지 않으면 채무자의 일반재산의 보전이 불가능한 경우를 요건으로 한다.** 즉 **대위권의 행사는 채무자의 무자력이 요건**이다. 그러나 **판례**에 의하면

"… 채권의 종류가 금전채권이면 채무자의 무자력을 요건으로 하나(대판 1963.2.14, 62다884; 대판 1972.4.28, 71다187·188), 채무자의 제3자에 대한 특정채권을 행사함으로써 자기의 특정채권을 보전할 수 있는 경우에는 채무자의 무자력은 요건이 아니다."(대판 1981.5.23, 80다1351)라고 한다. 또한 등기실무상 채무자의 무자력을 확인하지 않기 때문에 일반적으로 채권의 종류와 관계없이 채권자의 자기 채권의 보전을 위하는 적극적인 취지에서 채무자의 무자력의 요건은 필요 없는 것이라고 생각된다.

[2] 대위신청의 대상이 되는 등기는 권리에 관한 등기와 표시에 관한 등기를 불문한다. 즉 채무자는 절차상의 등기권리자로 하는 등기와 등기부상 권리 명의인인 채무자의 표시 또는 경정에 관한 등기(예: 주소변경등기)가 대위신청의 대상이 되는 등기이다. 따라서 채무자를 절차상의 등기의무자로 하는 등기에는 대위신청이 인정되지 않는다.

[3] 채권자의 채무자에 대한 채권이 존재해야 한다. 이 경우 '채권'은 본래 의미의 채권뿐만 아니라, 물권적 청구권도 포함된다. 예컨대, 점유로 인한 취득시효에 의한 등기를 하기 전에 먼저 제3자가 소유권이전등기를 하였을 경우에 대위등기가 인정된다. 좀 더 자세히 얘기하면, 점유취득시효 완성으로 A가 소유권이전등기를 하기 전에 제3자인 C가 소유권이전등기를 경료한 후 그 등기가 원인무효인 경우에 A는 취득시효 완성으로 소유권이전등기청구권을 가진 것을 근거로 제3자인 C에 대항할 수 있으므로 A는 당시의 소유자에 대하여 가지는 이전등기청구권으로 소유자를 대위하여 제3자인 C 앞으로 경료된 원인무효인 등기의 말소를 구함과 아울러, 위 소유자에게 취득시효 완성을 원인으로 소유권 이전등기를 구할 수 있다. 이 경우 소유권이전등기청구권은 물권적 청구권이라고 할 수 있다.

(3) 대위신청 절차

대위신청에는 신청에 관한 일반원칙에 따르는 것 이외에 신청서에 채권자와 채무자의 성명 또는 명칭, 주소 또는 사무소와 대위원인을 기재하고 대위원인을 증명하는 서면을 첨부해야 한다.(법 제28조) '대위원인을 증명하는 서면'이란 채권자가 채무자에 대하여 가지는 채권을 증명하는 것을 말한다. 예컨대, 소비대차상 채권에 의거한 대위신청에 경우에는 차용증서, 매매에 대한 매수인과 대위자 사이의 매매계약서, 손해배상청구권을 위해 손해배상자의 소유 부동산의 가압류결정을 받은 때에 가압류등기를 전재로서 하는 대위신청에는 가압류결정정본이 그 증명서이다.

2) 부동산등기법 제82조 3항에 의한 대위신청

부동산신탁등기는 원칙적으로 수탁자를 등기권리자로 위탁자를 등기의무자로 하여 소유권이전등기와 동시에 공동신청한다.(법 제82조 1항) 그러나 신탁법 제43조의 규정에 의하여 회복한 부동산에 대한 신탁등기(신탁재산복구로 인한 등기)는 수탁자가 단독으로 한다.(법 제82조 3항) 이 경우 수익자 또는 위탁자는 수탁자를 대위하여 신탁등기를 할 수 있다. 이 대위신청에 의한 등기는 부동산등기법 제28조(채권자대위권에 관한 등기)를 준용한다.(법 제82조 3항)

3) 부동산등기법 제46조에 의한 대위신청

(1) 부동산등기법 제46조의 취지

구분건물의 경우 1등의 건물의 표제부와 그 건물에 속하는 각 구분건물의 표제부를 함께 두는 목적은 구분건물의 명확한 특정과 1동의 건물과 구분건물 사이의 관계 및 각 구분건물 사이의 관계를 명확하게 하는데 있다. 이를 실행하기 위하여 부동산등기법 제131조의2의 규정을 두어 일괄 신청 및 대위신청을 인정하고 있는 것이다.

(2) 처음부터 구분건물인 경우

이 경우 1동의 건물에 속하는 구분건물 중의 일부만에 대하여 소유권보존등기를 신청하는 때에는 그 나머지 미등기구분건물에 관한 표시등기를 동시에 신청해야 한다.(법 제46조 1항) 이 경우 구분건물의 소유자는 1동의 건물에 속하는 다른 구분건물의 소유자를 대위하여 그 미등기구분건물의 표시등기를 신청할 수 있다.(법 제46조 2항)

(3) 비구분건물이 구분건물로 된 경우

이 경우 신축한 건물의 소유권보전등기는 다른 건물(비구분건물)의 표시에 관한 등기 또는 표시 변경등기와 동시에 신청해야 한다.(법 제46조 3항) 이 경우에도 구분건물의 소유자는 다른 구분건물의 소유자를 대위하여 건물의 표시에 관한 등기 또는 표시 변경등기를 신청할 수 있다.(법 제46조 3항)

5. 등기신청의 대리인

등기신청은 등기신청의 자격을 가지는 자(예: 등기권리자·등기의무자·등기 명의인 또는 대위신청인)가 하게 되나, 이를 본인이 아닌 그 대리인에 의하여 할 수 있다.(법 제23조 1항, 제24조 1항) 이는 절차상의 등기권리자·등기의무자에 의하여 공동신청하는 경우 대리인에 의한 신청이 명문화되어 있으나(법 제23조), 단독신청 또는 대위신청에 대해서도 대리인에 의해서도 **대리인**에 의한 **신청이 인정**된다. 여기서 '대리인'이란 임의대리인·법정대리인 모두를 가리키며, 등기신청의 당사자가 제한능력자인 경우에는 그 법정대리인에 의하여 등기신청을 할 수 있다.

또한 법인이 권리 명의자인 경우에는 그 대표기관(예: 대표이사)이 당연히 신청대리인이 될 수 있다. 등기신청의 대리에 관하여 민법의 대리에 관한 조항이 유추 적용되며, 나아가 복대리인도 인정될 수 있다.

[1] **등기신청의 대리인은 일반적 등기신청능력(의사능력)을 갖추는 것으로 충분하다.** 왜냐하면 **등기신청의 대리인에 관하여 대리**에 관한 **민법 제117조(대리인의 행위능력)를 유추 적용하기 때문이다. 민법 제117조에서는 대리인의 행위능력임을 요하지 않는다.** 따라서 등기신청행위를 비송사건 절차로 보아 "사건의 관계인은 소송능력자로 하여금 대리시킬 수 있다." (비송사건절차법 제6조 1항 본문)라는 규정을 적용하여 등기신청의 대리인도 능력자이어야 한다는 것을 등기신청의 대리인에 관하여 적용하여서는 안 된다고 본다.(동지: 최명구, 부동산등기법, 81면)

[2] **등기신청의 대리인**에 관하여 **쌍방대리·자기계약의 금지(민법 제124조)의 조항이 적용되지 않는다.** 왜냐하면 **민법 제124조의 쌍방대리·자기계약의 금지는 사법상 법률 행위에만 적용되기 때문이다.** 등기신청행위는 사법상 권리변동에 관한 법률행위가 행해진 후에 그 효력발생을 위하여 법률이 요구하는 요건으로 등기라는 공시를 갖추는 행위로서 사법상 법률행위가 아니기 때문에 민법 제124조가 적용되는 것이 아니다. 만약 민법 제124조를 유추 적용한다면 등기신청행위를 '채무의 이행'에 준하는 것으로 볼 수 있어 민법 제124조의 단서에 해당되어 쌍방대리·자기계약이 허용될 수 있다.

이 경우에는 등기신청행위를 공법상 행위가 아닌 사법상 채무이행행위로 해석될 수밖에 없는데, 과연 등기신청행위가 일종의 사법상 행위인가에 대하여는 의문이다.

[3] **등기신청의 대리는 등기신청행위**에 관한 **대리**이다. 따라서 대리인의 등기신청 대리권이 그의 신청행위의 종료까지 존속하는 것으로 충분하다. 즉 등기관이 등기행위를 접수한 이후부터 등기가 완료되기까지는 등기관의 실무에 속하는 것이므로 등기신청 후 등기완료 이전에 본인이나 그 대리인이 사망하여도 그 등기에 전혀 영향을 미치지 않고 그 등기는 유효하게 된다.

6. 법인의 등기신청

(1) 대표권의 제한

법인이 그 **소유부동산의 처분권**에 대하여 **이사 전원이 공동으로 대표하도록 하는 제한을 등기하였다면** 그 **회사 명의의 부동산의 처분**에 따른 **등기신청은 이사 전원이 하여야 한다.**

(2) 신청인 및 신청정보 내용의 특칙

등기신청은 법인의 대표자가 하고, 신청정보에는 대표자의 성명과 주소만 제공하고 주민등록번호는 그 내용으로 제공하지 않는다.

(3) 금융기관 대표자의 취급지점 업무처리 가능 여부 및 이관증명서 제공 여부

법인의 등기신청은 원칙적으로 대표자가 신청하고 지배인은 대표자에 갈음하여 신청하는 것으로 법인의 대표자가 근저당권설정등기의 말소신청을 하기 위하여 원인증서인 해지증서를 작성하였다면 취급지점과 무관하게 직접 등기신청을 할 수 있으므로 별도의 이관증명서는 제공할 필요가 없다.

• 등기실행시 등기 명의인의 표시 : 소유자가 법인인 경우 분사무소(또는 지점) 명칭으로 직접 등기하거나 분사무소의 관리재산임을 부기할 수 없다.(2009.2.20 부동산등기과-506)

7. 법인 아닌 사단 또는 재단의 등기신청

(1) 신청인

대표자나 관리인이 그 **사단** 또는 **재단의 명의로 신청하되, 공동신청** 원칙.

• **법인 아닌 사단이 농지**에 대하여 **자신의 명의로 가등기를 할 수 있는지** 여부 : **법인 아닌 사단 명의의 소유권이전등기는 할 수 없으나, 소유권이전청구권보전을 위한 가등기는 할 수 있다.**(2007.4.23 부동산등기과-1441)

(2) 신청정보의 내용

대표자 또는 관리인의 성명, 주소, 주민등록번호를 그 내용으로 제공하고, 이는 등기기록에도 기록한다.

표 5-1 ‖ 법인 아닌 사단의 경우 특수한 첨부정보(규칙 제48조)

첨 부 서 면	비고
① 정관 그 밖의 규약	등기권리자 및 등기의무자 모두 제공
② 대표자 또는 관리인임을 증명하는 정보(다만, 등기되어 있는 대표자나 관리인이 신청하는 경우에는 제공 불요함.)	① 새롭게 권리를 취득하는 등기권리자가 되는 등기를 신청하거나, ② 대표자를 교체하는 등기 명의인 표시 변경등기의 경우에 제공함.(2013.10.15. 부동산등기과-2292)
③ 민법 제276조 제1항의 결의가 있음을 증명하는 정보	법인 아닌 사단만이 그것도 등기의무자인 때에만 제공함. 다만, 이 규정은 임의규정이므로 정관 그 밖의 규약에 달리 정하고 있는 경우에는 등기의무자의 지위라도 사원총회의 결의서를 제공하지 아니함.
④ 대표자 또는 관리인의 주소 및 주민등록번호를 증명하는 정보(대표자의 동일성 확인목적)	등기권리자 및 등기의무자 모두 제공
보증인 요건 : 법인 아닌 사단이 위 **②와** ④**의 규정**에 의한 **정보에는** 그 **사실을 확인하는데 상당하다고 인정되는 2인** 이상의 **성년자가 사실과 상위 없다는 취지와 성명을 기재하고 인감을 날인하여야 하며, 날인한 인감**에 관한 **인감증명을 제공하여야 한다.** 다만, **변호사** 또는 **법무사가 등기신청을 대리하는 경우에는 변호사** 또는 **법무사가** 위 **각 정보에 사실과 상위 없다는 취지를 기재하고 기명날인함으로써** 이에 **갈음할 수 있다.**	

(3) 사원총회결의서의 인감날인 여부

대표자의 자격증명서면이나 민법 제726조 서면으로서의 사원총회결의서에는 사원들이 반드시 인감을 날인해야 하는 것은 아니라는 것이 등기실무이다. 다만, 사원총회결의서에 사원들이 인감을 날인하였더라도 보증인의 요건은 별도이므로 보증인이 상위없음을 기재하고 인감을 날인하여야 한다.

(4) 소유 형태의 변경

총유를 합유로 총유를 공유로 총유를 단독소유로 변경하는 경우 등은 모두 **소유권이전등기** 또는 **소유권의 지분(일부)이전등기를 하는 방법으로 하여야 한다.**

(5) 민법 제63조(임시이사의 선임)의 준용 여부

법인 아닌 사단에 이사가 없거나 결원이 생긴 경우에 법원은 이해관계인이나 검사의 청구에 의하여 임시이사의 선임을 할 수 있느냐와 관련해서 변경된 판례에 의하면 민법 제63

조가 준용된다.(대판 2009.11.19, 2008마699)

(6) 근저당권설정등기의 채무자가 법인 아닌 사단이나 재단인 경우 대표자 기록 여부

등기기록에 그 **사단** 또는 **재단의 부동산등기용 등록번호나 대표자**에 관한 **사항은 기록할 필요가 없다.**

8. 외국인의 등기신청

1) 외국인의 국내부동산 처분

(1) 신청인의 특칙

수임인은 대리인 자격으로 스스로 신청을 하거나, 법무사 등에게 위임할 수 있고, 이 경우 수임인의 인감증명을 제공해야 한다.

(2) 신청정보 내용의 특칙

신청정보의 등기의무자란에는 등기 명의인(위임한 외국인)을 표시하고 등기신청인라에는 'OOO(등기의무자)의 대리인 ㅁㅁㅁ'이라고 표시한다.

표 5-2 ‖ 첨부정보의 특칙

<table>
<tr><td>처 분
위 임 장</td><td colspan="2">① 처분위임장 공증 : 처분위임장에는 거기에 기재된 서명 또는 날인이 본인의 것임.을 증명하는 행정관할권이 있는 본국 관공서의 증명이나 공증인의 공증
② 행정관할권이 없는 한국 대사관의 공증 여부 : 불가</td></tr>
<tr><td rowspan="4">인감증명</td><td rowspan="2">입국하지 않은 경우</td><td>① 날인 제도가 있는 경우 : 본국 관공서 발행 인감증명
※ 날인 제도가 있는 국가의 국민 : 인감증명 대신에 서명 및 공증에 의할 수 없다.</td></tr>
<tr><td>② 날인 제도가 없는 경우 : 위임장의 서명에 대한 본국 관공서의 증명 또는 공정증서
※ 위임장의 공증 : 위임장 자체에 증명이나 공증을 받아야 한다는 취지이지, 별도의 서명인증서에 서명공증을 받아야 한다는 것은 아니다.</td></tr>
<tr><td rowspan="2">입국한 경우</td><td>① 외국인등록 등을 한 자 : 인감날인 제도가 있는 국가인지를 불문하고 한국의 인감증명을 발급받아 제공 가능함.</td></tr>
<tr><td>② 인감증명 제도가 없고, 외국인등록을 할 수 없는 자 : 신청서, 위임장, 첨부서면의 서명에 대한 주한 본국 대사관이나 영사관의 확인서면 또는 국내공증받아 제공함.</td></tr>
</table>

<table>
<tr><td rowspan="2">주 소
증명서면</td><td>입국하지
않은 경우</td><td>① 발급기관이 있는 경우 : 본국 관공서의 거주사실증명서
② 발급기관이 없는 경우 : 주소를 공증한 서면</td></tr>
<tr><td>입국한 경우</td><td>위 ① ②와 같으나, 외국인등록사실증명서로 제공 가능하다. 외국인인 해외동포는 국내거소신고사실증명서로 가능</td></tr>
<tr><td>동 일 인
증 명 서</td><td colspan="2">외국국적취득으로 성명이 변경된 경우에만 제공함.</td></tr>
<tr><td>번 역 문</td><td colspan="2">① 번역의 정확성을 보장하기 위하여 번역인의 성명 및 주소를 기재하고, 번역인이 서명 또는 기명날인하여야 한다.
② 변역인의 자격에는 그 제한이 없으며 공증인의 공증을 받을 필요도 없다.</td></tr>
<tr><td colspan="3">* 운전면허증의 이용 : 외국인이 입국하지 않고 그 나라에 발급기관도 없는 경우에 운전면허증의 원본과 사본을 ① 등기관에게 제공하여 확인받거나, ② 본국 관공서의 증명이나 공증 또는 본국 주재 한국대사관의 확인을 받은 운전면허증의 사본 제공도 가능하다. ③ 입국한 경우에는 운전면허증사본에 국내공증을 받아 제공 가능함.</td></tr>
</table>

2) 외국인의 국내부동산 취득

표 5-3 ‖ 첨부정보

<table>
<tr><td>부동산등기용
등록번호증명서</td><td colspan="2">부동산등기용 등록번호증명서 다만, 외국인등록을 한 경우에는 외국인등록번호로 갈음할 수 있고(출입국관리법 제88조의2), 국내거소신고를 한 외국국적동포의 경우에는 국내거소신고번호로 이에 갈음함.</td></tr>
<tr><td rowspan="4">토지취득허가증</td><td>제공 요건</td><td>외국인, 외국정보, 국제기구가 계약을 원인으로 하여 일정지역의 토지에 대한 소유권이전등기를 신청하는 경우에만 제공함.</td></tr>
<tr><td>허가지역</td><td>군사시설보호구역, 문화재보호구역, 생태환경보전지역, 야생생물특별보호구역</td></tr>
<tr><td>허가지역이
아닌 경우</td><td>그것을 소명하기 위하여 별도의 토지이용계획확인서</td></tr>
<tr><td>토지거래허가서
제공한 경우</td><td>외국인, 외국정부, 국제기구 중 외국인이 「국토의 계획 및 이용에 관한 법률」에 따라 토지거래계약허가증을 제공한 경우에는 위 토지취득허가증은 제공하지 아니한다.</td></tr>
<tr><td>주소증명서면</td><td colspan="2">입국하지 아니한 경우 참조</td></tr>
<tr><td>외국인인 법인 또는
단체가 아니라는
소명의 제공</td><td colspan="2">외국법인 또는 단체인지 여부가 의심스러울 때 제공하게 할 수 있음.</td></tr>
<tr><td>토지취득신고필증의
제공 여부</td><td colspan="2">계약 또는 계약 외의 사유로 국내 토지를 취득하는 경우 종전에는 신고필증을 제공했었으나, 예규 개정으로 현재는 제공하지 않는다.</td></tr>
<tr><td>국내에 영업소나
사무소의 설치 등기를</td><td colspan="2">① 외국법인의 존재를 인정할 수 있는 서면으로는 법인등기부가 있는 국가인</td></tr>
</table>

하지 아니한 외국법인이 저당권자로서 등기를 신청하는 경우	경우(일본 등) : 법인격의 존재, 명칭, 본점이나 주사무소 소재지가 표시된 등기사항증명서를 제공하면 된다. ② 법인등기부가 없는 국가인 경우 : (ⅰ) 법인의 명칭과 본점이나 주사무소의 존재를 인정할 수 있는 서면, (ⅱ) 법인의 정관 또는 법인의 성질을 식별할 수 있는 서면, (ⅲ) 대표자의 자격을 증명하는 서면 ※ 위 각 서면은 본국 관할 관청이나 대한민국에 있는 그 외국의 영사의 인증 또는 본국 공증인의 공증을 얻은 것이어야 한다.(2013. 10.31 부동산등기과－2413)

9. 재외국민의 등기신청

1) 재외국민의 국내부동산 처분시의 첨부정보

표 5-4 ┃ 첨부정보

처분위임장	처분위임장에 인감을 날인하여 제공	
인감증명	**반드시 인감증명법상의 인감을 제공.(대용서면 없음.)** 따라서 **재일동포(재외국민)가 일본국 발행의 인감증명을 제공하여 등기신청을 하는 경우 등기관은 수리할 수 없다.**	
	재외국민의 부동산매도용 인감증명 : 세무서를 경유하여 확인서 발급 ⇨ 행정관서에서 확인서를 확인한 후 부동산매도용 인감증명 발급(확인서는 행정관서에서 보관, 비고란에 부동산명과 소재지 기재하지 아니함.) ⇨ 등기관은 세무서 경유 여부 및 비고란에 부동산명과 소재지의 기재 여부는 심사하지 아니한다.	
주소 증명서면	입국하지 않은 경우	① 대사관이 있는 경우 : 외국주재 한국대사관의 재외국민 거주사실 증명 또는 재외국민등록표등본 ② 한국대사관이 없는 경우 : 주소 공증서면
	입국한 경우	위 ①② 외에 국내거소신고사실증명서로 갈음 가능함.

2) 재외국민의 국내부동산 취득시의 첨부정보

① **부동산등기용 등록번호증명서(주민등록번호가 없는 경우에만 부여 신청 가능) : 재외국민은 국내거소신고를 한 외국국적동포와 달리 국내거소신고번호를 부여받았더라도** 그 **국내거소신고번호를 부동산등기용 등록번호로 사용할 수는 없다.**

② **재외국민이 부동산등기용 등록번호를 부여**받기 위한 **첨부정보 : 재외국민등록등본** 및 기본증명서

③ **주소증명서면 : 처분하는 경우** 참조

10. 관공서의 촉탁

1) 등기촉탁을 할 수 있는 관공서의 범위

국가, 지방자치단체, 그러나 **공사는 등기할 수 있다는 특별규정이 있는 경우에만 촉탁가능하다.** 다만, 지방자치단체 조례에 의해 설립된 법인은 지방자치단체와는 별개의 법인이므로 예를 들어 서울특별시 지하철공사 및 도시개발공사 등은 제외한다.

2) 관공서의 촉탁등기에 관한 특칙

(ⅰ) 출석 면제(우편촉탁 가능) 및 단독촉탁.(공동신청도 가능) (ⅱ) 등기의무자의 등기필증 및 인감증명 제공 면제(단독촉탁 또는 공동신청 포함. 법무사에게 위임한 경우에도 면제됨.) (ⅲ) 등기의무자의 주소증명서면 제공 면제 (ⅳ) 등기부와 대장상의 부동산 표시가 불일치해도 등기촉탁이 수리되고 (ⅴ) 등기필정보는 관공서에 우송해야 하는 특칙이 있으나, 매각법원의 경우 등기필정보 우편송부신청이 있으면 우편봉투를 이용하여 매수인에게 등기필정보를 송부하여야 한다.

3) 매각법원의 등기필정보 우편송부를 신청한 경우의 송부 절차

(1) 우편송부신청이 있는 경우

① 송부방법 : 등기필정보송부용 우편봉투를 이용하여 매수인에게 등기필정보를 송부한다. 다만, 매수인이 등기소에 출석하여 등기필정보의 발급을 신청한 경우 별지 양식의 영수증에 서명 또는 날인하게 한 후 이를 발급하고, 그 영수증은 이를 즉시 집행법원에 송부하여야 한다.

② 매수인이 여러 명인 경우 : 매수인이 여러 사람인 경우 등기필정보의 우편송부 또는 발급은 등기필정보를 송부 또는 발급받을 자로 촉탁서에 지정되어 있는 자에게 하여야 한다. 다만, 다른 매수인이 등기소에 출석하여 지정매수인의 인감이 첨부된 위임장을 제공하며, 발급을 청구한 경우에는 그 매수인에게 발급한다. 등기소는 위 영수증과 위임장을 집행법원에 송부하여야 한다.

(2) 우편송부신청이 없는 경우

이전촉탁서 접수일로부터 5일간 등기필정보를 보관한다. 위 기간 내에 매수인이 등기소에 출석하여 등기필정보의 발급을 신청한 경우 위 (1)의 예에 따라서 발급하고, 위 기간이

지나도 매수인이 등기소에 출석하여 등기필정보의 발급을 신청하지 아니한 경우에는 집행법원에 등기필정보를 송부하여야 한다.

4) 전산정보처리조직에 의한 전자등기촉탁

등기유형		촉탁방법	첨부정보	보정사유발생	취하	각하결정고지
표시변경	토지 및 건물 표시 변경등기	행정정보 공유센터 전송 가능	대장정보만	보정 통지 없이 각하	전산정보처리 조직 이용	전산정보처리 조직 이용
공매등기	공매등기 그 등기 말소		공매공고를 증명하는 정보 및 말소 사실을 증명하는 정보만	① 전자우편, 구두, 전화 등으로 통지 ② 전산정보처리조직이용 보정 이행		
체납	압류	인터넷 등기소에 접속	압류조서정보 또는 압류해제 조서정보만	① 전자우편, 구두, 전화 등으로 통지 ② 전산정보처리조직이용 보정 이행	전산정보처리 조직 이용	서면촉탁과 동일한 방법 (각하결정등본 교부 또는 우편송부)
	압류말소					

5) 관공서가 권리관계의 당사자로서 등기촉탁

① 관공서가 등기권리자로서 단독 촉탁하는 경우 : 관공서가 지체 없이 촉탁서에 등기원인을 증명하는 서면과 등기의무자의 승낙서(인감증명)를 제공하여 이를 등기소에 촉탁함.

② 관공서가 등기의무자로서 단독 촉탁하는 경우 : 등기권리자의 청구에 의하여 관공서가 지체 없이 촉탁서에 등기원인을 증명하는 서면을 제공하여 이를 등기소에 촉탁함.

V 등기신청행위

1. 등기신청행위의 성질

[1] **등기신청행위는 일정한 자격 있는 자(등기신청인)가 등기소**에 대하여 **일정 내용의 등기를 할 것을 요구하는 행위**이다. 즉 사인이 등기소에 대하여 행하는 절차법상 의사표시이다. 따라서 등기신청행위는 사법상 법률행위가 아니고, 일정한 사인이 행하는 일**종의 공법상**

행위이다.

[2] **등기신청행위는 비송사건에 해당**된다.(**법원조직법 제2조 3항** 참조) 따라서 이 행위는 일종의 비송행위이다. 왜냐하면 등기사무는 물권변동의 요건(민법 제186조 참조)으로 국가기관인 등기소가 사권의 변동에 관해 국가의 후견적 임무를 수행하는 절차에 불과하기 때문이다.

[3] **등기신청행위 중 권리**에 관한 **등기신청해위는 사법상 중요한 의미**를 갖는다. 왜냐하면 그 등기신청행위는 권리 또는 권리변동에 이바지하는 일종의 의사표시라는 측면도 수반한다고 볼 수 있기 때문이다. 이렇게 권리에 관한 등기신청행위는 그 자체로서 직접적으로 공법상 행위와는 다르지만, 부동산등기의 주된 목적인 권리관계에 이바지한다. 그러나 이 등기신청행위는 실체법상의 의사표시(법률행위)가 아니라, 즉 사법상 법률행위(물권행위)가 아니고 당사자 사이에 발생하는 채무변제에 준하는 의미를 갖는다.

따라서 **'일종의 준법률행위'**라고 볼 수 있다. 하지만 이는 사법상 인정하는 준법률행위의 성질과 달리 보아야 된다. 왜냐하면 사법상 준법률행위라고 하면 해석상 경우에 따라서 미성년자의 법률행위에 관한 민법 제5조가 준용될 수 있기 때문이다.

[4] **등기신청행위는 일종의 요식행위이다.(법 제23조, 제24조 등)** 그 이유는 등기 절차는 등기관에 의한 개별적 심사의 시간낭비를 줄이고, 개인적 편견을 배제하며, 신속·원활한 처리를 필요로 하기 때문이다. 또한 등기 후 등기에 대한 평가를 위한 정형적 증거를 남기는 이유도 있다. 이러한 등기신청의 요식행위는 신청수리의 요건이지, 등기의 유효요건이 아니기 때문에 방식을 갖추지 않은 신청이 잘못하여 등기된 경우에는 단지 요식의 불비를 이유로 무효로 하지 않는다. 그리고 방식의 결핍에 의한 등기신청은 각하의 사유가 될 뿐이다. (법 제29조 5호)

2. 등기신청능력

1) 등기신청과 행위능력

등기신청자(등기권리자·등기의무자)는 **행위능력자임을 요하지 않는다. 등기신청행위는 사법상 법률행위가 아니며,** 또한 **당사자의 실질적 거래행위도 아니고, 실체법상 이미 완성된 권리상태**에 따르는 **형식을 갖춘 공법상 행위이다.** 따라서 **제한능력자도 등기신청을 할 수 있고,** 이에 **민법상 행위능력 제도가 준용될 수 없다.** 즉 **등기신청은 제한능력자라는 이유만으로 무효가 되지 않고, 신청자의 행위능력은 등기의 유효요건이 아니다.** 위와 같은 **점을 생각할 때 등기신청을 당사자** 사이에 **발생하는 채무변제에 준하는 의미를 부여하여 일종의 준**

법률행위로 보아도, 이는 **어디**까지나 **공법상 행위의 테두리 안에서 생각해야 될 것**이다. 따라서 등기신청과 행위능력에 관계하여 다음과 같은 경우를 살펴볼 수 있다.

① 실체법상의 거래행위가 행위능력자에 의하여 성립되었다면 등기신청자의 제한능력을 이유로 그 등기를 무효로 할 수 없다.

② 등기원인인 실체법상의 법률행위에 관해 제한능력이라는 하자가 존재하고 제한능력자가 등기신청을 한 경우에 그 등기는 소급적으로 무효가 된다. 그러나 이는 신청행위의 행위능력과 관계가 없는 것이다. 즉 실체법상의 유효요건이 존재하지 않은 것이 등기의 무효원인이다. 한편 태아는 등기신청(예: 상속등기신청)의 자격이 부인된다.

2) 등기신청과 의사능력

등기신청에는 행위능력이 필요 없으나, 의사능력을 필요로 한다. 즉 의사능력의 존재는 등기신청수리의 요건이기 때문에 의사능력이 없을 때는 등기신청이 부인된다.

따라서 첫째, 등기관이 등기신청자가 의사능력이 없다고 판단될 때에는 등기를 각하해야 한다.(법 제29조) 실제적으로 등기관은 형식적 심사권을 가지고 있기 때문에 등기신청자가 등기신청시에 제출한 형식적 자료에 의거하여 형식적으로만 신청행위의 요건을 심사할 수밖에 없고, 이로 인해 등기신청자의 의사무능력의 존부를 판단하기는 상당히 어렵다.

둘째, 등기관이 등기신청자가 의사무능력자인 것을 모르고 등기신청을 수리했다면 그 등기의 원인이 되는 실질적 관계가 존재하는 한 신청자의 의사무능력의 이유만으로 등기를 무효로 할 수 없다. 따라서 의사능력은 등기의 유효요건이 아니라고 할 수 있다.

3) 신청대리인의 경우에 있어서 행위능력·의사능력

신청대리인의 경우에도 신청자의 행위능력·의사능력에 관한 사항이 적용되어 **신청대리인도 의사능력만 있으면 등기신청을 할 수 있다.**

3. 등기할 사항인 권리

① **부동산 물권** : 법 제3조에 규정됨. 따라서 **부동산유치권은 등기능력 없다.**

② **권리질권** : 저당권과 근저당권이 그 목적이 됨. 근저당권부 채권에 대해서 질권의 설정도 가능하며, 근저당권의 피담보채권의 확정 전후를 불문함. 다만, 근저당권부 근질권등기도 가능하다.

③ **채권담보권등기** : 채권담보등기부에 등기하면 제3자에게 대항력이 생기고, 제3채무자

에게 대항하려면 당 등기사항증명서를 교부하여야 함. 한편 동산담보권등기는 동산담보등기부에의 등기가 성립요건이다.

④ **채권 : 임차권, 부동산환매권, 부동산신탁은 등기할 수 있고 등기를 하면 대항력을 취득한다.**

⑤ **권리소멸의 약정등기** : 등기 명의인인 사람의 사망 또는 법인의 해산으로 권리가 소멸한다는 약정이 등기원인을 증명하는 정보에 기재되고 신청정보의 내용으로 제공된 경우 등기관은 부기등기로 그 특약사항을 등기한다.

⑥ 그 밖**에 문제가 되는 경우** : (ⅰ) **주위토지통행권,** (ⅱ) 상**속재산관리인의 선임등기,** (ⅲ) **부부재산약정등기,** (ⅳ) **남의 땅을 침범한 흠 있는 건물이라는 기록** 등**은 부동산등기법상 등기할 사항인 권리가 아니다.**

⑦ **임차권부 채권가압류등기** : **법령에 근거가 없어 등기 불가함.** 같은 법 제29조 제2호의 각하사유로서 등기가 마쳐지면 직권으로 말소한다.

4. 등기할 사항인 물권변동

1) 법 제3조에 의한 권리변동

① 설정(소유권 이외의 권리를 설정 : 소유권 설정은 없음.)

② 보존(법률규정에 의해서 이미 취득한 권리를 공시)

③ 이전(승계취득이 있을 경우)

- **보존등기 대신 이전등기 : 시효취득, 토지수용, 공유자** 중의 **1인이 자신의 지분을 포기하거나 상속인 없이 사망한 경우(민법 제267조)**
- **말소등기 대신 이전등기 : 법률행위의 무효** 또는 **취소** 및 **해제가 된 경우에 통설과 판례는 말소등기 대신 진정 명의 회복을 원인**으로 한 **소유권이전등기가 허용된다.**
- 변경(경정 포함)

⑤ **처분제한(반드시 법률의 근거가 있어야 등기 가능함.)**

- **법률의 근거가 있는 경우 : 민사집행법상의 압류·가압류·가처분·경매 개시결정등기 등과 민법상의 공유물분할특약(민법 제268조), 전세권양도금지특약(민법 제306조)** 등이 **있다.**

⑥ 소멸(멸실 또는 말소등기의 대상임.)

2) 법률의 규정에 의한 물권변동(민법 제187조)

① 상속·합병

• 권리취득시 : 사망(포괄유증도 동일)시, 실종기간만료시, 합병등기시

② 공용징수

• 권리취득시 : 수용의 개시일에 원시취득(등기는 보존등기 아닌 이전등기 형식임.)

③ 판결

• 형성판결에 한정(사해행위취소판결, 공유물분할판결, 상속재산분할판결 등)

• 등기신청은 공동으로 해야 한다.(공유물분할판결의 예외)

④ 경매와 입찰(매각대금이나 매수대금을 완납한 때 물권 변동, 사경매 제외 공경매로 제한됨.)

⑤ 그 밖의 법률의 규정에 의한 물권변동

• 점유로 인한 시효취득의 예외 : 시효취득은 법률의 규정에 의한 원시취득이지만 (민법 제187조), 예외적으로 등기를 해야만 소유권을 취득한다.(민법 제245조)

5. 권리변동과 관계없는 등기사항(표시등기)

① 1동의 건물의 표제부등기만의 신청 여부 : 표시만의 등기는 토지와 일반건물에는 없고 구분건물에만 있으며, 1동의 건물의 표제부등기만의 신청도 허용되지 아니함.

② 표시 등기만의 신청불가 : 구분건물의 표시에 관한 등기만을 단독으로 신청할 수는 없고, 소유권보존등기를 해야 하는 경우에 표시에 관한 등기를 동시 또는 대위신청해야 함.

③ 표시 등기신청 특칙 : 1동 건물의 일부에 대해서만 보존등기를 신청하면서 나머지 구분건물 중의 일부에 대해서만 표시 등기를 신청 불가(나머지 구분건물 전부에 대해서 해야 함.)

④ 1개만 있는 소유권보존등기가 말소된 경우 : 1개만 있는 구분건물의 소유권보존등기가 말소된 경우에는 1동 전체에 표시 등기만이 존재하게 되므로 1동 건물 등기기록 전부를 폐쇄함.

6. 예비등기(가등기, 부동산등기법 제88조)

예비등기는 삭제되었다.

Ⅵ 등기사항

1. 등기사항의 의의

등기사항은 크게 '실체법상(민법상)의 등기사항'과 '절차법상(부동산등기법상)의 등기사항'으로 나누어진다. **실체법상의 등기사항은 등기를 필요로 하는 사항,** 즉 **등기하지 않으면 사법상 효력이 발생하지 않는 사항**을 말한다. **절차법상의 등기사항은 등기 할 수 있는 사항,** 즉 **등기하는 것이 공시 제도의 이상이나 정책으로 보아 바람직하다고 생각되는 사항을 지칭**한다.

절차법상의 등기사항이란 당사자가 등기를 신청할 수 있고, 또한 **등기관이 등기할 권한을 갖는 사항을 의미하므로** 이에 **속하는 사항을 '등기능력'이라 부르기도 한다.** 어떤 **구체적 사항이 위의 두 가지 등기사항**에 해당되는 **경우가 있으나(예: 매매에 의한 소유권이전), 절차법상의 등기사항이지만, 실체법상의 등기사항이 되지 않는 것도 있다.**

예컨대, 피담보채권의 소멸에 의한 저당권의 소멸·부동산 멸실에 의한 물권의 소멸 그리고 민법 제187조에 규정한 사항의 발생의 경우를 들 수 있다. 민법 제187조에 규정한 사항에는 상속(회사합병, 포괄유증 등 포괄승계 포함)·공용징수·판결(형성판결에 한함.)·경매(공경매에 한하며, 공경매에는 경매와 입찰가 있음.) 그 밖의 법률의 규정에 의한 물권변동 등이 해당된다.

결론적으로 실체법상의 등기사항은 모두 절차법상의 등기사항이 되지만, 절차법상의 등기사항은 실체법상의 등기사항이 아닌 것도 포함하고 있다. 여기서는 부동산등기법이 규정하고 있는 절차법상의 등기사항을 살펴보고자 한다.

2. 등기해야 할 부동산

1) 서언

부동산등기법상 등기의 목적물이 되는 것은 부동산 중에서도 **토지와 건물**뿐이다.**(법 제14조 1항) 민법 제99조에서 '부동산'이란 토지** 및 그 **정착물이지만, 건물** 이외의 **토지의 정착물은 원칙적으로 독립하여 등기할 수 없다.** 그러나 **예외적으로 토지의 정착물이지만, 특별법**에 의하여 **독립하여 등기능력을 갖는 경우가 있다.(예:** 입목에 관한 **법률에 의한 '입목등기') 여기에서 등기의 대상이 되는 부동산은** 모든 **건물과 토지가 해당되는 것이** 아니라, 이들 중 **사권의 목적이 되는 것만** 해당된다. 따라서 **공유수면(사인의 지배가능성이 없는 해면 아래의 토지)은 등**

기 의 대상이 되지 않는다.(공유수면관리법 제2조 참조, 대판 1991.7.23, 91다14574)

표 5-5 ‖ 등기가 가능한지 여부

등기할 사항인 물건	등기할 사항이 아닌 물건
① 하천법의 적용을 받는 하천 또는 하천법의 적용을 받지 않는 하천 ② 도로법상의 도로 ③ 방조제 ④ 농업용 고정식 온실 ⑤ 유류저장탱크, 싸이로, 비각 ⑥ 조적조 및 컨테이너 구조 슬레이트지붕 건물 ⑦ 경량철골조 경량패널지붕 건축물 ⑧ 주유소의 주유시설물(공장저당권의 목적, 1990.3.24 등기 제605호) ⑨ 구분건물의 전유부분 및 부속건물 ⑩ 구분건물의 규약상 공용부분 ⑪ 집합건물의 공용부분 중 구분건물 또는 독립건물로서의 구조를 가지는 경우(지하실, 관리사무소, 노인정 등) ⑫ 공동주택의 지하주차장(통상 구조상공용부분이라서 등기할 수 없으나, 구조상과 이용상 독립성이 있다면 전유부분의 부속건물로 등기가 가능하다. 1995.8. 10 3402－619)	① 공유수면하의 토지 ② 터널, 교량, 토굴 ③ 방조제의 부대시설물(배수갑문·권양기·양수기) ④ 농지개량시설의 공작물(방수문·잠관) ⑤ 가설건축물, 견본주택, 비닐하우스, 주유소, 캐노피, 급유탱크 ⑥ 구조와 지붕이 컨테이너인 건물 ⑦ 경량철골조 또는 조립식 패널구조의 건축물 ⑧ 유희시설 ⑨ 공유수면 및 공유수면하의 토지 ⑩ 공작물시설로 등재된 해상관광용 호텔 선박 ⑪ 관광용 수상호텔의 선박 ⑫ 공해상의 수중암초 및 구조물 ⑬ 폐유조선 및 플로팅 도크(2006.7.31 부동산등기과－2279) ⑭ 지붕이 없는 공작물, 옥외풀장, 양어장, 치어장으로 등재되어 있는 공작물 ⑮ 건물의 부대설비(건물의 승강기, 엘리베이터실, 보일러시설) ⑯ 구분건물의 구조상 공용부분(아파트의 복도, 계단) 지하상가, 통로, 계단(지하도로)
※ **종전의 하천법 : 국가하천이나 지방1급 하천으로 편입된 하천은 등기능력이 없었다.** ※ **현행의 하천법 : 하천법의 개정(2008.4.6 시행)으로 하천법상의 하천으로 편입된 토지라도 등기능력이 있다.** 즉 **소유권·저당권·권리질권** 및 그 **가등기, 예고등기, 신탁등기, 부동산 표시 변경등기, 등기 명의인의 표시 변경등기, 부동산등기법, 민법** 또는 **특별법**에 따른 **특약** 또는 **제한 사항의 등기를 할 수 있다.** 다만, **지상권·지역권·전세권** 또는 **임차권**에 대한 **권리의 설정, 이전** 또는 **변경의 등기는 할 수 없다.**	

○ **대법원 '해상경계 확정 판결'에 하루아침에 일터 반 토막(『부산일보』**, 2015년 7월 16일자)

경남 어민들의 반발을 사고 있는 대법원 판결은 '해상경계'를 인정한 최초의 확정판결이다. 하지만 해상경계는 어민들의 생존권이 걸린 중대한 문제인 만큼 이를 둘러싼 논란은 계속될 전망이다.

(1) 대법원 판결

대법원은 지난달 11일 경남과 전남 어민 간 조업구역 갈등을 불러온 '해상경계'가 존재한다고 판결했다.

2011년 멸치잡이 단속으로 촉발 … 시간 지나며 조업구역 분쟁 '확전'

법원, 4년 공방 끝 전남 손들어 줘 … 이번 판결로 경남 구역 5㎞ 후퇴

피해 어민 5천여 명 이상 추산

대법원은 판결문에서 "현행 수산업법에서 정한 기선권현망 조업구역 중 '경남과 전남의 도 경계선'에 대한 별도 규정은 없지만, 국토지리정보원이 발행한 국가기본도(지형도)를 기준으로 한 원심의 판단이 합당하다."고 밝혔다. 대법원은 상고를 기각했다. 이에 따라 항소를 제기한 경남 어민들은 원심에서 선고한 벌금 100~200만원 형이 확정됐다.

사건의 시작은 2011년으로 거슬러 올라간다. 당시 전남 여수시는 1974년 발행된 국토정보지리원 지형도를 근거로 경남 남해군 세존도까지 확장한 선을 해상경계로 획정했다. 이후 여수시는 이 선을 넘어오는 경남 어선들의 조업을 단속했다.

이 과정에서 경남 멸치잡이 기선권현망 17개 선단 31명이 적발됐고 검찰은 그해 7월 이들을 수산업법 위반 혐의로 입건, 기소했다. 검찰은 이듬해 8월 약식기소를 통해 해당 선단 선주와 선장 등에게 벌금형과 조업정지 처분을 내렸다. 적발된 어민들은 "현행법상 해상경계는 존재하지 않는 만큼 단속 행위도 무효"라며 정식 재판을 청구했다.

1심 재판부인 광주지방법원 순천지원은 여수시의 손을 들어줬다. 2013년 1월 선고 공판에서 100~200만원의 벌금형을 선고했다. 어민들은 항소했지만, 항소심을 맡은 창원지방법원 역시, 같은 해 11월 어민들의 유죄를 인정해 항소를 기각했다.

(2) 의미와 파장

이번 재판은 애초 멸치 조업의 불법 여부를 놓고 시작됐다. 하지만 지자체의 해상 관할권의 조업구역 범위가 다퉈지면서 경남과 전남의 '조업구역 분쟁'으로 확전했다. 이후 4년 가까이 남해안 황금어장을 놓고 벌어진 갑론을박은 이번 대법원 판결로 전남의 완승으로 일단락됐다. 하지만 만만치 않은 파장이 예상된다.

해상 관할권을 넓히고 조업구역도 확대된 전남은 반색하고 있다. 전남 관계자는 "지루한 논란에 종지부를 찍는 판결"이라며 "조업구역 분쟁도 종식될 것"이라고 밝혔다. 반면, 경남은 반발 여론이 고조되고 있다. 판결대로라면 경남과 전남의 해상경계는 경남 쪽으로 5㎞ 가량 당겨진다. 경남은 그만큼 관할 해역이 좁아진다. 어민들은 하루아침에 조업구역이 반 토막 난 현실을 인정하지 않고 있다. 전남으로 넘어간 해역이 주요 조업지역인 경남 어민들은 1만여 명에 달한다. 관련 업종도 멸치잡이 기선권현망을 비롯해 연안 통발, 자망 등 20여 개에 이른다. 지역 수산업계는 이번 판결로 이중 절반 이상이 주 조업지역을 잃을 것으로 예상했다.

남해군 수협 관계자는 "남해 앞바다는 대대손손 조업해온 장소다. 이곳을 뺏기면 남해 어민들은 사실상 설 자리가 없어진다."고 밝혔다. 기선권현망수협 관계자는 "공동조업구역 설정 등 현실적인 대안이 관철되도록 강도 높은 대정부 투쟁을 할 방침"이라고 밝혔다.

---

2) 토지

(1) 토지의 의의

토지라 함은 일정한 범위의 지면과 그 지면과 정당한 이익이 있는 범위 내에서의 상·하(즉 공중과 지하)를 포함한다.(민법 제212조 참조) 그러나 부동산등기법상 토지는 등기능력을 갖는 토지를 말한다. 따라서 우리 영토에 속하는 육지는 등기능력이 있는 토지가 된다. 한편 도로법에서 말하는 도로의 택지는 공용의 제한을 받고 있어도 제한적으로 사권의 목적이 될 수 있다. 즉 도로의 택지의 소유자는 소유권이전과 저당권설정에 관한 사권행사를 할 수 있다.(도로법 제5조 참조) 또한 **육지의 표면에 어느 정도의 물이 존재해도 토지로 취급되는 경우가 있다.**

예컨대, 연**못과 늪이** 이에 **해당된다고 본다.**(공간정보의 구축 및 관리 등에 관한 법률 제5조 참조) 또는 **넓은 의미에서 하천과 수원지水源池(민법 제230조** 참조)**도** 이에 **해당된다**고 하겠다. 그러나 **공유수면하에 있는 토지(공유수면관리법 제2조** 참조**, 대판 1991.7.23, 91다14574)는 부동산등기법상 등기능력을 갖지 않는 토지라고 하겠다.(법 제114조** 참조) 왜냐하면 **공유수면은 공법의 이해에 밀접한 관계가 있어 사권의 대상이 될 수 없기 때문이다.** 그러나 **하천의 경우 과거 국가하천** 및 **지방1급 하천으로 편입되는 사유토지가 사전보상** 및 **등기 절차 없이 국유화되는 것을 2008년 하천법의 개정으로 하천의 국유제를 폐지하면서 하천에 편입되는 토지** 등은 **소유권이전이나 저당권설정** 등을 **제외하고는 사권을 행사할 수 없도록 규정하였다.(하천법 제4조 2항, 과거 하천법은 국가하천과 지방하천으로 구분)** 왜냐하면 **국가의 사유재산권 침해 논란과 막대한 보상**에 따른 **재정적 압박** 등이 **있기 때문이다.**

또한 **바다와 토지와의 경계선은 만조수위선이다.(공유수면관리법 제2조 2항** 참조) 하지만 **일괄적으로 바다 속에 있는 토지부분에 관하여 등기능력이 없다고 하는 것도 문제가 있다.**

○ 해면 속의 토지

해면 속에 있는 토지는 사권의 객체가 되는 등기능력이 있는 토지가 아니다. 등기능력이 있는 토지와 토지가 아닌 해면과의 경계선은 춘분·추분에 발생하는 만조 수위를 기준으로 해야

한다. 따라서 기존등기의 토지가 해면 속에 있는 경우에는 그 토지의 소유권의 등기 명의인이 그 사유 발생 후 1월 이내에 멸실등기를 신청해야 한다.(공유수면관리법 제90조) 신청서에는 토지의 멸실면적과 현재의 면적 또는 신지목을 기재하고 이에 토지대장등본 또는 임야대장등본을 첨부해야 한다.(같은 법 제91조) 만약 일시적으로 토지가 해면 속으로 들어간 경우, 예컨대, 천재지변에 의한 침수에는 당연히 개인의 소유권은 소멸하지 않으며, 토지의 멸실의 인정은 신중하고 확실히 파악한 후에 해야 한다. 결론적으로 해면 속의 토지는 등기능력이 없다고 하겠다.

해안지역에서의 토지의 자연적 침수, 돌출과 토사로 인한 육지형성 그리고 인위적으로 매립한 경우에 이미 해면 상태에 있는 토지의 소유권이 존재하고 있다면 그 뒤의 소유권의 변동을 인정해야 한다. 이를 위해서는 우선 해면 속에 있는 토지가 등기능력이 있는 토지가 되어야 하겠다. 해면 속의 토지는 자연적 공물인 해수가 있어서 여러 가지 합법적 규제가 존재하지만, 일종의 공용부담을 지는 토지로 보고 그 토지를 등기능력이 있는 것으로 보면 될 것이다.(도로법 제5조 참조)

---

(2) 토지의 개수

토지는 원칙상 물리적으로 물건으로서 구분성과 개수의 개념을 인정할 수 없다. 그러나 토지의 거래화를 위해 법률상을 인위적인 경계를 만들어 각각을 1개의 토지로 하고, 이를 토지대장 또는 임야대장에서는 '1필'이라고 한다. 즉 토지등기용지상 1필의 토지로서 등기된 것이 등기 절차상의 1개의 토지이다. 「공간정보의 구축 및 관리 등에 관한 법률」에 의하면, **'필지'란 하나의 지번이 붙는 토지의 등록단위를 말한다.(공간정보의 구축** 및 **관리 등**에 관한 **법률 제2조 4호)** 등록된 각 필지는 독립성이 인정되어 개별적으로 거래의 대상이 되고 아울러 물권 변동의 대상이 된다.

한편, 경우에 따라서 1필의 토지를 나누거나, 또는 다른 토지와 합하는 경우가 발생한다. 따라서 **1필의 토지를 나누는 것을 '분필'이라 하고, 다른 토지와 합하는 것을 '합필'이라고 한다.** 분필과 합필은 법률이 정한 절차에 의해야 한다.(같은 법 제17조 이하, 같은 법 제93조 이하) **1필의 토지의 일부분만을 양도하거나 제한물권의 설정** 또는 **시효취득하지 못한다고 할 수 있다.** 왜냐하면 **등기를 해야 물권변동이 발생하고 토지의 일부**에 대한 **등기가 인정되지 않기 때문이다.** 하지만 **일정한 요건하에 부동산의 일부에 대한 시효취득은 인정된다.** 즉 "1필의 토지의 일부에 대한 시효취득을 인정하기 위해서는 그 부분이 다른 부분과 구분되어 시효취득자의 점유에 속한다는 것을 인식하기에 족한 객관적 징표가 계속하여 존재할 것을 요한다."라고 한다.(대판 1993.12.4, 93다5581) 또한 **지상권·지역권·전세권은 1필의 토지 일부에 설정할 수 있다.(같은 법 제136조, 제137조, 제139조** 참조)

3) 건물

(1) 건물의 의의

건물은 그 **대지인 토지와는 별개의 독립된 부동산으로 등기의 대상이 된다.**(법 제14조 1항) 그러나 **'구체적으로 건물이 무엇인가'**에 대한 **규정은 없다. 단지 건물은 토지의 정착물**(민법 제99조 1항) 또는 **공작물**(민법 제279조 참조)**에 속하는 것으로** 이보다는 **좁은 의미**를 뜻한다. 즉 **토지의 정착물이면서도 건물이 아닌 것은 특별법**에 의한 **예외**(입목법에 의한 입목)**를 제외하고 독립하여 등기의 대상이 될 수 없다.**(예: 교량, 전신주 등) 따라서 건물은 일반거래개념과 사회통념에 의하여 구체적으로 결정되어야 한다.

판례에 따르면 "4개의 나무기둥을 세우고 유지로 만든 지붕을 얹고 벽이라고 볼만한 사실이 되어 있지 아니한 물건은 건물이 아니다"라고 한다.(대판 1966.5.31, 66다551) 최근에 **판례는 독립된 부동산으로서 건물의 요건을 "최소한의 기둥과 지붕** 그리고 **주벽의 존재"를 거론하고 있다.**(대판 2005.7.15, 2005다19415; 대판 2003.5.30, 2002다21592, 21808) 결론적으로 '건물'은 지붕, 기둥과 주벽을 가지고 있으면 족하다. 건물의 구체적인 예로는 살물撒物을 저장하는 싸이로 시설(1984.8.17 등기 제355호의 법원행정처장 질의응답), 지붕 있는 야구장 또는 경마장, 지하주차장, 지하도의 건조물(예: 상점), 반영구적인 원예·농경용의 온상시설, 반영구적인 시설로 된 주차장 또는 승강장, 유류저장탱크, 주유소의 주유시설물(공장저당법에 의한 저당권설정), 방조제 등을 거론할 수 있다. 그러나 가스탱크, 석유탱크, 급수탱크, 지상에 받침을 두고 있지 않은 기계시설을 위한 건조물, 쉽게 운반할 수 있는 간이판매장 또는 입장권 판매장, 원예·농경용의 비닐하우스, 수조, 방조제 부대시설물, 토굴 등은 건물이 아니라고 하겠다.

한편, '건축과정 또는 붕괴·파괴된 경우 어느 때를 기준하여 건물로 볼 것인가?'가 문제된다. 건물이라 할 때는 부동산등기법상 등기를 필요로 하게 되고, 기존건물의 붕괴·파괴로 건물이 아니라고 할 때는 기존등기를 멸실등기해야 한다. 따라서 건물인가, 아닌가에 대한 기준이 필요하게 되는데, 이 기준은 구체적인 경우에 따라 사회통념에 의하여 결정하는 것이 타당하다고 본다. 예컨대, **목조가옥의 경우, 목조로 지붕을 이은 것으로는 건물이 될 수 없고, 독립적으로 바람과 비를 견딜 수 있을 정도로의 지붕과 주벽이 존재할 때 건물이라고 볼 수 있다.**

○ 건축물과 건물

'건축물'이란 토지에 정착하는 공작물 중 지붕과 기둥 또는 벽이 있는 것과 이에 부수되는 시설물, 지하 또는 고가의 공작물에 설치하는 사무소·공연장·점포·차고·창고 그 밖에 대통령령(건축법시행령 별표)이 정하는 것을 말한다.(건축법 제2조 1항 2호) '건물'은 위에서 언급한 바와 같이 최소한의 지붕과 기둥 그리고 주벽이 있는 구조물을 지칭한다. 따라서 건축물은 건물을 포함하는 개념이라고 할 수 있다.

(2) 건물의 개수

건물은 토지와 달리 물리적으로 구분이 가능한 인공물이다. 그러므로 토지와 같이 형식적·공권적으로 구분한다는 것은 불가능하다. 그렇다고 건물소유자의 자유에 의해 거물을 구분하는 것도 불합리한 것이다. 따라서 사회통념과 거래관념에 따라 등기 제도에 의한 합리적·효율적 공시가 가능한 것을 1개의 건물로 다루어야 할 것이다. 1개의 건물을 결정하는 기준에 대하여 우선 두 가지 경우로 생각해 볼 수 있다.

① **물리적으로 연계되어 1개의 구조물인 것이 법률상 1개의 건물을 결정하는 기준이 된다.** 따라서 이 같은 1개의 구조물을 소유자가 1개의 건물로 등기를 요구할 때 이를 거부할 이유가 없게 된다. 단지 오늘날 건물의 용도와 형태가 매우 다양하고, 건축 후 증축도 종종 발생하며, 특히 건물의 입체적 이용을 위해 건물의 복잡한 구조와 형태가 증가하기 때문에 처음부터 물리적으로 연계되어 있는 건물로 볼 수 있는가, 없는가의 판단이 곤란한 경우도 발생하게 된다. 예컨대, 이미 기존의 고층건물에 일정한 높이의 상층부와 지하층에 통로로 연계된 새로운 고층건물을 건축하였을 경우에 새로운 건물을 1개의 독립된 건물로 볼 것인가, 또는 기존 건물에 연계된 증축의 건물로 볼 것인가의 문제가 발생한다. 이 경우 건물의 용도와 형태·구조를 고려하여 사회 통념에 따라 문제를 해결할 수밖에 없다고 하겠다.

② **이용** 또는 **거래의 객체로서 독립성·일체성이 인정되는 것도 1개의 건물의 기준이 된다.** 그리고 일반적으로 이러한 기준에 의한 1개의 건물은 물리적 기준에 의한 1개의 건물과 일치한다. 그러나 상호 일치하지 않은 경우도 있다. 즉 물리적으로는 수개의 건물이면서 이용·기능상 전체가 1개의 건물로 인정되는 경우와 물리적으로는 1개의 건물이면서 이용·기능상 독립된 수개의 건물로 인정되는 경우가 그러하다.

부동산등기법에서는 이용·기능상의 기준을 물리적 기준보다 **우선하여 1개의 건물로 다루고 있다.** 예컨대, **물리적으로 별개의 건물들(즉 주건물과 부속건물)을 합하여 1개의 건물로**

등기용지에 등재할 수 있고(법 제42조), 물리적으로 1개의 건물이 구분소유가 존재하는 건물인 때에는 여러 **개의 구분소유권을 인정하게 된다.(법 제46조 2항** 참조) 결론적으로 **부동산등기법상의 1개의 건물은** 위의 **두 가지 기준** 중 어느 **기준에 의하여,** 또는 **두 가지 기준을 모두 혼합**에 의하여 **결정된다**고 하겠다. 어느 **기준**에 의하든 **소유자의 의사가 반영되어야 한다.**(동지: 최명구, 2009, 26면)

판례는 건물의 개수를 판단함에 있어서 물리적 구조와 거래 또는 이용의 목적물로서 2가지 기준을 혼합하여 1개의 건물을 결정하는 것을 알 수 있다.(대판 1961.22.23, 60민상625) **드물게 부동산등기법상 1개의 건물이 등기용지에 기재되었어도 소유자의 의사**에 의하여 **건물의 개수가 변경되는 경우가 있다.** 예컨대, **건물의 분할·구분·합병이** 이에 **해당된다.**

위에서 언급한 바와 같이 부동산등기법상 구체적인 1개의 건물의 범위 내에서 그 일부분을 독립하여 물권변동의 객체로 할 수 없다. 그러나 실체법상으로는 가능하다. 따라서 1필의 토지의 일부양도와 마찬가지로 건물의 분할등기를 한 후 그 일부가 이전될 수 있다. 또한 **1동 건물의 일부**에 대하여 **전세권의 설정이 인정된다.(민법 제139조 2항)**

(3) 부속건물

'부속건물'이란 독립된 건물로서 주건물의 상용에 이바지하는 것으로 법률상 주건물과 합하여 전체로 1개의 건물로 등기한 것을 말한다. 그러나 주건물과 물리적으로 분리되어 있는 공중목욕탕, 변소, 헛간이 독립하여 1개의 건물로 등기한 경우에는 부속건물이 아닌 등기상 1개의 독립된 건물이 된다. 일반적으로 주건물과 떨어진 목욕탕, 헛간 등은 주건물과 별개의 독립건물이지만, 주건물에 종속된 건물로 볼 수 있어 주건물의 처분에 따른다고 볼 수 있다.(민법 제100조 2항 참조)

그러나 법률상 무엇이 부속건물인가는 명확하지가 않다. 예컨대, 주택의 상용에 이바지하는 별개의 변소를 부속건물로 볼 수 있고, 한편으로는 독립된 건물로 등기능력이 있는 것으로 볼 수도 있다. 첫째, 주건물의 부속건물로 본다면 주건물의 양도로 부속건물은 주건물과 함께 이전된다. 하지만 둘째, 등기용지상 독립된 건물로 등기된 경우에는 주건물이 양도된 경우라도 그 변소는 별도의 양도가 필요하게 된다. 즉 이중 양도가 필요하게 된다.

등기부상 주건물의 상용에 이바지하는 건물을 부속건물로의 취급 여부는 주로 주건물 소유자의 등기신청에 의하여 결정된다. 따라서 일반적으로 부속건물이 주건물에 비하여 규모 또는 가격에 있어서 떨어지나, 간혹 그렇지 않은 경우가 있다. 예컨대, 독립된 여러 건물로 이루어진 공장에 있어서 주건물을 그 중 1동의 사무실로 정하고, 나머지 건물들을 부속건물로 정하는 경우가 그러하다.

4) 구분소유의 건물

(1) 특별법의 제정

사회가 발전함에 따라 토지의 효율적 이용을 위해 건물이 고층화·다양화되어가고 있다. 우리는 1960년대 후반에 서서히 고층빌딩과 고층아파트가 들어서기 시작하여 최근에는 신도시 개발에 따른 고층아파트와 도심의 주거지역에서의 다가구주택, 다세대주택이 건립되고 있다. 이러한 상황 속에서 기존의 민법 제215조(건물의 구분소유)의 규정으로는 구분소유관계를 합리적·법리적으로 규율할 수 없게 되어 새로운 특별법이 제정되기에 이르렀다. 이것이 「집합건물의 소유 및 관리에 관한 법률」(1984년 제정)이다. 이 특별법의 제정으로 부동산등기법도 개정되었다.

(2) 구분소유의 정의

구분소유의 정의를 민법 제215조와 「집합건물의 소유 및 관리에 관한 법률」 제1조에서 찾아볼 수 있다. 민법 제215조에 따르면 '구분소유'란 한 채의 건물을 수인이 구분하여 각각 그 일부분을 소유하는 것을 말한다. 또한 집합건물법(앞으로 집합건물의 소유 및 관리에 관한 법률을 "집합건물법"이라 약칭함.) 제1조에 따르면 '구분소유'란 물리적으로 1동의 건물을 수직면으로 구분하는 것(예: 단층의 구분된 수개의 주거, 점포, 사무소, 창고 등)뿐만 아니라, 1동의 건물의 수평으로 구분되는 것(예: 계층별로 구분한 건물)도 포함한다. 따라서 **1개의 건물을 구조상** 내지 **이용상 독립적으로 구분한 것이 건물의 '구분소유'라고 할 수 있다.**(대판 1984.2.14, 82다카1014)

(3) 집합건물법에서의 구분소유건물

독립된 구분건물부분(규약에 의하여 공용부분이 되는 것은 제외)을 목적으로 하는 소유권이 '구분소유권'이다.(집합건물법 제2조 1호) 그 밖의 **소유관계의 대상이 되는 것은 '전유부분'과 '공용부분'** 그리고 **'건물의 대지사용권'이 있다. '전유부분'을 구분소유권의 목적인 건물부분**을 말하며, **'공용부분'은 전유부분** 외의 **건물부분, 전유부분에 속하지 않는 건물의 부속물** 및 **규약**에 의한 **공용부분(같은 법 제3조 2항** 및 **3항)으로 된 부속건물**을 말한다. 또한 **'대지사용권'은 구분소유자가 전유부분을 소유하기** 위하여 **건물의 대지(전유부분이 속하는 1동의 건물이 소재하는 토지** 및 **규약에 의한 건물의 대지로 된 토지)**에 대하여 **가지는 권리**를 일컫는다.

(4) 부동산등기법상 구분소유건물

구조상 또는 이용상 구분된 건물을 소유자의 의사에 의하여 1동 전체를 1개의 건물로서 등기할 수도 있고, 구분된 각 부분을 각각 독립하여 1개의 건물로 등기할 수도 있다.(법 제15조 1항 단서, 제16조의2 참조) 구분소유의 등기의 경우에는 부동산등기법상으로는 통상의 1동은 1개의 건물인 경우와 동일하게 다루어진다. 그렇지만 구분건물의 동일성을 명백히 하기 위하여 그 구분건물을 포함하는 물리적 1동 전체의 동일성과 구분건물의 위치관계가 쉽게 파악될 수 있도록 등기용지의 구성과 등기기재 등에 관하여 특별한 사항을 가지고 있다. 또한 그 밖에 대지사용권에 관련하여 대지권등기·대지권인 취지의 등기와 같은 특수한 등기를 마련하고 있다.

(5) 건물의 동일성

건물의 대수선 또는 증·개축에 의하여 건물의 동일성이 상실되는 경우가 있다. 변형된 건물이 동일성을 유지한다면 기존등기에 대한 변경등기의 문제가 발생하지만, 건물의 동일성이 상실된다면 기존등기에 대한 멸실등기(구 건물의 존재를 찾아볼 수 없을 때)가 발생하고 신 건물에 대한 소유권보존등기가 발생될 수 있다. 건물의 동일성 상실의 유무는 기존건물이 물리적 변형과정에서 기존건물이 사회통념상 부동산이 아닌 것으로 된 시기가 있었는지에 의하여 결정되어야 하겠다.

표 5-6 | 등기능력

구분		내용
토지	요건	「공간정보의 구축 및 관리 등에 관한 법률」의 절차에 따라서 지표에 선을 긋고 경계를 삼아 1필지로 지적 공부에 등록하여야 그 필지별로 등기할 수 있음.
	토지의 일부	**1필지의 일부라도 용익물권등기와 임차권등기는 가능함.**
일반 건물	요건	독립성(외기분단성), 정착성(고착성), 용도성
	등기관심사	종합적으로 심사하여 의심스러우면 소명자료로서 해당 건축물에 대한 사진이나 도면을 제공하게 하여 등기능력 없는 건축물이 건물로서 등기되지 않도록 형식적 심사권을 강화함.
	등기능력의 인정범위	부동산등기법상의 건물<건축법상의 건축물<건축법상의 공작물 : 건축법상의 건축물은 부동산등기법상 등기능력이 있는 건물보다 넓은 개념으로서 건축물대장에 등재되었다고 하여 모두 등기능력이 있는 것은 아님.
	개수판단	물리적인 구조, 사회통념, 소유자의 의사를 종합적으로 판단

<table>
<tr><td rowspan="2">구분
건물</td><td>요건</td><td colspan="2">구조상 독립성과 이용상 독립성이 있어야 집합건물로서 등기 가능함. 다만, 이에 대한 실질적 심사권은 삭제함.</td></tr>
<tr><td>상가용
집합건물</td><td colspan="2">구조상 독립성이 없는 경우라도 이용상 독립성만 있으면 소유권보존등기가 가능하도록 집합건물법이 개정됨.(집합건물법 제1조의2)</td></tr>
<tr><td rowspan="10">개방형
축사</td><td rowspan="5">요건</td><td colspan="2">① 토지에 견고하게 정착되어 있을 것.</td></tr>
<tr><td colspan="2">② 소를 사육할 용도로 계속 사용할 수 있을 것.(우사만이 그 대상임.)</td></tr>
<tr><td colspan="2">③ 지붕과 견고한 구조를 갖출 것.(벽은 요건이 아님.)</td></tr>
<tr><td colspan="2">④ 건축물대장에 축사로 등록되어 있을 것.</td></tr>
<tr><td colspan="2">⑤ 연면적이 200제곱미터를 초과할 것.(부속건물이 있는 경우에는 부속건물의 면적까지 합산하여 200제곱미터를 초과하면 등기 가능함.)</td></tr>
<tr><td>등기사항의
특칙</td><td colspan="2">표제부의 등기원인 및 그 밖의 사항란에 동 특례법에 따른 등기임을 기록해야 함.</td></tr>
<tr><td>신청정보의
특칙</td><td colspan="2">「축사의 부동산등기에 관한 특례법」에 따른 등기인과 신청근거 규정으로 법 제65조 각 호 외에 같은 법 제4조에 따라 등기를 신청한다는 뜻을 그 내용으로 하여야 함.</td></tr>
<tr><td rowspan="2">첨부정보의
특칙</td><td>소를 사육할 용도로 계속 사용할 수 있을 것을 소명하는 서면</td><td>건축허가신청서나 건축신고서의 사본 또는 그 밖에 시·구·읍·면의 장이 작성한 서면 다만, 건축물대장등본에 의하여 증명할 수 있으면 제공 불필요함.</td></tr>
<tr><td>부동산 표시를 증명하는 서면</td><td>오직 건축물대장등본만, 즉 다른 부동산 표시를 증명하는 서면을 제공할 수 없음.</td></tr>
</table>

3. 등기해야 할 권리

부동산등기법상 갖는 권리(등기할 수 있는 권리)는 토지 및 **건물**에 대한 **소유권, 지상권, 지역권, 전세권, 저당권, 권리질권, 임차권** 등 **일곱 가지의 권리**이다.(법 제3조) 이 **일곱 가지 권리** 중 **소유권, 지상권, 지역권, 전세권, 저당권은 부동산 물권으로 등기능력 있는 물권이나 권리질권은 부동산물권은 아니지만, 공시의 원칙을 관철하기** 위하여 **등기능력이 인정되는 물권**이다.(민법 제348조 참조) **부동산**에 관한 **점유권, 유치권, 민법 제302조의 특수지역권은** 그 **성질상 등기할 필요가 없다.** 그러나 **임차권은 민법상 물권은 아니지만, 경제적 약자인 임차인을 보호**를 위하여 **일정한 경우에 등기능력이 인정**되고 있다.(민법 제621조 참조)

또한 **매도인의 부동산환매권도 채권으로서 등기능력이 인정된다.**(민법 제592조, 제43조) 한편, **임차권이 등기되어 있지 않아도 임차인이 주택의 인도와 주민등록을 마친 때에는** 그 **다음날**부터 **제3자**에 대하여 **임차권의 등기와 마찬가지의 효력이 발생한다.**(주택임대차보호법 제

3조, 제12조 참조) 또한 **상가임대차는 그 등기가 없는 경우에도 임차인이 건물의 인도와 부가가치세법 제5조, 소득세법 제168조** 또는 **법인세법 제110조의 규정에 의한 사업자등록을 신청한 때에는** 그 다음날부터 **제3자**에 대하여 **효력이 생긴다.(상가건물임대차보호법 제3조 1항)** 그 밖에 **등기능력 있는 권리(같은 법 제2조에 명시한 권리)의 변동을 목적으로 하는 청구권**에 대하여서도 **가등기능력이 인정되고 있다.**

4. 등기해야 할 권리변동

등기해야 하여야 권리변동은 등기해야 할 권리(법 제3조 참조)의 득실변경이다.(민법 제186조) 예컨대, 권리의 설정, 보존, 이전, 변경, 처분의 제한 또는 소멸이 등기해야 할 권리변동의 내용으로서(법 제3조) 구체적으로 그 내용을 살펴보면 다음과 같다.

① '설정'이란 당사자 사이 계약에 의하여 물건 위에 새롭게 소유권 이외의 권리를 발생시키는 것을 말한다. 즉 지상권, 지역권, 전세권, 정당권, 권리질권, 임차권의 설정으로 이는 부동산등기법 제2조에 등기해야 할 권리 중 소유권 이외의 권리들이다.

② '보존'이란 미등기부동산의 소유권을 처음으로 공시하는 것이므로 소유권만이 보존등기할 수 있다.

③ '이전'이란 어떤 자가 소유한 권리를 다른 자에게 이전하는 것으로서 권리주체의 변경을 말한다. 예컨대, 소유권이전등기, 지상권이전등기, 소유권이전청구권가등기의 이전등기, 전세권이전등기, 신탁등기(법 제117조 참조) 등을 거론할 수 있다.

④ '변경'이란 권리내용의 변경, 즉 기존의 등기사항의 일부가 실체관계와 부합하지 않는 때에 실체관계와 부합하도록 하는 것으로서 실체법 변경 이외의 부동산 표시의 변경이나 등시명의인의 표시 변경 등 절차법상 변경을 포함한다. 이 경우 변경등기 또는 경정등기를 하게 되고, 변경의 예로는 지상권의 존속기간의 변경, 저당권의 이자의 변경 등을 거론할 수 있다.

⑤ '처분의 제한'이란 소유권자나 그 밖의 권리자가 가진 권리의 처분기능을 제한하는 것으로서 법률규정에 의한 경우에 한다. 그러므로 당사자의 임의 계약에 의한 처분제한은 등기사항이 아니다. **처분의 제한의 예로는 공유물의 분할금지(민법 제268조 1항), 유언**에 의한 **상속재산의 분할방법의 지정 처분금지, 압류, 가압류, 가처분**에 의한 **처분행위의 금지**를 거론할 수 있다.

⑥ '소멸'은 어떤 부동산 또는 권리가 원시적 또는 후발적 사유로 인하여 소멸하는 것을 의미한다. 즉 포기(민법 제1019조), 혼동, 목적물의 멸실, 등기원인의 무효 또는 취소로 인한 권리소멸을 의미한다.

5. 등기를 요하지 않는 권리변동

등기를 요하는 권리변동에서 등기를 하지 않으면 사법상의 권리변동의 효력과 추정력이 발생하지 않는다.(민법 제186조) 이를 '실체법상의 등기사항'이라고도 한다. 그러나 등기를 요하지 않은 권리변동은 등기를 하지 않아도 사법상의 권리변동의 효력에는 지장이 없다. 이를 실체법상의 등기사항이 아닌 '절차법상의 등기사항'이라고 불린다. 이렇게 실체법상의 등기사항의 등기사항은 모두 절차법상의 등기사항이지만, 절차법상의 등기사항은 실체법상의 등기사항을 전부 포함하지 않는다.

등기를 요하지 않는 권리변동은 민법 제187조에서 명시한 바와 같이 상속, 공용징수, 판결, 경매, 그 밖의 법률의 규정에 의한 물권의 '취득'의 경우뿐만 아니라, 물권의 '소멸'도 이에 해당된다고 본다.

Ⅶ 등기신청정보

1. 등기기록의 기록문자

① 외국인의 성명 기재 : 국적도 함께 기록(예: 미합중국인 헨리 키신저)

② 행정구역이나 주소 표시 : 약기할 수 없고 명칭 그대로 기록

③ 등기기록에 등기의무자의 성명 및 상호가 한자로 기록된 경우 : 한글로 기록

④ 기재문자 : 한글과 아라비아숫자로 기록

⑤ 금액의 표시 : "미화 금10,000,000달러", "일화 금10,000,000엔"과 같이 그 **외국화폐를 통칭하는 명칭을 함께 기록하며, 원화환산액으로 환산하여 기록하는 것이 아님에 유의하여야 한다.**

⑥ 정정·삭제·삽입 등 **: 정정, 삽입** 또는 **삭제를 한 때에는** 그 **자수를 난** 외에 **기재하며, 문자의 앞뒤에 괄호를 붙이고** 이에 **날인** 또는 **서명하여야 한다. 삭제문자는** 이를 **해독할 수 있게 자체를 남겨두어야 한다.**

⑦ 정정인의 날인 : 신청인이 수인인 경우에 등기신청서를 정정하는 경우에는 신청인 전원의 정정인을 날인 또는 **서명하여야 한다.**

⑧ 신청서의 간인 : 등기권리자 또는 **등기의무자가** 여러 **명일 때에는** 그 중 **1명이 간인하는 방법으로 한다.** 다만, **신청정보에 서명하였을 때에는** 각 **장마다 연결되는 서명을 함으로**

써 간인을 대신한다. 그러나 이 규정은 부속서류에는 적용되지 아니하므로 상속재산분할협의서가 여러 장일 경우에는 상속인 전원이 간인 또는 서명하여야 한다.

○ 신청서와 위임장이 각각 여러 장일 경우의 간인 여부

신청서간 또는 위임장간에는 간인을 해야 할 것이지만, 신청서와 위임장은 별개 서면이고 근거규정도 없으므로 양 서면간에 간인을 할 필요는 없다.

---

⑨ 인감날인의 문제 : 인감증명서를 제공하는 등기신청인 경우에 (ⅰ) 본인신청의 경우에는 신청서에 인감날인하고, (ⅱ) 대리인에 의한 신청의 경우는 위임장에 인감을 날인한다.

2. 신청정보의 제공 방법

1) 1건 1신청정보의 제공

① 원칙 : 관할등기소별, 등기원인별, 등기목적별로 제공

② 구체적인 예

- 2개의 부동산에 각각 소유권이전과 저당권설정 등기를 신청하는 경우 : 등기목적이 각각 다르므로 부동산마다 별개로 작성함.
- 가처분재판에 의해서 소유권이전등기신청과 동시에 위 가처분 이후에 마쳐진 제3자 권리의 말소등기를 신청하는 경우 : 등기목적이 상이하므로 별개로 작성함.

※ 수인의 공유자가 수인에게 지분의 전부 또는 일부를 이전하려는 경우 : 등기의무자별 또는 등기권리자별로 따로 작성함.

- 당사자가 다른 경우 : 근저당권의 피담보채권의 일부에 대하여 갑, 을 2인이 각 별도로 일정금액씩을 일부 대위변제한 경우에 당사자별로 작성함.
- 대지권 변경등기와 수개의 부동산 표시 변경등기의 경우 : 등기원인과 등기목적 상이

2) 일괄 신청정보의 제공

① 요건 : 관할 및 등기목적, 등기원인, 등기원인일자, 당사자가 모두 동일할 때

② 구체적인 예

- 관할이 동일한 경우 : 소유자가 같은 수개의 부동산을 매매를 원인으로 동시에 매수한 경우

• 등기목적이 동일한 경우 : 행정구역 변경을 원인으로 해서 동일 부동산에 대한 동일인 명의의 수개의 근저당권 등기 명의인 표시 변경등기
• 등기원인이 동일한 경우 : 피담보채무변제를 원인으로 한 동일 부동산에 대한 동일인 명의의 수개의 근저당권말소등기신청. 다만, 하나의 신청정보로 전세권 존속기간 연장 및 전세금 증액의 변경등기를 일괄신청할 수 있다.(2011.10.19 부동산등기과－1953)
• 등기원인일자가 동일한 경우 : 수개의 부동산을 매매를 원인으로 동시에 매수한 경우
• 당사자가 다른 경우 : 1인으로부터 수인이 취득하여 공유나 합유로 하는 경우에 예외적으로 등기실무가 일괄신청을 인정함.
• 일괄 신청이 강제되는 경우 : (ⅰ) 신탁행위에 의한 소유권이전과 신탁등기, (ⅱ) 「도시 및 주거환경정비법」상의 소유권보존등기(예외 없음.)
• 규칙 제47조에 의한 일괄신청의 예 : 창설적 또는 추가적 공동저당권설정등기, 공매 및 경매처분으로 인한 등기의 촉탁의 경우(별개신청 또는 촉탁도 가능)

③ 일괄신청정보 내용 제공의 특칙 : (ⅰ) 부동산별로 일련번호 부여, (ⅱ) 공유인 경우는 공유지분을, 합유인 경우는 합유인 뜻을 표시, (ⅲ) 취득세 또는 등록면허세, 국민주택채권 매입의 산정기준이 되는 신청이 1개인 것은 아니므로 각각 납부 또는 매입함.

④ 일괄신청과 일부 각하 여부 : 각하사유의 판단은 개개의 신청별로 해야 하므로 일부 각하를 함이 상당하다.

3. 신청정보의 내용(적격요건)

1) 필요적 정보 내용

① 내용 : (ⅰ) 부동산 표시, (ⅱ) 등기할 사항(등기목적과 그 연월일), (ⅲ) 당사자 표시와 날인

② 1동의 건물의 구조·종류·면적 : 구분건물에 관한 등기를 신청함에 있어서 1동의 건물의 구조·종류·면적은 건물의 표시에 관한 등기나 소유권보존등기를 신청하는 경우로 한정하여 신청정보의 내용으로 제공함.(규칙 제43조 1항)

2) 임의적 정보 내용

○근거법령의 존재 필요 : 환매특약등기시의 환매기간, 권리의 소멸에 관한 약정, 공유물 불분할약정 및 지상권의 존속기간 등

3) 신청정보 을지 내용

① **취득세**(등록면허세)**액과 농어촌특별세액** : 예규 개정으로 (ⅰ) 소유권보존등기 및 소유권이전등기 경우에는 취득세액을, (ⅱ) 제한물권 및 임차권설정등기, 부동산 표시 변경등기 등의 경우에는 등록면허세액을, 지방세법에 의한 취득세 납세의무자 등은 농어촌특별세액을 신청정보의 내용으로 등기소에 제공하여야 한다. 농어촌특별세와 은행수납번호가 한편 예규 개정으로 신청수수료를 납부한 경우에 수납번호와 일괄납부한 경우에 일괄 납부 건수와 일괄 납부액이 새로운 신청정보의 내용으로 추가되었다.

② **등기신청 수수료** : 전자적으로 납부하거나, 수납금융기관 또는 무인발급기를 이용하여 현금으로 납부한 후에 그 납부를 증명하는 등기신청 수수료영수필확인서를 첨부정보로 제공할 수 있다. 등기수입증지를 첨부하는 방식은 2013년 5월 1일부터 폐지되었다.

4) 첨부정보의 원용

○요건 : 동일한 등기소에 동시에 수개의 등기신청을 할 때만 가능함.

5) 대리인의 표시와 날인

○**법무사가 등기사건을 위임받아 신청서를 작성하는 경우 : 신청서의 끝부분에 있는 대리인란에 하는 날인은 반드시 신고한 직인으로 하여야 하며, 신청서의 간인도 직인으로 하여야 할 것이다.** 다만, **법무사의 실인을 직인과 함께 날인하는 것도 무방할 것이다.** 한편, 신청서의 끝부분에 있는 대리인란의 법무사 성명 다음에 직인을 날인한 이상 기명날인은 한 곳에 하면 족하므로 기재란 밖에 또다시 직인을 날인할 필요는 없다.(2013.01.20. 부동산등기과-196)

표 5-7 ｜ 등기소에 제공할 첨부정보의 정리

등기원인정보	취득세영수필확인서 등기신청 수수료영수필확인서	인감증명(본인 서명 사실확인서)	등기필증
• 규칙 제46조 제1항 제1호 • 검인. 다만, 토지거래 허가서나 부동산(주택)거래계약 신고필정보를 제공한 경우 면제	• 취득세 : 지방세법 시행령 제36조 • 등록면허세 : 지방세법 시행령 제49조 • 전자적 방법으로 납부하거나, 금융기관 또는 무인발급기를 이용하여 현금으로 납부한 후 등기신청 수수료영수필확인서를 제공(법 제22조 3항)	• 규칙 제60조, 제61조 • 등기의무자의 진의 확인 목적 • 전자신청의 경우 공인인증서정보의 입력으로 갈음.	• 등기필증(법 부칙 제2조) • 등기의무자의 진의 확인 목적 • 명실대용(법 제51조) • 등기필정보(규칙 제43조 1항 7호)

대장정보	공시지가확인서	주민등록표정보
• 소유권보존등기(규칙 제46조 1항 및 제121조) • 등기원인을 증명하는 정보 및 부동산 표시를 증명하는 정보 • 소유권이전등기(규칙 제46조 1항 7호) • 대장과 등기기록의 부동산 표시의 일치 여부 확인목적 • 부동산 표시증명(규칙 제46조 1항 1호, 제72조, 제86조) • 등기원인을 증명하는 정보 및 변경사실을 증명하는 정보	• 첨부정보가 아님.	① 주소증명정보 : 등기기록에 새롭게 기록되는 등기권리자. 다만, 소유권이전등기의 경우는 등기의무자의 것도 제공(규칙 제46조 1항 6호, 동일성 확인 목적) ② 주민등록번호증명정보 : 등기기록에 새롭게 기록되는 등기권리자 것(규칙 제46조 1항 6호) • 부동산등기용 등록번호도 동일 : 등기기록에 새롭게 기록되는 등기권리자.

신청서 부본	도면	위임장	승낙서
• 첨부정보가 아님.	• 소유권보존(규칙 제121조)대장정보를 제공했다면 면제 • 분할/구분(규칙 제95조/제74조) • 지상권(규칙 제126조) • 지역권(규칙 제127조) • 전세권(규칙 제128조) • 임차권(규칙 제130조)	• 임의대리인(위임장, 처분위임장, 규칙 제46조 1항 5호) • 법정대리인 • 미성년자의 기본증명서와 가족관계증명서, 사원총회결의서(규칙 제46조 1항 5호) • 법인등기사항증명서(규칙 제46조 1항 4호)	① 등기상 이해관계인 말소/말소회복/권리변경(경정)(규칙 제46조 1항 3호) ② 등기원인에 대한 제3자(규칙 제46조 1항 2호) • 토지거래허가서 • 농지취득자격증명정보 • 부동산거래계약신고필증/매매목록(규칙 제124조)

Ⅷ 등기신청에 필요한 서면

1. 서설

등기신청은 요식행위이고 법률이 정한 서면을 직접 제출하거나, 전산정보처리조직을 이용하여 신청정보와 첨부정보를 보내는 방법으로 하여야 한다.(법 제24조 1항) 법률이 정한 서면, 즉 신청서 및 그 밖의 다른 첨부서면은 등기를 하기 위한 기초자료이므로 등기의 기재와 마찬가지로 기재문자 또는 그 정정 등에 관해 엄격성이 요구된다.

등기신청을 크게 일반등기신청과 특별등기신청으로 나누어 볼 때 등기신청시에 요구되는 신청정보와 첨부정보의 종류에는 일반등기신청에 필요로 하는 것과 특별등기신청에 필요로 하는 것이 있다.

여기에서는 일반등기신청에 관한 부동산등기규칙 제43조와 제46조가 규정한 신청정보와 첨부정보에 관해 서술하며, 특별등기신청에 요구되는 등기서면에 관해서는 각종의 등기 절차를 설명할 때에 언급하기로 한다.

2. 신청서

1) 신청서의 작성

등기신청을 할 때에는 반드시 신청서를 제출해야 한다.(법 제24조) 또한 **등기신청에 사용되는 신청서는** 각종 **등기신청서의 용지규격과 양식에 맞는 것이어야 하며, 하나의 등기신청서가** 여러 **장일 때에는 신청인은 간인을 해야 한다. 만약 등기권리자** 또는 **등기의무자가 다수인 때에는 2인** 중 **1인의 간인으로 족하다.**(규칙 제56조)

(1) 1건 1신청서주의와 그 예외

등기신청시에 1개의 등기(1개의 부동산에 대해 1개의 등기)에 하나의 신청서를 작성하여 제출하는 것이 원칙이다.(1건 1신청서주의) 이는 신청서의 기재 또는 등기실행 절차에 대한 과오의 발생을 예방하기 위함이다. 따라서 이와 같은 과오가 발생될 우려가 거의 없을 경우에는 1건 1신청서주의의 예외를 인정하게 된다. 즉 동일한 등기소의 관할 내에 있는 수개의 부동산에 관한 등기를 신청하는 경우에는 등기원인과 그 등기의 목적이 동일한 때에 한하여 동일한 신청서로서 등기를 신청할 수 있다.(법 제25조) 이를 이른바 수개의 부동산에 대한 '일괄 신청'이라 한다.

부동산등기법 제25조에 명시한 등기원인과 그 등기의 목적이 동일한 때에 있어서 등기원인이 동일이라는 것은 등기실무상 등기상의 표시변동의 원인인 법률행위 또는 그 밖의 법률사실이 그 당사자·내용·성립 내지 발생일이 동일한 것이라고 할 수 있으며(예: 개의 부동산을 일괄상속하여 동시취득하는 경우와 일괄매매를 통해 동시취득하는 경우에서의 소유권이전등기신청), '등기의 목적이 동일'하다는 것은 등기를 요구하는 사항, 즉 신청을 해야 하는 등기 내용의 동일함을 의미한다. 예컨대, A 부동산에 대해서는 소유권이전등기, B부동산에 대해서는 저당권설정등기, C 부동산에 대해서는 전세권설정등기와 같은 각각 다른 등기 내용이 아니라, A·B·C 부동산 모두에 대해 소유권이전등기가 요구되는 경우를 말한다.

한편, 1개의 부동산에 관해 수개의 등기가 있고, 그 등기원인과 그 일자가 동일한 경우에는 법률에 규정이 없으나, 일괄 신청과 같이 1개의 신청서에 의해 등기신청을 할 수 있다. 예컨대, 1개의 부동산에 수개의 저당권의 저당권자가 동일하고, 그 저당권에 대한 상속 그 밖에 일반승계에 의하여 동일한 자가 이 저당권들을 취득하는 경우가 이에 해당된다.

그 밖에 「도시 및 주거환경정비법」(이하 '농어촌정비법'이라 한다.) 제56조 2항의 규정에 의하여 정비사업시행자는 그 사업시행을 위하여 필요한 때에는 (ⅰ) 부동산의 표시 변경 및 경정등기, (ⅱ) 등기 명의인의 표시 변경 및 경정등기, (ⅲ) 소유권보존등기, (ⅳ) 상속에 의한 소유권이전등기를 각 해당 등기의 신청권자를 대위하여 신청할 수 있으며, 이 경우에는 등기원인 또는 등기의 목적이 동일하지 아니한 경우라도 동일한 신청서로 등기를 신청할 수 있다.(2003.6.28. 대법원규칙 제1833호)

(2) 신청서의 문자기재 등의 방식

신청서의 작성시에는 자획을 분명히 해야 한다.(규칙 제57조 1항) 이미 작성된 신청서의 문자는 변개할 수 없다. 만일 정정, 삽입 또는 삭제를 한 때에는 그 자수를 난외에 기재하며, 문자의 전후에 괄호를 붙이고 이에 날인해야 한다. 삭제된 문자는 이를 해독할 수 있게 글자체를 남겨두어야 한다.(법 제57조 2항)

(3) 신청인의 기명날인

출석신청의 경우 신청서에는 법률이 정한 일정한 사항을 기재하고, 신청인이 이에 기명날인하여야 한다.(규칙 제56조 1항) 따라서 대리인에 의하여 등기신청을 할 때에는 대리인이 기명날인을 하면 되고, 본인의 기명날인은 필요치 않다.

(4) 신청서의 간인

신청서가 여러 장일 때에는 신청인이 간인을 하되, 등기권리자 또는 등기의무자가 다수일 때에는 그 중 한 사람의 간인으로써 족하다.(규칙 제56조 2항)

2) 신청서의 기재사항

(1) 신청서의 필요적 기재사항

필요적 기재사항이란 신청서에 반드시 기재하는 것이 요구되는 사항으로(규칙 제43조 1항), 이러한 사항이 기재되지 않았을 때에는 그 신청은 방식에 맞지 않은 이유로 각하된다.

(법 제29조 5호)

가. 등기의 객체인 물건에 관한 사항

(a) 부동산의 소재와 지번(규칙 제43조 1항)

'소재'란 부동산이 존재하는 장소로서 행정구획인 특별시·군·구·읍·면·동·리를 말한다. 한편 '지번'은 토지를 특정하기 위하여 토지에 붙이는 번호를 말하며(공간정보의 구축 및 관리 등에 관한 법률 제2조 4호), 지번은 지번지역(리·동 또는 이에 준하는 지역으로서 지번을 설정하는 단위지역)별로 기번幾番하여 정한다. 그리고 하나의 지번이 붙는 지번의 등록단위가 필지이므로(법 제2조 3호) 지번은 토지의 1필마다 붙이는 번호가 된다. 위와 같은 소재와 지번은 토지·건물, 어느 경우나 기재해야 하는 것은 당연한 것이다. 그러나 건물에는 별도의 지번이 없으므로 그 대지의 지번이 건물의 지번이 된다.

(b) 지목과 면적(규칙 제43조 1항)

여기서의 지목과 면적은 등기할 권리의 목적물이 토지인 때의 기재사항이다. '지목'은 토지의 주된 사용목적에 따라 토지의 종류를 구분·표시하는 명칭으로 토지의 주된 사용목적에 따라 전·답·과수원·목장용지·임야·광천지·염전·대·공장용지·학교용지·주차장·주유소용지·창고용지·도로·철도용지·하천·제방·구거溝渠·유지溜地·양어장·수도용지·공원·체육용지·유원지·종교용지·사적지·묘지·잡종지 등 28종으로 구분된다. 여기서 '지적공부'란 토지대장·임야대장·공유지연명부·대지권등록부·지적도·임야도 및 경계점좌표등록부 그리고 이와 같은공부에 등록할 사항을 「공간정보의 구축 및 관리 등에 관한 법률」이 정하는 바에 따라 전산정보처리조직에 의하여 자기디스크·자기테이프 그 밖에 이와 유사한 매체에 기록·저장 및 관리하는 집합물을 말한다.(공간정보의 구축 및 관리 등에 관한 법률 제2조 참조)

이와 같은 기재사항은 등기할 권리의 목적이 건물인 경우에도 해당된다. '건물의 종류'란 주택·사무실·점포·창고·공장 등의 사용목적에 따른 종류를 말하며, '건물의 구조'는 석조·벽돌·목조·시멘트·블록조·시멘트벽돌조·철근콘크리트조·기와지붕·시멘트기와지붕·슬라브지붕·평가건平家建·2층건 등의 구조상의 종류를 말한다. 이와 같은 건물의 구조는 그의 주된 부분의 구성재료(예: 석·목·시멘트·블록·시멘트벽돌·철근콘크리트·시멘트 등), 지붕의 종류(예: 기와지붕·슬라브지붕·슬레이트 등), 층수(예: 평가건·2층건 등) 등으로 구분된다. 면적은 연건축면적을 나타내며, 그 단위는 토지와 마찬가지로 제곱미터(㎡)이다. 한편 2층 이상의 건물의 경우는 각층의 면적과 지하실이 있는 경우에는 지하실의 면적도 별도의 면적의 표시를 해야 한다.

1필지 또는 수필지상에 수개의 건물이 존재할 때에는 그 번호를 기재해야 한다. 원칙적으로 1필지상에 1개의 건물이 존재하게 되어, 그 건물의 번호는 그 건물이 있는 땅(1필지)의 지번이 된다. 그러나 1필지 또는 수필지상에 수개의 건물이 있는 경우에 그 건물의 번호가 그 건물이 있는 필지의 지번이 될 수 없을 때에는 별도로 건물번호의 부여가 필요하고, 그 번호를 신청서에 기재해야 한다. 또한 '부속건물'이란 일정한 건물(이른바 주건물)의 경제적 효용을 다하게 하기 위하여 그 건물에 부속된 다른 독립된 건물을 말한다. 예컨대, 주택과 딴 채로 된 광, 사무실의 구성부분인 창고, 차고 등이 이에 해당된다.

(c) 기재사항에 관한 특칙

등기할 건물이 1동의 건물을 구분한 구분건물인 경우에 일반건물과 달리 그 표시에 관한 기재사항에 관해 특칙을 두고 있다.

첫째, 건물이 1동의 건물을 구분한 구분건물인 때에는 그 1동의 건물의 소재·지번·종류와 구조 및 면적을 기재하고, 1필지 또는 수필지상에 수동의 건물이 있을 때에는 그 번호를 기재하여야 한다.(법 제40조 2항 본문) 또한 구분건물의 표시에 관한 기재에 있어서 그 소재와 지번은 기재하지 아니하는데, 그 이유는 그 구분건물이 속하는 1동의 건물의 소재와 지번을 적기 때문이다.

둘째, **구분건물에 있어서** 그 **구분건물에 대지사용권(구분건물의 전유부분을 소유하기** 위하여 **건물의 대지에 대하여 가지는 권리)으로서 건물과 분리하여 처분할 수 없는 것**(이른바 '대지권')**이 있을 때에는 신청서에** 그 **권리의 표시를 기재**한다.**(법 제40조 3항) 대지권은 구분건물과 일체하여 존재하기 때문에 분리하여 처분하지 못한다.** 따라서 **등기될 구분건물과 함께 대지권의 내용을 명백하게 할 필요**가 있다.

나. 신청인에 관한 사항

(a) 신청인의 성명 또는 명칭과 주소(규칙 제43조 1항)

신청인이 자연인(개인)인 경우에는 그 성명과 주소를, 신청인이 법인(사단법인·재단법인 등)인 경우에는 그 명칭과 주소(사무소의 소재지)를 각각 기재해야 된다. 또한 신청인이 법인이 아닌 사단 또는 재단인 때에는 그 대표자나 관리인이 그 사단 또는 재단의 명의로 등기를 신청해야 되므로(법 제26조) 이 경우에는 법인이 아닌 사단 또는 재단의 명칭과 주소, 그 대표자나 관리인의 성명과 주소를 함께 기재해야 한다.(규칙 제43조 2항) 물론 단독신청인 경우에는(예: 소유권보전등기신청, 토지합필·분필등기신청), 등기신청인에 관해서만 이들 사항을 기재하고, 그 밖의 공동신청의 경우에는(예: 소유권이전등기신청, 저당권설정등기신청, 저당권이전등기신청 등) 등기권리자와 등기의무자 모두에 관해서 이들 사항을 기재해야 한다. 그 밖에 등기권리자는 그의 주민등록번호를 병기해야 하며, 만약 주민등록번호가 없는 때에는 일정

한 절차에 의해 부여된 부동산등기용 등록번호를 병기해야 한다.(규칙 제43조 1항 2호)

또한 법인 아닌 사단 또는 재단이 등기권리자 또는 등기의무자로 등기신청하는 경우에는 그 대표자나 관리인의 성명과 주소 및 주민등록번호를 적는다.(규칙 제43조 2항)

한편, **등기신청인이 법인이 아닌 개인으로서 상인인 경우에** 그 **상호로 등기를 할 수가 없다.** 왜냐하면 **상호**에 대하여 **개인적인 성명**과 같이 **동일성 확보 제도가 완비되어 있지 않기 때문이다.**

(b) 대리인에 의해 등기신청을 할 때에는 그 성명·주소(규칙 제43조 1항 4호)

여기서 '대리인'이란 임의대리인(예: 법무사에 의뢰한 경우에 법무사), 법정대리인, 법인의 대표기관 또는 법인이 아닌 사단이나 재단의 대표자나 관리인뿐만 아니라, 이들의 복대리인도 포함한다고 본다. 복대리인의 등기신청의 경우에는 그 성명·주소를 적는 것으로 족하고, 대리인에 관한 표시를 할 필요가 없다고 해석된다. 예컨대, 등기의무자 또는 등기권리자가 의사무능력자인 경우에 그 법정대리인이 또는 법인의 경우에 그 대표기관이, 법무사에게 등기신청을 의뢰한 때에는 그 법무사가 복대리인이 되어 등기신청서에는 대리인(원대리인)이 아닌 복대리인의 표시에 관한 사항(성명, 부동산등기용 등록번호의 부여 방법, 주소)을 기재하면 된다.

○ 부동산등기용 등록번호 부여 방법

---

① 다음과 같은 방법으로 부동산등기용 등록번호(이하 '등록번호'라 한다.)를 부여한다.(개정 2013. 3.23, 2014.3.18.)

1. 국가·지방자치단체·국제기관 및 외국정부의 등록번호는 국토교통부장관이 지정·고시한다.
2. 주민등록번호가 없는 재외국민의 등록번호는 대법원 소재지 관할등기소의 등기관이 부여하고, 법인의 등록번호는 주된 사무소(회사의 경우에는 본점, 외국법인의 경우에는 국내에 최초로 설치 등기를 한 영업소나 사무소를 말한다.) 소재지 관할 등기소의 등기관이 부여한다.
3. 법인 아닌 사단이나 재단 및 국내에 영업소나 사무소의 설치 등기를 하지 아니한 외국법인의 등록번호는 시장(「제주특별자치도 설치 및 국제자유도시 조성을 위한 특별법」 제15조 2항에 따른 행정시의 시장을 포함하며, 「지방자치법」 제3조 3항에 따라 자치구가 아닌 구를 두는 시의 시장은 제외한다.), 군수 또는 구청장(자치구가 아닌 구의 구청장을 포함한다.)이 부여한다.
4. 외국인의 등록번호는 체류지(국내에 체류지가 없는 경우에는 대법원 소재지에 체류지가 있는 것으로 본다.)를 관할하는 지방출입국·외국인관서의 장이 부여한다.

② 제1항 제2호에 따른 등록번호의 부여절차는 대법원규칙으로 정하고, 제1항 3호와 4호에 따른 등록번호의 부여 절차는 대통령령으로 정한다.

(c) 등기권리자가 2인 이상인 경우에 그 지분 및 등기할 권리가 합유일 때의 취지

등기권리자가 2인 이상인 경우에는 신청서에 그 지분을 기재하고(규칙 제105조 1항), 또한 이 경우에 등기할 권리가 합유인 때에는 신청서에 그 취지를 기재해야 한다.(규칙 제105조 2항) 등기권리자가 2인 이상인 경우에 등기상에 그 지분이 명기되지 않은 경우에는 그 지분이 균등한 것으로 추정한다.(민법 제262조 2항) 따라서 이 경우 공유자의 지분을 신청서에 기재해야 한다. 이렇게 함으로써 공유자 사이의 대내적 권리계약(민법 제263조, 265조, 270조 참조)뿐만 아니라, 지분권 이전시에 지분권 취득자의 권리를 명확히 할 수 있다.

한편, 합유의 경우에 지분과 합유의 취지를 신청서에 기재하는 것은 공유와 다른 합유의 독특한 성질이 존재하기 때문이다. 즉 합유가 존재하면 공유와 달리 합유자 전원의 동의가 있어야만 합유물에 대한 지분을 처분할 수 있고, 합유물의 분할도 청구할 수 있다.(민법 제273조) 부동산등기법 제44조의 규정은 등기권리자가 2인 이상인 경우에 그 지분이 있는 것을 전제로 하기 때문에 지분이 존재하지 않는 공동소유 중 총유에는 이 규정이 적용되지 않는 것은 당연하다.

(d) 채권자와 채무자의 성명 또는 명칭, 주소 또는 사무소나 대위원인(규칙 제50조)

채권자는 자기 채권을 보전하기 위해 채무자를 대위하여 등기신청할 때에는 신청서에 채권자와 채무자의 성명 또는 명칭, 주소 또는 사무소와 대위원인을 기재하고 대위원인을 증명하는 서면을 첨부해야 한다.(규칙 제50조) 여기서 '대위원인'이란 등기신청자의 대위권이 발생하게 된 원인, 즉 등기신청자의 피대위자(채무자)에 대한 채권의 발생원인을 말한다. 예컨대, 소비대차계약, 매매, 저당권설정 등이 채권의 발생원인이라고 할 수 있다. 이와 같은 대위원인의 기재를 요구하는 것은 등기관이 대위권의 존부를 형식상 조사할 필요가 있기 때문이다.

(e) 구분건물의 표시에 관한 등기를 대위신청하는 경우에 대위자와 피대위자의 성명(또는 명칭)·주소(또는 사무소)와 대위원인(법 제41조, 제46조 참조)

건축 당시부터 구분건물의 경우에 1동의 건물에 속하는 구분건물 중 일부 만에 관하여 소유권보전등기를 신청할 때에는 그 일부의 구분건물의 소유자는 다른 구분건물의 소유자를 대위하여 그 건물의 표시에 관한 등기를 신청할 수 있다. 이와 같은 경우 신청서에는 대위자와 피대위자, 즉 구분건물의 소유권보존등기의 신청자와 다른 구분건물(소유권보존이 미등기된 구분건물)의 소유권자의 성명·주소 및 대위원인을 기재해야 된다.

다. 등기원인과 그 연월일(규칙 제43조 1항 5호)

등기원인이란 등기를 정당화시키는 법률상 원인을 말한다. 등기원인에 관하여 채권행위(곽윤진, 123면; 김용한, 87면) 또는 물권행위(이영준, 170면; 김증한·김학동, 68면; 김상용, 148면)

를 등기원인으로 하는 견해가 있다.

생각건대 등기원인에 관하여 실체법적 또는 절차법(부동산등기법)적으로 나누어 고려해야 할 것으로 본다. 실체법적으로는 물권행위가 등기와 함께 물권변동의 요건이기 때문에 물권행위를 등기원인으로 보게 된다. 그러나 절차법적으로는 채권행위를 등기원인으로 보아야 할 것이다. 왜냐하면 부동산등기특별조치법 제3조 내지 제4조의 내용 중 '계약서'란 채권계약서를 지칭하는 것으로 보기 때문이다. 등기실무에 의해서도 매매에 의한 소유권이전등기의 신청서 및 등기부에 등기원인을 매매로 기재하고 있기도 하다.(최명구, 94면)

한편 등기원인은 법률행위 이외의 법률사실 내지 법률요건이 등기원인이 되기도 한다. 예컨대, 상속, 경매, 취득시효, 변제, 토지의 분·합, 건물의 증축, 오기誤記 등이 이에 해당된다. 그리고 '등기원인의 연월일'은 등기원인의 발생일 또는 그 효력의 발생일이 된다.

라. 등기의 목적(규칙 제43조 1항 6호)

등기의 목적이란 등기의 내용 및 종류를 말한다. 예컨대 소유권보존, 소유권이전, 지상권설정, 저당권설정, 지역권설정, 전세권설정, 가등기에 의한 본등기, 담보가등기, 토지표시의 변경, 등기 명의인 표시의 변경, 저당권등기의 말소 등이 이에 해당된다.

마. 등기소의 표시(규칙 제43조 1항 8호)

등기소의 표시는 부동산 소재의 관할등기소의 표시이다.

바. 신청연월일(규칙 제43조 1항 9호)

연월일은 신청서의 제출일을 말한다.

사. 그 밖의 기재할 사항

등기신청시 관련되어 납부한 세금(등록세 등)의 세액 및 과세표준액을 기재하고(규칙 제46조 1항), 거래가액, 국민주택채권번호 등 그 밖의 다른 법률에 의하여 부여된 의무사항도 기재해야 한다.(규칙 제46조 2항)

○ 거래가액 기록

등기관이 「공인중개사의 업무 및 부동산 거래신고에 관한 법률」 제27조 1항에서 정하는 계약을 등기원인으로 한 소유권이전등기를 하는 경우에는 대법원규칙으로 정하는 바에 따라 거래가액을 기록한다.(개정 2015.7.24)

---

(2) 신청서의 임의적 기재사항

신청서의 임의적 기재사항은 신청서에 당연히 필연적으로 기재(필요적 기재사항)하는 것이 아니라, 기재하는 것이 허용되는 사항을 말한다. 예컨대, 등기원인에 '등기의 목적인 권리의 소멸에 관한 약정'이 존재할 때 이를 신청서에 기재하는 사항을 말한다.(법 제53조, 54조) 좀 더 구체적으로 살펴보면, 매매에 의한 소유권이전이 일정한 기한의 성립(예: 매수인의 사망) 또는 조건의 성취(예: 일정한 기일까지 매매대금의 지불)가 있는 경우에 매도인에게 소유권이 자동적으로 복귀한다는 약정, 일정한 조건(예: 매수인의 일정한 사용목적 이외의 목적에 사용하는 것)이 성취된 경우에 매도인이 매매계약을 해제한다는 약정 등이 이에 해당된다.

이러한 임의적 기재사항이 신청서에 기재됨으로써 등기하게 되면, 필요적 기재사항의 경우와 동일한 효력이 발생한다. 또한 임의적 기재사항이 신청서에 기재되지 않아도 등기신청이 각하되지는 않는다. 따라서 부동산등기법 제43조의2에서 "등기원인에 등기목적인 권리의 소멸에 관한 약정이 있는 때에는 신청서에 그 사항을 기재해야 한다."라고 규정한 것은 임의 규정의 내용으로서 등기신청의 당사자가 이를 배제할 수 있다고 해석해야 한다.

(3) 전자신청에 대한 특례

전자신청을 하는 당사자 또는 등기신청을 대리하는 변호사나 법무사는 등기신청시 필요한 신청정보를 전자문서로 송신해야 한다.(규칙 제67조 2항) 전자신청서를 송신할 때에는 전자서명정보(공인인증서 등)를 함께 송신해야 한다.(규칙 제67조 4항)

그리고 전자신청시에 부동산등기규칙 제43조에 따른 신청정보와 제46조 및 그 밖의 법령의 규정에 의하여 제출하여야 하는 첨부정보는 전자문서로 송신하거나 대법원예규가 정하는 방법으로 제출하여야 한다.(규칙 제67조 3항)

○ 도로명주소법에 따른 부동산등기 사무처리지침(2011.10.28 예규 제1436호)

---

1) 목적 : 이 예규는 도로명주소법에 따른 부동산등기 절차를 규정함을 목적으로 한다.

2) 적용 대상 : 이 예규는 건물등기기록 표제부의 건물 표시 및 부동산등기기록의 각 등기 명의인의 주소를 그 적용 대상으로 한다.

3) 건물 표시 부분에의 도로명주소 표기

(1) 도로명주소 표기 방법 : 도로명주소는 건물 표시 중 소재지번 표시 아래에 기재한다.

(예시 1) 일반 건물의 부동산 표시

서울특별시 서초구 서초동 1500-2
[도로명주소] 서울특별시 서초구 명달로 22길 24
철근콘크리트조 슬래브지붕 2층 사무실
1층 234㎡, 2층 202㎡

(예시 2) 구분건물의 부동산 표시
1동의 건물 표시
서초아파트 제101동
[도로명주소] 서울특별시 서초구 서초대로 46길 62
철근콘크리트조 슬래브지붕 3층 아파트
1층 554.5㎡, 2층 554.5㎡, 3층 431.5㎡ (이하 생략)

(2) 등기신청서

가. 건물등기기록 표제부에 도로명주소가 기록되지 않은 경우 : (i) 등기신청서의 건물 표시는 등기기록에 표시된 건물의 소재지번을 기재하고, 이 경우 도로명주소만을 기재하여서는 아니 된다. (ii) 등기신청서의 건물 표시에 소재지번과 도로명주소가 함께 기재된 경우에는 등기사건을 수리하되, 도로명주소가 기재된 건축물대장 정보가 함께 제공된 경우. 이에 따라 등기관은 직권으로 도로명주소를 기록하는 표시 변경등기를 하여야 한다.

나. 건물등기기록 표제부에 도로명주소가 기록된 경우 : 등기신청서의 건물 표시는 등기기록에 표시된 건물의 소재지번과 도로명주소를 함께 기재한다.

(3) 등기원인증서(매매계약서, 근저당권설정계약서 등)

가. 건물등기기록 표제부에 도로명주소가 기록되지 않은 경우 : (i) 등기원인증서의 건물 표시는 등기기록에 표시된 건물의 소재지번을 기재한다. (ii) 등기원인증서에 건물 표시로 도로명주소만 기재된 때에도 신청인이 제공한 도로명주소 정보[건축물대장 정보, 행정안전부 "새주소 안내시스템(http://www.juso.go.kr)"의 조회 결과물 등, 이하 "도로명주소 정보"라고 함.]에 의하여 해당 소재지번에 대한 도로명주소임이 인정된다면 등기사건을 수리한다.

나. 건물등기기록 표제부에 도로명주소가 기록된 경우 : (i) 등기원인증서의 건물 표시는 등기기록에 표시된 건물의 소재지번과 도로명주소를 함께 기재한다. (ii) 등기원인증서에 건물 표시로 소재지번 또는 도로명주소 중 어느 하나만 기재된 때에도 등기사건을 수리한다.

4) 등기 명의인 표시 부분에의 도로명주소 표기

(1) 도로명주소 표기방법 : 등기 명의인의 도로명주소는 주소를 증명하는 정보에 표시된

주소(법정동, 공동주택 명칭의 참고항목 포함)와 동일하게 기재한다.

(2) 등기신청서 및 등기원인증서

가. 도로명주소로 변경하기 위하여 등기 명의인 표시 변경등기를 신청하는 경우 등기신청서의 등기원인 및 원인일자는 주소를 증명하는 정보에 표시된 주소 변동사유 및 변동일자를 기재한다.

나. 등기원인증서의 명의인 주소표시를 지번방식의 주소로 기재한 때에도 신청인이 제공한 도로명주소 정보에 의하여 해당 도로명주소와 같은 주소임이 인정되면 등기사건을 수리한다.

(3) 인감증명서

가. 등기기록의 등기의무자 주소가 지번방식의 주소일 때 등기의무자의 인감증명에는 도로명주소만 기재된 경우 신청인이 제공한 도로명주소 정보에 의하여 해당 지번방식의 주소에 대한 도로명주소임이 인정되면 등기사건을 수리한다.

나. 등기의무자의 인감증명에 기재된 주소변경이력에 의하여 해당 지번방식의 주소에 대한 도로명주소임이 인정되는 경우에도 등기사건을 수리한다.

5) 직권등기

(1) 도로명주소가 기록되지 않은 건물등기기록에 대하여 도로명주소가 기재된 건축물대장 정보가 함께 제공된 등기신청이 있는 때에는 등기관은 직권으로 건물등기기록 표제부에 도로명주소를 기록하는 표시 변경등기를 하여야 한다.

(2) 소유권이전등기시 부동산등기규칙 제122조에 따라 등기 명의인의 주소를 직권으로 변경하여야 하는 경우, 등기의무자의 주소가 '전거' 등의 실질적인 주소변경이 아닌 도로명주소법에 따른 주소변경인 경우에는 주소변경의 직권등기를 하지 아니한다.

6) 등록면허세 등 : 도로명주소법에 의한 건물표시변경 또는 등기 명의인 표시변경 등기신청에는 등록면허세 및 등기신청 수수료를 납부하지 아니한다.

---

3. 등기원인을 증명하는 정보

1) 서언

등기원인서면의 원본 제공 : 원인서면은 원본을 제공해야지, 사본을 제공할 수는 없고, 이는 **국가라도 마찬가지이다.**

2) 등기원인을 증명하는 정보의 내용(법률행위에 의한 물권변동의 경우)

(1) 부동산 표시의 기재(대장과 일치 요구)

① 일치성 완화 : 약간의 불일치가 있더라도 양자간에 동일성이 인정되면 수리될 것이다.

② 대지권 표시가 빠진 경우 : 구분건물과 대지권이 함께 등기의 목적인 경우에는 그 계약서에 대지권의 구체적인 표시가 없더라도 대지권이 포함된 취지의 표시는 되어 있어야 한다.

③ 법률규정에 의한 물권변동인 경우 : 가족관계등록사항별 증명서나 주민등록표등·초본, 기본증명서도 개정법에 의하면 부동산 표시가 없지만, 등기원인을 증명하는 정보에 해당한다.

(2) 등기할 사항

① 기재사항 : 등기목적, 등기원인과 그 연월일. 임의적·필요적 등기사항의 내용

② **법률규정에 의한 물권변동인 경우 : 상속재산분할협의서, 유언서, 사인증여계약서도 개정법**에 의하면 **등기원인일자의 표시가 없지만, 등기원인을 증명하는 정보에 해당함.**

(3) 당사자의 표시와 날인

① **일치성 완화**

- **주소 상이** : 등기원인을 증명하는 정보의 주소표시가 신청정보의 표시와 다르더라도 다른 첨부정보로 동일성을 인정할 수 있다면 그 등기신청은 **수리될 수 있다.**
- 국유재산의 관리청의 장이 경질된 경우 : 관리청의 장이 경질되어 등기원인을 증명하는 정보의 관리청의 장과 신청정보의 관리청의 장이 다르더라도 수리할 수 있다.
- **법인의 대표자 표시가 상이한 경우 : 법인등기사항증명서**에 의하**여 종전 대표자임이 소명되면 수리할 수 있다.**
- **주민등록번호가 빠진 경우 : 주민등록번호가 빠진 경우에도 수리된다.**

② **인감날인의 문제 : 인감은 신청서** 또는 **위임장에만 날인하므로 등기원인을 증명하는 서면에는 날인이 있어야 하나,** 그 **날인이 반드시 인감일 것은 요구되지 않는다.**

- **근저당권설정 계약서의 채무자 날인** : 등기원인을 증명하는 정보인 **근저당권설정 계약서에는 채무자 표시는 있어야 하지만, 채무자는 당사자가 아니므로 채무자의 날인까지 요구되지는 않는다.**

표 5-8 ▌ 등기원인을 증명하는 정보의 정리

소유권이전	매매계약서, 증여계약서, 공유물분할계약서, 명의신탁해지증서, 대물반환계약서, 매각허가결정정본, 가족관계등록사항별 증명서, 상속재산분할협의서, 유언증서, 사인증여증서(종전에는 해당되지 않는 것으로 본 것들임) 등. 다만, 아파트 분양계약사실증명원은 해당하지 아니함.
가등기	매매계약서
각종 권리의 등기	근저당권설정계약서, 전세권설정계약서
각종 변경등기	권리변경계약서
말소등기	해지증서
수용	협의성립확인서, 협의성립공정증서와 그 수리증명서, 재결서
경매	경매 개시결정정본(종전에는 해당되지 않는 것으로 봄.)
판결	집행력 있는 판결정본
규약상 공용부분인 뜻의 등기	규약 또는 공정증서

(4) 검인계약서

가. 검인을 요하는 등기신청

① 요건 : 유·무상을 불문하고 "계약"에 의한 "소유권이전등기 따라서 단독행위 및 법률규정에 의한 소유권이전등기 제외함. 소유권가등기 및 소유권말소회복등기 제외함.

② 토지거래 허가구역 내에서 토지에 대해 허가받은 경우 건물에 대한 검인 여부 : 토지거래허가신청서에는 허가 대상 토지뿐만 아니라, 지상 건물도 기재하도록 하고 있으므로 건물에 대하여 별도로 검인을 받지 않아도 등기신청을 수리할 수 있다.(1997. 4.11 등기 3402－279)

나. 검인신청 절차

① 검인시기 : 등기신청 전

② 검인신청인 : 계약체결 당사자, 변호사, 법무사, 중개업자, 대위채권자도 가능함.

③ 일괄 검인신청 : 소재지를 달리하는 수개의 부동산에 대한 매매계약서의 검인신청은 그 중 한 곳의 시장 등에게 일괄하여 검인을 신청할 수 있다.

④ 형식적 검인권 : 계약서 또는 판결서계약서 또는 판결서 등의 형식적 요건의 구비 여부만을 확인하고 그 기재에 흠결이 없다고 인정한 대에는 지체 없이 검인하여야 한다.

표 5-9 ‖ 검인 여부

검인을 받아야 하는 경우	검인을 받지 아니하는 경우
① 매매·교환·증여계약서, 명의신탁해지약정서, 공유물분할계약서, 양도담보계약서 ② 계약에 의한 소유권이전등기를 명하는 집행력 있는 판결서 및 확정판결과 동일한 효력이 있는 조서(화해, 인낙, 조정조서) ③ 가등기에 기한 본등기의 매매계약서 ④ 재산분할판결에 의하여 이혼당사자 중 일방이 그의 지분에 대한 농지소유권이전등기를 신청하는 경우 ⑤ 공공용지취득협의서에 의한 소유권이전(사적 계약성 때문임.) ⑥ 미등기건물에 대한 아파트분양 계약서 ⑦ 무허가건물에 대한 매매계약서	① 수용, 상속, 취득시효, 권리포기 등을 원인으로 한 소유권이전(계약이 아님.) ② 소유권이전청구권보전의 가등기 ③ 계약의 일방당사자가 국가 또는 지방자치단체인 경우 ④ 매각 또는 공매를 원인으로 한 소유권이전등기(계약이 아님.) ⑤ 국토계획법 규정에 의하여 허가증을 발급받은 경우 ⑥ 소유권이전등기말소신청의 등기원인증서가 "매매계약해제증서"인 경우(이전등기가 아니므로) ⑦ 진정명의회복등기(취득이 아닌 회복이기 때문임.) ⑧ 선박·임목·재단등기의 경우 ⑨ 주택거래 신고를 한 경우나 부동산거래계약을 신고한 경우

4. 등기의무자의 권리에 관한 등기필증

1) 등기필증의 적격성

(1) 등기필증의 일반적 적격요건

부동산 표시, 등기할 사항, 당사자 표시와 날인이 있어야 하고 등기필의 기재 및 등기소인이 찍힌 것이어야 한다. 또한 등기필증은 사본이 아닌 원본을 제공한다.

(2) 신청인이 아닌 등기권리자로서 교부받은 것일 것.

① **등기필증의 제공** : (ⅰ) 등기권리자 겸 신청인으로서 교부받은 등기필증, (ⅱ) 등기권리자가 관공서를 통하여 교부받은 등기필증

② **등기완료 통지서**(종전의 등기필통지서)**의 제공** : (ⅰ) 승소한 등기의무자가 단독 신청함으로써 등기권리자가 교부받은 등기완료 통지서, (ⅱ) 채권자 대위신청에 의해서 등기권리자가 교부받은 등기완료 통지서, (ⅲ) 직권에 의한 소유권보존등기에 의하여 등기권리자가 교부받은 등기완료 통지서

③ **등기필정보를 가진 경우** : 신청정보에 일련번호와 임의로 선택한 비밀번호를 신청정보에 입력함.

(3) 등기의무자의 권리에 관한 등기필증을 제공할 것.

• 권리등기필증 : 소유권이전등기필증처럼 권리등기필증을 제공해야지, 부동산 표시 변경 등기필증이나 등기 명의인 표시 변경등기필증은 제공할 것이 아니다.

(4) 각종 등기에서의 구체적 판단

가. 구분건물의 경우(소유권이전등기의 경우 처분의 일체성 때문에 발생한 문제)

• 소유권보존등기와 동시에 대지권등기를 한 경우 : 대지권표시가 있는 구분건물의 소유권등기필증만 제공하면 되고, 토지의 등기필증까지 제공할 것은 아니다.

나. 가등기의 경우

① 가등기신청 : 가등기의무자의 등기필증 제공함.

② 가등기 말소 : 가등기필증을 제공함.

③ 가등기에 의한 본등기 : 가등기의무자의 등기필증을 제공하며, 가등기필증은 제공할 것이 아님.

다. 공유물분할등기 후 다른 등기를 신청하는 경우

① 일반적인 경우 : 공유로 취득할 당시의 등기필증과 공유지분이전등기필증을 함께 제공함.

② 공유토지 분할에 관한 특례법에 의하는 경우 : 분할 전 공유지분을 취득할 당시에 발급받은 등기필증만 제공함.

라. 환지된 토지의 소유권이전등기를 신청하는 경우

① 일반적인 경우 : 환지 전의 소유자로 교부받은 등기필증을 제공함.

② 창설환지나 체비지, 보류지의 경우 : 소유권보존등기필증을 제공함.

마. 근저당권의 경우

① 부기등기로 이전된 근저당권말소 : 근저당권설정등기필증이 아니라, 근저당권이전등기필증을 제공하여야 함.

② 채무자변경(교체)로 인한 근저당권 변경등기 : 근저당권자가 등기권리자, 근저당권설정자가 등기의무자이므로 근저당권설정자의 소유권등기필증을 제공함.

③ 채무자 표시 변경을 원인으로 근저당권 변경등기를 신청하는 경우 : 그 실질은 등기 명

의인이 단독으로 등기 명의인 표시 변경등기를 신청하는 경우와 다를 바가 없기 때문에 등기의무자의 인감증명을 제공할 필요가 없고, 또한 권리에 관한 등기가 아닌 표시변 경등기에 불과하므로 등기필증(등기필정보)도 제공할 필요가 없다.(2011.10.19 부동산등기과－1953)

④ 건물에 저당권을 설정하여 토지의 저당권에 추가 시키는 경우 : 건물의 소유자가 등기의무자이므로 건물소유권에 관한 등기필증만 제공하면 되고, 등기의무자가 될 수 없는 토지소유자의 토지 등기필증은 제공할 것이 아니다.

2) 등기필증을 제공하지 않는 예의 정리

구 분	등기필증을 제공하지 않는 경우	등기필증을 제공하는 경우
단독신청	① 소유권보존등기 ② 등기 명의인의 표시 변경·경정등기 ③ 부동산의 변경·경정등기	
판 결	판결에 의하여 등기권리자가 단독으로 하는 등기신청의 경우	승소한 등기의무자 단독으로 등기를 신청하는 경우에는 등기의무자의 등기필증을 제공함.
상 속	상속으로 인한 등기	특정 및 포괄유증에 의한 등기
가등기	단독신청의 경우	공동신청시 실무상으로는 제공함.
관공서 촉탁	관공서가 등기권리자 및 등기의무자로서 촉탁하는 경우, 법무사에게 위임해도 동일함.	

3) 등기필증 또는 등기필정보의 멸실의 경우

(1) 의의 및 문제의 소재

• 등기필증(등기필정보)의 멸실이라 함은 분실을 포함하고, 등기필정보가 처음부터 작성·교부되지 않은 경우를 포함하나, 등기필증을 제3자가 소지하면서 반환을 거부하여 입수하기 곤란한 경우는 포함하지 아니함. 한편 등기필증이나 등기필정보가 멸실된 경우 재발급하지 아니하기 때문에 대용서면의 문제가 제기됨.

(2) 인우인보증서

악용으로 1991년 폐지됨.

⑶ 등기의무자 본인 또는 법정대리인의 등기소 출석(확인조서 작성)

• 주의 : **임의대리인은 출석할 수 없음.**

⑷ 대리인의 확인서면 1통

가. 작성권자

해당 **등기사건을 위임받은 변호사·법무사만이 작성할 수 있다.** 따라서 **행정사나 등기권리자** 등이 **작성한 확인서면은 제공할 수 없다.**

① **법무사가 자기의 확인서면을 스스로 작성할 수 있는지** 여부 : 이 **법 제51조**에 따라 **변호사나 법무사가 확인서면을 작성하는 것은 준공증적 성격의 업무이므로 공증인의 제척**에 관한 **사항을 규정하고 있는 「공증인법」 제21조의 취지**에 비추어 **볼 때, 자기 소유의 부동산을 매도한 법무사가 매수인**으로부터 그 **소유권이전등기신청을 위임받았으나, 등기필정보가 없는 경우에 등기의무자인 자기**에 대한 **확인서면을** 스스로 **작성할 수 없다.(2011.12.23 부동산등기과－2413)**

② 자격자대리인이 사무원에게 대행시킬 수 있는 지 여부 : 본인 여부를 확인하는 판단작용 자체를 사무원에게 대행하게 하는 것은 그것이 비록 사전지휘 내지 사후감독에 의한 것이라도 허용되지 않는다. 그러나 법무사가 그로 인하여 등기의무자가 입은 손해를 배상할 의무가 생길 수 있음은 별론으로 하고, 등기의무자가 확인정보에 직접 날인한 이상 법무사 본인이 직접 등기의무자 확인을 하지 않았다는 사정만으로 확인정보 자체가 무효라거나 그 확인정보에 의하여 이루어진 등기가 무효로 된다고 볼 수는 없다.(대판 2010.5.27, 2009다12603)

③ 확인서면의 통수 : 1통만 제공함.

나. 작성 방법

본인인지의 여부를 확인하고, 확인서면에 신체적 특징을 반드시 기재하고, 신청인의 우무인을 날인하게 하고, 법무사 등이 기명·날인하여 작성하고 주민등록증 등 그 증명서 사본을 함께 제공해야 한다. 이 경우 등기의무자가 주민등록증을 분실한 경우 “주민등록증 발급신청 확인서”를 갈음하여 제공할 수 있다.(2012.5.14 부동산등기과－955)

－우무인을 찍을 수 없는 경우 : 우무인을 찍는 것이 불가능한 특별한 사정(엄지손가락 절단 등)이 있는 때에는 좌무인을 찍고 특기사항란에 좌무인을 찍은 취지와 구체적 사유를 기재하는 방법으로 작성하여 제공할 수 있다.

다. 확인서면 작성시의 주의의무

법무사 등은 등기신청을 위임하는 자와 등기기록에 기록된 등기의무자로 되어 있는 자가 동일인인지의 여부를 그 직무상 요구되는 주의를 다하여 확인하여야 할 의무가 있다.(대판 2006.5.25, 2006다13025, 2000)

라. 인감증명의 제공

소유권 이외의 등기필증을 멸실한 경우 등기의무자의 인감증명 제공 다만, 대리인이 지배인임을 확인한 경우에는 지배인의 인감증명법상의 인감증명이 아닌 비송사건절차법상의 지배인 인감증명을 제공하여야 한다.

(5) 공증서면의 제공

가. 공증받아야 할 서면

신청서나 위임장 중 등기의무자의 작성부분에 관하여 공증을 받되, 등기의무자 본인이 출석하여 공증을 받아야 한다.(대판 2012.9.13, 2012다47098)

① **등기관의 주의의무** : 신청서 또는 위임장의 공증서가 제출된 경우 등기의무자 본인이 출석하여 공증을 받은 것인지를 확인하여 등기업무를 처리하여야 할 직무상 의무가 있고, 위와 같은 요건을 갖추지 못한 때에는 이 법 제29조에 따라 필요한 서면의 보정을 명하거나 등기신청을 각하하여야 한다.(대판 2012.9.13, 2012다47098)

② **법무사가 아닌 사람이 위임에 의한 대리인으로 소유권이전등기를 신청함에 있어 공증을 받아야 할 서면** : 등기신청서나 확인서면이 아닌 대리권한을 증명하는 서면인 위임장이다.

나. 인감증명의 제공

소유권 이외의 등기필증을 멸실한 경우 등기의무자의 인감증명 제공함. 다만, 대리인이 지배인임을 확인한 경우에는 지배인의 인감증명법상의 인감증명이 아닌 비송사건절차법상의 지배인 인감증명을 제공하여야 한다.

(6) 처분위임장의 공증

–**외국인 또는 재외국민** : 처분위임장에 등기필증 멸실의 뜻을 기재하고 공증인의 공증을 받아 그 위임장부본 1통을 제공하여야 한다.

(7) 등기필증이나 등기필정보가 멸실된 경우의 특칙

① **전자신청의 경우** : 자격자대리인은 등기의무자의 우무인을 담고 있는 확인서면과 주민등록증(또는 여권이나 자동차운전면허증)사본을 전자적 이미지 정보로 변환(電寫)하여 함께 송신함.

② **서면신청의 경우** : 이 법 제51조의 3가지 방법 중 하나로 대용 가능함.

(8) 등기를 마친 후 등기관의 조치

① **등기의무자에게 반환 여부** : 확인조서, 확인서면 1통, 공증서면부본에 등기필의 뜻을 기재하여 등기의무자에게 반환하는 제도는 폐지됨.

② **등기의무자에게 통지** : 등기완료통지서를 출력하여 등기기록에 기록된 주소로 우편송달하여야 함.

5. 제3자의 허가·동의·승낙을 증명하는 정보

1) 서언

(1) 등기상 이해관계 있는 자의 승낙서 등과의 구별

구 분	등기원인에 대한 제3자	등기상 이해관계 있는 제3자
등기기록에 기록	•기록될 필요 없음.	•기록되어 있어야 됨.
요 건	•수리요건(법 제29조 9호)	•수리요건(말소 및 말소회복) •부기등기요건(권리변경·경정등기)
판결에 의한 등기	•원칙적으로 면제됨.	•면제되지 아니함.

(2) 등기원인증서가 집행력 있는 판결인 경우의 특칙

① **원칙** : 판결에 의해서 그 내용이 확인되므로 제공 불요함.

② **예외** : 관공서가 허가권자인 경우에는 판결서에 해당 허가서 등의 현존사실이 기재되지 아니한 경우에만 제공함.

③ **특칙** : 판결에 의해서 소유권이전등기를 신청하는 경우에는 판결문에 관공서의 허가서 등의 현존사실이 기재되어 있더라도 반드시 제공함.(농지취득자격증명서면, 토지거래허가서)

그러나 집행력 있는 판결에 의해서 소유권이전등기를 신청하는 경우에도 행정관청의 허가서 등이 아닌 사원총회 결의서(민법 제276조)나 법정대리인의 동의서 등은 제공할 필요가 없다.

2) 농지취득 자격증명

(1) 발급대상인 농지 여부

① **농지의 의미 : 지목이 전·답·과수원이거나** 그 밖의 **지목의 여하에 불구하고 실제의 토지현장이 농작물의 경작지로 이용되는 토지**

- 농지인지의 심사 : 형식적 심사권밖에 없는 등기관으로서는 농지인지 여부는 지적공부에 기록된 지목을 기준으로 판단할 수밖에 없다.

② 농지의 면적 제한 여부 : 농지 면적에 관계없이 모두 농지취득 자격증명서면 제공.

- 면적미달을 이유로 농지취득 자격증명신청이 반려된 경우 농지취득 자격증 명의 제공 여부 : 면적미달의 사유로 농지취득 자격증명신청이 반려되었다고 하더라도 농지취득자격증 명의 제공 없이 위 농지취득 자격증명반려통지서만을 제공하여 농지에 대한 소유권이전등기를 신청할 수 없다.

③ 등기신청시 지목 변경이 있는 경우 : 매매계약 체결 당시에는 지목이 대지였으나, 소유권이전등기신청시에는 지목이 전田으로 변경된 경우에는 농지취득 자격증명서를 제공한다. 그 반대로 등기신청시 지목이 농지에서 도로로 지목변경이 된 경우에는 농지가 아니기 때문에 종중도 제한 없이 그 토지를 취득할 수 있다.(2012.7.18 부동산등기과-1400)

④ 지목이 농지이지만, 사실상 농지가 아닌 경우(대용서면의 문제)

- 농지취득자격증명신청서 반려통지서의 내용 : 선례는 반려사유가 "신청대상 토지가 농지법에 의한 농지에 해당되지 아니함."이라고 명확히 기재되어야 하는 것으로 보고 있다.
- 구체적인 사례(2007년 전에는 위와 같이 기재하지 않아 등기관의 판단이 필요함.)
  - 농지가 주택대지로 이용되고 있는 경우 : 원상회복이 불가능하다는 취지의 확인서를 건축물대장등본과 함께 제공하면 농지취득자격증명서면을 제공할 필요가 없다. 다만, 관공서의 사실확인서의 제공 없이 단순히 건축물대장등본만을 제공하여 그 농지에 대한 소유권이전등기를 신청할 수는 없다.(2002.7.19 등기 3402-398)
  - 농지가 하천부지, 콘크리트로 메워진 경우 등 : 원상회복이 불가능하다는 내용이 기재된 농지취득 자격증명신청서 반려통지서를 제공한 경우에는 농지취득자격증명서의 제공 불요함. 다만, 농지법을 위반하여 불법으로 형질을 변경한 농지인 경우에는 이를 원상회복하지 않는 한 현 상태에서는 소유권이전등기를 신청할 수 없

다.(2012.10.5 부동산등기과 질의회답)

- 도로로 사용하고 있다는 뜻이 기재된 농지취득 자격증명 반려통지서의 갈음 여부 : 토지의 전부나 일부가 도로인지, 포장된 도로인지, 농지로의 원상회복이 가능한지 등을 알 수 없으므로 농지가 아님을 증명할 수 있는 서면에 해당되지 아니한다.
- 도로법에 의하여 도로구역으로 결정고시된 경우 : 확인서에 해당함.
- 고속도로 공사를 위한 일시전용으로 인하여 현장사무실 및 야적장으로 사용하고 있다는 확인서를 제공한 경우 : 관공서의 확인서에 해당되지 아니함.

(2) 농지취득 자격증명서면의 제공이 요구되는 '취득'의 의미

① 소유권이전등기로서의 취득 : 소유권보존등기나 소유권말소회복등기인 경우에는 제외한다.

- 법률행위의 효력발생 요건인지 여부 : 농지취득 자격증명서면을 제공하지 아니한 경우에 그 등기신청이 각하될 뿐 법률행위의 효력발생 요건은 아니다.

② 농업경영에 이용할 자의 취득

- 농업인 또는 농업법인이 아닌 자 : 농업인이나 영농조합법인, 농업회사법인 외의 법인 및 영농회, 사찰, 종중, 외국법인 등은 농지를 취득할 수 없다.
- 농업인이 아닌 자의 취득 : 주말농장, 체험영농을 목적으로 1,000㎡ 이하의 농지 취득

③ 종중의 농지취득(원칙적 취득 불가)

- 위토인 농지 : 농지개혁 당시 위토대장에 등재된 기존 위토인 농지에 한하여 해당 농지가 위토대장에 종중 명의로 등재되어 있음을 확인하는 내용의 위토대장 소관청 발급의 증명서를 제공하여 그 종중 명의로의 소유권이전등기를 신청 가능함.
- 공유물 분할 : 종중과 자연인이 공유하는 수필지의 농지를 공유물분할하는 경우 가능함.
- 소유권가등기 : 농지취득 자격증명서면의 제공 없이도 소유권가등기는 가능함.
- 농지의 교환·분합에 따른 소유권이전등기를 신청하는 경우 : 종중이 농지의 집단화를 위한 경우 농지취득 자격증명을 제공할 필요 없이 가능함.
- 공익사업법에 의한 환매권 행사 : 농지취득 자격증명을 제공할 필요 없이 종중이 환매권을 행사하여 농지에 대한 소유권이전등기가 가능함.(농지개혁 당시 위토대장에 등재된 기존 위토인 농지 여부 불문함.)

(3) 농지취득 자격증명서의 제공

① 요건 : 유·무상을 불문하고 법률행위에 의한 소유권이전등기를 신청하는 경우

② 농지를 증여받은 자가 상속인이 된 경우 농지취득 자격증명서면 제공 여부 : 신청정보에는 농지취득 자격을 증명하는 서면을 제공하여야 한다.(2004.8.23 부등 3402-416)

③ 토지거래계약허가 내용과 계약 내용이 다른 경우의 농지취득 자격증명 제공 여부 : A, B 두 필지의 농지를 합산하여 토지거래계약허가를 받은 후 A 필지에 대해서만 매매계약을 체결한 경우에는 토지거래계약허가 내용과 계약체결의 내용이 다르므로 면제될 수는 없고, A 필지에 대한 이전등기신청시 농지취득 자격증명을 제공한다.(1996.9. 2. 등기 3402-691)

④ **농지**에 대하여 **상호 명의신탁 해지를 원인으로 한 소유권이전등기를 신청하는 경우 : 공유물분할 절차와 동일하므로 공유물분할을 원인으로 한 공유지분이전등기의 취지처럼 농지취득 자격증명서면을 제공할 필요가 없다.(1999.10.21 등기 3402-983)**

⑤ 도시계획구역 내의 농지 : 주거지역, 상업지역, 공업지역, 녹지지역 등은 농지법 제8조(농지취득자격증 명의 발급)가 적용되지 아니하므로 농지취득 자격증명서를 제공할 필요 없이 소유권이전등기를 신청할 수 있다. 다만, 녹지지역은 도시계획사업에 필요하다는 소명이 있는 경우에만 농지취득 자격증명서면을 제공하지 않는다.

- 교회 또는 종중의 농지취득 가부 : 한국기독교 장로회 ○○교회 또는 종중은 도시계획구역 안의 주거지역으로 지정된 농지를 매수하여 그 취득에 따른 소유권이전등기를 할 수 있다.(1997.12.10 등기 3402-994, 2012.2.15 부동산등기과-311)

⑥ 종중이 취득을 위하여 농지전용허가를 받은 경우 : 농지법 제8조에 따라 농지취득 자격증명을 첨부정보로 등기소에 제공하여 종중 명의로 소유권이전등기를 할 수 있다.(2013.4.30 부동산등기과-973)

(4) 농지취득 자격증명을 발급받을 시기 및 유효기간

① **발급시기 : 반드시 매매계약에 앞서 발급받아야 하는 것은** 아니며, **매매계약** 이후에 **발급받은 것이라도 유효함.**

② **포괄승계인**에 의한 **등기신청의 경우 : 농지의 매수인이 사망한** 후에 그에 대하여 **발급된 농지취득 자격증명은 무효이므로** 그 **상속인이 피상속인 명의의 농지취득 자격증명서면을 제공하여 소유권이전등기를 신청할 수 없다.**

③ 유효기간 : 농지취득 자격증명의 유효기간에 대한 규정은 없다.

표 5-10 ‖ 제공 여부

제공하여야 하는 경우	제공할 필요가 없는 경우
① 자연인, 영농조합법인, 농업회사법인이 농지에 대하여 매매, 증여 교환, 양도담보, 명의신탁해지, 신탁법상의 신탁 또는 신탁해지, 사인증여 계약해제, 공매, 상속인 외의 자에 대한 특정유증 등을 등기원인으로 하여 소유권이전등기를 신청하는 경우 ② 교육법에 의한 학교, 농지법 시행규칙 제4조 별표에 해당하는 공공단체 등이 그 목적 사업을 수행하기 위하여 농지를 취득하여 소유권이전등기를 신청하는 경우 ③ 국가나 지방자치단체로부터 농지를 매수하여 소유권이전등기를 신청하는 경우 ④ 농지전용허가를 받거나 농지전용신고를 한 농지에 대하여 소유권이전등기를 신청하는 경우 ⑤ 동일 가구(세대) 내 친족 간의 매매 등을 원인으로 하여 소유권이전등기를 신청하는 경우 ⑥ 판결에 의하여 농지에 대한 소유권이전등기를 하는 경우 ⑦ 포괄승계인에 의한 등기신청시(법 제27조)에 매수인이 농지를 취득하는 경우 ⑧ 농지법 제6조 2항 제9호의2에 따를 영농여건 불리농지를 취득하여 소유권이전등기를 신청하는 경우 * 농지의 처분목적 신탁 금지 : 신탁회사는 신탁목적이 무엇이든 불문하고 농지 취득 불가 * 농지원부의 대용 여부 : 농지취득 자격증명서면을 갈음할 수 없다. * 농지취득 자격증 명의 유효기간 : 없음.	① 국가나 지방자치단체가 농지를 취득 ② 상속 및 포괄유증, 상속인에 대한 특정유증, 취득시효 완성, 공유물분할, 이혼당사자간의 재산분할, 매각, 진정명의회복등기, 농업법인의 합병 ③ 토지수용 및 공공용지의 취득과 손실보상에 관한 특례법에 의한 협의취득 ④ 도시계획구역 내의 농지 다만, 도시계획구역 중 녹지지역 내의 농지에 대하여는 도시계획사업에 필요한 농지에 한함. ⑤ 농지법 제36조 제2항에 의한 농지전용협의를 마친 농지를 취득하여 소유권이전등기를 신청하는 경우 ⑥ 지목이 농지이나 토지의 현상이 농작물의 경작 또는 다년생 식물재배지로 이용되지 않음이 관할관청이 발급하는 서면에 의해 증명되는 토지 ⑦ 농지에 대하여 소유권이전등기청구권보전의 가등기 ⑧ 농지에 대한 (근)저당권설정등기 ⑨ 국토의 계획 및 이용에 관한 법률에 의하여 토지거래허가를 받은 경우 ⑩ 공익사업을 위한 토지 등의 취득 및 보상에 관한 법률에 의한 환매권자가 환매권에 기하여 농지를 취득하는 경우 ⑪ 농지에 대해서 상호 명의신탁해지를 원인으로 한 소유권이전등기를 신청하는 경우 ⑫ 한국자산관리공사, 유동화전문회사 등이 농지저당권의 실행으로 인한 경매 절차에서 매수인이 없어 농지법 제12조 규정에 의하여 스스로 그 경매 절차에서 담보농지를 취득하는 경우 ⑬ 한국농어촌공사가 한계농지를 취득하는 경우 ⑭ 농지법 제16조 의 규정에 의한 농지이용증진사업시행계획에 의하여 농지를 취득하는 경우 ⑮ 산업집적활성화 및 공장설립에 관한 법률에 의해 공장입지 승인을 얻은 자가 취득하는 경우

3) 토지거래허가구역 내의 토지거래계약에 대한 허가서

(1) 법적 의미

① **계약의 유효요건 : 나중에 허가를 얻을 목적으로 선행하여 거래계약을 체결한 경우에 그 계약은 유동적 무효인 상태이며 허가를 얻지 못하는 한 유효한 계약으로 전환될 수 없으며, 허가를 얻어야 확정적으로 유효인 계약이 된다.**(대판 1999.6.17, 98다40459)

② **확정적 무효인 경우 : 토지거래 허가지역 내에서 토지거래허가 제도를 잠탈할 목적으로 하는 중간생략등기의 합의와 중간생략등기는 확정적으로 무효이다.**(같은 판례)

(2) 적용범위(지정 및 면적기준)

① 허가지역의 지정 이후의 계약일 것.

- 가지번과 면적 사건 : 허가구역 지정의 효력발생일 이전에 토지분할을 전제로 분할 후의 일부 토지에 대하여 가지번과 면적으로 매매계약이 체결된 경우 허가서 제공 불요함. 다만, 계약체결일자에 대한 별도의 소명자료 제공할 필요 없다.
- 지정 후의 예약완결권 의사표시 : 예약완결권행사의 의사표시의 간주시기가 토지거래계약허가구역지정 이후인 경우에 가등기에 기한 본등기신청시에는 토지거래허가를 받아야 한다.

② 면적기준을 초과할 것.(용도별 면적 이하의 토지에 대하여는 허가서 제공 불요함.)

③ 허가구역의 지정해제가 없을 것.

- 허가서 제공 불요 : 허가 없이 토지거래계약을 체결한 후 허가구역 지정해제가 있었다면 확정적 무효인 경우를 제외하고는 유동적 무효가 확정적 유효로 되어 허가서의 제공 없이 소유권이전등기가 가능하다.(대판 1999.6.17, 98다40459)
- 매매계약의 체결일자는 허가구역 지정된 이후이나 일시 허가구역지정이 해제되었다가 판결에 의한 등기신청 당시 다시 허가구역으로 지정된 경우 토지거래허가서 제공 여부 : 허가구역 지정이 해제된 때 그 토지거래계약은 확정적으로 유효가 되므로 을이 위 판결에 따른 등기를 신청할 때 토지거래허가서를 제공할 필요는 없다.

(3) 토지거래허가 대상의 정리

① 요건 : 유상 계약이나 예약에 의한 ⇨ 소유권이전+지상권설정 및 이전+그 가등기

② 가등기 가처분결정에 의한 가등기 : 단독신청의 특례가 인정될 뿐이므로 토지거래허가

의 대상일 때에는 토지거래허가서를 제공하여야 한다.(1994.3.14 등기 3402－197)

③ **포괄승계인에 의한 등기신청** : 상속등기가 아니므로 피상속인 명의의 허가서 제공 가능함.

④ 토지거래 허가 제도를 잠탈하려는 계약

－**토지를 부분적으로 취득하는 경우** : 계약체결 후 1년 안에 동일인과 나머지 토지 전부 또는 일부의 취득계약을 체결한 경우에는 전체 거래로 보아 허가서를 제공해야 한다.

－**분할하여 거래** : (ⅰ) 도시지역 내에 있는 녹지지역의 경우에 면적이 100㎡을 초과할 경우 허가 대상인데, 면적이 150㎡인 갑 토지들을 토지(70㎡)와 병 토지(80㎡)로 분할한 경우, 을 토지와 병 토지 모두 최초 거래시에는 거래허가를 받아야 하고 그 다음 거래부터는 거래허가를 받을 필요가 없다.(1992.9.24 선례 3－559) (ⅱ) 허가 대상면적 이상인 토지를 허가구역 지정 후 허가 대상면적 미만으로 분할하여 허가 대상이 아닌 증여를 원인으로 이전받아 이를 최초로 거래하는 경우 또는 토지를 분할하여 증여한 후 그 남은 토지를 거래하는 경우에는 허가 대상면적 미만이라도 이를 최초로 거래하는 경우에 한하여 허가를 받아야 한다.(법 시행령 제118조 3항, 4항)

－**수인에게 공유지분으로 나누어서 처분하는 경우** : 허가 대상면적을 수인에게 공유지분으로 나누어 처분하는 경우에는 그 지분율에 따라 산정한 면적이 허가 대상면적 미만이더라도 그에 따른 최초의 지분이전등기를 신청하는 때에는 제공한다.

－**공유지분이전의 경우** : 그 지분율로 산정한 토지면적이 허가 대상면적에 해당된다면 그 부동산에 대한 소유권이전등기신청시에 토지거래허가서를 제공하여야 한다.

⑤ 허가받은 사항과 계약의 내용이 다른 경우

－**허가받은 내용과 다를 때** : A, B 두 필지 거래 허가 ⇨ A필지만 이전계약(변경허가 요구됨.)

－**허가서의 매매예정금과 계약서상의 매매대금이 다른 경우** : 금액의 증감 불문하고 별도로 토지거래허가를 다시 받을 필요는 없다.(1997.9.27 등기 3402－716)

⑥ **일부 말소 의미의 소유권 경정** : 토지거래허가를 받아 매매를 원인으로 한 소유권이전등기를 마친 후에 그 해제를 원인으로 한 일부 말소의미의 소유권경정등기를 신청하기 위해서는 관할청의 허가서를 제공한다.(2001.12.27 등기 3402－846)

⑦ **토지거래계약허가를 받은 대로 계약을 체결한 후에 전체 토지 중 일부 토지만에 대한 소유권이전등기를 신청하는 경우** : 변경허가 없이도 그 허가서와 원인증서를 제공하여 전체 토지 중 일부 토지만에 대한 소유권이전등기를 신청할 수 있다.(2008.2.11 부동산등기과－430)

표 5-11 | 허가 여부

허가를 받아야 하는 경우	허가를 받을 필요가 없는 경우
① **토지거래허가구역 안에 있는 토지**에 대한 **소유권·지상권(소유권·지상**권의 취득을 목적으로 하는 권리를 포함)을 이전 또는 설정(대가를 받고 이전 또는 설정하는 경우에 한함.)하는 계약(예약 포함)을 체결하고자 하는 경우 ② 교환계약·대물변제계약·법인의 전환에 따른 현물출자를 모두 포함 ③ 예약을 포함하므로 소유권가등기, 지상권가등기의 경우도 해당 ④ 담보가등기, 가등기 가처분명령정본에 기한 가등기	① 저당권설정계약 ② 전세권·임차권 ③ 대가있는 계약에 한하므로 증여·상속, 명의신탁해지, 지료의 지급이 없는 지상권설정 ④ 공유지분포기를 원인으로 하는 경우(법률규정) ⑤ 점유로 인한 취득시효(법률규정) ⑥ 가등기시에 허가받은 경우 이에 따른 본등기시 ⑦ 이혼시 위자료로 특정재산 이전(무상) ⑧ 진정명의회복등기 ⑨ 신탁법상의 신탁계약 ⑩ 국가, 지방자치단체 등이 시장, 군수, 구청장과 협의가 성립된 때 ⑪ 외국인을 제외한 외국정부 또는 국제기구가 등기 권리자로 되는 경우

4) **외국인의 토지 취득**에 대한 **허가** 또는 **신고(소유권이전등기에 한정)**

(1) **토지취득허가 대상(계약체결** 전에 **허가를 얻는다.)**

① **허가지역** : (ⅰ) **군사시설보호지역,** (ⅱ) **문화재보호지역,** (ⅲ) **생태환경보전지역,** (ⅳ) **야생생물특별보호지역** 다만, **전통건조물보존지구는 제외함.**

② **국내거소신고를 한 해외동포** : **군사시설보호지역만 허가 대상이다.**

–토지이용계획 확인서 : 허가지역 외의 지역인 경우에 제공함.

(2) 토지거래 허가서 제공 여부

① **외국정부 또는 국제기구** : 「국토의 계획 및 이용에 관한 법률」의 적용대상이 아니기 때문에 토지거래허가지역 내의 토지라 하더라도 토지거래계약허가증을 제공할 필요가 없으나, **외국인토지법은 적용되기 때문에 토지취득허가서는 제공하여야 한다.**

② **외국인 : 국토의 계획** 및 **이용**에 관한 **법률의 적용이 있기 때문에 허가지역 내의 토지를 취득하는 경우에는 토지거래허가서를 제공하여야 한다.**

③ **토지거래허가서를 제공한 경우** : 다만, **외국인이 토지거래허가서를 제공한 경우에는 토지취득허가서는 제공할 필요가 없다.**

(3) 신고 대상

① **국내의 토지를 취득하는 계약을 체결한 경우 : '계약체결일'**로부터 **60일 내에 시장·구청장·군수에게 신고한다.**

② **상속·경매 등 계약 외의 사유로 토지를 취득한 경우 : '취득일'**로부터 **6개월 내에 신고**

–제공 여부 : ① ② 모두 신고필증을 첨부정보로 제공할 필요는 없다.(선례 변경)

–신고 면제 : 외국인이 부동산거래 신고를 하거나 주택거래신고를 한 경우에는 시장·군수·구청장에게 토지취득신고를 할 필요가 없다.(외국인토지법 제4조 1항) 다만, 외국인이 계약에 의해서 소유권이전등기를 신청하는 경우에는 부동산거래계약신고필증이나 주택거래계약신고필증은 제공하여야 한다.

5) 법인의 부동산처분과 주무관청의 허가

(1) 민법상 재단법인의 기본재산의 처분

① 허가 대상 : 매매, 증여 교환, 신탁해지, 공유물분할 등 유·무상을 불문하고 법률행위에 의한 "소유권이전등기신청"시에 주무관청의 허가가 필요함.

② 비적용 대상 : 취득시효·매각·진정명의회복 등을 원인으로 하는 소유권이전등기, 원인무효나 해제(다만, 합의해제의 경우는 제외)로 인한 소유권말소등기, 소유권가등기, 기본재산이 아님이 소명된 경우, 소유권취득 등

③ **민법상 사단법인, 법인 아닌 사단·재단 : 주무관청의 허가와는 무관하다.**

④ **재단법인의 기본재산 처분**에 대한 **허가서에 기한이 붙은 경우 : 허가하는 서면에 "본 허가사항의 유효기간은 허가일**로부터 **6개월로 한다."라는 기한을 붙인 경우, 그 기한** 후에는 위 **허가서를 제공하여 소유권이전등기의 신청이 있는 경우 실체관계**에 관한 **심사권한이 없는 등기관으로서는 유효기간이 경과한 허가서를 제공한 등기신청을 수리할 수 없을 것**이다.(2003.11.11 등기3402–611)

(2) 공익법인의 기본재산 처분

① **허가 대상 : 매매, 증여 교환, 신탁해지, 공유물분할** 등 **유·무상을 불문하고 법률행위**에 의한 **"소유권이전등기신청"시에 주무관청의 허가를 받아야 한다.**

② **판결**에 의해서 **소유권이전등기를 신청하는 경우의 면제** 여부 : **등기원인을 증명하는 정보가 소유권이전등기 절차를 이행하라는 확정판결이라고 할지라도 주무관청이 발급한 허가**

서를 첨부정보로서 등기소에 제공하여야 한다.(2012.05.30. 부동산등기과－1085)

③ 유효기간이 경과한 허가서를 제공한 경우 : 실체관계에 관한 심사권한이 없는 등기관으로서는 유효기간이 경과한 허가정보를 첨부정보로서 등기소에 제공한 등기신청을 수리할 수 없다.(2005.8.31 부동산등기과－1321)

(3) 학교법인의 부동산 처분

가. 허가 및 신고 대상등기(사립학교법 제28조 1항)

① 허가 대상 당시 : 유·무상을 불문하고 법률행위에 의한 소유권이전등기, 담보물권설정, 용익물권설정, 임차권설정등기

② 신탁해지로 인한 소유권이전 : 학교법인에 신탁한 부동산을 그 신탁해지를 원인으로 한 소유권이전등기신청시에도 허가서가 필요함.(1996.9.5 등기3402－698)

③ 공유물분할등기 : 학교법인이 공유자 중 1인인 부동산에 대한 공유물분할등기신청시에도 허가서 필요함.(종전 지분보다 더 취득하더라도 허가서 제공 필요함.)

나. 사립학교법상 처분할 수 없는 부동산(사립학교법 제28조 2항)

① 적용 대상 : **학교교육에 직접 사용되는 교지, 연구시설 등은 매도, 담보제공 불가**

② 적용범위 : 소유자와 경영자가 일치하는 사립학교경영자, 유치원경영자. 다만, 영유아보육시설경영자는 적용 제외

③ 경영자가 소유자가 아닌 경우 : 소유자는 경영자가 아니라는 소명자료(관할 교육장이 발행한 유치원의 "폐쇄인가서", 소유권이전등기를 인가조건으로 한 "설립자 변경 인가서" 등)를 제공하여 매도, 담보 제공 가능

④ 유치원 설립인가 전에 설정된 근저당권에 기한 경매등기 여부 : 인가 전의 사유를 실행하는 것이므로 매각에 따른 소유권이전등기는 허가 여부와 상관없이 가능

(4) 의료법인의 기본재산 처분(시·도지사의 허가)

• 주무관청의 허가가 법률행위의 유효요건인지 여부 : 의료법인의 정관에 따르면 의료법인 소유의 부동산은 당연히 의료법인의 기본재산이 되므로, 위 양도행위는 의료법인의 기본재산 처분에 해당하여 주무관청의 허가를 받아야 비로소 유효하게 된다.(대판 2006.03.23, 2004다25727)

(5) 향교재단법인의 부동산 처분(시·도지사의 허가)

(6) 사회복지법인의 기본재산 매도 등(보건복지부 장관의 허가)

6) 그 밖의 경우

(1) 전통사찰에 속하는 부동산의 처분 등

가. 신청인

주지가 그 사찰을 대표하여 등기를 신청한다.

나. 첨부정보(규칙 제48조)

① 정관 그 밖의 규약 : 전통사찰의 정관이나 규약 및 전통사찰이 특정종단에 소속되어 그 종단의 구성원인 경우에는 소속종단의 정관이나 규약

② 전통사찰의 대표자임을 증명하는 정보

- 소속종단의 정관이나 규약에 소속종단의 대표자가 주지를 임면할 권한이 있는 것으로 정한 경우에는 그 종단 대표자 명의의 주지재직증명정보 및 종단 대표자의 직인 인영정보(예: 해당 전통사찰이 대한불교 ○○종 소속인 경우에 대한불교 ○○종 대표자가 발행한 주지재직증명서 및 그 대표자의 직인증명서) 다만, 위와 같은 정함이 없는 경우에는 그 소속종단의 정관이나 규약에서 정한 방법에 따라 주지로 선임되어 재직하고 있음을 증명하는 정보
- 소속종단이 없는 경우에는 전통사찰의 정관이나 규약에서 정한 방법에 의하여 주지로 선임되어 재직하고 있음을 증명하는 정보

③ 민법 제276조 1항의 규정에 의한 결의서 : 전통사찰이 등기의무자로서 등기신청을 할 경우에 제공 전통사찰이 법인 아닌 사단인 경우로 한정하여 제공한다. 다만, 임의규정임.

④ 주지의 주소 및 주민등록번호를 증명하는 정보 : 동일성 확인 목적

⑤ 보증인의 인감증명 : 전통사찰의 대표자임을 증명하는 서면 및 민법 제276조 1항의 규정에 의한 결의가 있음을 증명하는 서면에 함께 제공

다. 부동산의 처분 등

① 문화체육관광부 장관의 허가를 증명하는 정보 : 전통사찰 소유의 전통사찰보존지 등을 매매, 증여 그 밖의 원인으로 양도하여 소유권이전등기를 신청하는 경우. 다만, 시효취득, 매각을 원인으로 한 소유권이전등기를 촉탁하는 경우에는 제외함.

② **시·도지사의 허가를 증명하는 정보** : 근저당권설정등기시에 주무관청의 허가를 받았다면 그 부동산이 매각되어 소유권이전등기를 촉탁하는 경우에는 다시 문화체육관광부 장관의 허가를 받을 필요는 없다.(1998.11.25 등기3402－1174)

라. 등기관 심사

• **주무관청의** 허가서가 제공되지 않았지만, **전통사찰에** 해당한다고 볼 만한 **사정이 있는 경우** : (ⅰ) 해당 사찰이 전통사찰이 아니라는 주무관청의 확인정보 또는 그 밖에 이에 준하는 정보나 (ⅱ) 전통사찰에 해당하는 경우에 해당 부동산이 전통사찰보존지등이 아니라는 정보가 제공되지 않았다면 등기관은 그 등기를 수리하여서는 안 된다.

마. 그 밖의 소속종단이 있는 사찰의 등기신청 등

① **전통사찰은 아니나 소속종단이 있는 사찰인 경우** : 그 사찰 소유의 부동산에 대하여 등기신청을 하는 경우에는 위의 나 및 다를 준용한다.

② **소속종단이 있는 사찰인지 여부의 판단** : 해당 사찰의 명칭과 정관을 종합적으로 심사하여 판단하여야 하고, 특히 명칭에 해당 사찰의 소속종단으로 볼 수 있는 표시(예: 대한불교 ○○종 ○○사) 등이 있으나, 소속종단의 정관이나 규약이 첨부정보로 등기소에 제공되지 아니한 경우에는 이를 제공하도록 보정명령을 하여야 한다. 다만, 소속종단이 없는 사찰이라는 소명이 있는 경우에는 그러하지 아니한다.

(2) 그 밖의 경우

① **북한 이탈 주민의 양도 및 담보제공 : 통일부 장관의 승인**

② 부재자 재산관리인의 재산처분 : 법원의 허가

③ **주식회사와 이사 간의 거래**에 대한 **이사회승인서 : 예규 개정으로** 더 이상 **첨부정보가 아님.** 즉 **회사와 이사** 사이의 **거래가 회사에 불리한 경우에는 이사회의 승인이 필요하나,** 그 **승인이 거래계약의 유효요건은 아니다.** 따라서 **이사회 승인은 회사 내부문제일** 뿐, **등기원인**에 대한 **제3자의 허가·동의·승낙**에 해당하지 **않는다는 견해변경**으로 인하여 **종전예규가 폐지되어** 더 이상 **첨부정보가 아님.**

(3) 법률행위의 취소요건(법정대리인의 동의)이나 대항력의 요건(임대인의 동의)

(4) 폐지되어 동의가 필요 없게 된 경우

• 제공할 필요가 없는 경우 : (ⅰ) 농어촌진흥공사 및 농지관리기금법 폐지(공사의 동의서

불요), (ⅱ) 택지소유상한에 관한 법률폐지(관공서의 허가 불요), (ⅲ) 산림법 제111조의 삭제(임야매매증명 불요)

(5) 제3자의 허가서 등의 작성방법 및 허가서 없이 마쳐진 등기의 효력

① **작성방식** : 허가서·동의서 등을 작성하여 교부하되, 그 제3자의 인감증명을 함께 첨부정보로서 등기소에 제공하여야 한다.

② **승낙권자 등이 신청서에 기명날인하는 방법으로 가능 여부** : 이 법 개정으로 더 이상 불가함.

③ **인감증명의 제공 면제** : 허가권자가 관공서이거나 허가서 등에 공증을 받은 경우

④ **허가서 제공 없이 마쳐진 등기의 효력** : 이 법 제29조 9호의 각하사유를 위반한 등기이므로 직권말소할 수 없고, 실체법상의 유·무효는 소송 등으로 해결한다.

6. 대리권한을 증명하는 정보

구 분	대리권한 증명서면	비 고
임의대리인	위임장	• 처분을 위임받은 수임인이 신청하거나 법무사에게 위임한 경우 : 처분위임장 외에 위임인의 부동산매도용 인감증명 및 수임인의 인감증명을 첨부정보로서 함께 제공함.
법정대리인	미성년자의 기본증명서와 가족관계증명서, 특별대리인선임심판서, 후견인선임서	
법 인	법인등기사항증명서	
법인이 아닌 사단·재단	정관 또는 규약, 사원총회결의서 또는 선임서(부동산등기용 등록번호증명서로 대용 불가) 다만, 등기기록에 기록된 대표자가 신청하는 경우에는 면제됨.	• 보증인의 요건 : 대표자의 자격증명서면에는 보증인 2인 이상이 기재 내용과 상이 없음을 기재해야 하고 보증인의 인감증명을 제공해야 한다. 그러나 법무사가 기재 내용과 상이 없음을 기재하고 기명날인한 경우에는 그러하지 아니하다.
외국인 및 재외국인	처분위임장	• 외국인의 처분위임장에만 공증 필요
※ 제공 면제 : 법인 등기소와 부동산 등기소가 동일한 때에는 상업등기법 제10조의 대표권한의 증명서면을 제공할 필요가 없다.(지배인등기와 부동산등기소가 동일한 경우에도 마찬가지이다.) ※ 인감날인의 문제 : 인감증명서를 제공해야 하는 등기신청을 위임했다면 위임장에는 위임인의 인감을 날인하여야 한다.		

※ 법인인 근저당권자의 채무자 : 법인이 근저당권의 채무자로 되는 경우에는 당사자가 아니므로 법인등기사항증명서를 제공할 필요는 없다.(1997.11.3 등기3402－829)
※ 외국인의 처분위임장의 공증 : 행정관할권이 있는 본국관공서의 증명이나 공증인의 공증이 있어야 하고, 행정관할권이 없는 외국주재 한국대사관 등의 확인(확인서) 또는 공증(공정증서)을 받아 제공할 수는 없다.

○ 유효기간

① 법인등기사항증명서 : 발행일로부터 3개월 이내
② 인감증명(본인 서명 사실확인서): 발행일로부터 3개월 이내
③ 대장등본 : 발행일로부터 3개월 이내
④ 주민등록등·초본 : 발행일로부터 3개월 이내
⑤ 가족관계등록사항별 증명서 : 발행일로부터 3개월 이내

○ 법인

① 대표자의 자격을 증명하는 정보 : 법인등기사항증명서
② 법인의 부동산등기용 등록번호를 증명하는 정보 : 법인등기사항증명서
③ 주소를 증명하는 정보 : 법인등기사항증명서
④ 인감증명 : 종전에는 면제규정이 있었으나, 현재는 그러한 규정이 없으므로 양 등기소 관할이 동일해도 인감증명은 첨부정보로 등기소에 제공하여야 한다.(1989.4.13 등기 제470호) 동산 등기소의 관할이 동일한 경우에 등기소에 그 제공을 생략할 수 있는 경우

7. 주소를 증명하는 정보

1) 제공해야 하는 등기신청의 종류

• 제공하는 등기 : 등기기록에 새롭게 기록되는 등기권리자로서 등기신청을 하는 경우 다만, 소유권이전등기의 경우에는 등기의무자의 것도 제공함.

2) 제공하여야 할 주소증명서면

<table>
<tr><th colspan="2">신청인</th><th>주소증명서면</th><th>비고</th></tr>
<tr><td colspan="2">대한민국 국민</td><td>주민등록등·초본</td><td>3개월 이내</td></tr>
<tr><td colspan="2">법인·외국회사</td><td>법인등기사항증명서</td><td>3개월 이내</td></tr>
<tr><td colspan="2">법인 아닌 사단·재단</td><td>정관 또는 규약</td><td></td></tr>
<tr><td rowspan="2">외국인</td><td>입국하지 않은 경우</td><td>① 발급기관이 있는 경우 : 본국 관공서의 주소증명서 또는 거주사실증명서
② 발급기관이 없는 경우 : 주소를 공증한 서면</td><td rowspan="2"></td></tr>
<tr><td>입국한 경우</td><td>위 ①②와 같으나, 외국인등록사실증명서로 제공 가능함. 해외동포는 국내거소신고사실증명서로 가능함.</td></tr>
<tr><td rowspan="2">재외국민</td><td>입국하지 않은 경우</td><td>③ 외국주재 한국대사관이 있는 경우 : 재외국민 거주사실증명 또는 재외국민등록표등본
④ 한국대사관이 없는 경우 : 주소공증서면</td><td rowspan="2"></td></tr>
<tr><td>입국한 경우</td><td>위 ③④와 같으나, 국내거소신고사실증명서로 갈음 가능함.</td></tr>
<tr><td colspan="4">※ 인감증명 및 주민등록증사본의 대용 여부 : 대용 불가
※ 외국인이 입국하지 않고 그 나라에 발급기관도 없는 경우 : 운전면허증의 원본과 사본을 (ⅰ) 등기관에게 제공하여 확인받거나, (ⅱ) 본국 관공서의 증명이나, 공증 또는 본국 주재 한국대사관의 확인을 받은 운전면허증의 사본 제공도 가능하다.</td></tr>
</table>

3) 판결에 의하여 소유권보존등기 또는 이전등기를 신청하는 경우

① **원칙**(등기권리자의 주소증명만 제공)

② **예외**(등기의무자의 주소증명 제공)

- **판결문상의 피고의 주소와 등기기록에 기록된 등기의무자의 주소가 다른 경우** : 동일성 확인 목적으로 등기의무자의 것도 제공함. 이는 판결문에 등기기록에 기록된 주소가 병기된 경우라도 동일하다.
- **판결문상의 피고의 주민등록번호와 등기기록에 기록된 등기의무자의 주민등록번호가 동일한 경우** : 동일인임을 인정할 수 있는 경우에는 등기의무자의 것 제공 불요함.
- **등기기록상 등기의무자의 주소가 행정구역 또는 그 명칭의 변경으로 판결문상 피고의 주소로 변경되었음이 조례 등에 의하여 확인되는 경우** : 등기소에 제공된 조례에 의해서 동일인임을 인정할 수 있는 경우에는 등기의무자의 것 제공 불요함.(2012.1.4 부동산등기과-30)

4) 판결에 의한 대위등기를 신청하는 경우

① 판결에 의하여 대위보존등기를 신청하는 경우 : 피대위자인 보존등기 명의인의 주소증명서면을 제공한다.

② 대위소유권이전등기를 신청하는 경우 : 피대위자인 소유권이전등기 명의인의 주소증명서면을 제공한다.(피고에 대한 소송서류의 송달이 공시송달에 의한 경우에도 동일. 이 경우 말소된 주민등록등·초본 제공함.)

5) 상속등기를 신청하는 경우

① 피상속인의 주소증명서면 : 상속증명서면과 등기기록에 나타난 피상속인 표시가 달라 동일성 확인이 어려운 경우에 제공함.

② 상속인의 주소증명서면 : 법정상속등기를 신청하는 경우에 상속인 전원의 것을 제공하고, 협의분할에 의한 상속등기를 신청하는 경우에 상속받는 상속인의 것만 제공한다.

8. 주민등록번호 또는 부동산등기용 등록번호를 증명하는 정보

1) 제공해야 하는 등기권리자의 의미

• 등기기록에 새롭게 기록되는 등기권리자로 신청하는 경우일 것 : 등기권리자로서 등기기록에 새로운 사항을 기록할 때, 즉 권리취득 등기를 할 때 따라서 등기권리자이지만, 소유권말소등기를 신청하는 경우에는 등기권리자의 것을 제공하지 아니함.

2) 부여기관

등기권리자	부동산등기용 등록번호 부여기관	비 고
① 국가·지방자치단체, 국제기관, 외국정부	국토교통부 장관이 지정·고시	
② 법인(외국법인)	주된 사무소 소재지 관할등기소 등기관	
③ 법인 아닌 사단·재단	시장·구청장·군수	소재지의 제한을 받지 않고 어느 곳에서나 신청 가능
④ 외국인	체류지 관할 출입국관리소장 또는 출장소장(체류지가 없으면 대법원소재지를 체류지로 봄.)	외국인등록번호 또는 국내거소신고번호로 대용 가능

⑤ 주민등록번호가 없는 재외국민	서울중앙지방법원 등기국(대법원 소재지 관할등기소 등기관)	국내거소신고번호로 갈음 불가

※ 국내에 영업소가 없는 외국법인 : 부동산등기용 등록번호를 부여받을 때만 법인 아닌 사단으로 취급하여 시장·구청장·군수가 부여하도록 되어 있다. 이외에는 내외법인 평등취급의 원칙에 따라서 내국에서도 법인으로 보므로 외국법인의 대표자의 성명과 주소, 주민등록번호를 등기기록에 기록할 것은 아니다.

※ 주민등록번호가 없는 재외국민 : 서울특별시 외의 지역에서도 등록번호부여 신청 및 등록번호증명서의 발급신청을 할 수 있다

※ 재외국민이 등록번호를 부여신청하기 위해서 첨부할 서면 : 반드시 "재외국민등록부등본과 기본증명서"를 첨부. 다만, 주민등록번호가 있는 재외국민은 반드시 말소된 주민등록표등본을 제공하여야 하므로 부동산등기용 등록번호 부여신청을 할 수 없다.

3) 증명서면

등기권리자	증 명 서 면	비 고
자 연 인	주민등록등·초본	
국가·지방자치단체·국제기관·외국정부	제공 불요함.	국토교통부 장관이 지정·고시하기 때문이다.
법인(외국법인)	법인등기사항증명서	
법인 아닌 사단·재단	등록번호등록증명서	
외 국 인	등록번호등록증명서	외국인등록을 한 외국인은 외국인등록증 또는 국내거소신고를 한 해외동포는 국내거소사실증명서로 갈음 가능
주민등록번호 없는 재외국민	등록번호등록증명서	국내거소신고번호로 대체 불가

※ 주민등록번호가 있는 재외국민 : 반드시 말소된 주민등록표등·초본을 제공하여야 한다.

※ 법인 등기소와 부동산 등기소의 관할이 동일한 경우 : 법인등기사항증명서의 제공을 면제할 수 있다.

9. 대장등본 그 밖의 부동산의 표시를 증명하는 정보

1) 서언

• 제공할 등기신청 : 소유권이전등기나 소유권보존등기, 부동산의 표시 변경등기를 신청하는 경우에 대장등본을 첨부정보로서 등기소에 제공한다.(유효기간 3개월)

2) 소유권보존등기를 신청하는 경우

① 제공할 수 있는 서면 : 대장등본, 부동산 표시가 있는 판결문, 건물 소유권보존등기를 하는 경우에는 부동산 표시가 기재된 특별자치도지사·시장·군수·구청장의 사실확인서 등을 제공할 수 있다.

② 제공할 수 없는 서면 : 건축사법 제23조에 의한 건축사업무신고를 한 건축사 또는 「공간정보의 구축 및 관리 등에 관한 법률」 제39조에 의한 측량기술자가 작성한 부동산의 표시를 증명하는 서면이나 건축허가신청서나 건축허가대장은 제공할 수 없다.(1993.3.19 등기 제657호)

3) 소유권이전등기

(1) 토지(대장등본 제공)

• 멸실되어 지적복구가 안된 경우 : 지적복구가 되지 않았다는 소재지관서의 확인서와 과세표준액을 산출할 수 있는 증명서를 제공하면 토지대장등본의 제공 없이도 소유권이전등기를 할 수 있다.(1990.6.27 등기 제1300호)

(2) 건물

① 대장이 작성된 경우 : 대장등본 제공함.

② 대장이 작성되지 않은 경우

- 건축물대장무등재증명원 : 대장이 작성되지 않았다는 사실이 기재된 관할 시·구·읍·면장의 확인서인 건축물대장무등재증명원을 제공 가능함.(2001.10.9 등기3402-686)
- 건축사 등이 작성한 부동산 표시증명서면 : 건축사 또는 측량기술자가 작성한 부동산 표시를 증명하는 서면 제공 가능함.(2003.4.22 등기3402-231)
- 직권보존등기한 건물의 소유권이전등기의 경우
  - ▸법률행위에 의한 소유권이전등기를 신청하는 경우 : 직권에 의한 소유권보존등기가 마쳐진 건물에 대해서 여전히 건축물대장이 작성되지 아니한 경우에는 등기할 건축물이 건축물대장에 등재되지 않았다는 사실 및 부동산의 표시를 소명할 수 있는 시장·군수·구청장의 확인서를 제공하여 소유권이전등기를 신청할 수 있다.(2003.4.22 등기3402-231)
  - ▸매각에 의한 소유권이전등기를 촉탁하는 경우 : 직권으로 소유권보존등기는 되어

있으나, 준공검사를 필하지 못하여 건축물대장이 작성되어 있지 않은 건물에 대하여 경매 절차가 진행된 경우에는 건축물대장등본 그 밖의 부동산의 표시를 증명하는 서면을 제공하지 아니할 수 있다.

4) 부동산의 표시 변경등기를 신청하는 경우(대장등본, 건축물대장 무등재증명원)

① 토지 : 토지는 대장등본에 갈음할 대용서면이 없다.

② 건물(대장등본 그 밖의 부동산 표시 증명서면 제공)

-건물대지의 지번변경의 경우에 토지대장의 제공 가능 : 건물대지의 지번이 변경된 사실을 증명하는 토지대장등본을 제공하여 건물표시 변경등기신청을 할 수 있다.

-부존재건물의 멸실등기의 경우 : 건축물부존재증명서를 제공하여 멸실등기를 신청할 수 있다.(2003.12.9 등기3402-677)

* 1동 건물의 전유부분 전체에 대한 멸실등기를 일괄하여 신청하는 경우 제공할 건축물대장 : 집합건축물대장의 표제부의 등본을 제공하였다면 이와 별도로 구분건물의 각 전유부분에 대한 집합건축물대장의 전유부등본의 제공을 생략할 수 있다.(2008.7.24 부동산등기과-1986)

10. 규약 또는 공정증서

• 제공하는 경우 : (ⅰ) 규약상대지인 경우, (ⅱ) 구분소유자가 2개 이상의 전유부분을 소유하는 경우에 각 구분소유자가 가지는 대지권의 비율을 전유부분의 면적비율과 다르게 정하는 경우, (ⅲ) 대지사용권을 분리처분할 수 있는 것으로 정한 경우, (ⅳ) 공용부분인 뜻의 등기를 하는 경우와 그 뜻의 등기의 말소등기를 하는 경우

11. 번역문

• 작성요령 : 번역인의 성명 및 주소를 기재하고, 번역인이 서명 또는 기명날인하여야 한다. 그러나 공증인의 공증을 받아야 할 필요는 없다.

12. 인감증명

1) 인감증명의 제공을 요하는 경우(규칙 제60조 각 호)

<table>
<tr><td>제1호</td><td colspan="2">※ 제공하는 경우 : 소유권의 등기 명의인이 등기의무자로서 등기를 신청하는 경우
※ 제공하지 않는 경우 : 소유권보존등기, 환매특약등기, 저당권이전등기신청시</td></tr>
<tr><td>제2호</td><td colspan="2">※ 제공하는 경우 : 소유권에 관한 가등기 명의인이 가등기말소등기를 신청하는 경우
※ 제공하지 않는 경우 : 지상권가등기 및 저당권가등기를 단독말소하는 경우</td></tr>
<tr><td>제3호</td><td colspan="2">※ 소유권 이외의 등기필증(등기필정보)이 멸실된 경우 : 법 제51조 제1항 단서의 서면을 제공하여 등기를 신청하는 경우 그 등기의무자의 인감증명</td></tr>
<tr><td>제4호</td><td colspan="2">※ 합필특례의 경우 토지소유자들의 확인서 : 토지합병 절차를 마친 후 합필등기合筆登記를 하기 전에 합병된 토지 중 어느 토지에 관하여 소유권이전등기가 된 경우</td></tr>
<tr><td>제5호</td><td colspan="2">※ 토지의 분필등기신청 : 권리존속증명서면을 제공하는 경우(규칙 제74조)</td></tr>
<tr><td>제6호</td><td colspan="2">※ 협의분할에 의한 상속등기를 신청하는 경우 : 상속재산분할협의서에 날인한 상속인 전원의 인감증명
※ 재외국민의 인감증명 제공 면제의 특칙 : 상속재산분할협의서상의 서명 또는 날인이 본인의 것임을 증명하는 재외공관의 확인서 또는 공정증서로 대신할 수 있다.</td></tr>
<tr><td>제7호</td><td colspan="2">※ 제3자의 동의 또는 승낙을 증명하는 서면을 제공하는 경우 : 그 서면에 날인한 동의 또는 승낙자의 인감증명(등기상 이해관계인의 승낙서도 포함됨.)</td></tr>
<tr><td>제8호</td><td colspan="2">※ 법인 아닌 사단이나 재단의 등기신청에서 대표자의 자격증명서면과 민법 제276조의 결의서를 제공하는 경우 : 보증인의 인감증명</td></tr>
<tr><td rowspan="4">그 밖의 경우</td><td>① 법정대리인의 인감증명</td><td>무능력자의 인감증명은 제공하지 아니함에 유의</td></tr>
<tr><td>② 중복등기정리의 경우</td><td>등기상 이해관계인의 승낙서와 인감증명도 제공함에 유의</td></tr>
<tr><td>③ 동일인보증서를 제공할 경우</td><td>그 보증인의 인감증명(보증인의 자격증명서면도 함께 제공)</td></tr>
<tr><td>④ 실제지분율을 증명하는 서면을 제공하는 경우</td><td>※ 소유권보존 : 실제의 지분이 균등하게 산정한 지분보다 적은 자의 인감증명 제공
※ 공유물분할의 경우 : 공유자 전원의 인감증명서 제공. 서로간 등기의무자 또는 등기권리자가 되기 때문임.</td></tr>
</table>

2) 인감증명의 제공을 요하지 않는 경우

① **단독신청 : 관공서가 촉탁하거나 등기권리자가 판결** 등으로 **단독신청할 때 제공 불요함.**

② 그 밖의 경우 : 서면이 공정증서인 경우

3) 제공해야 하는 인감증명

<table>
<tr><th colspan="2">신 청 인</th><th>인 감 증 명</th><th>비 고</th></tr>
<tr><td colspan="2">대한민국 국민</td><td>인감증명법에 의한 본인의 인감증명</td><td>교도관의 무인확인으로 갈음 불가. 제한능력자인 경우에는 법정대리인의 인감증명</td></tr>
<tr><td colspan="2">법인·외국회사</td><td>비송사건절차법에 의한 대표자 인감증명</td><td></td></tr>
<tr><td colspan="2">법인 아닌 사단·재단</td><td>인감증명법상의 대표자 또는 관리인 인감증명</td><td></td></tr>
<tr><td rowspan="2">외국인</td><td>입국하지 않은 경우</td><td>㉮ 날인 제도 있는 경우 : 본국 관공서 발행 인감증명(대용서면이 없음에 유의)
㉯ 날인 제도 없는 경우 : 위임장의 서명에 대한 본국 관공서 증명 또는 공정증서</td><td></td></tr>
<tr><td>입국한 경우</td><td>※ 출입국관리법에 의해 외국인등록한 자 : 우리의 인감증명을 발급받아 제공 가능함. 다만, 인감 제도가 있는 외국인지 여부는 불문함.</td><td>인감증명 제도가 없고 외국인등록을 할 수 없는 외국인 : 위임장 등의 서명에 대한 주한 본국 대사관이나 영사관의 확인서면 도는 공증서면</td></tr>
<tr><td colspan="2">재외국민</td><td>• 반드시 우리 인감증명법상 인감증명
• 인감증명서 비고란 : 부동산명과 소재지가 기재되지 아니한 부동산매도용 인감증명 제공</td><td>재외공관의 확인서나 공정증서로 대체 불가. 다만, 재외국민의 상속재산의 협의분할시 인감증명은 재외공관의 증명이나 공정증서로 대체 가능</td></tr>
</table>

4) 인감증명의 유효기간·용도·기재사항

(1) 유효기간

① **유효기간** : **발행일**로부터 **3개월 이내이다.**(초일 불산입)

② **발급일자가 빠진 경우** : **유효기간 계산의 필요성상 발급일자의 기재가 빠진 인감증명을 제공하여 등기신청을 할 수는 없다.**

(2) 용도

① **부동산매도용 인감증명의 제공** : **매매를 등기원인으**로 하여 **소유권이전등기를 신청하는 경우에 제공하며,** 이외에는 어떤 **용도로 발급을 받은 것이라도 제공할 수 있다.**

② **주소증명서면으로의 전용** 여부 : **인감증명은 등기의무자의 인감을 증명하기** 위한 **것이**

지, 본인의 주소를 증명하는 서면이라고 볼 수는 없으므로 갈음할 수 없다.

(3) 기재사항

① 매수인인 등기권리자의 표시 : (ⅰ) 번지가 빠진 경우(수리), (ⅱ) 현주소와 상이한 경우(수리), (ⅲ) 신청정보의 등기권리자와 동일성이 전혀 없는 경우(각하), (ⅳ) 지방자치단체가 매수인인 경우에는 그 명칭 기재만으로 특정(수리)

* 인감증명과 신청정보의 인적 사항이 다른 경우 : 예규는 위와 같이 세분하지 않고 인감증명과 신청정보의 인적 사항이 다른 경우에는 수리할 수 없는 것으로 하고 있음에 유의

② 매수인이 다수인인 경우 : (ⅰ) 매수자란 중 성명란에 '○○○외 ○명'으로 기재하고 나머지 매수인을 기재한 별지의 제공이 없는 경우(각하), (ⅱ) 매수자란을 2칸으로 구분한 경우(수리)

③ 인감증명서의 인영 : 인감증명서의 인영은 등기관이 육안으로 확연히 확인할 수 있도록 선명하게 날인되어 있어야 한다.

(4) 그 밖의 경우

① 협의분할에 의한 상속등기를 신청함에 있어 그 증명 서면을 공동상속인 전원의 인감증명이 제공된 분할협의서로만 제한하는 취지인지 여부 : 분할협의서를 상속을 증명하는 서면으로 제공하는 경우에는 그 분할협의서에 날인된 공동상속인 전원의 인감증명서를 반드시 제공하여야 한다는 취지에 불과할 뿐, 협의분할에 의한 상속등기를 신청함에 있어 그 증명 서면을 공동상속인 전원의 인감증명이 제공된 분할협의서로만 제한하는 취지는 아니다.(대판 2004.9.3, 2004마599)

② 세무서 경유 여부에 대한 등기관의 형식적 심사권 : 예규가 개정되면서 공식적으로 재외국민의 세무서경유 여부에 대한 등기관의 형식적 심사권은 삭제되었다. 따라서 세무서 경유를 증명하는 서면은 제공할 필요가 없다.

13. 건물도면 또는 지적도

1) 소유권보존등기신청의 경우

① 토지의 경우 : 제공 불요함.

② 일반건물인 경우 : 도면을 제공하지 않는 것이 원칙이나 1필지 또는 수필지상에 수개의 건물이 있는 경우에만 제공함.

③ 구분건물의 경우 : 제공함.

* 다만, ② ③의 경우 건축물대장정보를 제공한 경우에는 첨부정보로 제공할 필요가 없음.

2) 건물의 분할·구분등기신청의 경우

분할 또는 구분되는 건물의 일부에 용익물권과 임차권이 존재하는 경우(규칙 제95조에서 규칙 제74조 단서를 준용하는 경우에만)에 제공함.

3) 부동산 일부에 전세권·지상권·지역권·임차권설정등기신청의 경우

제공함. 다만, 전세권(임차권)의 목적인 범위가 건물의 일부로서 특정 층 전부인 때에는 그 도면을 제공할 필요가 없다.(2007.7.30 부동산등기과－2482)

4) 제공 방법

① 전자문서 제공의 원칙 : 방문신청을 하는 경우라도 첨부정보로서 등기소에 제공하여야 하는 도면은 원칙적으로 전자문서로 작성하여 제공(자격자대리인과 법인)

② 서면 제공의 예외 : 자연인 또는 법인 아닌 사단이나 재단이 직접 등기신청을 하는 경우 및 자격자대리인이 아닌 사람이 대리인으로 신청하는 경우

14. 거래계약신고필증

1) 주택법상 주택거래신고 제도

(1) 신고 대상인 주택 및 거래

① 대상 : **주거전용면적이 60m²를 초과하는 아파트와 주거전용면적이 150m²를 넘는 연립주택인 공동주택만을 대상으로 한다.**(다세대 주택이나 단독 주택은 제외) 또한 **기존주택만을 대상으로 하는 것이고 분양주택은 제외된다.**

② 거래 : 계약(유상) ⇨ 소유권이전등기에 한함.(무상인 증여나 계약이 아닌 상속, 판결 등 제외)

(2) 주택거래 신고

• **신고** : (i) **계약 체결일부터 15일 이내에 해당 주택소재지의 관할 시장·군수·구청장에게 신고한다.** (ii) **시장** 등의 **실질적 심사,** (iii) **신고필증 교부**

(3) 검인과의 관계

• 검인받은 것으로 간주 : 따라서 신고필증을 검인 대용서면으로 제공함.

2) 부동산거래계약 신고필증과 매매목록

(1) 거래가액 등기의 대상

가. 대상인 등기

거래가액은 2006년 1월 1일 이후 작성된 매매계약서를 등기원인증서로 하여 2006년 6월 1일 이후에 소유권이전등기를 신청하는 경우에 등기한다. 그리고 매매예약을 원인으로 한 소유권이전등기청구권가등기에 의한 본등기를 신청하는 때에는 매매계약서를 등기원인증서로 제공하지 않는다 하더라도 거래가액을 등기한다.

나. 대상등기가 아닌 경우

① 2006년 1월 1일 이전에 작성된 매매계약서에 의한 등기신청을 하는 때

② 등기원인이 매매라 하더라도 등기원인증서가 판결, 조정조서 등 매매계약서가 아닌 때

③ 매매계약서를 등기원인증서로 제공하면서 소유권이전등기가 아닌 소유권이전청구권가등기를 신청하는 때

다. 분양계약의 경우

① **최초의 피분양자가 등기권리자가 된 경우** : 거래신고필증이 제공되어 있을 때에는 거래가액을 등기함.

② **최초의 피분양자로부터 그 지위를 이전받은 자가 등기권리자가 된 경우**

- 최초의 피분양자로부터 그 지위 전부가 갑에게 매매로 이전된 경우에는 거래가액 기재함.
- 최초의 피분양자로로부터 그 지위 전부가 갑에게 전부 또는 일부증여로 이전된 경우에는 거래가액을 등기하지 아니함.

③ 피분양자로부터 전전 지위이전계약이 있는 경우

－최초의 피분양자로부터 그 지위 전부가 갑에게 매매로 이전된 후 다시 을에게 피분양자의 지위 전부가 매매로 이전되어 을이 등기권리자가 된 경우에는 거래가액 기재함.

－을에게 피분양자의 지위 전부가 전부 증여로 을이 등기권리자가 되거나 일부 증여로 이전되어 갑과 을이 공동으로 등기권리자가 된 경우에는 거래가액을 등기하지 아니함.

3) 신청정보의 내용 및 첨부정보 등

(1) 신청정보 내용의 특칙

신청정보 부동산 표시란에 거래신고일련번호와 거래가액을 표시함.

(2) 첨부정보의 특칙

① 부동산거래계약 신고필증 : 원칙적으로 1개의 부동산에 대하여 매매계약서를 제공하여 소유권이전등기를 신청하는 경우에는 부동산거래계약신고필증을 제공한다.

② 매매목록

－1개의 신고필증에 2개 이상의 부동산이 기재되어 있는 경우(1개의 계약서에 의해 2개 이상의 부동산을 거래한 경우라 하더라도, 관할 관청이 달라 개개의 부동산에 관하여 각각 신고한 경우에는 매매목록을 작성할 필요가 없다.)

－신고필증에 기재되어 있는 부동산이 1개라 하더라도 수인과 수인 사이의 매매인 경우에 제공한다.

4) 거래가액의 등기

① 권리자 및 그 밖의 사항란에 기록 : 신고필증만 제공한 경우에 기재된 금액을 등기기록 중 갑구의 권리자 및 그 밖의 사항란에 거래가액을 기록하고, 매매목록이 제공된 경우에는 매매목록번호를 기록한다.

② 매매목록의 경정, 변경 : 등기된 매매목록은 당초의 신청에 착오가 있는 경우 또는 등기관의 잘못으로 기록된 경우 이외에는 경정 또는 변경할 수 없다. 따라서 부동산의 표시변경이 있는 경우나 매매목록에 기재된 부동산 중 일부에 대한 소유권이전등기가 말소된 경우라도 매매목록에 그 뜻을 기록할 필요는 없다.

③ 등기원인증서와 신고필증의 일치 여부 : 동일성을 인정할 수 없으면 각하하고, 동일성을 인정할 수 있으면 수리할 수 있다.

15. 영구보존문서의 제공

① **신청정보에 첨부정보로 제공하는 영구보존문서** : 도면, 신탁원부, 공장 및 광업재단저당법 제6조 목록, 공장(광업)재단목록 등(다만, 농업기반 등 정비확정도는 영구보존문서가 아님.)

② **공동담보목록의 작성 및 제공** : 전산정보처리조직에 의하여 자동으로 생성하는 방식으로 작성한다. 따라서 신청정보에는 공동담보목록을 제공하지 아니한다. 즉 공동담보목록은 영구보존문서의 일종에 해당하나, 신청정보에 첨부정보로 제공할 서면은 아니다.

16. 첨부정보의 원용과 원본 환부

① 원용의 요건 : 같은 등기소에 동시에 여러 건의 등기신청을 하는 경우

② **원본환부 요구가 가능한 서면** : (ⅰ) **농지취득 자격증명**, (ⅱ) 국**토계획법상의 토지거래허가서**, (ⅲ) **유언증서**, (ⅳ) **상속재산분할협의서**, (ⅴ) **외국인이나 재외국민** 등이 **작성한 처분위임장(해당 등기신청만**을 위하여 **작성된 서류가 아니기 때문임.)** 등

③ **환부 요구가 불가능한 서면** : (ⅰ) **등기필정보가 없는 경우의 확인서면** 및 **위임장(해당 등기신청만을 위하여 작성된 것임.)**, (ⅱ) **인감증명서, 법인등기사항증명서, 주민등록정보, 가족관계등록사항별증명서** 및 **건축물대장·토지대장·임야대장 정보** 등, (ⅲ) **신청서 자체, 도면, 신탁원부, 매매목록** 등

17. 첨부정보 제공 면제

첨부정보 중 법원행정처장이 지정하는 첨부정보는 행정정보 공동이용을 통하여 등기관이 확인하고 신청인에게는 그 제공을 면제함. 다만, 그 첨부정보가 개인정보를 포함하고 있은 경우에는 그 정보주체의 동의가 있음을 증명하는 정보를 등기소에 제공한 경우에만 그 첨부정보로서의 제공은 면제됨.

18. 취득세 등 등기신청과 관련한 의무사항

1) 취득세(등록면허세)

(1) 서

① 지방세법의 개정

－**소유권보존등기와 소유권이전등기** : 취득세를 납부하고, 등기신청정보에 취득세액을 기재한 후, 취득세수필확인서 1통을 제공함.

－**소유권취득의 전제 없이 이루어지는 저당권설정등기 등** : 등록면허세를 납부하고, 등기신청정보에 등록면허세액을 기재한 후, 등록면허세영수필확인서 1통을 제공함.

－**농어촌특별세** : 종전에는 신청정보의 내용이 아니었으나, 취득세를 납부하는 경우 함께 납부한 다음 농어촌특별세액을 신청정보의 내용으로 등기소에 제공하고 취득세, 지방교육세, 농어촌특별세가 기재된 취득세영수필확인서 1통을 첨부정보로 제공함. 농어촌특별세은 실거래가(또는 과세시가표준액) × 100분의 2 × 100분의 20으로 산정한 금액 납부(농어촌특별세법 제5조)

② **납세의무자** : 등기기록에 권리를 취득하는 자가 납부의무자이지만, 대위등기신청을 하는 경우에 대위자가 대신 납부의무자가 됨.(예: 저당권말소등기시에는 설정자가 납부의무자임)

③ **직권소유권보존등기** : 소유권보존등기의 취득세는 납부할 필요는 없고 처분제한 등기에 대한 등록면허세와 등기신청 수수료만 납부하면 된다.

(2) 과세시가표준액의 산출

① **토지** : 개별공시지가에 면적을 곱하여 계산한다.

② **건물** : 건축물대장(신축건물기준가액 × 구조지수 × 용도지수 × 위치지수 × 경과년수잔가율 × 면적 ×가감산특례)을 기초로 해서 계산한다.

③ **사실상의 취득가액에 의하는 경우** : (ⅰ) 국가·지방자치단체 및 지방자치단체조합으로부터의 취득, (ⅱ) 외국으로부터의 수입에 의한 취득, (ⅲ) 판결문·법인장부 중 대통령령으로 정하는 것에 따라 취득가격이 증명되는 취득, (ⅳ) 공매 방법에 의한 취득의 경우, (ⅴ) 거래가액신고의 경우

(3) 취득세율(생략)

(4) 등록면허세율(생략)

(5) 취득세(등록면허세) 산정

• 그 밖의 중요한 취득세(등록면허세)의 산정

– **상속인 명의로의 소유권보존등기** : 상속으로 인한 이전등기의 취득세가 아니라, 보존등기 에 따른 취득세를 납부하여야 한다.(2002.3.6 등기3402–150)

– **채권최고액의 증액에 따른 근저당권변경등기를 신청하는 경우** : 증액된 금액에 대해 근저당권설정등기의 등록면허세율을 곱해서 산정한다.(2003.10.6 등기3402–538)

– **합유 명의인 변경등기와 취득세** : 합유자 전원의 동의를 얻어 합유지분을 처분한 경우 그에 따른 등기는 합유 명의인 변경등기의 방식으로 이루어지나, 그 실질은 새로운 합유자로 등기된 자가 소유권(합유지분)을 취득한 것이 되므로 소유권이전등기에 관한 취득세를 납부한다.(2002.6.17 등기3402–333)

(6) 취득세 납부 면제(비과세)

① 국가, 지방자치단체, 지방자치단체조합, 외국정부 및 주한국제기구의 취득

② **신탁으로 인한 신탁재산의 취득** : (ⅰ) 위탁자로부터 수탁자에게 신탁재산을 이전하는 경우, (ⅱ) 신탁의 종료 또는 해지로 인하여 수탁자로부터 위탁자에게 신탁재산을 이전하는 경우, (ⅲ) 수탁자가 변경되어 신수탁자에게 신탁재산을 이전하는 경우

③ 징발재산정리에 관한 특별조치법 등에 따른 동원대상지역 내의 토지의 수용·사용에 관한환매권의 행사로 매수하는 부동산의 취득

④ 채무자회생 및 파산에 관한 법률에 의한 회생 절차, 파산 절차, 개인회생 절차, 국 제도산 절차에 관한 등기

⑤ 행정구역의 변경등기 등에 따른 등기의 비과세

(7) 납부 절차

① **납부시기 및 일괄납부** : 등록면허세는 등기신청 전까지 납세지 관할 시·군 또는 금고대리점에 신고 납부해야 한다.

② **등기관의 심사**(부족 납부시 각하 여부) : 등기관이 등기신청정보를 조사할 때에는 등기신청인이 신고·납부한 취득세(등록면허세) 영수필확인서가 제공되었는지 여부를 확인하고, 그 납세명세가 등기신청정보의 내용과 부합하는지 여부를 조사하는 것으로 족하고, 그 취득세(등록면허세)액이 정확한지 여부는 심사 대상이 아니다. 따라서 취득세(등록면허세)를 부족하게 납부한 경우 이 법 제29조 10호로 각하할 수 없다.

③ **전자신청을 하는 경우** : 전자신청을 하는 경우에는 자격자대리인은 취득세(등록면허세) 영수필확인서를 전자적 이미지 정보로 변환한 자료를 송신하거나, 본인 또는 자격자대리인은 취득세(등록면허세) 납부정보는 행정정보공유센터에 연계요청을 하여 수신한 정보를 송신할 수 있다.

2) 지방교육세

• **납부** : 지방세법 제151조의 규정에 따라 취득물건에 대하여 제10조의 과세표준에 제11조 1항 및 제12조의 세율에서 1,000분의 20을 뺀 세율을 적용하여 산출한 금액의 100 분의 20 또는 이 법에 따라 납부하여야 할 등록에 대한 등록면허세액의 100분의 20을 납부

3) 등기신청 수수료

종전의 수입증지를 첩부하는 방식은 폐지되었고(2013.5.1.), 금액과 상관없이 전자적으로 납부하거나 수납금융기관 또는 무인발급기를 이용하여 현금으로 납부한 후 등기신청 수수료 영수필확인서를 제공하는 방식만 인정됨으로써 납부방식이 변화하였다.

① **납부의무자** : 신청인이 납부하며, 공동으로 신청할 때는 등기권리자가 납부한다.

② **일괄신청의 경우** : 수수료액에 신청 대상이 되는 부동산 개수를 곱한 금액 납부

③ **변경 및 경정등기신청의 경우 수수료 면제**

- 등기관의 잘못으로 인한 등기의 착오 또는 빠짐(유루)을 원인으로 하는 경정등기신청의 경우
- 토지에 관한 부동산 표시변경 및 경정등기신청의 경우
- 행정구역·지번의 변경, 주민등록번호(또는 부동산등기용 등록번호)의 정정을 원인으로 한 등기 명의인 표시변경 또는 경정등기신청의 경우
- 행정구역·지번·면적단위변경을 원인으로 한 건물 표시 변경등기신청의 경우
- 지번주소를 도로명주소로 변경하는 경우

④ **건물에 대한 합병·분할등기신청의 경우** : 신청수수료 3천원에 합병 전 건물의 개수나 분할되는 건물의 개수를 곱한 금액을 납부

⑤ **소유권이전과 환매특약등기** : 별도로 납부(30,000원)

⑥ **소유권이전과 신탁등기** : 신탁등기 및 신탁말소등기신청 수수료를 납부하지 아니함.(개정됨)

⑦ **집합건물등기신청시** : 각 구분건물별로 등기신청 수수료를 납부하되, 대지권등기가 되어 있는 구분건물도 등기신청 수수료 산정에 있어서는 1개의 부동산으로 본다. 다만, 대지권

의 표시등기 또는 변경·경정등기신청의 경우에는 각 구분건물별로 등기신청 수수료를 납부하여야 한다.

⑧ 매각으로 인한 등기촉탁의 경우 : 촉탁의 대상이 되는 등기의 목적이 수개인 경우에는 각 등기의 목적에 따른 신청 수수료를 합산한 금액을 등기신청 수수료로 납부하여야 한다.

⑨ 주택법상의 금지사항 부기등기를 신청하는 경우 등록면허세 및 등기신청 수수료 : 신청정보에 등록면허세 영수필확인서(6,000원)를 제공하고 등기신청 수수료(3,000원)를 납부하여야 한다.(2008.09.25 부동산등기과－2560)

－집합건물의 표제부 중 1동의 건물의 표제부에 기록하는 사항(아파트명칭 등)에 대한 변경등기의 경우 : 신청하는 경우에는 전유세대의 수만큼이 아닌 1건의 등기신청 수수료를 납부하면 된다.

－어느 권리를 공유하는 수인이 주소이전을 원인으로 등기 명의인 표시 변경등기를 신청하는 경우 : 비록 공유자의 주소가 동일하게 변경되는 경우(공유자가 부부인 경우 등)라도 각 명의인의 수만큼 등기신청 수수료를 납부해야 한다.

－1개의 부동산에 대하여 동일 명의인의 동일한 권리에 관한 등기가 일부 지분씩 수개의 순위번호로 존재하는 경우 그 등기 명의인의 표시 변경등기를 일괄적으로 신청하는 경우 : 1건이 아닌 변경되는 등기의 수만큼의 등기신청 수수료를 납부해야 한다.(2007.8.17 부동산등기과－2681)

－조직변경의 경우 : 부동산의 등기 명의인인 주식회사가 유한회사로 조직을 변경하고 명칭과 등기용 등록번호를 변경하는 등기 명의인 표시 변경등기를 신청하는 경우 1건의 등기신청 수수료와 등록면허세를 납부하면 된다.(2009.12.7 부동산등기과－2556)

－합필등기가 이루어진 토지의 소유권자가 등기 명의인 표시 변경등기를 신청하는 경우 : 합필된 토지의 등기기록에서 이기된 소유자의 표시는 변경할 사항이 아니므로 1건의 등기신청 수수료와 등록면허세를 납부하면 된다.(2009.12.7 부동산등기과－2556)

－추가저당권설정등기를 신청하는 경우 : 동일 채권을 담보하기 위하여 추가로 저당권을 설정하는 등기신청 수수료는 저당권설정등기신청 수수료액(15,000원)에 새로이 추가가 되는 부동산 개수를 곱한 금액이 된다.(1997.8.4 등기3402－606)

－근저당권등기의 채권최고액 증액등기신청시 : 부동산등기신청 수수료는 등기의 목적에 따라 수수료액을 달리하는 바, 근저당설정등기의 채권최고액이 증액된 경우는 근저당권 변경등기로 보아 3,000원을 납부.(2006.8.25 부동산등기과－2481)

－지방자치단체에 대한 등기신청 수수료 징수 여부 : 등기신청 수수료 면제는 국가가 자기를 위하여 하는 등기에 국한되어 있으므로 지방자치단체 명의의 등기신청시에는 그

등기신청 수수료를 납부하여야 한다.(1997.9.20 등기3402－700)

－전자신청 등에 의한 등기신청 수수료 특례 : 부동산등기를 전자신청하는 경우 15,000원에 해당하는 등기신청 수수료는 매 부동산마다 10,000원으로 3,000원에 해당하는 등기신청 수수료는 매 부동산마다 1,000원으로 하고, 전자표준양식에 의하는 경우는 각각 매 부동산마다 13,000원, 2,000원으로 한다.

－등기신청이 취하된 경우의 조치 : 신청 수수료를 반환해야 한다.

－등기신청 각하의 경우 수수료 반환 여부 : 등기신청을 각하한 경우에는 이미 납부된 수수료는 반환하지 아니한다.

4) 주택채권매입(국민주택채권발행번호 기록)

① 국민주택채권매입금액의 산정 : (ⅰ) 소유권보존 및 소유권이전 ⇨ 등기원인일자가 아니라, 등기신청일 현재의 과세시가표준액을 기준으로 산정. (ⅱ) 근저당권설정 및 이전 ⇨ 채권최고액이 2천만원 이상일 경우에 매입한다.

② 주택채권의 매입의무자 : 소유권보존등기 또는 소유권이전등기의 명의인, (근)저당권설정자 또는 (근)저당권을 이전받는 자

③ 시가표준액에 따른 부동산별 국민주택채권매입(소유권이전의 경우) 및 그 밖의 경우

－주택 및 대지 : 단독 및 공동주택의 경우에는 과세시가표준액이 2천만원 이상일 때에 채권매입비율을 곱하여 매입금액을 산정한다.

－주택 외의 건물(상가 건물 등) 및 대지 : 건물시가표준액이 1천만원 이상일 경우에 매입비율을 곱하여 채권매입금액을 산정하고, 그 대지는 과세시가표준액이 5백만원 이상일 때에 채권매입비율을 곱하여 매입금액을 산정한다.

－나대지 : 과세시가표준액이 5백만원 이상일 때에 채권매입 비율을 곱하여 산정한다.

－상속등기 : 부동산별로 각 부동산에 대하여는 상속인 지분별로 산정한 과세시가표준액이 1천만원 이상일 때 채권매입비율을 곱하여 매입금액을 산정한다.

－환지등기 촉탁시 국민주택채권 매입 여부 : 체비지를 사업시행자 명의로 소유권보존등기를 촉탁할 때, 환지 처분에 따라 환지 전보다 면적이 증가한 소유자는 국민주택채권을 매입하여야 한다.(2007.3.23. 부동산등기과－983호)

○ **근저당권과 수수료, 등록면허세, 채권매입**

① 추가근저당권설정등기 : 신청수수료는 설정등기 신청수수료인 15,000원을, 등록면허세와 채권매입은 근저당권변경등기에 준해 정액세 6,000원을, 채권매입도 하지 않는다.

② 채권최고액 증액의 근저당권변경등기 : 신청수수료는 변경등기신청 수수료인 3,000원, 등록면허세 납부와 채권매입은 정액세가 아니라 증액되는 금액에 대해서는 근저당권설정등기로 보아 1,000분의2의 등록면허세를, 증액된 금액이 2,000만원 이상이 되면 국민주택채권을 매입하여야 한다.

5) 인지세

(1) 인지세 납부의무 및 납부의무자

① **인지세 납부의무자 : 대가성 있는 계약서에 부과되는 국세로서 계약서의 작성자가 부담(공동작성인 경우는 연대하여 납부)**

② **국가** 또는 **지방자치단체가 작성한 일방 당사자인 문서**에 대한 **인지세 납부의무자** : **국가와 개인이 공동으로 작성한 문서로서** 각각 **가지는 문서**에 관하여는, **국가** 등이 **가지는 것은 국가** 등 외의 **자(개인 등)가 작성한 것으로 보아 인지를 첨부하고, 국가** 등 외의 자(개인 등)가 가지는 것은 국가 등이 **작성한 것으로 보아 인지의 첨부가 면제된다.(인지세법 제7조)**

- 공익사업을 위한 토지 등의 취득 및 보상에 관한 법률의 적용을 받는 토지에 대해 사업시행자와 토지소유자가 작성한 공공용지취득협의서 : 인지세를 납부할 필요가 없다.(2012.1.16. 부동산등기과-110)

(2) 인지세 납부 절차

등기원인서면에 수입인지 첨부

(3) 인지세액(2010년 1월 일부 개정)

① 인지세액의 산정 기준 : 인지세액은 원인증서의 기재금액을 기준으로 하므로 원인서면에 부가가치세가 기재되었다면 계약금과 합산하여 산정(1994.5.12 등기3402-426)

② 토지와 건물의 매매계약서를 제공하여 건물만에 대한 소유권이전등기신청 : 계약서에 기재된 전액을 기준으로 인지세를 납부해야 한다.(1993.3.25 등기707호)

③ 등기원인서면(과세문서)을 전자문서로 작성한 경우 : 2011년 1월 1일부터 인지세를 납부함.

(4) 인지세가 면제되는 경우(인지세법 제6조)

① 주택의 소유권이전에 관한 증서로서 기재금액이 1억원 이하인 증서

② 증여계약서, 판결문, 위임장

③ 채무자 변경으로 인한 근저당변경계약서

④ 공유자들이 각자의 공유지분율에 따른 공유물분할계약서(2003.3.31 등기3402－186호)

⑤ 신탁계약서(2004.8.23 등기3402－417호)

⑥ 지상권·지역권·전세권·임차권설정계약서

제6장

부동산등기 절차의 특칙

제6장

부동산등기 절차의 특칙

I 변경등기

1. 권리변경등기

[1] **이미 등기된 권리의 내용에 변경에 생긴 경우에 하는 등기**

[2] **공동신청**

[3] 등기상 이해관계인이 있는 경우에는 그의 승낙서를 첨부하여야 부기등기로 이를 할 수 있다.

- 승낙서를 첨부하지 아니하고 경료된 등기 : 실체관계와 부합하는 한 유효
- 이해관계 있는 제3자에 대한 관계에서는 무효
- 실체법상 승낙의무가 있는 제3자인 경우에는 유효

[4] **등기상 이해관계인인지** 여부의 **판단은 등기부상으로 형식상으로만 판단함.**

[5] **등기상 이해관계인의 승낙을 받아 부기등기로 한 경우에는 변경** 전 **사항을 주말한다. 승낙을 받지 못하여 주등기로 하는 경우에는 변경** 전 **사항을 주말하지 아니한다.**

2. 등기 명의인 표시 변경등기

1) 단독신청

등기 명의인이 단독신청하는 등기이지, 소유권자가 단독신청하는 등기는 아니다.

2) 신청서의 표시

① 신청서에 신청인의 표시는 '현재 등기 명의인' 표시를 한다.

② 등기 연월일

┌ 전　　거 : 주민등록표등본상의 전거 연월일
├ 개　　명 : 법원의 개명허가일(신고하여 기재된 연월일이 아님.)
└ 본점이전 : 법인등기사항증명서의 본점 이전날짜(본점 이전등기일이 아님.)

3) 신청서의 첨부서면

① 표시 변경을 증명하는 시·구·읍·면의 장의 서면 또는 이를 증명함에 족한 서면(동일인 보증서 – 보증인의 자격이 반드시 해당 부동산소재지 거주자에 제한되는 것은 아니다.)

② 등기부상 기록되어 있는 종중의 대표자 변경등기신청

4) 등기의 실행

① **부기등기로 함.**

② **유한회사를 주식회사로 조직변경한 경우 : 조직변경을 등기원인**으로 하여 **소유권의 등기 명의인 표시 변경등기를 하여야 함.(소유권이전등기를 할 것이 아님.)**

③ 주식회사 명의의 근저당권을 유한회사 명의로 하기 위해서는 근저당권이전등기를 할 것이 아니라, 근저당권의 등기 명의인 표시 변경등기를 하여야 한다. 변경 전후에 등기 명의인의 동일성이 인정되지 않으면 등기 명의인 표시 변경등기를 할 수 없다.

5) 변경등기의 생략

① 주소가 여러 차례 변경된 경우 : 중간의 변경사항 생략 가능 최종적으로(최초가 아니라) 전거한 일자를 기록한다. 종중의 경우 주소변경을 증명하는 서면으로는 신·구 종중의 규약을 첨부한다.

* 근저당권자인 회사의 본점이 여러 번 이전되었을 때에는 중간의 변경사항을 생략하고

최종 본점소재지로 등기 명의인의 표시 변경등기를 할 수 있다.

② 저당권·가등기의 말소등기/건물멸실등기신청시 : 따라서 "저당권 등 소유권 이외의 권리에 관한 말소등기를 신청하는 경우 그 등기 명의인의 표시 변경의 사유가 있을 때에는 등기신청서에 그 변경 사실을 증명하는 서면을 첨부하면 등기관이 직권으로 등기 명의인의 표시 변경등기를 실행한다."라는 표현은 잘못된 것이다.

③ 행정구역이 변경된 경우 등기부의 기록은 당연히 변경된 것으로 본다.(법 제31조)

-따라서 새로운 등기에 의하여 효력을 잃게 되는 기존의 등기 명의인 표시 : 생략

-새로운 등기에 의하여서도 효력을 잃지 않는 기존의 등기 명의인 표시 : 신청 또는 직권

④ 상속등기의 경우 : 피상속인의 등기부상 표시가 가족관계등록부와 상이하여 시·구·읍·면의 장의 서면을 첨부한 경우

⑤ 등기 명의인 표시에 관하여 여러 개의 변경사유가 겹친 경우

6) 직권에 의한 변경등기

① 소유권이전등기를 신청함에 있어서 매도인(등기의무자)의 주소변경 사실이 첨부정보로서 제공된 주소를 증명하는 정보에 등기의무자의 등기기록상의 주소가 신청정보상의 주소로 변경된 사실이 명백히 나타나면 등기의무자의 주소 변경등기는 등기관이 직권으로 실행한다.(생략하는 것이 아님.)

② 행정구역변경을 원인으로 한 등기 : 직권

③ 행정구역 변경으로 인한 등기 명의인 표시 변경등기를 신청할 경우 등록면허세와 등기신청 수수료가 면제된다.

Ⅱ 경정등기

1. 경정등기 절차에 관한 예규(2011.10.12 등기예규 제1421호)

1) 원시적 착오의 존재

경정등기는 원시적 착오 또는 빠짐(당초의 등기절차에 신청의 착오나 등기관의 과오가 있어 등기와 실체가 불일치하는 경우)이 있는 경우에 할 수 있고, 등기완료 후에 발생한 사유에 의해서는 할 수 없다.

2) 당사자의 신청에 착오가 있는 경우

(1) 부동산 표시의 경정등기

[1] 등기는 등기 명의인(등기 명의인이 여러 명인 경우에는 그 중 1인도 가능하다.)이 대장 등 경정사유를 소명하는 서면을 첨부하여 단독으로 신청하며 판결서나 제3자의 허가서 등은 제출할 필요가 없다.

[2] 신청서에 기재된 경정등기의 목적이 현재의 등기와 동일성 또는 유사성을 인정할 수 없는 정도라 하더라도, 같은 부동산에 관하여 따로 소유권보존등기가 존재하지 아니하거나 등기의 형식상 예측할 수 없는 손해를 입을 우려가 있는 이해관계인이 없는 경우, 등기관은 그 경정등기신청을 수리할 수 있다.

[3] 구분건물의 등기부 중 1동의 건물의 표시에 관한 경정은 각 구분건물의 소유자가 단독으로 신청할 수 있다.

(2) 권리에 관한 경정등기

가. 권리 자체의 경정이나 권리자 전체를 바꾸는 경정의 불허

권리 자체를 경정(소유권이전등기를 저당권설정등기로 경정하거나 임차권설정등기를 전세권설정등기로 경정하는 경우 등)하거나 권리자 전체를 경정(권리자를 갑에서 을로 경정하거나, 갑과 을의 공동소유에서 병과 정의 공동소유로 경정하는 경우 등)하는 등기신청은 수리할 수 없다. 2인의 공유등기를 그 중 1인의 단독소유로 경정하여 달라는 등기신청은 그 취지에 있어서 이미 법률상 허용될 수 없음이 명백한 경우에 해당하므로 등기관은 이를 각하하여야 한다.

① 다세대주택을 분양하면서 분양계약서상의 부동산 표시를 착오로 다른 부동산과 서로 바꾸어 기록하여 등기부상의 소유자와 실제 소유자가 일치하지 않게 된 경우는 그 동일성이 인정되지 아니하므로 기존등기를 경정할 수 없다.

② 협의분할에 의하여 갑으로 등기할 것을 을로 등기한 경우에는 그 등기는 당초부터 무효이므로 이를 경정등기의 방법에 의하여 시정할 수 없고 그 등기를 말소한 다음 새로 등기를 신청하여야 한다.

나. 등기원인증서와 다른 내용의 등기에 대한 경정 절차

신청서에 기재된 사항이 등기원인을 증명하는 서면과 부합하지 아니함에도 등기관이 이를 **간과하고** 그 **신청**에 따른 **등기를 마친 경우, 등기신청인(단독신청에 의한 등기의 경정은 단독신청으로, 공동신청에 의한 등기의 경정은 공동신청으로 하여야 함.)은 등기필증(등기필정보)** 등

등기의 착오를 증명하는 서면을 첨부하여 경정등기를 신청할 수 있다.

다. 등기원인증서와 같은 내용의 등기에 대한 경정 절차

① 등기원인을 증명하는 서면과 신청서에 기재된 권리의 내용이 일치하는 등 적법 절차에 의하여 완료된 등기에 대해서는 경정등기를 할 수 없다. 다만, 아래 ②의 예시와 같이 착오 또는 빠짐(유루)으로 등기가 실체관계와 일치하지 아니하고 신청인이 그 사실을 증명하는 서면을 첨부하여 경정등기를 신청한 경우(신청서에 권리가 감축되는 자를 등기의무자로, 권리가 증가되는 자를 등기권리자로 각 기재하여야 함.)에는 그러하지 아니하다.

② 경정등기를 할 수 있는 경우의 예시

a. 소유권보존등기의 경정 : 등기 명의인의 인감증명이나 소유권확인판결서 등을 첨부하여 단독 소유의 소유권보존등기를 공동소유로 경정하거나 공동소유를 단독소유로 경정하는 경우

b. 상속으로 인한 소유권이전등기의 경정 : 법정상속분대로 등기된 후 협의분할에 의하여 소유권경정등기를 신청하는 경우 또는 협의분할에 의한 상속등기 후 협의해제를 원인으로 법정상속분대로 소유권경정등기를 신청하는 경우

c. 가압류등기나 매각에 따른 소유권이전등기 등 법원의 촉탁에 의한 등기가 완료된 후 그 촉탁에 착오가 있음을 증명하는 서면을 첨부하여 권리의 경정을 촉탁한 경우

d. 등기원인증서의 실질적 내용이 매매임에도 증여로 기재되어 있거나 등기 당시 도래하지 않은 일자가 등기원인일자로 등기원인증서에 기재되어 있는 등 등기원인증서상의 기재의 착오가 외관상 명백한 경우

e. 그 밖에 법정지상권이나 법정저당권의 취득 등 법률의 규정에 의한 권리의 취득을 원인으로 하여 등기가 완료된 후 등기의 착오를 증명하는 서면을 첨부하여 권리의 경정을 신청하는 경우 등

라. 등기의 실행 방법

등기상 이해관계 있는 제3자가 있고 그 제3자의 동의서나 이에 대항할 수 있는 재판의 등본을 첨부한 때 또는 등기상 이해관계 있는 제3자가 없는 경우에는 부기등기로 하고, 등기상 이해관계 있는 제3자가 있으나 그 이해관계 있는 제3자의 동의서나 이에 대항할 수 있는 재판의 등본이 없는 경우에는 주등기로 한다. 다만, 경정등기의 형식으로 이루어지나 그 실질이 말소등기(일부말소 의미의)에 해당하는 경우에는 등기상 이해관계 있는 제3자가 있는 때에는 그의 승낙서 등을 첨부한 경우에는 부기등기로 하고, 이를 첨부하지 아니한 경우 등기관은 그 등기신청을 수리하여서는 아니 된다.

마. 인감증명 첨부

소유권에 관한 경정등기를 신청하기 위해서는 그 경정등기로 인하여 소유권이 감축되는 자의 인감증명을 등기신청서에 첨부하여야 한다.

(3) 등기 명의인 표시의 경정

가. 등기 명의인 표시 경정의 의의 및 한계

(a) 등기 명의인 표시 경정의 의의

등기 명의인 표시 경정이라 함은 등기 명의인의 성명, 주소, 또는 주민등록번호 등을 경정하는 것을 말하고, 등기 명의인의 수를 증감하는 것(단독소유를 공유로 하거나 공유를 단독소유로 하는 경우 등)은 등기 명의인 표시 경정이 아니며, 이는 권리에 관한 경정으로 처리한다.

(b) 인격의 동일성

등기 명의인 표시 경정등기는 경전 전후의 등기가 표창하고 있는 등기 명의인이 인격의 동일성을 유지하는 경우에만 신청할 수 있다. 그러므로 법인 아닌 사단을 법인으로 경정하는 등기를 신청하는 등 동일성을 해하는 등기 명의인 표시 경정등기신청은 수리할 수 없다.

(c) 동일성을 해하는 등기 명의인 표시 경정등기가 된 경우

동일성을 해하는 등기 명의인 표시 경정등기의 신청임에도 등기관이 이를 간과하여 수리한 경우, 종전 등기 명의인으로의 회복등기 신청은 현재의 등기 명의인이 단독으로 하거나 종전 등기 명의인과 공동으로 하여야 하고, 종전 등기 명의인이 단독으로 한 등기신청은 수리할 수 없다.

나. 종전 등기 명의인 또는 사망자에 대한 등기 명의인 표시 경정의 가부

등기부상 권리를 이전하여 현재 등기 명의인이 아닌 종전 등기 명의인 또는 이미 사망한 등기 명의인에 대한 등기 명의인 표시 경정등기신청은 수리할 수 없다. 폐쇄등기부상 기록되어 있는 등기 명의인의 표시에 대한 경정등기신청도 허용되지 않는다.

다. 첨부서면

등기 명의인 표시 경정등기의 신청을 위해서는 등기 명의인의 표시의 경정을 증명하는 시·구·읍·면의 장의 서면 또는 이를 증명함에 족한 서면을 신청서에 첨부하여야 하고, 후단에 속하는 서면으로 동일인 보증서를 첨부할 경우에는 동일인임을 보증하는 자의 인감증명 및 그 밖의 보증인의 자격을 인정할 만한 서면(공무원재직증명 법무사 인가증 사본 등)을 함께 제출하여야 한다.

3) 등기관의 과오로 등기의 착오 또는 빠짐(유루)이 발생한 경우

(1) 등기의 착오가 있는 경우

등기관의 과오로 인해 등기의 착오가 발생한 경우에는 경정 전·후의 등기의 동일성 여부를 별도로 심사하지 않고 아래의 절차에 의하여 처리한다. 다만, 갑구에 하여야 할 등기를 등기관의 착오로 을구에 등기한 것(예: 소유권이전등기를 하여야 할 것을 근저당권설정등기로 한 경우)과 같이 경정 절차에 의하여 바로잡을 수 없는 등기는 종전 등기를 착오 발견으로 말소한 후 직권 또는 신청에 의하여 유루 발견으로 인한 등기를 하여야 한다.

가. 직권에 의한 경정

① **등기관의 과오로 등기의 착오가 발생한 경우로서 등기상 이해관계 있는 제3자가 없는 경우,** 그 **착오를 발견한 등기관은 직권으로 경정등기를 하여야 한다. 등기관의 과오로 등기의 착오가 발생한 경우로서 등기상 이해관계 있는 제3자가 없는 경우,** 그 **착오를 발견한 등기관은 직권으로 경정등기를 하여야 한다.** 다만**, 등기상 이해관계 있는 제3자가 있는 경우에는 제3자의 승낙이 있어야 한다.(등기예규 제1421호 2011.10.12 개정)**

② 위 ①의 등기를 마친 등기관은 경정등기를 한 취지를 지방법원장에게 보고 하고, 등기권리자와 등기의무자(등기권리자 또는 등기의무자가 여러 명인 때에는 그 중 1인)에게 통지하며, 채권자 대위에 의한 등기를 경정한 때에는 채권자에게도 통지하여야 한다.

나. 신청에 의한 경정

① 등기완료 후 등기관의 과오로 인한 등기의 착오(신청과 다른 내용으로 등기된 경우를 말함.)를 발견한 경우, 등기권리자 또는 등기의무자는 등기필증(등기필정보) 등 그 사실을 증명하는 서면과 신청서 부본을 첨부하여 착오 발견으로 인한 경정등기를 신청할 수 있으며, 이 경우 등기관이 경정등기를 한 취지를 지방법원장에게 보고할 필요는 없다.

② 등기권리자 또는 등기의무자 일방의 신청에 의하여 착오 발견으로 인한 등기를 마친 경우 등기관은 그 경정등기의 취지를 상대방에게 통지하여야 한다.

③ **등기상 이해관계 있는 제3자가 있고** 그 **제3자의 동의서** 또는 이에 **대항할 수 있는 재판의 등본이 신청서에 첨부되지 아니한 경우에는 주등기로 경정등기를 하여야 한다.**

(2) 등기기입의 빠짐(유루)이 발생한 경우

등기관의 과오로 등기기입의 빠짐(유루)이 발생한 경우, 유루 발견으로 인한 등기는 그 성질에 반하지 아니하는 한, 등기관의 과오로 인한 등기의 착오가 발생한 경우에 준하는 절차(등기관의 과오에 의하여 등기의 착오가 발생하였음을 등기필증(등기필정보) 등에 의하여 증명하여야 함.)에 의하여 처리한다.

2. 경정등기가 허용되기 위한 요건

① '**등기**'에 대하여 **착오** 또는 **빠짐(유루)이 있어야 할 것.**

- **해당 : 부동산의 표시－등기 명의인의 표시, 권리의 내용**
- **해당하지 않는 것. : 등기번호, 표시번호**

② '**등기완료** 후'에 **착오** 또는 **빠짐(유루)이 발견되었을 것. : 등기부에 날인하기** 전에는 **자구정정의 방법에 의할 수 있다.** 다만, **착오로 교합인을 누락한 경우에도 후일에 이르러 간단히 자구정정의 방법**에 의할 **수는 없다.**

③ **등기의 동일성이 유지되어야 한다.**

④ '착오' 또는 '빠짐(유루)'이 있을 것 : **등기관의 착오** 또는 **빠짐(유루), 당사자의 신청착오, 당사자의 고의** 여부를 **불문**

⑤ **'등기사항의 일부'**에 대하여 **착오** 또는 **빠짐(유루)이 있을 것.**

⑥ '**원시적**'**인 착오** 또는 **빠짐**(유루) : **후발적인 변경은 변경등기**

⑦ 거래가액에 대한 경정등기가 허용되는지 여부

3. 신청인

① 등기관이 착오/빠짐(유루) 발견시에는 지체 없이 등기권리자 및 등기의무자에게 통지하여야 한다.(예외: 등기관의 과오)

② 부동산·등기 명의인의 표시 경정 : 단독신청

③ 권리경정 : 공동신청

④ 당사자의 신청 착오로 인하여 등기의 경정사유가 발생한 경우에 이를 등기관이 직권으로 경정할 수는 없다.

4. 첨부서면

① 신청 착오 사실을 증명하는 서면 : 동일인 보증서 포함

② **등기상 이해관계인의 승낙서**

- **부동산·등기 명의인의 표시 경정 : 필요 없음.**
- **권리경정 : 부기등기의 요건**

③ A가 근저당권설정등기를 신청하였으나, 등기관의 과오로 그 등기기입을 유루하였고, 그 후 B가 동일 부동산에 대하여 순위 제1번의 근저당권설정등기를 경료하였다면 부동산등기법 제32조 2항 소정의 경정등기 절차에 준하여 위 유루된 근저당권설정등기를 순위 제2번으로 기입할 수 있을 것이고, 이 경우 B의 승낙서는 불필요하다.

5. 등기의 실행

구분	권리 경정	등기 명의인의 표시 경정	부동산의 표시 경정
신청인	공동신청	등기 명의인이 단독신청	소유권자가 단독신청
등기상 이해관계인	등기상 이해관계인이 있는 경우에는 그의 승낙서·재판의 등본 첨부	있을 수 없음.	있을 수 없음.

등기의 형식	부기등기 또는 주등기	부기등기	주등기
등기부의 기록	사항란	사항란	표시란

6. 직권에 의한 경정등기

[1] 등기관은 등기의 착오 또는 빠짐(유루)이 등기관의 과오로 인한 것임을 발견한 때에는 지체 없이 이를 직권으로 경정하여야 한다. 다만, 등기상 이해관계 있는 제3자가 있는 경우에는 제3자의 승낙이 있어야 한다.(법 제32조 2항)

[2] **당사자의 신청 착오**에 의한 **등기를 등기관이 직권으로 경정등기를 할 수는 없으나, 등기관의 과오**로 인하여 **착오·빠짐(유루)이 발생한 경우에는 당사자의 신청**에 의하여 그 **등기를 바로잡을 수 있다.**

[3] 직권경정등기를 하기 위하여서는 지방법원장의 사전 허가를 받았어야 했던 부동산등기법의 규정은 삭제됨에 따라 이제는 직권경정등기의 경우 지방법원장의 사전 허가를 받을 필요는 없다. 등기관은 경정등기를 한 취지를 지방법원장에게 보고하여야 한다.(2011.10.12 등기예규 제1421호)

[4] 등기관은 직권경정등기 전에 등기권리자와 등기의무자에게 그 취지를 통지할 필요도 없다.(법 제32조 3항) 다만, 등기관은 경정등기를 한 취지를 등기권리자와 등기의무자(등기권리자 또는 등기의무자가 여러 명인 때에는 그 중 1인)에게 통지하며, 채권자 대위에 의한 등기를 경정한 때에는 채권자에게도 통지하여야 한다.(위 등기예규)

[5] 등기권리자 또는 등기의무자 일방의 신청에 의하여 착오 발견으로 인한 등기를 마친 경우 등기관은 그 경정등기의 취지를 상대방에게 통지하여야 한다.(위 등기예규)

구 분	신청에 의한 경정등기	직권에 의한 경정등기
당사자에의 사전 통지	○	×
등기상 이해관계인이 있는 경우	① 권리경정등기 : 승낙서 첨부 ② 그 밖의 경우 : 등기상 이해관계인 있을 수 없음.	승낙이 있으면 가능
지방법원장의 사전 허가	×	×
경정등기후의 통지	△	○
지방법원장에의 보고	△	○

7. 일부 말소 의미의 경정등기(2011.10.11 등기예규 제1366호)

1) 의의

(ⅰ) 단독소유를 공유로 또는 공유를 단독소유로 하는 경정등기, (ⅱ) 전부 이전을 일부 이전으로 또는 일부 이전을 전부 이전으로 하는 경정등기, (ⅲ) 공유지분만의 경정등기 등은 경정등기라는 명칭을 사용하고는 있으나, 그 실질은 말소등기(일부 말소 의미의)에 해당하므로 등기를 실행함에 있어 경정등기의 방식(법 제52조 5호)이 아닌 말소등기의 방식(법 제57조 1항)으로 등기를 하여야 한다.(등기신청은 경정등기신청)

2) 요건

따라서 그 등기를 함에 있어 등기상 이해관계 있는 제3자가 있는 때에는 신청서에 반드시 그 승낙서 또는 이에 대항할 수 있는 재판의 등본을 첨부하게 하여 부기등기의 방법으로 등기를 하여야 하고, 이해관계인의 승낙서 등이 첨부되어 있지 않은 경우 등기관은 그 등기신청을 수리하여서는 아니 된다.

3) 이해관계인의 등기에 대한 처리 방법

위와 같은 경정등기를 한 경우 등기관은 이해관계인 명의의 처분제한 등의 등기를 아래 구분에 따라 직권으로 말소 또는 경정하여야 한다.

① **이해관계인의 등기를 말소하여야 하는 경우** : A, B 공유부동산 중 B 지분에 대해서만 처분제한 또는 담보물권의 등기가 되어 있는 상태에서 A 단독소유로 하는 경정등기(B지분 말소 의미의)를 하는 경우 등 이해관계인의 등기가 경정등기로 인하여 상실되는 지분만을 목적으로 하는 경우

② **이해관계인의 등기를 경정하여야 하는 경우** : A, B 공유 부동산 전부에 대하여 처분제한 또는 담보물권의 등기가 되어 있는 상태에서 A 단독소유로 하는 경정등기(B지분 말소 의미의)를 하는 경우 등 이해관계인의 등기가 경정등기로 인하여 상실되는 지분 이외의 지분도 목적으로 하는 경우(공유자 A지분에 대한소유권이전등기를 말소하는 경우 공유자 전원의 지분전부를 목적으로 등기한 가압류채권자: 승낙서 첨부 요함.)

4) 용익물권의 등기

부동산의 공유지분에 대해서는 **용익물권**(지상권 등)**을 설정·존속시킬 수 없으므로 위의** ②에 의해서 **처분제한** 등의 **등기를 경정**(일부 말소 취지의)**하는 경우에도 용익물권의 등기는** 이를 **전부 말소한다.**

8. 경정등기 이후 절차

가압류, 가처분 등 법원의 촉탁에 의한 처분제한의 등기를 직권으로 말소 또는 경정(일부 말소 의미의)하는 경우 등기관은 지체 없이 그 뜻을 집행법원에 통지하여야 한다.

Ⅲ 말소등기

1. 말소등기를 하기 위한 요건

1) 기존등기의 부적법(원시적, 후발적, 실체적, 절차적)

증여를 원인으로 소유권이전등기를 경료한 후에 증여계약을 합의해제한 경우, 소유권이전등기를 말소하거나 합의해제를 원인으로 한 소유권이전등기를 신청할 수 있다.

2) 등기의 전부가 부적법(일부 말소 판결의 경우에는 경정등기)

다만, 토지의 전부에 대하여 지상권설정등기가 경료된 후, 위 토지의 일부 지분에 대한 지상권설정등기의 말소를 명하는 승소확정판결을 받은 경우에는 변경등기를 신청할 것이 아니라, 지상권말소등기를 신청하여야 한다.

3) 말소할 등기는 현재 효력 있는 등기

말소의 대상이 될 수 있는 등기는 소유권에 관한 **등기이든, 소유권** 이외의 **권리**에 관한 **등기이든** 그 **종류에 제한이 없지만, 현재 효력이 있는 등기이어야 한다.** 따라서 **등기부상 최종 등기 명의인의 소유권등기를 남겨둔 채** 그 **전순위의 등기를 말소할 수는 없다.**

4) 등기상 이해관계인의 승낙

[1] **등기상 이해관계 있는 제3자라 함은 어느 등기의 말소로** 인하여 **등기의 형식상 손해를 입을 염려가 있는 제3자**를 말한다. 그러므로 **피담보채권이 소멸하여 실체법상무효인 저당권등기라도 아직 말소되지 않았다**면 그 명의인은 등기상 이해관계인으로 취급된다.

[2] **말소등기를 함에 있어서 후순위 소유권자는 앞 순위 소유권의 말소에 있어서 이해관계인이 아니다.** 그러므로 "소유권이전등기가 A에서 B로 B에서 C 명의로 순차 경료되어 있는 상태에서 부적법한 B의 소유권이전등기를 말소하는 경우 C는 이해관계인이므로 C의 승낙서 또는 이에 대항할 수 있는 재판의 등본을 첨부하여 B의 소유권이전등기를 말소할 수 있다."라는 표현은 잘못된 것이다.

[3] A의 소유권이전등기, B 앞으로의(원인무효의) 소유권이전등기, A의 말소소송에 따른 예고등기, C의 B에 대한 가처분등기가 순차로 기입된 이후에 A가 승소하여 B의 등기를 말

소하는 경우

[4] A의 소유권이전등기, B의 소유권이전등기가 경료된 후 A의 채권자 C가 사해행위취소로 인한 소유권말소등기청구권을 보전하기 위하여 B의 소유권이전등기에 대하여 처분금지가처분을 한 경우

[5] 소유권보존등기의 말소를 명하는 확정판결이 있었다 하더라도 그 소송의 사실심변론종결 전에 소유권이전등기가 된 경우에는 그 등기 명의인을 상대로 소유권이전등기의 말소를 명하는 판결을 받아 그 말소신청을 하지 않는 한 위 보존등기의 말소신청은 할 수 없다.

5) 부기등기만의 말소 가부

부기등기는 기존의 주등기에 종속되어 주등기와 일체를 이루는 것이므로 주등기가 말소되면 그에 기한 부기등기는 직권으로 말소되며, 원칙적으로 부기등기만에 대한 말소는 인정되지 않는다.

2. 신청인

1) 공동신청의 원칙

2) 단독신청이 가능한 경우

① 판결에 의한 등기(법 제23조 4항)

② 등기한 권리가 어떤 자의 사망으로 소멸한 경우

③ 등기의무자의 행방불명의 경우 : 공시최고/제권판결

④ 가등기말소의 경우 : 가등기 명의인이 단독신청 등기상 이해관계인도 가등기 명의인이 승낙서를 첨부하여 단독신청 가능

⑤ 혼동말소(근저당권자가 소유자를 상속한 경우 근저당권은 혼동으로 소멸하나, 당사자가 신청하지 않은 이상 등기관이 그 소멸한 권리의 등기를 직권으로 말소할 수는 없다.)

⑥ 가처분등기 이후에 경료된 제3자 명의의 등기의 말소

⑦ 등기상 이해관계인의 등기가 말소 등기소송의 기판력을 받는 변론종결 이후에 경료된 승계인인 경우

3) 촉탁말소가 가능한 경우

① 공매의 경우 : 공매처분으로 인하여 소멸한 권리등기의 말소촉탁 및 체납처분에 관한

압류등기의 말소촉탁

② 관공서가 취득한 권리소멸의 등기는 등기권자의 청구에 의하여 관공서가 말소촉탁

③ 예고등기가 경료된 이후에 소가 원고의 불이익으로 종국된 경우, 또는 승소한 원고가 등기신청포기서를 제출한 경우 : 1심법원이 말소촉탁

④ 경매신청이 매각허가 없이 완결된 때

⑤ 미등기건물에 관하여 법원의 가처분등기촉탁에 의한 가처분등기를 함에 있어 등기관이 직권으로 한 소유권보존등기는 가처분법원의 말소촉탁에 의하여 말소할 수는 없다.

3. 직권말소 절차

1) 직권말소를 하는 경우

① **환매특약등기의 말소**

② **분필등기시 A토지**에 대하여 **권리자 명의 승낙서를 첨부한 경우** 그 **등기의 말소**

③ 대**지권등기시 토지등기부에 창설적 공동저당이 있는 경우의 대지권**에 대한 **저당권등기의 말소**

④ **예고등기의 말소(원고승소판결**에 의한 **등기가 경료된 경우)**

⑤ **토지수용으로 인한 소유권이전등기시 부동산의 등기기록** 중 **소유권** 또는 **소유권** 이외의 **권리의 등기의 말소등기**

⑥ 법 제29조 제1호, 제2호에 해당하는 등기의 말소

⑦ **가등기에 의하여 본등기를 하는 경우의 중간처분등기의 말소**

⑧ 가처분권리자가 승소판결에 기하여 소유권이전등기나 말소등기를 한 경우의 해당 가처분등기의 직권말소

⑨ 말소등기의 경우 그 말소할 권리를 목적으로 하는 제3자의 권리에 관한 등기

⑩ 대지권의 목적인 초지의 전체에 관하여 근저당권이 설정되어 있어, 대지권의 등기를 할 때 1동 건물 표제부와 전유부분 표제부 전부에 별도의 등기가 있다는 취지가 기록된 경우 등기관은 1동 건물 표제부에 있는 별도의 등기가 있다는 취지의 기록을 직권으로 말소하여야 한다.(2002.11.25 선례 7－307)

2) 제29조 제1호, 제2호에 해당하는 등기의 말소 절차(법 제58조)

① 실체관계와의 부합 여부를 불문하고 원인무효이므로 직권말소의 사유

② 등기권리자 및 등기의무자와 등기상 이해관계인에게 1월 이내의 기간을 정하여 그 기간 내에 이의를 진술하지 아니하면 등기를 말소한다는 취지를 통지

③ 이의는 법원이 아닌 등기관에게 한다.

4. 소유권보존등기 등의 말소

[1] **무효인 등기는 원칙적으로 경정등기도 허용되지 아니하고** 그 **등기를 말소하고 새로 보존등기를 하여야 한다.** 건물의 보존등기가 실제로 건물과의 동일성이 인정될 수 없을 정도의 착오가 있으면 무효이고, 원칙적으로 경정등기도 허용될 수 없는 것이다.

[2] **매매를 원인**으로 한 **소유권이전등기를 경료한** 후에 그 **매매계약을 해제(합의해제 포함)하였다면 이해관계 있는 제3자가 없는 한(이해관계인이 있어서 그의 승낙서 등을 첨부한 경우) 계약해제의 효과인 원상회복의 방법으로** 그 **등기의 말소등기를 구할 수 있다.**

[3] **불법하게 소유권이전등기를 경료한 자가** 스스로 그 **소유권을 본래의 소유자에게 환원시켜주기로 하였다면 원래의 소유자(사망한 경우에는 그 상속인)를 등기권리자,** 위 **소유권이전등기 명의인이 등기의무자로서 신청착오를 원인**으로 한 **소유권이전등기의 말소등기를 공동으로 신청할 수 있다.**

[4] **소유권보존등기가 착오로 경료되었다면** 그 **등기 명의인은 신청착오를 원인으로 소유권보존등기말소등기를 신청할 수 있다.**

5. 허무인 명의 등기의 말소에 관한 예규

1) 의의

허무인이라 함은 실존하지 아니한 가공인이거나 실존인이었지만, 등기신청행위 당시 이미 사망한 자를 의미하고, 종종 등 **법인 아닌 사단·재단에 있어서는** 그 **종중** 등의 **실체가 인정되지 아니한 경우를 포함한다.**

2) 가공인 명의 등기의 말소

실제 등기행위자를 상대로 한 말소소송에서 말소 절차의 이행을 명한 판결을 받아서 말소등기 가능

3) 사망자 명의 등기의 말소

상속인(실제의 등기행위자가 아님을 주의할 것.)을 상대로 한 말소소송에서 사망자 명의의 등기가 상속인의 명의를 표상하는 원인무효의 등기임을 이유로 말소 절차의 이행을 명한 판결이 확정된 경우 가능

4) 실체가 없는 법인 아닌 사단·재단 명의 등기의 말소

[1] 종전에는 등기 명의인인 법인 아닌 사단·재단이 판결 등에 의하여 그 실체가 인정되지 아니하여 등기신청적격이 없는 것이 밝혀진 때에는 등기관은 이 법 제58조의 절차에 따라 등기관이 이를 직권으로 말소하여야 한다.

[2] 실체가 없는 종종 등 법인 아닌 사단·재단 명의의 소유권이전등기 등에 대하여 실제 등기행위자(대표자나 그 구성원 등)를 상대로 한 말소소송에서 위 종중 등 명의의 등기가 원인무효의 등기임을 이유로 실제 등기행위자에게 말소 절차를 명한 판결이 확정되어야 위 판결에 의한 말소등기를 신청할 수 있다.

5) 등기 절차

위 판결에 의하여 허무인 명의의 등기의 말소를 신청하는 경우에 허무인 명의 표시의 경정등기를 경유할 필요는 없으며, 말소등기의 등기원인은 '확정판결'로 그 원인일자는 판결선고일자(종전에는 '판결확정일자'라 칭했음.)를 각 기재한다.

Ⅳ 말소회복등기

1. 요건

① **등기가 전부** 또는 **일부가 부적법하게 말소될 것.**

- **실체적·절차적 하자 불문**
- **부적법하게 말소되지 아니하고** 어떤 **이유에서건 당사자가 자발적으로 말소등기를 한 경우에는 말소회복등기를 할 수 없다.**
- 가등기권리자인 갑이 가등기에 의한 본등기를 하지 아니하고 별도의 소유권이전등기를 함과 동시에 위 가등기를 혼동을 원인으로 가등기 명의인 A가 자발적으로 말소등기를

하였다면 그 가등기에 대한 말소회복등기는 할 수 없는 것이다.

－**말소등기가 부적법하게 행해진 경우라도** 그것이 **실체관계에 부합하는 때에는 말소회복등기를 청구할 수 없다.**

② **말소된 등기를 회복하는 것이어야 한다.** 따라서 A에서 B로 소유권이 이전된 경우 A의 등기를 현재 효력이 있는 등기로 회복하기 위하여서는 B 명의의 등기를 말소하거나 A 앞으로 진정 명의회복을 원인으로 하는 소유권이전등기를 해야 하지, A 명의의 등기를 말소회복하는 방법에 의할 것은 아니다.

③ 등기상 이해관계인의 승낙서를 첨부하여야 한다. 다만, 회복등기와 양립할 수 없는 등기는 회복의 전제로서 말소의 대상이 될 뿐이고, 그 등기 명의인은 회복등기 절차에 있어서 등기상 이해관계인이 아니다.

등기상 이해관계인의 판단	**손해를 입을 우려가 있는지의 여부는 제3자의 권리취득등기시(말소등기시)를 기준으로 할 것**이 아니라, **회복등기시를 기준으로 하여야 한다.**
순위 2번 저당권등기의 회복시	2번 저당권이 4번으로 말소된 후에 등기한 순위 5번 저당권자 : 해당됨.
	2번 저당권이 4번으로 말소되기 전에 이미 등기한 3번 저당권자 : 해당됨.(회복등기시 기준)
	2번 저당권의 회복에 있어서 1번 저당권자 : 해당되지 않음.
순위 6번 전세권등기의 회복시	6번 전세권이 8번으로 말소된 후에 등기한 순위 9번 저당권자 : 해당됨.
	6번 전세권이 8번으로 말소되기 전에 이미 등기한 7번 저당권자 : 해당됨.(회복등기시 기준)
순위 6번 전세권등기의 회복시	6번 전세권이 8번으로 말소된 후에 등기한 순위 9번 전세권자 : 해당되지 않음.(9번 전세권자의 승낙서를 첨부하지 아니하고 말소회복등기를 할 수 있다는 의미가 아니라, 먼저 9번 전세권을 말소하지 아니하면 말소회복등기를 할 수 없다.)
	6번 전세권의 회복에 있어서 5번 저당권자 : 해당됨.

* 가등기가 부적법하게 말소된 경우 등기상 이해관계 있는 제3자는 선의, 악의, 손해 여부를 불문하고 가등기권리자의 회복등기 절차에 필요한 승낙을 할 의무가 있다.

근저당권설정등기가 불법하게 말소되어 그 **말소회복등기를 하는 경우** 위 **근저당권의 말소등기** 후에 **등기부상 권리를 취득한 자**뿐만 아니라, **말소등기** 전에 **등기부상 권리를 취득한 자도 등기상 이해관계인에 해당한다.**

④ **폐쇄등기기록 중 부적법하게 말소된 등기의 말소회복등기** : 가능

2. 신청인

1) 공동신청(원칙)

불법하게 말소된 것을 이유로 하는 근저당권설정등기의 회복등기청구는 그 등기말소 당시의 소유자를 상대로 하여야 한다.

① 소유권등기가 말소된 후에 새로운 소유권등기가 마쳐진 경우 말소된 소유권등기의 회복등기의 등기의무자는 현재의 소유권의 등기 명의인이다.

② A에서 B로 경료된 등기를 C이 관계서류를 위조하여 불법으로 말소한 경우 B가 등기부상 권리회복을 위한 절차 : B는 등기권리자로서 A를 등기의무자로 하여 말소회복등기를 신청하여 등기부상 권리를 회복할 수 있다.

2) 단독신청

불법말소된 상속등기의 회복은 상속인 단독으로 말소된 종전의 등기가 단독신청에 의한 **것이었다면** 그 **회복등기도 등기 명의인이 단독으로 신청한다.**

3. 등기의 실행

[1] 독립등기로 회복등기를 한 후 직권으로 말소된 등기와 동일한 등기여야 한다.

[2] 어느 등기 중의 일부의 등기사항만이 말소된 경우 : 기등기로 회복등기를 한다.

4. 직권촉탁에 의한 말소회복등기

[1] 등기관의 직권 또는 법원의 촉탁에 의하여 부적법하게 말소된 경우에는 그 회복등기는 등기관의 직권 또는 법원의 촉탁에 의하여 회복등기를 하여야 한다. 회복등기를 소구할 수 없고, 판결에 의하여 회복등기를 하는 것이 아니다.

[2] 가압류·가처분·경매신청등기가 촉탁으로 불법말소된 경우에 그 회복등기는 말소촉탁관서(가압류등기를 촉탁했던 법원이 아님.)의 촉탁으로 회복등기가 가능하다.

[3] 가등기에 의한 소유권이전의 본등기시에 등기관이 직권말소한 가등기 이후의 제3자의 권리에 관한 등기는 가등기에 의한 본등기를 말소하는 경우에 있어서는 등기관이 이를 직권으로 회복한다.

5. 말소회복등기의 효력

(ⅰ) 종전의 등기와 동일한 효력, (ⅱ) 등기상 이해관계인의 승낙을 받지 아니하고 경료된 말소회복등기는 그 이해관계 있는 제3자에 대한 관계에서는 무효이다.

Ⅴ 가등기

1. 가등기

1) 가등기의 목적

- 소유권·지상권·지역권·전세권·저당권·권리질권·임차권의 설정, 이전, 변경 또는 소멸의 청구권을 보전하려 할 때
- 위 청구권이 시기부 또는 정지조건부인 때
- 위 청구권이 장래에 있어서 확정될 것인 때
- 담보가등기

2) 가등기를 할 수 있는 경우와 불가능한 경우

우가등기가 가능한 경우	가등기가 불가능한 경우
① 채권적 청구권보전을 위한 가등기 ② 환매권이전청구권 가등기 ③ 권리변경등기의 가등기 ④ 가등기의 이전 가등기 ⑤ 신탁등기의 가등기 ⑥ 유언자가 사망한 후에 신청한 유증을 원인으로 한 소유권이전청구권가등기 ⑦ 사인증여를 원인으로 한 소유권이전청구권 가등기 ⑧ '매매'를 원인으로 한 소유권이전청구권 가등기 ⑨ 선순위지상권이 있는 경우의 지상권 가등기 ⑩ 농지에 대한 종중 명의의 소유권이전청구권 가등기 ⑪ 부동산임차권의 변동을 목적으로 하는 청구권에 관한 가등기	① 물권적 청구권 보전을 위한 가등기(매매계약해제시의소유권 말소등기청구권 가등기, 원인무효로 인한 소유권 말소 등기청구권을 보전하기 위한 가등기) ② 소유권보존등기의 가등기 ③ 환매특약가등기 ④ 등기 명의인 표시 변경등기의 가등기 ⑤ 부동산 표시 변경등기의 가등기 ⑥ 유언자가 생존 중에 신청한 유증을 원인으로 한 소유권이전청구권가등기 ⑦ 합유지분에 대한 소유권이전청구권 가등기

3) 신청인

① 공동신청의 원칙

② 가등기의무자의 승낙서를 첨부하여 가등기권리자는 단독으로 신청 가능

③ 가등기 가처분명력정본을 첨부한 경우 가등기권리자가 단독으로 신청 가능

④ 가등기 가처분명령을 등기원인으로 하여 법원이 가등기촉탁을 하는 때에는 이를 각하한다.

⑤ 가등기 가처분에 의한 가등기에 대하여서는 소송을 통하여 말소할 수 있을 뿐이지, 민사소송법의 가처분 규정에 의한 이의나 그 밖의 방도는 없다.

4) 신청서의 기재사항

① 소유권이전청구권이 장래 매매예약완결권 행사시에 확정되는 것인 경우 등기원인 : 매매예약(등기원인일자는 매매예약서 작성일자)

② 시기부·조건부 매매의 경우, 매매로 인한 소유권이전등기청구권을 보전하기 위한 경우의 등기원인 : 매매(등기원인일자는 매매계약서 작성일자)

③ 농지의 소유 명의를 신탁한 종중은 명의수탁자와 공동으로 '지목변경, 농지법의 개정 그 밖의 종중 명의로 소유권취득이 가능한 사실의 발생'을 정지조건으로 하는 명의신탁해지를 원인으로 조건부 소유권이전청구권가등기를 신청할 수 있으며, 이 경우 등기신청서에 기재할 원인일자는 조건부 명의신탁해지약정서상의 약정일이 된다.(2010. 10.1 부동산등기과 −1867 질의회답)

5) 가등기의 형식

① 소유권이전등기=주등기 ⇨ 소유권이전가등기=주등기
소유권 이외의 권리의 이전등기=부기등기
⇨ 소유권 이외의 권리의 이전가등기=부기등기

② 저당권=주등기 ⇨ 저당권가등기=주등기
지상권·전세권 목적의 저당권=부기등기
⇨ 지상권·전세권 목적의 저당권가등기=부기등기

③ 소유권이전가등기=갑구, 저당권가등기=을구

6) 가등기의 이전등기

가등기에 의하여 **순위가 보전된 소유권이전청구권을 제3자에게 양도한 경우, 양도인과 양수인의 공동신청으로 부기등기의 형식으로 가등기상의 권리이전등기를 할 수 있다.**

7) 가등기의 말소등기

[1] 가등기 기입 후 부동산에 대하여 제3취득자가 발생한 경우의 가등기의 말소등기의 등기권리자는 가등기의무자 또는 제3취득자 누구이어도 상관없다.

[2] 가등기의 말소등기 : 가등기 명의인의 단독신청. 이 경우 가등기필증(등기필정보)을 제출하여야 한다. 소유권에 관한 가등기 명의인이 가등기말소를 신청하는 경우에는 그의 인감증명을 제출하여야 한다.

[3] **등기상 이해관계인(가등기의무자도 포함)도 가등기 명의인의 승낙을 얻어 가등기를 단독으로 말소할 수 있다.**

[4] **가등기**에 의한 **본등기가 경료된** 이후에는 **가등기만의 말소를 명하는 판결**에 기하여 **본등기의 말소등기를 신청할 수는 없다.** 그 **판결에 기하여 가등기만 말소등기를 신청하는 것도 허용되지 아니한다.**

[5] **가등기**에 의한 **소유권이전등기가 경료된 후에 화해조서**에 의하여 그 **소유권이전등기가 말소된 경우에도** 이에 의하여 **가등기까지 말소할 수는 없다.**

[6] **가등기가 가등기권리자의 의사에 의하지 아니하고 말소되어** 그 **말소등기가 원인무효인 경우에는 등기상 이해관계 있는 제3자는** 그의 **선의, 악의를 묻지 아니하고 가등기권리자의 회복등기 절차에 필요한 승낙을 할 의무가 있으므로 가등기가 부적법하게 말소된 후 가처분등기, 근저당권 설정등기, 소유권이전등기를 마친 제3자는 가등기의 회복등기 절차에서 등기상 이해관계 있는 제3자로서 승낙의무가 있다.**

[7] **담보가등기가 경료된 부동산이 경매되어 경락인이 소유권을 취득한** 후 그 **담보가등기에** 기하여 **경료된 본등기는 무효이다.**

2. 가등기에 의한 본등기

1) 신청 절차의 특칙

(1) 판결문에 의하여 신청하는 경우

소유권이전등기 절차의 이행을 명하는 판결에 기하여 가등기에 의한 본등기를 할 수 있다. 다만, 적어도 판결이유 설시에 가등기에 의한 본등기 절차임이 명백한 경우에만 가등기에 의한 본등기를 할 수 있고, 판결주문 및 판결이유 모두에 가등기에 의한 본등기임이 명확하지 아니한 경우에는 가등기에 의한 본등기를 할 수 없고 소유권이전등기를 신청하여야 한다. 가등기에 의한 본등기를 명하는 판결에 기하여 소유권이전등기를 신청하는 것은 불가능하다.

(2) 본등기의무자

① 소유권가등기에 의한 본등기 : 가등기의무자(제3취득자가 아님.)

② 제한물권가등기에 의한 본등기 : 가등기의무자 또는 본등기를 할 당시의 소유권의 등기 명의인

(3) 본등기의 행사

기등기권리자 중 1인이 자기 지분의 전부 또는 일부만에 대하여 본등기를 할 수 있으나, 공유물보존행위에 준하여 전원을 위한 본등기를 신청할 수는 없다. 최근 판례에서는 담보가등기도 마찬가지라고 한다.

(4) 신청서의 기재사항

① 등기원인일

- 시기부·조건부 매매계약의 경우 : 시기가 도래하거나 조건이 충족된 날
- 매매계약에 따른 가등기의 경우 : 매매예약완결의 의사표시를 한 날짜(가등기원인일자, 즉 매매계약일을 기재 하지 아니함.)
- 판결에 의하여 가등기에 의한 본등기를 하는 경우 판결주문에 기재된 원인일자를 기재, 그 기재가 없으면 확정판결의 선고일
- 매매계약서상에 일정한 매매예약완결권 행사의 의사표시간주약정이 있는 경우에는 그 일정한 시기가 등기원인일자가 된다.

② 가등기 당시의 매매예약서상의 기재금액과 매매계약서상의 매매금액이 다른 경우에도

본 등기하는 데에는 지장이 없다

③ 매매를 원인으로 한 가등기가 되어 있는 경우, 그 가등기의 원인일자와 판결주문에 나타난 원인일자가 다르다 하더라도 판결이유에 의하여 매매의 동일성이 인정된다면 그 판결에 의하여 가등기에 의한 본등기를 신청할 수 있다.

(5) 신청서의 첨부서면

① 매매예약완결의 의사표시를 하고 다시 작성한 매매계약서를 제출한다.

② 매매예약서상에 일정한 시기에 매매예약완결권 행사의 의사표시기간주약정이 있는 경우에는 그 일정한 시기가 등기원인일자가 된다. 이 경우에는 그 매매계약서는 가등기에 의한 본등기의 원인증서가 될 수 있으므로 그 계약서에 시장 등의 검인을 받으면 된다. 한편 가등기권리자가 요구하면 언제든지 본등기를 하여 주기로 약정한 경우에는 가등기에 의한 본등기신청시에 먼저 매매예약권을 행사할 필요는 없다.

③ 가등기에 기하여 본등기를 할 때에는 가등기필증(등기필정보)을 제출할 필요는 없고, 본등기의무자의 권리에 관한 등기필증(등기필정보)만 제출한다.

④ 매매를 원인으로 한 소유권이전가등기에 의하여 본등기를 하는 경우에는 부동산 매도용 임감증명을 제출한다.

(6) 등기의 실행

가등기에 의한 **본등기를 한 경우에 가등기는 주말하지 아니한다.**

2) **가등기**에 의한 **본등기와 중간처분등기의 말소**

[1] **본등기** 후의 **조치 : 가등기** 후 **본등기** 전**에 행해진 제3자 명의의 등기는 본등기가 경료되면 등기관이 직권말소한다.**(개정: 통지 절차 없이) **가등기 가처분**에 의하여 **가등기**에 의한 **본등기시에도 동일한 효력이 인정된다.**

[2] **가등기**에 의한 **본등기를 한** 후 **가등기와 본등기에 이루어진 직권말소 대상 등기가 말소되지 않은 경우에는 등기관은 언제라도** 위 **절차**에 따라 **말소할 수 있다고 하며, 새로이 경료된 소유권이전등기, 제한물권설정등기는 직권말소를 할 수 없다.**

○ 말소되지 아니하는 것.

① 대항력취득일은 가등기일보다 선행하거나 가등기 이후에 경료된 주택임차권등기 명령에 의한 주택임차등기

② 대지권이 성립되기 전에 전유부분만에 대하여 가등기를 경료한 자가 본등기를 하는 경우의 대지권등기

3) 가등기에 의한 본등기와 체납처분에 의한 압류

[1] 가등기 후 본등기 전에 마쳐진 체납처분으로 인하 압류등기에 대하여는 직권말소 대상통지를 한 후 이의신청이 있으면 대법원예규로 정하는 바에 따라 직권말소 여부를 결정한다.

[2] 등기에 의한 본등기를 하고 가등기와 본등기 사이에 이루어진 체납처분에 의한 압류등기에 관하여 등기관이 직권말소 대상 통지를 한 경우에는 비록 이의신청기간이 지나지 않았다 하더라도 본등기에 기초한 등기의 신청이나 촉탁은 수리하며, 체납처분에 의한 압류등기에 기초한 등기의 촉탁은 각하한다.

4) 가등기에 관한 업무처리지침(2011.10.12 등기예규 제1408호)

(1) 목적

이 예규는 가등기의 신청, 이전, 본등기 및 본등기를 한 경우 직권말소 등에 관한 등기절차와 그 밖의 관련 사항에 관하여 규정함을 목적으로 한다.

(2) 가등기의 신청

가. 가등기를 할 수 있는 권리

부동산등기법 제3조에서 규정하고 있는 물권 또는 **부동산임차권의 변동을 목적으로 하는 청구권**에 관해서만 **가등기를 할 수 있다.** 따라서 **물권적 청구권을 보전하기** 위한 **가등기나 소유권보존등기의 가등기는 할 수 없다.**

나. 가등기를 명하는 법원의 가처분명령

① **부동산등기법 제89조의 가등기 가처분**에 관해서는 **민사집행법 의 가처분**에 관한 **규정은 준용되지 않는다.** 따라서 **가등기 가처분명령을 등기원인**으로 하여 **법원이 가등기가촉탁을 하는 때에는** 이를 **각하한다.**

② 가등기 가처분명령에 의하여 가등기권리자가 단독으로 가등기신청을 할 경우에는 등기의무자의 권리에 관한 등기필요정보를 신청정보의 내용으로 등기소에 제공할 필요가 없다.

다. 담보가등기의 신청

대물반환의 예약을 원인으로 한 가등기신청을 할 경우 등기신청서 기재사항 중 등기의 목적은 본등기 될 권리의 이전담보가등기라고 기재한다. 부동산등기법 제89조의 가처분명령에 의하여 가등기산청을 할 때에도 등기원인이 대물반환의 예약인 경우에는 마찬가지이다.

라. 소유권이전청구권가등기의 신청과 농지취득 자격증명서 등의 첨부 요부

농지에 대한 소유권이전청구권가등기의 신청서에는 충지취득 자격증명을 첨부할 필요가 없으나, 토지거래허가구역 내의 토지에 대한 소유권이전청권가등기의 신청서에는 토지거래허가서를 첨부하여야 한다.

마. 가등기권리자가 여러 사람인 경우

① 여러 사람이 가등기할 권리를 공유하고 있는 때에는 신청서에 각자의 지분을 기재하여야 하고 등기기록에도 신청서에 기재된 지분을 기록하여야 한다.

② 여러 사람 공유의 부동산에 관하여 여러 사라 이름으로 가등기를 신청할 때에는 그 성질에 반하지 아니하는 한 수인의 공유자가 수인에게 지분의 전부 또는 일부를 이전하는 경우의 등기신청방법 등에 관한 예규를 준용한다.

(3) 가등기상 권리의 이전등기 절차

① 가등기상 권리를 제3자에게 양도한 경우에 양도인과 양수인은 공동신청으로 그 가등기상 권리의 이전등기를 신청할 수 있고, 그 이전등기는 가등기에 대한 부기등기의 형식으로 한다.

② 위 가등기상 권리의 이전등기신청은 가등기된 권리 중 일부 지분에 관해서도 할 수 있다. 이 경우 등기신청서에는 이전되는 지분이 기재되어야 하고 등기기록에도 그 지분을 기록하여야 한다.

③ 여러 사람 이름으로 가등기가 되어 있으나, 각자의 지분이 기록되지 아니하는 경우 그 가등기상 권리의 양도에 관하여는 위 (라) (마)②의 규정을 준용한다.

(4) 가등기에 의한 본등기

가. 본등기시청의 당사자

① **가등기 후 제3자에게 소유권이 이전된 경우** : **가등기**에 의한 **본등기신청의 등기의무자는 가등기를 할 때의 소유자이며, 가등기** 후에 **제3자에게 소유권이 이전된 경우에도 가등기의무자는 변동되지 않는다.** 다만, A 소유의 부동산에 대하여 B 명의의 소유권이전등기청구권의 가등기가 경료되고 그 후 갑이 사망하여 그 상속인 C 명의의 협의분할에 의한 소유권이전등기를 마쳤을 경우 위 가등기에 의한 본등기 청구는 C를 상대로 하여야 한다.

② **가등기권자가 사망한 경우** : 가등기를 마친 후에 가등기권자가 사망한 경우, 가등기권자의 상속인은 상속등기를 할 필요 없이 상속을 증명하는 서면을 첨부하여 가등기의무자와 공동으로 본등기를 신청할 수 있다.

③ **가등기의무자가 사망한 경우** : 가등기를 마친 후에 가등기의무자가 사망한 경우, 가등기의무자의 상속인은 상속등기를 할 필요 없이 상속을 증명하는 서면과 인감증명 등의 첨부하여 가등기권자와 공동으로 본등기를 신청할 수 있다.

나. 등기원인 및 서면

① 매매계약을 원인으로 한 가등기에 의한 본등기를 신청함에 있어서 본등기의 원인일자는 매매예약완결의 의사표시를 한 날로 기재하여야 하나, 등기원인을 증명하는 서면은 매매계약서를 제출하여야 한다.

② 그러나 형식상 매매예약을 등기원인으로 하여 가등기가 되어 있으나, 실제로는 매매예약완결권을 행사할 필요 없이 가등기권리자가 요구하면 언제든지 본등기를 하여 주기로 약정한 경우에는 매매예약완결권을 행사하지 않고서도 본등기를 신청할 수 있으며, 이 경우에는 별도로 매매계약서를 제출할 필요가 없다.

다. 등기필정보

가등기에 의한 본등기를 신청할 때에는 가등기의 등기필정보가 아닌 등기의무자의 권리에 관한 등기필정보를 신청정보의 내용으로 등기소에 제공하여야 한다.

라. 가등기된 권리 중 일부 지분에 대한 본등기의 신청

가등기에 의한 **본등기신청은 가등기된 권리** 중 **일부 지분**에 관해서도 **할 수 있다.** 이 **경우 등기신청서에는 본등기될 지분을 기재하여야 하고 등기기록에도** 그 **지분을 기록하여야 한다.**

마. 공동가등기권자가 있는 경우

① **하나의 가등기**에 관하여 **여러 사람의 가등기권자가 있는 경우에 가등기권자** 모두가 **공동의 이름으로 본등기를 신청하거나,** 그 중 **일부의 가등기권자가 자기의 가등기지분**에 관하여 **본등기를 신청할 수 있지만, 일부의 가등기권자가 공유물보존행위에 준하여 가등기 전부**에 관한 **본등기를 신청할 수는 없다.** 공동가등기권자 중 일부의 가등기권자가 자기의 지분만에 관하여 본등기를 신청할 때에는 신청서에 그 뜻을 기재하여야 하고 등기기록에도 그 뜻을 기록하여야 한다.

② 공동가등기권자의 지분이 기록되어 있지 아니한 때에는 극 지분은 균등한 것으로 보아 본등기를 허용하고, 일부의 가등기권자가 균등하게 산정한 지분과 다른 가등기지분을 주장하여 그 가등기에 의한 본등기를 신청하고자 할 경우에는 먼저 가등기 지분을 기록하는 의미의 경정등기를 신청하여야 한다. 이 경우 그 경정등기신청은 가등기권자 전원이 공동으로 하여야 하고 등기신청서에는 가등기권자 전원 사이에 작성된 실제의 지분비율을 증명하는 서면과 실제의 지분이 균등하게 산정한 지분보다 적은 가등기권자의 인감증명을 첨부하여야 한다.

③ 두 사람의 가등기권자 중 한 사람이 가등기상 권리를 다른 가등기권자에게 양도한 경우, 양수한 가등기권자 한 사람의 이름으로 본등기를 신청하기 위해서는 먼저 가등기상 권리의 양도를 원인으로 한 지분이전의 부기등기를 마쳐야 한다.

바. 판결에 의한 본등기의 신청

① 등기원인일자 : 가등기상 권리가 매매예약에 의한 소유권이전청구권일 경우, 판결문에 매매예약 완결일자가 있으면 그 일자를 등기원인일자로 기재하여야 하고, 판결주문에 매매예약 완결일자가 기재되어 있지 아니한 때에는 등기원인은 확정판결로 등기원인 일자를 그 확정판결의 선고연월일로 기재하여야 한다.

② 등기부상의 가등기원인일자와 본등기를 명한 판결주문의 가등기원인일자가 서로 다른 경우 : 매매를 원인으로 한 가등기가 되어 있는 경우, 그 가등기의 원인일자와 판결주문에 나타난 원인일자가 다르다 하더라도 판결이유에 의하여 매매의 동일성이 인정된다면 그 판결에 의하여 가등기에 의한 본등기를 신청할 수 있다.

③ 판결주문에 가등기에 의한 본등기라는 취지의 기재가 없는 경우 : 판결의 주문에 피고에게 소유권이전청구가등기에 의한 본등기 절차의 이행을 명하지 않고 매매로 인한 소유권이전등기 절차의 이행을 명한 경우라도, 판결이유에 의하여 피고의 소유권이전등기 절차의 이행이 가등기에 의한 본등기 절차의 이행이 명백한 때에는 그 판결을 원인증서로 하여 가등기에 의한 본등기를 신청할 수 있다.

사. 담보가등기에 의한 본등기

(a) **신청정보의 내용으로 등기소에 제공하여야 할 사항**

담보가등기에 의한 **본등기를 신청할 경우 등기신청서에는 부동산등기규칙 제43조에서 신청정보의 내용으로 정하고 있는 사항** 외에 **본등기 할 담보가등기의 표시, 「가등기담보** 등에 관한 **법률」 제3조에서 정하고 있는 청산금 평가통지서가 채무자** 등에게 **도달한 날을 신청정보의 내용으로 등기소에 제공하여야 한다.**

(b) 첨부정보

부동산등기규칙 제46조에서 정하고 있는 첨부정보 외에 청산금 평가통지서 또는 청산금이 없다는 통지서가 도달하였음을 증명하는 정보와 가등기담보법 제3조에서 정하고 있는 청산기간이 경과한 후에 청산금을 채무자에게 지급(공탁)하였음을 증명하는 정보(청산금이 없는 경우는 제외한다.)를 첨부정보로서 등기소에 제공하여야 한다. 다만, 판결에 의하여 본등기를 신청하는 경우에는 그러하지 아니하다.

(c) 본등기신청의 각하

위 (a)(b)에서 정한 요건을 갖추지 아니한 등기신청이나 청산금평가통지서가 채무자 등에게 도달한 날로부터 2월이 경과하지 아니한 등기신청은 이를 각하한다.

아. 다른 원인으로 소유권이전등기를 한 경우

소유권이전청구권가등기권자가 가등기에 의한 본등기를 하지 않고 다른 원인에 의한 소유권이전등기를 한 후에는 다시 그 가등기에 의한 본등기를 할 수 없다.(그 가등기상의 권리는 '혼동' 으로 소멸한 것으로 보기 때문에 등기부에 형식상 남아 있는 경우라도 가등기에 의한 본등기를 할 수 없다. 사실 그러한 본등기를 신청할 필요도 없다 할 것이다.)

다만, 가등기 후 위 소유권이전등기 전에 제3자 앞으로 처분제한의 등기가 되어 있거나 중간처분의 등기가 된 경우에는 그러하지 아니하다.(이와 같이 중간처분의 등기가 있는 경우에 그 가등기권리는 '혼동' 으로 소멸한 것이 아니기 때문이다. 이러한 경우에는 가등기에 의한 본등기를 하면 중간처분의 등기가 직권말소된다.)

소유권이전청구권 보전을 위한 가등기와 다른 가압류등기가 순차로 경료된 이후에 그 가등기에 의하지 아니하고 별도로 가등기권리자 명의의 소유권이전등기가 경료된 경우, 그 가등기가 아직 말소되지 않았다면 그 가등기에 의한 본등기신청을 할 수 있을 것이나, 경정 전후의 등기에 동일성(또는 유사성)이 인정되어야 하는 경정등기의 본질상 가등기에 의하지 않은 단순한 소유권이전등기를 가등기에 의한 소유권이전의 본등기로 경정할 수는 없을 것이다.

(5) 본등기와 직권말소

가. 소유권이전등기청구권보전가등기에 기하여 소유권이전의 본등기를 한 경우

(a) 직권말소에서의 예외

가등기 後 본등기 전에 마쳐진 다음 각 호의 등기와 체납처분에 의한 압류등기를 제외하고는 모두 직권으로 말소한다.

a. 가등기상 권리를 목적으로 하는 가압류등기나 가처분등기

b. 가등기 전에 마쳐진 가압류에 의한 강제경매개시결정등기

c. 가등기 전에 마쳐진 담보가등기, 전세권 및 저당권에 의한 임의경매개시결정등기

d. 가등기권자에게 대항할 수 있는 주택임차권등기, 주택임차권설정등기, 상가건물임차권등기, 상가건물임차권설정등기(이하 '주택임차권등기 등'이라 한다.)

e. 해당 가등기 및 가등기 전에 마쳐진 등기의 말소예고등기

(b) 체납처분에 의한 압류등기의 직권말소 여부

① 소유권이전등기청구권보전의 가등기에 기한 소유권이전의 본등기를 신청한 경우 등기관은 등기기록의 기록사항만으로는 위 가등기가 담보가등기인지 여부를 알 수 없을 뿐만 아니라, 담보가등기라 하더라도 체납처분에 의한 압류등기가 말소의 대상인지 여부를 알 수 없으므로 일단 직권말소 대상 통지(등기예규 제1338호 별지 제31호 양식)를 한 후, 이의 신청이 있는 경우 제출된 소명자료에 의하여 말소 또는 인용 여부를 결정한다.

② 담보가등기 또는 소유권이전등기청구권가등기라 하더라도 사실상 담보가등기인 경우 다음 각 호에 해당하는 경우에는 직권으로 말소할 수 없다.

a. 법정기일(국세기본법 제35조, 지방세기본법 제99조)이 담보가등기가 경료되기 전인 국세 및 지방세 채권에 의한 압류등기. 다만, 다음 경우의 담보가등기와 국세 지방세의 선후 비교는 다음 기준에 의한다. 즉 (ⅰ) 1991년 1월 1일 이전의 국세 및 1992년 1월 1일 이전의 지방세 채권에 의한 압류 등에 대하여는 법정기일과 가등기일의 선·후를 비교하는 대신에 납부기한과 가등기일의 선·후를 비교한다. (ⅱ) 1992년 1월 1일 이후 1995년 1월 1일 전의 지방세에 의한 압류등기는 과세기 준일 또는 납세의무성립일(이에 관한 규정이 없는 세목에 있어서는 납기개시일)과 가등기일의 선·후를 비교한다.

b. 해당 재산에 부과된 국세(해당세)의 체납처분에 의한 압류등기

c. 납부기한이 1991년 12월 31일 이전인 지방세(해당세) 체납처분에 의한 압류등기 또는 법정기일이 1996년 1월 1일 이후인 지방세(해당세) 체납처분에 의한 압류등기[1992년

1월 1일 이후부터 1995년 12월 31일 이전에 담보가등기가 설정된 경우의 지방세(해당세) 체납 처분에 의한 압류등기는 위 ① (i)의 예에 의한다.]

(c) 본등기가 된 후 직권말소 대상 통지 중의 등기처리

① 가등기에 의한 본등기를 하고 가등기와 본등기 사이에 이루어진 체납처분에 의한 압류등기에 관하여 등기관이 직권말소 대상 통지를 한 경우에는 비록 이의신청기간이 지나지 않았다 하더라도 본등기에 기초한 등기의 신청이나 촉탁은 수리하며, 체납처분에 의한 압류등기에 기초한 등기의 촉탁은 각하한다.

② 가등기에 기한 본등기를 하였으나, 가등기 후에 마쳐진 소유권이전등기를 직권말소하지 아니한 상태에서 그 소유권이전등기를 기초로 하여 새로운 소유권이전등기 또는 제한물권설정등기나 임차권설정등기가 마쳐진 경우에는 위 등기는 모두 직권으로 말소할 수 없다.

나. 제한물권 및 임차권설정등기청구권보전가등기에 기하여 제한물권 및 임차권설정의 본등기를 한 경우

① **등기관이 지상권, 전세권** 또는 **임차권의 설정등기청구권보전가등기**에 의하여 **지상권, 전세권** 또는 **임차권의 설정의 본등기를 한 경우 가등기** 후 **본등기** 전에 **마쳐진** 다음 각 **호의 등기(동일한 부분에 마쳐진 등기로 한정한다.)는 직권으로 말소한다.**

a. **지상권설정등기**

b. **지역권설정등기**

c. **전세권설정등기**

d. **임차권설정등기**

e. **주택임차권등기** 등. 다만, **가등기권자에게 대항할 수 있는 임차인 명의의 등기는** 그러하지 **아니하다.** 이 **경우 가등기**에 의한 **본등기의 신청을 하려면 먼저 대항력 있는 주택임차권등기** 등을 **말소하여야 한다.**

② **지상권, 전세권** 또는 **임차권의 설정등기청구권보전가등기**에 의하여 **지상권, 전세권 또는 임차권의 설정의 본등기를 한 경우 가등기** 후 **본등기 전에 마쳐진** 다음 각 호의 **등기는** 위 **본등기와 양립할 수 있으므로 직권으로 말소할 수 없다.**

a. **소유권이전등기** 및 **소유권이전등기청구권보전가등기**

b. **가압류** 및 **가처분** 등 **처분제한의 등기**

c. **체납처분**으로 인한 **압류등기**

d. **저당권설정등기**

e. **가등기가 되어 있지 않은 부분**에 대한 **지상권, 지역권, 전세권** 또는 **임차권설정등기와**

주택임차권등기 등

③ **저당권설정등기청구권보전자가 등기**에 기하여 **저당권설정의 본등기를 한 경우에는 가등기에** 후에 **경료된 제3자 명의의 등기는 저당권설정의 본등기와 양립할 수 있으므로 직권말소할 수 없다.**

다. 직권말소 통지

등기관이 가등기 이후의 등기를 직권말소한 경우에는 말소하는 이유 등을 명시하여 지체 없이 말소된 권리의 등기 명의인에게 통지(등기예규 제1338호 별지 제9호 양식)하여야 한다.

(6) 가등기의 말소

가. 등기권리자

가등기 의무자나 가등기 후 소유권을 취득한 제3취득자는 가등기 명의인의 승낙을 얻어서 가등기의 말소를 신청할 수 있다.

나. 가등기 명의인 표시 변경등기의 생략

가등기의 말소를 신청하는 경우에는 가등기 명의인의 표시 변경 또는 경정의 사유가 있는 때라도 신청서에 그 변경 또는 경정을 증명하는 서면을 첨부함으로써 가등기 명의인 표시 변경등기 또는 경정등기를 생략할 수 있다. 또한 가등기 명의인이 사망한 후에 상속인이 가등기의 말소를 신청하는 경우에도 상속등기를 거칠 필요 없이 신청서에 상속인임을 증명하는 서면과 인감증명서를 첨부하여 가등기의 말소를 신청할 수 있다.

다. 등기필정보

가등기 명의인이 가등기의 말소를 신청하는 경우에는 가등기 명의인의 권리에 관한 등기필정보(가등기에 관한 등기필정보)를 신청정보의 내용으로 등기소에 제공하여야 한다.

라. 가등기 가처분명령에 의한 가등기의 말소 절차

가등기 가처분명령에 의하여 이루어진 가등기는 통상의 가등기 말소 절차에 따라야 하며, 민사집행법에서 정한 가처분 이의의 방법으로 가등기의 말소를 구할 수 없다.

마. 가등기권자가 다른 원인으로 소유권이전등기를 한 경우

가등기권자가 가등기에 의하지 않고 다른 원인으로 소유권이전등기를 하였을 경우 그 부동산의 소유권이 제3자에게 이전되기 전에는 가등기권자의 단독신청으로 혼동을 등기원인으로 하여 가등기를 말소할 수 있으나(직권으로 말소하는 것은 아니다.), 그 부동산의 소유권이 제

3자에게 이전된 후에는 통상의 가등기 말소 절차에 따라 가등기를 말소한다.

Ⅵ 처분제한의 등기

1. 가압류등기

1) 개요

[1] **가압류 : 청구금액을 기록함.**

예규 : (ⅰ) 가압류 집행법원의 가압류기입등기촉탁으로 그 등기를 하는 경우에는 가압류 청구금액을 기록한다. (ⅱ) 가압류 촉탁서에 청구금액과 관련한 이자 또는 다른 조건 등이 있다 하더라도 이는 기록하지 아니한다. (ⅲ) 위 청구금액은 민원인 편의와 관련 업무의 신속한 처리를 위하여 참고적으로 기록한 사항으로서 등기실행과정의 착오로 청구금액을 잘못 기록하여 이를 경정하는 경우 가압류 후 다른 등기권리자가 있더라도 승낙서 또는 이에 대항할 수 있는 재판의 등본을 첨부할 필요는 없으며, 위 **등기의 경정은 언제나 부기등기방법**에 의한다.(2001.6.14 **등기예규 제1023호**)

[2] 상속등기를 하지 않은 부동산에 대하여 상속인을 상대로 한 가압류결정이 있을 때에는 상속등기와 가압류등기를 함께 촉탁하여야 한다.(틀린 지문임.)

가압류의 집행으로 등기가 경료되면 해당 부동산에 대하여 채무자의 일체의 처분을 금지하는 효력이 생기므로 가압류등기 후에 처분행위를 하였다면 그 처분행위는 절대적으로 무효이다.(틀린 지문임. 가처분의 경우도 마찬가지임.)

2) **채권자가 다수인 경우(2011.10.11 등기예규 제1358호)**

[1] 의의 : **채권자가 다수란 1개의 촉탁사건에 채권자가 2인** 이상인 **경우를 말한다.**

[2] **가압류 가처분등기** 또는 **경매기입등기의 촉탁이 있는 경우** : (ⅰ) **등기관은 촉탁**에 의하여 위 **가압류등기** 등을 **하는 경우 다수의 채권자 전부를 등기부에 채권자로 기록하여야 하며, 채권자 ○○○ 외 ○○인과 같이 채권자 일부만을 기록하여서는 아니 된다.** (ⅱ) **채권자가 선정당사자인 경우에도 선정자 목록**에 의하여 **채권자 전부를 등기부에 채권자로 기록하여야 한다.**

[3] **등기관은 가압류 가처분등기** 또는 **경매기입등기에 채권자** ○○○ 외 ○○**인으로 기**

록되어 있는 등기를 발견한 경우에는 이 **법 제32조의 규정**에 의한 **경정등기를 하여야 한다.**

[4] 일부 채권자의 해제신청에 의한 변경등기 촉탁이 있는 경우 : (ⅰ) 다수의 채권자중 일부 채권자의 해제신청에 의한 변경등기 촉탁이 있는 경우에는 ○번 ○○변경, 접수 ○○○○년 ○월 ○일 제○○○호, 원인 ○○○○년 ○월 ○일 일부 채권자 해제로 한 변경등기를 하고, 이 경우 등기촉탁서에 가압류의 청구금액이나 가처분할 지분의 변경이 포함되어 있을 때에는 청구금액 또는 가처분할 지분의 변경등기도 하여야 한다. (ⅱ) 채권자 ○○○외 ○○인으로 등기된 가압류 가처분등기 또는 경매기입등기에 대하여 일부 채권자의 해제로 인한 변경등기 촉탁이 있는 경우에는 위 [3]에 의한 경정등기를 한 다음 촉탁에 의한 변경등기를 하여야 한다. (ⅲ) 채권자 ○○○외 ○○인으로 되어 있는 등기에 대한 전부말소 촉탁이 있는 경우에는 위 [3]의 경정등기 절차를 거치지 않고 촉탁에 의한 말소등기를 할 수 있다.

[5] 채권자가 다수인 가압류 가처분등기 또는 경매기입등기에 대하여 해제신청을 한 채권자를 등기의무자로 하고, 등기원인 일부 해제, 등기목적 ○○○○년 ○월 ○일 접수 제○○호로 등기된 ○○○말소로 기재한 등기촉탁이 있는 경우 : 비록 그 등기촉탁이 일부 채권자의 해제신청에 의한 채권자변경등기촉탁의 취지라 하더라도 그 촉탁서에 기재된 등기목적에 따라 이를 해당 등기촉탁서에 기재된 등기 전부의 말소를 촉탁한 것으로 보아야 할 것이므로 등기관은 위 등기촉탁이 부동산등기법 제29조 7호 소정의 '등기의무자가 등기부와 부합하지 아니하는 때'에 해당함을 이유로 이를 각하하여야 하고, 이를 간과하여 말소되어서는 아니 될 등기가 말소 되는 사례가 없도록 등기촉탁서에 기재된 등기의무자가 그 등기상의 채권자 전부인지 또는 그 일부인지 여부를 면밀히 검토하여야 한다.

2. 가처분등기

1) 개요

[1] **등기관이 가처분등기를 할 때에는 가처분의 피보전권리와 금지사항을 기록하여야 한다.(등기청구권의 요지는 기록하지 않는다.)(규칙 제151조)**

[2] **등기부상 1필지 토지의 특정된 일부분**에 대한 **처분금지가처분등기는 할 수 없으므로 1필지 토지의 특정 일부분**에 관한 **소유권이전등기청구권을 보전하기** 위하여는 **바로 분할등기가 될 수 있다는 , 특별한 사정이 없으면** 그 **1필지 토지 전부**에 대한 **처분금지 가처분등기를 할 수 밖에 없다.**(1997.9.11 등기예규 제881호)

[3] 가처분채무자가 법원으로부터 가처분취소결정을 받은 경우 그 결정에 의하여 직접 등기소에 말소등기를 신청할 수 있다.(틀린 지문임.)

2) 가처분권자가 본안사건에서 승소하여 그 승소판결에 따른 소유권이전등기를 하는 경우(2011.10.12 등기예규 제1412호)

(1) 부동산등기규칙 제152조

소유권이전등기청구권 또는 소유권이전등기말소등기(소유권보존등기말소등기 포함. 이하 이 조에서 같다.)청구권을 보전하기 위한 가처분등기가 마쳐진 후 그 가처분채권자가 가처분채무자를 등기의무자로 하여 소유권이전등기 또는 소유권말소등기를 신청하는 경우에는 이 법 제94조 1항에 따라 가처분등기 이후에 마쳐진 제3자 명의의 등기를 말소를 단독으로 신청할 수 있다.(아래 3)의 경우도 마찬가지임.)

(2) 해당 가처분등기 이후에 경료된 제3자 명의의 소유권이전등기의 말소

① 부동산의 처분금지 가처분채권자(이하 '가처분채권자'라 한다.)가 본안사건에서 승소하여(재판상 화해 또는 인낙 포함. 이하 같다.) 그 확정판결의 정본을 첨부하여 소유권이전등기를 신청하는 경우, 그 가처분등기 이후에 제3자 명의의 소유권이전등기가 경료되어 있을 때에는 반드시 위 소유권이전등기신청과 함께 단독으로 그 가처분등기 이후에 경료된 제3자 명의의 소유권이전등기의 말소신청도 동시에 하여 그 가처분등기 이후의 소유권이전등기를 말소하고 가처분채권자의 소유권이전등기를 하여야 한다.

② 위 ①의 경우, 가처분등기 이후에 경료된 제3자 명의의 소유권이전등기가 가처분등기에 우선하는 저당권 또는 압류에 기한 경매 절차에 따른 매각을 원인으로 하여 이루어진 것인 때에는 가처분채권자의 말소신청이 있다 하더라도 이를 말소 할 수 없는 것이므로 그러한 말소신청이 있으며 경매개시결정의 원인이 가처분등기에 우선하는 권리에 기한 것인지 여부를 조사(새로운 등기기록에 이기된 경우에는 폐쇄등기기록 및 수작업 폐쇄등기부까지 조사)하여 그 소유권이전등기가 가처분채권자에 우선하는 경우에는 가처분채권자의 등기신청(가처분에 기한 소유권이전등기신청 포함)을 전부 수리하여서는 아니 된다.

(3) 가처분등기 이후에 경료된 제3자 명의의 소유권이전등기 외의 등기의 말소

① 가채분채권자가 본안사건에서 승소하여 그 확정판결의 정본을 첨부하여 소유권이전등기를 신청하는 경우, 그 가처분등기 이후에 제3자 명의의 소유권이전등기를 제외한 가등기,

소유권 이외의 권리에 관한 등기, 가압류등기, 국세체납에 의한 압류등기, 경매개시결정등기 및 처분금지 가처분등기 등이 경료되어 있을 때에는 위 소유권이전등기신청과 함께 단독으로 그 가처분등기 이후에 경료된 제3자 명의의 등기말소신청도 동시에 하여 그 가처분등기 이후의 등기를 말소하고 가처분 채권자의 소유권이전등기를 하여야 한다.

② 다만, 가처분등기 전에 마쳐진 가압류에 의한 강제경매 개시결정등기와 가처분등기 전에 마쳐진 담보가등기, 전세권 및 저당권에 의한 임의경매 개시결정등기 및 가처분채권자에 대항할 수 있는 임차인 명의의 주택임차권등기, 주택임차권설정등기, 상가건물임차권등기 및 상가건물임차권설정등기 등이 있는 경우에는 이를 말소하지 아니하고 가처분채권자의 소유권이전등기를 하여야 한다.

③ 위 ①의 경우 가처분채권자가 그 가처분에 기한 소유권이전등기만 하고 가처분등기 이후에 경료된 제3자 명의의 소유권 이외의등기의 말소를 동시에 신청하지 아니하였다면 그 소유권이전등기가 가처분에 기한 소유권이전등기였다는 소명자료를 첨부하여 다시 가처분등기 이후에 경료된 제3자 명의의 등기의 말소를 신청하여야 한다.

3) 가처분채권자가 본안사건에서 승소하여 그 승소판결에 의한 소유권이전 등기말소등기(소유권보존등기말소등기 포함. 이하 같음)를 신청하는 경우

(1) 가처분등기 이후에 경료된 제3자 명의의 소유권이전등기의 말소

가처분채권자가 본안사건에서 승소하여 그 확정판결의 정본을 첨부하여 소유권이전등기 말소등기를 신청하는 경우, 그 가처분등기 이후에 제3자 명의의 소유권이전등기가 경료되어 있을 때에는 위 소유권이전등말소등기신청과 동시에 그 가처분등기 이후에 경료된 제3자 명의의 소유권이전등기의 말소도 단독으로 신청하여 그 가처분등기 이후의 소유권이전등기를 말소하고 위 가처분에 기한 소유권이전등기 말소등기를 하여야 한다.

(2) 가처분등기 이후에 경료된 제3자 명의의 소유권이전등기 외의 등기의 말소

가처분채권자가 본안사건에서 승소하여 그 확정판결의 정본을 첨부하여 소유권이전등기 말소등기를 신청하는 경우, 가처분등기 이후에 경료된 제3자 명의의 소유권이전등기를 제외한 가등기, 소유권 이외의 권리에 관한 등기, 가압류등기, 국세체납에 의한 압류등기, 경매신청등기와 처분금지 가처분등기 등이 경료되어 있을 때에는 위 소유권이전등기말소등기신청과 함께 단독으로 그 가처분등기 이후에 경료된 제3자 명의의 등기말소신청도 동시에 하여 그 가처분등기 이후의 등기를 말소하고 가처분채권자의 소유권이전등기의 말소등기를 하여야 한다.

다만, 가처분등기 전에 마쳐진 가압류에 의한 강제경매개시결정등기와 가처분등기 전에 마쳐진 담보가등기, 전세권 및 저당권에 의한 임의경매개시결정등기 및 가처분채권자에 대항할 수 있는 임차인 명의의 주택임차권등기, 주택임차권설정등기, 상가건물임차권등기 및 상가건물임차권설정등기 등이 가처분등기 이후에 경료된 때에는 그러하지 아니하다. 이 경우 가처분채권자가 가처분채무자의 소유권이전등기의 말소등기를 신청하기 위해서는 위 관리자의 승낙이나 이에 대항할 수 있는 재판이 있음을 증명하는 정보를 제공하여야 한다.(소유권이전등기신청을 하는 경우에는 승낙서 등을 첨부할 필요 없이 신청 가능하다는 것과 비교한다.)

4) 가처분채권자가 승소판결에 의하지 아니하고 가처분채무자와 공동으로 가처분에 기한 소유권이전등기 또는 소유권이전 등기말소등기를 신청하는 경우

가처분채권자가 가처분에 기한 것이라는 소명자료를 첨부하여 가처분채무자와 공동으로 소유권이전등기 또는 소유권 말소등기를 신청하는 경우의 해당 가처분등기 및 그 가처분등기 이후에 경료된 제3자 명의의 등기의 말소에 관하여도 (1) 및 (2)의 절차에 의한다.

5) 가처분등기의 말소

등기관이 위 2)부터 4)까지의 규정에 따라 가처분채권자의 신청에 의하여 가처분등기 이후의 등기를 말소하였을 때에는 직권으로 그 가처분등기도 말소하여야 한다.

6) 가처분등기 등을 말소한 경우의 집행법원 등에의 통지

[1] 등기관이 (2)부터 (4)까지의 규정에 따라 가압류등기, 가처분등기, 경매개시결정등기, 주택임차권등기, 상가건물임차권등기를 말소한 경우와 (5)에 따라 해당 가처분등기를 직권으로 말소한 때에는 그 뜻을 집행법원에 통지하여야 한다.

[2] 등기관이 (2)부터 (4)까지의 규정에 따라 가처분등기 이후의 등기를 말소하였을 때에는 말소하는 이유 등을 명시하여 지체 없이 말소된 권리의 등기 명의인에게 통지하여야 한다.

7) 가처분등기 이후의 등기의 말소신청(규칙 제154조)

부동산등기규칙 제152조 및 **제153조 1항**에 따라 **가처분등기 이후의 등기를 말소를 신청하는 경우에는 등기원인을 '가**처분에 의한 실효'라고 해야 한다. 이 경우 같은 규칙 제43조 1항 5호에도 불구하고 그 연월일은 신청정보의 내용으로 등기소에 제공할 필요가 없다.

8) 요약도표

구분	소유권이전등기를 하는 경우	소유권말소등기를 하는 경우
가처분 이후의 제3자 명의의 소유권이전등기(①)	소유권이전등기+① 말소등기 (단독신청) (반드시 동시신청)	소유권 말소등기+① 말소등기 (동시신청, 단독신청)
가처분 이후의 제3자 명의의 소유권 이외의 등기(가등기, 소유권 이외의 권리, 가압류, 가처분 등)(②)	소유권이전등기+② 말소등기 (단독신청) (동시신청, 별도신청 가능)	
해당 가처분등기의 말소(③)	소유권 말소등기시 ②, ③등기는 직권말소	

구분	이전등기	말소등기
소유권이전등기	단	단
소유권이전등기 이외의 등기	단	단
해당 가처분등기	직	직

○ **가처분권리자**

가처분권리자는 승소판결에 의하지 아니하고 가처분채무자와 공동으로 가처분에 의한 소유권이전등기 또는 소유권말소등기를 신청할 수 있다.(이 경우에도 동일한 효력을 인정) 다만, 가처분등기 이후의 '별도의 매매계약'을 원인으로 소유권이전등기를 신청하는 경우에는 그 가처분등기 이후에 경료된 제3자 명의의 가압류등기의 말소를 신청할 수 없다.

소유권이전등기 말소청구권을 피보전권리로 하는 처분금지가처분등기가 기입된 후 본안소송에서 소유권이전등기 절차를 이행한다는 조정이 성립되어 가처분권리자가 위 조정에 의해 소유권이전등기를 신청하는 경우, 청구 기초의 동일성이 인정된다면 위 가처분등기 이후에 경료된 가압류등기의 말소신청을 할 수 있다.

(1) 최근 등기선례 I

① **처분금지 가처분등기가 경료된** 후 **가처분채권자가 본안사건에서 승소한 경우** 그 **승소판결**에 의한 **소유권이전등기(말소)신청과 동시에 가처분채권자에게 대항할 수 없는 등기의 말소도 단독으로 신청할 수 있으나,** 이 **경우의 본안사건은 소유권이전등기나** 그 **등기의 말소를 명하는 판결이어야 한다.**

② 따라서 **사해행위취소**로 인한 **원상회복구청구권을 피보전권리**로 하여 **처분금지 가처분등기가 되고** 그 후 **근저당권설정등기가 경료된 상태에서 가처분채권자가 본안사건에서 소유권이전등기나 소유권이전등기의 말소를 명하는 판결이 아닌 가액배상을 명하는 판결을 받았다면** 그 **판결로는 소유권이전등기나 소유권이전등기의 말소를 신청할 수 없으므로 가처분등기** 이후에 **경료된 근저당권 설정등기의 말소도 신청할 수 없다.(2011.12.8 부동산등기과−2333 질의회답)**

(2) 최근 등기선례 II

처분금지가처분등기를 한 후 가처분채권자가 가액배상을 명하는 판결을 받은 경우 가처분등기 이후의 근저당권설정등기의 말소를 신청할 수 있는지 여부(소극)

① 처분금지 가처분등기가 경료된 후 가처분채권자가 본안사건에서 승소한 경우 그 승소판결에 의한 소유권이전등기(말소)신청과 동시에 가처분채권자에게 대항할 수 없는 등기의 말소도 단독으로 신청할 수 있으나, 이 경우의 본안사건은 소유권이전등기나 그 등기의 말소를 명하는 판결이어야 한다.

② 따라서 사해행위취소로 인한 원상회복청구권을 피보전권리로 하여 처분금지 가처분등기가 되고 그 후 근저당권설정등기가 경료된 상태에서 가처분채권자가 본안사건에서 소유권이전등기나 소유권이전등기의 말소를 명하는 판결이 아닌 가액배상을 명하는 판결을 받았다면 그 판결로는 소유권이전등기나 소유권이전등기의 말소를 신청할 수 없으므로 가처분등기 이후에 경료된 근저당권 설정등기의 말소도 신청할 수 없다.(2011.12.8 부동산등기과−2333 질의회답)(참조 판례: 대판 1996.3.22, 95다53768)

9) 가처분권자가 본안사건에서 승소하여 그 승소판결에 따른 소유권 이외의 권리의 설정등기를 하는 경우(2011.10.12 등기예규 제1413호)

(1) 예규의 취지

이 예규는 제한물권 또는 임차권 등 소유권 이외의 권리의 설정등기청구권을 보전하기 위한 처분금지가처분채권자가 그 가처분에 기하여 보전하여야 할 소유권 이외의 권리의 설정등기를 신청하는 경우(가처분의 본안사건에서 승소하여 그 확정판결의 정본을 첨부하여 등기신청을 하거나, 가처분채무자와 공동으로 등기신청을 하는 경우 등을 모두 포함한다.), 그 소유권 이외의 권리의 설정등기의 방법 및 해당 가처분등기 이후에 경료된 제3자 명의의 등기의 처리 절차에 관한 사항을 규정함을 목적으로 한다.

(2) 처분금지 가처분에 기한 소유권 이외의 권리의 설정등기의 방법

소유권 이외의 권리의 설정등기청구권을 보전하기 위한 처분금지가처분에 기하여 그 보전하여야 할 소유권 이외의 권리의 설정등기를 하는 때에는 그 등기의 목적 아래에 '○년 ○월 ○일 접수 제○○○호 가처분에 기함'이라고 기록하여 해당 설정등기가 가처분에 기한 것이라는 표시를 한다.

가처분의 피보전권리가 소유권 이외의 권리설정등기청구권으로서 소유 명의인을 가처분채무자로 하는 경우에는 그 가처분등기를 등기기록 중 갑구에 한다.(규칙 제151조) 등기관이 부동산등기법 제94조 1항에 따라 가처분채권자 명의의 소유권 이외의 권리 설정등기를 할 때에는 그 등기가 가처분에 기초한 것이라는 뜻을 기록하여야 한다.(법 제95조)

(3) 가처분등기 이후에 경료된 제3자 명의의 등기의 처리

① 지상권, 전세권 또는 임차권의 설정등기청구권을 보전하기 위한 가처분등기가 마쳐진 후 그 가처분채권자가 가처분채무자를 등기의무자로 하여 지상권, 전세권 또는 임차권의 설정등기를 신청하는 경우에는 그 가처분등기 이후에 마쳐진 제3자 명의의 지상권, 지역권, 전세권 또는 임차권의 설정등기(동일한 부분에 마쳐진 등기로 한정한다.)의 말소를 단독으로 신청할 수 있다.(규칙 제153조 1항)

a. 가처분등기 이후에 경료된 제3자 명의의 등기를 말소하여야 하는 경우

처분금지가처분에 기하여 부동산의 사용 수익을 목적으로 하는 소유권 이외의 권리(지상권, 전세권, 임차권, 주택임차권, 상가건물임차권. 다만, 지역권은 제외)의 설정등기를 신청하는 경우, 그 가처분등기 이후에 부동산의 사용 수익을 목적으로 하는 제3자 명의의 소유권 이외의 권리(지상권, 지역권, 전세권, 임차권, 주택임차권, 상가건물임차권)의 설정등기 또는 주택임차권등기나 상가건물임차권등기가 경료되어 있는 때에는 그 가처분등기 이후에 경료된 제3자 명의의 등기의 말소신청도 동시에 하여 그 가처분등기 이후의 등기를 말소하고 가처분채권자의 등기를 하여야 한다.

지상권, 전세권 또는 임차권의 설정등기청구권을 보전하기 위한 가처분등기가 마쳐진 후 그 가처분채권자가 가처분채무자를 등기의무자로 하여 지상권, 전세권 또는 임차권의 설정등기를 신청하는 경우에는 그 가처분등기 이후에 마쳐진 제3자 명의의 지상권, 지역권, 전세권 또는 임차권의 설정등기(동일한 부분에 마쳐진 등기로 한정한다.)의 말소를 단독으로 신청할 수 있다.(규칙 제153조 1항)

다만, 가처분채권자에게 대항할 수 있는 임차인 명의의 주택임차권등기, 주택임차권설정

등기, 상가건물임차권등기, 삼가건물임차권설정등기가 가처분등기 이후에 경료되어 있는 때에는 그러하지 아니하다. 이 경우 가처분에 의한 설정등기를 신청하기 위해서는 먼저 위 대항력 있는 임차인 명의의 주택임차권등기, 주택임차권설정등기, 상가건물임차권등기, 상가건물임차권설정등기를 말소하여야 한다.

b. 가처분등기 이후에 경료된 제3자 명의의 등기를 말소하지 아니하는 경우

처분금지 가처분에 기하여 부동산의 사용 수익을 목적으로 하는 소유권 이외의 권리(지상권, 전세권, 임차권, 주택임차권, 상가건물임차권 다만, 지역권은 제외)의 설정등기를 하는 경우, 그 설정등기와 양립할 수 있는 용익물권설정등기, 임차권설정등기, 주택임차권등기, 주택임차권설정등기, 상가건물임차권등기, 상가건물임차권설정등기와 부동산의 사용 수익을 목적으로 하는 소유권 이외의 권리(지상권, 지역권, 전세권, 임차권)가 아닌 제3자 명의의 등기(소유권이전등기, 가등기, 가압류, 국세체납에 의한 압류등기, 처분금지 가처분등기, 저당권 등)는 가처분등기 이후 경료된 것이라도 이를 말소하지 아니한다.

처분금지 가처분에 기하여 지역권설정등기 또는 저당권설정등기를 하는 경우, 그 가처분등기 이후에 경료된 제3자 명의의 등기는 이를 말소하지 아니한다.

② 저당권설정등기청구권을 보전하기 위한 가처분등기가 마쳐진 후 그 가처분채권자가 가처분채무자를 등기의무자로 하여 저당권설정등기를 신청하는 경우에는 그 가처분등기 이후에 마쳐진 제3자 명의의 등기라 하더라도 그 말소를 신청할 수 없다.(규칙 제153조 2항)

(4) 가처분등기의 말소

등기관이 위의 (2)에 따라 **가처분채권자의 신청**에 의하여 **가처분등**기 이후의 **등기를 말소하였을 때에는 직권으로** 그 **가처분등기도 말소하여야 한다.**

(5) 가처분에 의해 실효된 권리의 등기 명의의인에 대한 통지

등기관이 위의 (2)에 따라 **가처분등기 이후의 등기를 말소하였을 때에는 말소하는 이유** 등을 **명시하여 지체 없이 말소된 권리의 등기 명의인에게 통지하여야 한다.**

(6) 요약도표

처분금지가처분의 피보전권리	가처분 이후의 제3자의 권리	처리 방법
지상권, 전세권, 임차권 설정등기 청구권인 경우	제3자의 사용수익을 목적으로 하는 권리(지상권, 지역권, 전세권, 임차권)	가처분 이후의 제3자의 권리의 말소등기신청하면서(단독신청임, 직권말소되는 사항 아님.)
	사용수익을 목적으로 하는 권리가 아닌 제3자의 권리(소유권이전등기, 가등기, 가압류, 처분제한등기, 저당권 등)	가처분권리자의 단독신청에 의하여 말소될 수 없음.
저당권설정등기 청구권인 경우	제3자 명의의 등기	
해당 가처분등기의 말소	신청에 따라 가처분등기 이후의 등기를 말소할 때에는 직권으로 그 가처분등기도 말소하여야 한다.	

○ 사무관 승진시험 문제(2010년)

증축 또는 부속건물을 신축하였으나, 아직 그 표시 변경등기를 하지 아니한 건물에 대하여 집행법원이 가압류·가처분등기의 촉탁과 함께 건물표시 변경등기의 촉탁을 한 경우, 그 촉탁은 모두 수리할 수 없다.

---

3. 경매등기

1) 경매에 관한 등기

(1) 강제경매에서의 등기의무자

강제경매에서 등기의무자는 부동산소유자, 즉 **채무자를 기록한다. 가압류등기** 후에 **제3자에게 소유권이 이전되고 가압류채권자가 집행권원을 얻어 경매신청을 하여** 그 **기입등기를 촉탁하는 경우에는 가압류 당시의 소유권의 등기 명의인이 등기의무자가 된다.** 이는 **가압류된 부동산을 취득한 제3자는 가압류채권자에게 대항할 수 없기 때문이다.**

위와 같이 부동산이 현재 채무자의 소유가 아닌 경우에 등기관이 촉탁서 표시의 등기의무자와 등기부상의 소유 명의인이 일치되지 않는 것을 이유로 각하(법 제55조 6호)할 우려가 있으므로 집행실무에서는 강제경매개시결정에 채무자 외에 현재 소유 명의인도 표시하고 있다. 예컨대 '제3취득자 ○○○'라 표시한다. 같은 이유로 촉탁서에도 등기의무자란에 제3취득자를 함께 표시하는 것이 바람직하다.

(2) 임의경매에서의 등기의무자

임의경매는 강제경매와 달리 근저당권설정 당시의 소유 명의인과 현재의 소유 명의인의 일치 여부에 상관없이 현재의 소유 명의인만을 등기의무자로 하여 촉탁하여야 한다.

2) 매각을 원인으로 한 소유이전등기

(1) 매각을 원인으로 한 소유권이전등기촉탁시 등기의무자

압류의 효력발생 당시(채무자에게 강제경매개시결정이 송달된 때 또는 강제경매개시 결정등기가 된 때, 민사집행법 제83조 4항)의 소유권의 등기 명의인

① 소유권이전등기의 등기의무자는 경매개시결정등기시의 소유 명의인이다. 다만, 경매개시결정등기 당시의 등기부상 소유 명의자라도 그 소유권이 매각으로 인하여 말소될 것인 경우, 즉 가압류등기 후에 제3자에게 소유권이 이전된 후 가압류채권자가 집행권원을 받아 신청한 경매 절차에서 매각된 경우에는 제3자의 소유권이전등기는 말소되게 된다. 따라서 이와 같은 경우에는 등기의무자는 현재의 소유 명의인이 아닌 가압류등기 당시의 소유 명의인이 된다.

② 경매개시결정의 등기 후에 소유자가 사망하여 상속등기가 된 경우에는 그 상속인을 등기의무자로 표시하고 상속등기가 되어있지 아니한 경우에는 사망한 사람을 등기의무자로 표시하면 되고, 소유권이전등기의 촉탁을 위하여 따로 상속등기를 하게 할 필요는 없다.

(2) 매각을 원인으로 한 소유권이전등기촉탁시 등기권리자

등기권리자로서 매수인의 성명 주민등록번호 등 **인적 사항을 기재한다. 매수인이 사망** 등을 **이유**로 하여 **변경된 경우는** 다음과 **같이 처리한다.**

가. 매수인이 사망한 경우

매각허가결정확정 후 **대금지급** 전에 **매수인이 사망함으로써** 그 **상속인이 매수인의 지위를 승계하여 매각대금을 지급한 경우에는 상속인 명의로 소유권이전등기를 촉탁한다.(등기촉탁서의 등기권리자로서 '매수인 ○○○의 상속인 ○○○'라고 표시한다.)** 이 **경우 등기촉탁서에는 매각허가결정등본** 외에 **상속을 증명하는 제적등·초본, 가족관계등록사항별증명서** 등의 **서면을 첨부하여야 한다.**

또한 매수인이 대금지급 후에 사망한 경우에도 사망한 피상속인 앞으로의 등기는 허용되지 않으므로 상속인 명의로 이전등기를 촉탁하여야 한다.

매각허가결정 전에 최고가매수신고인이 사망하였으나, 법원이 상속사실을 모르고 사망한 사람을 매수인으로 표시하여 매각허가결정을 한 경우, 위 결정의 효력은 상속인에게 미친다. 따라서 상속인이 대금을 지급하면 상속인을 매수인으로 하여 이전등기의 촉탁을 한다. 이러한 경우 매각허가결정을 상속인 명의로 경정함이 없이 상속을 증명하는 서면을 첨부하여 촉탁하는 것이 실무이다.

나. 합병 등의 일반승계

매수인이 법인으로 합병 등에 의하여 **일반승계가 있는 경우에도 매수인이 사망한 경우와 동일하게 처리된다.**

다. 매수인의 지위가 양도된 경우의 처리

매각허가결정 확정 후에 **매수인이** 그 **매수인의 지위를 제3자에게 양도하고** 그 **제3자가 매각대금을 지급한 경우라 하더라도 법원은 매수인**을 위하여 **이전등기촉탁을 하여야 할 것이며, 제3자를 등기권리자로 하여 이전등기촉탁을 해서는 안 된다.**

(3) 촉탁 절차

① 촉탁시기 – 매각대금완납시/등기환원일 – 매각대금완납일

② 매각대금의 완납이 있는 경우에는 법원은 매각허가결정의 등본을 첨부하여 다음 각 호의 등기를 촉탁하여야 한다. 소유권이전등기를 촉탁하는 경우 매수인이 인수하지 아니한 부담기입등기의 말소등기를 누락한 경우에도 추후에 촉탁이 가능하다.

a. 매수인 앞으로의 소유권이전등기

b. 매수인이 인수하지 아니한 부동산 위의 부담의 기입의 말소등기

c. 경매 개시결정 등기의 말소등기

③ 다만, 집행법원에서 매각으로 인한 소유권이전등기는 촉탁하지 않고 매각으로 인한 경매개시 결정 등기의 말소만을 촉탁한 경우 등기관은 그 촉탁을 수리할 수 없다.

(4) 제3취득자가 매수인이 된 경우의 소유권이전등기 절차

① 경매 개시결정 기입등기 전에 소유권이전등기를 받은 제3취득자가 매각인이 된 경우에는 경매 개시결정 기입등기의 말소촉탁 및 낙찰인이 인수하지 않는 부담기입의 말소촉탁 외에 소유권이전등기촉탁은 하지 않는다.

② 공유부동산에 대한 경매 개시결정 기입등기가 경료되고, 경매 절차에서 일부 공유자가 경락받은 경우에는 경매 개시결정 기입등기의 말소촉탁 및 낙찰인이 인수하지 않는 부담기입의 말소촉탁을 하되, 소유권이전등기촉탁은 위 낙찰인의 지분을 제외한 나머지 지분에 대한 공유지분이전등기 촉탁을 한다.

③ 경매 개시결정 기입등기(국세체납처분에 의한 압류등기, 매각에 의하여 소멸되는 가압류등기도 같다.) 후에 소유권이전등기를 받은 제3취득자가 매수인이 된 경우에는 경매 개시결정 기입등기와 제3취득자 명의의 소유권등기의 말소 촉탁과 동시에 매각을 원인으로 한 소유권이전등기 촉탁을 하여야 한다.

④ 매각인이 등기의무자로서 등기신청을 할 때에는 ①의 경우에는 종전 소유권이전등기 시 등기소로부터 교부받은 등기필정보를, ②의 경우에는 종전 등기필정보와 공유지분이전등기 후 교부받은 등기필정보를 등기의무자의 권리에 관한 등기필정보로 각 제출한다.(2011. 10.11 등기예규 제1378호)

경매개시결정 기입등기 전에 소유권이전등기를 받은 제3취득자가 매수인이 된 경우	a. 경매개시결정 기입등기의 말소촉탁 b. 매수인이 인수하지 않는 부담기입의 말소촉탁 c. 제3취득자 명의의 소유권이전등기의 말소촉탁 : 하지 않음. d. 매각을 원인으로 한 소유권이전등기의 촉탁 : 하지 않음(종전에는 이 경우에도 매각을 원인으로 한 소유권이전등기를 촉탁하였어야 했음.)
경매개시결정 기입등기 후에 소유권이전등기를 받은 제3취득자가 매수인이 된 경우	a. 경매개시결정 기입등기의 말소촉탁 b. 매수인이 인수하지 않는 부담기입의 말소촉탁 c. 제3취득자 명의의 소유권이전등기의 말소촉탁 d. 매각을 원인으로 한 소유권이전등기의 촉탁

(5) 부담기입으로서 말소 대상이 되는 등기

가. 법 조문[민사집행법 제91조(인수주의와 잉여주의의 선택 등)]

① 압류채권자의 채권에 우선하는 채권에 관한 부동산의 부담을 매수인에게 인수하게 하거나, 매각대금으로 그 부담을 변제하는 데 부족하지 아니하다는 것이 인정된 경우가 아니면 그 부동산을 매각하지 못한다.

② 매각부동산 위의 모든 저당권은 매각으로 소멸된다.

③ 지상권·지역권·전세권 및 등기된 임차권은 저당권 압류채권 가압류채권에 대항할 수 없는 경우에는 매각으로 소멸된다.

④ 위 ③의 경우 외의 지상권·지역권·전세권 및 등기된 임차권은 매수인이 인수한다. 다만, 그 중 전세권의 경우에는 전세권자가 제88조에 따라 배당요구를 하면 매각으로 소멸된다.

나. 요약도표

등기	경매개시결정 기입등기 전에 경료된 경우	경매개시결정 기입등기 후에 경료된 경우	그 밖의 경우
저당권, 담보가등기	모두 말소 가능		
가압류, 압류	말소	말소	
가처분	말소 불가	말소	다만, 매각에 의하여 소멸되는 선순위 담보권이 있는 경우에는 말소됨.
가등기	말소 불가	말소	
용익물권	말소 불가	말소	
소유권이전	말소 불가	말소	
예고등기	말소되지 아니함.		저당권말소 예고등기는 직권말소

✦ 선례

매각으로 인한 소유권이전등기촉탁을 할 때에, 매수인이 인수하지 아니하는 부담의 기입이 부기등기로 되어 있는 경우, ① 저당권, 전세권 등 소유권 이외의 권리의 전부 또는 일부 이전으로 인한 부기등기가 마쳐진 경우 또는 ② 저당권부채권 가압류등기, 전세권저당권설정등기 등과 같이 매수인이 인수하지 아니하는 등기의 말소에 관하여 이해관계 있는 제3자 명의의 부기등기가 마쳐진 경우에 집행법원은 주등기의 말소만 촉탁하면 되고 부기등기에 관하여는 별도로 말소 촉탁을 할 필요가 없으며, 등록면허세는 주등기의 말소에 대한 것만 납부하면 된다.(2003.2.3 선례 7－436)

(6) 가압류등기 후 소유권이 이전되어 현소유자의 채권자가 경매신청을 하여 매각이 된 경우 구소유자에 대한 가압류의 말소 여부

① 종전 기출 문제 : **가압류 등기** 후 **소유권이 이전되어 현소유자의 채권자가 경매신청을 하여 매각이 된 경우, 구소유자**에 대한 **가압류채권자는 배당에 가입할 수 없으므로** 그 **가압류등기는 말소할 수 없다.**

② 변경된 선례 : **가압류등기** 이후 **가압류부동산의 소유권이 제3자에게 이전된 경우, 제3취득자의 채권자가 신청한 경매 절차에서** 전 **소유자**에 대한 **가압류채권자는 배당에 가입할**

수 있으므로 그 가압류등기는 말소촉탁의 대상이 될 것이다.(2006.10.12 부동산등기과－3061 질의회답 및 참조 판례: 2006다19986; 아래 판례에 의하여 다시 변경된 것으로 해석함.)

③ 판례(대판 2007.4.13, 2005다8682)

a. 종전 소유자의 가압류 채권자가 배당에 참가한 경우에는 가압류는 말소촉탁의 대상이 된다.

b. 배당에 참가하지 아니하고 매수인에게 인수하도록 하는 재판이 이루어진 경우에는 말소촉탁의 대상이 되지 아니한다.

* 부동산에 대한 다른 선순위의 부담이 없는 상태에서 가압류등기 후 소유권이 제3자에게 이전되어 현 소유자의 채권자가 경매신청을 하여 매각된 경우 가압류권자가 배당을 받은 때에는 전 소유자에 대한 가압류등기도 말소촉탁의 대상이 된다.

(7) 가압류의 피보전채권자 또는 피보전채권의 승계인을 등기권리자로 하는 경매 개시결정 등기에 관한 업무처리지침(2007.1.8 등기예규 제1160호)

가. 목적

이 예규는 가압류의 피보전채권자 또는 피보전채권의 승계인을 등기권리자로 하는 강제경매 개시결정의 등기촉탁이 있는 경우 그 등기 기록에 관한 사항을 규정함을 목적으로 한다.

나. 가압류채권자를 등기권리자로 하는 경매 개시결정의 등기촉탁이 있는 경우

강제경매 개시결정의 등기촉탁시 등기목적란에 그 등기권리자가 가압류의 피보전채권자라는 취지의 기재(○번 가압류의 본압류로의 이행)가 있는 때에는 별지 제1호의 등기기록례와 같이 그 등기의 목적 아래에 '○번 가압류의 본압류로의 이행'이라고 기록하여 해당 경매 개시결정의 등기가 가압류채권자의 경매신청에 의한 그 기입등기의 촉탁에 따른 것임을 표시하여야 한다.

다. 가압류 피보전채권의 승계인을 등기권리자로 하는 경매 개시결정의 등기촉탁이 있는 경우

강제경매 개시결정의 등기촉탁서 등기목적란에 그 등기권리자가 가압류의 피보전채권의 승계인이라는 취지의 기록(○번 가압류 채권의 승계)이 있는 때에는 별지 제2호의 등기기록례와 같이 그 등기의 목적 아래에 '○번 가압류 채권의 승계'라고 기록하여 해당 경매 개시결정의 등기가 가압류의 피보전채권의 승계인의 경매신청에 의한 그 기입등기의 촉탁에 따른 것임을 표시하여야 한다.

✦ 선례

매 가압류가 본압류로 이행되어 강제경매 절차의 진행 중에 그 가압류가 집행취소로 말소된 경우, 매각으로 인한 소유권이전등기 시 말소된 가압류 이후의 가처분 등의 말소 가능 여부(적극)

1. 부동산에 대한 가압류가 본압류로 이행되어 강제경매 개시결정등기가 마쳐지고 강제집행 절차가 진행 중이라면 그 본집행의 효력이 유효하게 존속하는 한 가압류등기만을 말소할 수 없는 것이므로 그 가압류등기에 대한 집행법원의 말소촉탁은 그 취지 자체로 보아 법률상 허용될 수 없음이 명백한 경우에 해당하여 등기관은 부동산등기법 제29조 2호에 의하여 촉탁을 각하하여야 한다.

2. 이 경우 등기관이 각하사유를 간과하고 집행법원의 촉탁에 의하여 그 가압류등기를 말소하였더라도 본집행이 취소 실효되지 않는 이상, 본집행에 아무런 영향을 미치지 아니하므로 밀소된 해당 가압류 이후의 가처분, 가압류, 소유권이전등기에 대하여 매각을 원인으로 한 말소등기의 촉탁이 있을 경우 등기관은 이를 수리할 수 있다.(2012.10.19 부동산등기과- 2012 질의회답 및 참조 판례: 대판 2002.3.15, 2001마6620; 대판 2012.5.10, 2012마180)

(8) 구분건물의 전유부분에만 설정된 근저당권의 실행으로 매각된 경우

가. 매각허가 결정(경정결정 포함)에 대지에 대한 표시가 있는 경우

(a) 대지권등기가 경료되지 않은 경우

① **전유부분 소유자와 토지의 소유자가 일치한 경우** : 등기촉탁서 및 매각허가결정의 토지의 표시가 등기부와 동일하고, 등기의무자가 토지등기부의 소유자와 동일한 경우에는 토지에 대하여 경매기입등기가 경료되지 않았다 하더라도 토지 부분에 대한 소유권이전등기촉탁은 이를 수리한다.

② **전유부분 소유자와 토지의 소유자가 다른 경우** : (ⅰ) 전유부분과 토지부분에 대하여 동시에 소유권이전등기를 촉탁하였으나, 등기촉탁서의 등기의무자와 토지등기부의 소유자가 다를 경우에는 전유부분에 대하여는 등기하고 토지부분에 대한 촉탁은 이를 각하한다. (ⅱ) 토지부분에 대하여는 순차이전등기를 통하여 등기의무자가 일치된 후, 법원사무관 등의 소유권이전등기 촉탁이 있으면 이를 수리한다.

(b) 대지권등기가 경료된 경우

매각 절차 진행 중 또는 대금납부 후에 대지권등기가 경료된 경우, 법원사무관 등으로부터 대지권까지 포함한 소유권이전등기촉탁이 있으면 이를 수리한다.

나. 매각허가 결정에 대지에 대한 표시가 없는 경우

① **대지권등기가 경료되지 않은 경우** : 매각허가 결정에 전유부분만 기재된 경우 형식적 심사권 밖에 없는 등기관은 토지까지 매각되었는지 여부를 판단할 수 없으므로 전유부분에 대하여는 통상의 절차에 의하여 이를 수리하고 토지부분에 대한 등기 촉탁은 각하한다.

② **대지권등기가 경료된 경우** : 대지권등기가 경료된 후에 전유부분만에 대한 소유권이전등기 촉탁이 있는 경우에는 전유부분에 대하여는 전유부분만에 대한 취지를 부기하고 매수인 앞으로 소유권이전등기를 실행하고, 토지부분에 대한 등기 촉탁은 각하한다.

표 6-1 ∥ 2001.12.31 등기예규 제1050호(아래 도표 참조)

<table>
<tr><th colspan="2" rowspan="2">구분</th><th colspan="2">매각허가 결정(경정결정 포함)에 있어서 대지에 대한 표시가 있는 경우</th><th colspan="2">매각허가 결정에 있어서 대지에 대한 표시가 없는 경우</th></tr>
<tr><th>대지권등기가 경료되지 않은 경우</th><th>대지권등기가 경료된 경우</th><th>대지권등기가 경료되지 않은 경우</th><th>대지권등기가 경료된 경우</th></tr>
<tr><td colspan="2">전유부분에 대한 소유권이전등기촉탁</td><td>가능</td><td rowspan="3">가능</td><td>가능</td><td>불가능</td></tr>
<tr><td rowspan="2">대지부분에 대한 소유권이전 등기 촉탁</td><td>전유부분 소유자와 토지 소유자가 일치한 경우</td><td>가능</td><td rowspan="2">불가능</td><td rowspan="2">불가능</td></tr>
<tr><td>전유부분 소유자와 토지 소유자가 다른 경우</td><td>원칙적으로 불가능</td></tr>
</table>

4. 관공서의 촉탁에 의한 등기 절차

1) 관공서의 권리관계의 당사자로서 하는 촉탁등기(2014.4.24 등기예규 제1517호)

(1) 등기촉탁을 할 수 있는 관공서의 범위

[1] 부동산등기법 제97조 및 제98조의 규정에 의하여 등기촉탁을 할 수 있는 관공서는 원칙적으로 국가 및 지방자치단체를 말한다.

국유 부동산 중 일반재산에 대하여 매각의 권한을 위임받은 지방자치단체장은 일반재산임을 소명하는 서면과 권한위임의 근거 규정을 명시하여 지방자치단체장 명의로 소유권이전등기를 신청(촉탁)할 수 있다.(2011.12.28 등기예규 제1440호)

[2] 국가 또는 지방자치단체가 아닌 공사 등은 등기촉탁에 관한 특별규정이 있는 경우에 한하여 등기촉탁을 할 수 있다.

① **등기촉탁을 할 수 있는 경우의 예시** : (ⅰ) 한국토지주택공사, (ⅱ) 한국자산관리공사, (ⅲ) 한국농어촌공사(농어촌공사법 제10조 1항 13호의 경우), (ⅳ) 한국도로공사, (ⅴ) 한국수자원공사, (ⅵ) 한국철도시설공단(2007.7.20 선례 8－45)

② **등기촉탁을 할 수 없는 경우의 예시** : (ⅰ) 한국농어촌공사(그 밖의 경우), (ⅱ) 지방공사

(2) 우편에 의한 등기촉탁 가능 여부

관공서가 등기를 촉탁하는 경우에는 본인이나 대리인의 출석을 요하지 아니하므로 우편에 의한 등기촉탁도 할 수 있다.

2) 관공서의 전산정보처리조직에 의한 촉탁등기

자세한 내용은 '제5장 등기절차 일반' 속의 'Ⅲ. 전자(인터넷)등기신청 절차 일반'을 참조할 것.

제7장

각종 부동산등기 절차

제7장

각종 부동산등기 절차

I 소유권에 관한 등기 절차

1. 서설

부동산등기법상 등기할 여러 권리 중 가장 중요한 권리는 소유권이다. 소유권에 관한 등기 절차에는 일반적으로 소유권보존등기 절차와 소유권이전등기 절차로 나누어 볼 수 있는데, 소유권이전등기 절차는 가장 전형적·통상적이기 때문에 특이한 기재사항은 적다. 따라서 소유권에 관한 등기 절차 중 특징적인 것은 오히려 소유권보존등기 절차이다.

2. 토지소유권보존의 등기 절차

1) 서언

'토지소유권보존등기'란 특정의 토지에 관한 소유권을 새로이 등기용지에 개설하는 것을 말한다. 따라서 토지소유권보존등기를 하면 부동산등기법상 특정의 토지에 관한 소유권이 확정되고, 그 후의 권리변동에 관하여 기초가 된다. 그러므로 토지소유권보존등기는 특정의 토지와 동일성을 정확하게 표시할 필요가 있기 때문에 보통의 등기와 달리 단순히 당사자 사이의 상대적 사정(등기원인)만을 기초로 할 수 없고, 소유권의 존재를 직접적으로 확인하는 절차가 필요하게 된다. 예컨대, 토지소유권보존등기에 있어서는 절차법상 토지소유권의 존재에 관한 특별한 증명, 즉 토지에 관한 대장(토지대장 또는 임야대장)이 요구된다.

2) 지적공부(토지대장·임야대장)

(1) 지적공부의 의의

'지적공부'란 토지의 소재·지번·지목·면적, 소유자의 성명 또는 명칭·주소·주민등록번호(국가·지방자치단체·법인 또는 법인 아닌 사단이나 재단 및 외국인은 그 등록번호), 그 밖의 국토교통부령으로 정하는 사항을 등록하여 토지의 현황을 명확히 하는 장부로서 토지대장·임야대장·지적도·임야도·공유지연명부·대지권등록부 및 경계점 좌표등록부와 이들 지적공부에 등록할 사항을 자기디스크·자기테이프 그 밖에 이와 유사한 매체에 기록·저장 및 관리하는 집합물을 일컫는다.(공간정보의 구축 및 관리 등에 관한 법률 제2조 19호)

(2) 지적 제도의 목적

지적 제도의 목적은 일제강점기부터 구 지적법의 전면 개정에 따른 실시(1976.7.1.)까지는 토지에 대한 조세부과를 위한 세지적 제도였으나, 지적법의 전면 개정 실시 이후에는 토지 소유권의 한계인 경계에 중점을 둔 법지적 제도로 바뀌었다.(같은 법 제1조 참조) 따라서 오늘날 지적 제도의 목적은 토지의 경계점의 측지학상 위치를 정확하게 결정하여 소유권을 비롯한 여러 물권의 한계를 밝히는 데 있다고 하겠다. 그러나 지적공부상의 소유 명의인으로 등록된 자는 그 지적공부에 등재될 것만으로는 소유권의 추정적 효력이 없다.(대판 1991.4.26, 90다13413; 대판 1992.1.21, 91다6399; 대판 1992.6.26, 92다12216)

(3) 지적공부의 소관청

지적공부의 소관청은 지적공부를 관리하는 시장(구를 둔 시에는 구청장)·군수를 말한다.(같은 법 제2조 18호) 소관청은 지적공부를 지적창고에 설치·보관하고 이를 영구히 보존해야 한다.(같은 법 제8조 1항) 다만, 그 등록사항을 마이크로필름·자기디스크 그 밖에 이와 유사한 매체에 기록·보존하는 때에는 지적서고에 보관하지 않을 수 있다.(같은 법 제8조 1항 단서)

(4) 토지대장·임야대장의 기재사항

① **토지의 소재** : '토지의 소재'란 토지가 있는 일정한 장소, 즉 토지의 주소를 말한다.

② **지번** : '지번'이란 필지에 부여하여 지적공부에 등록한 번호를 말한다.(같은 법 제2조 22호) 지번은 대통령령이 정하는 바에 따라 소관청이 지번부여지역별로 순차적으로 부여한다.

③ **지목** : '지목'이란 토지의 주된 용도에 따라 토지의 종류를 구분하여 지적공부에 등록한 것을 말한다.(같은 법 제2조 24호) 지목의 종류는 토지의 주된 사용목적에 따라 28가지로 구분한다.

표 7-1 ‖ 지목의 종류

지목	내 용
전	물을 상시적으로 이용하지 아니하고 곡물, 원예작물(과수류 제외), 약초, 뽕나무, 닥나무, 묘목, 관상수 등의 식물을 주로 재배하는 토지와 식용을 위하여 죽순을 지배하는 토지
답	물을 상시적으로 직접 이용하여 벼, 연, 미나리, 왕골 등의 식물을 주로 재배하는 토지
과 수 원	사과, 배, 밤, 호두, 귤나무 등 과수류를 집단적으로 재배하는 토지와 이에 접속된 저장고 등 부속시설물의 부지(다만, 주거용 건축물의 부지는 '대지'임.)
목장용지	축산업 및 낙농업을 하기 위하여 초지를 조성한 토지. 축산법 제2조 1호의 규정에 의한 가축을 사육하는 축사 등의 부지 그리고 위 두 토지와 접속된 부속시설물의 부지
임 야	산림 및 원야를 이루고 있는 수림지, 죽림지, 암석지, 자갈땅, 모래땅, 습지, 황무지 등의 토지
광 천 지	지하에서 온수, 약수, 석유류 등이 용출구와 그 유지에 사용되는 부지(다만, 온수·약수·석유류 등을 일정한 장소로 운송하는 송수관·송유관 및 저장시설의 부지는 제외함.)
염 전	조수를 이용하여 소금을 채취하는 데 이용하는 토지
대 지	영구적 건축물 중 주거, 사무실, 점포와 박물관, 극장, 미술관 등 문화시설과 이에 접속된 정원 및 부속시설물의 부지 그리고 「국토계획 및 이용에 관한 법률」 등 관계 법률 등 관계법령에 의한 택지조성공사가 준동된 토지
공장용지	제조업을 하고 있는 공장시설물의 부지, 산업집적활성화 및 공장설립에 관한 법률 등 관계법령에 의한 공장부지조성공사가 준공된 토지 그리고 위 두 토지와 같은 구역 안에 있는 의료시설 등 부속시설물의 부지
학교용지	학교와 교사와 이에 속된 체육장 등 부속시설물의 부지
주 차 장	자동차 등의 주차에 필요한 독립적인 시설을 갖춘 부지와 주차전용 건축물 및 접속된 부속시설물의 부지(다만, 주차장법 제2조 1호 가목 및 가목의 규정에 의한 노상주차장 그리고 자동차 등의 판매목적으로 설치된 물류장 및 야외전시장은 제외함.)
주 유 소 용 지	석유, 석유제품 또는 액화석유가스 등의 판매를 위하여 일정한 설비를 갖춘 시설물의 부지 그리고 저유소 및 원유저장소의 부지와 이에 접속된 부속시설물의 부지(다만, 자동차·선박·기차 등의 제작 또는 정비공장 안에 설치된 급유·송유시설 등의 부지는 제외함.)
창고용지	물건을 보관 또는 저장하기 위하여 독립적으로 설치된 보관시설물의 부지와 이에 접속된 부속시설물의 부지
도 로	일반공중의 교통운수를 위하여 보행 또는 차량운행에 필요한 일정한 설비 또는 형태를 갖추어 이용되는 토지. 도로법 등 관계법령에 의하여 도로로 개설된 토지. 2필지 이상에 진입하는 통로로 이용되는 토지(다만, 아파트·공장 등 단일 용도의, 일정한 단지 안에 설치된 통로 등을 제외함.)

철도용지	교통운수를 위하여 일정한 궤도 등의 설비와 형태를 갖추어 이용되는 토지와 이에 접속된 역사·차고·발전시설 및 공작창 등 부속시설물의 부지
하　　천	자연의 유수流水가 있거나 있을 것으로 예상되는 토지
제　　방	조수, 자연유수, 모래, 바람 등을 막기 위하여 설치된 방조제·방수제·방파제 등의 부지
구　　거	용수 또는 배수를 위하여 일정한 형태를 갖춘 인공적인 수로, 둑 및 그 부속시설물의 부지와 자연의 유수流水가 있거나 있을 것으로 예상되는 소규모 수로부지
유　　지	물이 고이거나 상시적으로 물을 저장하고 있는 댐·저수지·소류지·호수·연못 등의 토지와 연·왕골 등이 자생하는 배수가 잘되지 아니하는 토지
양 어 장	육상에 인공으로 조성된 수산생물의 번식 또는 양식을 위한 시설을 갖춘 부지와 이에 접속된 부속시설물의 부지
수도용지	물을 정수하여 공급하기 위한 취수·저수·도수·정수·송수 및 배수시설의 부지 및 이에 접속된 부속시설물의 부지
공　　원	일반공중의 보건·휴양 및 정서생활에 이용하기 위한 시설을 갖춘 토지로서 「국토의 계획 및 이용에 관한 법률」에 의하여 공원 또는 녹지로 결정·고시된 토지
체육용지	국민의 건강증진 등을 위한 체육활동에 적합한 시설과 형태를 갖춘 종합운동장·실내체육장·야구장·골프장·스키장·승마장·경륜장 등 체육시설의 토지와 이에 접속된 부속시설물의 부지(다만, 체육시설로서의 영속성과 독립성이 미흡한 정구장·골프연습장·실내수영장 및 체육도장, 유수流水를 이용한 요트장 및 카누장, 산림 안의 야영장 등의 토지를 제외함.)
유 원 지	일반공중의 위락·휴양 등에 적합한 시설물을 종합적으로 갖춘 수영장·유선장·낚시터·어린이놀이터·동물원·식물원·민속촌·경마장 등의 토지와 이에 접속된 부속시설물의 부지(다만, 이들 시설과의 거리 등으로 보아 독립적인 것으로 인정되는 숙식시설 및 유기장의 부지와 하천·구거 또는 유지[공유의 것에 한한다.]로 분류되는 것을 제외함.)
종교용지	일반공중의 종교의식을 위하여 예배·법요·설교·제사 등을 하기 위한 교회·사찰·향교 등 건축물의 부지와 이에 접속된 부속시설물의 부지
사 적 지	문화재로 지정된 역사적인 유적·고적·기념물 등을 보존하기 위하여 구획된 토지(다만, 학교용지·공원·종교용지 등 다른 지목으로 된 토지 안에 있는 유적·고적·기념물 등을 보호하기 위하여 구획된 토지를 제외함.)
묘　　지	사람의 시체나 유골이 매장된 토지. 「도시공원 및 녹지 등에 관한 법률」에 의한 묘지공원으로 결정·고시된 「토지 및 장사 등에 관한 법률」 제2조 9호의 규정에 의한 봉안시설과 이에 접속된 부속시설물의 부지(다만, 묘지의 관리를 위한 건축물의 부지는 "대"로 함.)
잡종지	갈대밭, 실외에 물건을 쌓아두는 곳, 돌을 캐내는 곳, 흙을 파내는 곳, 야외시장, 비행장, 공동우물 및 영구적 건축물중 변전소, 송신소, 수신소, 송유시설, 도축장, 자동차운전학원, 쓰레기 및 오물처리장 등의 부지 그리고 다른 지목에 속하지 아니하는 토지(다만, 원상회복을 조건으로 돌을 캐내는 곳 또는 흙을 파내는 곳으로 허가된 토지를 제외함.)

④ **면적** : '면적'이란 지적공부에 등록된 토지의 수평면적을 말한다.(같은 법 제2조 27호) 면적의 단위는 모두 제곱미터(㎡)를 사용한다. 구지적법(1980.12.1, 법률 제165호)에서는 면적의 단위로 평·합·작을 사용하였다.

⑤ 소유자의 성명 또는 명칭, 주소, 주민등록번호(국가, 지방자치단체법인 아닌 사단이나 재단 및 외국인은 그 등록번호)

⑥ 그 밖에 국토교통부령으로 정하는 사람

(5) 지적공부의 열람

지적공부를 열람하거나 그 등본을 교부받고자 하는 자는 소관청에 이를 신청해야 한다. 그러나 지적공부의 등록사항을 지적전산본부의 전산정보처리조직에 의하여 처리하는 경우에 그 등록파일을 열람하거나 그 등본을 교부받고자 하는 자는 해당 소관청이 아닌 다른 소관청에 신청할 수 있다.(공간정보의 구축 및 관리 등에 관한 법률 제75조) 지적공부의 열람 또는 등본의 교부를 받기 위해서는 소정의 수수료를 신청한 소관청에 납부해야 한다.

(6) 각종 대장과 관련된 용어의 정의

구 지적법을 대체하여 현재는 「공간정보의 구축 및 관리 등에 관한 법률」(법률 제11943호)이 시행되고 있고, 각종 대장과 관련된 용어는 같은 법 제2조 1호 내지 34호에 걸쳐서 정의되고 있다.

(7) 지적공부(**토지대장** 및 **임야대장**)와 토지등기부의 관계

지적공부인 토지대장 또는 **임야대장은 특정한 토지**에 대한 **소유권의 한계인 경계에 중점을 두는** 반면, **토지등기부는 토지**에 관한 **권리관계의 공시와 거래안전을 도모하기 위한 것이다.** 이와 **같은 목적을 달성**하기 위해 **토지대장과 임야대장은 토지**에 대한 **신중한 측량과 조사를** 통해 각 **필지의 동일성을 정확하게 하는 것이고, 등기부는** 이와 **같은 대장을 바탕으로 부동산의 존부, 소재 및 권리** 등 **동일성을 쉽게 확정하는 방법을 갖추는 것**이다. 이렇게 토지에 관한 등기부는 상호 의존적·협력적으로 밀접한 관계를 갖는다.

따라서 실질적·형식적으로 토지에 관한 대장과 등기부에 기재된 상호 일정한 사항에 대하여는 언제나 일치하고 부합되어야 한다. 그러므로 대장과 등기부가 상호 일치·부합하기 위해서는 소유권보존등기의 경우에 등기부의 표제부 및 갑구에 기재되는 사항이 대장에 기초를 두게 된다. 그러나 소유권변동과 그 밖의 물권변동의 경우에는 등기부의 기재사항(갑구·을구의 기재사항)을 기초로 하여 대장(소유권만)이 이에 따르게 한다.(법 제88조)

3) 신청적격자

(1) 신청에 의한 경우

토지소유권보존등기는 실체법상 소유권자인 신청인(등기권리자)이 단독으로 등기신청(단독신청)을 하며, 이 경우에는 등기 절차상 소유권이라는 일정한 증명이 필요하다.

가. 토지대장등본 또는 임야대장등본에 의하여 자기 또는 피상속인이 토지대장 또는 임야대장에 소유자로서 등록되어 있음을 증명하는 자(법 제130조 제1호)

'자기 또는 피상속인이 토지대장 또는 임야대장에 소유권자로서 등록되어 있는 것을 증명하는 자'란 토지대장 또는 임야대장에 소유자로 등록되어 있는 자 또는 그러한 자의 피상속인을 지칭한다. 여기서 '피상속인'이란 직접의 피상속인뿐만 아니라, 그의 피상속인의 피상속인을 포함한다고 본다. 왜냐하면 포괄수증자와 회사합병에 의한 포괄승계자의 효과는 직접의 피상속인에 있어 상속에 의한 효과와 동일하기 때문이다. 민법 제1078조에 의하면, "포괄적 유증을 받은 자는 상속인과 동일한 권리의 유증과 회사합병에 의한 포괄적 승계의 경우는 이를 증명하는 증명서를 등기신청시에 첨부해야 한다." 또한 대장등본에 의하여 자기 명의로 소유권보전등기신청을 할 수 있는 자는 다음과 같다.(대판 90.3.20, 89마389; 등기예규 제1483호)

○ 미등기부동산의 소유권보존등기 신청인에 관한 업무처리지침

1997.12.1 등기예규 제899호; 개정 2005.1.5 등기예규 제1093호; 개정 2013.2.22 등기예규 제1483호

1. 목적

이 예규는 부동산등기법(이하 '법'이라 한다.) 제65조에 의하여 미등기부동산의 소유권보존등기를 신청할 수 있는 자에 관한 구체적인 사항을 규정함을 목적으로 한다.

2. 법 제65조 제1호의 신청인의 범위

가. **대장등본**에 의하여 **자기 명의로 소유권보존등기를 신청할 수 있는 자**

(1) **대장에 최초의 소유자로 등록된 자**

(가) 대장등본에 의하여 소유권보존등기를 신청할 수 있는 자는 대장에 최초의 소유자로 등록되어 있는 자(대장상 소유자의 성명, 주소 등의 일부 누락 또는 착오가 있어 대장상 소유자 표시를 경정 등록한 경우를 포함하거나,) 또는 그 **상속인**, 그 밖의 **포괄승계인(포괄적 수증자, 법인이 합병된 경우 존속** 또는 **신설 법인, 법인이 분할된 경우 분할** 후 **법인** 등**)이어야 한다.**

(나) **대장에 소유 명의인으로 등록된 후 성명복구**(일본식 씨명이 군정법령 제122호인 조선성명복구령 또는 가족관계등록부 관련 법령이나 예규 등에 의하여 대한민국식 성명으로 가족관계등록부에 복구된 경우를 말한다.), **개명, 주소변경** 등으로 **등록사항에 변경이 생긴 경우에는 대장등본** 외에 **제적등본, 「가족관계의 등록** 등에 관한 **법률」 제15조 1항 2호의 기본증명서, 주민등록표등본** 등 **변경사실을 증명하는 서면을 첨부하여 소유권보존등기를 신청할 수 있다.**

(2) **대장에 최초의 소유자로 복구된 자**

(가) **대장 멸실 후 복구된 대장에 최초의 소유자로 기재(복구)된 자는** 그 **대장등본에** 의하여 **소유권보존등기를 신청할 수 있다.** 다만, 1950년 12월 1일 법률 제165호로 제정된 구 지적법(1975.12.31 법률 제2801호로 전문개정되기 전의 것.)이 시행된 시기에 복구된 대장에 법적 근거 없이 소유자로 기재(복구)된 자는 그 대장등본에 의한 소유권보존등기를 신청할 수 없다.

(나) 현재의 대장의 기초가 되었던 폐쇄된 구대장의 기재 내용 또는 형식으로 보아 대장 멸실 후 위 (가)의 단서에 해당하는 시기에 소유자가 복구된 것으로 의심되는 경우(구대장상 해당 토지를 일제강점기에 사정받은 것으로 되어 있으나, 소유자 표시란에 일제강점기의 용어인 '씨명 우 八 명칭' 대신 '성명 우는 명칭'과 같이 우리 나라식 용어인 '성명'이나 한글 '는'이 기재되어 있는 경우 등), 등기관은 소유자 복구 여부에 대하여 신청인으로 하여금 소명하게 하거나 대장 소관청에 사실조회를 할 수 있고, 그 소명 또는 사실조회 결과 대장상 최초의 소유자가 위 (가)의 단서에 해당하는 등기에 법적 근거 없이 복구된 것으로 밝혀진 때에는 그 대장등본에 의한 소유권보존등기를 신청할 수 없다.

(3) **대장상 소유권이전등록을 받은 자** : 대장상 소유권이전등록을 받은 소유 명의인 또는 그 상속인, 그 밖의 포괄승계인은 아래 각 호의 경우를 제외하고는 자기 명의로 직접 소유권보존등기를 신청할 수 없고, 대장상 최초의 소유자 명의로 소유권보존등기를 한 다음 자기 명의로 소유권이전등기를 신청하여야 한다.

(가) 삭제(2011.10.12 제1427호)

(나) 미등기 토지의 지적공부상 '국'으로부터 소유권이전등록을 받은 경우

나. 삭제(2008.6.13 제1253호)

3. 법 제65조 제2호의 "판결"의 의미

가. **소유권을 증명하는 판결에 있어서의 상대방**

이 **법 제65조 제2호의 소유권을 증명하는 "판결"(판결과 동일한 효력이 있는 화해조서, 제소전화해조서, 인낙조서, 조정조서를 포함한다.** 이하 **같다)은 다음** 각 **호에 해당하는 자를 대**

상으로 한 것이어야 한다.

① 토지(임야)대장 또는 건축물대장상에 최초의 소유자로 등록되어 있는 자 또는 그 상속인, 그 밖의 포괄승계인(대장상 소유자 표시에 일부 오류가 있어 대장상 소유자 표시를 정정등록한 경우의 정정등록된 소유명의인을 포함한다.)

② 삭제(2011.10.12 제1427호)

③ 미등기 토지의 지적공부상 '국'으로부터 소유권이전등록을 받은 자

④ 토지(임야)대장상의 소유자 표시란이 공란으로 되어 있거나 소유자표시에 일부 누락이 있어 대장상의 소유자를 특정할 수 없는 경우에는 국가

나. 판결의 종류

소유권을 증명하는 판결은 보존등기신청인의 소유임을 확정하는 내용의 것이어야 한다. 그러나 그 판결은 소유권확인판결에 한하는 것은 아니며, 형성판결이나 이행판결이라도 그 이유 중에서 보존등기신청인의 소유임을 확정하는 내용의 것이면 이에 해당한다.

다. 위 판결에 해당하는 경우의 예시

다음 각 호의 판결은 법 제65조 제2호의 판결에 해당한다.

① 해당 부동산이 보존등기 신청인의 소유임을 이유로 소유권보존등기의 말소를 명한 판결

② 토지대장상 공유인 미등기토지에 대한 공유물분할판결, 다만 이 경우에는 공유물반할의 판결에 따라 토지의 분필절차를 먼저 거친 후에 보존등기를 신청하여야 한다.

라. 위 판결에 해당하지 않는 경우의 예시

다음 각 호의 판결은 이 법 제65조 2호의 판결에 해당하지 않는다.

① 매수인이 매도인을 상대로 토지의 소유권이전등기를 구하는 소송에서 매도인이 매수인에게 매매를 원인으로 한 소유권이전등기 절차를 이행하고 해당 토지가 매도인의 소유임을 확인한다는 내용의 화해조서

② 건물에 대하여 국가를 상대로 한 소유권확인판결

③ 건물에 대하여 건축허가명의인(또는 건축주)을 상대로 한 소유권확인판결

4. 법 제65조 4호의 특별자치도지사·시장·군수 또는 구청장(이하 "시장 등")의 확인서 요건

가. 법 제65조 4호의 소유권을 증명하는 시장 등의 확인서에 해당하기 위해서는 시장 등이 발급한 증명서로서 구비해야 할 요건

① 건물의 소재와 지번, 건물의 종류, 구조 및 면적 등 건물의 표시

② 건물의 소유자의 성명이나 명칭과 주소나 사무소의 소재지 표시

나. 위 확인서에 해당하는지 여부에 대한 판단

① 판단기준 : 어떤 서면이 법 제65조 4호의 확인서에 해당하는지 여부를 판단함에 있어서는 위 4-가의 요건을 기준으로 하여야 한다.

② 구체적으로 문제되는 경우의 예시

(가) 납세증명서 및 세목별 과세증명서 : 지방세기본법 제63조 2항에 의하여 교부받은 지방세기본법 시행규칙 별지 제23호 서식의 납세증명서 및 민원사무처리에 관한 법률에 의하여 교부받은 세목별과세증명서는 법 제65조 4호의 확인서에 해당하지 않는다.

(나) 사용승인서 : 건축법 제22조 2항에 의하여 교부받은 건축법 시행규칙 별지 제18호 서식의 건축물사용승인서는 법 제65조 4호의 확인서에 해당하지 않는다.

(다) 사실확인서 : 시장 등이 발급한 사실확인서로서 건물의 소재와 지번, 건물의 종류·구조·면적 등 건물의 표시와 소유자의 표시 및 그 건물이 완성되어 존재한다는 사실이 기재되어 있고, 특히 집합건물의 경우에는 1동 건물의 표시 및 1동의 건물을 이루는 모든 구분건물의 표시가 구체적으로 기재되어 있다면 이 법 제65조 4호의 확인서에 해당할 수 있을 것이다. 다만, 구체적인 경우에 그 해당 여부는 담당등기관이 판단할 사항이다.

(라) 임시사용승인서·착공신고서·건물현황사진·공정확인서·현장조사서·건축허가서 등은 이 법 제65조 4호의 확인서에 해당하지 않는다.

나. 확정판결에 의하여 자기의 소유권을 증명하는 자(법 제65조 2호)

여기서 **'판결'이란 판결의 종류(형성판결, 이행판결, 확인판결)와 관계없고, 판결과 동일한 효력이 있는 화해조서·인낙조서·제소전화해조서·조정조서를 포함**하는 개념이다. 이와 같은 판결은 토지(임야)대장 또는 건축물대장상 소유자로 등록되어 있는 자(대장상 소유자 표시란이 공란으로 되어 있거나 소유자표시에 일부 누락이 대장상 소유자를 특정할 수 없는 경우에는 국가)를 상대로 한 소송에서 해당 부동산이 보존등기신청인의 소유임을 확정하는 내용이어야 한다.(1997.12.1 등기예규 제900호)

그러나 매수인이 매도인을 상대로 토지소유권의 이전등기를 구하는 경우에 매도인이 매수인에게 매매를 원인으로 한 소유권이전등기 절차를 이행하고 해당 토지가 매도인의 소유임을 확인한다는 내용의 제소전화해조서는 매도인의 명의의 보존등기를 신청함에 있어 매도인 스스로가 자기의 소유임을 확인한 것에 지나지 아니하여 위 화해조서를 제출하는 등기신청인(매도인)이 '판결에 의하여 자기의 소유권을 증명한 자'에 해당되지 않는다.(대판 1990.3.20, 89마389)

다. 수용으로 인하여 소유권을 취득하였음을 증명하는 자(법 제65조 3호)

「공익사업을 위한 토지 등의 취득 및 보상에 관한 법률」에 따른 수용으로 토지를 취득한 사업시행자는 소유권보존등기 또는 실제의 소유자에게 이전등기가 되어 있지 아니한 토지 등이 있는 때에는 대통령령이 정하는 바에 따라 해당 지역을 관할하는 시장·구청장 또는 읍·면장이 발급한 확인서에 의하여 정당한 권리자로 인정되는 자에게 보상금을 지급한다.(같은 법 제18조 1항) 그리고 이 경우에는 시장·구청장 또는 읍·면장이 발급한 확인서 및 보상금의 지급을 증명하는 서류를 첨부하여 사업시행자는 자기 명의로 소유권보존등기를 신청할 수 있다.(같은 법 제18조 6항; 1996.11.18 등기예규 제846호) 이미 보존등기된 토지를 수용한 경우에는 절차상 이전등기의 형식으로 처리하되, 보존등기와 같이 원시취득의 효력이 있다.(민법 제187조) 따라서 수용의 개시일에 토지의 소유권을 취득하며, 그 토지상 다른 권리는 이와 동시에 소멸한다.(공익사업을 위한 토지 등의 취득 및 보상에 관한 법률 제45조 1항)

라. 특별자치도지사·시장·군수 또는 구청장(자치구 구청장)의 확인에 의하여 자기의 소유권을 증명하는 자(건물의 경우로 한정함)(법 제65조 4호)

건물의 경우에는 특별자치도지사·시장·군수 또는 구청장이 발급한 소유권확인서로도 보존등기가 가능하다.(이 경우의 확인서에 해당하는지 여부에 대한 판단기준 등은 위 예규 참조)

○ 소유권보존등기를 신청할 수 있는 자

대장에 최초의 소유자로 등록되어 있는 자의 포괄승계인(포괄적 수증자)이 소유권보존등기를 신청할 수 있다.

(1) 유증의 목적 부동산이 미등기인 경우에는 토지대장, 임야대장 또는 건축물 대장에 최초의 소유자로 등록되어 있는 자 또는 그 상속인의 포괄적 수증자가 단독으로 소유권보존등기를 신청할 수 있다.

(2) 유증의 목적 부동산이 미등기인 경우라도 특정유증을 받은 자는 소유권보존등기를 신청할 수 없고, 유언집행자가 상속인 명의로 소유권보존등기를 마친 후에 유증을 원인으로 한 소유권이전등기를 신청하여야 한다.

○ 포괄승계인이 신청할 수 있는지 여부

대장에 최초의 소유자로 등록되어 있는 자의 포괄승계인(**법인이 합병된 경우 존속** 또는 **신설 법인, 법인이 분할된 경우 분할 후 법인** 등)이 소유권보존등기를 신청할 수 있다.

(1) 분할 전 갑 회사가 소멸하는 이른바 소멸분할(완전분할)의 경우 : 미등기 토지(건물도 마찬가지)를 회사분할을 원인으로 분할된 A 회사가 분할한 갑 회사로부터 취득한 경우에는 법인

등기사항증명서와 분할계획서를 첨부하여 그 분할된 A 회사 명의로 바로 보존등기를 할 수 있다.

(2) 분할 전 갑 회사가 여전히 존속하는 존속분할(불완전분할)의 경우 : 갑 회사가 그 일부를 분할하여 A 회사를 설립한 경우, 분할로 인하여 설립되는 A 회사는 분할계획서가 정하는 바에 따라서 분할되는 갑 회사의 권리와 의무를 승계하는 바, 분할계획서에 분할로 인하여 설립되는 회사에 이전될 재산으로 기재된 건물이 미등기일 경우에 분할 후 회사인 A 회사 명의로 직접 소유권보존등기를 신청할 수 없고, 건축물대장에 최초의 소유자로 등록되어 있는 갑 회사 명의로 소유권보존등기를 경료한 다음 회사분할을 등기원인으로 하여 갑 회사로부터 A 회사 앞으로 소유권이전등기를 신청할 수 있다.(2002.1.23 선례 7-201)

---

4) 신청서의 특수한 기재사항과 첨부 서면

(1) 일반적인 경우

① 신청근거 규정-기재/등기원인과 연월일-기재할 필요 없음.

② **국유부동산**에 대하여 **관공서의 촉탁**에 의하여 **보존등기를 하는 경우라도 종전과는 달리 소유자임을 증명하는 대장등본을 첨부하지 아니하고는** 이를 **할 수 없다.**

③ **지상권이 설정되어 있는 토지** 위에 **지상권자 아닌 제3자가 건물**에 대한 **보존등기를 신청함에 있어서 미리** 그 **지상권을 말소하거나 지상권자의 승낙서를 첨부할 필요는 없다.**

④ **등기부상 동일 지번에 기존 건물이 등기되어 있는 경우에도 기존건물과는 별개로 신축되고 건축물대장상 별동으로 등재되어 있는 건물**에 관하여는 **소유권보존등기신청을 할 수 있을 것이나, 기존건물이 멸실된 경우에는** 그 **건물**에 대한 **멸실등기신청을 먼저 한 다음 새로운 건물**에 대한 **보존등기신청을 하여야 한다.(2001.3.8 선례 6-197)**

⑤ 다만, 갑 소유의 기존건물과 동일한 지번상에 증축한 을의 건물이 1개의 건축물대장에 소유자를 달리하여 별동으로 기재되어 있을 경우 을은 위 건축물대장등본을 첨부하여 소유권보존등기를 신청할 수 없다.(1996.12.30 선례 5-247)

⑥ 1동 건물 중 구조상 구분된 수개의 부분이 독립된 건물로서 사용될 수 있는 요건을 갖추고 있더라도 건물의 소유자가 1동 건물의 각 부분을 구분건물로 등기하지 아니하고 1동 건물 전체를 하나의 소유권의 객체로 등기를 할 수 있다.

⑦ 수인이 균등하지 아니한 지분비율로 공유하는 건물에 관하여 대장상으로는 공유지분의 기재가 없는 경우 공유자 전원 사이에 작성된 실제의 지분비율을 증명하는 서면(실제의 지분이 균등하게 산정한 지분보다 적은 자의 인감증명도 제출)을 첨부하여 실제 지분에 따라 소유

권보존등기신청을 할 수 있다.

⑧ **1동의 건물에 속하는 구분건물** 중 **일부만**에 관하여 **소유권보존등기를 하기** 위해서는 그 **일부 구분건물**뿐만 아니라, **나머지 구분건물도 등기능력이 있어야 한다.**

✦ 최근 등기선례

취득세 신고서류가 첨부된 정보공개결정통지서를 제출하여 건물의 소유권보존등기를 신청할 수 있는지 여부(소극) : 「공공기관의 정보공개에 관한 법률 시행규칙」 제5조에 의하여 시·구·읍·면의 장(개정법에 의하면 특별자치도지사, 시장, 군수 또는 구청장)이 작성한 '정보공개 결정통지서'에 첨부된 '취득세 신고서류'에 건물의 표시 및 소유자의 표시가 기재되어 있다고 하더라도 위 통지서 및 신고서류는 소유권을 증명하는 '시·구·읍·면장(특별자치도지사, 시장, 군수 또는 구청장)의 서면'에 해당하지 않으므로 이를 제출하여 건물의 소유권보존등기를 신청할 수 없다.(2011.3.8 부동산등기과－482 질의회답)

✦ 최근 등기선례

「건축사법」 제23조에 의한 건축사업무신고를 한 건축사 또는 「공간정보의 구축 및 관리 등에 관한 법률」 제39조에 의한 측량기술자가 작성한 서면은 직권 보존된 건물의 소유 명의인이 소유권이전등기를 신청하는 경우에 건축물대장 정보를 갈음하여 첨부하는 서면에 불과하고(2003.4.22 선례 7－206), 소유권보존등기를 함에 있어서 부동산등기규칙 제121조 2항에서 말하는 '건물의 표시를 증명하는 건축물대장 정보나 그 밖의 정보'에는 해당하지 않는다.(2012.10.17 부동산등기과－14991 질의회답)

---

(2) 유증의 경우

포괄적 수증자가 소유권보존등기를 신청하는 경우에는 다음의 **첨부 정보를 등기소에 제공하여야 한다.(2014.4.9 등기예규 제1512호)**

① **유증자의 사망을 증명하는 정보**

② **유증자가 최초의 소유자로 등록된 토지대장, 임야대장** 또는 **건축물대장 정보**

③ **토지대장, 임야대장** 또는 **건축물대장에 최초의 소유자로 등록되어 있는 자의 상속인**으로부터 **포괄적 유증을 받은 경우에는** 그 **상속인의 상속을 증명하는 정보**

④ **유언증서** 및 **검인조서** 등

a. 유언증서가 자필증서, 녹음, 비밀증서에 의한 경우에는 유언검인조서등본을, 구수증서에 의한 경우에는 검인신청에 대한 심판서 등본을, 유증에 정지조건 등이 붙은 경우에는 그 조건성취를 증명하는 서면을 각 첨부하여야 한다.
b. 유언증서에 가정법원의 검인이 되어 있는 경우에도 등기관은 그 유언증서가 적법한 요건을 갖추지 아니한 경우에는 그 등기신청을 수리하여서는 아니 된다.
c. 검인기일에 출석한 상속인들이 "유언자의 자필이 아니고 날인도 유언자의 사용인이 아니라고 생각한다."는 등의 다툼 있는 사실이 기재되어 있는 검인조서를 첨부한 경우에는 유언 내용에 따른 등기신청에 이의가 없다는 위 상속인들의 '진술서'(인감증명서 첨부) 또는 위 상속인들을 상대로 한 유언유효확인의 소나 수증자 지위 확인의 소의 승소 확정판결문을 첨부하여야 한다.

○ 해석

상속인들의 동의서(규칙 제46조 1항 3호)를 제출할 것이 아니라, '진술서'(인감증명서 첨부) 또는 위 상속인들을 상대로 한 유언유효확인의 소나 수증자 지위 확인의 소의 승소 확정판결문을 첨부하여야 한다.(규칙 제46조 1항 1호 및 5호)

판례 상속인들의 동의서

위와 같은 상속인들의 동의서는 부동산등기규칙 제46조 1항 2호가 등기신청의 첨부 정보로 규정한 '등기원인에 대하여 제3자의 허가, 동의 또는 승낙이 필요한 경우에는 이를 증명하는 정보'에 해당하지 아니함이 분명하다. 또한 상속인들은 유증을 원인으로 하는 소유권이전등기에 관하여 '등기상 이해관계에 있는 제3자'에 해당하지 아니하고 부동산등기법 관계 법령에서도 유증을 원인으로 하는 소유권이전등기에 대하여 상속인들의 승낙을 받도록 하는 규정은 존재하지 아니하므로 위와 같은 상속인들의 동의서를 가리켜 부동산등기규칙 제46조 1항 3호가 규정한 첨부 정보인 '등기상 이해관계에 있는 제3자의 승낙이 필요한 경우에는 이를 증명하는 정보 또는 이에 대항할 수 있는 재판이 있음을 증명하는 정보'에도 해당한다고 볼 수 없다. 위 사무처리 지침이 규정한 상속인들의 동의서는 부동산등기규칙 제46조 1항 1호 및 5호의 첨부 정보로 제출하도록 규정한 것일 뿐이다.

따라서 유언집행자로서는 자필 유언 증서상 유언자의 자서와 날인의 진정성을 다투는 상속인들이 유언 내용에 따른 등기신청에 관하여 이의가 없다는 진술서의 작성을 거절하는 경우에는 그 진술을 소로써 구할 것이 아니라, 그 상속인들을 상대로 유언효력확인의 소나 포괄적 수증자 지위 확인의 소 등을 제기하여 승소 확정 판결을 받은 다음, 이를 부동산등기규칙 제46조 1항 1호 및 5호의 첨부 정보로 제출하여 유증을 원인으로 하는 소유권이전등기를 신청할 수 있을 것이다.(대판 2014.02.13, 2011다74277)

5) 직권에 의한 소유권보존등기

(1) '처분제한의 등기를 명하는 재판'에 해당하는 것.

미등기부동산에 대하여 법원으로부터 강제경매 개시 결정, 부동산가압류, 부동산가처분, 임차권등기명령의 촉탁, 회생정리 절차 개시 결정·파산선고(보전처분 포함)의 기입등기촉탁이 있는 경우

(2) '처분제한의 등기를 명하는 재판'에 해당하지 않는 것.

예고등기, 소유권 이외의 권리에 대한 처분제한의 등기, 근저당권설정가등기 가처분, 체납처분에 의한 압류(법원의 촉탁이 있는 경우에만 직권보존등기할 수 있다.)

✦ 선례

법 제90조의 규정에 의한 근저당권설정 가등기 가처분결정을 받은 경우에는 그 결정정본을 첨부하여 가등기권리자가 단독으로 가등기를 경료할 수 있는 것이나, 만약 가등기의 목적인 건물이 미등기인 경우라면 그 부동산이 가등기의무자의 소유임을 증명하기 위한 법 제65조가 규정하고 있는 서면과 그 부동산의 표시를 증명하기 위한 이 규칙 제121조 2항이 규정하고 있는 서면 등을 첨부하여 가등기권리자가 가등기의무자 명의의 소유권보존등기를 대위신청하여 소유권보존등기를 경료한 후 위 결정에 따른 가등기를 경료하여야 할 것이며, 이 경우 소유권보존등기와 관련된 취득세(등록면허세)영수필확인서도 첨부하여야 한다.(1998.4.4 선례 5－872)

(3) 필요서류

① 소유자의 주소 및 주민등록번호(부동산등기용등록번호)를 증명하는 서면

② 집행법원에서 인정한 건물의 소재와 지번·구조·면적을 증명하는 서면

－지방세 세목별과세증명서는 해당하지 아니함.(2003.4.1 선례 7－155)

－토지의 경우에는 부동산등기법 제65조에 규정된 서면을 첨부하여야 함.

③ 건축허가 또는 건축신고를 증명할 서류.(민사집행법 제81조) 다만, 미등기건물에 관한 처분제한의 등기를 촉탁하면서 건축허가서를 부동산의 표시를 증명하는 서면으로 첨부한 경우 등기관은 그 등기촉탁을 수리할 수 없다.

④ 건물이 사용승인을 받았는지 여부를 소명하는 서면

⑤ 구분건물의 일부 건물에 대한 처분제한의 등기촉탁의 경우에는 1동 건물의 전부에 대한 구조·면적을 증명하는 정보 및 1동 건물의 소재도, 각 층의 평면도와 구분한 건물의 평면도를 첨부 정보로서 등기소에 제공하여야 한다.(건물의 표시를 증명하는 정보로서 건축물대장 정보를 등기소에 제공한 경우에는 도면을 제공할 필요가 없다.)(2012.06.29 등기예규 제1469호)

⑥ 미등기인 1동의 건물의 일부 구분건물에 대한 소유권처분제한의 등기촉탁이 있는 경우 ⇨ 목적 구분건물에 대한 보존등기와 나머지 구분건물의 표시에 관한 등기를 직권으로 한다.

⑦ 소유권의 일부에 대하여 처분제한의 등기촉탁이 있는 경우에도 소유권보존등기를 직권으로 할 수 없다.(유석주, 233면)

○ 부동산등기실무

등기선례는 갑과 을의 공유인 미등기부동산에 대하여 갑 지분에 관하여만 처분제한등기의 촉탁이 있는 경우 갑 지분만에 관한 보존등기는 할 수 없으므로 결국 갑 지분에 관한 처분제한등기의 촉탁은 각하되어야 한다고 하나(선례 4－297), 이러한 경우에는 을의 소유권에 관한 서면을 첨부하여 갑과 을 모두의 지분에 관하여 보존등기를 한 후 갑 지분에 관한 처분제한 등기를 하는 것이 타당할 것이다.(법원행정처, 212면)

---

⑧ 건물에 대하여 직권보존등기가 경료된 이후에 동일 지상에 다시 건물에 관한 소유권보존등기신청이 있는 경우에는 건물의 소재도 등 등기된 건물과 동일성이 인정되지 아니함을 소명하는 서면의 제출이 있는 경우에 한하여 등기할 수 있다.

⑨ 가압류등기촉탁으로 등기관이 직권으로 소유권보존등기를 한 경우, 그 가압류등기의 말소촉탁이 있더라도 소유권보존등기는 말소되지 않는다.

⑩ 가압류등기의 촉탁으로 인하여 보존등기가 된 등기부상 건물표시가 실제 건물표시와 다른 경우에는 따로 같은 건물에 대한 보존등기가 존재하지 아니하는 한, 실제 건물표시에 부합하는 건축물대장등본과 건물도면을 첨부하여 경정등기를 신청할 수 있다.

⑪ 미등기건물에 대한 처분제한등기의 기입을 위하여 일반건물로 직권보존등기가 마쳐진

경우, 위 일반건물을 구분건물로 표시경정(변경)등기를 하기 위해서는 구분소유자가 집합건축물대장 정보를 첨부하여 표시경정(변경)등기를 신청해야 하며, 이를 집행법원의 촉탁에 의하여 할 수는 없다.(2013.6.11 부동산등기과-1372 질의회답)

○ 미등기건물의 경매신청 대상 여부

미등기건물에 대하여 민사집행법 제81조 1항 2호 단서의 규정에 의하여 경매를 신청하는 경우에 그 미등기건물은 무허가건물이 아니어야 하고 완성된 건물이어야 하나, 공정률이 반드시 100%에 이르러야 하는 것은 아니다.(능력검정시험 2010)

---

3. 소유권이전등기

1) 소유권의 일부 이전등기

[1] 신청서에 이전하는 지분 표시

[2] 목적 : (ⅰ) 전부 이전시에는 갑 지분 전부 이전, (ⅱ) 일부 이전시에는 갑 지분 2분의 1 중 일부(4분의 1) 이전

구분	전부·일부 이전	등기의 목적	이전할 지분
소 유 권	전부 이전	'소유권 이전'	–
	일부 이전	'소유권 일부 이전'	'○분의 ○'
공유지분	전부 이전	'○번 갑 지분 전부 이전'	'○분의 ○'
	일부 이전	'○번 갑 지분 ○분의 ○중 일부(○분의 ○) 이전'	

[3] 공유자 지분 : 부동산 전체에 대한 지분 기재, 수인의 공유자로부터 지분 일부씩을 이전받는 경우에는 합산하여 기재

[4] 수인의 공유자가 수인에게 지분의 전부 또는 일부를 이전하는 경우 등기의무자 별로 또는 등기권리자별로 등기신청서를 작성하여야 한다. 한 장의 신청서에 함께 기재한 경우에는 각하사유

❍ 등기신청의 허용성

① 갑·을의 지분을 병이 매수한 경우의 소유권이전등기의 일괄 신청
② 갑의 지분을 을·병이 매수한 경우의 소유권이전등기의 일괄 신청
③ 갑이 소유하는 A·B·C 3개의 부동산을 을이 매수한 경우의 소유권이전등기의 일괄 신청은 가능하다.
④ 갑이 소유하는 A·B·C 3개의 부동산을 을과 병이 공동으로(지분으로) 매수한 경우의 소유권이전등기의 일괄 신청은 가능하다.
⑤ 갑이 소유하는 A 부동산을 을이, B 부동산을 병이 매수한 경우의 소유권이전등기의 일괄 신청은 안 된다.(부동산등기실무 I, 209면)
⑥ 갑이 소유하는 A 부동산, 을이 소유하는 B 부동산을 병이 매수한 경우의 소유권이전등기의 일괄 신청은 안 된다.(법원행정처, I, 209면)
⑦ 갑·을의 지분을 병·정이 공동으로 매수한 경우의 소유권이전등기의 일괄 신청은 안 된다.
⑧ 수인의 공유자 중 일부의 자의 지분만에 관한 멸실회복등기신청은 안 된다.
⑨ 수탁자가 수인인 경우 일부의 자의 지분만에 관한 신탁등기신청은 안 된다.
⑩ 수인의 공유자 중 일부의 자의 지분만에 관한 전세권설정등기신청은 안 된다.
⑪ 수인의 가등기권리자 중 일부의 자의 지분만에 관한 본등기신청은 가능하다.
⑫ 수인의 상속인 중 일부의 자의 지분만에 관한 상속등기신청은 안 된다.
⑬ 미등기부동산의 공유자 중 1인의 자기 지분만의 소유권보존등기신청은 안 된다.
⑭ 수인의 포괄적 수증자 중 1인의 자기 지분만에 관한 소유권이전등기신청은 가능하다.
⑮ 전세권자가 제3자와 전세권을 준공유하기 위한 전세권일부 이전등기신청은 가능하다.
⑯ 등기원인증서에 기재된 수필의 부동산중 일부필지에 대한 등기신청은 가능하다.
⑰ 등기원인증서가 작성된 이후 토지가 분할된 경우 그 일부필지에 대한 등기신청은 가능하다.
⑱ 등기원인증서는 수인의 공유자가 작성하였으나, 등기는 그 일부의 공유자만이 신청하는 경우에도 가능하다.
⑲ 등기원인증서에 기재된 지분보다 적은 지분에 대한 등기신청은 가능하다.

[5] 공유물분할등기 : 먼저 분필등기 절차를 밟고 나서 공유물분할을 원인으로 한 소유권이전등기를 신청한다. 다만, 그 소유권이전등기는 동시에 하지 않고 각 분필등기된 부동산별로 각각 독립하여 공동으로 신청할 수 있다.

[6] **비교**

- **공유자** 중 **1인이 사망 : 지분은 상속인에게 상속**

• **상속인 없이 사망 : 지분은 다른 공유자에게** 각 **지분비율로 귀속**

• **공유자가 지분 포기 : 지분은 다른 공유자에게** 각 **지분비율로 귀속**

• **소유권 포기 : 국가에 소유권 귀속**

[7] 부동산의 특정일부의 이전 : 「공간정보의 구축 및 관리 등에 관한 법률」에 따른 분필과 그에 의한 분필등기가 선행되어야 소유권이전등기를 신청할 수 있다. 지적법상 지적분할이 불가능하다고 하여 전체면적에 대한 특정부분의 면적에 상응하는 지분비율로 이전등기를 신청할 수는 없다. 토지의 분할을 명함이 없이 1필지의 토지의 일부에 관하여 소유권이전등기의 말소를 명한 판결을 집행불능의 판결이라 할 수 없다.

[8] 공유물분할청구는 공유자의 일방이 그 공유지분권에 터 잡아서 하여야 하는 것이므로 '공유지분권'을 주장하지 아니하고 '목적물의 특정부분을 소유한다'고 주장하는 자는 그 부분에 대하여 신탁적으로 지분등기를 가지고 있는 자들을 상대로 하여 그 특정부분에 대한 명의신탁해지를 원인으로 한 지분이전등기 절차의 이행만을 구하면 될 것이고, 공유물분할청구를 할 수 없다.

[9] 상호 명의신탁은 실명법의 제한을 받지 아니하므로 상호 명의신탁해지를 원인으로 한 소유권이전등기는 실명법상 유예기간에 상관없이 이를 신청할 수 있으며, 이는 판결에 의하는 경우이든 공동으로 신청하는 경우이든 마찬가지이다.

2) **상속**으로 인한 **소유권이전등기**

[1] 등기원인

1959년 12월 31일 이전	1960년 1월 1일~1990년 12월 31일	1991년 1월 1일 이후
호주상속(호주) 유산상속(호주 아닌 가족)	재산상속 협의분할에 의한 재산상속	상속 협의분할에 의한 상속

[2] **실종선고를 원인으로 한 상속**에 관하여는 **사망한 것으로 간주되는 시기인 '실종기간 만료시'**가 아니라, **'실종선고시'의 법률이 준거법이 된다.**

┌**소명등기원인 : 실종선고시의 등기원인**
└**등기원인일자 : 실종기간만료일(실종선고일은 아님.)**

[3] **상속개시** 후 그 **상속등기를 하기** 전에 **상속인의 한 사람이 사망하여** 또 **다시 상속이 개시된 경우에는 상속개시일자를 순차로** 모두 **기재하여 1건으로 신청할 수 있다.**(등기부상 등기원인과 그 연월일란에는 먼저 개시된 등기원인과 그 연월일을 기록한다. 후에 개시된 상속원인은 신

청표시란에 기록한다.)

[4] **대습상속시 대습상속인이 피대습자 부父의 권리를 승계하는 것**이 아니라, **자기 고유의 권리로 직접 피상속인 조부의 재산적 지위를 승계한다.**

-피상속인 사망 당시를 기준으로 상속관계를 파악함.

[5] **상속재산의 협의분할은 언제든지 가능**

[6] **상속등기 후 상속재산의 협의분할 : 소유권의 경정등기**

상속개시 후 상속재산에 대하여 등기·등록·명의개서(명의개서) 등(이하 '등기 등'이라 한다.)에 의하여 각 상속인의 상속분이 확정되어 등기 등이 된 후, 그 상속재산에 대하여 공동상속인이 협의하여 재분할한 결과 특정 상속인이 당초 상속분을 초과하여 취득하게 되는 재산가액은 그 재분할에 의하여 상속분이 감소한 상속인으로부터 증여받아 취득한 것으로 본다.(지방세법 제7조 13항. 지방세법 일부 개정 2014.3.24.)

a. **등기신청 : 공동신청**

b. 등기원인 : 협의분할로 인한 상속(판결에 의한 경우에는 '○○지방법원의 확정판결로 인한 상속')

c. 등록면허세 : 6,000원(개정되었음.)

d. 국민주택채권 : 법정매입금액에서 종전에 매입한 금액을 공제한 금액을 매입.

e. 등기형식 : 소유권경정등기(부기등기)

[7] 각종 상속등기의 등기원인과 등기원인일자

구분	상속을 원인으로 한 소유권이전등기	협의분할을 원인으로 한 소유권이전등기	상속등기 후의 협의분할을 원인으로 한 경정등기
등기원인	(재산)상속	협의분할에 의한 (재산)상속	협의분할로 인한 상속
등기원인일자	피상속인의 사망일	피상속인의 사망일	협의분할일

[8] '상속'을 증명하는 시·구·읍·면의 장의 서면 : 다음 내용 참조

※ 다음은 2008년 1월 1일 이후에 사망신고가 된 자에 대하여 상속을 증명하는 서면으로서 원칙적으로 첨부할 서면을 나열한 것이다. 올바른 것은?(능력검정시험 2008)

☞ 피상속인의 기본증명서, 가족관계증명서, 친양자입양관계증명서, 제적등본

[9] **사망사실이 게재된** (말소자) **주민등록표등본을 상속을 증명하는 서면으로 하여 상속등기를 할 수 없다.**

[10] **상속재산 협의분할계약서에는 분할협의서에 날인한 상속인 전원의 인감증명을 첨부하여야 한다. 재외국민이 국내 부동산을 처분하는 경우에는 반드시** 그의 **인감증명을 첨부하**

여야 하나, 상속재산의 협의분할시 인감증명은 상속재산의 협의 분할서상의 서명 또는 **날인이 본인의 것임을 증명하는 재외공관의 확인서** 또는 이에 관한 **공정증서로 대신할 수 있다.**

[11] **피상속인의 자와 처가** 모두 **상속을 포기한 때에는 차순위 직계비속인 피상속인의 손자** 및 **외손자가 공동으로 상속인이 되며,** 이 경우 위 **손자** 및 **외손자** 등도 모두 **상속을 포기하여 직계비속이 없다면 차순위 상속권자인 직계존속이 상속인이 되는 바, 직계존속에는 양부모와 친부모가** 모두 **포함되고 이미 양부모가 사망하였다면 친부모가 상속권자**가 된다.(2000.1.27 선례 6-226)

✦ **선례**

피상속인의 배우자는 피상속인의 직계비속과 동순위로 공동상속인이 되고, 그 직계비속이 없는 경우에는 피상속인의 직계존속과 동순위로 공동상속인이 되는 바, 피상속인의 직계비속이 모두 상속을 포기한 경우, 피상속인의 배우자는 피상속인의 직계존속과 동순위로 공동상속인이 된다.(2003.3.11 선례 7-197)

---

[12] **우리 국적을 상실한 자도 상속인인 이상 상속등기를 할 수 있으며, 상속재산협의분할약정서를 첨부한 경우에는 법정상속분을 무시하고 상속등기를 할 수 있다.** 다만, 상속인이 여러 사람이고 그 중 일부의 행방이 불명하나, 이 경우에는 위 행방불명된 상속인에 대한 실종선고를 받지 않는 한 행방불명된 자를 제외하고 상속재산 일부에 대한 상속등기를 할 수는 없다. 공동상속인 중 일부가 상속등기에 협력하지 않은 경우에도 법정지분에 의한 상속등기는 할 수 있다. 공동상속인 중 일부의 행방을 알 수 없는 경우에는 나머지 공동상속인들만으로는 협의분할을 할 수 없다.

[13] **외국인** 또는 **외국국적취득자도 상속능력이 있으며, 타가에 입양한 자도 본가의 상속을 받을 수 있다.**

[14] 피상속인의 등기부상표시와 가족관계증명서상 표시가 상이하여 등기 명의인 표시변경 또는 경정사유가 있는 경우에도 서로 동일인임을 인정할 수 있는 서면을 첨부하여 그 변경 또는 경정등기를 함이 없이 바로 상속등기를 할 수 있다.

[15] 공동상속인 중 일부의 지분만에 관한 상속등기가 이미 경료된 경우에는 법 제29조 2호의 등기할 것이 아닌 때에 해당하므로 당사자는 등기관에게 직권말소등기의 발동을 촉구하여 위 등기를 말소한 후 법정상속분에 따른 상속등기를 신청하여야 하고, 일부상속인의 지분만에 관한 등기를 존치한 채 법정상속분에 따른 상속등기는 신청할 수 없다.(2007.6.25 선례 8-196)

✦ 선례

공동상속인 중에 피상속인으로부터 자기의 상속분을 초과하여 증여를 받은 특별수익자(민법 제1008조 참조)가 있는 경우, 위 특별수익자를 제외한 나머지 공동상속인들이 그들 명의로 상속등기를 신청함에 있어서는 특별수익자에게는 상속분이 없음을 증명함에 족한 서면(판결 또는 위 특별수익자가 작성하고 그의 인감증명서를 첨부한 확인서)을 첨부하여야 한다.(1989.11.1 선례 2-291)

✦ 선례

피상속인(X)의 사망으로 상속이 개시된 후 상속등기를 경료하지 아니한 상태에서 공동상속인 중 1인(A)이 사망한 경우, 나머지 상속인들과 사망한 공동상속인(A)의 상속인들이 피상속인(X)의 재산에 대한 협의분할을 할 수 있다.(2003.8.14 선례 7-178)

✦ 선례

피상속인의 사망으로 그 소유 부동산에 관하여 재산상속(법정상속분) 등기가 경료된 후 공동상속인(갑, 을, 병) 중 어느 1인(갑)이 사망하였다면 그 공동상속등기에 대해서는 상속재산 분할협의서에 의한 소유권경정등기를 할 수 없다.(2005.3.29 선례 8-197)

✦ 선례

재외국민이 입국할 수 없는 경우에는 국내에 거주하는 공동상속인 이외의 자에게 이를 위임하여 상속재산 분할협의를 할 수 있으나, 공동상속인에게는 이를 위임할 수가 없다.(다만, **위임에 의하여 이를 할 수 없는 경우에는 상속인들이 작성한 협의분할계약서를 재외국민인 상속인에게 송부하여 재외국민이** 이에 **날인하여 상속재산을 분할할 수는 있다.**)(1993.11.29 선례 4-342)

✦ 선례

상속재산의 협의분할은 공동상속인간의 일종의 계약이므로 상속재산 분할 협의서를 작성함에 있어 상속인 전원이 참석하여 그 협의서에 연명으로 날인하는 것이 바람직하나, 공동상속인의 주소가 상이하여 동일한 분할협의서(**복사본이나 프린트 출력물** 등)를 수통 작성하여 각각 날인하였더라도 결과적으로 공동상속인 전원이 분할협의에 참가하여 합의한 것으로 볼 수 있다면 그 소유권이전등기 신청을 수리하여도 무방하다.(2006.12.15 선례 8-192)

표 7-2 ‖ 상속등기 정리(예: 법정상속지분 A-1/3 B-1/3 C-1/3)

<table>
<tr><th>종전 등기</th><th colspan="2">금번에 원하는 등기</th><th>등기신청 방법</th><th>근거</th></tr>
<tr><td>법정지분에 의한 상속등기 예: A 1/3, B 1/3, C 1/3</td><td colspan="2">협의분할에 의한 상속등기 예: A</td><td>소유권경정등기신청</td><td>1986.5.1 등기예규 제613호(B나 C가 이미 사망한 경우에는 협의분할에 의한 상속등기 불가능, 2005.3.29 등기 3402−155 질의회답)</td></tr>
<tr><td rowspan="2">협의분할에 의한 상속등기 예: A</td><td rowspan="2">법정해제</td><td>법정지분대로 등기하고자 한 경우 예: A 1/3, B 1/3, C 1/3</td><td>① 기존의 상속등기말소
② 법정지분대로 상속등기 신청(소유권경정등기신청)</td><td>1997.6.19 선례 5−283</td></tr>
<tr><td>협의분할에 의한 상속등기 예: B</td><td>① 기존의 상속등기말소
② 협의분할에 의한 상속등기신청(사견: 소유권경정등기신청)</td><td>1997.6.19 선례 5−283</td></tr>
<tr><td>협의분할에 의한 상속등기 예: A 1/2, B 1/2</td><td rowspan="3">협의해제</td><td>법정지분대로 등기하고자 한 경우 예: A 1/3, B 1/3, C 1/3</td><td>소유권 경정등기신청</td><td>2011.10.12 등기예규 제1421호</td></tr>
<tr><td rowspan="2">협의분할에 의한 상속등기 예: A</td><td>협의분할에 의한 상속등기 예: A</td><td>소유권 경정등기신청(종전에는 소유권이전등기신청)</td><td rowspan="2">2005.9.26 판례 8−199 (1997.6.19 판례 5−283)</td></tr>
<tr><td>협의분할에 의한 상속등기 예: B</td><td>소유권 경정등기신청(종전에는 소유권이전등기신청)</td></tr>
</table>

※ 상속재산 분할협의에 의하여 상속등기를 마친 후 공동상속인 전원의 합의에 의하여 이미 이루어진 상속재산 분할협의의 전부 또는 일부를 해제한 다음 다시 새로운 분할협의를 할 수 있다.

✦ 변경 후 선례

상속인 전원이 상속인 중 갑·을 공동으로 상속하기로 하는 상속재산 분할협의를 하여 상속등기를 마친 후 다시 공동상속인 전원의 합의에 따라 갑이 단독으로 상속하기로 하는 새로운 상속재산 분할협의를 한 경우 갑·을 공유를 갑 단독소유로 하는 소유권경정등기를 신청할 수 있다.(2005.9.26 선례 8−199)

✦ 선례

상속인간에 상속재산 협의분할이 이루어지지 않아 법원이 상속재산의 경매분할을 명한 경우, 이 심판은 상속재산의 현물분할을 명한 것이 아니므로 동 심판에 따른 협의분할 상속등기를 할 수 없고, 이 심판에 따른 경매신청을 하기 위하여서는 법정상속등기가 선행되어야 하며, 법정상속등기가 이미 경료된 등기를 이 심판서의 주문에 기재된 상속비율로 경정등기 신청을 할 수 없다.(2006.12.15 선례 8-191)

✦ 최근 등기선례

협의에 의한 상속재산의 분할등기 후 재협의에 의한 경정등기를 신청하는 경우에는 등기신청서에 기재할 등기원인을 "협의분할로 인한 상속"으로 등기원인일자를 "재협의분할일"로 기재하여야 한다.(2012.10.24 부동산등기과-2043 질의회답)

✦ 최근 등기선례

상속재산 협의분할시 상속인들 중 외국인이 포함되어 있고 그 외국인이 상속재산 협의분할서에 서명을 하여 협의분할에 의한 상속등기를 신청할 경우에는 그 서명에 관하여 본인이 직접 작성하였다는 취지의 본국 관공서의 증명이나 이에 관한 공증인의 공증을 받아 제출하여야 하는 바, 이 증명이나 공증은 상속재산 협의분할서와 별도로 서명에 대한 증명이나 공증을 받아야 하는 것이 아니라, 서명을 한 상속재산 협의분할서 자체에 증명이나 공증을 받아야 한다.(2013.4.29 부동산등기과-958 질의회답, 참조조문: 민법 제1013조 1항, 부동산등기규칙 제60조 1항 6호, 제61조 제항, 참조예규: 등기예규 제1393호)

○ 협의분할 일부 변경에 따른 상속등기 가부

변경된 등기선례 : 상속재산 분할협의의 합의해제 후 재분할협의에 따른 등기 절차(**선례변경**)

상속인 전원이 상속인 중 갑·을 공동으로 상속하기로 하는 상속재산 분할협의를 하여 상속등기를 마친 후 다시 공동상속인 전원의 합의에 따라 갑이 단독으로 상속하기로 하는 새로운 상속재산 분할협의를 한 경우 갑·을 공유를 갑 단독소유로 하는 소유권경정등기를 신청할 수 있다.

다만, 이 경우의 경정등기에는 을 지분의 등기가 말소되는 의미가 포함되어 있으므로 을 지분의 말소등기에 관하여 등기상 이해관계 있는 제3자가 있는 때에는 신청서에 그 승낙서 또는 이에 대항할 수 있는 재판의 등본을 첨부하여야 한다.(2005.9.26 **선례** 8-199)

* 주 : 이 선례에 의하여 1997.6.19 선례 5-283은 그 내용이 변경되었다.

(3) 위 (2)에서 소유권경정등기를 신청할 수 있는지가 문제되는 경우

상속인 전원이 상속인 중 갑 단독으로 상속하기로 하는 상속재산 분할협의를 하여 상속등기를 마친 후 다시 공동상속인 전원의 합의에 따라 을이 단독으로 상속하기로 하는 새로운 상속재산 분할협의를 한 경우 갑의 단독소유를 을의 단독소유로 하는 소유권경정등기를 신청할 수 있는지가 문제된다.

판례(대판 2004.7.8., 2002다73203)는 공동상속인들은 이미 이루어진 상속재산 분할협의의 전부 또는 일부를 전원의 합의에 의하여 해제한 다음 다시 새로운 분할협의를 할 수 있다고 하므로 재협의분할을 원인으로 하는 소유권경정등기도 가능하다고 할 것이다.(2005.9.26 선례 8-199 참조) 다만, 최초의 협의분할을 할 당시와 재협의분할 당시의 공동상속인은 동일하여야 하고 그 중 일부가 사망 등으로 새로운 상속이 생긴 경우에는 재협의분할을 할 수 없다.

유의할 점은 재협의분할을 원인으로 한 소유권경정등기를 신청하는 경우에는 종전 명의인과 새로운 명의인 사이에 동일성은 문제되지 않는다는 것이다. 예컨대, 공동상속인 갑·을·병이 협의분할에 의하여 갑 단독소유로 상속등기를 한 후에 다시 재협의분할을 원인으로 갑 단독소유 명의를 을 또는 병의 단독소유로 하는 소유권경정등기도 할 수 있다. 이는 실체법상 상속재산 분할의 재협의가 인정되는 이상 공동상속인 상호간에 권리자의 경정이 가능하다고 보기 때문이다. 다만, 등기상 이해관계인이 있으면 그의 승낙서 등을 첨부하여야 한다.(부동산등기실무Ⅲ, 37면)

○ 「남북 주민 사이의 가족관계와 상속 등에 관한 특례법」 시행에 따른 업무처리지침

2012.5.11 등기예규 제1457호

(1) 목적 : 이 예규는 「남북 주민 사이의 가족관계와 상속 등에 관한 특례법」(이하 '특례법'이라 한다.)에 따른 부동산등기 절차를 규정함을 목적으로 한다,

(2) 적용범위 : 특례법 시행 전에 북한 지역에 거주하는 주민(이하 '북한 주민'이라 한다.)이 상속·유증 또는 상속재산반환청구권의 행사로 남한 내 부동산에 관한 권리(이하 '상속·유증재산 등'이라 한다.)를 취득한 경우에도 이 예규의 규정을 적용한다.

(3) 재산관리인의 등기신청 : 특례법에 따른 북한 주민의 상속·유증재산 등에 관한 등기는 법원이 선임한 재산관리인이 북한 주민을 대리하여 신청한다.

(4) 등기소에 제공하여야 하는 신청정보 : 특례법에 따른 북한 주민의 상속·유증재산

등에 관한 등기를 신청하는 경우에는 법무부 장관이 발급한 '북한 주민 등록번호 및 주소 확인서'에 기재된 사항을 규칙 제43조 1항 2호의 신청정보로 제공하여야 한다.

(5) 등기소에 제공하여야 하는 첨부정보

1) 특례법에 따른 북한 주민의 상속·유증재산 등에 관한 등기를 신청하는 경우에는 규칙 제46조 1항 5호 및 6호의 첨부정보로 다음 각 호의 정보를 제공하여야 한다.

a. 법원의 재산관리인 선임(변경)을 증명하는 정보

b. 법무부 장관이 발급한 북한 주민의 부동산등기용 등록번호 및 주소를 확인하는 정보

2) 재산관리인이 민법 제118조를 초과하는 처분행위를 원인으로 등기를 신청하는 경우에는 법무부 장관이 발급한 북한 주민의 재산처분 등을 허가(변경)한 정보를 첨부정보로 제공하여야 한다. 다만, 처분 등을 할 수 있는 허가기간이 도과한 경우에는 위 허가정보를 제공하지 않은 것으로 본다.

3) 규칙 제60조 1항에 따라 인감증명을 제출하여야 하는 경우에는 재산관리인의 인감증명을 제출하여야 한다.

부 칙

이 예규는 2012년 5월 11일부터 시행한다.

---

3) 합병과 소유권이전등기

[1] **A 회사가 B 회사로 합병된 경우 : 등기 명의인 표시 변경등기**가 아니라, **소유권이전등기를 신청함. B 회사가 단독으로 신청 가능.(법 제23조 3항) B 회사 앞으로 소유권이전등기를 하지 아니하여도 무방하나, 제3자 C 앞으로 소유권이전등기**(또는 그 밖의 **처분행위)를 하려면 먼저 A에서 B로 소유권이전등기를 하여야 한다.(민법 제187조)** A 회사가 B 회사로, B 회사가 C 회사로 순차 합병된 경우에 A 회사에서 C 회사로 직접 소유권이전등기를 할 수 있다.

[2] A 회사가 갑에게 매도하였으나, 그에 따른 등기를 하기 전에 B 회사로 합병된 경우 : B 회사가 등기의무자 갑이 등기권리자가 되어 소유권이전등기 가능함.(A 회사에서 B 회사 소유권이전등기를 하지 아니하고)

4) 유증으로 인한 소유권이전등기

등 기 신 청 인	① **포괄유증이든, 특정적 유증이든 공동신청(공정증서에 의한 유언의 경우에도)** ② **수증자가 등기권리자, 유언집행자** 또는 **상속인이 등기의무자(수증자가 유언집행자로 지정되거나 상속인인 경우에도 동일)** ③ **유언집행자가 수인인 경우 : 과반수** 이상의 **동의(상속인이 유언집행자가 된 경우에는 상속인 과반수의 동의로써 등기 가능 : 등기 절차에 협력하지 아니하는 나머지 상속인들에 대한 판결을 받지 않아도 됨.)**

	④ **수증자가 수인인 포괄유증의 경우 : 전원이 공동으로 신청하거나,** 각자 **자기 지분만**에 대하여 **신청할 수 있다. 포괄수증자** 이외에 **다른 상속인이 있는 경우에는 유증**으로 인한 **소유권이전등기와 상속으로** 인한 **소유권이전등기는** 각각 **신청하여야 한다.(등기원인이 다르기 때문이다.)**
등기원인	○년 ○월 ○일 유증(유증자가 사망한 날, 조건이 성취된 날, 기한이 도래한 날)
등기 신청 방법	① **상속등기를 거치지 않고 수증자 명의로 등기(포괄유증, 특정적 유증 불문)** ② 상속등기가 이미 경료된 경우에는 상속등기를 말소함이 없이 상속인으로부터 유증을 원인으로 한 소유권이전등기 신청(유언집행자와 수증자가) ③ (a) 유증의 목적부동산이 미등기인 경우에는 토지대장, 임야대장 또는 건축물대장에 최초의 소유자로 등록되어 있는 자 또는 그 상속인의 포괄적 수증자가 단독으로 소유권보존등기를 신청할 수 있다. (b) 유증의 목적부동산이 미등기인 경우라도 특정유증을 받은 자는 소유권보존등기를 신청할 수 없고, 유언집행자가 상속인 명의로 소유권보존등기를 마친 후에 유증을 원인으로 한 소유권이전등기를 신청하여야 한다. ④ 부동산의 특정 일부만을 유증한 경우 : 유언집행자가 분할(구분)등기를 한 후에 수증자 명의로 등기 ⑤ **유증의 가등기 : 생존** 중에는 **불가능, 사망한** 이후에는 **가능**
첨부서면	(1) 유증을 원인으로 한 소유권이전등기를 신청하는 경우에는 규칙 제46조에 규정된 사항을 첨부 정보로 등기소에 제공하되, 다음 ①②③의 첨부 정보를 각각 규칙 제46조 1항 제5호 및 제1호의 첨부 정보로 등기소에 제공한다.(유증을 받은 자의 소유권보존(이전)등기신청 절차 등에 관한 사무처리 지침, 2014.4.9 등기예규 제1512호) ① 유언집행자의 자격을 증명하는 서면서 : (a) 유언집행자의 자격을 증명하는 서면으로 유언집행자가 유언으로 지정된 경우에는 유언증서, 유언에 의해 유언집행자의 지정을 제3자에게 위탁한 경우에는 유언증서 및 제3자의 지정서(그 제3자의 인감증명 첨부), 가정법원에 의해 선임된 경우에는 유언증서 및 심판서를 각 제출하여야 한다. (b) 유언자의 상속인이 유언집행자인 경우에는 상속인임을 증명하는 서면을 첨부하여야 한다. ② 유증자의 사망을 증명하는 정보 ③ 유언증서 및 검인조서 등 : (a) 유언증서가 자필증서, 녹음, 비밀증서에 의한 경우에는 유언검인조서등본을, 구수증서에 의한 경우에는 그 조건성취를 증명하는 서면을 각 첨부하여야 한다.(공정증서에 의한 유언의 경우는 검인 불필요) (b) 유언증서에 가정법원의 검인이 되어 있는 경우에도 등기관은 그 유언증서가 적법한 요건을 갖추지 아니한 경우에는 그 등기신청을 수리하여서는 아니된다. (c) 검인기일에 출석한 상속인들이 "유언자의 자필이 아니고 날인도 유언자의 사용인이 아니라고 생각한다."는 등의 다툼 있는 사실이 기재되어 있는 검인조서를 첨부한 경우에는 유언 내용에 따른 등기신청에 이의가 없다는 위 상속인들의 진술서(인감증명서 첨부) 또는 위 상속인들을 상대로 한 유언유효 확인의 소나 수증자 지위 확인의 소의 승소 확정판결문을 첨부하여야 한다.

	(2) 등기의무자(유증자)의 등기필증(등기필정보) : 유증자의 등기필증(등기필정보)이 없는 경우에는 등기신청을 위임받은 변호사 또는 법무사는 법 제51조에 의하여 등기의무자인 유언집행자 또는 상속인으로부터 등기신청을 위임받았음을 확인하는 서면을 첨부하여야 한다.(2007.7.30 선례 8-55) (3) 상속인 이외의 자에 대한 특정적 유증의 경우를 제외하고는 농지취득자격증명 필요 없음. (4) 유증을 원인으로 하는 소유권이전등기의 경우에도 유증은 계약이 아닌 상대방 없는 단독행위이므로 시장·군수·구청장의 검인을 받을 필요가 없다.(법원행정처, Ⅰ, 231면)
그 밖의 경우	① **유증으로 인한 소유권이전등기신청이 상속인의 유류분을 침해하는 내용이라 하더라도 등기관은** 이를 **수리하여야 한다.** ② **유언집행자가 없거나 사망, 결격** 그 밖의 **사유로 인하여 없게 된 때에는 법원은 이해관계인의 청구**에 의하여 **유언집행자를 선임하여야 한다.(민법 제1096조 1항)** 이는 **유언집행자가 유증자가 사망한** 이후에 **사망한 경우이든,** 그 이전에 **사망한 경우이든 마찬가지이다.(대판 2010.10.28, 2009다20840)**

✦ 선례

(1) 유증을 등기원인으로 하는 소유권이전등기는 수증자를 등기권리자, 유언집행자를 등기의무자로 하여 공동으로 신청하여야 하므로(법 제23조 1항 참조) 비록 공정증서에 의한 유언인 경우에도 등기의무자인 유언집행자가 유증을 등기원인으로 하는 소유권이전등기를 단독으로 신청할 수는 없다.

(2) 부동산의 소유 명의인이 자신의 부동산을 3인의 수증자에게 각 1/3 공유지분씩 유증하고 사망하였으나, 수증자 중 1인이 유증을 등기원인으로 하는 소유권이전등기 절차에 협력하지 않는 경우에는 위 수증자가 유증받은 1/3 공유지분을 제외한 나머지 2/3 공유지분을 위 소유권이전등기 절차에 협력하는 나머지 수증자 2인에게 각 1/3 공유지분씩 이전하는 내용의 소유권이전등기를 유증을 등기원인으로 하여 신청할 수 있다.(2001.2.19 선례 6-249)

✦ 선례

유언자 갑이 A토지에 대하여 공정증서에 의한 유언을 한 후 A토지에서 B·C·D·E토지가 분할되고 그 중 A·C·D·E토지는 제3자에게 소유권이 전등기가 경료되고, B토지는 F토지에 합병된 다음 갑이 사망한 경우, 유언공정증서의 부동산의 표시가 등기부와 저촉되므로 신청서 및 그 첨부서류와 등기부에 의하여 등기요건에 합당하는 여부를 심사할 형식적 심사권한

밖에 없는 등기관으로서는 위 유언공정증서에 의하여는 유증으로 인한 소유권이전등기를 수리할 수 없다.(2003.1.22 선례 7-214)

○ 부동산등기실무

포괄적 유증은 상속과 그 공통점이 있으나, (ⅰ) 상속능력이 인정되지 않는 법인도 수증능력을 가지며, (ⅱ) 포괄적 유증에는 대습상속 규정이 적용되지 않으므로 포괄적 수증자가 유언자보다 먼저 사망하면 포괄적 유증은 무효(민법 제1089조 1항)가 되는 점 등에서 상속과 다르다.(법원행정처, Ⅱ, 277면)

---

5) 진정 명의 회복을 등기원인으로 하는 소유권이전등기 절차

신청인	① 판결 : 이미 자기 앞으로 소유권을 표상하는 등기가 되어 있었거나, 법률의 규정에 의하여 소유권을 취득한 자가 현재의 등기 명의인을 상대로 판결을 받은 경우 ② 공동신청 : 이미 자기 앞으로 소유권을 표상하는 등기가 되어 있었던 자 또는 지적 공부상 소유자로 등록되어 있던 자로서 소유권보존등기를 신청할 수 있는 자가 현재의 등기 명의인과 공동으로 신청하는 경우 ③ 등기권리자의 상속인도 가능
신청서	① 등기원인은 '진정 명의 회복'으로 기재/등기원인일자는 기재하지 아니함. ② 판결의 경우에는 판결정본이 등기원인증서임. ③ 토지거래허가증/농지취득자격증명 : 불요 ④ 취득세 : 무상으로 인한 소유권취득에 준하여 ⑤ 채권 : 소유권이전등기에 준하여
그 밖의 경우	① 말소 등기소송과 진정 명의 회복을 원인으로 한 소유권이전 등기소송은 그 소송물이 동일한 소송물이다. 따라서 소유권이전등기 말소소송의 패소확정판결은 그 후 제기된 진정 명의 회복을 원인으로 한 소유권이전등기청구소송에도 기판력이 미친다. ② 다만, 진정 명의 회복을 원인으로 한 소유권이전 등기소송의 승소확정판결에 기하여 소유권 말소등기를 신청할 수는 없다.(2001.12.26 선례 7-226) ③ 채권자취소소송에서 수익자 명의의 등기에 대한 말소청구 대신에 수익자를 상대로 채무자 앞으로 소유권이전등기를 청구할 수도 있다.

판례

> 자기 앞으로 소유권을 표상하는 등기가 되어 있지 않았고, 법률에 의하여 소유권을 취득하지도 않은 자는 소유권자를 대위하여 현재의 등기 명의인을 상대로 그 등기의 말소를 청구할 수 있을 뿐, 현재의 등기 명의인을 상대로 직접 진정한 등기 명의의 회복을 위한 소유권이전등기청구를 할 수 없다.(대판 2003.1.10, 2002다41435)

판례

> 포괄적 유증을 받은 자는 민법 제187조에 의하여 법률상 당연히 유증을 받은 부동산의 소유권을 취득하게 되나, 특정적 유증을 받은 자는 유증의무자에게 유증을 이행할 것을 청구할 수 있는 채권을 취득할 뿐이므로 특정적 유증을 받은 자는 유증을 받은 부동산의 소유권자가 아니어서 직접 진정한 등기 명의의 회복을 원인으로 한 소유권이전등기를 청구할 수 없다.(대판 2003.5.27, 2000다73445)

6) 소유권의 포기를 원인으로 한 소유권이전등기

[1] **소유권 포기를 하면 국가에 그 소유권이 귀속된다.** 이 **경우에는 말소등기를 할 것**이 아니라, **소유권을 포기한 자와 국가가 공동으로 소유권이전등기를 하여야 한다.**

[2] **등기상 이해관계 있는 제3자가 있는 경우에** 그 **제3자의 승낙서를 첨부하여야 하고** 이 **경우 등기는 직권말소된다.**

[3] **매각**으로 인한 **소유권이전등기를 받은 자가** 그 **부동산의 소유권을 포기하면 소유권은 전소유자에게 귀속하는 것**이 아니라, **국가의 소유가 된다.**

7) 계약 당사자 지위 이전 계약

A⇨B 매매	B⇨C 처분행위 잔금지급일 B⇨C 처분행위 ▼ ▼ ▼	
B⇨C의 소유권 이전계약	① B⇨C 계약체결 ② A⇨B 등기하여야 함.(중간생략등기가 불가능) ③ B⇨C 등기	① 먼저 A⇨B 등기하여야 함.(중간생략등기가 불가능) ② 그 이후에 B⇨C 계약 ③ B⇨C 등기
	(부동산등기특별조치법 제2조 3항)	(부동산등기특별조치법 제2조 2항)

<table>
<tr><td rowspan="2">A·B·C의 계약당사자 지위이전 계약</td><td>① A·B·C 계약체결
② A⇨C 등기가 가능(중간생략등기가 가능)</td><td>① 먼저 A⇨B 등기하여야 함.(중간생략등기가 불가능)
② 그 이후에 A·B·C 계약
③ B⇨C 등기</td></tr>
<tr><td>(부동산등기특별조치법 제2조 3항의 반대해석+등기예규)</td><td>(부동산등기특별조치법 제2조 2항)</td></tr>
</table>

등기신청을 받은 등기관은 위 지위 이전계약의 체결일이 ① 먼저 체결된 계약서상에 표시된 반대급부 이행일 전이거나, ② 먼저 체결된 계약에 따른 실제의 반대급부 이행일 전임을 서면에 의하여 소명한 경우(예컨대, 영수증 또는 당사자의 진술서 등)에는 그 등기신청을 수리하여야 한다. 다만, 먼저 체결된 계약의 매도인이 국가, 지방자치단체 또는 국가나 지방자치단체의 투자기관인 경우에는 위의 제한에 관계없이 그 등기신청을 수리하는 것으로 한다.

소유권이전등기를 신청함에 있어 등기원인을 증명하는 서면으로 제출하는 먼저 체결된 계약서와 지위 이전 계약서(지위 이전 계약이 순차로 이루어진 경우에는 그 지위 이전 계약서 전부)는 각각 검인을 받은 것이어야 하고, 이 경우 등기필증(등기필정보)의 작성은 먼저 체결된 계약서에 지위 이전 계약서를 합철하여 작성하여야 한다.

8) **시효취득을 원인**으로 한 **소유권이전등기**

[1] **시효취득으로 인한 소유권이전등기는 등기부상 소유자를 등기의무자로 하고 시효취득한 자를 등기권리자로 하여 공동으로 신청한다.**

[2] **미등기토지에 관하여 시효취득을 원인**으로 한 **소유권이전등기 판결을 얻은 원고는 자기 명의로 보존등기를 하는 것**이 아니라, **최초의 소유자를 대위하여 최초의 소유자 명의로 소유권보존등기를 할 수 있을** 뿐이다. 다만, **대장상 소유자미복구인 미등기토지**에 대하여 **국가를 상대로 시효취득을 원인으로 소유권이전등기 판결을 얻은 경우 원고는 자기 명의로 소유권보존등기를 신청할 수 있다.**

[3] **시효취득은 원시취득이므로** 그 **대상이 농지인 경우에도 등기신청서에 농지취득 자격증명을 첨부할 필요가 없다.**

[4] **시효기간의 기산일을 등기원인일자로 신청서에 기재한다.**

[5] **시효취득을 증명하는 서면은 판결정본에 한정되지 않는다.**

9) 토지수용으로 인한 소유권이전등기

신청인	① 단독신청 : 사업시행자인 등기권리자만으로 ② 관공서가 사업시행자인 경우 : 촉탁
신청서	① 등기원인 : 토지수용 ② 원인일자 : 수용한 날(수용재결일이 아니라) ③ 재결서등본, 협의성립확인서 및 그 수리증명서, 보상금수령증원본(인감증명불요) 또는 공탁서원본, 등기의무자의 등기필증(등기필정보) 불요 ④ 사업시행자가 토지의 수용으로 인한 소유권이전등기를 신청하는 경우, 공탁서 상의 피공탁자의 주소와 등기부상의 피수용자의 주소가 일치한다면 피수용자의 주소를 증명하는 서면은 첨부하지 않아도 된다.(2000.9.4 선례 6-260)
소유권이전 등기신청의 심사	① 협의서만 첨부하고 협의성립확인서를 첨부하지 아니한 경우에는 각하(단독신청이 허용되지 않음.) ② 사업인정고시 후 소유권변동이 있는 경우에는 소유권을 승계한 자에게 보상을 하여야 한다. 따라서 사업인정고시 후 재결 전에 소유권의 변동이 있음에도 불구하고 사업인정 당시의 소유자를 피수용자로 하여 재결하고 그에게 보상금을 지급한 경우 그 등기신청은 허용되지 아니한다. ③ 등기부상 소유자가 사망하였음을 간과하고 재결한 후 상속인에게 보상금을 지급(공탁)한 경우에는 등기신청을 수리한다. 상속인 또는 피상속인을 피수용자로 하여 재결하고 상속인에게 보상금을 지급(공탁)하였으나, 피상속인의 소유 명의로 등기가 되어 있는 경우에는 대위에 의한 상속등기를 먼저 한 후 소유권이전등기를 신청하여야 하므로 상속등기를 하지 아니한 채 소유권이전등기신청을 한 경우에는 이를 수리하여서는 아니 된다. 이 경우에는 상속인들이 직접 신청하는 경우와 동일하게 취득세를 납부하고 국민주택채권을 매입하여야 한다.
직권말소 되는 등기	① 수용의 날 이후에 경료된 소유권이전등기. 다만, 수용의 날 이전의 상속을 원인으로 한 소유권이전등기는 그러하지 아니하다. ② 소유권 이외의 권리, 즉 지상권·지역권·전세권·저당권·권리질권 및 임차권에 관한 등기.(지역권등기도 원칙적으로 말소의 대상임을 주의할 것) 다만, 그 부동산을 위하여 존재하는 지역권의 등기와 토지수용위원회의 재결로서 인정된 권리는 그러하지 아니하다. ③ 가등기, 가압류, 가처분, 압류 및 예고등기 ④ 위 ②③의 등기는 수용의 날 이전에 경료된 등기이든 수용의 날 이후에 경료된 등기를 불문하고 직권말소의 대상이 됨을 역시 주의할 것.
재결실효의 경우	토지수용의 재결의 실효를 원인으로 하는 토지수용으로 인한 소유권이전등기의 말소의 신청은 등기의무자와 등기권리자가 공동으로 신청하여야 하며, 이에 의하여 토지수용으로 인한 소유권이전등기를 말소한 때에는 등기관은 토지수용으로 말소한 등기를 직권으로 회복하여야 한다.

10) 「공익사업을 위한 토지 등의 취득 및 보상에 관한 법률」에 의한 등기

법	경우	미등기 부동산	기등기 부동산	첨부서면
공익사업법에 의한 협의취득	대장상 소유명의인과 협의가 성립된 경우	보존등기(소유자)+이전등기(사업시행자)(공동신청)		① '공고용지의 취득협의서' 첨부 : 등기원인서면 ② 보상금 지급을 증명하는 서면은 첨부할 필요가 없다.
	등기부상 소유명의인과 협의가 성립된 경우		사업시행자 명의 소유권이전등기(공동신청)	
	구청장·시장 또는 읍·면장이 확인하는 정당한 권리자에게 보상금을 지급한 경우	보존등기(사업시행자)	사업시행자 명의로 소유권이전 등기 신청(단독신청)	① 확인서 ② 보상금 지급을 증명하는 서면(정당한 권리자의 인감증명 필요함.) ③ 등기필증(등기필정보) 작성용 신청서부본을 제출 ④ 등기의무자 등기필증(등기필정보)은 필요 없음.
토지수용		보존등기(사업시행자 명의)	소유권 이전등기(단독신청)	① 재결수용 : 토지수용위원회의 재결서등본, 보상금수령증명원(인감증명 불요) 또는 공탁서 원본 ② 협의성립 : 토지수용위원회의 협의성립확인서 또는 협의성립의 공정증서와 그 수리증명서, 보상금수령증명원(인감증명 불요) 또는 공탁서원본

11) **대지권이라는 뜻의 등기된 토지**에 대한 **소유권이전등기의 금지**

구분	금지되는 등기	허용되는 등기
토지	① **토지의 소유권이 대지권인 경우에 그 취지의 등기를 한 때에는 토지의 등기기록에는 소유권이전등기는** 이를 **하지 못한다.**	① 토지만에 대하여 소유권귀속에 관한 분쟁으로 인한 예고등기 또는 처분금지가처분등기 ② 등기원인의 무효 등으로 인한 소유권말소등기 또는 진정명의회복등기

	② **소유권이전등기** 이외에도 **소유권이전을 전제로 하는 소유권이전청구권**(또는 **담보) 가등기·가압류·압류도 해당한다.** ③ 토지(대지권)만을 목적으로 하는 저당권설정등기	③ 대지권등기가 되기 전 토지만에 관한 소유권이전청구권가등기가 경료된 경우에 그 가등기에 의한 본등기 ④ 대지권등기와 대지권인 취지의 등기가 되기 전에 토지만에 관하여 설정된 저당권의 실행에 따른 소유권이전등기 ⑤ 건물만에 관하여 저당권이 설정된 후에 대지권등기와 동시에 또는 그 후에 신청하는 토지에 대한 추가저당권설정등기 ⑥ 지상권·전세권을 목적으로 하는 저당권설정등기 ⑦ 토지만을 목적으로 하는 용익물권·임차권 설정등기·구분지상권
건물	① 대지권을 등기한 건물의 등기기록에는 그 건물만에 관한 소유권이전의 등기는 이를 하지 못한다. ② 소유권이전등기 이외에도 소유권이전을 전제로 한 소유권이전청구권(담보) 가등기·가압류·압류도 해당한다. ③ 건물만을 목적으로 하는 저당권설정등기	① 건물만에 대하여 소유권귀속에 관한 분쟁으로 인한 예고등기 또는 처분금지가처분등기 ② 등기원인의 무효 등으로 인한 소유권말소등기 또는 진정명의회복등기 ③ 대지권등기가 되기 전 건물만에 관한 소유권이전청구권가등기가 경료된 경우에 그 가등기에 의한 본등기 ④ 대지권등기가 되기 전에 건물만에 관하여 설정된 저당권의 실행에 따른 소유권이전등기 ⑤ 토지만에 관하여 저당권이 설정된 후에 대지권등기와 동시에 또는 그 후에 신청하는 토지에 대한 추가저당권설정등기 ⑥ 건물만을 목적으로 하는 전세권·임차권설정등기

4. 공동소유에 관한 등기

1) 공유물분할등기

(1) 공유물분할등기와 물권변동

[1] **공유물분할의 판결이 확정되면 공유자는 각자 분할된 부분**에 대한 **단독소유권을 취득하게 되므로** 그 **소송의 당사자는 원·피고에 관계없이 그 확정판결정본을 첨부하여 등기권리자 단독으로 공유물분할을 원인으로 한 지분이전등기를 신청할 수 있다.**

○ **예규**

다만, 갑·을·병·정이 공유하는 토지에 대하여 을·병·정이 갑을 상대로 "피고는 원고들에게 위 토지의 특정부분에 대하여 각 ○○지분에 관하여 ○○년 ○○월 ○○일 공유물분할약정을 원인으로 한 이전등기 절차를 이행하라"는 확정판결을 받은 경우, 을·병·정은 분필등기를 경료한 이후 위 판결문을 첨부하여 단독으로 지분이전등기를 신청할 수 있으나, 위 판결은 형성판결인 공유물분할판결이 아닌 이행판결에 해당하므로 갑은 위 판결문을 첨부하여 단독으로 위 토지의 나머지 부분에 대한 지분이전등기를 신청할 수 없고, 을·병·정을 상대로 별도의 지분이전을 확정판결을 받아 단독으로 지분이전등기를 신청할 수 있다.(2009.12.30 부동산등기과－2693 질의회답)

[2] **공유물분할을 원인**으로 한 **소유권이전등기는 동시에 하지 않고** 각 **분필등기된 부동산별로** 각각 **독립하여 신청할 수 있다.**

[3] 공유물분할소송 중 변론종결 전 일부 공유자의 지분이 제3자에게 이전되었으나, 판결을 종전의 공유자에게 선고된 경우, 그 판결에 의한 공유물분할등기신청을 할 수 있는지 여부(안 됨.)

✦ **선례**

공유물분할소송에서 '변론종결 전'에 판결이 종전의 공유자를 포함하여 선고된 경우, 위 판결에 기하여는 공유물분할에 의한 소유권이전등기신청을 할 수 없다.(2004.4.11 선례 6－144)

[4] **공유자 전원이 참여하여 합의하는** 이상 **계약자유의 원칙상 반드시 원래의 지분비율**에 따라서 **분할해야 하는 것은 아니고 공유자의 지분비율에 관계없이 공유물분할을 하고** 이에 따른 **등기신청을 할 수 있다. 갑과 을이 공유하는 2필의 부동산을 갑과 을이 1필씩** 각각 **단독으로 소유하기로 하는 공유물분할도 가능하다.**

✦ **선례**

사망한 공유자의 상속인들에 대하여 공유물분할판결이 확정된 경우, 위 공유자의 상속인들은 먼저 상속등기를 거친 후에만 위 공유물분할판결을 첨부하여 공유물분할을 원인으로 하는 공유지분이전등기를 신청할 수 있다.(2000.7.12 선례 6－287)

✦ 선례

공유자 중 1인이 사망하여 그 공유지분에 대하여 갑·을·병·정이 법정상속분대로 상속하는 것을 전제로 하여 공유물분할청구의 소가 제기되어 이에 따른 판결이 확정되었더라도, 소송 도중에 위 공유지분에 대하여 갑을 제외한 나머지 상속인들인 을·병·정이 위 공유지분을 취득하는 내용의 상속재산 협의분할이 이루어짐에 따라 협의분할에 의한 상속등기가 이루어진 경우에는 위 판결을 첨부하여 공유물분할을 원인으로 하는 공유지분이전등기를 신청할 수 없다.(위 등기선례)

[5] **재판상 분할의 경우에는 공유물분할의 판결이 확정되면 등기하지 않아도 분할된 부분**에 대하여 **민법 제187조**에 따라 **공유자는 단독 소유권을 취득한다.**

(2) 공유물분할의 당사자

✦ 선례

A, B토지는 갑과 을, C토지는 갑과 병의 공유로 되어 있는 3필지의 토지의 경우, 토지 A, B의 공유자가 아닌 병과 토지 C의 공유자가 아닌 을을 포함한 3인의 합의에 의하여 토지 A, B는 을과 병의 공유로 토지 C는 갑의 단독소유로 하는 공유물분할등기는 신청할 수 없다.(2003.3.12 선례 7-235)

✦ 선례

3필지의 부동산 중 A, B필지는 갑·을·병 3인의 공유로 되어 있고 C필지는 갑·을·병·정의 4인의 공유로 되어 있는 경우, A B 필지의 공유자가 아닌 정을 포함한 4인의 합의에 의하여 A필지는 갑의 단독소유로 B필지는 정의 단독소유로 C필지는 을의 단독소유로 하기로 하는 공유물분할을 등기원인으로 한 등기신청은 할 수 없다.(1999.9.21 선례 6-285)

표 7-3 ∥ 각종 증명의 필요 여부

구분	종전 공유지분대로 공유물분할을 하는 경우	종전 공유지분을 초과하여 취득하는 자가 있는 경우
농지취득 자격증명	불필요	불필요
토지거래허가	불필요	필요(허가 대상 면적인 경우)

학교법인의 기본재산처분	필요	필요
국민주택채권	불필요	필요
인지	불필요	필요

2) 합유

(1) 등기신청 방법

경우	등기신청
합유자 중 일부가 교체된 경우	합유지분을 처분한 합유자와 합유지분을 취득한 합유자 및 잔존합유자의 공동신청에 의하여 잔존합유자 및 합유지분취득자의 <합유>로 하는 합유 명의인 변경등기신청－(인감증명: 합유지분을 처분한 합유자)
합유자 중 일부가 탈퇴한 경우	탈퇴한 합유자 및 잔존합유자의 공동신청으로 잔존합유자의 <합유>로 하는 합유 명의인 변경등기신청(잔존합유자가 1인이 된 경우에는 잔존합유자의 <단독소유>로 하는 합유 명의인변경등기신청)－(인감증명: 탈퇴한 합유자)
합유자가 추가된 경우	기존합유자와 새로 가입하는 합유자의 공동신청에 의하여 기존합유자와 새로 가입하는 합유자의 <합유>로 하는 합유 명의인 변경등기신청－(인감증명: 기존 합유자)
합유자 중 일부가 사망한 경우	합유자 중 일부가 사망한 경우 합유자 사이에 특별한 약정이 없는 한, 사망한 합유자의 상속인은 민법 제719조의 규정에 의한 지분반환청구권을 가질 뿐 합유자로서의 지위를 승계하는 것은 아니므로 사망한 합유자의 지분에 관하여 그 상속인 앞으로 상속등기를 하거나 해당 부동산을 그 상속인 및 잔존 합유자의 합유로 하는 변경등기를 할 것은 아니고, 아래와 같은 등기를 하여야 한다.
(1) 합유자가 3인 이상인 경우에 그 중 1인이 사망한 경우	잔존 합유자의 <합유>로 하는 합유 명의인 변경등기신청(사망한 합유자의 합유로 귀속되는 것이 아님.)
(2) 합유자가 2인 경우에 그 중 1인이 사망한 경우	잔존 합유자의 <단독소유>로 하는 합유 명의인변경등기신청(잔존 합유자가 자기의 단독소유로 된 부동산을 타인에게 처분하기 위하여서는 민법 제187조에 따라 먼저 위와 같은 취지의 등기를 하여야 한다.)(합유자가 A, B, C이었는데, C와 B가 순차적으로 사망한 경우에 A는 자기의 단독소유로 하는 합유 명의인변경등기를 신청할 수 있다. 이 등기를 하지 않고 있는 사이에 A도 사망한 경우에는 A의 상속인은 바로 자기 앞으로 상속등기를 할 수 있다.)
공유를 합유로 변경하는 경우	「○○년 ○○월 ○○일 변경예약」을 원인으로 한 합유로의 변경등기(합유를 공유로 하는 경우에도 변경등기)
단독소유를 수인의 합유로 이전하는 경우	소유권이전(공동신청임, 단독소유자를 포함한 합유로 된 경우에도 전소유자인 단독소유자를 합유자로 표시하여야 한다.)

(2) 등기 방법

[1] 조합 자체의 명의로는 등기를 할 수 없으며, 민법상 조합의 재산은 그 조합원 전원의 합유이므로(민법 제704조) 조합원 전원의 합유로 등기를 신청하여야 한다.

[2] 부동산에 대한 합유는 등기를 하여야 하며, 합유라는 취지를 기록하여야 한다.

[3] 합유등기에 있어서는 등기부상 각 합유자의 지분을 표시하지 아니한다.

(3) 합유지분에 대한 처분행위

[1] 합유자 중 1인의 지분에 대한 경매 개시결정·가압류기입등기의 촉탁이 있는 경우 그 합유관계가 존속하는 한 다른 합유자의 동의를 얻었다 하더라도 위 촉탁에 따른 등기는 할 수 없다. 합유지분에 대한 가등기도 허용되지 아니한다.(다른 합유자의 동의를 얻어서 합유지분을 처분하는 경우에도 이를 이전등기의 형식으로 할 것이 아니라, 합유 명의인 변경등기의 방식으로 해야 하기 때문이다.) 합유지분에 대한 가압류는 등기관이 직권으로 말소하여야 한다. 다만, 합유지분에 대한 이전등기가 이미 경료되었다면 이는 등기관이 직권으로 말소할 수 없다.(2007.1.19 선례 8-227)

[2] 합유지분에 대한 근저당권설정이나 경매개시결정 기입등기를 할 수 없으나, 합유물 전체에 대한 경매 개시결정 기입등기의 촉탁은 등기할 수 있다. 다만, 조합의 사업으로 발생한 지방세체납처분에 의해서는 합유재산에 대한 압류등기촉탁을 할 수 있다.

(4) 합유 형태의 변경

공유자 전부 또는 일부가 그 소유관계를 합유로 변경하는 경우 변경계약을 원인으로 합유로의 변경등기를 신청하여야 한다. 수인의 합유자 명의로 등기되어 있는 부동산을 합유자 전원의 합의에 의하여 수인의 공유지분 형태로 소유권변경등기를 할 수 있다.

합유자 전부의 동의가 있으면 합유물에 대하여 용익물권 또는 담보물권을 설정하는 것은 가능하므로 공유 상태에서 공유물 전체에 대한 지상권이나 근저당권을 갖는 자는 위 소유 형태가 합유로 변경된다 하더라도 그 법률상 지위에 영향이 없으므로 이들은 등기상의 이해관계인이라 할 수 없으므로 그 승낙 없이도 합유로의 변경등기는 허용된다.

공유자 전부가 그 소유관계를 합유로 변경하는 경우에는 공유자들의 공동신청으로 「○○년 ○○월 ○○일 변경계약」을 원인으로 한 합유로의 변경등기를 신청할 수 있는 바, 공유자 전원의 지분 전부에 대하여 처분금지가처분등기가 경료된 경우에도 마찬가지이다.(2003.11.12 선례 7-244)

다만, **공유자 중 일부의 지분에 가압류등기가 되어 있고 그 가압류권자의 동의가 없는 경우 공유에서 합유로의 변경등기는 이를 할 수 없다.**

✦ 선례

부동산의 합유자 중 1인이 나머지 합유자들 전원의 동의를 얻어 그의 합유지분을 처분한 경우 그에 따른 등기는 합유자지분이전등기가 아닌 합유 명의인 변경등기의 방식으로 이루어지나, 그 변경등기로 인하여 새로운 합유자로 등기된 자는 소유권(합유지분)을 취득한 것이 되므로 그 변경등기에 필요한 취득세는 지방세법 제11조 1항 2호(무상취득) 및 제7~8호(유상취득)의 규정에 의하여 납부하여야 할 것이다.(2002.6.17 선례 7－524)

○ **1부동산 1등기기록**

① 합유를 종유(비법인사단 명의)로 하고자 하는 경우 ⇨ 소유권이전

② 종유(비법인사단 명의)를 공유로 하고자 하는 경우 ⇨ 소유권이전(**총유물분할등기가 아님.**)

③ 종유(비법인사단 명의)를 합유로 하고자 하는 경우 ⇨ 소유권이전(**권리변경등기가 아님.**)

✦ 최근 등기선례

세 사람이 합유로 공동소유하는 부동산을 두 사람의 합유와 한 사람의 공유로 바꾸는 방법 : 갑·을·병 세 사람이 합유로 소유하고 있는 토지를 합유자 전원의 합의로 1/3지분은 갑의 소유로 2/3지분을 을·병의 합유로 하고자 하는 경우, 갑·을·병 3인의 합유등기를 곧바로 공유자 갑(1/3지분)과 합유자 을·병(2/3지분)으로 하는 소유권 변경등기를 할 수는 없다. 이 경우 갑·을·병 3인의 합유등기를 을·병 2인의 합유등기로 변경한 다음(합유자 갑 탈퇴) 1/3지분에 대하여 갑에게 소유권 일부 이전등기를 하거나, 반대로 갑에 대한 소유권 일부 이전등기 후에 갑의 합유자 탈퇴를 원인으로 한 소유권 변경등기를 하여야 한다.(2012.8.21 부동산등기과－1601 질의회답)

---

5. 환매특약에 관한 등기

1) 신청인

[1] 소유권이전등기와 동시신청, 별개의 신청서, 동일한 접수번호

[2] 환매특약부매매의 매도인이 등기권리자, 환매특약부매매의 매수인이 등기의무자

[3] 제3자를 환매권자로 하는 환매특약의 등기는 이를 할 수 없으나, 나중에 환매권을 제3자에게 이전하는 등기는 할 수 있다.(부기등기의 부기등기 형식)

[4] 환매특약등기의 가등기는 허용되지 아니하나, 환매권이전청구권보전의 가등기는 허용된다.

[5] 매매로 인한 소유권이전등기신청을 각하하는 경우에는 환매특약등기신청도 각하하여야 하나, 환매특약등기신청에만 각하사유가 있는 경우에 소유권이전등기신청을 반드시 각하하여야 하는 것은 아니다.

✦ 최근 등기선례

한 필지 전부를 매매의 목적물로 하여 매매계약을 체결함과 동시에 그 목적물소유권의 일부 지분에 대한 환매권을 보류하는 약정은 민법상 환매특약에 해당하지 않으므로 이러한 환매특약등기신청은 할 수 없다.(2011.11.22 부동산등기과-2218 질의회답)

---

2) 신청서의 기재 방법

[1] 필요적 기재사항 : 매수인이 지급한 대금 및 매매비용.

* 매매비용은 계약비용으로 해석하므로 등기비용, 즉 취득세(등록면허세)는 이에 해당하지 아니한다. 매매대금의 이자도 불포함.

[2] 임의적 기재사항 : 환매기간(5년을 넘는 환매권신청 : 각하하여야 함. 연장할 수 없다.)

3) 첨부서면

[1] 등기원인증서(환매특약증서)

[2] 등기의무자의 권리에 관한 등기필증(등기필정보) 불필요함, 등기의무자의 인감증명은 불요함.

4) 환매특약등기의 실행

[1] 부기등기로 실행

[2] 동일한 접수연월일 및 접수번호

5) 환매특약등기의 효력

[1] 제3자에 대한 대항력 : 환매권특약의 등기를 한 때에는 제3자에게 효력이 있는 것이므로 그 후 목적물을 매각에 의하여 취득했다고 하더라도 경매개시결정등기 또는 저당권등기에 선행하는 환매특약등기는 말소되지 아니한다.

[2] 처분금지의 효력은 없음.

6) 환매특약등기의 말소

[1] 공동신청 : 해제, 환매기간경과, 포기

[2] 단독신청 : 혼동

[3] 직권말소 : 환매권행사로 인한 소유권이전등기를 한 경우

7) 환매권행사에 따른 등기사무처리지침(2011.10.11 등기예규 제1359호)

[1] 신청인 : 환매권부매매이 매도인이 등기권리자, 환매권부매매의 매수인이 등기의무자

[2] 환매권부 매매의 매도인으로부터 환매권을 양수받은 자가 있는 경우에는 그 양수인이 등기권리자가 된다.

[3] 환매권 행사로 인한 등기는 환매특약부 매매로 인한 종전의 소유권이전등기를 말소하는 방법이 아니라, 매도인 명의로의 소유권이전등기를 하는 방식으로 한다.

[4] 환매권부 매매의 목적 부동산이 환매특약등기 후 양도된 경우에는 그 전득자(현재 등기부상 소유 명의인)가 등기의무자가 된다.

[5] 등기원인은 '환매', 등기원인일자는 '환매의 의사표시가 상대방에게 도달한 날' 기재

[6] 환매권행사로 인한 소유권이전등기를 한 경우에는 환매특약등기는 더 이상 존치해둘 필요가 없기 때문에 등기관이 직권으로 말소한다. 다만, 그 환매권에 가압류· 가처분·가등기 등의 부기등기가 경료되어 있는 경우에는 그 등기 명의인의 승낙서 등을 첨부하여야 환매특약의 등기를 말소할 수 있다. 이와 같이 그 가압류·가처분·가등기권리자 등이 승낙을 하지 아니하여 환매특약등기를 직권으로 말소할 수 없는 경우에는 환매권행사로 인한 소유권이전등기도 하지 못한다.

[7] 환매특약의 등기 이후 환매권 행사 전에 경료된 제3자 명의의 소유권 이외의 권리에 관한 등기의 말소등기는 일반원칙에 따라 공동신청(단독신청 불가, 직권말소 불가)에 의하고, 그 말소등기의 원인은 '환매권행사로 인한 실효'로 기재한다.

6. 주택법 제40조 3항의 규정에 따른 금지사항의 부기등기에 관한 업무처리지침 (제정 2014.5.21 등기예규 제1523호)

1) 금지사항 부기등기의 신청

(1) 주택건설대지에 대한 신청

주택법 규정에 의한 사업주체가 주택건설대지에 관하여 주택법 제40조 3항에 따른 금지사항 부기등기를 신청하기 위해서는 신청서에 주택건설사업계획승인서 및 입주자모집공고승인신청을 하였다는 관할 관청의 확인서를 첨부하여야 한다.

(2) 주택에 대한 금지사항 부기등기

[1] 건물 준공 전에 입주자를 모집한 경우 : (ⅰ) 주택법 규정에 의한 사업주체가 입주예정자가 있는 건설된 주택에 관하여 소유권보존등기를 신청하면서 주택법 제40조 3항에 따른 금지사항 부기등기를 신청하기 위해서는 신청서에 주택법 제40조 3항 및 같은 법 시행령 제45조 1항에 따른 금지사항을 기재하여야 하고, 관할 관청이 사업주체의 입주자모집공고안을 승인하였다는 확인서와 입주예정자가 있다는 사실을 소명하는 서면(분양계약서 사본 등)을 첨부하여야 한다. (ⅱ) 위 (ⅰ)의 경우 일부 주택에 관하여 입주예정자가 없어 그 주택에 대하여는 금지사항 부기등기를 신청하지 아니하는 경우에는 그 주택의 대지 지분에 대한 금지사항을 말소하는 의미로서 하는 주택건설대지에 관한 금지사항 부기등기의 변경등기 절차는 아래 3)(2)의 규정에 따른다.

[2] 건물 준공 후에 입주자를 모집하는 경우 : 사업주체가 주택에 관하여 소유권보존등기 후에 입주자모집공고승인신청을 하는 경우에는 그 사실을 증명하는 관할 관청의 확인서를 첨부하여 금지사항 부기등기를 신청하여야 한다.

[3] 위 [1] 및 [2]의 등기신청이 있는 경우 등기관은 그 금지사항을 소유권보존등기에 부기한다.

2) 금지사항 부기등기 이후 주등기에 기초한 등기신청이나 촉탁이 있는 경우

금지사항인 부기등기 이후에 해당 대지 또는 주택에 관하여 입주예정자의 동의 없이 소유권이전등기신청이 있거나 제한물권설정등기신청이 있는 경우, 또는 압류·가압류·가처분 등의 등기촉탁이 있는 경우, 등기관은 부동산등기법 제29조 98호에 의하여 그 등기신청(촉탁)을 각하하여야 한다. 다만, 다음 각 호 중 어느 하나에 해당하는 경우에는 그러하지 아니하다.

1. 사업주체가 해당 주택의 입주자에게 주택구입자금의 일부를 융자하여 줄 목적으로 국민주택기금이나 금융기관으로부터 주택건설자금의 융자를 받고 그 사실을 소명하는 서면(예: 대출기관의 확인서 등)을 첨부하여 저당권설정등기 등을 신청하는 경우

2. 사업주체가 해당 주택의 입주자에게 주택구입자금의 일부를 융자하여 줄 목적으로 금융기관으로부터 주택구입자금의 융자를 받고 그 사실을 소명하는 서면(예: 해당 대출기관의 확인서 등)을 첨부하여 저당권설정등기 등을 신청하는 경우

3. 사업주체가 파산·합병·분할·등록말소·영업정지 등의 사유로 사업을 시행할 수 없게 됨에 따라 사업주체가 변경되어 다른 사업주체가 해당 대지를 양수하거나, 시공보증자 또는 입주예정자가 해당 대지의 소유권을 확보하거나 압류·가압류·가처분 등을 하고 그 사실을 소명하는 서면(예: 법인등기사항증명서나 관할 관청의 변경승인서 등)을 첨부하여 등기신청(촉탁)을 하는 경우

4. 주택건설사업이 완성되어 사업주체가 주택법상의 입주예정자 앞으로 소유권이전등기를 신청하면서 그 사실을 소명하는 서면(예: 사업주체의 확인서나 분양계약서 등)을 첨부한 경우

5. 주택법 제40조 6항의 규정에 의하여 사업주체가 해당 주택건설대지를 대한주택보증주식회사에 신탁하고 그에 따른 등기신청을 하는 경우

6. 위 1, 2, 3의 저당권설정·가압류·압류·가처분등기 등에 기초한 등기촉탁(신청)이 있는 경우(예: 저당권에 의한 임의경매신청 기입등기의 촉탁 등)

7. 합병하고자 하는 모든 토지에 관하여 합필등기를 신청하는 경우(2006.3.24 등기선례 8-146)

3) 금지사항 부기등기의 말소

(1) 사업계획승인의 취소로 인한 말소

사업계획승인이 취소된 경우 사업주체는 그 취소를 증명하는 서면을 첨부하여 금지사항 부기등기의 말소를 신청하여야 한다.

(2) 입주예정자 앞으로의 소유권이전등기신청이 있는 경우

주택건설사업이 완성되어 건설된 주택에 대하여 사업주체가 주택법상 입주예정자 앞으로 소유권이전등기를 신청한 경우, 등기관은 그 소유권이전등기를 실행한 후 직권으로 주택에 대한 금지사항 부기등기를 말소한다.

(3) 사업주체가 입주예정자에게 입주가능일을 통보한 경우

사업주체가 입주예정자에게 통보한 입주가능일로부터 60일이 경과한 후에 그 통보를 증명하는 서면(예: 사업주체의 확인서나 내용증명서 등)을 첨부하여 금지사항 부기등기의 말소를 신청한 경우, 등기관은 그 등기신청을 수리하여야 한다. 사업주체가 위 확인서의 발급을 거부하는 때에는 소송과정에서 문서제출명령 또는 문서송부촉탁 등을 통해 법원에 제출된 위 통보사실 등이 적시되어 있는 문서의 사본 등을 사업주체의 확인서에 갈음하여 제출할 수 있다.(2010.5.12 부동산등기과-945 질의회답)

(4) 금지사항 부기등기 후 해당 부동산이 매각된 경우

금지사항 부기등기 후 부동산이 매각되고 집행법원이 그 매각에 따른 소유권이전등기를 촉탁하면서 금지사항 부기등기의 말소도 촉탁한 경우, 등기관은 그 부기등기를 말소하여야 한다.

(5) 입주예정자가 없는 경우

입주자모집공고에 따른 분양계약의 체결로 입주예정자가 발생하였으나, 나중에 분양계약의 무효 또는 취소 등으로 인하여 해당 주택에 입주예정자가 없는 경우, 사업주체는 그 사실을 증명하는 서면을 첨부하여 해당 주택에 관한 금지사항 부기등기의 말소를 신청할 수 있다. 가압류채권자는 대위원인증서면(가압류결정문 등)을 첨부하여 위 부기등기의 말소를 대위신청할 수 있다.(2005.7.29 선례 8-239)

(6) 사업주체가 변경된 경우

사업주체가 파산(「채무자 회생 및 파산에 관한 법률」 등에 의한 법원의 결정·인가를 포함한다.)·합병·분할·등록말소·영업정지 등의 사유로 사업을 시행할 수 없게 됨에 따라 사업주체가 변경되어 다른 사업주체가 해당 대지를 양수하여 이를 원인으로 소유권이전등기를 신청하는 경우 등기관은 그 소유권이전등기를 실행한 후 직권으로 대지에 대한 금지사항 부기등기를 말소한다. 이 경우 신사업주체는 소유권이전등기를 신청하면서 주택법 제40조 제3항에 따른 금지사항 부기등기를 함께 신청하여야 한다.

(7) 주택건설대지를 대한주택보증주식회사에 신탁한 경우

주택법 제40조 제6항의 규정에 의하여 사업주체가 해당 주택건설대지를 대한주택보증주식회사에 신탁하고 그에 따른 등기신청을 하는 경우 등기관은 그 소유권이전등기 및 신탁등기를 실행한 후 직권으로 대지에 대한 금지사항 부기등기를 말소한다.

이 경우 후에 신탁해지를 원인으로 사업주체 앞으로 다시 소유권이전등기를 신청하는 경우에는 주택법 제40조 제3항에 따른 금지사항 부기등기를 함께 신청하여야 한다.

4) 임대주택법 제12조의3 제2항에 따른 금지사항의 부기등기에 준용

위 1) 2) 3)의 규정은 그 성질에 반하지 아니하는 한, 임대주택법 제12조의3 제2항에 따른 금지사항의 부기등기에 준용한다.

○ 주택법상의 부기등기

① 주택법 제40조 3항의 금지사항 부기등기는 등기관의 직권이 아닌 주택의 소유권보존등기와 동시 또는 소유권보존등기 이후 당사자의 신청에 의하여 이루어지는 등기이며 별도의 비과세나 면제규정이 없으므로 위 등기를 신청하는 경우 신청서에 취득세(등록면허세)영수필확인서를 첨부하고 등기신청 수수료를 납부하여야 한다.(2008.9.25 부동산등기과－2560 질의회답)

② 주택법 제32조의3 제3항의 규정에 의한 부기등기일 후에 주택을 공급받는 자들의 동의 없이 해당 주택건설대지에 대하여 가압류등기촉탁이 있는 경우 등기관은 부동산등기법 제29조 제9호에 의하여 그 가압류등기촉탁을 각하하여야 할 것이나 이를 간과하여 가압류등기가 경료되었을 경우 그 가압류등기는 법 제58조에 의하여 직권말소할 사항은 아니다.(2000.2.25 선례 6－493)

표 7-4 ‖ 주택법과 임대주택법에 의한 금지사항의 등기

항목	적용 대상	가능 여부	그 밖의 경우
주택법 제40조 규정에 의한 금지사항의 등기	주택건설 대지	가능	① 주택건설사업계획승인서 ② 입주자모집공고승인신청을 하였다는 관할관청의 확인서
	(분양)주택	가능	① 건물보존등기 이전 : 입주자모집공고안을 승인하였다는 관할관청의 확인서 및 입주예정자가 있다는 사실을 소명하는 서면(분양계약서) ② 건물보존등기 이후 : 입주자모집공고승인신청을 하였다는 관할관청의 확인서

	주택법 제16조 1항 규정에	불가능	주택법 제40조 3항의 규정에 의한 금지사항의 부기등기는 분양주택에 대하여 신청할 수 있는 것이므로 주택법 제16조 1항의 규정에 의한 사업계획의 승인을 얻어 시행하는 주택건설사업
임대주택법 제18조 규정에 의한 금지사항의 등기	임대주택	가능	주택법 제40조 3항의 규정에 따른 금지사항의 부기등기에 관한 업무처리지침(2011.10.11 등기예규 제1379호)이 준용됨.
	임대주택의 택지	불가능	
주택법 제41조의2 제4항 규정에 따른 금지사항의 부기등기		가능	투기과열지구 내의 분양주택, 분양가상한제 적용지역 내의 분양주택 등을 일정기간 동안 전매할 수 없다는 취지의 금지사항의 부기등기

Ⅱ 용익권에 관한 등기 절차

1. 지상권에 관한 등기

1) 의의

타인의 토지에 건물 그 밖의 **공작물이나 수목을 소유하기** 위하여 그 **토지를 사용하는 권리**

2) 허용 여부

① **1필의 토지의 일부도 가능함**, 이러한 경우에는 **도면을 제출하여야 한다.**

② **경작의 대상이 되는 식물(뽕나무, 과수)은** 위의 **'수목'에 해당하지 않는다.**

③ **현재 공작물이나 수목이 없더라도 지상권등기할 수 있고,** 이후에 **공작물이나 수목이 멸실하더라도 지상권은 존속한다.**

④ **공유지분**에 대하여는 **설정할 수 없으며. 공유자 전원의 동의를 받아야 한다.**

⑤ **지상에 건물이 건립되어 있는 토지**에 대한 **지상권도 가능하다.**

⑥ **동일 지상에 2개** 이상의 **지상권이 중첩한 성립은 불가능하며, 선순위 지상권의 존속기간이 만료된 경우에도 마찬가지이다.**

⑦ **타인의 농지**에 대한 **지상권은 가능하다.**

⑧ **초지법**에 의한 **초지조성**을 위하여 **다년생 개량목초의 소유를 목적으로 한 지상권도**

가능하다.

⑨ 기존 1층 건물의 옥상에 대하여 건물의 소유를 목적으로 한 지상권. 위 기존 1층 건물 위에 건물을 소유하기 위하여 그 대지에 대하여 한 지상권설정계약으로 본다.

3) 신청서의 기재사항

(1) 필요적 기재사항 : 목적과 범위

(2) 임의적 기재사항 : 존속기간, 지료, 지급시기, 구분지상권의 행사를 위하여 설정행위로써 토지소유자의 사용을 제한하는 특약

4) 구분지상권

(1) 목적 : 건물 또는 공작물의 소유

(2) 범위를 기재(도면을 반드시 등기신청서에 첨부하여야 하는 것은 아니다.)

(3) 토지의 등기기록에 그 토지를 사용하는 권리에 관한 등기와 그 권리를 목적으로 하는 권리에 관한 등기가 있는 때에는 신청서에 이들의 승낙서를 첨부하여야 한다.(지상권자, 전세권자, 임차권자(등기된 임차권자), 지상권, 전세권 목적으로 하는 저당권자 또는 처분제한의 등기명의인)(일반저당권자는 안 됨.)

(4) 범위가 다른 2개 이상의 구분지상권 가능

(5) 지상권과 구분지상권의 상호변경 : 등기상 이해관계인이 없거나, 이해관계인이 있더라도 그의 승낙서 등을 제출한 때에 한하여 부기등기에 의하여 그 변경등기를 할 수 있다.(위 (3)의 이해관계인과 범위가 다름을 유의할 것.)

(6) 계층적 구분건물의 특정계층의 구분소유를 목적으로 한 구분지상권설정등기는 허용되지 아니한다.

(7) 등기부상 등기의 목적은 '구분지상권'으로 기록한다.

5) 도시철도법 등에 의한 구분지상권설정

도시철도법, 도로법 및 전기사업법의 규정에 의한 도시철도건설자, 도로관리청 및 전기사업자가 공익사업을 위한 토지 등의 취득 및 보상에 관한 법률에 따라 구분지상권의 설정을 내용으로 하는 수용, 사용의 재결을 받은 경우 권리수용이나 토지사용을 원인으로 하는 구분지상권설정등기를 신청할 수 있다.

구분	협의에 의한 구분지상권 (협의성립확인을 받지 않은 경우)	수용/재결 절차에 의한 구분지상권
신청 방식	도시철도건설자와 토지소유자의 공동신청	도시철도건설자가 단독신청
토지를 사용·수익하는 권리에 관한 등기와 그 권리를 목적으로 하는 권리에 관한 등기 명의인의 승낙서	첨부하여야 함.	불요함.
그보다 먼저 경료된 강제경매기입등기, 선순위저당권·가압류에 기한 경매기입등기촉탁이 있는 경우	말소의 대상임.	말소되지 아니함.

6) 지상권이전등기의 제한

구분	금지되는 등기	허용되는 등기
토지	① 지상권·임차권·전세권의 이전등기, 이전가등기 및 가압류 ② 지상권·전세권을 목적으로 하는 저당권의 설정등기	**① 소유권이전등기** **② 소유권을 목적으로 하는 다른 권리 의 등기(저당권설정등기 등)**
건물	지상권·전세권이 대지권인 경우에는 건물만을 목적으로 하는 저당권설정등기는 금지됨.	

※ 구분건물에 대한 등기기록에 등기되는 대지권에는 소유권뿐만 아니라, 지상권·전세권·임차권 등이 있다.

7) 지상권의 말소등기

공유토지 중 일부 공유자의 지분에 대해서만 근저당권을 설정하면서 담보를 강화할 목적으로 공유지분 전부에 대하여 지상권설정등기를 함께 경료한 후 근저당권설정계약이 해지되어 근저당권설정등기와 지상권설정등기를 동시에 말소하고자 하는 경우, 근저당권설정자 겸 공동지상권설정자인 일부 공유자는 공유물의 보존행위로서 지상권자와 공동으로 공유지분 전부에 대한 지상권설정등기의 말소신청을 할 수 있다.(2013.5.31 부동산등기과-1257 질의회답)

2. 지역권에 관한 등기

1) 의의

지역권이란 일정한 목적을 위하여 타인의 토지를 자기 토지의 편익에 이용하는 권리

2) 허용성

(1) 승역지의 일부에도 지역권이 성립할 수 있다. 다만, 요역지는 1필의 토지 전부이어야 한다.

(2) 승역지의 소유자뿐만 아니라, 지상권자·전세권자 등도 자기가 가진 권리의 범위 내에서 지역권을 설정할 수 있다.

(3) 승역지와 요역지가 인접할 필요는 없다.

3) 지역권의 성질

(1) 부종성 및 수반성(부종성을 배제하는 특약도 가능)

(2) 불가분성 : 토지공유자의 1인은 지분에 관하여 그 토지를 위한 지역권 또는 그 토지가 부담한 지역권을 소멸하게 하지 못하고, 공유자의 1인이 지역권을 취득한 경우에는 다른 공유자도 이를 취득한다.

4) 지역권등기의 신청

(1) 승역지소유자가 등기의무자, 요역지소유자가 등기권리자

(2) 승역지 등기소에 신청

(3) 1개의 요역지에 수개의 승역지가 있는 경우에 지역권설정등기는 소유자별(승역지별)로 신청하여야 한다. 이와 같은 경우에 등록면허세도 승역지별로 납부하여야 한다.(요역지의 공시지가가 과세시가표준액이 되지만)

5) 신청서의 기재사항

(1) 필요적 기재사항 : 요역지의 표시, 목적, 범위

(2) 임의적 기재사항 : 부종성배제의 약정, 용수승역지의 수량에 관한 당사자간의 약정, 비용부담의 약정(대가나 존속기간에 관한 약정 : 등기가 안 됨.)

6) 등기의 실행

(1) 승역지의 등기 : 신청에 의한 등기

(2) 요역지의 등기 : 직권에 의한 등기(지역권의 목적인 취지, 승역지의 표시, 지역권설정의 목적과 범위를 기록)

(3) 지역권의 변경등기 : 승역지 등기소에 신청

3. 전세권에 관한 등기

1) 의의

전세권이라 함은 전세금을 지급하고 타인의 부동산을 점유하여 그 부동산의 용도에 따라 사용수익하는 권리

2) 허용성

(1) 부동산의 일부도 가능(토지 또는 건물)

(2) 농지는 전세권의 목적이 되지 못한다.

(3) 권리의 일부인 공유지분과 대지권은 전세권의 목적으로 하지 못한다. 따라서 집합건물에 대하여 대지권등기가 경료된 경우, 특정의 전유부분과 그 대지권을 함께 전세권의 목적으로 하는 전세권설정등기를 경료받을 수는 없다.

(4) 토지와 건물은 별개의 부동산이므로 건물의 일부에 대하여 전세권설정등기가 되어있는 경우에도 토지에 별도로 전세권설정등기를 할 수 있다.

(5) 동일 부동산에 2개 이상의 전세권이 중첩하여 성립하는 것은 불가능하다. 선순위 전세권의 존속기간이 만료된 경우에도 마찬가지이다.

3) 신청서의 기재사항

(1) 필요적 기재사항 : 전세금과 범위

(2) 임의적 기재사항 : 존속기간(10년을 넘지 못함.), 위약금이나 배상금의 약정, 전세권 양도금지의 약정

- 전세계약이 그 존속기간의 만료로서 종료하게 되면 전세권설정등기청구권도 소멸한다.

• 존속기간의 시작일이 등기신청서 접수일 이전인 경우에도 전세권설정등기의 신청은 가능하다.

존속기간의 시작일이 등기신청접수일자 이후라 하더라도 등기관으로서는 해당 전세권 설정등기신청을 수리하여야 한다.

4) 전세권의 이전등기

(1) 전세권을 준공유하는 경우 : 다른 공동전세권자의 동의를 받지 아니하고 제3자에게 양도할 수 있다.

(2) 전세권을 준합유하는 경우 : 다른 공동전세권자의 동의를 받아야 그의 지분을 제3자에게 양도할 수 있다.(다만, 이 경우에도 이전등기는 허용되지 아니하고 합유 명의인변경등기의 대상이 된다고 해석함.)

(3) 전세권자는 설정행위에서 전전세가 금지되어 있지 아니하는 한 전세권설정자의 동의 없이 전세권의 존속기간 내에서 전세권의 일부 또는 전부를 전전세할 수 있다.

(4) 전세권 일부지분의 양도를 원인으로 한 전세권 일부 이전등기를 하는 경우에는 그 지분을 기록하여야 한다.(양도액을 등기하는 것이 아님.)

5) 전세권의 변경등기

(1) 등기상 이해관계인의 승낙을 받아야 부기등기로 할 수 있다.

(2) 전세권설정등기 후에 제3자 명의의 근저당권설정등기가 경료된 후 전세권설정등기의 변경등기를 신청하는 경우, 전세권의 존속기간 연장과 전세금의 감액을 함께 신청하는 경우에는 근저당권자의 승낙서 등을 첨부한 때에 한하여 부기에 의하여 그 등기를 할 수 있다. 전세금을 증액하고자 하는 경우에도 마찬가지이다.

(3) 전세권설정등기 후 목적부동산의 소유권이 제3자에게 이전된 경우, 그 소유권을 이전받은 제3취득자는 전세권설정자의 지위까지 승계하였다고 할 것이므로 그 존속기간을 단축하거나 연장하기 위한 전세권변경등기신청은 전세권자와 제3취득자(소유자)가 공동으로 신청하여야 한다.

(4) 1층에 갑 명의의 전세권이 있고, 4층에 B 명의의 전세권이 있는 상태에서 A 명의의 전세권은 존속기간을 연장하는 경우에는 B의 승낙서 등을 첨부하여야 부기등기로 할 수 있다.

(5) 17층에 대한 전세권의 범위를 3층으로 변경하는 취지의 전세권변경등기는 허용할 수 없다.

(6) 전세권의 법정갱신은 법률규정에 의한 물권변동이므로 전세권자는 전세권갱신의 등기 없이도 전세권설정자나 그 건물을 취득한 제3자에 대하여 권리를 주장할 수 있다.

(7) 전세권의 존속기간을 단축하는 전세권 변경등기를 신청하는 경우 전세권설정자가 등기권리자가 되고 전세권자가 등기의무자가 된다.

6) 전세권과 존속기간의 만료

○ 전세권과 존속기간의 만료

- 전세권의 존속기간이 만료된 경우 : 전세권은 소멸하므로 특별한 사정이 없는 한, 전세권에 대한 저당권설정은 불가능하다.
- 전세금 반환시기가 경과한 전세권 : 전세권이전은 가능하다.
- '건물' 전세권이 법정갱신된 경우 : 전세권의 저당권설정은 가능하다. 다만, 그 전제로 먼저 전세권의 변경등기를 선행하여야 한다.

✦ 선례

전전세는 존속기간 이내에서만 할 수 있으므로 전세권의 존속기간이 만료된 건물전세권에 대한 전전세등기는 이를 할 수 없다.(1998.3.24 선례 5-415)

✦ 선례

법정갱신된 건물전세권에 대하여 전세권이전등기를 하기 위해서는 존속기간을 연장하는 변경등기의 신청을 선행 또는 동시에 하여야 한다.(2013.2.1 부동산등기과-246 질의회답)

✦ 선례

전세권의 존속기간이 만료되더라도 해당 전세권설정등기는 전세금반환채권을 담보하는 범위 내에서는 유효하므로 채권자가 전세금반환채권에 대하여 전부명령을 받아 전세권이전등기 촉탁을 신청하여 집행법원이 전세금반환채권에 대한 압류 및 전부명령에 기하여 전세권이전등기 촉탁을 하였다면 등기관은 채권전부명령을 등기원인으로 하는 전세권 이전등기를 실행할 수 있다.(2002.2.27 선례 7-255)

7) 전세권의 존속기간 만료와 다른 등기의 신청

(1) 일반적인 경우

전세권의 존속기간이 만료되면 그 전세권은 전세권설정등기의 말소등기 없이도 소멸하고 목적물과 전세금의 상환 등 청산관계로 들어서게 되며, 전세권등기로 용익물권적 기능을 상실하고 전세금의 우선변제 등을 담보하는 담보권적 기능만을 유지하게 된다.(대판 1999.9.17, 98다31301; 선례 3-577)

이에 존속기간 만료 후에는 전세금반환청구권을 담보하는 범위 내에서 전세권이전등기는 가능하나(1998.3.24 선례 5-415), 전세권에 대한 (ⅰ) 존속기간 연장 등의 변경등기, (ⅱ) 전전세등기, (ⅲ) 전세권에 대한 근저당설정등기는 허용되지 않는다.(선례 5-415, 6-322)

따라서 등기기록상 존속기간이 만료된 전세권에 대하여 전세금을 변경하기 위한 등기를 하기 위해서는 먼저 존속기간 변경등기를 하여야 한다.

(2) 건물전세권의 경우

건물전세권의 경우에는 전세권설정자가 전세권의 존속기간 만료 전 6개월부터 1개월 사이에 전세권자에 대하여 갱신거절의 통지 등을 하지 않은 채 당초 전세권의 존속기간이 만료된 때에 종전과 동일한 조건으로 다시 전세권을 설정한 것으로 보는(다만, 존속기간에 관하여는 그 정함이 없는 것으로 본다.) 법정갱신이 인정된다.(민법 제312조 4항)

(3) 존속기간이 만료되었으나 전세금반환채권을 일부 양도한 경우

가. 취지

전세권이 존속하는 동안은 전세권을 존속시키기로 하면서 전세금반환채권만을 전세권과 분리하여 확정적으로 양도하는 것은 원칙적으로 허용되지 않는다.(대판 2002.8.23, 2001다69122) 다만, 전세권의 존속기간이 만료되면 전세권의 용익물권적 권능은 전세권설정등기의 말소 없이도 당연히 소멸하고 단지 전세금반환채권을 담보하는 담보물권적 권능의 범위 내에서 전세금의 반환시까지 그 전세권설정등기의 효력이 존속하고 있다 할 것인데, 이와 같이 존속기간의 경과로서 본래의 용익물권적 권능이 소멸하고 담보물권적 권능만 남은 전세권에 대해서도 그 피담보채권인 전세금반환채권과 함께 제3자에게 이를 양도할 수 있다고 할 것이다.(대판 2005.3.25, 2003다35659) 개정법은 이와 같이 전세금반환채권의 일부 또는 전부 양도가 가능하다는 판례의 태도를 반영하여 '전세금반환채권의 일부 양도에 따른 전세권

일부 이전등기'를 허용하는 규정을 신설하였다.(법 제73조, 규칙 제129조)

나. 등기 절차 일반

등기관이 전세금반환채권의 일부 양도를 원인으로 한 전세권 일부 이전등기를 할 때에는 양도액을 기록한다.(법 제73조 1항) 이는 확정채권의 일부 양도에 따른 근저당권이전등기를 할 때에 양도액을 기록하는 것과 마찬가지이다. 위 전세권 일부 이전등기의 신청은 전세권의 존속기간의 만료 전에는 할 수 없다. 다만, 존속기간 만료 전이라도 해당 전세권이 소멸하였음을 증명하여 신청하는 경우에는 그러하지 아니하다.(법 제73조 2항)

다. 신청 절차

전세금반환채권의 일부 양도에 따른 전세권 일부 이전등기를 신청하는 경우에는 '양도액'을 신청정보의 내용으로 등기소에 제공하여야 하고(규칙 제129조 1항), 전세권의 존속기간 만료 전에 신청하는 경우에는 전세권이 소멸하였음을 증명하는 정보를 첨부정보로서 등기소에 제공하여야 한다.(규칙 제129조 2항)

8) 전세권의 말소등기

건물의 특정부분이 아닌 공유지분에 대하여는 전세권이 설정될 수 없으므로 수인의 공유자들이 전세권설정등기를 한 후 그 일부 공유자의 지분에 대하여만 전세권말소등기를 신청할 수는 없으며, 이는 판결을 받는다고 하더라도 마찬가지이다. 다만, 전세권이 설정된 부분 중 일정 부분을 전세권범위 변경등기의 형식으로 말소할 수는 있으며, 이 경우의 등기는 전세권자와 건물의 공유자 전원이 공동으로 신청하여야 한다.(1999.8.24 선례 6-315)

4. 임차권에 관한 등기

1) 의의

(1) 당사자의 일방이 상대방에 대하여 목적물을 사용·수익하게 할 것을 약정하고 상대방이 이에 대하여 차임을 지급할 것을 약정함으로써 성립하는 계약이다.

(2) 임대차는 이와 같이 당사자 사이에 임차권설정의 약정을 함으로써 성립하는 낙성·불요식의 계약으로 당사자만의 합의만으로도 성립한다. 다만, 이를 등기하면 제3자에 대한 대항력이 생긴다.

2) 신청인

공동신청, 임차권등기명령에 의한 등기도 가능

3) 주택·상가건물에 대하여 임차인이 대항력 또는 우선변제권을 갖추고 임대인의 협력을 얻어 임차권설정등기를 신청하는 경우

(1) ① 임대차계약서(확정일자를 받은 임대차계약서), ② 임차주택·상가건물을 점유한 날을 증명하는 서면(예컨대, 임대인이 작성한 점유사실확인서 등), ③ 주민등록을 마친 날을 증명하는 서면으로 주민등록등(초)본·상가건물임대차의 경우에는 사업자등록을 신청한 날을 소명하는 서류, ④ 임대차의 목적이 주택·상가건물의 일부분인 경우에는 그 목적인 부분을 표시한 도면, ⑤ 등기의무자의 인감증명, ⑥ 등기필증(등기필정보)을 첨부하여야 한다.

(2) 차임이 있는 경우에는 차임(월임대차금액)의 1,000분의 2, 차임이 없는 경우에는 6,000원의 등록면허세를 납부한다.

4) 신청서의 기재사항

(1) 필요적 기재사항

차임범위(임대차보증금은 아님.)(채권적 전세의 경우에는 임대차보증금) : 임차보증금만 있고 차임의 약정이 없는 주택임차권은 임차권등기명령의 대상이 될 수 없다. 임차보증금은 필요적 기재사항이 아니므로 임차보증금이 없는 임차권등기도 할 수 있다.

(2) 임의적 기재사항

존속기간, 차임의 전급 및 그 지급시기나 임차보증금의 약정이 있는 때, 임차권의 양도나 임차물의 전대에 대한 임대인의 동의가 있는 때

(3) 존속기간

불확정기간을 존속기간으로 하는 임차권계약도 가능('송전선이 존속하는 기간')

(4) 주택임차권의 경우

주민등록을 마친 날, 임차주택을 점유한 날, (확정일자를 받은 경우에는) 임대차계약서상의 확정일자를 받은 날도 기재하여야 한다.(대항력발생시기 : 임차인이 주택의 인도와 주민등록을 마

친 다음날)

(5) 상가건물임차권의 경우

사업자등록을 신청한 날, 상가건물을 점유한 날 (확정일자를 받은 경우에는) **임대차계약서상의 확정일자를 받은 날을 기재하여야 한다.**

5) 임차권등기의 실행

주등기(지상권에 대한 임차권은 부기등기)

6) 임차권등기명령 제도

(1) **임대차가 종료된 후 보증금을 반환받지 못한 임차인은 임차주택·상가건물의 소재지를 관할하는 지방법원, 지방법원 지원** 또는 **시·군법원에 임차권등기명령을 신청할 수 있다.**

(2) **법원의 임차권등기명령에 대한 절차는 가압류명령 절차를 준용**한다.(등기신청 수수료는 가압류에 준하여 3,000원임 : 15,000원이 아님.)

(3) **신청**에 대한 **심리는 변론 없이 할 수 있고** 이 **경우에는 결정의 형식으로 재판하고, 임차권등기의 결정**에 대하여는 **임대인은 기간의 제한 없이 이의를 신청할 수 있으며, 임차권등기명령신청을 기각하는 결정**에 대하여는 **임차인이 항고할 수 있다.**

(4) 명령을 발한 법원이 촉탁에 의하여 임차주택·상가건물의 관할 등기소 등기관이 등기부에 이를 기입함으로써 집행한다. 등기관은 등기의 목적, 임대차계약을 체결한 날, 임차주택·상가건물을 점유하기 시작한 날, 주민등록을 마친 날, 임대차계약상의 확정일자를 받은 날을 기록하여 등기한다.

(5) **임차권등기명령의 집행**에 의한 **임차권등기가 경료되면 임차인은 대항력** 및 **우선변제권을 취득한다.** 다만, **임차인이 임차권등기** 이전에 **이미 대항력** 또는 **우선변제권을 취득한 경우에는** 그 **대항력** 또는 **우선변제권은** 그대로 **유지되며, 임차권등기 이후에는 주택·상가건물임대차보호법 제3조 1항의 대항요건을 상실하더라도 이미 취득한 대항력** 또는 **우선변제권을 상실하지 아니한다.**

(6) 임차인은 임차권등기명령의 신청 및 그에 따른 임차권등기와 관련하여 소요된 비용을 임대인에게 청구할 수 있다.

(7) 미등기 주택·상가건물에 대하여 임차권등기명령에 의한 등기촉탁이 있은 경우에는 등기관은 직권으로 소유권보존등기를 한 후 주택·상가건물임차권등기를 하여야 한다.

(8) 등기관은 임차권등기명령에 의하여 임차권등기를 경료한 경우에는 등기필증(등기필정

보)을 작성하여 촉탁법원에 송부하여야 한다.

(9) 임대차목적물에 관한 등기부상의 용도가 주거용·영업용시설이 아닌 경우에도 임대차계약체결시부터 현재까지 주된 부분을 주거용·영업용으로 사용하고 있음을 증명하는 서류를 제출하여 임차권등기명령의 신청은 가능하다.

Ⅲ 담보권에 관한 등기 절차

1. 근저당권에 관한 등기

1) 근저당권설정등기

(1) 의의

계속적인 거래관계로부터 발생하는 다수의 불특정한 채권을 결산기에서 일정한 한도까지 담보하려는 저당권

(2) 근저당권의 객체

① 소유권, 지상권, 전세권에 한함.(임차권은 아님.)
② 농지에 관한 근저당권 가능(농지취득자격증명 불요)
③ 부동산의 물리적 일부에 대한 근저당권은 불가능(권리의 일부에 대한 근저당권은 가능)
④ 근저당권은 권리질권의 목적이 될 수 있다.

(3) 신청서의 기재사항

가. 필요적 기재사항

① 근저당권설정계약이라는 취지, 채권최고액, 채무자, 근저당권의 목적이 소유권외의 권리인 경우에는 그 권리의 표시

② 근저당권의 채권최고액의 표시로서 외화표시 채권최고액 외에 "외환율이 변경될 때에는 그 변경된 환율에 의한 원화환산액으로 한다."는 특약은 등기할 사항이 아니다.(저당권의 경우 : 채권액, 채무자, 저당권의 목적이 소유권 이외의 권리인 경우에는 그 권리의 표시)

③ 특정물채권과 외국금전채권의 경우

┌특정물채권 : 채권의 평가액을 신청서 및 등기부에 기재
└외국금전채권 : 원화로 환산한 금액을 신청서에만 기재

④ 채무자의 성명과 주소를 표시, 근저당권설정자와 동일한 경우에도 생략할 수 없다. 근저당권설정계약서에 채무자의 표시는 반드시 있어야 하나, 날인이 있어야 하는 것은 아니다.

⑤ 채권최고액은 반드시 단일하게 기재하여야 하고, 채권자 또는 채무자가 수인인 경우라도 채권자별로 또는 채무자별로 구분하여 기재할 수 없다.

┌채권최고액이 2억원인 A, B 준공유의 근저당권을 저당권분리를 원인으로 하여 채권최고액이 각 1억원인 A, B 각 단독의 근저당권으로 변경하는 것은 안 된다.
└A, B 토지에 대하여 경료된 채권최고액 2억원의 공동근저당권을 공동담보관계를 해소하여 A, B 각 토지에 채권최고액 1억원인 별개의 근저당권으로 변경하는 것은 안 된다.

⑥ 동일 부동산에 대하여 A와 B를 같은 채권자로 하는 하나의 근저당권설정계약을 체결한 경우 각 채권자별로 채권최고액을 구분하여 등기하거나 A와 B를 각각 근저당권자로 하는 2개의 동순위 근저당권설정등기를 신청할 수 없다.

⑦ 채무자가 수인인 경우라도(연대채무자인 경우에도) 단순히 채무자라고만 기재하되, 연대보증인은 기재하지 아니한다.

나. 임의적 기재사항

① 부합물, 종물에 근저당권의 효력이 미치지 아니한다는 특약, 존속기간(* 저당권의 경우 : 변제기, 이자 및 그 발생기, 지급시기, 원본 또는 이자의 지급장소, 채무불이행으로 인한 손해배상에 관한 약정 등)

② 변제기를 연장하는 데 후순위 근저당권자의 승낙을 받아야 하는 것은 아니다.

③ 법인이 저당권자 또는 근저당권자인 경우(지상권의 경우는 그 적용이 없음.)

(4) 등기의 실행

① 소유권을 목적으로 한 근저당권 : 주등기

② 지상권·전세권을 목적으로 한 근저당권 : 부기등기

③ 근저당권의 효력 : 저당부동산의 부합물과 종물에 효력이 미치는 것이 원칙이다.

④ 근저당권은 계속적인 거래관계로부터 발생하는 다수의 불특정채권을 장래의 결산기에서 채권최고액까지 담보하는 것이므로 현행법에서는 근저당권설정등기를 신청하는 경우 각 근저당권자의 지분을 등기부에 기록할 수 없다.(2007.3.28 선례 8-251)

2) 근저당권이전등기

(1) 신청인

① 근저당권의 피담보채권이 확정되기 전에 근저당권의 기초가 되는 기본계약상의 채권자 지위가 제3자에게 일부 양도된 경우, 그 양도인 및 양수인은 '계약의 일부 양도'를 등기원인으로 하여 근저당권이전등기를 신청할 수 있다. : 공동신청

② 근저당권의 피담보채권이 확정된 후에 그 피담보채권이 양도 또는 대위변제된 경우에는 근저당권자 및 그 채권양수인 또는 대위변제자는 채권양도에 의한 저당권이전등기에 준하여 근저당권이전등기를 신청할 수 있다. : 공동신청

③ 합병을 원인으로 한 근저당권이전등기 : 단독신청

④ 금융위원회의 계약이전결정에 의한 근저당권이전등기 : 부실금융기관과 인수금융기관이 공동신청

⑤ 근저당권을 그 근저당권으로 담보한 채권과 분리하여 양도하지 못하므로 근저당권의 순위양도와 그에 따른 등기는 할 수 없다.(2000.5.31 선례 6-324)

⑥ 근저당권의 피담보채권이 확정되기 전에 그 피담보채권이 양도 또는 대위변제된 경우에는 이를 원인으로 하여 근저당권이전등기를 신청할 수 없다.

⑦ 당사자 사이의 약정이 있다면 대위변제증서상의 변제금액보다 적은 금액을 변제액으로 하는 근저당권 일부 이전등기도 가능하다.(2000.10.18 선례6-343)

⑧ 근저당권설정자가 물상보증인인 경우에도 근저당권의 피담보채권이 확정되기 전에 근저당권이전등기를 신청할 수 있다. 근저당권의 피담보채권이 확정된 후에 그 피담보채권이 대위변제된 경우 또는 양도된 경우, 이를 원인으로 하여 근저당권이전등기를 신청할 수 있다.

(2) 신청서의 기재사항

① 신청서에 근저당권이 채권과 같이 이전한다는 취지를 기재

② 「금융산업의 구조개선에 관한 법률」에 의한 금융위원회의 계약이전결정에 따른 근저당권이전등기의 등기원인일 : '공고된 날'

(3) 신청서의 첨부서면

① 근저당권이전등기신청서에 채권양도의 통지를 증명하는 서면 또는 채무자의 승낙서를 제출할 필요가 없다. 근저당권설정자가 물상보증인이거나 소유자가 제3취득자인 경우에도 그의 승낙서를 첨부할 필요가 없다.

② **확정채권 대위변제를 등기원인**으로 하는 **근저당권이전등기를 신청하는 경우 채무자의 변제동의서** 내지 **승낙서를 첨부할 필요는 없다.**(1997.12.15 선례 5-448)

③ 근저당권이전등기신청서 원인서면에 채무자의 날인이 있어야 하는지 여부

(4) 등기의 실행

① 항상 부기등기

② 전부양도/전부대위변제 : 종전의 근저당권자를 주말함.

일부양도/일부대위변제 : 주말하지 아니한다.

3) 근저당권 변경등기

(1) 등기의 대상

① **채무자의 변경**(채무인수 등), **채권액·이자** 등의 **변경**(채권자경개·채무자경개의 경우에도 변경등기의 대상임.)

② 건물을 증축한 경우

- 건물의 구조나 이용상 기존건물과 별개의 독립건물신축시 증축등기는 대상이 아니며, 증축등기 후 근저당권의 변경등기는 대상이 아니다. 새로운 소유권보존등기와 근저당권의 추가설정은 대상이 된다.
- 독립건물이 아니라, 단순한 증축건물인 경우 증축등기는 대상이 되지만, 근저당권 변경등기는 대상이 아니다.

③ **근저당권의 경우 채무의 일부변제가 있더라도 당연히 채권최고액이 감액되는 것이 아니므로 당사자간의 근저당권 변경계약에 의하지 않는 한,** 이를 **원인으로 하여 채권최고액을 감액하는 내용의 근저당권 변경등기는 신청할 수 없다.** 또한 **근저당권부 채권에 질권이 설정된 경우 질권자의 동의 없이는 근저당권의 채권최고액을 감액하는 근저당권 변경등기를 할 수 없다.**(2011.5.3 부동산등기과-870 질의회답)

(2) 등기신청인 : 공동신청

① **채무자 변경등기** : 공동신청(근저당권자가 등기권리자, 근저당권설정자 또는 제3취득자가 등기의무자임) 근저당권의 피담보채권이 확정된 후에 제3자가 그 피담보채무를 면책적 또는 중첩적으로 인수한 경우에는 채무인수로 인한 저당권변경등기에 준하여 채무자 변경의 근저당권변경등기를 신청할 수 있다.

② **채무자의 주소를 바꾸어주는 등기는 등기 명의인의 변경등기 방식으로 처리한다.**

(3) 등기의 실행

① **등기상 이해관계인이 없거나** 그의 **승낙을 받은 경우 ⇨ 부기등기 ⇨ 변경** 전 **등기사항 주말**

② **승낙서 등을 첨부하지 못한 경우 ⇨ 주등기 ⇨ 변경** 전 **등기사항은 주말하지 못한다.**

③ **채무인수(계약인수)로 인한 근저당권변경등기시에 근저당권자인 법인의 등기 명의인 표시 변경사유가 있는 경우(취급지점의 변경, 본점이전)에 근저당권자**에 대한 **등기 명의인 표시 변경등기는 생략할 수 없다.**

4) 근저당권 말소등기

(1) 등기신청인 : 공동신청

① 의무자 : 원인무효의 근저당권 또는 공동신청에 의하여 경료된 근저당권이 이전된 경우 그 말소청구는 현재의 근저당권의 등기 명의인(양수인)을 상대로 하여야 한다.

② 권리자 : 근저당권설정 후 소유권이 제3자에게 이전된 경우에는 근저당권 말소등기의 등기권리자는 원래의 근저당권설정자 또는 제3취득자 누구이어도 상관없다. **채무자는 근저당권등기의 말소등기 권리자가 될 수 없다.**

③ 공시최고 및 제권판결에 기한 말소

(2) 신청서의 기재사항

① 근저당권이 이전된 후에 말소등기를 신청할 경우에 '말소할 등기'의 표시로는 주등기인 근저당권설정등기를 기재하고 이전등기된 부기등기를 기재하지 아니한다. 다만, 등기의무자는 근저당권의 양수인을 표시하여야 함을 주의하여야 한다.

② 따라서 근저당권의 양수인을 상대로 위 주등기인 근저당권설정등기의 말소등기 절차의 이행을 명하는 판결을 받아야 하는 것이지, 그 양수인을 상대로 하여 위 근저당권의 이전등기를 말소를 명하는 판결을 받아서는 주등기인 근저당권설정등기의 말소등기를 신청할 수 없다.

(3) 신청서의 첨부서면

① 근저당권이 이전된 후에 말소등기를 신청할 때에는 근저당권이전등기의 등기필증(등기필정보)을 제출해야 하지, 근저당권 등기필증(등기필정보)을 제출하는 것은 아니다.

② 등기상 이해관계인이 있는 경우에는 그의 승낙서를 첨부하여야 말소등기를 할 수 있다.

(4) 등기의 실행

① 근저당권의 말소등기 : 주등기의 형식에 의하여 말소등기를 하고 말소할 등기를 붉은 선으로 지워야 한다.

② 말소하는 근저당권등기를 목적으로 한 제3자 권리에 관한 등기는 직권말소한다. 저당권등기에 권리질권의 등기가 부기되어 있는 경우 저당권 말소등기를 신청하기 위해서는 질권자의 승낙서가 첨부되어야 하며, 이 경우 권리질권등기는 직권으로 말소된다.

③ 근저당권이 이전된 후에 근저당권을 말소하는 경우에는 근저당권이 이전된 부기등기를 말소하는 것이 아니라, 주등기인 근저당권설정등기를 말소하고, 그 근저당권이전의 부기등기를 주말한다.

④ 근저당권자의 등기 명의인 표시변경 사유가 있는 경우에도 생략하고 근저당권 말소등기를 할 수 있다. 따라서 지점에서 근저당권설정등기를 하였으나, 본점 관리부로 소관업무가 이전된 경우, 본점이 이전된 경우에는 등기 명의인 표시 변경등기를 할 필요 없이 근저당권 말소등기를 할 수 있다.

⑤ 합병으로 인하여 소멸한 회사의 근저당권은 합병 후 존속하는 법인의 근저당권이 되는 바(민법 제187조), 이는 법률의 규정에 의한 물권변동이므로 등기를 하지 아니하여도 되는 바 제3자에게 처분하기 위해서는 먼저 등기를 하여야 한다. 따라서 합병등기 이후에 채무자가 변제를 하여 근저당권 말소등기를 하는 경우에는 먼저 합병 후 존속하는 회사로 근저당권이전등기(등기 명의인 표시 변경등기가 아님.)를 선행하고 근저당권 말소등기를 한다. 다만, 합병등기 이전에 이미 변제한 경우에는 그 근저당권은 실체법상으로 소멸하였기 때문에 이전할 근저당권은 아예 존재하지 아니하는 것이고 합병 후 존속하는 회사가 근저당권의 말소등기만 신청하면 될 것이다.

○ 근저당권자인 A 회사가 합병으로 B 회사로 된 경우

- 합병등기 전에 해지 : 근저당권이전등기 불요, 말소등기 필요
- 합병등기 후에 해지 : 근저당권이전등기 필요, 말소등기 불요

---

⑥ 근저당권자가 한국농어촌공사(농촌진흥공사 ⇨ 농업기반공사 ⇨ 한국농촌공사 ⇨ 한국농어촌공사)인 경우 : 근저당권이전등기 또는 근저당권등기 명의인 표시 변경등기를 하지 않고 한국농어촌공사가 근저당권말소등기를 신청할 수 있다.

5) 공동저당

(1) 공동저당의 성질

① 공동저당의 복수성

② 공동저당의 독립성 : 공동저당을 이루는 복수의 근저당권은 각각 독립된 근저당권으로서의 성질을 가진다.

③ 공동저당의 공동부종성

④ 공동저당의 연대성 : 공동근저당권의 채권최고액을 부동산별로 분할하는 근저당권변경등기는 신청할 수 없다.

⑤ 피담보채권의 동일성

(2) 창설적 공동저당

① 동일채권을 담보하는 경우에도 부동산과 등기된 선박에 대하여는 공동으로 근저당권을 설정할 수 없다.

② 등록면허세 및 채권매입 절차

(3) 추가적 공동저당

① 종전의 등기를 표시함에 족한 사항을 신청서에 기재 : 부동산의 표시, 순위번호, 접수연월일, 접수번호

② 추가근저당권설정등기를 신청할 경우 신청서에 첨부하여야 할 등기필증(등기필정보)은 추가되는 부동산의 소유권에 관한 등기필증(등기필정보)만 첨부하면 된다.

(4) 공동저당의 대위등기

가. 서

민법 제368조 제2항에 따르면 공동저당이 설정되어 있는 경우에 채권자가 그 중 일부 부동산에 관하여만 저당권을 실행하여 채권 전부를 변제받은 경우, 후순위저당권자는 공동담보로 제공되어 있는 다른 부동산에 대하여 선순위자를 대위하여 저당권을 행사할 수 있다.

예컨대, A가 B에 대하여 3,000만원의 채권이 있는데, 그 채권을 담보하기 위하여 B소유의 X토지(시가 4,000만원)와 Y토지(시가 2,000만원)에 공동저당이 1번으로 설정되어 있다고 하고 C가 B에 대하여 2,000만원의 채권을 가지고 X토지에 2번의 저당권을 가지고 있다고 하자. 이 경우 A가 X, Y토지에 대하여 동시에 경매를 실행하면 A는 X토지로부터 2,000만원을 배당받을 수 있을 것이다. 그런데 만약 A가 X토지에 대하여서만 먼저 경매를 실행한 경우에 A는 X토지로부터 자기 채권 3,000만원을 모두 배당받고 C는 1,000만원을 배당받으며 A와 C의 저당권은 모두 말소가 될 것이다. 이 경우 후순위 저당권자인 C는 Y토지의 A의 저당권을 A가 동시에 경매를 실행했을 때 C가 배당받았을 금액의 한도(1,000만원)에서 민법 제368조 2항에 의하여 A를 대위행사할 수 있다.

구법에서는 종전 부동산등기법에는 이에 관한 등기 절차가 마련되어 있지 않은 까닭에 그간 민법 제368조 2항의 저당권대위등기를 할 수 있는지 여부에 관하여 논란이 있었다. **개정법에서는 공동저당대위**에 관한 **규정을 신설하여 민법 제368조 제2항의 저당권대위가 발생한 경우에** 이를 **등기할 수 있도록 하였다.**

나. 신청인

공동저당 대위등기는 선순위저당권자가 등기의무자로 되고 대위자(차순위저당권자)가 등기권리자로 되어 공동으로 신청하여야 한다.(2011.10.12 등기예규 제1407호)

다. 등기소에 제공하여야 하는 신청정보

① **공동저당의 대위등기를 신청할 때에는 규칙 제43조에서 정한 일반적인 신청정보** 외에 **매각부동산, 매각대금, 선순위저당자가 변제받은 금액** 및 **매각 부동산 위에 존재하는 차순위저당권자의 피담보채권**에 관한 **사항을 신청정보의 내용으로 등기소에 제공하여야 한다.**

② 등기의 목적은 "○번 저당권 대위"로 등기원인은 "민법 제368조 제2항에 의한 대위"로 그 연월일은 "선순위 저당권자에 대한 경매대가의 배당기일"로 표시한다.

라. 등기소에 제공하여야 하는 첨부정보

① 공동저당의 대위등기를 신청하는 경우에는 규칙 제46조에서 정한 일반적인 첨부정보 외에 집행법원에서 작성한 배당표 정보를 첨부정보로서 등기소에 제공하여야 한다.

② 공동저당의 대위등기를 신청할 때에는 매 1건당 3,000원에 해당하는 등록면허세를 납부하고, 부동산별로 3,000원에 해당하는 등기신청 수수료를 납부하여야 한다.

③ 공동저당의 대위등기를 신청하는 경우에는 국민주택채권을 매입하지 아니한다.

마. 등기실행 절차

① **공동저당 대위등기는 대위등기의 목적이 된 저당권등기에 부기등기로 한다.**

② **등기관이 공동저당 대위등기를 할 때에는 법 제48조의 일반적인 등기사항** 외에 **매각 부동산 위에 존재하는 차순위저당권자의 피담보채권**에 관한 **내용을 기록하여야 한다.**(등기예규 제1407호) 위 **'차순위 저당권자의 피담보채권**에 관한 **내용'이라 함은 대위자의 채권의 '채권최고액'과 '채무자'를 의미한다.**(법 제80조 1항)

표 7-5 ❙ 등기기록례

[을구](소유권 이외의 권리에 관한 사항)				
순위번호	등기목적	접수	등기원인	권리자 및 그 밖의 사항
1	근저당권 설정	2009년 1월 3일 제13578호	2009년 1월 2일 설정계약	채권최고액 금 300,000,000원 채무자 장동군 서울특별시 송파구 방이동 45 근저당권자 이병한 700407－1234567 서울특별시 종로구 혜화동 45 토지 서울특별시 서초구 서초동 123
1－1	1번 근저당권 대위	2012년 1월 7일 제13673호	2012년 1월 4일 민법 제368조 2항에 의한 대위	매각부동산 토지 서울특별시 서초구 서초동 123 매각대금 금 700,000,000원 변 제 액 금 250,000,000원 채권최고액 금 200,000,000원 채무자 장동군 서울특별시 송파구 올림픽대로 45 대위자 김회선 740104－2012345 서울특별시 송파구 송파대로 345

6) 공장저당

(1) 의의

① **공장에 속한 토지·건물·기계·기구** 그 밖의 **공장의 공용물을 목적으로 한 저당권**

② 공장재단에 대한 공장재단저당권과는 비교

(2) 허용 여부

가. 부동산과 기계기구의 소유자가 다른 경우

공장저당법에 의하여 공장에 속하는 토지나 건물에 대한 저당권설정등기를 할 경우 그 토지나 건물에 설치한 기계, 기구 그 밖의 공장 공용물의 소유자는 그것이 설치된 토지 또는 건물의 소유자와 동일하여야 한다.(1988.9.2 선례 2－376)

나. 토지와 공장건물의 소유자가 상이한 경우

토지와 공장건물의 소유자는 상이하고 공장건물의 소유자와 공장에 속하는 기계기구의 소유자가 동일할 경우에는 공장건물만을 공장저당법 제7조에 의한 근저당으로 하고 토지에 대하여는 보통근저당으로 하여 공장담보로 근저당설정등기를 신청할 수 있다.(2006.2.9 선례 8－269)

다. 공유의 공장건물과 공장에 설치된 공유자 중 1인의 단독소유인 기계·기구를 담보목적으로 하여 공장저당법 제7조에 의한 근저당권을 설정할 수 있는지 여부

A·B 2인 공유의 공장건물 전부와 공장건물에 설치된 공장저당법 제7조 목록에 의한 갑 단독 소유인 기계·기구를 담보목적으로 하여 공장저당법 제7조에 의한 근저당권을 설정할 수 있다.(1990.5.16 선례3－2)

(3) 목적물

① 공장저당권의 목적이 될 수 없는 것 : 골프연습장, 볼링장, 주차빌딩

② 공장저당권의 목적이 될 수 있는 것 : 상당한 기계설비가 되어있는 축산시설, 꽃재배시설, 양식시설, 주유기, 유류저장탱크

(4) 신청 절차의 특칙

① 공장저당권설정등기를 신청하는 경우에는 기계·기구 등에 대한 목록과 공장증명서를 제출하여야 한다.

② 일반저당권을 공장저당법에 의한 공장저당권으로 변경하는 것은 가능한데, 이 경우에는 변경계약서와 목록을 제출하여 변경등기를 신청하여야 한다.(1984.11.30 선례 1－443)

③ 공장에 속하는 토지에 대하여 근저당설정등기가 경료되고 동일채권의 담보를 위하여 공장저당법 제7조에 의한 기계·기구목록을 제출하여 공장저당법 제7조에 의한 저당권변경등기를 신청하거나 기계·기구목록을 추가하여 목록기재 변경등기를 신청할 경우 근저당설

정등기필정보 또는 토지소유자 권리에 관한 등기필정보를 제공할 필요가 없다.(2005.11.22 선례 8－54)

(5) 목록기록의 변경등기

① 새로운 물건을 추가하는 경우 : 목록
공장증명서, 신청인의 동의서나 인감증명은 불필요

② 물건이 일부 멸실되거나 저당권이 일부 소멸한 경우 : 멸실 또는 분리된 목록, 저당권자의 동의서(인감증명 첨부)

③ 어느 경우이든 소유자가 단독신청

④ 위 ①, ② 어느 경우이든 을구에 부기에 의한 변경등기를 할 것은 아니다. 다만, 목록에 기록된 물건 전부의 설치를 폐지하고 보통저당권으로 변경등기를 하는 경우에만 을구에 부기등기 형식으로 변경등기를 한다.

⑤ 공장저당법 제7조의 규정에 의한 목록에 기록된 기계·기구 전부를 새로이 다른 기계·기구로 교체한 경우에는 종전 목록에 관하여는 공장저당법 제7조 목록폐지로 인한 저당권변경등기를 신청하여 공장저당법에 의한 저당권을 보통저당권으로 변경하고, 새로운 기계·기구에 관하여는 공장저당법 제7조 목록 제출로 인한 저당권변경등기신청을 하여 다시 그 보통저당권을 공장저당법에 의한 저당권으로 변경하여야 할 것이다.(1998.4.6 선례 5－430)

2. 권리질권에 관한 등기

(1) 저당권부 채권을 질권의 목적으로 하는 경우에는 그 저당권등기에 질권을 설정하였다는 부기등기를 하여야만 질권의 효력이 저당권에도 미친다.

(2) 부동산의 사용·수익을 목적으로 하는 권리(지상권·전세권·부동산임차권)는 권리질권의 목적이 되지 못한다. 권리질권의 목적이 될 수 있는 권리는 저당권뿐이다.

(3) 저당권자가 등기의무자가 되고 권리질권자가 등기권리자가 되어 공동으로 신청한다.

(4) 등록면허세 6,000원, 등기신청 수수료 15,000원(등기예규 제1479호 및 인터넷 등기소 등기신청서 샘플), 국민주택채권 불요

(5) 권리질권의 목적이 된 저당권등기에 부기등기로 이를 한다. 등기의 목적, 접수연월일과 접수번호, 등기원인과 그 연월일, 채권(최고)액, 변제기, 이자, 채무자, 채권자 등을 기록하여야 한다.

(6) 근저당권부 채권이 질권자가 해당 질권을 제3자에게 전질한 경우 법 제2조에 의하여

질권의 이전등기를 할 수 있다.(2011.5.3 부동산등기과-870 질의회답)

3. 채권담보권에 관한 등기

1) 의의

「동산·채권 등의 담보에 관한 법률」(이하 '채권담보법' 이라 한다.)이 2010년 6월 10일에 제정되고, 2012년 6월 11일부터 시행되게 되었다.(2014.5.20 부칙 개정, 법률 제12592호)

2) 채권담보권의 설정

채권담보권은 담보약정에 따라 금전의 지급을 목적으로 하는 지명채권(여러 개의 채권 또는 장래에 발생할 채권을 포함한다.)을 목적으로 등기한 담보권을 말하는데(채권담보법 제2조), 약정에 따른 채권담보권의 득실변경은 채권단보등기부에 등기한 때에 지명채권의 채무자 외의 제3자에게 대항할 수 있다.(같은 법 제35조 1항)

3) 채권담보권의 부동산등기능력

위 채권담보법 제37조에서는 민법 제348조를 성질에 반하지 않는 한 이를 준용하고 있으므로 저당권으로 담보한 채권을 채권담보권의 목적으로 한 때에는 그 저당권등기에 채권담보권의 부기등기를 하여야 그 효력이 저당권에 미친다.(같은 법 제37조, 민법 제348조) 그런데 종전의 등기법에서는 위 '채권담보권'을 등기할 수 있다.는 근거 규정이 없어서 개정법에서 위 '채권담보권'을 등기할 수 있는 것으로 근거 규정을 마련하였다.(같은 법 제2조 3호, 제34조) 따라서 채권담보권은 부동산등기의 대상이 된다.

4) 채권담보권의 대상

금전의 지급을 목적으로 하는 지명채권을 담보로 제공하는 경우에는 채권담보등기를 할 수 있고, 또한 여러 개의 채권(채무자가 특정되었는지 여부를 묻지 아니하고 장해에 발생할 채권을 포함한다.)이더라도 채권의 종류, 발생원인, 발생연월일을 정하거나 그 밖에 이와 유사한 방법으로 특정할 수 있는 경우에는 이를 목적으로 하여 채권담보등기를 할 수 있다. 다만, 성질상 비금전채권, 양도금지채권, 지시채권이나 무기명채권은 채권담보권이 대상이 되지 아니한다.

따라서 저당권이나 근저당권이 당연히 채권담보권의 대상이 될 수 있으며, 이 경우에는

채권담보등기부에 채권담보권등기가 주등기로 기록되고, 이와 **별도로 부동산등기부의 저당권·근저당권에 채권담보권등기가 부기등기로 기록될 것이다.**

5) 신청인

(근)**저당권자가 등기의무자가 되고 채권담보권자가 등기권리자가 되어 공동으로 신청한다.** 한편, 위 **채권담보권설정을 할 수 있는 '담보권설정자'는 법인(상사법인, 민사법인, 특별법에 따른 법인, 외국법인을 말한다.)** 또는 **상업등기법**에 따라 **상호등기를 한 사람으로 한정한다.(같은 법 제2조 5호)**

6) 등기소에 제공해야 하는 신청정보

(근)저당권에 대한 채권담보권의 등기를 신청하는 경우에는 '채권담보권의 목적인 채권을 담보하는 저당권의 표시', '채권액 또는 채권최고액', '채무자의 성명 또는 명칭과 주소 또는 사무소 소재지' 및 '변제기와 이자의 약정이 있는 경우에는 그 내용'을 신청정보의 내용으로 등기소에 제공하여야 한다.(법 제76조 2항, 규칙 제132조 2항)

7) 채권근담보권의 허용 여부

장래 발생할 채권을 담보로 채권담보권설정을 하는 것이 가능하기 때문에(같은 법 제34조 2항) 채권액이 아니라, '채권최고액'을 정하여 채권담보권설정등기를 할 수도 있다.

8) 등록면허세 영수필확인서, 등기신청 수수료

채권담보권설정등기를 신청할 때에는 채권액의 1,000분의 2에 해당하는 등록면허세를 납부하는 것이 아니라, 매 1건당 6,000원의 등록면허세를 납부하여야 하고, 그 등록면허세액의 100분의 20에 해당하는 지방교육세를 납부한다. 부동산별로 3,000원(권리질권의 경우와 다르다. 등기예규 제1462호)에 해당하는 등기신청 수수료를 납부하여야 한다. 채권담보권을 설정하는 경우에는 국민주택채권을 매입하지 않는다.

Ⅳ 부동산 표시에 관한 등기 절차

1. 부동산 표시의 변경등기

(1) **행정구역** 또는 그 **명칭의 변경 : 등기부에 기록한 행정구역** 또는 그 **명칭은 당연히 변경된 것으로 본다.**

(2) **등기관이 직권으로 할 수도 있다.**

(3) 등기관은 업무사정을 고려하여 순차적으로 변경등기를 하되, 어느 부동산에 관한 다른 등기신청이 있는 경우에는 즉시 그 등기에 부수하여 표시 변경등기를 해야 한다.

2. 토지의 변경등기

1) 의의

토지등기부의 표시란에 기록하는 등기사항이 변경된 경우(토지의 분합, 멸실, 면적의 증감, 지목의 변경 등)**에** 이를 **공시하는 등기**

공간정보의 구축 및 **관리** 등에 관한 **법률상 분할 절차를 거치지 아니하고 분필의 등기가 실행되었다면 분필의 효과가 발생할 수 없었으므로** 이러한 **분필등기는 1부동산 1등기주의**에 반하는 **등기로서 무효이다.**

2) 첨부서면

토지대장등본/임야대장등본을 첨부하여야 함.

3) 토지분필등기, 합필등기, 분할필등기의 비교

분필등기	'분할'	갑 토지를 분할하여 그 일부를 을 토지로 하는 경우	을 토지를 개설함.
합필등기	'합병'	갑 토지를 을 토지에 합병하는 경우	갑 토지를 폐쇄함.
분필합필등기	'분할' 및 '합병'	갑 토지를 분할하여 그 일부를 을 토지에 합병하는 경우	등기기록의 개설이나 폐쇄가 발생하지 아니함.

4) 토지의 분필등기에서 주의할 점

갑 토지를 분할하여 일부를을 토지로 하는 경우

(1) **갑 토지에 근저당권** 등이 **존재하고,** 또한 **물리적 일부에 지상권** 등이 **있는 경우**

(2) **갑 토지와 을 토지** 모두에 대하여 **권리소멸 승낙을 할 수 있는지** 여부(규칙 제76조 3항 및 4항 참조)

구분	갑 토지	을 토지	갑 토지 을 토지 모두에 대하여
종전	소멸 승낙 불가능	소멸 승낙 가능	소멸 승낙 가능
현재	**소멸 승낙 가능**	**소멸 승낙 가능**	**소멸 승낙 불가능**

(3) 갑 토지의 일부에 지상권 등이 있는 경우(규칙 제74조)

5) 토지합필에 대한 부동산등기법상 제한

합필의 제한	
합필이 가능한 경우	합필이 불가능한 경우
토지의 일부에 성립이 허용되는 권리(지상권, 전세권, 임차권, 승역지에 관하여 하는 지역권의 등기)가 있는 토지와 없는 토지	토지의 일부에 성립이 허용되는 권리 이외의 권리가 있는 토지와 없는 토지(가등기가 설정된 토지와 가등기가 설정되지 아니한 토지)
합필되는 모든 토지에 관하여 등기원인연월일접수번호가 동일한 저당권에 관한 등기가 있을 경우(창설적 공동저당)	① 저당권이 설정된 토지와 그렇지 않은 토지 ② 동일한 태권을 담보하기 위하여 저당권이 설정된 토지와 투자 저당권이 설정된 토지(추가적 공동저당)
수필지 토지에, 등기원인연월일접수번호가 동일한 지상권설정등기가 있는 경우	① 수필지의 토지에, 등기원인·연월일·접수번호가 동일한 가등기(또는 담보가등기), 가압류, 경매, 체납처분에 의한 압류등기 등 토지 일부에 성립이 허용되지 않는 등기가 있는 경우 ② 공유지분이 각각 상이한 토지 ③ 등기된 토지와 등기되지 아니한 토지
주택법에 의하여 주택건설사업계획의 승인을 얻어 공동주택을 건설하는 경우로서 위탁자 및 신탁목적이 동일한 경우에 한하여 신탁토지 상호간에 합병등기를 할 수 있다.(위탁자의 동일성은 불요)	신탁등기가 있는 토지

3. 건물의 변경등기

(1) **건물의 분합, 건물번호·종류·구조의 변경, 면적의 증감, 부속건물의 신축, 건물대지·지번의 변경이 있는 경우**

(2) **건물**에 대한 **변경등기시에는 건축물대장을 첨부하여야 함.**

(3) 건물의 분할/합병등기

구분	내용	등기기록
건물의 분할	갑 건물로부터 그 부속건물을 분할하여 이를 을 건물로 한 경우	을 건물 등기기록을 개설함.
건물의 합병	갑 건물을 을 건물 또는 그 부속건물에 합병하거나 을 건물의 부속건물로 한 경우	갑 건물 등기기록을 폐쇄함.
건물의 분할합병	갑 건물로부터 그 부속건물을 분할하여 이를 을 건물의 부속건물로 한 경우	개설, 폐쇄사유 없음.
건물의 구분	갑 건물을 구분하여 을 건물로 한 경우	① 갑 건물이 비구분건물인 경우에는 갑 건물의 등기록을 폐쇄함. ② 갑 건물이 구분건물인 경우에는 갑 건물의 등기기록을 폐쇄하지 아니함. ③ 어느 경우든 을 건물의 등기기록을 개설함.
건물의 구분합병	갑 건물을 구분하여 이를 을 건물 또는 그 부속건물에 합병한 경우	

(4) **건물의 용도변경, 부속건물의 신축, 건물대지의 지번변경** 등 **건물의 표시에 변경이 있는 때에는 그 건물의 소유권의 등기 명의인은 1개월 이내에 건물의 용도변경, 부속건물의 신축, 건물대지의 지번견경** 등 **건물 표시의 변경사항 전부**에 대하여 **부동산 표시 변경등기를 신청하여야 하고, 건물표시의 변경사항** 중 **일부를 제외한 나머지 변경사항**에 대해서만 **부동산 표시 변경등기를 신청할 수는 없다.**

4. 멸실등기

1) 멸실등기의 일반적 절차

토지에 대한 **멸실등기 : 반드시 토지대장등본 첨부**

- **이해관계인 사전 승낙·통지는 불요**
- **이해관계인에의 사후 통지도 불요**

└─**건물**에 대한 **멸실등기**

•건축물대장등본을 첨부한 경우

－이해관계의 사전 승낙·통지는 불요

－이해관계인에의 사후 통지도 불요

•건축물대장등본을 첨부하지 아니한 경우

－이해관계인에의 사전 통지가 필요(승낙서를 첨부한 경우 제외)

▸이의신청이 있는 경우 : 멸실등기신청 각하함.

▸새로운 등기신청이 있는 경우 : 멸실등기신청 각하함.

2) 멸실등기의 대위신청

구분	등기신청의무자	등기신청기한	대위신청인
건물의 멸실	소유권의 등기 명의인	1개월	건물대지의 소유자
존재하지 아니하는 건물에 대한 등기	소유권의 등기 명의인	지체 없이	건물대지의 소유자
1동의 전부가 멸실된 경우	구분건물의 소유자		구분건물의 소유권의 등기 명의인이 1동의 건물에 속하는 다른 구분건물의 소유권의 등기 명의인을 대위신청 가능
구분건물의 표시등기만 있는 건물	소유권보존등기를 신청할 수 있는 자		

3) 멸실등기의 실행

멸실등기를 하는 경우 등기기록 중 표시란에 멸실의 뜻과 그 **원인** 또는 **부존재의 뜻을 기록하고** 그 **등기기록은 폐쇄한다.**

5. 토지개발사업에 따른 등기

1) 개요

도시개발법에 다른 도시개발사업, 주택법에 따른 주택건설사업, 택지개발촉진법에 따른 택지개발사업 또는 그 밖의 토지개발사업으로 인한 토지의 이동異動에 따라 종전 지적공부가 폐쇄되고 새로 지적공부가 작성된 경우에 소유권의 등기 명의인은 등기를 동시에 신청하여야 한다.(규칙 제85조 1항; 등기예규 제1328호)

2) 위의 **등기를 신청**하기 위한 **요건**

위의 **등기는 환지가 아닌 단순히 지적정리가 이루어진 경우에 하는 것이므로 대상이 되는** 모든 **토지의 소유권의 등기 명의인은 동일하여야 할 것이다.** 또한 **종전 등기기록을** 모두 **말소하고 폐쇄하는 것이므로** 그 **등기기록에 소유권보존등기** 또는 **소유권이전등기** 외의 **다른 등기가 없어야 할 것이다. 요건을 정리하면** 다음과 같다.(규칙 제85조 2항 1호; 등기예규 제1328호)

(1) **토지개발사업이 완료됨**에 따라 **지적확정측량에 의하여 종전 지적공부가 전부 폐쇄되고 새로이 지적공부가 작성되어 있어야 한다.**

(2) **토지개발사업 지역 내** 모든 **토지의 소유 명의인이 동일하여야 한다.**

(3) 모든 **토지의 등기기록에 소유권보존등기** 또는 **소유권이전등기** 외의 **다른 등기가 없어야 한다.**

3) 특례규정

다음 각 호의 어느 하나에 해당하는 경우에는 토지의 등기기록에 소유권보존등기 또는 소유권이전등기 외의 다른 등기가 있는 때에도, '종전 토지에 관한 등기의 말소등기'와 '새로운 토지에 관한 소유권보존등기'를 동시신청할 수 있다.(규칙 제85조 3항)

(1) 모든 토지 등기기록에 같은 법 제81조 1항 각 호의 사항(신탁원부의 기록사항)이 모두 같은 신탁등기가 있는 경우

(2) 모든 토지 등기기록에 주택법 제40조 제3항의 금지사항 부기등기가 있는 경우

4) 특례규정에 해당하는 경우의 등기신청 방법

(1) 위 특례규정에 해당하는 경우에는 새로운 토지에 관한 소유권보존등기와 함께 신탁등기 또는 주택법 제40조 3항의 금지사항 부기등기를 1건의 신청정보로 일괄하여 신청하여야 한다.(같은 규칙 제85조 4항)

(2) 따라서 토지의 소유 명의인이 수탁자인 주택조합, 대한주택보증주식회사 또는 「자본시장과 금융투자업에 관한 법률」에 따른 신탁업자인 경우에는 소유권보존등기와 함께 신탁등기를 동시에 신청하여야 한다.(등기예규 제1328호)

(3) 또한 종전 토지에 주택법 제40조 3항의 금지사항 부기등기가 있는 때에는 소유권보존등기와 함께 그 금지사항 부기등기를 동시에 신청하여야 한다.

6. 도로명주소법에 따른 등기

1) 적용 대상

이 예규는 건물등기기록 표제부의 건물 표시 및 부동산등기기록의 각 등기 명의인의 주소를 그 적용 대상으로 한다.

2) 건물 표시 부분에의 도로명주소 표기

(1) 도로명주소 표기 방법

도로명주소는 건물 표시 중 소재지번 표시 아래에 기재한다.

〈예시 1〉 일반건물의 부동산 표시
서울특별시 서초구 서초동 1500－2
[도로명주소] 서울특별시 서초구 명달로 22길 24
철근콘크리트조 슬래브지붕 2층 사무실
1층 234㎡. 2층 202㎡

〈예시 2〉 구분건물의 부동산 표시
1동의 건물 표시
서울특별시 서초구 서초동 1500－2
서초아파트 제101동
[도로명주소] 서울특별시 서초구 서초대로 46길 62
철근콘크리트조 슬래브지붕 3층 아파트
1층 554.5㎡, 2층 554.5㎡, 3층 431.5㎡(이하 생략)

(2) 등기신청서

가. 건물등기기록 표제부에 도로명주소가 기록되지 않은 경우

① 등기신청서의 건물 표시는 등기기록에 표시된 건물의 소재지번을 기재하고, 이 경우 도로명주소만을 기재하여서는 아니 된다.

② 등기신청서의 건물 표시에 소재지번과 도로명주소가 함께 기재된 경우에는 등기사건을 수리하되, 도로명주소가 기재된 건축물대장 정보가 함께 제공된 경우 등기관은 직권으로 도로명주소를 기록하는 표시 변경등기를 하여야 한다.

나. 건물등기기록 표제부에 도로명주소가 기록된 경우

등기신청서의 건물 표시는 등기기록에 표시된 건물의 소재지번과 도로명주소를 함께 기재한다.

(3) 등기원인증서(매매계약서, 근저당권설정계약서 등)

가. 건물등기기록 표제부에 도로명주소가 기록되지 않은 경우

① 등기원인증서의 건물 표시는 등기기록에 표시된 건물의 소재지번을 기재한다.

② 등기원인등서에 건물 표시로 도로명주소만 기재된 때에도 신청인이 제공한 도로명주소 정보[건축물대장 정보, 안전행정부 "새주소 안내시스템(http://www.juso.go.kr)"의 조회결과물 등, 이하 "도로명주소 정보"라고 함.]에 의하여 해당 소재지번에 대한 도로명주소임이 인정된다면 등기사건을 수리한다.

3) 등기 명의인 표시 부분에의 도로명주소 표기

(1) 도로명주소 표기 방법

등기 명의인의 도로명주소는 주소를 증명하는 정보에 표시된 주소(법정동, 공동주택 명칭의 참고항목 포함)와 동일하게 기재한다.

(2) 등기신청서 및 등기원인증서

① 도로명주소로 변경하기 위하여 등기 명의인 표시 변경등기를 신청하는 경우 등기신청서의 등기원인 및 원인일자는 주소를 증명하는 정보에 표시된 주소 변동사유 및 변동일자를 기재한다.

② 등기원인증서의 명의인 주소 표시를 지번방식의 주소로 기재한 때에도 신청인이 제공한 도로명주소 정보에 의하여 해당 도로명주소와 같은 주소임이 인정되면 등기사건을 수리한다.

(3) 인감증명서

① 등기기록의 등기의무자 주소가 지번방식의 주소일 때 등기의무자의 인감증명에는 도로명주소만 기재된 경우 신청인이 제공한 도로명주소 정보에 의하여 해당 지번방식의 주소에 대한 도로명주소임이 인정되면 등기사건을 수리한다.

② 등기의무자의 인감증명에 기재된 주소변경이력에 의하여 해당 지번방식의 주소에 대한 도로명주소임이 인정되는 경우에도 등기사건을 수리한다.

4) 직권등기

(1) **도로명주소가 기록되지 않은 건물등기기록**에 대하여 **도로명주소가 기재된 건축물 대장 정보가 함께 제공된 등기신청이 있는 때에는 등기관은 직권으로 건물등기기록 표제부에 도로명주소를 기록하는 표시 변경등기를 하여야 한다.**

(2) 소유권이전등기시 부동산등기규칙 제122조에 따라 등기 명의인의 주소를 직권을 변경하여야 하는 경우, 등기의무자의 주소가 "전거" 등의 실질적인 주소변경이 아닌 도로명주소법에 따른 주소변경인 경우에는 주소변경의 직권등기를 하지 아니한다.

5) 등록면허세 등

도로명주소법에 의한 건물표시 변경 또는 등기 명의인 표시 변경 등기신청에는 등록면허세 및 등기신청 수수료를 납세하지 아니한다.

V 구분건물에 관한 등기 절차

1. 대지사용권이전등기

1) 법 규정(부동산등기법 제60조 참조)

① **구분건물을 신축한 자가 「집합건물의 소유** 및 **관리**에 관한 **법률」 제2조 6호의 대지사용권을 가지고 있는 경우에 대지권**에 관한 **등기를 하지 아니하고 구분건물에 관하여만 소유권이전등기를 마쳤을 때에는 현재의 구분건물의 소유 명의인과 공동으로 대지사용권**에 관한 **이전등기를 신청할 수 있다.**

② **구분건물을 신축하여 양도한 자가** 그 **건물의 대지사용권을 나중에 취득하여 이전하기로 약정한 경우에는 제1항을 준용한다.**

③ **제1항** 및 **제2항**에 따른 **등기는 대지권**에 관한 **등기와 동시에 신청하여야 한다.**

(1) 대지사용권이전등기의 강제성

부동산등기법 제60조에서는 구분건물의 현소유자는 분양자와 공동으로 대지사용권(토지지분)에 관한 이전등기신청을 할 수 있으며, 위 신청과 동시에 단독으로 대지권등기를 신청할 수 있도록 규정하였다. 즉 대지권등기의 일반원칙(대지사용권을 가진 자와 전유부분 소유자의 일치)에 맞게 구분건물의 소유자가 대지권등기를 하기 위해서는 먼저 자기 명의로 대지지분 이전등기를 하도록 한 것이다. 종전과는 달리 구분건물을 신축한 분양자가 대지사용권이전등기를 하지 않고 단독으로 대지권등기를 신청할 수는 없다.

(2) 대지사용권이전등기의 공동신청

대지사용권이전등기라 함은 토지등기기록상으로 대지권이 소유권인 경우에는 소유권이전등기, 대지권이 지상권·전세권·임차권이라면 지상권·전세권·임차권의 이전등기를 해야 함을 의미한다. 이는 이전등기이므로 부동산등기법의 기본원칙상 분양자가 등기의무자 현재의 구분건물의 소유자가 등기권리자가 되어 공동신청을 하여야 한다.

(3) 대지사용권이전등기시 중간생략등기의 허용

위 대지사용권이전등기는 분양자로부터 현재의 구분건물 소유자에게 곧바로 이전등기를 할 수 있다. 종전 방식에 의하면 분양자로부터 중간 등기 명의인에게 일일이 이전등기를 하여야 했기 때문에 구분건물이 전전양도되었다면 최종 소유자는 중간 등기 명의인을 대위하여 분양자로부터 모든 중간자를 거쳐 자기에게 순차로 지분이전등기를 하여야 하고, 중간생략등기는 허용되지 않았다.

(4) 대지사용권이전등기와 대지권등기의 동시신청

위 대지사용권이전등기와 대지권등기는 동시신청이 요구된다. 이 등기를 동시에 신청하지 아니하면 이 법 제29조의 각하사유에 해당한다. 이는 대지권이 있음에도 불구하고 대지권등기를 하지 아니하여 대지사용권이 분리처리되어 거래의 안전을 해하는 것을 방지하기 위한 것이다. 그리고 위 대지사용권이전등기는 공동신청이 요구되지만, 대지권등기는 현재의 구분건물의 소유자가 단독신청하는 등기이다.

(5) 대지사용권을 사후취득한 경우에도 준용

위 규정은 구분건물을 신축하여 분양한 자가 대지사용권을 갖고 있지만, 여러 가지 사유로 대지권등기를 하지 못한 채 구분건물에 대하여만 소유권보존등기를 한 후 수분양자에게 이전등기를 하여준 경우뿐만 아니라, 분양자가 그 건물의 대지사용권을 나중에 취득하여 이전하기로 약정한 경우에도 준용된다.(법 제60조 2항)

2) 대지사용권이전등기시 등기소에 제공해야 하는 신청정보

대지사용권이전등기는 매매계약서에 의한 등기가 아니기 때문에 등기원인을 매매로 할 수 없다. 등기원인은 "건물 ○동 ○호 전유부분 취득"으로 연월일은 전유부분에 관한 소유권이전등기를 마친 날을 기재한다.

예: "○○년 ○○월 ○○일(전유부분에 관한 소유권이전등기를 마친 날) 건물 ○동 ○호 전유부분 취득"

3) 대지사용권이전등기시 등기소에 제공해야 하는 첨부정보

(1) 등기원인을 증명하는 정보

대지사용권에 관한 이전등기를 신청할 때에 별도의 등기원인증서(최초 분양계약서와 매매계약서)를 제공할 필요가 없다. 위 대지사용권 이전등기는 등기원인을 "○○년 ○○월 ○○일 건물 ○동 ○호 전유부분 취득"으로 기재하는 등기이어서 별도의 등기원인증서가 있을 수가 없기 때문이기도 하고, 또 한편에서는 건물에 관한 등기를 취득할 때 대지사용권도 이미 취득하였고 그에 따른 등기만 신청하는 것으로 보기 때문이다.

(2) 주소를 증명하는 정보

위 대지사용권 이전등기를 통하여 등기권리자의 주소가 등기부에 새로이 기입되는 것은 분명하지만, 등기권리자의 주소를 증명하는 서면도 첨부할 필요가 없다.(규칙 제46조 4항) 등기권리자의 주소가 이미 건물등기기록에 새로이 기입하고자 하는 주소가 다른 경우에는 등기권리자(현재의 구분건물소유자)의 주소를 증명하는 정보를 등기소에 제공하여야 한다.

(3) 분양자의 인감증명

등기신청서에 첨부할 분양자의 인감증명은 매도용 인감이 아닌 일반 인감을 첨부하여도 상관없다.

(4) 취득세(등록면허세) 및 국민주택채권

구분건물의 소유권이전등기시에 토지와 건물 모두에 관하여 취득세(등록면허세)를 납부하거나 채권을 매입한 경우 그 취지를 기재한다.

✦ 최근 등기선례

부동산등기법 제60조(대지사용권의 취득)에 따라 대지사용권에 대한 이전등기를 신청하는 경우에는 통상의 공유지분이전등기와 다를 바 없으므로 대지 필지별로 소정의 소유권이전등기 신청 수수료를 납부하여야 하며, 대지권등기는 대지 필지수와 관계없이 구분건물별로 납부하여야 한다.(2012.3.4 부동산등기과－504 질의회답)

---

2. 대지권등기

1) 대지권이 새로 발생한 경우

(1) 법정대지에 구분건물을 신축한 경우

(2) 규약대지의 설정(건물이 소재하는 토지 이외의 토지를 건물의 대지로 하는 규약 설정)한 경우

(3) 분리처분 가능 규약의 폐지(건물과 토지의 분리처분을 허용하였던 규약의 폐지)

2) 대지권이 대지권이 아닌 것으로 된 경우

(1) 규약대지의 폐지

(2) 분리처분 가능 규약의 설정

(3) 대지권의 목적인 지상권·전세권·임차권 등이 소멸한 경우

3) 대지권의 목적인 토지의 표시 변경이 발생한 경우(분필·합필)

3. 대지권등기의 허용성

1) 일반원칙

① 대지사용권은 통상 소유권이나 임차권도 대지사용권이 될 수 있다. 지상권설정등기가 되어 있는 토지 위에 토지 소유자가 집합건물을 신축한 경우 지상권설정등기를 말소하지 않고서도 대지권등기를 할 수 있다.

② 대지의 소유권에 관하여 신탁등기가 경료되어 있더라도 대지권이 될 수 있다.

③ 다른 건물의 법정대지로 된 토지라 하더라도 이를 규약상 대지로 삼을 수 있다.

④ 1필의 토지 중 건물이 소재하는 부분만을 목적으로 한 대지권등기는 불가능(분필등기를 먼저 하여야 함.)

⑤ 1필의 토지의 일부 지분에 대한 대지권등기는 가능(나머지 지분을 분리처분할 수 있다는 취지의 규약 등을 첨부하여야 함.)

✦ 선례

집합건물에 대한 각 전유부분의 대지권의 표시란에 기록하는 대지권비율은 대지권의 목적이 된 토지에 대하여 그 전유부분이 가지는 대지사용권 지분비율을 의미하는 것이므로 비록 1필 토지의 소유권의 일부 지분만이 그 집합건물의 대지권이 된 경우에도 각 전유부분 대지권비율의 표시는 그 집합건물의 대지권이 된 소유권의 일부 지분 중에서 그전유부분의 대지사용권이 차지하는 비율로서가 아닌 토지 소유 전부에서 그 전유부분의 대지사용권이 차지하는 비율로서 하여야 할 것이다.(2006.6.15 부동산등기과-1699 질의회답)

---

2) 토지등기부에 기록된 대지사용권의 지분비율과 각 구분건물공유자의 공유지분비율이 서로 다른 경우

① 대지권등기 불가능(규약으로 달리 정할 수 없다.)

✦ 선례

대지권 표시 등기신청을 할 경우에 토지의 등기필정보나 토지대장등본 제출을 요하지 아니하며, 갑·을이 각 6분의 5, 6분의 1씩 공유하는 대지 위에 구분건물을 신축하여 각 전유부

분마다 2분의 1지분씩 공유하는 경우에는 대지사용권의 지분비율과 전유부분의 지분비율이 상이하므로 대지권 표시 등기를 할 수 없다.(1991.3.2 선례 3-903)

✦ 선례

A·B 두 법인이 각 2분의 1씩 지분소유권을 갖고 있는 갑 토지상에 평형이 모두 같은 아파트를 A 법인은 10세대, B 법인은 20세대를 각 신축한 경우에 A·B 두 법인이 "각 사 소유 아파트 세대당 토지지분은 각 사 소유 토지면적을 각 사 소유 아파트세대수로 나눈 면적으로 한다."라는 내용의 규약을 정한다면, 이에 의하여 각 아파트의 토지지분을 등기할 수 있을 것이다.(1993.6.16 선례 3-917) 토지의 면적을 200㎡라고 보면 A가 소유하는 10세대의 대지사용권 합계는 100/200이고, B가 소유하는 20세대의 대지사용권 합계는 100/200이 된다.

---

② **전유부분의 공유지분 비율과 대지사용권의 공유지분 비율이 상이한 경우에는 대지권 표시 등기를 할 수 없다.(규약으로 달리 정할 수 없다.)**

3) 구분소유자가 2개 이상의 전유부분을 소유하게 되는 경우

전유부분의 공유지분비율이 대지사용권의 공유지분비율과 같은 경우에는 대지권등기를 할 수 있다. 다만, 이 경우 어느 구분소유자가 2개 이상의 전유부분을 소유하게 되는 경우에는 각 구분건물의 표제부에 기록되는 대지권의 비율은 전유부분의 면적비율에 의한다. 따라서 위(1993.6.16 선례 3-917)의 경우 구분건물의 전유부분면적(평형)이 동일하다고 했으므로 A가 소유하는 10세대의 각 대지권은 각각 10/200이 되고, B가 소유하는 20세대의 대지권은 각각 5/200이 됨이 원칙이다.

다만, 이 경우 A가 규약을 제출하여 전유부분의 면적비율에 의하지 아니한 대지권을 자유로이 부여하는 것은 가능하다.(다만, A가 소유하는 대지권의 합계는 10/200이어야 하고, 이는 규약으로 달리 정할 수 없다.) 이는 B의 경우에도 마찬가지이다. **대지사용권의 비율은 원칙적으로 전유부분의 면적비율**에 의한다.**(규약으로 달리 정할 수 있다.)**

4) 대지권의 목적인 토지가 2필지인데, 어느 한 쪽 토지에 대하여 대지 사용권이 없는 경우

✦ 선례

A토지는 갑, B토지는 을의 소유인 면적이 동일한 양 토지 위에 갑·을이 공동으로 구분건물을 신축하여 각 2분의 1씩을 소유하기로 한 경우에는 대지권 표시 등기는 이를 할 수 없다.(1992.3.13 선례 3-910) 갑은 B토지에 대하여 을은 A토지에 대하여 대지사용권이 없기 때문이다.

✦ 선례

A·B토지가 각 갑·을의 공유이나 면적과 지분이 서로 다른 양 토지위에 갑·을이 공동으로 구분건물을 신축하여 각 2분의 1씩을 소유하기로 한 경우에는 대지권 표시 등기는 이를 할 수 없다.(1992.3.13 선례3-910)

요약 정리

① 갑과 을이 동일한 지분으로 공유하는 토지 위에 집합건물을 신축하여 각 전유부분을 갑과 을이 동일한 지분으로 공유하기로 한 경우 ⇨ 가능

② 갑·을·병이 균등한 지분으로 공유하는 토지 위에 3동의 집합건물을 신축하여 갑·을·병이 각 1동의 전유부분 전부를 단독 소유하기로 한 경우 ⇨ 가능

③ 지분이 서로 다른 갑·을 공유의 대지 위에 동일한 면적의 구분건물 2세대를 신축하여 갑·을이 공동으로 구분건물을 신축하여 각 2분의 1씩을 소유(공유)하기로 한 경우⇨ 불가능

④ 갑·을이 각 2분의 1씩 지분소유권을 갖고 있는 토지상에 평형이 모두 같은 아파트를 갑은 4세대, B는 6세대를 각 신축한 경우 ⇨ 가능

⑤ 갑·을이 각 6분의 5, 6분의 1씩 공유하는 대지 위에 구분건물을 신축하여 각 전유부분마다 2분의 1지분씩 공유하는 경우 ⇨ 불가능

⑥ 갑이 A·B 양 지상에 신축한 1동의 건물에 있어서 A토지는 갑의 단독 소유이고, B토지는 갑이 일부 지분만을 소유하고 있는 경우 ⇨ 가능

⑦ A토지는 갑, B토지는 을의 소유인 동일한 면적의 토지 위에 2동의 집합건물을 신축하여 갑과 을이 각 1동의 전유부분 전부를 단독소유로 하기로 한 경우 ⇨ 가능

⑧ A토지는 갑, B토지는 을의 소유인 면적이 동일한 양 토지 위에 갑과 을이 공동으로 집

합건물을 신축하여 각 전유부분을 갑과 을이 동일한 지분으로 공유하기로 한 경우 ⇨ 불가능

⑨ A토지는 갑의 단독소유이고 B토지는 을·병·정·무의 공동소유로 을·병과 정·무의 지분이 서로 다른 상태에서 위 A·B 양 지상에 갑·을·병·정·무가 공동으로 구분건물을 신축하여 각 전유부분마다 5분의 1씩을 공유하기로 한 경우 ⇨ 불가능

⑩ A토지는 갑의 단독소유이고 B토지는 갑이 일부지분만을 소유하고 있는 양 대지 위에 갑이 구분건물을 신축하여 단독소유로 한 경우 ⇨ 가능

⑪ 지상권을 가지고 있는 자가 그 토지 위에 집합건물을 신축한 경우 ⇨ 가능

⑫ 갑과 을이 1/2 지분으로 공유하는 대지 위에 10세대의 구분건물을 신축하여 10개의 건물 모두 갑과 을이 각 1/2 지분으로 공유하는 경우 ⇨ 갑·을 모두 가능(위 ①과 동일)

⑬ 갑과 을이 1/2 지분으로 공유하는 대지 위에 10세대의 구분건물을 신축하여 갑과 을이 각 5개씩 단독소유하는 경우 ⇨ 갑·을 모두 가능(위 ②와 동일)

⑭ 갑이 자기 소유의 토지 위에 10세대의 구분건물을 신축하여 전부 단독소유하는 경우 ⇨ 갑은 가능(위 ⑥과 유사)

⑮ A토지는 갑, B토지는 을의 소유인 2필지의 대지 위에 6세대의 전유부분으로된 집합건물을 신축하여 갑과 을이 각 3세대씩 단독소유로 하는 경우 ⇨ 갑은 가능, 을도 가능(위 ⑦과 유사)

⑯ 갑이 단독소유하는 대지 위에 10세대의 구분건물을 신축한 후 갑과 을이 각 5세대씩 단독소유하는 경우 ⇨ 갑은 가능, 을은 불가능(위 ⑧과 유사)

⑰ 갑·을·병이 대지를 각 1/6, 2/6, 3/6의 지분으로 공유하는 지상에 면적이 동일한 3개의 전유부분을 신축하여 갑·을·병이 각각 단독 소유하는 경우 ⇨ 갑·을·병 모두 가능

✦ 선례

갑, 을, 병 3인 공유인 토지 지상에 갑, 을이 각 소유하는 구분건물에 대하여 대지권등기를 한 후, 토지등기부에 공유자 병의 지분을 제외한 공유자 지분 전부에 대한 대지권이 경료된 취지로 병의 순위번호인 'O번 소유권을 제외한 공유자전원지분 전부 대지권' 으로 기록하여 대지권인 취지의 등기를 경료하였으나, 갑의 지분에 대하여 가압류등기가 경료된 경우, 갑의 지분에 대하여 경료된 가압류등기는 대지권등기가 경료된 후 분리처분금지의 원칙에 위반한 무효의 등기로 등기관은 같은 법 제58조의 규정에 의하여 직권으로 말소할 수 있다.(2003.4.10 판례 7－310)

요약 정리

① 대지권을 등기한 후에 한 건물에 대한 소유권에 관한 등기로서 건물만에 관한 취지의 부기가 없는 것은 대지권에 대하여 동일한 등기로서의 효력이 있다.

② 대지권을 등기한 경우 건물에 관하여만 소유권 이외의 권리가 있는 때에는 건물만에 관한 취지를 직권으로 게기하여야 한다. 다만, 건물만에 관한 등기를 하는 경우에는 그러하지 아니하다.

③ 대지권등기를 할 때 전유부분의 저당권이 대지권의 목적이 된 토지의 저당권과 등기원인과 그 연월일 및 접수번호가 동일한 경우에는 대지권(**전유부분**)에 대한 저당권을 말소한다.(**건물만**에 관한 **취지를 부기하지 아니한다.**)

④ 대지권등기시 그 토지에 소유권보존등기 또는 소유권이전등기 외의 소유권에 관한 등기 또는 소유권 이외의 권리에 관한 등기가 있는 경우, 토지등기부에 별도의 등기가 있다는 취지의 기록은 전유부분의 표제부 중 대지권의 표시란에 한다.

⑤ 대지권의 표시등기를 한 때에는 대지권의 목적인 권리의 토지의 등기기록 중 해당구 사항란에 직권으로 대지권인 취지의 등기를 하여야 한다.

표 7-6 ‖ 대지권등기 등

구분	등기 개시	등기부	표제부·갑구·을구	등기 형식
대지사용권의 이전등기	신청	토지등기부	갑구 또는 을구	주등기 또는 부기등기
대지권등기	신청	건물등기부	1동의 건물의 표제부 전유부분의 표제부	주등기
건물만에 관한 취지의 등기	직권	건물등기부	갑구 또는 을구	부기등기
별도등기가 있다는 취지의 등기	직권	건물등기부	전유부분의 표제부	주등기
대지권이라는뜻의 등기	직권	토지등기부	갑구 또는 을구	주등기

○ 집합건물의 등기에 관한 업무처리지침(2012.6.29 등기예규 제1470호)

1. **목적**

이 예규는 집합건물의 등기에 관하여 필요한 사항을 규정함을 목적으로 한다.

2. **집합건물의 등기신청시 첨부하는 규약** 또는 **공정증서**

(1) 구분소유자가 갖는 대지사용권의 비율이 전유부분의 면적의 비율과 다소 다르다고 하더라도 그것이 단순 처리에 의한 결과임이 명백한 경우에는 그 비율을 정하는 내용의 공정증서의 제출이 없어도 무방하다.

(2) 건물의 대지에 해당하는 토지의 소유자가 1동의 건물을 신축하여 그에 속하는 전유부분의 처분에 따른 대지사용권의 비율을 정하는 경우로서 그 비율의 합이 1이 되지 아니하더라도 그 비율이 공정증서에 의하여 명백히 나타나는 한 나머지 지분비율을 전유부분과 분리처리할 수 있다는 내용의 공정증서를 작성하지 아니하여도 무방하다.

(3) 규약상 공용부분이 1동의 건물을 구분한 건물인 경우에는 그 공용부분이 해당 1동의 건물의 구분소유자의 소유에 속하거나 수동의 건물의 구분소유자에 속하는 것을 불문하고 해당 1동의 건물에 대한 공정증서 중에 그 내용이 포함되어 있으면 족하다. 그러나 규약상 공용부분이 1동의 건물을 구분한 건물이 아닌 독립한 건물인 경우로서 1동의 건물의 구분소유자의 소유에만 속하는 때에는 해당 1동의 건물에 대한 공정증서 중에 그 내용이 포함되어 있으면 족하나, 수동의 건물의 구분소유자의 소유에 속하는 때(즉 단지 공용부분인 때)에는 그 건물에 대한 공정증서는 별도로 작성된 것이어야 한다.

3. **대지권 변경등기**

(1) 신청인 : 대지권설정규약에 의하여 대지권이 아닌 것이 대지권으로 되거나, 분리처분가능 규약의 설정 또는 규약상 대지로 정한 규약의 폐지에 의하여 대지권이 대지권이 아닌 것으로 된 경우에 대지권의 표시에 관한 건물의 표시 변경등기는 해당 구분소유자 전원이 신청하거나 일부가 다른 구분소유자를 대위하여 일괄 신청하여야 한다.

(2) 일부 토지만이 대지권의 목적인 때 : 1동의 건물의 대지 중 일부 토지만이 대지권의 목적인 때에는 건물의 표시란에 대지권의 목적인 토지의 표시를 함에 있어서 그 토지만을 기록하여 대지권의 등기를 하여야 한다. 이 경우 대지권의 목적이 아닌 토지는 1동의 건물의 표시를 함에 있어 소재지로서 기록하여야 한다.

(3) 구분소유자들이 대지 중 각각 일부 토지에만 대지사용권을 갖는 경우 : 구분소유자들이 1동의 건물의 대지 중 각각 일부의 토지에 대하여 대지사용권을 갖는 경우에는 각 구분소유자별로 일부 토지만을 목적으로 하는 대지권의 등기를 하여야 한다. 이 경우 1동의 건물의 표제부 중 대지권의 목적인 토지의 표시란에 대지권의 목적인 토지의 표시를 함에 있어서는 토지 전부를 기록하여야 한다.

(4) 토지등기부에 별도의 등기가 있다는 취지의 기록

① 대지권등기시 그 토지에 소유권보존등기 또는 소유권이전등기 외의 소유권에 관한 등기 또는 소유권 <u>이외의</u> 권리에 관한 등기가 있는 경우, 토지등기부에 별도의 등기가 있다는 취지의 기록은 전유부분의 표제부 중 대지권의 표시란에 한다.

② 저당권설정등기 등이 경료된 토지에 대하여 대지권의 등기가 이루어지고 그 저당권설정등기 등의 효력이 구분소유자 전부에 대하여 미치는 것으로서 전유부분 표제부 중 대지권의 표시란에 별도의 등기가 있다는 취지가 기록된 후, 일부 구분소유자의 대지권인

공유지분에 대하여 **저당권** 등이 **소멸됨**에 따라 **저당권 등의 변경등기를 할 때에는 누구** **(특정 구분건물의 소유자) 지분**에 대하여 **저당권 등이 소멸되었는지** 여부를 **명확히 기록하여 등기하고, 그 전유부분의 표제부** 중 **대지권의 표시란에 기록된 별도의 등기가 있다는 취지의 기록을 말소하여야 한다.**(마찬가지로 토지등기부의 어느 공유자의 지분에 가압류기입등기가 마쳐져 있는 경우에 그 공유자 소유의 구분건물의 전유부분 표제부에 가압류가 있다는 취지의 별도등기를 한 후에 그 가압류에 대한 말소등기를 실행한 경우에는 전유부분에 기록한 별도등기도 등기관이 직권으로 말소하여야 한다.)

③ 종전 규정에 의하여 1동의 건물 표제부에 경료된 별도의 등기가 있다는 취지의 기록 중 등기관의 형식적 심사에 의하여 전유부분별로 효력이 있는지 여부를 구분할 수 있는 경우에는 이를 말소하고 전유부분 표제부의 대지권 표시란에 별도의 등기가 있다는 취지의 기록을 할 수 있다.

4. 집합건물에 대한 저당권등기

(1) **대지권을 등기한 건물**에 대한 **저당권설정등기** 후 **대지권의 변경등기를 신청하는 경우**

① **대지권을 등기한 건물**에 대한 **저당권설정등기를 신청하는 경우에 1개의 구분건물과 대지권의 목적인 토지는 그 전부를 1개의 부동산으로 본다.**

② 위 ①에 의하여 저당권설정등기를 한 후에 대지권이 대지권이 아닌 것으로 됨으로 인하여 대지권의 변경 또는 경정등기를 신청하는 경우에 저당권의 등기가 있는 부동산과 대지권이 대지권이 아닌 것으로 되는 부동산이 5개 이상이 되는 때에는 신청서에 공동담보목록을 첨부하여야 한다.

(2) 구분건물과 그 대지권의 어느 일방에만 설정되어 있는 저당권의 추가담보로써 다른 일방을 제공하려는 경우(생략: 근저당권부분에서 설명)

5. 구분건물에 대한 소유권보존등기의 일괄 신청시 등기필정보의 작성

1동의 건물에 속하는 구분건물 전부에 대한 **소유권보존등기를 동일한 신청서를 일괄하여 신청하는 경우** 그 **등기필정보는** 각 **구분건물별로 작성하여 교부할 수 있다.** 구분건물 일부에 대한 소유권보존등기와 나머지 구분건물의 표시에 관한 등기를 동시에 신청하는 경우도 마찬가지이다.

---

4. 규약상 공용부분에 관한 등기

1) 의의

구분소유권의 목적으로 할 수 있는 건물부분 또는 **부속의 건물은 규약으로써 공용부분으로 정할 수 있다. 공용부분**에 관한 **물권의 득실변경은 등기를 요하지 아니하나, 규약상 공용**

부분은 공용부분이라는 뜻의 등기를 하여야 한다.

2) 신청인

소유권의 등기 명의인이 단독신청

3) 신청서의 기재사항

공용자의 범위를 기재한다. 그 표시는 구분소유자의 소유에 속하는 건물의 번호를 기재하는 방법으로 한다.

4) 신청서의 첨부서면

① 규약 또는 공정증서

② 소유권 이외의 권리자가 있는 경우에 그 승낙서 들을 첨부하여야 규약상 공용부분인 취지의 등기를 할 수 있다.

5) 등기의 실행

표제부에 공용부분인 취지를 기록하고 각 구의 소유권 그 밖의 권리에 관한 등기를 붉은 선으로 지워야 한다.(다만, 그 등기기록을 등기부로부터 제거하여 폐쇄등기부에 편철하는 것은 아니다.)

5. 규약상 공용부분인 취지의 등기의 말소등기

(1) 공용부분이라는 뜻을 정한 규약을 폐지한 경우에 공용부분의 취득자는 지체 없이 소유권보존등기를 신청하여야 한다.(법 제47조 2항) 구법 제112조의3 제1항 및 제3항에 의하면 종전에는 신청인이 공용부분이라는 뜻의 등기의 말소등기를 신청하면 등기관은 갑구에 소유권보존등기를 한 다음 공용부분이라는 뜻의 등기를 말소하는 표시를 하도록 하였던 반면, 개정법에서는 신청인이 소유권보존등기를 직접 신청하면 등기관이 소유권보존등기를 한 다음, 공용부분이라는 뜻의 등기를 직권말소하는 식으로 절차가 변경되었음을 유의하여야 한다.

(2) 등기신청은 공용부분의 취득자가 단독신청한다.

(3) 규약의 폐지를 증명하는 서면을 첨부하여야 한다.

(4) 구분소유자 전원의 인감증명을 첨부한다.

Ⅵ 신탁에 관한 등기 절차

신탁등기사무처리에 관한 예규(2013.08.29 등기예규 제1501호)를 중심으로 살펴본다.

신탁은 위탁자가 수탁자에게 특정의 재산권을 이전하거나 그 밖의 처분을 하여 수탁자로 하여금 신탁목적을 위하여 그 재산권을 관리·처분하게 하는 것이므로(신탁법 제1조 2항), 부동산의 신탁에서 수탁자 앞으로 소유권이전등기를 마치게 되면 대내외적으로 소유권이 수탁자에게 완전히 이전되고, 위탁자와의 내부관계에 있어서 소유권이 위탁자에게 유보되어 있는 것은 아니다.(대판 1991.8.13, 91다12608; 1994.10.14, 93다62119)

1. 신탁등기

1) 신청인

① 신탁재산에 속하는 부동산의 신탁등기는 수탁자가 단독으로 신청한다.

② 수탁자가 신탁법 제3조 5항에 따라 타인에게 신탁재산에 대하여 신탁을 설정하는 경우에는 해당 신탁재산에 속하는 부동산의 신탁등기는 새로운 신탁의 수탁자가 단독으로 신청한다.

③ 수익자나 위탁자는 수탁자를 대위하여 신탁등기를 단독으로 신청할 수 있다.

2) 신청 방법

(1) 원칙

신탁등기의 신청은 해당 신탁으로 인한 권리의 이전 또는 보존이나 설정등기의 신청과 함께 1건의 신청정보로 일괄하여 하여야 한다. 다만, 수익자나 위탁자가 수탁자를 대위하여 신탁등기를 신청하는 경우에는 그러하지 아니하다.

(2) 신탁행위에 의한 신탁등기

신탁행위에 의하여 소유권을 이전하는 경우에는 신탁등기의 신청은 신탁을 원인으로 하는 소유권이전등기의 신청과 함께 1건의 신청정보로 일괄하여 하여야 한다. 등기원인이 신탁임에도 신탁등기만을 신청하거나 소유권이전등기만을 신청하는 경우에는 부동산등기법 제

29조 5호에 의하여 **신청을 각하하여야 한다. 등기의 목적은 '소유권이전** 및 **신탁', 등기원인**과 그 **연월일은 '○○년 ○○월 ○○일 신탁'으로 하여 신청정보의 내용으로 제공한다.**

⑶ 신탁법 제3조 1항 3호의 위탁자 선언에 의한 신탁등기

신탁법 제3조 1항 3호에 따라 **신탁의 목적, 신탁재산, 수익자** 등을 **특정하고 자신을 수탁자로 정한 위탁자의 선언**에 의한 **신탁의 경우에는 신탁등기와 신탁재산으로 된 뜻의 권리변경등기를 1건의 신청정보로 일괄하여 수탁자가 단독으로 신청한다.** 등기의 목적은 '신탁재산으로 된 뜻의 등기 및 신탁', 등기원인과 그 연월일은 '○○년 ○○월 ○○일 신탁'으로 하여 신청정보의 내용을 제공한다. 위탁자와 수탁자가 동일한 경우의 신탁(소위 '자기신탁'이라고도 함.)은 현행법상 명문으로 이를 금지하는 규정이 없으므로 허용된다는 견해와 집행면탈의 목적으로 악용될 소지가 있으므로 허용할 수 없다는 견해가 대립하고 있었다. 그 동안에는 위탁자와 수탁자의 지위는 성질상 동일인이 겸할 수 없다는 것이 다수설의 견해여서 등기선례에서도 공동위탁자 중 1인을 수탁자로 하는 신탁등기는 허용되지 않는다고 하여 이를 부정해 왔다.(2003.1.20 선례 7-403)

그러나 이러한 자기 신탁은 기업의 새로운 자금조달 수단이자 금융기관의 효율적인 자산운용수단이 될 뿐만 아니라, 민사신탁의 영역에서도 활용도가 높으며, 자산유동화에 관한 법률 제16조 2항의 입법례가 있고, 집행면탈의 악용 가능성은 목적·방법의 제한 등을 통하여 충분한 방지가 가능하다고 보아 개정안에서 도입하게 되었다.

따라서 **개정법에서는 위탁자가 자기** 또는 **제3자 소유의 재산** 중에서 **특정한 재산을 분리하여** 그 **재산을 자신의 수탁자로서 보유하고 수익자를 위하여 관리·처분한다는 것을 선언함으로써 설정하는 「위탁자의 선언**에 의한 **신탁 제도」를 도입하였다.** 이 **신탁은 위탁자가** 스스로 **수탁자가 되는 신탁을 의미한다.**

⑷ 신탁법 제3조 5항의 재신탁등기

신탁법 제3조 5항에 따라 **타인에게 신탁재산**에 대하여 **설정하는 신탁(이하 '재신탁' 이라 한다.)**에 의한 **신탁등기는 재신탁을 원인**으로 하는 **소유권이전등기와 함께 1건의 신청정보로 일괄하여 신청하여야 한다.** 등기의 목적은 '소유권이전 및 신탁', 등기원인과 그 연월일은 '○○년 ○○월 ○○일 재신탁'으로 하여 신청정보의 내용으로 제공한다.

종전에는 신탁법 및 부동산등기법에 신탁부동산의 재신탁에 관한 등기를 할 수 있다는 규정이 없었기 때문에 수탁자가 스스로 위탁자가 되어 제3자에게 대신 신탁을 하는 이른바 '재신탁'은 허용되지 않았다. 이에 재건축조합원과 조합 사이의 신탁계약에서 재건축조합이

신탁받은 부동산을 신탁회사에 재신탁을 하는 것도 불가능했었다.(1997.6.17 선례 5-608)

그러나 자산유동화에 관한 법률 제2조 1호 라목에서 재신탁을 명시적으로 인정하고 있고, 수탁자가 신탁받은 재산을 다른 전문가에게 다시 재신탁하여 신탁재산의 운용을 맡기는 것이 원래의 위탁자에게도 도움이 된다는 차원에서, **개정 신탁법 제3조 5항에서는 "수탁자는 신탁행위로 달리 정한 바가 없으면 신탁 목적의 달성을 위하여 필요한 경우에는 수익자의 동의를 받아 타인에게 신탁재산**에 대하여 **신탁을 설정할 수 있다."라고 하여 재신탁등기가 가능하게 되었다.**

(5) 신탁법 제27조에 따라 신탁재산에 속하게 되는 경우

신탁법 제27조에 따라 신탁재산에 속하게 되는 경우, 예컨대, 신탁재산(금전 등)의 처분에 의하여 제3자로부터 부동산에 관한 소유권을 취득하는 경우에는 신탁등기의 신청은 해당 부동산에 관한 소유권이전등기의 신청과 함께 1건의 신청정보로 일괄하여 하여야 한다. 등기의 목적은 '소유권이전 및 신탁재산처분에 의한 신탁'으로 등기권리자란은 '등기권리자 및 수탁자'로 표시하여 신청정보의 내용으로 제공한다.

다만, 위 제3자와 공동으로 소유권이전등기만을 먼저 신청하여 수탁자 앞으로 소유권이전등기가 이미 마쳐진 경우에는 수탁자는 그 후 단독으로 신탁등기만을 신청할 수 있고, 수익자나 위탁자도 수탁자를 대위하여 단독으로 신탁등기만을 신청할 수 있다. 이 경우 등기의 목적은 "신탁재산처분에 의한 신탁"으로 하여 신청정보의 내용으로 제공한다.

(6) 신탁법 제43조에 따라 신탁재산으로 회복 또는 반환되는 경우

위 (5)에 준하여 신청하되, 소유권이전등기와 함께 1건의 신청정보로 일괄하여 신청하는 경우에는 등기의 목적을 '소유권이전 및 신탁재산 회복(반환)으로 인한 신탁'으로 하고, 소유권이전등기가 이미 마쳐진 후 신탁등기만을 신청하는 경우에는 등기의 목적을 '신탁재산회복(반환)으로 인한 신탁'으로 하여 신청정보의 내용으로 제공한다.

(7) 담보권 신탁등기

① **수탁자는 위탁자가 자기** 또는 **제3자 소유의 부동산에 채권자가 아닌 수탁자를** (근)**저당권자로 하여 설정한** (근)**저당권을 신탁재산으로 하고 채권자를 수익자로 지정한 담보권신탁등기를 신청할 수 있다.**

② **담보권 신탁등기는 신탁을 원인**으로 하는 **근저당권설정등기와 함께 1건의 신청정보로 일괄하여 신청한다. 등기의 목적은** '(근)**저당권설정** 및 **신탁', 등기원인과 그 연월일은** '○○

년 ○○월 ○○일 신탁'으로 하여 신청정보의 내용으로 제공한다.

③ **신탁재산에 속하는** (근)**저당권**에 의하여 **담보되는 피담보채권이 여럿이고 피담보채권별로 부동산등기법 제75조에 따른 등기사항이 다른 경우에는** 이 **조**에 따른 **등기사항을 채권별로 구분하여 신청정보의 내용으로 제공하여야 한다.**

④ 신탁재산에 속하는 (근)저당권에 의하여 담보되는 피담보채권이 이전되는 경우에는 수탁자는 신탁원부 기록의 변경등기를 신청하여야 하고, 이 경우 부동산등기법 제79조는 적용하지 아니한다.

3) 첨부정보

① 신탁원부 작성을 위한 정보 : 신탁등기를 신청하는 경우에는 부동산등기법 제81조 1항 각 호의 사항을 신탁원부작성을 위한 정보로서 제공하여야 한다. 여러 개의 부동산에 관하여 1건의 신청정보를 일괄하여 신탁등기를 신청하는 경우에는 각 동산별로 신탁원부 작성을 위한 정보를 제공하여야 한다.

○ 신탁원부의 기록사항(신탁법 제123조)

---

① 위탁자·수탁자·수익자와 신탁관리인의 성명·주소, 법인에 있어서는 그 명칭 및 사무소, ② 신탁의 목적, ③ 신탁재산의 관리 방법, ④ 신탁종료의 사유. ⑤ 그 밖의 신탁의 조항

---

② 등기원인을 증명하는 정보 : (ⅰ) 신탁행위에 의한 신탁등기를 신청하는 경우에는 해당 부동산에 대하여 신탁행위가 있었음을 증명하는 정보(신탁계약서 등)를 등기원인을 증명하는 정보로서 제공하여야 하고, 특히 신탁계약에 의하여 소유권을 이전하는 경우에는 등기원인을 증명하는 정보에 검인을 받아 제공하여야 한다. (ⅱ) 신탁법 제27조에 따라 신탁재산에 속하게 되는 경우 및 같은 법 제43조에 따라 신탁재산으로 회복 또는 반환되는 경우에 대하여 신탁등기를 신청하는 경우에도 신탁행위가 있었음을 증명하는 정보를 첨부정보로서 제공하여야 한다.

③ 주무관청의 허가를 증명하는 정보 : 신탁법 제106조에 따른 공익신탁에 대하여 신탁등기를 신청하는 경우에는 주무관청의 허가를 증명하는 정보를 첨부정보로서 제공하여야 한다.

④ 대위원인을 증명하는 정보 및 신탁재산임을 증명하는 정보 : 위탁자 또는 수익자가 신탁등기를 대위신청하는 경우에는 대위원인을 증명하는 정보 및 해당 부동산이 신탁재산임을 증명하는 정보를 첨부정보로서 제공하여야 한다.

⑤ **신탁설정에 관한 공정증서** : 신탁법 제3조 1항 3호에 따라 신탁의 목적, 신탁재산, 수익자 등을 특정하고 자신을 수탁자로 정한 위탁자의 선언에 의한 신탁등기를 신청하는 경우에는 공익신탁을 제외하고는 신탁설정에 관한 공정증서를 첨부정보로서 제공하여야 한다.

⑥ **수익자의 동의가 있음을 증명하는 정보** : 신탁법 제3조 제5항에 따른 재신탁등기를 신청하는 경우에는 수익자의 동의가 있음을 증명하는 정보(인감증명 포함)를 첨부정보로서 제공하여야 한다.

⑦ **유한책임 신탁 등기사항증명서** : 신탁법 제114조 제1항에 따라 유한책임 신탁의 목적인 부동산에 대하여 신탁등기를 신청하는 경우에는 유한책임 신탁의 등기가 되었음을 증명하는 등기사항증명서를 첨부정보로서 제공하여야 한다.

4) 수탁자가 여러 명인 경우 등

① 수탁자가 여러 명인 경우에는 그 공동수타자가 합유관계라는 뜻을 신청정보의 내용으로 제공하여야 한다.

② 위탁자가 여러 명이라 하더라도 수탁자와 신탁재산인 부동산 및 신탁목적이 동일한 경우에는 1건의 신청정보로 일괄하여 신탁등기를 신청할 수 있다.

5) 신탁가등기

신탁가등기는 소유권이전청구권을 위한 **가등기와 동일한 방식으로 신청하되, 신탁원부 작성**을 위한 **정보도 첨부정보로서 제공하여야 한다.**

✦ **선례**

토지거래허가지역 내의 농지에 대하여 위탁자인 소유자가 신탁회사에 신탁예약을 원인으로 신탁가등기를 신청하는 경우, 토지거래계약허가증이나 농지취득 자격증명을 첨부하지 않아도 된다.

---

6) 영리회사가 수탁자인 경우

신탁업의 인가를 받은 신탁회사 이외의 영리회사를 수탁자로 하는 신탁등기의 신청은 이를 수리하여서는 아니 된다.

✦ 선례

신탁회사가 농지의 처분만을 목적으로 수탁받는 경우에도 그 농지에 대하여 신탁회사를 수탁자로 하는 신탁에 의한 소유권이전등기를 신청할 수 없다.(2004.4.14 선례 7-405)

* 이 선례에 의하여 2000.12.14 등기3402-918 질의회답은 그 내용을 변경함.

✦ 선례

영리회사가 신탁업을 영위하기 위해서는 금융위원회의 인가를 받아야 하므로 신탁업의 인가를 받은 신탁회사 이외의 영리회사를 수탁자로 하는 신탁의 등기는 이를 수리하여서는 아니되고(실무상 주식회사 ○○신탁회사, ○○정비사업조합, 금융기관 등이 수탁자가 된다.), 이는 주택법의 규정에 의하여 설립된 대한주택보증주식회사를 수탁자로 하는 신탁의 등기를 신청하는 경우에도 마찬가지이다. 다만, 주택법 제40조 6항의 규정에 의하여 대한주택보증주식회사가 분양보증을 행하면서 주택건설대지에 대하여 자신을 수탁자로 하는 신탁등기를 분양보증신청서를 첨부하여 신청하는 경우에는 그러하지 아니하다.(2000.12.5 선례 6-471; 2004.9.22 등기예규 제1085호)

7) 신탁등기의 등기 명의인의 표시 방법

(1) 신탁행위에 의하여 신탁재산에 속하게 되는 부동산에 대하여 수탁자가 소유권이 전등기와 함께 신탁등기를 1건의 신청정보로 일괄하여 신청하는 경우에는 소유권이 전등기의 등기 명의인은 '수탁자 또는 수탁자(합유)'로 표시하여 등기기록에 기록한다.

(2) 신탁법 제27조에 따라 신탁재산에 속하게 되거나 신탁법 제43조에 따라 신탁재산으로 회복 또는 반환되는 부동산에 대하여 수탁자가 소유권이전등기와 함께 신탁등기를 1건의 신청정보로 일괄하여 신청하는 경우에는 소유권이전등기의 등기 명의인은 "소유자 또는 공유자"로 표시하여 등기기록에 기록하고, 공유자인 경우에는 그 공유지분도 등기기록에 기록한다.

(3) 신탁법 제27조에 따라 신탁재산에 속하게 되거나 신탁법 제43조에 따라 신탁재산으로 회복 또는 반환되는 부동산에 대하여 수탁자가 소유권이전등기만을 먼저 신청하여 소유권이전등기의 등기 명의인이 "소유자 또는 공유자"로 표시된 후 수탁자가 단독으로 또는 위탁자나 수익자가 수탁자를 대위하여 단독으로 신탁등기를 신청하는 경우에는 이미 마쳐진 소유권이전등기의 등기 명의인의 표시는 이를 변경하지 아니하고 그대로 둔다.

(4) 위 (2),(3)의 경우 등기 명의인으로 표시된 "소유자 또는 공유자"는 신탁관계에서는

수탁자의 지위를 겸하게 되므로 그 “소유자 또는 공유자”의 등기신청이 신탁목적에 반하는 것이면 이를 수리하여서는 아니 된다.

2. 신탁의 합병·분할에 따른 신탁등기

1) 신청인

신탁의 합병·분할('분할합병'을 포함한다. 이하 **같다.)**에 따른 **신탁등기는 수탁자가 같은 경우에만 신청할 수 있으며, 수탁자는 해당 신탁재산에 속하는 부동산**에 관한 **권리변경등기를 단독으로 신청한다.**

2) 신청 방법

(1) 신탁의 합병·분할로 인하여 하나의 신탁재산에 속하는 부동산에 관한 권리가 다른 신탁의 신탁재산에 귀속되는 경우에는 신탁등기의 말소등기 및 새로운 신탁등기의 신청은 신탁의 합병·분할로 인한 권리변경등기의 신청과 함께 1건의 신청정보로 일괄하여 해야 한다.

(2) 신탁법 제34조 1항 3호 및 같은 조 2항에 따라 여러 개의 신탁을 인수한 수탁자가 하나의 신탁재산에 속하는 부동산에 과한한 권리를 다른 신탁의 신탁재산에 귀속시키는 경우 그 신탁등기의 신청 방법에 관하여는 위 (1)을 준용한다.

3) 첨부정보

(1) 신탁의 합병등기를 신청하는 경우에는 위탁자와 수익자로부터 합병계획서의 승인을 받았음을 증명하는 정보(인감증명 포함), 합병계획서의 공고 및 채권자보호 절차를 거쳤음을 증명하는 정보를 첨부정보로서 제공하여야 한다.

(2) 신탁의 분할등기를 신청하는 경우에는 위탁자와 수익자로부터 분할계획서의 승인을 받았음을 증명하는 정보(인감증명 포함), 분할계획서의 공고 및 채권자보호 절차를 거쳤음을 증명하는 정보를 첨부정보로서 제공하여야 한다.

3. 수탁자의 변경

1) 수탁자의 경질로 인한 권리이전등기

(1) 신청인

가. 공동신청

신탁행위로 정한 바에 의하여 수탁자의 임무가 종료하고 새로운 수탁자가 취임한 경우 및 수탁자가 사임, 자격상실로 임무가 종료되고 새로운 수탁자가 선임된 경우에는 새로운 수탁자와 종전 수탁자가 공동으로 권리이전등기를 신청한다.

나. 단독신청

① 사망, 피성년후견, 피한정후견, 해산의 사유로 수탁자의 임무가 종료되고 새로운 수탁자가 선임된 경우에는 새로운 수탁자가 단독으로 권리이전등기를 신청한다.

② 수탁자인 신탁회사가 합병으로 소멸되고 합병 후 존속 또는 설립되는 회사가 신탁회사인 경우에는 그 존속 또는 설립된 신탁회사가 단독으로 권리이전등기를 신청한다.

③ 수탁자가 법원 또는 주무관청(공익신탁인 경우)에 의하여 해임된 경우에는 등기관은 법원 또는 주무관청의 촉탁에 의하여 신탁원부 기록을 변경한 후 직권으로 등기기록에 해임의 뜻을 기록하여야 하고(이 경우 수탁자를 말소하는 표시를 하지 아니한다.), 권리이전등기는 나중에 새로운 수탁자가 선임되면 그 수탁자가 단독으로 신청하여야 한다.

(2) 등기원인일자 및 등기원인

위의 경우 등기원인일자는 "새로운 수탁자가 취임 또는 선임된 일자", 등기원인은 "수탁자 경질"로 하여 신청정보의 내용으로 제공한다.

(3) 첨부정보

등기신청인은 종전 수탁자의 임무종료 및 새로운 수탁자의 선임을 증명하는 정보를 첨부정보로서 제공하여야 하고, 위 (1) 가목의 경우에는 종전 수탁자의 인감증명도 함께 제공하여야 한다.

2) 여러 명의 수탁자 중 1인의 임무종료로 인한 합유 명의인 변경등기

(1) 신청인

가. 공동신청

여러 명의 수탁자 중 1인이 신탁행위로 정한 임무종료사유, 사임, 자격상실의 사유로 임무가 종료된 경우에는 나머지 수탁자와 임무가 종료된 수탁자가 공동으로 합유 명의인 변경등기를 신청한다. 수탁자 중 1인인 신탁회사가 합병으로 인하여 소멸되고 신설 또는 존속하는 회사가 신탁회사인 경우에는 나머지 수탁자와 합병 후 신설 또는 존속하는 신탁회사가 공동으로 합유 명의인 변경등기를 신청한다.

나. 단독신청

여러 **명의 수탁자** 중 **1인이 사망, 피성년후견, 피한정후견, 파산, 해산의 사유로 임무가 종료된 경우에는 나머지 수탁자가 단독으로 합유 명의인 변경등기를 신청한다.** 이 **경우 나머지 수탁자가** 여러 **명이면** 그 **전원이 공동으로 신청하여야 한다.**

다. 법원 또는 주무관청의 촉탁

여러 명의 수탁자 중 1인이 법원 또는 주무관청에 의하여 해임된 경우에는 등기관은 법원 또는 주무관청의 촉탁에 의하여 신탁원부 기록을 변경한 후 직권으로 등기기록에 해임의 뜻을 기록하여야 한다. 이 경우 종전 수탁자를 모두 말소하고 해임된 수탁자를 제외한 나머지 수탁자만을 다시 기록하는 합유 명의인 변경등기를 하여야 한다.

(2) 등기원인일자 및 등기원인

위의 경우 등기원인일자는 "수탁자의 임무종료일", 등기원인은 "임무가 종료된 수탁자의 임무종료원인"으로 하여 신청정보의 내용으로 제공한다.("○○년 ○○월 ○○일 수탁자 ○○○ 사망" 등)

(3) 첨부정보

등기신청인은 임무가 종료된 수탁자의 임무종료를 증명하는 정보를 첨부정보로서 제공하여야 하고, 위 (1) 가목의 전단부의 경우에는 임무가 종료된 수탁자의 인감증명도 함께 제공하여야 한다.

(4) 신탁원부 기록의 변경

가. 수탁자의 신청에 의한 경우

① 수익자 또는 신탁관리인이 변경된 경우나 위탁자, 수익자 및 신탁관리인의 성명(명칭), 주소(사무소 소재지)가 변경된 경우에는 수탁자는 지체 없이 신탁원부 기록의 변경등기를 신청하여야 한다.

② 수익자를 지정하거나 변경할 수 있는 권한을 갖는 자의 성명(명칭) 및 주소(사무소 소재지), 수익자를 지정하거나 변경할 방법, 수익권의 발생 또는 소멸에 관한 조건, 부동산등기법 제81조 1항 제6호에서 제12호까지의 신탁의 뜻, 신탁의 목적, 신탁재산의 관리 방법, 신탁종료의 사유, 그 밖의 신탁조항을 변경한 경우에도 위 ①과 같다.

③ **위탁자 지위의 이전에 따른 신탁원부 기록의 변경** : (ⅰ) 신탁법 제10조에 따라 위탁자 지위의 이전이 있는 경우에는 수탁자는 신탁원부기록의 변경등기를 신청하여야 한다. 종전 등기선례에 의하면 위탁자의 지위를 이전하는 등기, 즉 위탁자 자체를 변경하는 등기는 신청할 수 없었다. 따라서 직장주택조합원들 소유 부동산에 대하여 주택조합을 수탁자로 하는 신탁등기를 하였을 경우, 위탁자인 조합원이 신규가입 또는 탈퇴하였다고 하더라도 이에 따른 신탁원부 기재사항의 변경등기는 할 수 없었고(1996.5.7 선례 4-610), 위탁자가 사망한 경우에는 신탁원부에 기재되어 있는 위탁자를 그 상속인으로 변경하는 등기는 할 수 없었다.(1989.1.6 선례 2-586) 그러나 **개정 신탁법에서는 신탁설정** 후 **위탁자를 변경해야할 사정이 발생할 수도 있으므로 신탁행위로 정한 방법이 있거나 수탁자와 수익자의 동의를 받은 경우에는 신탁을** 그대로 **유지하면서 위탁자의 지위를 이전할 수 있도록 하고 있다.** 따라서 **개정 신탁법**에 의하면 **위탁자의 지위를 이전하는 등기가 가능해졌다.** (ⅱ) 이 경우 등기원인은 "위탁자 지위의 이전"으로 하여 신청정보의 내용으로 제공한다. (ⅲ) 위탁자 지위의 이전이 신탁행위로 정한 방법에 의한 경우에는 이를 증명하는 정보를 첨부정보로서 제공하여야 하고, 신탁행위로 그 방법이 정해지지 아니한 경우에는 수탁자와 수익자의 동의가 있음을 증명하는 정보(인감증명 포함)를 첨부정보로서 제공하여야 한다. 이 경우 위탁자가 여러 명일 때에는 다른 위탁자의 동의를 증명하는 정보(인감증명 포함)도 함께 제공하여야 한다.

나. 법원 또는 주무관청의 촉탁에 의한 경우

① **법원의 촉탁**에 의한 경우 : (ⅰ) 법원이 수탁자를 해임하는 재판을 한 경우, 신탁관리인을 선임하거나 해임하는 재판을 한 경우, 신탁 변경의 재판을 한 경우에는 등기관은 법원의 촉탁에 의하여 신탁원부 기록을 변경하여야 한다. (ⅱ) 법원이 신탁법 제20조 1항에 따

라 신탁재산관리인을 선임하거나 그 밖의 필요한 처분을 명한 경우, 신탁재산관리인의 사임결정 또는 해임결정을 한 경우, 신탁재산관리인의 임무가 같은 조 제2항에 따라 종료된 경우에도 위 (ⅰ)과 같다.

② **주무관청의 촉탁에 의한 경우** : 공익신탁에 대하여 주무관청이 수탁자를 직권으로 해임한 경우, 신탁관리인을 직권으로 선임하거나 해임한 경우, 신탁내용의 변경을 명한 경우에는 등기관은 주무관청의 촉탁에 의하여 신탁원부 기록을 변경하여야 한다.

③ **등기기록의 직권 기록** : 수탁자를 해임한 법원 또는 주무관청의 촉탁에 의하여 신탁원부 기록을 변경한 경우에는 등기관은 직권으로 등기기록에 그 뜻을 기록하여야 한다.

다. 직권에 의한 경우

수탁자의 경질로 인한 권리이전등기 또는 여러 명의 수탁자 중 1인의 임무종료로 인한 합유 명의인 변경등기를 한 경우에는 등기관은 직권으로 신탁원부 기록을 변경하여야 한다.

4. 신탁등기의 말소

1) 신탁재산의 처분 또는 귀속

(1) 수탁자가 신탁재산을 제3자에게 처분하거나 신탁이 종료되어 신탁재산이 위탁자 또는 수익자에게 귀속되는 경우에는 그에 따른 권리이전등기와 신탁등기의 말소등기는 1건의 신청정보로 일괄하여 신청하여야 한다. 등기원인이 신탁재산의 처분 또는 신탁재산의 귀속임에도 신탁등기의 말소등기 또는 권리이전등기 중 어느 하나만을 신청하는 경우에는 등기관은 이를 수리하여서는 아니 된다.

(2) 신탁재산의 일부를 처분하거나 신탁의 일부가 종료되는 경우에는 권리이전등기와 신탁등기의 변경등기를 1건의 신청정보로 일괄하여 신청하여야 한다.

2) 신탁재산이 수탁자의 고유재산으로 되는 경우

신탁법 제34조 2항에 따라 신탁재산이 수탁자의 고유재산으로 되는 경우에는 신탁행위로 이를 허용하였거나 수익자의 승인을 받았음을 증명하는 정보(인감증명 포함) 또는 법원의 허가 및 수익자에게 통지한 사실을 증명하는 정보를 첨부정보로서 제공하여 "수탁자의 고유재산으로 된 뜻의 등기 및 신탁등기의 말소등기"를 신청할 수 있다.

5. 신탁등기와 다른 등기의 관계

1) 신탁목적에 반하는 등기의 신청

신탁등기가 경료된 부동산에 대하여 수탁자를 등기의무자로 하는 등기의 신청이 있을 경우에는 등기관은 그 등기신청이 신탁목적에 반하지 아니하는가를 심사하여 신탁목적에 반하는 등기신청을 이를 수리하여서는 아니 된다.

2) 처분제한의 등기 등

등기관은 수탁자를 등기의무자로 하는 처분제한등기·강제경매등기·임의경매등기 등의 촉탁이 있는 경우에는 이를 수리하고, 위탁자를 등기의무자로 하는 위 등기의 촉탁이 있는 경우에는 이를 수리하여서는 아니 된다. 다만, 신탁 전에 설정된 담보물권에 기한 임의경매등기 또는 신탁 전의 가압류등기에 기한 강제경매등기의 촉탁이 있는 경우에는 위탁자를 등기의무자로 한 경우에는 이를 수리하여야 한다.

- 위탁자를 등기의무자로 하는 근저당권 : 불허용
- 위탁자를 등기의무자로 하는 처분제한등기/강제집행 : 불허용
  - •신탁 전의 원인으로 발생한 권리에 기한 경우 : 허용
  - •신탁 전에 설정된 저당권에 기한 임의경매개시결정등기 : 허용
  - •신탁 전에 등기된 가압류에 기한 강제경매개시결정등기 : 허용
- 수탁자를 등기의무자로 하는 근저당권 : 허용
  - •신탁목적에 반하는 경우 : 불허용(위탁자가 동의하여도 불가능)
- 수탁자를 등기의무자로 하는 가압류, 가처분, 강제경매기입등기촉탁 : 허용(강제집행 허용 여부는 미리 법원에서 심사할 문제임.)

✦ 선례

신탁재산에 관하여 신탁 전의 설정계약을 원인으로 하여 위탁자를 근저당설정자로 하는 근저당권설정청구권가등기 가처분명령이 있을 경우 그 가처분명령의 정본을 첨부하여 가등기권리자가 가등기신청을 할 수 있다.(1996.4.10 선례 4-576)

✦ 최근 등기선례

1. 위탁자가 신탁을 원인으로 부동산의 소유권을 수탁자에게 이전하면 신탁재산은 수탁자에게 귀속되므로 수탁자 명의의 신탁부동산에 대하여 수탁자에 대한 압류조서를 첨부하고 수탁자를 등기의무자로 하여 압류등기를 촉탁한 경우에는 수리할 수 있다.

2. 이와 달리 수탁자 명의의 신탁부동산에 대하여 위탁자를 등기의무자로 하여 압류등기를 촉탁한 경우에는 촉탁서상의 등기의무자의 표시가 등기부와 부합하지 아니하여 수리할 수 없다.

3. 또한 수탁자 명의의 신탁부동산에 대하여 위탁자에 대한 압류조서를 첨부하고 수탁자를 등기의무자로 하여 압류등기를 촉탁한 경우에는 촉탁서에 기재된 사항이 등기원인을 증명하는 서면과 부합하지 아니하여 수리할 수 없다.(2010.1.16 부동산등기과-123 질의회답)

신탁법 제57조에 따른 신탁해지명령은 부동산등기법 제29조의 판결에 해당하지 아니하므로 수익자나 수익자의 채권자(수익자를 대위하여)가 단독으로 신탁해지명령 정본을 첨부하여 소유권이전등기 및 신탁등기의 말소등기를 신청할 수 없다.(2011.4.11 부동산등기과-765 질의회답)

3) 합필등기

(1) 원칙

신탁등기가 경료된 토지에 대하여는 **합필등기를 할 수 없다.**

(2) 예외적으로 허용되는 경우(위탁자가 동일한 경우)

다음 각 **호에 해당하는 경우로서 신탁목적이 동일한 경우에는 신탁토지 상호간의 합필등기를 할 수 있다.(위탁자가 동일할 필요는 없다.)**

① **주택법 제16조**에 따라 **주택건설사업계획의 승인을 얻어 공동주택을 건설하는 경우** (2003년 7월 1일 이전에 구 주택건설촉진법에 따라 승인을 받은 주택재건축사업을 포함한다.)

② **건축법 제11조**에 따른 **건축허가를 받아 주택** 외의 **시설과 주택을 동일 건축물로 하여 주택법 제16조 1항에서 정한 호수**(공동주택 20세대) 이상을 **건설·공급하는 경우로서 주택법 제38조 1항 1호**에 따른 **입주자모집공고의 승인을 받은 경우**

(3) 예외적으로 허용되는 경우(위탁자가 상이한 경우)

가. 첨부정보

① 토지대장등본

② 위탁자의 합필 승낙서 및 인감증명 : 합필 승낙서에는 위탁자 전원이 성명, 주민등록번호, 주소, 신탁원부번호, 합필 전 토지의 소재지번, 지목 및 면적(또는 지분), 합필 후의 지분을 표시하고 그 인감을 날인하여야 한다. 이에 법무사나 변호사가 위탁자 전원이 합필 승낙서에 직접 서명 또는 날인하였다는 것을 확인한 경우에는 인간증명 대신에 법무사나 변호사의 확인서를 첨부정보로서 제공할 수 있다.

③ 2003년 7월1일 이전에 구 주택건설촉진법에 따라 주택건설사업계획의 승인을 받았음을 소명하는 자료(주택재건축사업인 경우에 한한다.)

나. 합필등기 절차

① **수탁자는 단독으로 합필등기를 신청할 수 있다.** 이 **경우 신청정보에는 합필 후의 지분을 표시하여야 하고,** 위 각 **서면을 첨부하여 단독으로 합필등기를 신청할 수 있다.**

② **등기관은 신청정보에 표시된 합필** 후의 **공유지분에 따라 변경등기를 하여야 한다.**

4) 분필등기

신탁등기가 마쳐진 토지가 분할되어 그에 따른 **분필등기의 신청이 있는 경우에는 등기관은 분필된 토지**에 대하여 **분필** 전 **토지의 신탁원부와 같은 내용의 신탁원부를 작성하여야 한다.** 다만, **분필된 토지**에 대하여 **신탁등기의 말소등기가 동시에 신청되는 경우에는 신탁원부를 따로 작성하지 아니하여도 무방하다.**

Ⅶ 부동산등기실명제와 등기 제도

1. 부동산 실권리자 명의 등기에 관한 법률의 적용을 받는 권리

① **소유권, 전세권, 저당권** 등 **제한물권의 명의신탁,** 그 **가등기 포함**

② **물권이 아닌 임차권 : 적용받지 아니함.**

2. 실명제법의 적용이 배제되는 경우

① 양도담보와 가등기담보

② 상호 명의신탁

③ 신탁법 또는 신탁업법에 의한 신탁재산인 사실을 등기한 경우

3. 명의신탁 금지의 원칙

누구든지 부동산에 관한 물권을 명의 신탁약정에 의하여 명의수탁자의 명의로 등기하여서는 아니 된다.

4. 명의신탁의 효력

① 명의신탁약정은 무효로 한다.

② 명의신탁약정에 따라 행하여진 등기에 의한 부동산에 관한 물권변동은 무효로 한다. 다만, 부동산에 관한 물권을 취득하기 위한 계약에서 명의수탁자가 그 일방 당사자가 되고 그 타방 당사자는 명의신탁약정이 있다는 사실을 알지 못한 경우에는 그러하지 아니하다.(소위 계약 명의신탁의 경우, 매도인이 선의인 경우)

③ 위 ① 및 ②의 무효는 제3자에게 대항하지 못한다.(제3자의 선의·악의 불문)

보완

④ 타인 명의로 등기한 부동산도 그 소유권은 명의자가 아닌 명의를 신탁한 원 소유자에게 있다는 종래 판례가 대법원에서 다시 한번 입증됐다. 대법원 전원합의체는 부동산 소유자 A씨가 명의자 B씨를 상대로 낸 소유권이전등기 청구소송(2018다218156)에서 원고 승소 판결을 내린 원심을 확정한다고 지난 20일 밝혔다. 이번 소송의 쟁점은 범죄행위로 얻은 이익에 대해 소유권을 주장할 수 없도록 한 민법상 '불법원인급여'가 명의신탁한 부동산에도 해당하는지였다. 대법원 전원합의체는 "부동산 실명법 입법 취지는 신탁부동산소유권을 원권리자에게 귀속하는 것을 전제로 한다"며 "부동산 실명법을 위반해 명의신탁을 했다는 이유만으로 당연히 불법원인급여라고 단정할 수는 없다"고 판시했다.

5. 명의신탁이 무효가 되지 아니하는 경우

종중이 보유한 부동산에 관한 **물권을 종중** 외의 **자의 명의로 등기한 경우, 배우자 명의로 부동산에 관한 물권을 등기한 경우에 조세포탈, 강제집행의 면탈** 또는 **법령상제한의 회피를 목적으로 하지 아니하는 경우에는 제4조** 내지 **제7조** 및 **제12조 1항, 2항의 규정을 적용하지 아니한다.**(무효는 아니다.)

6. 실명등기의무

실명제법 시행 이전에 **명의신탁약정**에 의하여 **부동산**에 대한 **물권을 명의 수탁자의 명의로 등기하거나 하도록 한 명의신탁자**(기존 명의신탁자)**는** 이 **법 시행일**로부터 **1년**(유예기간) **이내에 명의신탁자 명의로 등기**(실명등기: 소유권이전등기 또는 명의 수탁자 명의 등기의 말소등기)**를 하여야 한다.**(6개월이 아님.)

이 경우 1년 이내의 유예기간은 실권리자의 귀책사유 없이 다른 법률의 규정에 의하여 실명등기 또는 매각처분을 할 수 없는 경우에는 그 사유가 소멸한 때부터 기산하여야 하며, 이 법 시행 전 또는 유예기간 중에 부동산물권에 관한 쟁송이 제기된 경우에는 해당 쟁송에 관한 확정판결(가처분은 이에 해당하지 않는다.)이 있는 날로부터 기산하여 1년 이내에 하여야 한다.

판례 **'부동산물권에 해당하는 것'으로 판례상 인정되는 것**

① 명의신탁자 아닌 명의신탁자의 채권자가 명의신탁자를 대위하여 명의수탁자를 상대로 소송을 제기한 경우(대판 2000.1.6, 2000다32147)

② 명의신탁자가 명의신탁관계를 부정당하여 제소당한 경우(대판 1998.6.26, 98다12874)

③ 명의신탁자가 명의수탁자의 지위를 승계한 공동상속인을 상대로 하여 여러 개의 소송을 제기하였으나, 그 중에서 최종적으로 확정된 소송이 있는 경우(대판 1999.9.9, 97마722)

④ 또는 소송의 확정 후 상당한 기간 내에 이루어진 판결경정신청으로서 해당 부동산에 관한 쟁송이 계속되고 있다고 평가되는 경우(위 판례)

⑤ 실명법상 유예기간 만료 이전에 제기된 1차 소송에 의한 승소판결결과만으로는 실명전환을 할 수 없어서 다시 유예기간 이후에 2차 소송을 제기하였으나, 그 2차소송이 1차 소송의 확정 후 상당한 기간 내에 이루어진 소송으로서 부동산에 관한 쟁송이 계속되고 있다고

평가되는 경우(대판 2000.12.22, 2000다 46399. 다만, 1차 소송을 취하하였다가 다시 제2차 소송을 제기한 경우는 포함하지 아니한다.)

⑥ 명의신탁자가 유예기간 만료 이전에 수탁자 명의의 소유권이전등기가 원인무효라는 이유로 그 말소를 청구하였다가 가 유예기간이 지나고 나서 비로소 명의신탁해지를 원인으로 하는 소유권이전등기청구로 변경한 경우(대판 2000.7.7, 2000다12273, 12280) 등의 경우에는 그 소송의 확정판결일로부터 1년 이내에 실명등기를 하면 된다 할 것이다.다만, '가처분'은 등기청구권 등의 피보전권리를 보전하기 위한 것이지, 가처분권자인 실권리자의 권리를 공적으로 확인받기 위한 절차라고 볼 수는 없으므로 이러한 가처분은 위에서 말하는 '부동산물권에 관한 쟁송'에 해당하지 아니한다.(대판 1999.1.26, 98다1020) 따라서 실명법상 유예기간 또는 그 이전에 가처분만 제기하고 명의신탁해지의 본안소송을 제기하지 아니한 경우에는 그 확정판결로 명의 신탁해지를 원인으로 한 소유권이전등기를 청구할 수 없다.

7. 실명등기를 하지 아니해도 되는 경우: 면제

① **공용징수·판결·경매,** 그 밖의 **법률의 규정**에 의하여 **명의수탁자로부터 제3자에게 부동산**에 관한 **물권이 이전된 경우**

② **상속은 제외. 실명등기를 하여야 함. 종교단체·향교** 등이 **조세포탈, 강제집행의 면탈을 목적으로 하지 아니하고 명의신탁한 부동산으로서 대통령령이 정하는 부동산의 경우**

8. 실명등기를 한 것으로 의제하는 경우: 의제

① 기존 명의신탁자가 매매 그 밖의 처분행위를 하고 유예기간 내에 등기를 한 경우

② 기존 명의신탁자가 유예기간 이내에 시장·군수·구청장 또는 자산관리공사에 매각을 의뢰한 경우

9. 명의신탁 해지를 원인으로 한 명의수탁자 명의로 하는 등기의 허용성

1) 원칙

실명제법상 명의신탁약정은 원칙적으로 무효이므로 명의신탁 해지를 원인으로 하여 **명의신탁자 명의로 하기 위한 소유권이전등기** 또는 **소유권이전등기의 말소등기의 신청은** 이를 **수리하여서는 안 된다.**

2) 예외

① 명의신탁 해지를 원인으로 한 소유권이전등기. 말소등기가 허용되는 경우

② 제8조 : 종중이 보유한 부동산에 관한 물권을 종중 외의 자의 명의로 등기한 경우로서 조세포탈 등의 부정한 목적이 없는 경우 무효 아님.

③ 배우자 명의로 부동산에 관한 물권을 등기한 경우로서 조세포탈 등의 부정한 목적이 없는 경우 무효 아님.

④ 제11조 1항 단서 : 공용징수, 판결, 경매, 그 밖의 법률의 규정(상속 제외)에 의하여 명의수탁자로부터 제3자에게 부동산에 관한 물권이 이전된 경우

⑤ 종교단체, 향교 등이 조세포탈, 강제집행의 면탈을 목적으로 하지 아니하고 명의신탁한 부동산으로서 대통령령이 정하는 부동산의 경우

⑥ (실명등기의무가 면제되지만, 원하는 경우에는) 부동산 실명제법 시행 전에 명의 수탁자 명의로 등기관 부동산에 대하여 위 법 시행일로부터 1년 이내에 실명등기하는 경우에는 그러하지 아니한다.

✦ 최근 등기선례

명의신탁 해지를 원인으로 하여 소유권이전등기 절차 이행을 명하는 판결에 의한 등기신청이 있는 경우에 그 명의신탁이 「부동산 실권리자 명의 등기에 관한 법률」에서 정한 명의신탁약정의 범위에서 제외되는 경우(같은 법 제2조 1호 '나'의 이른바 상호 명의신탁) 또는 특례(같은 법 제8조, 제11조 1항 단서)에 해당하지 않으면서 판결문상의 사건번호로 보아 위 법률소정의 유예기간(1995.7.1~1996.6.30)이 지난 후에 소를 제기하였음을 알 수 있거나(같은 법 제11조 4항 참조), 판결 주문 또는 이유 증의 판단으로 볼 때 명의 신탁의 약정일이 위 법률의 시행일(1995.7.1) 이후인 경우에는 등기관은 이를 각하하여야 한다.(2005.2.15 등기 340275)

---

3) 심사할 사항

① 명의신탁약정일이 1995년 7월 1일 이전인지 여부

② 실명법상 유예기간이 지나기 전에 소를 제기하였는지 여부

③ 확정판결이 있는 날로부터 1년 이내에 실명등기를 신청하는지 여부

Ⅷ 환지등기의 절차

1. 환지처분의 의의

환지처분이라 함은 농어촌정비법, 도시개발법 등의 **사업시행자가 환지계획**에 따라 **사업 시행** 전의 **토지(종전 토지)를 대신하여 사업 시행** 후의 **새로운 토지(환지)를 교부하거나, 종전 토지와 환지**에 관한 **권익** 사이의 **과부족**으로 인하여 **생긴 이해관계의 불균형을 금전으로 청산하는 형성처분**을 말한다.

2. 환지처분 절차의 효과

(1) **환지처분이 있는 경우에는 환지처분**에 관한 **등기가 있기까지는 다른 등기를 하지 못한다.**

(2) 농어촌정비법에 의한 환지처분의 고시가 있는 경우에는 환지계획에 따라 교부될 환지는 환지계획을 고시한 '다음 날'부터 '종전 토지'로 보며, 그 환지계획에 따라 환지를 지정하지 아니할 종전 토지에 존재하는 권리는 그 고시가 있는 날에 소멸된 것으로 본다.(농어촌정비법 제37조 1항) 환지계획을 인가하여 고시한 후에는 사업시행지역 토지와 연안해면은 농어촌정비사업에 따른 등기를 한 후가 아니면 다른 등기를 하지 못한다. 다만, 등기를 한 신청인이 확정 일부가 있는 서류로써 환지계획인가고시 전에 등기원인이 발생한 사실을 증명하였을 경우에는 예외로 한다.(농어촌정비법 제122조)

(3) 도시개발법에 따라 환지계획에서 정해진 환지는 그 환지처분이 공고된 날의 '다음 날'부터 '종전의 토지'로 보며, 환지계획에서 환지를 정하지 아니한 종전의 토지에 있던 권리는 그 환지처분이 공고된 날이 끝나는 때에 소멸한다.(도시개발법 제42조 1항) 시행자는 환지처분을 하려는 경우에는 환지계획에서 정한 사항을 토지 소유자에게 알리고 이를 공고하여야 한다. 시행자는 환지처분이 공고되면 공고 후 14일 이내에 관할등기소에 이를 알리고 토지와 건축물에 관한 등기를 촉탁하거나 신청하여야 한다. 환지처분이 공고된 날부터 위 토지와 건축물에 관한 등기가 있는 때까지는 다른 등기를 할 수 없다. 다만, 등기신청인이 확정일자가 있는 서류로 환지처분의 공고일 전에 등기원인(등기원인)이 생긴 것임을 증명하면 다른 등기를 할 수 있다.(도시개발법 제43조, 제40조)

3. 사업시행을 위한 대위등기의 촉탁

1) 대위등기를 할 수 있는 사항

농어촌정비법 제25조 제1항의 사업시행자나 도시개발법 제28조 1항의 도시개발사업의 시행자(이하 모두 '시행자'라 한다.)는 사업시행인가 후에 사업시행을 위하여 농어촌정비법 제26조의 환지계획인가의 고시 또는 도시개발법 제40조의 환지처분의 공고(이하 모두 '환지계획인가의 고시 등'이라 한다.) 전이라도 종전 토지에 관한 아래의 등기를 각 해당등기의 신청권자를 대위하여 촉탁할 수 있다.

① 토지 표시의 변경 및 경정등기

② 등기 명의인 표시의 변경 및 경정등기

③ 상속을 원인으로 한 소유권이전등기

2) 사인私人이 대위등기를 신청 내지 촉탁할 수 있는지 여부

환지처분공고가 있는 경우 사업시행자는 환지등기를 지체 없이 신청 또는 촉탁하여야 하는바, 사업시행자가 환지등기의 신청 또는 촉탁을 장기간 지체하는 경우라도 일반사인(종전 토지상의 소유권 그 밖의 권리를 가지는 자 등)이 환지등기를 신청하거나, 사업시행자를 대위하여 신청 내지 촉탁할 수는 없다.(2005.3.8 선례 8-323) 환지처분은 공권력행사의 주체인 시행자가 종전 토지소유자 등에 대하여 발하는 행정처분이기 때문이다.

4. 다른 등기의 정지

1) 다른 등기가 정지되는 시점

환지계획인가의 고시 등이 **있은** 후에는 **'종전 토지'**에 관한 **등기를 할 수 없다.**

2) 정지되는 다른 등기

소유권이전등기, 근저당권설정등기, 가압류등기, 경매신청등기(정지되는 시점 이전에 설정된 근저당권에 기한 경우도 마찬가지임.) 등 **권리**에 관한 **등기**뿐만 아니라, **표시**에 관한 **등기도 할 수 없다.**

3) 다른 등기가 마쳐진 경우

환지계획인가의 고시 등이 있었음에도 불구하고, 종전 토지에 관한 등기가 마쳐진 경우, 등기관은 그 **등기를 부동산등기법 제58조를 적용하여 직권으로 말소한다.**

5. 환지처분의 공고 등에 따른 등기의 촉탁

시행자는 다음 서면을 첨부하여 농어촌정비법 제42조 제1항 또는 도시개발법 제43조 제1항에 따른 환지등기를 촉탁하여야 한다.

① 환지계획서 및 환지계획서 인가서 등본

② 환지계획인가의 고시 등이 있었음을 증명하는 서면

③ 농업기반등정비확정도

④ 환지등기 촉탁서의 첨부서면이 아닌 토지대장만을 첨부하여 환지등기촉탁을 한 경우 : 환지등기 촉탁서에 위 ①②③의 서면이 아닌 토지대장만을 첨부하여 환지등기 촉탁을 한 경우, 등기관은 그 토지대장에 '환지' 또는 '구획정리 완료' 등의 사실이 기재되어 있다 하더라도 그 등기촉탁을 수리하여서는 안 된다.

⑤ 환지에 대하여 권리의 설정 또는 이전등기를 촉탁하는 경우 환지등기촉탁은 사업지역 내의 토지 전부에 관하여 동시에 하여야 하는 것이 원칙이다. 다만, 환지토지에 관한 등기촉탁이 누락된 경우 사업시행자는 누락된 환지에 대하여 다시 환지등기를 촉탁할 수 있다.

6. 환지등기를 할 수 없는 경우

① 소유자가 동일 또는 중복되는 여러 필지의 종전 토지에 대하여 여러 필지의 환지를 교부한 경우

〈예시1〉 갑 단독 소유인 3필지의 토지에 관하여 2필지의 환지를 교부한 경우에는 환지등기를 할 수 없다.

〈예시2〉 갑이 종전 토지 2필지 이상에 소유자로 등기되어 있는 경우

② 공유토지에 관하여 각 단독소유로 환지를 교부한 경우

〈예 시〉 갑과 을이 공유하고 있는 1필지의 토지에 관하여 갑과 을을 각 단독소유로 하는 2필지의 환지를 교부한 경우

③ 종전 토지 중 일부를 다른 토지에 합쳐서 환지를 교부한 경우

〈예 시〉 종전 토지 4개에 관하여 3개의 환지를 교부하면서 종전 토지를 분필하여 다른 토지에 합필하는 형태로 환지를 교부한 경우이다.

7. 합필환지와 합동환지의 경우의 처리

1) 합필환지

(1) 합필환지의 정의

이 **예규에서 말하는 합필환지라 함은 소유자가 동일한 여러 필지의 토지**에 관하여 **1필지의 환지를 교부한 경우**를 말한다.

(2) 종전 토지 중 일부 토지에 소유권 이외의 권리가 등기되어 있는 경우

종전 토지의 등기가 근저당권설정등기나 가압류등기 등과 같이 지분 위에 존속할 수 있는 등기인 경우, 시행자는 촉탁서에 환지 중 얼마의 지분이 그 등기의 목적이라는 것을 구체적으로 기록하여야 하고, 등기관은 이를 환지의 등기부에 기록하여야 한다.

예컨대, 근저당권설정등기가 되어 있는 종전 토지 1토지와 소유권 이외의 권리가 등기되어 있지 않은 2토지에 대하여 1필지를 환지로 지정한 경우, 시행자는 환지등기 촉탁서에 위 1토지의 근저당권이 환지의 몇 분의 몇 지분 위에 존속한다는 취지를 기재하여야 하고, 등기관은 환지등기를 실행하면서 근저당권설정등기를 위 몇분의 몇 지분에 대한 근저당권설정등기로 변경하여야 한다.

2) 합동환지

(1) 합동환지의 정의

이 예규에서 말하는 합동환지라 함은 소유자가 각각 다른 여러 필지의 종전 토지에 관하여 1필지 또는 여러 필지의 환지를 교부한 경우를 말한다.

(2) 공유지분의 기재

① 합동환지의 경우 등기촉탁서에 종전 토지 소유자들의 환지에 관한 공유관계의 지분비율을 기재하여야 하고, 등기관은 환지등기를 완료한 후 그 지분비율을 공유자 지분으로 하는 변경등기를 하여야 한다.

② 여러 필지의 토지의 일부 또는 전부를 수인이 특정부분을 나누어 단독으로 소유하였다 하더라도 그것이 1개의 토지로 합동환지된 경우에는 특별한 사정이 없는 한 그 수인은 종전토지에 상응하는 비율에 따라 환지된 토지를 공유하게 된다.(대판 1993.2. 23, 92다38904) 그러나 환지등기 촉탁서에 기재된 환지의 공유지분이 종전 토지의 면적비율과 일치하여야 하는 것은 아니다.

③ 그러므로 합동환지처분으로 인한 환지등기시 종전 토지소유자의 환지에 대한 공유지분 기입이 누락된 경우 촉탁관서가 종전 토지소유자의 공유지분을 표시하여 경정등기 촉탁을 할 수 없는 때에는 공유자 전원이 환지등기 촉탁당시의 실제 지분을 확인한 서면을 첨부하여 경정등기를 신청할 수 있을 것이다.(2001.8.16 선례 6-516)

8. 환지등기의 실행 절차

① 환지등기방법에 의하여 종래 기존 등기기록을 폐쇄하고 환지에 관하여 보존등기를 하는 방법과 종전 등기기록을 이용하는 방법이 논의되어 왔다. 등기실무는 기존등기기록을 이용하는 것이 등기 절차가 간편하고, 등기의 연혁을 가급적 현 등기기록에 남겨두는 것이 바람직하다는 점을 고려하여 원칙적으로 종전 토지의 등기기록을 그대로 이용하여 환지에 관한 등기를 하는 방법을 취하고 있다.(농업기반정비등기처리규칙 제12조 내지 제19조 참조)

② 미등기 상태의 종전 토지에 관하여 환지를 교부한 경우, 시행자는 환지등기 절차에 의하여 그 환지에 관한 소유권보존등기를 촉탁할 수 있다.

③ 환지등기를 마친 경우 등기관은 '사업시행자'(환지를 교부받는 자가 아님.)에게 등기완료의 통지를 하여야 한다.

9. 등기완료 후 다른 등기신청시 제공하여야 할 등기필정보

환지를 교부받은 자가 등기의무자로서 등기신청을 할 때에는 종전 토지에 관하여 소유자로서 통지받은 등기필정보를 신청정보로 제공하여야 한다. 그 이유는 환지등기는 표시 변경등기에 불과하고 권리에 관한 등기는 아니기 때문이다. 다만, 창설환지나 체비지 등 환지등기 절차에 의하여 소유권보존등기가 이루어진 경우에는 그 등기에 관한 등기필정보를 제공하여야 한다.

Ⅸ 멸실회복등기 절차

1. 부동산등기규칙의 규정

부동산등기규칙 부칙 제3조(멸실된 등기부에 관한 경과조치) 종이형태로 작성된 등기부의 전부 또는 일부가 폐쇄되지 아니한 상태에서 멸실되었으나, 이 규칙 시행 당시까지 종전의 규정에 따른 멸실회복등기 절차가 이루어지지 아니한 경우의 그 회복에 관한 절차는 종전의 규정에 따른다.

2. 위 부칙의 취지

현재 전산등기부는 멸실되더라도 그 부분에 의하여 복구가 가능하므로 종전과 같은 멸실회복등기 절차를 계속 유지할 필요가 없어 개정 등기법에서는 이에 관한 규정이 모두 삭제되었다. 그런데 종전 종이형태로 작성된 등기부가 폐쇄되지 아니한 상태에서 멸실되었는데, 그 사실이 최근에야 발견되는 경우가 간혹 있었다. 이러한 경우에는 종전의 멸실회복등기 절차에 따라 그 등기부를 회복할 수밖에 없을 것이므로 종전의 규정이 계속 적용되어야 할 것이다.

따라서 **개정 등기법 시행** 이후에도 **과거 종이 등기부 상태에서 멸실된 등기부가 발견된 경우에는 종전의 멸실회복등기 절차**에 관한 **규정**에 따르도록 **하였다. 자세한 내용은 2007년 12월 11일의 등기예규 제1223호를 참조하여야 한다.**

3. 신청 절차

(1) 멸실회복등기시의 고시 : 대법원장, 3월 이상의 기간

(2) 신청인 : 등기부 멸실 전에 자기 명의로 등기부상에 기록되어 있는 자가 단독으로 신청

(3) 멸실회복등기의 신청

소유권등기의 회복등기	① 전 등기의 등기필정보를 첨부하여야 한다. 그러나 이를 제출하기 불능한 경우에는 멸실 직전의 등기부등·초본, 건축물대장등본 그 밖의 권리를 증명하는 공문서를 첨부할 수 있다.

	② 공동소유의 부동산은 공동소유자 전원 명의로의 회복등기신청을 하여야 하고, 공동소유자 중의 일부의 지분만에 관한 회복등기신청을 할 수 없다. 다만, 공동소유자 중의 1인은 공동소유자 전원 명의로의 회복등기신청을 할 수 있다. ③ 등기 명의인의 사망으로 인하여 그 상속인이 회복등기를 신청하는 경우에는 가족관계등록부를 담당공무원의 상속증명서를 첨부하여 직접 상속인 명의로 등기할 것을 신청할 수 있다. ④ 소유자는 토지대장 명의인과 상위한 경우에 전 등기의 등기필정보 또는 등기부등·초본으로 전 등기의 소유자임을 증명할 수 없을 때에는 토지대장 명의자의 소유권보존등기를 경료한 후에 소유권이전등기를 신청하여야 한다. 그러나 토지대장 명의자가 소유권이전등기 절차를 불이행할 때에는 소유자는 통상의 소송 절차에 의하여야 한다. ⑤ 건물에 대한 회복등기를 신청할 때에는 위 서류 이외에 그 건물대지상에 수개의 건물이 있으면 건물도면을 첨부하여야 한다.
저당권가등기의 회복등기	① 저당권 회복등기는 부동산소유권 회복등기를 경료한 부동산에 대하여 전등기의 등기필 정보를 첨부하여야 한다. 그러나 소유권 회복등기 전에 이 회복등기의 신청이 있을 때에는 등기기록을 회복하여야 한다. ② 저당권자는 회복등기의 신청기간 내에는 채무자의 소유권등기필정보를 첨부하여 이에 대위하여 소유권의 회복등기를 신청할 수 있다. 그 기간 경과 후에는 토지대장 등본을 첨부하여 소유권의 보존등기를 신청하여야 하고, 이 경우에는 등록면허세를 납부하여야 한다. ③ 가등기도 위에 준하여 처리한다.
지역권, 전세권, 권리질권, 임차권 등기의 회복등기	위 소유권, 저당권, 가등기의 회복 절차에 준한다.
촉탁에 의해야 할 등기의 회복등기	촉탁에 의해야 할 등기는 권리자의 촉탁신청에 의하여 촉탁관서가 회복등기를 촉탁하여야 한다.
가처분, 가압류 경매신청 등기의 회복등기	① 이 회복등기는 채권자의 신청에 의하여 촉탁관서가 이를 촉탁하여야 한다. 이 경우에는 채권자는 증빙서류를 갖추어 촉탁관서에 회복등기의 촉탁신청을 하여야 한다. ② 이 회복등기는 소유자 또는 채권자의 대위에 인한 소유권보존등기를 한 후가 아니면 할 수가 없다.

4. 멸실회복등기의 실행

① 등기 기록을 새로이 신설

② 순위번호란에는 새로운 순위번호를 회복등기순위에 따라 **부여하되, 종전 순위번호를 괄호 안에 기록한다.**

③ 등기부에의 회복등기의 기입순서는 전 등기의 순위에 관계없이 회복등기신청서의 접수번호에 따라야 한다.

X 예고등기말소의 절차

1. 부동산등기법의 규정

부동산등기법 부칙 제3조(예고등기에 관한 경과조치) 이 법 시행 당시 마쳐져 있는 예고등기의 말소 절차에 관하여는 종전의 규정에 따른다.

2. 위 부칙의 취지

예고등기는 2011년 10월 13일 개정된 등기법 체제하에서는 폐지되었지만, 기존에 등기부상으로 남아 있는 예고등기는 기존 방식에 의해서 말소하여야 한다. 예고등기 제도가 폐지된 현재로서는 기존의 예고등기도 전부 직권말소를 해야 한다는 입론도 가능하지만, 법의 안정성이나 예측 가능성을 담보하기 위해서는 등기관이 이를 직권말소를 할 수는 없고, 예고등기가 등기부에 기록될 그 당시의 부동산등기법 규정에 의하여 말소하는 것이 타당하다.

3. 구부동산등기법에 의한 예고등기말소

예고등기는 경고할 위험성이 없어진 때에 등기관의 직권 또는 법원의 촉탁에 의하여 말소되는 바, 이를 나누어 본다.

1) 직권에 의한 말소

(1) 원고승소에 따른 등기실행의 경우

① 소를 제기한 자에 대하여 승소를 선고한 재판(청구의 인낙·화해 포함)이 확정되고 현실적으로 등기신청을 하여 말소·회복의 등기를 한 때에는 등기관은 직권으로 예고등기를 말소하여야 한다.(구법 제170조의2)

② 동일한 등기사항에 대하여 2 이상의 말소 또는 회복의 예고등기가 실행된 후 그 중

어느 하나의 말소 또는 회복의 소송이 권고 승소판결로 확정되어 동 판결에 기하여 말소 또는 회복등기신청이 있는 때는 동 말소 또는 회복과 동시에 해당 소송의 예고등기뿐만 아니라, 동일한 등기사항에 대한 다른 예고등기도 등기관은 직권말소를 하여야 한다.(1980.11.15 등기예규 제370호)

(2) 원고승소 확정판결 이외의 사유에 의한 등기신청에 따라 말소 또는 회복등기를 하는 경우

예고등기의 대상이 된 등기사항에 대하여 원고승소 확정판결 이외의 사유인 당사자로부터 해지·해제 등을 원인으로 말소 또는 회복등기의 신청이 있는 경우(예: 근저당권설정등기말소의 예고등기가 실행된 후 그 근저당권설정등기에 대하여 말소신청이 있는 경우)에는 그 말소 또는 회복과 동시에 그 예고등기를 등기관이 직권으로 말소하여야 한다.(위 예규)

2) 촉탁에 의한 말소

① **소가 원고의 불이익으로 종결된 경우** : 예고등기의 대상인 소가 원고패소판결(청구기각판결)확정, 소각하판결확정, 소장각하명령확정, 소취하 또는 소취하간주(쌍방불출석으로 인한 취하간주와 소의 교환적 변경에 의한 취하간주 포함), 청구포기 등의 사유로 종료되거나, 또는 예고등기의 대상이 된 등기의 말소나 회복을 '하지 않기로' 한 화해가 성립된 경우에는 제1심법원은 지체 없이 직권으로 예고등기의 말소를 촉탁하여야 한다.(구법 제170조)

② **원고가 전부 승소하였으나, 그 승소에 따른 등기신청의 포기를 한 경우 및 다른 재판에 의하여 그 승소에 따른 등기의 실행을 할 수 없는 경우** : (ⅰ) ① 소를 제기한 자에 대하여 승소를 선고한 재판이 확정되거나, 청구의 인낙조서(청구의 포기는 아님.), 또는 등기를 말소·말소회복하기로 하는 화해조서가 성립하지 아니하기로 합의를 하여 그 재판에 의한 등기신청을 하지 아니한다는 등기신청포기서를 제출한 경우에는 제1심법원은 예고등기의 말소를 촉탁하여야 한다.(구 법 제170조 2항) (ⅱ) 승소에 따른 등기를 신청할 수 없음이 다른 재판에 의하여 인정되는 경우에는 등기상 이해관계인이 그 재판의 등본을 제1심 법원에 제출한 때에는 제1심 법원은 예고등기의 말소를 촉탁하여야 한다.(구 법 제170조 3항) (ⅲ) 착오에 의한 촉탁으로 예고등기가 경료된 경우 등기를 실행할 수 없다.(매매계약해제를 원인으로 한 소유권이전등기 말소청구소송이 제기되었는데, 수소법원이 착오로 예고등기를 촉탁하여 경료된 경우)

제8장

부동산등기 신청에 대한 등기관의 처분

제8장

부동산등기 신청에 대한 등기관의 처분

Ⅰ 등기신청정보의 접수

1. 서설

① **접수의무 : 신청서는 무조건 접수해야 하며, 접수 자체를 거부할 수는 없다.**

② **등기신청의 접수효과** : 종전에는 등기관이 신청서를 받았을 때 접수효과가 발생했으나, **전자신청 등기소에서는 전자신청이든, 서면신청이든 신청정보가 전산정보처리조직(접수장)에 기록된 때에 이루어진 것으로 본다.**

③ 등기업무 절차의 변화

- 서면신청의 경우 : 접수 ⇨ 조사 ⇨ 기록 ⇨ 교합의 순서로 진행된다.
- 전자신청의 경우 : 접수 ⇨ 기록 ⇨ 조사 ⇨ 교합의 순서로 진행된다.

2. 접수사건의 처리

① 서면신청의 경우 : 등기신청서의 제공 ⇨ 본인 및 출석 여부 확인 ⇨ 신청서의 접수 및 날인 ⇨ 접수번호의 부여 ⇨ 접수사항의 입력(순위번호는 입력사항이 아님.)

- 동일 부동산에 대한 동시 신청 : (ⅰ) 양립이 가능한 경우에는 수개의 등기신청서가 동시에 접수된 경우에는 동일 접수번호를 부여한다. (ⅱ) 그 내용이 모순되고, 양립이 불가능한 경우에는 모두 접수한 후 모두 각하한다.

• **접수증 교부** : 신청인의 청구에 따라 그 신청서의 접수증을 발급한다.(규칙 제65조 3항)

② **전자표준양식**(e－Form)**에 의한 신청의 경우** : 등기신청정보의 제공 ⇨ 본인 및 출석 여부 확인 ⇨ e－Form 번호를 바코드 리더기를 통하거나, 또는 키보드로 직접 입력함.

• **e–Form 신청서의 정정** : e－Form시스템에서 해당 내용을 수정하고 신청서를 재출력하여 제공해야지, 서면신청서를 직접 수정하여 제공할 수는 없다.

③ **전자신청의 경우** : 자동접수되므로 별도의 접수 절차가 없다.

3. 전자신청 등기소의 등기신청서 접수

① **접수창구의 복수화**(접수대기의 문제 해결 목적)

• **즉시접수 창구** : 접수담당자가 신청정보를 제공받는 즉시 접수 절차를 진행하여야 하며, 신청인은 접수 절차가 마쳐질 때까지 등기소에 출석하고 있어야 하는 창구이다.

• **당일접수 창구** : 접수담당자가 신청정보를 제공받은 당일 이내에 접수 절차를 마치면 되고, **신청인이 접수 절차가 마쳐질 때**까지 **등기소에 출석하고 있을 필요가 없는 창구이다.(부동산 표시등기나 등기 명의인 표시 변경등기 등)**

② 즉시접수 창구에 신청정보를 제공하는 절차

• **관공서 촉탁의 특례** : 관공서의 등기촉탁의 경우에는 우편집배원 등 그 촉탁서를 가져온 사람이 순번대기표를 발급받아 순번대기표와 촉탁서를 즉시접수창구의 접수담당자에게 제공함.(접수 절차가 마쳐질 때까지 대기할 필요는 없음.)

• **연건 신청의 접수** : 신청인이 동일 부동산에 관하여 수건의 등기신청을 하면서 신청서에 연건임을 표시한 경우에는 먼저 접수된 사건의 부동산식별정보가 전산정보처리조직에 저장된 때에 연건의 접수번호(먼저 접수된 사건의 다음 번호)도 함께 출력하여 먼저 접수된 사건과 연건의 신청서에 순서대로 붙인다.

Ⅱ 등기신청에 대한 심사

1. 등기관의 심사권에 관한 입법주의

① 실질적 심사주의 : (ⅰ) 심사대상의 면에서 절차법상의 적법요건뿐만 아니라, 실체법상의 권리관계 및 유효요건까지도 심사할 수 있다. (ⅱ) 심사 방법의 면에서는 적극적으로 현장조사, 자료제공요구, 구두질문이 가능하다. (ⅲ) 등기의 진정성이 담보되는 장점이 있으나, 신속한 처리에는 다소 미흡한 점이 있다.

② **형식적 심사주의** : (ⅰ) **심사 대상의 면에서는 절차법상의 적법요건만 심사할 수 있다.** (ⅱ) **심사 방법의 면에서는 소극적으로 등기소에 현출된 자료만 가지고 심사하며, 현장조사, 자료제공 요구, 구두질문이 불가능**하다. (ⅲ) **신속한 처리에 장점이 있으나, 등기의 진정성 담보가 미흡한 단점**이 있다.

2. 형식적 심사주의(명문의 근거 규정이 없고 통설·판례가 인정)

1) 심사 대상

(1) 원칙(절차법적 적법요건 심사)

가. 절차법적 적법요건 심사

판례에 따르면 실체법상의 적법 여부는 심사할 의무가 없다. 따라서 법 제29조의 각 호 위반 여부만을 판단한다. 따라서 (ⅰ) **확정판결이 당연 무효인지** 여부, (ⅱ) **취득(등록면허세)액이 정확한지** 여부, (ⅲ) **신탁재산에 대한 강제집행 허용** 여부, (ⅳ) **유증**으로 인한 **소유권 이전등기신청이 일부 상속인의 유류분을 침해하는지** 여부 등은 **형식적 심사권밖에 없는 등기관으로서는 심사할 수 없기 때문에 신청을 수리하여야 한다.**

나. 실질관계 심사의 배제

다만, **형식적 심사주의하에서도 실체법상의 유·무효는 심사할 수 없지만, 등기관은 그 등기가 실체법상 허용되는가**에 대해서는 **심사하여야 한다는 것이 등기실무의 입장이기 때문**에 다음 **사항은 심사하여 각하할 수 있다.**

① **공유지분에 하는 지상권이나 전세권의 설정등기신청**

② **지상권이 설정된 토지에 다시 지상권설정등기신청**

③ **소유권이전등기와 동시에 신청하지 않는 환매특약등기신청**

④ **저당권을 피담보채권과 같이 이전하지 아니하고** 그 **순위만을 양도하는 등기신청** 등

(2) 예외(실체법적 사항의 심사)

① **명백히 위조·변조된 서류인 경우** : 건축물대장등본의 지번이 일견하여 변조된 것으로 식별할 수 있는 경우 및 등기필증에 기재된 접수번호가 등기기록에 기록된 접수번호와 다르고 등기필증상의 접수일자는 1983년 1월 10일인데도 접수번호가 28524호까지 나간 것으로 기재되어 있어 명백히 위조인지를 판단하여야 한다.(제29조 9호 각하 사유에 해당)

② **상속인의 범위 및 상속지분의 판단 여부** : 관계 법령에 기한 상속인의 범위 및 상속지분의 인정은 등기관의 형식적 심사권한의 범위 내이므로 판결에 의한 신청이라도 법령에 위반하면 각하할 수 있다.

③ **유언의 방식 위배 여부** : 제공된 유언검인조서 등이 있어도 등기관은 그 유언이 민법이 정한 유언의 방식에 위배된 경우에는 실체법을 명백히 위반한 것이므로 등기신청을 수리해서는 아니 된다.(1998.9.16 등기 3402－898)

④ **신탁목적** : 수탁자를 등기의무자로 하는 등기의 신청이 있을 경우에 등기관은 그 등기신청이 신탁목적에 반하면 등기신청을 법 제29조 제2호로 각하한다.

⑤ **판결**에 의한 **명의신탁 해지를 원인으로 한 소유권이전등기신청이 있는 경우 등기관의 심사권**

- **등기신청일** : 판결에 의한 등기신청일이 판결확정일로부터 1년이 경과되었는지 여부는 심사할 수 있다.
- **소 제기일** : 판결문상의 사건번호로 보아 위 법률 소정의 유예기간(1995.7.1~1996.6.30)이 지난 후에 소를 제기하였음을 알 수 있는 경우에 등기관은 이를 각하하여야 한다.
- **명의신탁약정일** : 명의신탁의 약정일이 위 법률의 시행일(1995.7.1.) 이후인 경우에는 등기관은 이를 각하하여야 한다.

⑥ **판결이유**에 대한 **등기관의 심사** 여부

- **원칙 : 등기관은 판결주문만을 보면 되고 판결이유를 심사 불요함.**
- **예외적 판결이유 심사**

－**소유권이전등기가 가등기**에 기한 **본등기인지를 가리기 위하여 판결이유를 보는 경우**

- 소유권보존등기말소를 명하는 판결을 제공하여 소유권보존등기를 신청하는 경우에는 그 판결이유에서 원고의 소유임을 인정하였는가를 확인하기 위한 경우
- 명의신탁 해지를 원인으로 소유권이전등기 절차를 명한 판결의 경우 그 명의신탁이 부동산 실권리자 명의 등기에 관한 법률에서 예외적으로 유효하다고 보는 배우자 또는 종중에 의한 명의신탁인지 여부를 가리기 위한 경우
- 상속인이 등기권리자로서 확정판결에 의하여 소유권이전등기신청을 하는 경우 그 판결의 이유에 상속관계에 관한 설시가 있는지 여부를 확인하기 위한 경우 등

2) 심사 방법

① **소극적 심사** : 등기신청 내용과 실체권리관계가 일치한다는 적극적 확신을 요하는 것이 아니라, 신청정보와 첨부정보 및 등기기록의 기록에 의하여 그 신청의 형식적 적법성만 인정되면 그에 따른 등기를 하여야 한다는 심사의 소극성

② **심사의 기준시** : 등기신청 서류의 제공시가 아니라, **등기기록에 기록하려고 하는 때**(대판 1989.5.29, 87마820)

③ **등기관의 주의의무** : 주의의무의 정도는 형식적 심사권한의 범위 내에서의 **평균적 등기관의 통상의 주의의무**. 다만, **등기필증을 제공하지 아니하고 소유권이전, 근저당권설정등기를 신청하는 경우** 등 **특별한 사정이 있는 때에는 위조** 여부에 대한 **심사권 강화**(신청인에게 알려 여부를 확인하여 처리 가능, 2011.10.11. 등기예규 1377호)

④ **서면심사의 원칙** : 등기기록, 신청정보, 첨부정보를 대조하는 방법으로 심사. 적극적 자료제공 요구, 현장조사, 구두질문을 할 수 없다.

Ⅲ 등기신청의 취하

① **근거 규정 : 개정 부동산등기규칙 제51조에 명문의 근거를 둠.**(개정 전에는 근거 규정이 없어서 판례 및 실무에서 취하를 인정했음.)

② **등기신청의 취하권자 : 등기신청인** 또는 그 **대리인은 등기신청을 취하할 수 있다.** 다만, 공동신청에 의한 경우에는 공동으로 취하해야 하고, 쌍방대리인에 의한 경우에는 등기권리자 및 등기의무자 쌍방으로부터 취하에 대한 특별수권을 받아야만 취하할 수 있는 제한이 있다.

③ **취하시기** : (ⅰ) **각하하기** 전, (ⅱ) **해당 등기 절차에서 등기기록에 기록하고 등기관**

에게 부여된 식별부호를 등기전산시스템에 기록(교합)하기 전까지만 취하할 수 있다.

④ 취하의 방법 : 등기신청취하서 제공(구술 취하 불가)

⑤ 전자신청의 취하 : 전산정보처리조직을 이용해서 하여야 한다. 이 경우 전자신청과 동일한 방법으로 사용자인증을 받아야 한다.

⑥ 등기신청이 취하된 경우 등기관의 조치

- 전부 취하된 경우 : 등기신청정보, 부속서류, 신청수수료 등을 반환한다.
- 일부만 취하한 경우 : 등기신청정보의 부동산 표시란 중 취하되는 부동산의 표시 좌측에 '취하'라고 주서한 후, 취하서를 등기신청정보에 합철하여야 한다. 이 경우 등기신청서 및 부속서류의 기재사항 중 취하된 부동산에 관련된 사항은 이를 정정·보정하게 하여야 할 것이지, 그 부분에 대한 부속서류 등을 반환하지 않는다.

⑦ 취하의 효과 : 등기신청에 대한 의사표시가 철회되어 등기신청은 없었던 것으로 된다.

Ⅳ 등기신청의 각하

1. 각하사유

법 제29조 각 호의 각하사유는 예시가 아니라, 한정적 열거로 본다.

1) 관할 위반(당연무효, 직권말소, 이의신청 대상)

2) 사건이 등기할 것이 아닌 때(당연무효, 직권말소, 이의신청 대상. 다만, 예외 있음.)

(1) 의의

① 광의(판례 및 실무) : 등기신청이 그 신청취지 자체에 의하여 법률상 허용할 수 없음이 명백한 경우

② 협의 : 등기사항 법정주의 위반

(2) 실체법상 허용되지 않는 경우(실체법상 허용 여부 심사)

① 소유권이전등기신청과 동시에 하지 않은 환매특약등기신청(민법 제592조)

② 5년을 초과하는 공유물불분할특약등기(민법 제268조)

③ 농경지를 목적으로 한 전세권설정등기(민법 제303조)

④ 공유지분에 대한 지상권·전세권설정등기

⑤ 요역지와 분리한 지역권 이전등기(민법 제292조; 지역권은 요역지의 종된 권리)

⑥ 피담보채권과 함께 하지 않은 저당권이전등기, 저당권 순위만의 양도등기

⑦ 용익권이 설정된 토지부분에 용익권설정등기신청

⑧ 부동산 실권리자 명의 등기에 관한 법률에 의하여 유예기간 경과 후에 한 명의 신탁해지를 원인으로 한 소유권이전등기(대판 1997.5.1, 97마384)

⑨ 합유등기가 마쳐진 부동산에 대하여 합유자 중 1인의 지분에 대한 가압류등기 촉탁

⑩ 갑구나 을구의 등기가 형사판결 등에 의해서 신청인의 등기신청도 없었고, 등기관이 아닌 자에 의하여 마쳐진 등기임이 밝혀진 등기(1995.3.30 등기 3402-277)

(3) 절차법상 허용되지 않는 경우

가. 물건에 대한 등기능력

등기할 사항인 물건	등기할 사항이 아닌 물건
① 하천법의 적용을 받는 하천 또는 하천법의 적용을 받지 않는 하천 ② 도로법상의 도로 ③ 방조제 ④ 농업용 고정식 온실 ⑤ 유류저장탱크, 싸이로, 비각 ⑥ 조적조 및 컨테이너 구조 슬레이트 지붕 건물 ⑦ 경량철골조 경량패널지붕 건축물 ⑧ 주유소의 주유시설물(공장저당권 객체는 됨) ⑨ 구분건물의 전유부분 및 부속건물 ⑩ 구분건물의 규약상 공용부분 ⑪ 집합건물의 공용부분 중 구분건물 또는 독립건물로서의 구조를 가지는 경우(지하실, 관리사무소, 노인정 등) ⑫ 공동주택의 지하주차장(통상 구조상공용부분이라서 등기할 수 없으나, 구조상과 이용상 독립성이 있다면 전유부분의 부속건물로 등기가 가능하다. 1995.8.10 3402-619)	① 터널, 교량, 토굴 ② 방조제 부대시설물(배수갑문, 권양기, 양수기) ③ 농지개량시설의 공작물(방수문, 잠관) ④ 가설건축물, 견본주택, 비닐하우스, 주유소 캐노피, 급유탱크 ⑤ 구조와 지붕이 컨테이너인 건물 ⑥ 경량철골조 또는 조립식 패널구조 건축물 ⑦ 유희시설 ⑧ 공유수면 및 공유수면하의 토지 ⑨ 공작물시설로 등재된 해상관광용 호텔 선박 ⑩ 관광용 수상호텔의 선박 ⑪ 공해상의 수중암초 및 구조물 ⑫ 폐유조선 및 플로팅 도크 ⑬ 지붕이 없는 공작물, 옥외풀장, 양어장, 치어장으로 등재되어 있는 공작물 ⑭ 건물의 부대설비(건물의 승강기, 엘리베이터실, 보일러시설) ⑮ 구분건물의 구조상 공용부분(아파트의 복도, 계단) 지하상가, 통로, 계단(지하도로)
* 종전에는 하천법상의 국가하천이나 지방1급 하천으로 편입된 하천은 등기능력이 없었으나, 하천법의 개정(2008.4.6 시행)으로 하천법상의 하천으로 편입된 토지라도 등기능력이 있다. 즉 소유권, 저	

당권, 권리질권, 가등기, 예고등기, 신탁등기, 부동산 표시 변경등기, 등기 명의인의 표시 변경등기, 부동산등기법, 민법 또는 특별법에 따른 특약 또는 제한 사항의 등기를 할 수 있다. 다만, 지상권·지역권·전세권 또는 임차권에 대한 권리의 설정, 이전 또는 변경의 등기는 하천법상의 하천에 대하여는 할 수 없다.(2008.3.26 예규 제1244호)

나. 등기할 사항이 아닌 권리

등기할 사항인 권리	등기할 사항이 아닌 권리
① 소유권 ② 지상권(구분지상권 포함), 지역권, 전세권, 저당권 ③ 권리질권(저당권부 채권질권) ④ 채권담보권(저당권부 채권담보) ⑤ 임차권	① 점유권 ② 유치권(부동산유치권) ③ 질권

다. 권리변동에 관한 등기능력

등기할 사항인 권리변동	등기할 사항이 아닌 권리변동
① 가등기된 권리의 처분을 금지하는 가처분등기	① 가등기에 대한 본등기를 금지하는 가처분등기
② 소유권 일부에 대한 이전등기 또는 저당권등기	② 부동산 특정 일부의 이전등기, 저당권등기
③ 부동산 특정일부에 대한 용익물권 설정	③ 소유권 일부에 대한 용익물권 설정
④ 공동상속인 중 1인이 신청하는 상속인 전원 명의의 상속등기	④ 공동상속인 중 1인이 신청하는 자기 상속분만에 관한 상속등기, 수탁자 수인 중 그 1인이 신청하는 지분만의 신탁등기
⑤ 공유자 중 1인이 신청하는 공유자 전원 명의의 보존등기	⑤ 공유자 중 1인이 신청하는 자기 지분만에 관한 보존등기
⑥ 수증자가 수인인 포괄유증의 경우 수증자 전원이 신청한 유증으로 인한 소유권이전등기	⑥ 물권적 청구권 보전을 위한 가등기
⑦ 포괄유증의 경우 수인의 수증자 중 1인이 신청하는 자기지분만에 관한 소유권이전등기	⑦ 관공서나 법원의 촉탁으로 실행하여야 할 등기를 신청한 경우
⑧ 수인의 가등기 권리자 중 1인이 신청하는 자기 지분만의 본등기	⑧ 수인의 가등기 권리자 중 1인이 신청하는 가등기권리자 전원 명의의 본등기
⑨ 가처분 등기 후 그에 반하는 소유권이전등기	⑨ 상속등기를 하지 아니한 부동산에 대한 가압류등기의 촉탁(그 가압류신청도 부적법하고 그 신청에 따른 가압류결정도 당연무효, 대판 2004다26287, 26294)
⑩ 매매계약서 상의 수개의 부동산 중 일부에 관한 소유권이전등기	⑩ 예고등기에 대한 말소신청

○ 지분만에 의한 등기신청의 가부 정리

① 가능한 경우

- 포괄수증자의 자기 지분만에 의한 유증을 원인으로 한 소유권이전등기
- 지분만에 의한 가등기에 의한 본등기

② 불가능한 경우

- 지분만의 소유권보존등기
- 지분만의 상속등기
- 수탁자가 수인인 경우 지분만의 소유권이전등기와 신탁등기

라. 그 밖의 절차법상 사건이 등기할 것이 아닌 경우

(a) 예시

① 전유부분과 등기된 대지권을 분리하여 처분하는 등기신청

② 2인의 공유로 등기된 후에 나중에 발생한 사유로 그 등기를 나머지 1인의 단독소유로 하는 경정등기신청

③ 등기사무 정지기간 중의 등기신청

④ 도시개발법상의 환지처분 공고 후의 등기신청이나 도시 및 주거환경정비법에 의한 분양처분의 고시 후의 등기신청

⑤ 저당권설정등기신청하면서 대물변제의 특약신청

⑥ 처분금지가처분권리부 가압류등기 촉탁

⑦ 하천법상 하천부지로 편입된 토지에 지상권·지역권·전세권·임차권설정등기신청

⑧ 1동의 건물에 속하는 구분건물 중 일부만에 관하여 소유권보존등기를 신청하면서 나머지 구분건물의 표시에 관한 등기를 동시에 신청하지 아니한 경우(법 제46조 1항)

⑨ 부동산에 대한 가압류가 본압류로 이행된 후 집행법원의 가압류등기만의 말소촉탁

⑩ 판결주문에서 소유권이전등기 및 근저당권설정등기의 각 말소등기 절차를 명한 경우(동시신청사유임) : 소유권이전등기의 말소만을 신청하고 근저당권설정등기말소등기신청을 하지 않은 경우

(b) 합유지분에 대한 상속등기 등

① 합유지분에 대한 상속등기는 법 제29조 제2호에 위반된 등기가 아니다.

② 합유지분에 대한 가압류등기는 법 제29조 제2호에 의하여 각하

③ 법 제29조 제2호의 각하 사유가 아닌 경우

- 신탁등기와 소유권이전등기의 동시신청 위배(5호)
- 금지사항의 부기등기가 있는 경우에 입주예정자의 동의 없이 금지된 등기를 신청(9호)
- 외국인이 토지취득허가서를 제공하지 않는 경우(9호)
- 명백히 위조된 서류에 의한 등기신청(9호)

3) 신청할 권한이 없는 자가 신청한 경우

※ 이 호에 위반하는 사유

- 외국인토지법상 상호주의가 적용되는 경우
- 등기를 신청하기 위해서 출석한 자가 당사자가 아닌 경우
- 무권대리인이 등기를 신청한 경우
- 지방법원장의 허가를 받지 않은 사무원이 등기를 신청한 경우 등

4) 당사자 또는 대리인이 출석하지 아니한 때

① **위반사유** : (ⅰ) 당사자의 일방이나 쌍방이 전혀 출석하지 아니한 경우, (ⅱ) 관공서가 아닌 당사자가 신청정보를 우송한 경우, (ⅲ) 출석한 당사자가 의사능력이 없는 경우, (ⅳ) 등기관이 아닌 법원숙직자에게 신청정보를 제공하고 가버린 경우 등

② **전자신청의 경우의 특칙** : 전자신청을 하는 경우에는 등기소에 출석하는 것이 아니므로 등기관이 법 제29조 4호 위반으로 각하할 수는 없다.

5) 신청정보가 방식에 적합하지 아니한 때

① **위반사유** : (ⅰ) 원인서면에 기재한 것을 신청정보에 빠뜨린 경우, (ⅱ) 필요적 신청정보 내용을 빠뜨린 경우, (ⅲ) 기재문자에 관한 규정 위배, (ⅳ) 신청인 또는 대리인의 기명날인을 빠뜨린 경우, (ⅴ) 신탁행위에 의한 신탁의 경우에 소유권이전등기 없이 신탁의 등기만 신청한 경우

② **신청정보와 원인서면의 적극적 저촉** : 이 법 제29조 8호 각하 사유임에 유의

6) 신청정보와 등기기록상의 부동산 또는 등기의 목적인 권리표시가 불일치한 경우

7) 법 제27조를 제외하고 신청정보와 등기기록상 등기의무자의 표시가 불일치한 경우

(1) 이 호에 **위반되는 사유**

※ 이 호의 각하사유에 해당하는 경우

- 근저당권설정등기신청시에 근저당권설정자인 등기의무자의 주소가 변경된 경우
- 가등기에 의한 본등기가 이루어진 후에 등기의무자를 본등기 명의인이 아닌 가등기의무자를 기재한 주택임차권등기 촉탁(2001.7.27 등기 3402－510)
- 주택임차권등기명령의 결정 후 소유권이전등기가 마쳐진 경우에 전소유자를 등기의무자로 임차권등기 촉탁(2003.6.23 부등 3402－353)
- 채무자변경등기신청시에 이미 근저당권자의 주소가 변경된 경우
- 이미 말소된 등기의 등기 명의인 표시 변경등기가 신청된 경우(대판 1979.11.20, 70마360)
- 토지의 분필등기신청시에 등기 명의인의 주소가 변경된 경우

(2) 각하할 수 없는 예외

※ 이 **호의 각하사유에 해당하지 않는 경우**

- **포괄승계인**에 의한 **등기신청(법령상)**
- **등기 명의인 표시 변경등기를 신청하는 경우(성질상)**
- **소유권이전등기가 신청된 경우에 등기의무자의 등기기록에 기록된 주소가 신청정보의 주소로 변경된 사실이 명백히 나타나는 때(규칙 제122조)**
- **멸실등기(실익이 없기 때문 생략)**
- **소유권 이외의 권리말소등기, 가등기의 말소등기(실익이 없기 때문에 생략)**
- **상속** 및 **합병을 원인**으로 한 **권리이전등기.(실익이 없기 때문에 생략)** 다만, 최근 판례에 의하면 상속등기시 피상속인의 등기 명의인 표시경정등기는 생략되지 않기 때문에 피상속인 명의의 등기 명의인 표시경정등기를 하지 않고 상속등기신청이 있는 경우에는 등기관은 이 호로 각하하여야 한다.(대판 2008.8.28, 2008마943)
- **간주규정**이 있는 경우 : 행정구역 또는 그 명칭이 변경된 경우(법 제31조)

8) 신청정보와 등기원인서면의 적극적 저촉(제8호)

① 원인서면의 범위 : 널리 원인사실을 증명하는 서면 및 등기신청에 필요한 서면도 포함하나, 제10호 각하 사유 때문에 대장은 제외된다.

② 원인서면의 적격요건 완화 : (ⅰ) 주소상이 ⇨ 등기원인을 증명하는 서면인 계약서 등의 계약 당사자의 표시가 신청정보의 그것과 엄격하게 일치하지 아니하더라도(주소가 변동된 경우 포함) 다른 첨부정보에 의하여 양자 사이의 동일성을 인정할 수 있으면 그 등기신청을 수리. (ⅱ) 원인증서상의 일부에 대한 등기신청(수리) 또한 판결주문에서 소유권이전등기 및 근저당권설정등기의 각 말소등기 절차의 이행을 명한 경우, 소유권이전등기말소등기를 신청하지 않은 채 근저당권설정등기말소등기만을 수리 가능함.

9) 신청정보에 첨부정보 또는 도면을 제공하지 아니한 때(제9호)

※ 해당하는 예

- 유효기간 경과한 법인등기사항증명서, 주민등록표등본, 대장등본, 인감증명(이상 3개월)을 제공한 경우
- 매도용 인감증명서와 신청정보상의 매수인의 인적사항이 전혀 불일치하거나 공동매수인의 인적 사항이 별지에 기재되지 아니한 경우
- '○○○ 외 ○명'으로 기재된 부동산매도용 인감증명을 제공한 경우
- 매도용 인감증명서와 신청정보의 등기권리자의 인적사항이 동일하지 않은 경우
- 첨부정보가 위조된 것임이 명백한 경우

10) 취득(등록면허)세, 수수료, 수입인지 첨부 등을 하지 않은 경우(제10호)

※ 취득(등록면허)세 등

- 취득(등록면허)세 영수필통지서를 제공하지 않은 경우 및 위조된 서면을 제공한 경우 다만, 부족하게 납부했다는 사유로는 이 호로 각하할 수 없다.
- 직권보존등기의 경우에 소유권보존등기의 취득세 미납사유는 이 호의 각하 사유가 아니다.

11) 신청정보 또는 등기기록의 부동산의 표시가 토지대장·임야대장 또는 건축물대장과 일치하지 아니한 경우(제11호)

① 대장과 등기기록의 소유자표시가 다른 경우 : 개정법에서 각하사유에서 삭제했기 때문

에 각하할 수 없음.

② 예외 : (ⅰ) 공매 및 경매를 포함해서 관공서의 등기촉탁이나, (ⅱ) 멸실등기를 신청할 때는 양공부상의 부동산 표시가 상이한 경우에 각하할 수 없음.

12) 삭제된 각하사유

① **구분건물 소유권보존등기신청 각하 : 구분건물대장을 제공하여 구분건물로 등기를 신청하였으나, 등기관의 실질적 심사권**에 의해서 **구분건물로 인정하지 아니하는 경우의 소유권보존등기신청 각하**

② **예고등기 관련 : 예고등기의 원고가 전부 승소했으나, 등기신청포기나 다른 재판**에 의해서 **말소할 수 없게 되어 예고등기가 제1심 법원에서 촉탁말소가 되었음에도 불구하고 승소한 원고가 승소한 등기의 말소** 또는 **말소회복등기의 신청을 한 경우의 각하**

2. 보정

1) 보정 통지

① 보정 통지의무 여부 : 판례에 따르면 등기관은 보정 통지할 법률상 의무는 없다.

② 보정 통지의 대상 : 각하사유가 있어 흠결사항에 대한 보정이 없으면 등기신청을 각하할 수밖에 없는 경우에 함.

③ **보정 통지 시기** : 명문의 규정은 없고, 판례에 따라 보정 통지는 당일 날 하는 것이 원칙이나 복잡사건, 집단 사건인 경우에는 조사가 마쳐져 보정할 사항이 명확하게 된 날로 통지 가능함.

④ **보정 통지 방식** : 보정할 사항을 구체적으로 적시하고 그 근거법령이나 예규 등을 제시하여 구두·전화·모사전송의 방법 다만, 전자신청에 대한 보정 통지는 전자우편의 방식으로도 통지할 수 있게 되었다.

2) 보정 이행

① **이행권자 : 보정 이행은 당사자나 대리인 본인이 등기소에 출석해서 하여야 하며, 변호사나 법무사** 등의 **사무원은 출석하여** 이를 **이행할 수 있다.**

② **보정 이행 시기 : 보정을 명한 날의** 다음 **날**까지로 **규정함.**

③ **신청정보** 등의 **흠결보정 : 특별히 등기관은** 그의 **면전에서 필요한 보정(날인, 기재 정정**

등)을 하게 하여야 한다.(반환하거나 반환청구 불가)

④ **전자신청**에 대한 **보정 이행** : **전자신청의 보정은 전산정보처리조직**에 의하여 **하여야 하는 것이 원칙**이다.

- **본인신청의 경우** : 그 **정보를 담고** 있는 서면(주민등록등본, 건축물대장등본 등)을 **등기소에 직접 출석하여 제공**한다.
- **신청인이 자격대리인인 경우** : 그 서면을 전자적 이미지 정보로 변환하여 원본과 상위 없다는 취지의 부가정보와 자격자대리인의 공인인증서정보를 덧붙여 등기소에 송신할 수 있다.

⑤ 영구보존문서의 보정 이행

- 전자문서로 변환하여 등록하는 방법으로 송신한 경우 : 반드시 전자문서로 변환하여 등록한다.
- 서면으로 제공한 경우 : 원칙적으로 전자문서로 변환하여 등록하는 것을 원칙으로 하고, 예외적으로 서면으로 제공할 수도 있다.
- 영구보존문서를 처음부터 제공하지 아니한 경우 : 원칙적으로 전자문서로 변환하여 등록하는 방법으로 제공하여야 하나, 서면으로 제공할 수도 있다.

3) 보정 통지 후의 등기관 조치

① 보정의 이행이 있는 경우

- 일반적인 경우 : 더 이상 각하사유가 없다면 수리하여 등기를 실행한다.
- 전자신청에 대한 보정 이행을 한 경우 : 신청정보를 담고 있는 정보를 출력하여 그 출력물과 보정서면을 **편철한 후 신청서** 그 밖의 **부속서류 편철장에 편철**한다.(예규 제1449호)
- **영구보존문서** : 영구보존문서를 등록하는 방법으로 보정 이행한 경우에는 법령에 부합되는지 여부를 조사한 후 교합처리하고, 서면으로 보정 이행한 경우에는 스캐너를 이용하여 전자문서로 등록한 후 법령에 부합되는지 여부를 조사한 후 교합처리한다.

② **보정의 이행이 없는 경우** : 등기관은 이유를 기재한 결정으로 등기신청을 각하한다.

③ 각하 후의 보정 이행의 효력 : 각하결정을 한 후에 보정이 이행되었다면 그 보정 이행이 각하결정을 무효화할 수는 없기 때문에 등기관은 각하한 등기신청에 대한 등기 실행을 해야 하는 것은 아니다.

3. 각하 절차

① 등기신청의 각하 방식 : 이유를 기재한 각하결정등본을 교부 또는 송부한다.

- 자신청에 대한 각하 결정의 방식 및 고지방법 : 그 송달 여부를 확실히 하기 위하여 서면신청과 동일한 방법으로 처리한다.

② 첨부정보의 환부 : 등기신청서 외의 부속서류는 반환한다. 다만, 첨부정보 중 각하사유를 입증할만한 서류는 복사하여 등기신청서에 편철하는 것이므로 반환을 거부할 수 없다.

③ 취득(등록면허)세 등의 환부 : 신청인은 납부한 취득(등록면허)세를 환부받을 수 있으나, 등기신청 수수료는 환부받을 수 없다.

④ 각하 통지 : 합병등기신청을 각하한 경우에 등기관은 지체 없이 대장청에 통지해야 한다.

4. 부당한 각하와 이에 대한 이의

※ 이의 사유 : 모든 부당한 사유로 이의신청 가능 다만, 신청인이 아닌 제3자는 불가

5. 각하 사유를 간과한 등기의 효력

① 제29조 제1호 및 제2호 위반 : 당연무효, 직권말소, 이의신청 대상임.

- 직권말소할 수 없는 경우(소송 등으로 해결)
- 수탁자를 의무자로 하여 신탁목적에 반하는 압류등기가 완료된 경우(소송 등으로 해결)

② 제29조 제3호 이하 위반 : 소송 등으로 다투는 것은 별론으로 하고 이의신청 불가함.

V 등기의 실행

1. 등기의 실행순서

① 등기실행 순서 : 접수번호의 순서대로 실행한다.(법 제11조 3항)

② 동시 신청이 있는 경우

• 별개 부동산에 동시에 수개의 신청이 있는 때 : 권리의 순위에 영향을 미치지 아니하기 때문에 접수번호의 순서와 다르게 하여도 무방하다.

③ 별개 부동산에 대해서 접수번호 순서대로 실행하지 아니하여도 되는 예외

• 신청의 흠결에 대하여 보정 통지를 한 경우

• 등기신청사건이 복잡하거나 집단사건 또는 법률적 판단이 어려운 경우

• 다만, 전산이기작업이 진행 중인 등기과·소에서 우선전환요청이 있는 경우(폐지)

• 신청인의 주소나 그 대리인의 사무소 소재지가 다른 지방법원 관한 내에 있는 경우(폐지, 2010.8.10 예고 제1317호)에는 접수번호 순서대로 실행하여야 한다.

④ 동일 부동산에 대해서 여러 개의 등기신청이 있는 경우

• 동일 부동산에 대하여 여러 개의 등기신청사건이 접수되었을 경우에는 위의 규정에 불구하고 반드시 접수순서에 따라 이를 처리하여야 한다.

⑤ 법 제11조 3항에 명시된 위반등기의 효력

• 판례는 이 규정을 직무규정으로 해석하므로 등기관이 직권말소하거나 이의신청의 대상도 아니라고 본다.(대판 1976.4.27, 75다2275)

2. 등기의 기록문자 등

※ 말소하는 표시

• 소유권의 전부 또는 일부 이전 : 말소하는 표시를 하지 아니함.

• 소유권 이외 등기의 이전등기 : 전부 이전시는 말소하는 표시를 함. 일부 이전시는 말소하는 표시를 하지 아니함.

• 권리변경 : 부기등기로 실행하면 말소하는 표시를 함. 주등기로 실행하면 말소하는 표시를 하지 아니함.

• 등기 명의인 표시 변경등기 : 항상 말소하는 표시를 함.

• 부동산 표시등기 : 등기형식을 불문하고 종전표시를 말소하는 표시를 함.

3. 등기관의 식별부호 기록(교합)

※ 식별부호 기록 후의 자구정정·등기신청 취하 여부 : 등기 절차가 마쳐졌기 때문에 자구정정이나 등기신청 취하는 불가함.

4. 등기의 기록 방법

① **소유권이전등기 : 종전 소유자의 표시를 주말하지 아니함.**

② **소유권** 이외의 **권리의 이전등기 : 종전 권리자의 표시를 주말함.**

③ **소유권** 이외의 **권리의 일부 이전등기 : 종전 권리자의 표시 주말하지 아니함.**

구 분	등기상 이해관계인이 없거나 그의 승낙을 얻은 경우		등기상 이해관계인의 승낙을 얻지 못한 경우	
	등기형식	종전 등기사항	등기형식	종전 등기사항
권리변경등기	부기등기	주말	**주등기**	주말하지 아니함
등기 명의인 표시 변경등기	부기등기	주말	부기등기	주말
부동산 표시 변경등기	주등기	주말	주등기	주말

요약 정리

① 건물보존등기의 경우 건물의 면적만이 기록되고 건물의 길이, 높이 등은 기록사항이 아니다.

② 민법상 재단법인의 경우 그 대표자의 성명, 주소 및 주민등록번호 등이 등기할 사항이 아니다. ⇨ 직권경정등기의 대상

③ 1992년 2월 1일 이후에만 법인 아닌 사단이나 재단의 대표자·관리인을 기록할 수 있는 것이므로 그 이전에 등기되어 대표자가 기록되지 아니한 경우에는 그 대표자나 관리인을 등기할 수 없다.

Ⅵ 등기완료 후 절차

1. 종전 방식: 등기필증의 작성 및 교부

① **등기필증 : 추정력 인정**(공신력이 인정되는 것은 아님.)

② **등기권리자에게 교부**

③ 오전에 제출된 등기신청사건에 대하여는 다음날 18시까지, 오후에 제출된 사건에 대하여는 다음날 12시까지 등기필정보를 작성 교부한다.(2014.4.9 등기예규 제1515호)

2. 현행 방식: 등기필정보의 통지

등기관이 새로운 권리에 관한 등기를 마쳤을 때에는 등기필정보를 작성하여 등기권리자에게 통지하여야 한다.(법 제50조 1항)

등기관이 등기권리자의 신청에 의하여 다음 각 호 중 어느 하나의 등기를 하는 때에는 등기필정보를 작성하여야 한다. 그 이외의 등기를 하는 때에는 등기필정보를 작성하지 아니한다.(개정 2014.10.21 등기예규 제1529호)

① 법 제3조 그 밖의 법령에서 등기할 수 있는 권리로 규정하고 있는 권리를 보존, 설정, 이전하는 등기	등기필정보의 작성 (+등기완료 통지)
② 위 ①의 권리의 설정 또는 이전청구권 보전을 위한 가등기	
③ 권리자를 추가하는 경정 또는 변경등기(갑 단독소유를 갑·을 공유로 경정하는 경우나 합유자가 추가되는 합유 명의인 표시 변경등기 등)	
④ 말소등기	등기완료 통지
⑤ 부동산 표시 변경(경정)등기·멸실등기	
⑥ 등기 명의인 표시 변경(경정)등기	

3. 등기필정보의 작성

① 법 제50조 1항의 등기필정보는 아라비아 숫자와 그 밖의 부호의 조합으로 이루어진 일련번호와 비밀번호로 구성한다.(부동산등기규칙 제106조 1항)

② 법 제50조 제1항의 등기필정보는 부동산 및 등기 명의인별로 작성한다. 다만, 등기신청서의 접수년월일 및 접수번호가 동일한 경우에는 부동산이 다르더라도 등기 명의인별로 작성할 수 있다. 그러므로 등기 명의인이 신청하지 않은 다음 각 호의 등기 중 어느 하나의 등기를 하는 경우에는 등기 명의인을 위한 등기필정보를 작성하지 아니한다.(규칙 제109조 2항)

- 채권자대위에 의한 등기
- 등기관의 직권에 의한 보존등기
- 승소한 등기의무자의 신청에 의한 등기
- 관공서가 등기촉탁을 한 때에는 등기필정보를 작성하지 아니한다. 다만, 등기권리자를 위하여 소유권보존 또는 이전등기를 촉탁한 경우에는 그러하지 아니하다.

4. 등기필정보의 통지 방법

① 등기필정보는 다음 각 호의 구분에 따른 방법으로 통지한다.(규칙 제107조 1항)

- 방문신청의 경우 : 등기필정보를 적은 서면(이하 "등기필정보통지서"라 한다.)을 교부하는 방법 다만, 신청인이 등기신청서와 함께 대법원예규에 따라 등기필정보통지서 송부용 우편봉투를 제출한 경우에는 등기필정보통지서를 우편으로 송부한다.
- 전자신청의 경우 : 전산정보처리조직을 이용하여 송신하는 방법

② 제1항 제2호에도 불구하고 관공서가 등기권리자를 위하여 등기를 촉탁한 경우 그 관공서의 신청으로 등기필정보통지서를 교부할 수 있다.(규칙 제107조 2항)

③ 제1항에 따라 등기필정보를 통지할 때에는 그 통지를 받아야 할 사람 외의 사람에게 등기필정보가 알려지지 않도록 하여야 한다.(규칙 제107조 3항)

5. 등기필정보 통지의 상대방

① 등기관은 등기를 마치면 등기필정보를 등기 명의인이 된 신청인에게 통지한다.

② 관공서가 등기권리자를 위하여 소유권이전등기를 전자촉탁한 경우에는 등기필정보통지서를 출력하여 관공서에 직접 교부 또는 송달할 수 있으며, 이 경우 관공서는 밀봉된 등기필정보통지서를 뜯지 않은 채 그대로 등기권리자에게 교부한다.

③ 법정대리인이 등기를 신청한 경우에는 그 법정대리인에게, 법인의 대표자나 지배인이 신청한 경우에는 그 대표자나 지배인에게, 법인 아닌 사단이나 재단의 대표자나 관리인이 신청한 경우에는 그 대표자나 관리인에게 등기필정보를 통지한다.(규칙 제108조 2항)

④ 다만, 권리자가 등기신청을 대리인에게 위임하면서 등기필정보의 수령 및 그 확인에 관한 일체의 권한을 부여한 경우에는 대리인이 직접 자신의 공인인증서정보를 입력하여 전송받은 등기필정보를 확인할 수 있으며, 이를 서면으로 출력하여 등기권리자에게 교부할 수 있다. 출력된 등기필정보통지서의 기재사항 중 일련번호 및 비밀번호가 보이지 않도록 그 기재된 부분에는 스티커를 부착한다.

6. 등기필정보를 작성 또는 통지할 필요가 없는 경우

① 등기권리자가 등기필정보의 통지를 원하지 않는 경우(법 제50조 1항 1호)

② 국가 또는 지방자치단체가 등기권리자인 경우(법 제50조 1항 2호)

③ 법 제50조 제1항 제3호에서 "대법원규칙으로 정하는 경우"란 다음 각 호의 어느 하나에 해당하는 경우를 말한다.(규칙 제109조 2항)

- 등기필정보를 전산정보처리조직으로 통지받아야 할 자가 수신이 가능한 때부터 3개월 이내에 전산정보처리조직을 이용하여 수신하지 않은 경우
- 등기필정보통지서를 수령할 자가 등기를 마친 때부터 3개월 이내에 그 서면을 수령하지 않은 경우
- 법 제23조 제4항에 따라 승소한 등기의무자가 등기신청을 한 경우
- 법 제28조에 따라 등기권리자를 대위하여 등기신청을 한 경우
- 법 제66조 제1항에 따라 등기관이 직권으로 소유권보존등기를 한 경우

7. 등기필정보의 실효선고

① 규칙 제110조 1항의 등기필정보는 부동산 및 등기 명의인별로 작성한다. 다만, 등기신청서의 접수년월일 및 접수번호가 동일한 경우에는 부동산이 다르더라도 등기 명의인별로 작성할 수 있다. 그러므로 등기 명의인이 신청하지 않은 다음 각 호의 등기 중 어느 하나의 등기를 하는 경우에는 등기 명의인을 위한 등기필정보를 작성하지 아니한다.(규칙 제109조 2항)

② 규칙 제110조 1항의 신고는 다음 각 호의 방법으로 한다.

- 전산정보처리조직을 이용하여 신고정보를 제공하는 방법
- 신고정보를 적은 서면을 제출하는 방법

③ 규칙 제110조 2항에 따라 등기필정보의 실효신고를 할 때에는 대법원예규로 정하는 바에 따라 본인확인 절차를 거쳐야 한다.

④ 규칙 제110조 2항 2호의 신고를 대리인이 하는 경우에는 신고서에 본인의 인감증명을 첨부하여야 한다.

⑤ 등기관은 등기필정보의 실효신고가 있는 경우에 해당 등기필정보를 실효시키는 조치를 하여야 한다.

8. 등기필정보의 일련번호와 비밀번호 추가 부여 및 통지서 교부

1) 예규 제정 취지

대지권 미등기 구분건물의 현 소유자가 법 제60조에 따라 사후대지권등기를 하기 위하여

분양자와 공동으로 대지지분에 대한 소유권이전등기를 신청하는 등의 과정에서 등기필정보가 부족한 경우가 많이 발생하는 문제점을 개선하기 위하여 2010년 9월 30일 등기예규 제1320호에 의하여 등기필정보의 일련번호와 비밀번호에 대한 추가신청이 가능하게 되었다. (현행 2014.4.9 등기예규 제1513호)

2) 구체적인 절차

① 하나의 등기필정보로 동시에 또는 순차적으로 등기신청을 하여야 할 예정 사건의 수가 50건을 초과하는 경우 등기 명의인은 등기신청 예정 사건의 수를 소명하는 서면을 첨부한 별지 제3호 양식에 의하여 일련번호 등을 추가 부여하여 줄 것을 등기신청과 동시에 또는 사후에 신청할 수 있다. 다만, 사후에 신청하는 경우에는 교부(수신)받은 등기필정보 및 등기완료 통지서를 신청서와 함께 제출하여야 한다.(등기예규 제1513호)

② 등기관은 위 신청서를 심사한 후 필요성이 인정될 경우에는 전산정보처리조직을 이용하여 등기신청 예정 사건의 수를 기준으로 50건을 초과할 때마다 1개의 일련번호와 각 50개의 비밀번호를 추가 부여한다.(등기예규 제1513호)

9. 등기완료 통지

1) 등기필정보를 부여받을 사람에 대한 통지

전자신청의 경우에는 등기필정보를 송신할 때 함께 송신하고, 서면신청의 경우에는 등기필정보가 함께 기재된 등기필정보 및 등기완료 통지서로 하여야 한다.

2) 등기필정보를 부여받지 않은 사람에 대한 통지

① **공동신청에 있어서 등기의무자에 대한 통지** : 신청서에 등기완료사실의 통지를 원한다는 등기의무자의 의사표시가 기재되어 있는 경우에만 등기완료사실의 통지를 한다.

② 위 통지를 제외한 신청인에 대한 통지

- 공동신청에 있어서 등기필정보를 부여받지 않는 등기권리자
- 단독신청에 있어서 신청인
- 법 제23조 4항에 의한 승소한 등기의무자의 등기신청에 있어서 등기의무자
- 법 제28조에 의한 대위채권자의 등기신청에 있어서 대위자

③ 신청인이 아닌 등기 명의인 등에 대한 통지

• 법 제23조 4항에 의한 승소한 등기의무자의 등기신청에 있어서 등기권리자

• 법 제28조에 의한 대위채권자의 등기신청에 있어서 등기권리자

• 법 제66조에 의한 소유권의 처분제한의 등기촉탁에 있어서 소유권 보존등기의 명의인

• 법 제51조의 등기의무자

④ 관공서에 대한 통지 : 전자촉탁의 경우에는 전산정보처리조직을 이용하여 송신하는 방법에 의하고, 서면촉탁의 경우에는 등기완료 사실을 인터넷 등기소에 게시하는 방법에 의한다.

Ⅶ 등기완료 후 그 밖의 절차

1. 소유권변경 사실의 통지

1) 통지를 하여야 하는 경우

등기관이 다음 각 호의 등기를 하였을 때에는 지체 없이 그 사실을 토지의 경우에는 지적소관청에, 건물의 경우에는 건축물대장 소관청에 각각 알려야 한다.(법 제62조)

① 소유권의 보존 또는 이전

② 소유권의 등기 명의인 표시의 변경 또는 경정

③ 소유권의 변경 또는 경정

④ 소유권의 말소 또는 말소회복

※ 소유권에 관한 가등기, 예고등기, 처분제한등기, 부동산 표시 경등기, 멸실등기 등은 이에 해당하지 않음. 소유권이전등기를 신청함과 동시에 대장소관청에 소유자등록 변경신청을 하는 것도 가능하다.

2) 통지 절차

① 법 제62조, 규칙 제120조에 의한 소유권 변경 사실의 통지는 규칙 제120조에 의하여 지적대장소관청, 건축물대장소관청에 소유권 변경 사실의 정보를 전송하는 방법으로 한다.

② 소유권 변경 사실의 정보 전송은 전자정부법 제38조 제1항에 따라 행정정보공유센터에 전송하는 방식으로 한다.(2011.10.11 등기예규 제1372호)

2. 과세자료의 통지

1) 통지를 하여야 하는 경우

등기관이 소유권의 보존 또는 이전의 등기(가등기 포함)를 하였을 때에는 대법원규칙으로 정하는 바에 따라 **지체 없이** 그 **사실을 부동산 소재지 관할 세무서장에게 통지하여야 한다.** (법 제63조)

2) 통지 절차

① 법 제63조 및 규칙 제120조에 의한 과세자료의 제공은 규칙 제120조의 규정에 의하여 국세청에 과세자료의 정보를 전송하는 방식으로 한다.

② 과세자료의 정보 전송은 국세청 과세정보연계시스템에 전송하는 방식으로 한다.(2011. 10.11 등기예규 제1372호)

3. 그 밖의 각종 통지

① 착오·빠짐(유루)의 통지

- 등기완료 후 착오·빠짐(유루)을 발견한 경우 : 등기권리자 및 등기의무자에게 사전 통지
- 직권경정등기를 하는 경우 : 사전에 통지하지 아니하고 등기관이 지체 없이 직권으로 경정등기를 한 후에 그 취지를 등기권리자·등기의무자에게 통지

② 토지수용으로 등기를 말소한 취지의 통지 : 말소되는 등기의 권리자에게 그러한 취지 통지(말소 후 통지)

③ 법 제29조 제1, 2호에 해당하는 등기의 직권말소이전에 1월 이내에 이의를 제기하지 아니하는 경우에는 등기를 말소한다는 취지 통지(말소 전 통지)

④ 가압류, 가처분, 임차권등기명령에 의한 주택(상가건물) 임차권등기를 법원의 말소등기 촉탁 이외의 사유(본등기, 매각, 공매, 법 제99조 4항, 규칙 제116조 2항 규정의 경우 등)로 가압류 또는 가처분등기를 말소한 경우에는 등기관은 지체 없이 그 뜻을 집행법원에 통지하여야 한다.(2011.10.11 등기예규 제1368호)

4. 과태료 통지

근거 규정	부동산등기법 제112조	부동산등기특별조치법 제2조
신청하는 등기	건물분합·멸실·변경등기	소유권보존등기, 소유권이전등기
기 한	1월	60일
과 태 료	50만원 이하의 과태료	취득세 5배 이하의 과태료 (100분의 5에서 100분의 30까지)
과태료 처분권자	과태료에 처할 자의 주소지 관할지방법원·지원 소관 (비송사건절차법 제247조)	목적 부동산소재지 관할 시장·군수·구청장이 부과 (부동산등기특별조치법 제12조)
통 지	과태료에 처할 자의 주소지 관할지방법원·지원	목적 부동산소재지 관할 시장·군수·구청장

5. 미수령 등기필증의 보존기간(2007.3.15 제1172호)

1) 등기권리자에게 교부하여야 할 미수령 등기필증

① **소유권보존 및 이전, 소유권** 이외의 **권리의 설정** 및 **이전, 가등기** 및 그 **이전, 권리변경(경정)**에 관한 **등기필은 등기를 완료한 때**로부터 **3년간** 이를 **보존한다.**

② 그 밖의 **등기사항**에 관한 **등기필증은 등기를 완료한 때**로부터 **10일간** 이를 **보존한다.(1개월에서 변경)**

2) 등기의무자에게 반환 또는 교부하여야 할 미수령 등기필증 등

① **등기의무자에게 반환하여야 하는 신청서에 첨부된 등기필증** 중 **등기부상** 그 **권리가 완전히 효력을 상실하지 아니한 등기필증(소유권** 이외의 **권리의 설정등기, 가등기, 권리변경(경정) 등기, 권리 일부 이전등기, 권리 일부 말소등기** 등의 **신청서에 첨부된 등기필증)은 등기를 완료한 때로부터 3년간** 이를 **보존한다.**

② **등기의무자에게 반환 또는 교부하여야 하는 신청서에 첨부된** 위 ① 이외의 **등기필증과 확인서면, 공증서면의 부본** 또는 **조서의 등본은 등기를 완료한 때**로부터 **10일간** 이를 **보존한다.**

제9장

등기관의 처분에 대한 이의와 등기에 관한 보칙

제9장

등기관의 처분에 대한 이의와 등기에 관한 보칙

I 등기관의 처분에 대한 이의

1. 이의 제도

부동산등기 절차를 관장하는 국가기관인 등기관은 등기에 관하여 법률이 정하는 여러 가지 권한을 갖는다. 만약 등기관의 처분이 부당할 경우에는 이에 의하여 불이익을 받은 당사자가 등기관에 대하여 시정(즉 부당한 처분의 효과를 제거하여 정당한 처분이 있었던 것과 동일한 효과 내지 상태를 이룰 수 있는 것.) 청구할 수 있어야 한다. 따라서 이를 위하여 부동산등기법 제100조 이하에는 '이의 제도'를 규정하고 있다.

이와 같은 **이의 제도는 등기관의 부당한 처분**에 대한 **시정을 바라는 행정상 처분이기 때문에 피해 당사자를** 위한 **피해의 원상회복을 이룰 수 없다. 경우**에 따라서(즉 **등기상태의 발생원인이 등기관에게만 있는 경우) 등기관의 위법·부당한 행정처분** 내지 이에 의하여 **불이익을 받은 자는 이의신청** 이외에 **법원에 행정소송의 제기** 또는 **이의신청**과 함께 **국가를 상대로 손해배상을 구할 수 있다.**

2. 이의신청의 요건

1) 등기관의 결정 또는 처분이 부당한 것일 것.(법 제105조)

(1) 등기관의 결정 또는 처분

'등기관의 결정'이란 등기신청의 각하결정(법 제29조)과 같은 것을 의미하고, '처분'이란 직접적으로 등기 절차에 관한 처분(등기수리, 등기실행, 신청각하)과 그 밖에 등기부의 교부, 등기부의 열람 등 부동산등기법이 등기관이 해야 할 것을 정한 모든 처분을 뜻한다.

(2) 결정 또는 처분의 부당

가. 부당의 의미

등기관의 결정 또는 처분의 부당이란 등기관의 처분 자체가 부당한 것을 의미하므로 등기관의 처분의 결과로 나타나는 실질적으로 부당한 상태가 등기관의 처분 이외의 원인에 의한 것인 때에는 부당의 의미에 포함되지 않는다. 따라서 등기신청이 실체관계에 부합하지 않음을 등기관의 심사권한으로 발견할 수 없는 경우에 피해자의 구제방법은 등기 명의인에 대하여 등기부상 부당내용의 제거 또는 방지를 위한 협력을 구할 수 있을 뿐이다. 이와 같은 부당은 크게 두 가지로 나눌 수 있다. (ⅰ) 직접 등기부에 관하여 행하는 결정과 처분이 부당한 경우, (ⅱ) 직접 등기부에 관하여 행하는 결정과 처분이 아닌 것이 부당한 경우가 있다.

따라서 **직접 등기부**에 관하여 **행하는 결정과 처분의 부당은 등기관이 해야 할 것을 하지 않은 경우(부작위, 즉 소극적 부당)와 해서는 안 되는 것을 행한 경우(작위, 즉 적극적 부당)로 나눌 수 있다.** 소극적 부당의 경우(예: 등기신청을 접수해서 실행함에도 불구하고 신청을 각하 또는 등기실행을 게을리 하는 경우), 이의(일정한 등기를 하라는 이의)를 신청하면 된다.(다만, 등기실행이 가능한 경우에 한함.) 그러나 적극적 부당의 경우(즉 법 제29조에 해당하여 신청을 각하함에도 불구하고, 이를 접수해서 등기하거나, 해야 할 등기와 다른 등기를 한 경우), 부당한 처분에 대해 원상회복(잘못된 등기의 말소 또는 경정 등)해야 할 것인가? 이에 관하여 법 제29조 제1호 내지 제2호에 위배되는 등기실행처분에 대해서는 그 등기를 말소하라는 이의를 신청할 수 있으나, 이 조 제3호 이하를 위배한 등기실행처분은 이의신청의 대상이 되지 않는다.(대판 1971. 1.26, 70마812; 대판 1973.5.12, 73마386) 따라서 법 제55조 제1항 또는 제2항에 반하여, 등기한 경우에 이의신청을 인정하거나(법 제105조 이하), 등기관이 직권으로 그 등기를 말소해야 한다.(왜냐하면 그 등기가 절대적 무효이기 때문이다.)

이에 반하여, 법 제29조 제3호 이하에 위반하여 행한 등기는 직권말소할 수 없으므로 이의신청이 인정되지 않는다. 그 이유로는 (ⅰ) 법 제29조 제3호 이하를 위반하여 행한 등기를 이의신청의 대상으로 하여 직권말소를 한다고 하면, 종국적으로 같은 법 제29조 모든 각 호를 기의 유효요건으로 하게 되어 등기 제도의 경직성으로 인하여 거래안전을 해할 우려가 있다. (ⅱ) 절차적인 하자가 존재하고 실제적으로 무효의 요소가 농후한 등기라고 할지라도 등기가 된 이상 이해관계 있는 등기 명의인의 이익에 관계가 있기 때문에 그 제거는 등기 명의인의 의사에 의하거나 그에게 기판력이 미치는 판결에 의해야 한다.

나. 부당 여부의 시점

등기관의 결정 또는 처분이 부당한가에 대한 **판단시점은 당연히** 그 **결정** 또는 **처분을 한 시점이 기준이 된다.(법 제102조 참조)** 따라서 등기관은 결정 또는 처분을 할 때 제출된 신청서류 등의 증거방법을 가지고, 그의 심사권한의 범위 안에서 그가 했어야 할 행동을 기준으로 하여 현실적으로 행한 행동을 평가해야 한다.

다. 결정 또는 처분 자체의 부당

등기관의 결정 또는 **처분 자체가 부당한 경우에 이의신청이 인정된다.** 따라서 등기관의 결정·처분 등에 기인할 경우 또는 처분 등의 결과로 나타난 상태(특히 등기면)의 경우에는 이의신청이 인정되지 않는다. 예컨대, 등기관의 심사권한으로 그 위법을 발견하지 못하여 그 실체관계가 없는 등기가 행해진 경우 또는 촉탁등기에 있어서 촉탁 자체가 부당한 것이지만, 등기관의 형식적 심사만으로 촉탁의 부당함을 모르고 촉탁등기를 한 경우에는 이의신청이 허용되지 않는다.

2) 등기상 이해관계인(이의신청서)일 것.

이의신청자는 등기관의 결정 또는 **처분에 이의가 있는 자**를 말한다.**(법 제100조)** 여기서 **'등기관의 결정** 또는 **처분에 이의가 있는 자'란 등기관의 처분**에 의해 **불이익을 받거나, 이의신청의 이유가 인정되어** 그 **불이익을 제거할 수 있는 입장에 있는 자**를 말한다. 또한 **처분을 한 등기관**에 대하여 **직접적으로** 그 **처분**에 대하여 **재고와 시정을 요구한다는 제도의 취지에서 보면, 불이익이 등기** 등의 **형식에 직접적으로 나타나 있는 자임이 요구된다.** 이런 **의미에서 등기간의 처분** 등에 **등기상 직접적으로 이해관계가 있는 자가 이의신청자**가 된다.

예컨대, 어떤 **등기의 대위신청을 한 채권자는** 그 **대위에 관계된 등기를 말소하는 처분**에 대해 **직접적으로 이해관계인이지만, 저당권이전등기의 처분**에 관하여 **저당권설정자는 이해관계인이 아니다.** 다만, **등기신청은 등기관**에 대해 **일정한 처분을 구하는 행위이므로** 어떤 **등기신청을 각하한 처분**에 대해서는 **해당 신청자(절차상 등기권리자·등기의무자)가 이의신청인**

이 된다고 생각한다.(예: 국가에 대한 등기신청권을 갖는 절차상 등기의무자는 이의신청인이 된다고 여긴다.) 그 밖에 **등기의 말소신청에 있어서 법 제57조 소정의 이해관계에 있는 제3자의 승낙서** 등이 **첨부되어 있지 아니하였다는 사유는 제3자의 이해**에 관한 **것이므로 말소등기의무자는 말소처분**에 대하여 **이의신청을 할 수 있는 등기상 이해관계인에 해당하지 않는다.**(2011.10.12 등기예규 제1411호)

3. 이의신청의 절차와 효력

1) 이의신청의 절차

이의신청은 해당 등기관을 감독하는 지방법원(또는 지원)**에 하여야 하나**(법 제100조), 그 **이의신청서는** 해당 **등기소에 제출해야 한다.**(법 제101조) 따라서 **이의신청은 서면으로 하며,** 그 **이의신청기간**에 관한 **규정이 없어도 청구이익이 존재하는 한 이의신청을 할 수 있다**고 본다.

2) 이의신청의 효력

등기사무는 성질상 신속함을 요하기 때문에 이의는 집행정지의 효력이 없다.(법 제104조)

4. 이의에 대한 조치

1) 등기관의 조치(등기신청의 각하결정에 이의신청의 경우)

(1) 이의가 이유 없다고 인정한 경우

등기관은 이의가 이유 없다고 인정한 때에는 3일 이내에 의견을 붙여서 사건을 관할지방법원에 송부한다.(법 제103조 2항)

(2) 이의가 이유 있다고 인정한 경우

등기관은 이의가 있다고 인정한 때에는 상당한 처분을 하여야 한다.(법 제103조 1항) **'상당한 처분'이란 등기신청을 각하한 경우에** 이를 **접수하고, 등기부의 열람이나 등·초본의 교부청구를 거절한 경우에는 열람을 허용하거나 등·초본을 교부하는 것** 등을 말한다. 그러나 **등기완료** 후에 그 **등기**에 관하여 **이의가 있다고 인정되는 경우(예: 하지 말아야 했던 등기**

를 실행한 경우)에 그 등기에 대하여 이의가 있는 취지를 부기한 후 이를 등기상의 이해관계인에게 통지하고, 3일 이내에 의견을 붙여서 사건을 관할지방법원에 송부하여야 한다.(법 제103조 3항)

2) 관할지방법원의 조치(등기신청을 수리·완료한 등기에 이의신청의 경우)

(1) 이의가 이유 없다고 인정한 경우

관할지방법원은 이의에 대하여는 이유를 붙여서 결정을 하여야 한다.(법 제105조 1항 전단) 이 경우에 이의가 이유 없다고 인정한 때에는 법원은 기각결정등본을 첨부하여 그 사건이 종결된 취지를 통지하고, 등기관은 법원의 통지에 의하여 이를 말소하고 등기상 이해관계인에게 그 취지를 통지한다.

(2) 이의가 이유 있다고 인정한 경우

등기관을 경유해서 이의신청서를 받은 관할지방법원이 이의가 이유 있다고 인정한 때에는 등기관에게 상당한 처분을 명하고 그 뜻을 이의신청인과 등기상의 이해관계인에게 알려야 한다.(법 제105조 1항 후단)

또한 이러한 상당한 처분으로서 일정한 등기를 명하는 경우에 그 결정을 기다려 등기를 실행하게 되면 이의신청인에게 불측의 손해를 줄 염려가 있어서 이를 대비하기 위하여 관할지방법원은 이의에 대하여 결정하기 전에 등기관에게 가등기 또는 이의가 있다는 뜻의 부기등기를 명할 수 있다.(법 제106조)

3) 법원의 명령에 의한 등기

등기관이 법원의 명령에 의하여 가등기(이의가 인정되어 이의신청인의 불측의 손해를 방지하기 위하여 법원이 이의에 대한 결정 이전에 가등기를 명할 경우) 또는 등기(이의가 인정되어 법원의 상당한 처분으로 등기를 명한 경우)를 하는 때에는 명령을 한 지방법원, 명령의 연월일, 명령에 의하여 등기를 한다는 취지와 등기의 연월일을 기록하여야 한다.(법 제107조) 그러나 등기신청의 각하에 따른 이의신청에 의한 기재명령이 있으나, 이미 신청서 이외의 첨부서류가 환부된 경우에는 등기관은 등기신청인에게 환부된 서류의 재제출을 명하고 이에 응하지 아니한 때에는 그 기재명령에 따른 등기를 할 수 없다.

○ 법원명령에 의한 등기용지 기재례

〈갑구〉

<table>
<tr><th colspan="5">[갑구] (소유권에 관한 사항)</th></tr>
<tr><th>순위 번호</th><th>등기 목적</th><th>접수</th><th>등기원인</th><th>권리자 및 그 밖의 사항</th></tr>
<tr><td rowspan="2">4</td><td rowspan="2">소유권 이전</td><td rowspan="2">1988년
3월 25일
제3878호</td><td rowspan="2">1988년
3월 24일
매매</td><td>소유자 홍길동 430303－1022336
서울특별시 중구 예장동 5</td></tr>
<tr><td>1988년 4월 13일 서울지방법원의
명령에 의하여
1988년 4월 15일 등기</td></tr>
</table>

○ 이의조치에 대한 등기용지 기재례

〈갑구〉

<table>
<tr><th colspan="5">[갑구] (소유권에 관한 사항)</th></tr>
<tr><th>순위 번호</th><th>등기 목적</th><th>접수</th><th>등기원인</th><th>권리자 및 그 밖의 사항</th></tr>
<tr><td rowspan="2">3</td><td>소유권이전등기
청구가등기</td><td>(생략)</td><td>(생략)</td><td>(생략)</td></tr>
<tr><td>소유권이전</td><td>(생략)</td><td>(생략)</td><td>(생략)</td></tr>
<tr><td>4</td><td>소유권이전</td><td>1987년
5월 25일
제2030호</td><td>1991년 5월 20일
매매</td><td>소유자 김을동
661231－1020125
서울특별시 중구 장동 7</td></tr>
<tr><td>4－1</td><td>4번 소유자
직권말소통지</td><td></td><td></td><td>1988년 3월 1일</td></tr>
<tr><td>5</td><td>4번 소유권
이전등기말소</td><td></td><td></td><td>2번 가등기에 기한
본등기로 인하여
1989년 1월 10일 등기</td></tr>
<tr><td>5－1</td><td>4번 소유권
이전등기말소이의</td><td>1989년
1월 17일</td><td></td><td>이의신청자 김을동
서울 중구 정동 7</td></tr>
<tr><td>6</td><td>5－1번 말소</td><td>1989년
3월 27일
제3389호</td><td>1989년 3월 25일
서울민사지방법원
이의기각결정</td><td></td></tr>
</table>

4) 항고의 재항고

이의신청의 전부 또는 일부를 각하하는 관할지방법원의 결정에 대하여는 이의신청인이 비송사건절차법의 규정에 의하여 항고할 수 있고(법 제105조 2항), 항고법원의 결정에 대하여는 재판에 영향을 미친 헌법·법률·명령 또는 규칙의 위반이 있음을 이유로 하는 때에 한하여 대법원에 재항고할 수 있다.(민사소송법 제442조) 그러나 비약상고규정(민사소송법 제390조 1항 단서)이 상대방 없는 비송사건에 성질상 적용될 수 없으므로 등기관의 처분에 대한 이의신청의 기각결정에 대하여 항고를 거치지 않고서 한 재항고는 부적합하다.(대판 1982.6.8, 82다26)

Ⅱ 등기에 관한 보칙

1. 등기신청을 게을리 하였을 때의 과태료

등기신청 해태의 과태료란 일정기간 내에 등기신청을 하지 않음에 대한 고의·과실로 인하여 강제로 부과되는 벌을 의미한다. 건물의 표시변경(물리적 이상의 변경 등), 건물의 멸실이 있는 때에는 소유권의 등기 명의인은 1월 이내에 그 등기를 신청하여야 하며(법 제41조, 43조), 그 등기신청을 게을리 하였을 때에는 50만원 이하의 과태료에 처한다.(법 제112조) 한편 등기신청의 해태에 대하여 등기관은 조사할 수 없으므로 등기신청기간이 지난 것인 때 또는 지적공부의 소관청의 불합리통지에 의하여 직권으로서 부동산표시의 변경등기를 한 때에는 소정 양식의 통지서에 의하여 그 뜻을 과태료에 처할 자의 주소지를 관할하는 지방법원에 또는 지원에 통지하여야 한다.(규칙 제164조)

2. 「부동산 실권리자 명의 등기에 관한 법률」상의 벌칙

1) 5년 이하의 징역 또는 2억원 이하의 벌금(같은 법 제7조 1항)

다음에 해당하는 자 및 그를 교사하여 해당 규정을 위반하도록 한 자는 5년 이하의 징역 또는 2억원 이하의 벌금에 처한다.

① 부동산에 관한 물권은 명의신탁약정에 의하여 명의신탁등기(같은 법 제3조 1항)를 한 명의신탁자

② 채무변제를 담보하기 위하여 채권자가 부동산에 관한 물권을 이전받는 경우에 채무자·채권금액 및 채무변제를 위한 담보라는 뜻이 기재된 서면을 등기신청서와 함께 등기관에게 제출하여야 한다(같은 법 제3조 2항)는 규정을 위반한 채권자 및 제출된 서면에 채무자를

허위로 기재하여 제출하게 한 실채무자

2) 3년 이하의 징역 또는 1억원 이하의 벌금(같은 법 제7조 2항)

부동산등기법 제3조 1항의 규정(명의신탁의 규정)을 위반한 명의수탁자 및 그를 교사하여 해당 규정을 위반하도록 한 자는 3년 이하의 징역 또는 1억원 이하의 벌금에 처한다.

3) 1년 이하의 징역 또는 3천만원 이하의 벌금(같은 법 제7조 3항)

부동산등기법 제3조의 규정(실권리자 명의 등기의무 등에 관한 규정)을 위반하도록 방조한 자는 1년 이하의 징역 또는 3천만원 이하의 벌금에 처한다.

3. 「부동산등기특별조치법」상의 벌칙

부동산의 소유권이전을 내용으로 하는 계약을 체결한 자는 계약 당사자가 서로 대가적인 채무를 부담하는 경우에는 반대급부의 이행이 완료된 날로부터, 계약 당사자의 일방만이 채무를 부담하는 경우에는 그 계약의 효력이 발생한 날로부터 각 60일 이내에 소유권이전등기신청을 하고, 건물을 신축한 자가 그 건물의 소유권을 이전하기로 하는 계약을 체결한 경우에는 건축물대장등재일과 계약체결일 중 늦은 날을 기준으로 60일 이내에 소유권보존등기를 신청하여야 한다.(같은 법 제2조) 이와 같은 규정을 위반하여 등기권리자가 상당한 사유 없이 등기신청을 해태한 때에는 그 해태한 날 당시의 그 부동산에 대한 등록세액(등록세가 비과세·면세·감경되는 경우에는 지방세법의 규정에 의한 부동산가액에 부동산등기세율을 곱한 금액)의 5배 이하에 상당하는 금액의 과태료에 처한다. 다만, 「부동산 실권리자 명의 등기에 관한 법률」 제10조 1항의 규정(장기미등기자에 대한 벌칙규정)에 의하여 과징금을 부과한 경우에 그러하지 아니한다.(같은 법 제11조 1항) 또한 과태료의 금액을 정함에 있어서 해태기간, 해태사유, 목적부동산의 가액 등을 참작하여야 한다.(같은 법 제11조 2항)

한편 계약서상 잔금지급일 이전에 당사자 합의에 의하여 잔금지급기일을 변경하는 계약을 체결하였다면 이 변경계약서를 다시 검인을 받아 같이 제출하거나 당사자가 작성한 변경계약서와 반대급부가 이행된 증서(잔금영수증)를 첨부하면, 소유권이전등기신청의 신청기간은 사실상 반대급부가 이행된 날로부터 기산한다. 그 밖에 등기관이 소유권보존등기와 소유권이전등기신청을 접수하여 등기한 때에 이 규정에 의한 과태료에 처할 사유가 있음을 발견한 때에는 소정 양식에 의한 통지서를 목적부동산의 소재지를 관할하는 시장 등에게 즉시 송부하여야 한다.(2011.10.12 등기예규 제1419호)

‖ 참고문헌 ‖

1. 저서

고상룡, 『물권법』, 법문사, 2001.

곽윤직, 『물권법』, 박영사, 2002.

______, 『부동산등기법』, 박영사, 1993.

김상용, 『부동산거래의 공증과 부동산등기의 공신력 연구』, 법원사, 2008.

______, 『물권법』, 법문사, 2003.

______, 『미국부동산법론』, 삼지원, 1986.

김증한, 『물권법 강의』, 박영사, 1984.

김증한·김학동, 『물권법』, 박영사, 1997.

김황식, 「주해민법(Ⅳ)」, 곽윤직 편, 『물권(1)』, 박영사,1992.

송덕수, 『물권법』, 박영사, 2012.

양창수, 『민법연구』 제5권, 박영사, 1999.

오영관, 『부동산등기법』, 법학사, 2014.

유석주, 『upgrade 부동산등기법』, 삼조사, 2014.

______ ·황인철, 『주관식 부동산등기법』, 삼조사, 2014.

이영준, 『물권법』, 박영사, 2001.

이은영, 『물권법』, 박영사, 2004.

이인재, 『민법주해』 Ⅳ, 박영사, 1997.

장경학, 『물권법』, 법문사, 1987.

정우형, 『부동산등기법』, 법우사, 2012.

지원림, 『민법 강의』, 홍문사, 2014.

최명구, 『부동산등기법』, 동방문화사, 2009.

황적인 외, 『주해민법 6』, 법원사, 1990.

오석락·김형배·강봉수 공역, 『입증책임론』(Leo Rosenberg, Die Beweislast 제5판), 박영사, 1995.

2. 논문

박재윤, 「특별조치법에 의한 소유권보존등기의 추정력」, 『민사판례연구』 제11권, 1989.
이동명, 「90년대 물권법 판례 회고」, 『민사판례연구』 제22권, 2000.
이호정, 「부동산의 최후 매수인(전득자)의 최초 매도인에 대한 등기청구권」, 『고시계』, 1981년 7월호.
이흥훈, 「등기의 추정력, 등기에 관한 제문제」, 『재판자료』 제43집, 2001.
정우형, 「등기관의 등기심사권에 관한 비교법적 고찰」, 『토지법학』 제25권 2호, 2009.
정지형, 「부동산등기의 추정력」, 『사법논집』 제3집, 1998.2.
최명구, 「일본 신부동산등기법의 주요 내용」, 한국비교사법학회, 『비교사법』 제12권 2호, 2005.6.

3. 자료

법무부, 『부동산등기법 정부 개정안』, 2009.5.
법원행정처, 『부동산등기실무』 Ⅰ · Ⅱ · Ⅲ, 2010.3.

‖ 저자약력 ‖

•서울대학교 대학원 석사과정 졸업(법학석사)
•성균관대학교 대학원 박사과정 졸업(법학박사)
•미국 미주리(콜롬비아)주립대학교 방문교수
•경성대학교 법정대학장, 사회복지대학원장 역임
•현재 경성대학교 법학과 교수

•저서 : 알기 쉬운 민법, 세종출판사
　　가족의 권리와 의무, 신지서원
　　민법연습, 신지서원
　　부동산등기의 이해, 신지서원
　　민법총칙, 세종출판사
　　물권법, 세종출판사
　　채권법 총론, 세종출판사
　　채권법 각론, 세종출판사
　　친족·상속법(가족법), 세종출판사
　　민법 강의Ⅰ(민법총칙), 세종출판사
　　민법 강의Ⅱ(물권법), 세종출판사
　　민법 강의Ⅲ–채권법 총론, 세종출판사
　　민법 강의Ⅳ–채권법 각론, 세종출판사
　　민법 강의Ⅴ–친족·상속법(가족법), 세종출판사
　　민법총칙 강의, 세종출판사
　　물권법 강의, 세종출판사
　　채권법 강의Ⅰ, 세종출판사
　　채권법 강의Ⅱ, 세종출판사
　　채권법 강의Ⅲ, 세종출판사
　　가족법 강의, 세종출판사
　　민법판례해설Ⅰ (민법총칙)(공저), 경세원
　　민법판례해설Ⅱ (물권법)(공저), 경세원
　　민법판례해설Ⅲ (채권총론)(공저), 경세원
　　미국법 강의(공저), 세종출판사
　　과학기술과 지식재산권법(공저), 신지서원
　　법학통론(공저), 신지서원
　　인권법(공저), 세종출판사
　　여성과 법(공저), 세종출판사
　　법과 사회(공저), 세종출판사
　　신 생활법률(공저), 세종출판사
　　인권과 법(공저), 세종출판사
　　여성과 생활법률(공저), 세종출판사
　　법과 사회생활(공저), 세종출판사
　　법과 생활(공저), 세종출판사

부동산등기법

초판발행 2019년 8월 31일
중판발행 2022년 1월 15일

지은이 최문기
펴낸이 안종만 · 안상준

기획/마케팅 박세기
표지디자인 BENSTORY
제 작 우인도 · 고철민

펴낸곳 (주) 박영사
서울특별시 금천구 가산디지털2로 53, 210호(가산동, 한라시그마밸리)
등록 1959. 3. 11. 제300-1959-1호(倫)
전 화 02)733-6771
f a x 02)736-4818
e-mail pys@pybook.co.kr
homepage www.pybook.co.kr
ISBN 979-11-303-3475-2 93360

정 가 28,000원